Ingolf Bruckner

Kolumbien

„PAZ. DIOS VE TODO" – Frieden. Gott sieht alles
Inschrift auf dem Berg über Muzo, Departamento Boyacá

Impressum

Ingolf Bruckner
Kolumbien

erschienen im
Reise Know-How Verlag Peter Rump GmbH
Osnabrücker Str. 79, 33649 Bielefeld

2., neu bearbeitete und komplett aktualisierte Auflage 2012

Gestaltung:
Umschlag: G. Pawlak, P. Rump (Layout); M. Luck (Realisierung)
Inhalt: G. Pawlak (Layout); M. Luck (Realisierung)
Karten: Th. Buri; der Verlag
Atlas: world mapping project, Reise Know-How Verlag
Fotos: der Autor
Titelfoto: der Autor (Viehtrieb über den Río Pauto)

Lektorat: M. Luck

Druck und Bindung: Wilhelm & Adam, Heusenstamm

ISBN 978-3-8317-2232-7
Printed in Germany

Dieses Buch ist erhältlich in jeder Buchhandlung Deutschlands, Österreichs, der Niederlande, Belgiens und der Schweiz. Bitte informieren Sie Ihren Buchhändler über folgende Bezugsadressen:

Deutschland
Prolit Verlagsauslieferung GmbH, Siemensstr. 16, D-35461 Fernwald (Annerod)
sowie alle Barsortimente
Schweiz
AVA Verlagsauslieferung AG
Postfach 27, CH-8910 Affoltern a.A.
Österreich
Mohr-Morawa Buchvertrieb GmbH
Sulzengasse 2, A-1230 Wien
Niederlande, Belgien
Willems Adventure
www.willemsadventure.nl

Wer im Buchhandel trotzdem kein Glück hat, bekommt unsere Bücher auch über unseren **Büchershop im Internet: www.reise-know-how.de**

Wir freuen uns über Kritik, Kommentare und Verbesserungsvorschläge, gern auch per E-Mail an info@reise-know-how.de.

Alle Informationen in diesem Buch sind vom Autor mit größter Sorgfalt gesammelt und vom Lektorat des Verlages gewissenhaft bearbeitet und überprüft worden.

Da inhaltliche und sachliche Fehler nicht ausgeschlossen werden können, erklärt der Verlag, dass alle Angaben im Sinne der Produkthaftung ohne Garantie erfolgen und dass Verlag wie Autor keinerlei Verantwortung und Haftung für inhaltliche und sachliche Fehler übernehmen.

Die Nennung von Firmen und ihren Produkten und ihre Reihenfolge sind als Beispiel ohne Wertung gegenüber anderen anzusehen. Qualitäts- und Quantitätsangaben sind rein subjektive Einschätzungen des Autors und dienen keinesfalls der Bewerbung von Firmen oder Produkten.

colo079 Foto: ib

Ingolf Bruckner

Kolumbien

Für Claudia Regina Berger

colo136 Foto: ib

Reise Know-How im Internet

Vorwort

„PAZ. DIOS VE TODO." Riesige Buchstaben, ähnlich denen über Hollywood, strahlen vom smaragdgrünen Berg herab auf die Minenstadt Muzo im Westen des Departamento Boyacá: Frieden. Gott sieht alles. Dies ist die Hoffnung, dies das Gebet, welches die Kolumbianer eint in einer Zeit, in der sich das Land aus dem jahrhundertealten Sumpf der Gewalt wie ein Phönix aus der Asche zu erheben sucht. Der Sumpf ist vielleicht nicht trockener, aber wesentlich begehbarer geworden; **nie war Kolumbien einfacher und angenehmer zu bereisen als heutzutage.**

Dennoch: Kolumbien bleibt ein zerklüftetes, ein bizarres, schwer kontrollierbares und noch schwerer regierbares Land, in dem Zivilisation und Wildnis in unmittelbarer Nachbarschaft zueinander stehen oder gar eine gemeinsame Schnittmenge bilden, ein Land der alpinen Berge und dampfenden Dschungel, ein Land mit modernsten Metropolen auf der einen Seite, Bambushütten und verminten Dorfruinen auf der anderen Seite, kurz: ein **Land der Gegensätze.** Viele Aspekte eröffnen sich dem Reisenden auf sehr bequeme Weise, sei es vom klimatisierten Bus aus oder in einem luxuriösen Landgut; andere Aspekte bleiben fast unsichtbar, wenn man sie nicht – zu Pferd auf überwachsenen Pfaden trabend, im Einbaum einen Schwarzwasserfluss aufwärts paddelnd oder aber die Zeit vergessend in einer indianischen Hängematte schaukelnd – ganz bewusst sucht.

Kolumbien belohnt den Unermüdlichen, den Interessierten und Aufgeschlossenen **reich:** mit der Erfahrung einzigartiger Naturschönheiten an zwei Ozeanen, im Amazonastiefland oder auf den Höhen der Kordilleren, sowie mit dem Kontakt zu liebenswerten, großherzigen Menschen, die in Wahrheit der schönste aller Schätze des Landes sind.

Der Kampf gegen Unkenntnis und ein durch Fehlinformationen gespeistes Klischeebild gehört zu den wichtigen Anliegen dieses Buches. **Fakten, Hintergründe, praktische Informationen,** aber auch Hinweise auf leicht zu übersehende Details am Wegesrand, Beispiele aus dem kulturellen Fundus des Vielvölkerstaates, halb versunkene Geschichten, Anekdoten, die den kolumbianischen Alltag sowie Wurzeln und Mentalität der Menschen verdeutlichen – all dies soll dem Leser nicht nur helfen, eine möglicherweise existente Angst vor dem Unbekannten auf ein gesundes Maß zu reduzieren, sondern vor allem sein Interesse steigern und ihn auch für Verborgenes sensibilisieren. Das Buch möchte ihn auf seine Kolumbien-Reise vorbereiten, ihm unterwegs zur Seite stehen, aber darüber hinaus wertvolle Lektüre für denjenigen sein, der in seinem heimatlichen Sessel sitzend mehr über das schwer fassbare, immer provisorische, immer neue, immer großartige Kolumbien wissen will.

Ingolf Bruckner

Inhalt

Praktische Tipps A–Z

Unter Mitarbeit von *Elfi H. M. Gilissen*

Land & Leute

Cundinamarca – das Herz

Die Ostkordillere – nach Venezuela

Der wilde Osten

Anhang

Atlas

colo080 Foto: ib

Mobile Telefonbüros gibt es an jeder Straßenecke, hier am Torre Mudéjar in Cali

Exkurse

Karten

Kolumbien im Überblick

- **Offizielle Staatsbezeichnung:** República de Colombia
- **Fläche:** 1.140.000 km² (viertgrößtes Land Südamerikas, Platz 26 der größten Länder der Erde)
- **Bevölkerung:** 46,5 Mio. (nach Brasilien bevölkerungsreichstes Land Südamerikas)
- **Hauptstadt:** Santafé de Bogotá
- **Wichtigste Städte:** Cali, Medellín, Barranquilla, Cartagena, Cúcuta
- **Anteil der in Städten lebenden Bevölkerung:** 80%
- **Bevölkerungswachstum:** 1,5%
- **Ethnische Gruppen:** 80% Kreolen, 15% Afrokolumbianer, 5% Indigene
- **Amtssprache:** Spanisch (außerdem werden 65 indigene Sprachen gesprochen, die sich auf 14 Sprachfamilien verteilen)
- **Religion:** 90% Katholiken (außerdem Evangelikale, Muslime, Rastas, indigene Naturreligionen u.a.)
- **Lebenserwartung:** 72 Jahre
- **Bruttosozialprodukt:** 280 Milliarden Euro
- **Währung:** Peso Colombiano (COP/$); 1 Euro = ca. 2.360 COP (April 2012)
- **Wichtige Produkte:** Erdöl, Kohle, Smaragde, Kaffee, Schnittblumen, Bananen, Zucker, Tropenholz, Leder und Textilien
- **Topografische Gliederung:** Karibikküste, Pazifikküste, drei Andenkordilleren, Los Llanos, Amazonasregion
- **Höchster Berg:** Pico Cristóbal Colón in der Sierra Nevada de Santa Marta (5.775 m über NN)
- **Wichtigste Flüsse:** Magdalena, Cauca, Meta, Caquetá, Putumayo, Atrato
- **UNESCO-Welterbe:** Cartagena, Mompós, Tierradentro, San Agustín (alle Kultur); Los Katíos, Isla Malpelo (Natur); Palenquero de San Basilio, Carnaval de Barranquilla (Immateriell)

Bild rechts: Tür in Salento;
ganz rechts: Joropo-Harfinistin

Hinweise zur Benutzung

Alle Informationen und Angaben in diesem Reiseführer sind gründlich, gewissenhaft und objektiv gesammelt worden. Fehler können natürlich nicht komplett ausgeschlossen werden, daher sind entsprechende Hinweise, Anregungen und Verbesserungen willkommen.

Das Buch beginnt mit dem Kapitel **„Praktische Tipps A–Z"**, in dem alle reisepraktischen Informationen behandelt werden, von A wie Ankunft bis V wie Versicherungen. Die Infos beziehen sich sowohl auf die Reisevorbereitung als auch auf die Durchführung.

colo135 Foto: ib

Das Kapitel **„Land & Leute"** beschäftigt sich mit Kolumbien und seinen Menschen: Geografie und Klima, Geschichte und Politik, Flora und Fauna, Staat und Gesellschaft, Wirtschaft und Handel, Bevölkerung und Kultur sind die Themen.

Die Landschaften, Dörfer und Städte, Strände und Sehenswürdigkeiten des Landes werden in **sechs Regionalkapiteln** behandelt, unterteilt jeweils nach Departamentos (siehe Inhaltsverzeichnis); den Auftakt macht die Hauptstadt Bogotá, den Abschluss bildet der abgelegene „Wilde Osten" am Amazonas.

Übersichtskarten, viele **Stadtpläne** und ein **Atlas** am Ende des Buches erleichtern die Orientierung im Land und auf den verschiedenen Routen. In den Kopfzeilen wird auf die jeweils passenden Karten verwiesen, bei den (wichtigen) Orten bzw. Sehenswürdigkeiten erfolgt ein Hinweis auf ihre Verortung im Atlas (z.B. Bogotá ⇗XVII/C1, d.h. der Ort ist in Karte XVII im Planquadrat C1 zu finden).

Alle in diesem Buch beschriebenen Regionen waren zur Zeit der Drucklegung ohne ein das gewöhnliche Maß übersteigendes Risiko bereisbar. Auf die Darstellung der übrigen Gebiete wurde wegen ungeklärter Lage der öffentlichen Sicherheit und Ordnung verzichtet.

colo12-004 Foto: ib

Abkürzungen

- **Av.** = Avenida
- **C** = Celsius
- **Cl.** = Calle
- **Cra.** = Carrera
- **DZ** = Doppelzimmer
- **Esq.** = Esquina (Ecke)
- **Ext.** = Durchwahl, Direktverbindung
- **EZ** = Einzelzimmer
- **ha** = Hektar

Hinweis: Die **Internet- und E-Mail-Adressen** in diesem Buch können – bedingt durch den Zeilenumbruch – so getrennt werden, dass ein Trennstrich erscheint, der nicht zur Adresse gehören muss!

colo102 Foto: ib

Praktische Tipps A–Z

colo103 Foto: ib

colo105 Foto: ib

Die Casa de la Cultura in Marsella

Gastfreundschaft in Kolumbien

Touristentransport in Cartagena

Anreise

Mit dem Flugzeug

Von Deutschland, Österreich und der Schweiz fliegt man mit Iberia oder Avianca über Madrid, mit Air France über Paris, mit United Airlines über Newark oder Houston, mit Delta Airlines über Atlanta und mit Copa von Panama nach Kolumbien. Wesentlich preiswerter kann ein Flug von Europa **nach Caracas** sein, wo man die Weiterreise per Flugzeug oder Bus organisieren kann. Direktverbindungen nach Kolumbien bestehen von fast allen südamerikanischen Hauptstädten. **Angeflogen wird meist Bogotá,** doch es gibt auch in Cali, Medellín, Barranquilla, Cartagena, San Andrés und Pereira internationale Flughäfen. Anschlussflüge zu inländischen Zielen sind problemlos und auch kurzfristig im Flughafen von Bogotá buchbar.

Flugpreise

Je nach Fluggesellschaft, Jahreszeit und Aufenthaltsdauer in Kolumbien bekommt man ein Economy-Ticket von Deutschland, Österreich und der Schweiz hin und zurück nach Bogotá **ab ca. 800 Euro** (inkl. aller Steuern, Gebühren und Entgelte). Am teuersten ist es in der Hochsaison im Sommer sowie rund um Weihnachten und Neujahr, wenn die Preise für Flüge nach Kolumbien auf über 1000 Euro steigen können.

Preiswertere Flüge sind mit **Jugend- und Studententickets** (je nach Airline alle jungen Leute bis 29 Jahre und Studenten bis 34 Jahre) möglich. Außerhalb der Hauptsaison gibt es einen Hin- und Rückflug von Frankfurt nach Bogotá ab etwa 700 Euro.

Kinder unter zwei Jahren fliegen ohne Sitzplatzanspruch für 10% des Erwachsenenpreises, ansonsten werden für ältere Kinder die regulären Preise je nach Airline um 25–50% ermäßigt. Ab dem 12. Lebensjahr gilt der Erwachsenentarif oder ein besonderer Jugendtarif (s.o.).

Von Zeit zu Zeit offerieren die Fluggesellschaften **befristete Sonderangebote.** Dann kann man z.B. mit Iberia für rund 700 Euro von vielen Flughäfen in Deutschland, Österreich und der Schweiz über Madrid nach Bogotá und zurück fliegen. Diese Tickets haben in der Regel eine befristete Gültigkeitsdauer und eignen sich nicht für Langzeitreisende. Ob für die gewünschte Reisezeit gerade Sonderangebote für Flüge nach Kolumbien auf dem Markt sind, lässt sich im Internet auf der Website von Jet-Travel (www.jet-travel.de) unter „Flüge" entnehmen, wo sie als „Schnäppchenflüge" nach Mittel- und Südamerika mit aufgeführt sind.

In Deutschland gibt es von Frankfurt aus die häufigsten Verbindungen nach Kolumbien. Tickets für Flüge von und nach anderen deutschen Flughäfen sind oft teurer. Da kann es für Deutsche attraktiver sein, mit einem **Rail-and-Fly-Ticket** per Bahn nach Frankfurt zu reisen (entweder bereits im Flugpreis enthalten oder nur 30 bis 60 Euro extra). Man kann je nach Fluglinie auch einen preiswerten **Zubringer-**

Mini-„Flug-Know-how"

Check-in

Nicht vergessen: Ohne einen **gültigen Reisepass** kommt man nicht an Bord eines Flugzeuges nach Kolumbien.

Bei den meisten internationalen Flügen muss man **zwei bis drei Stunden vor Abflug** am Schalter der Airline eingecheckt haben. Viele Airlines neigen zum Überbuchen, d.h. sie buchen mehr Passagiere ein, als Sitze im Flugzeug vorhanden sind, und wer zuletzt kommt, hat dann möglicherweise das Nachsehen.

Wenn ein **vorheriges Reservieren** der Sitzplätze nicht möglich war, hat man die Chance, einen Wunsch bezüglich des Sitzplatzes zu äußern.

Das Gepäck

In der Economy Class darf man in der Regel nur **Gepäck bis zu 23 kg pro Person** einchecken (steht auf dem Flugticket) und zusätzlich ein Handgepäck von 7 kg in die Kabine mitnehmen, welches eine bestimmte Größe von 55 x 40 x 23 cm nicht überschreiten darf. In der Business Class sind es meist 30 kg pro Person und zwei Handgepäckstücke, die insgesamt nicht mehr als 12 kg wiegen dürfen. Für Flüge über Nordamerika (USA, Kanada und Mexiko) gibt es eine Sonderregelung, der zufolge man bei einigen Fluggesellschaften noch zwei Gepäckstücke bis jeweils 23 kg ohne Mehrkosten als Freigepäck aufgeben kann. Man sollte sich beim Kauf des Tickets über die Bestimmungen der Airline informieren.

Aus Sicherheitsgründen dürfen **Taschenmesser, Nagelfeilen, Nagelscheren,** sonstige Scheren und Ähnliches nicht mehr im Handgepäck untergebracht werden. Diese Gegenstände sollte man unbedingt im aufzugebenden Gepäck verstauen, sonst werden sie bei der Sicherheitskontrolle einfach weggeworfen. Darüber hinaus gilt, dass Feuerwerke, leicht entzündliche Gase (in Sprühdosen, Campinggas), entflammbare Stoffe (in Benzinfeuerzeugen, Feuerzeugfüllung) etc. nichts im Passagiergepäck zu suchen haben.

Flüssigkeiten oder vergleichbare Gegenstände in ähnlicher Konsistenz (z.B. Getränke, Gels, Sprays, Shampoos, Cremes, Zahnpasta, Suppen) dürfen nur in der Höchstmenge von jeweils 0,1 Liter als Handgepäck mit ins Flugzeug genommen werden. Die Flüssigkeiten müssen in einem durchsichtigen, wiederverschließbaren Plastikbeutel transportiert werden, der maximal einen Liter Fassungsvermögen hat.

Rückbestätigung

Bei den meisten Airlines ist heutzutage die **Bestätigung des Rückfluges** nicht mehr notwendig. Allerdings empfehlen alle Airlines, sich dennoch telefonisch zu erkundigen, ob sich an der Flugzeit nichts geändert hat, denn kurzfristige Änderungen der genauen Abfluguhrzeit kommen beim zunehmenden Luftverkehr heute immer häufiger vor.

Wenn die Airline allerdings eine Rückbestätigung *(reconfirmation)* **bis 72 oder 48 Stunden vor dem Rückflug** verlangt, sollte man auf keinen Fall versäumen, die Airline kurz anzurufen, sonst kann es passieren, dass die Buchung im Computer der Airline gestrichen wird; der Flugtermin ist dahin. Das Ticket verfällt aber nicht dadurch, es sei denn, die Gültigkeitsdauer wird überschritten, aber unter Umständen ist in der Hochsaison nicht sofort ein Platz auf einem anderen Flieger frei.

Die **Rufnummer** kann man von Mitarbeitern der Airline bei der Ankunft, im Hotel, dem Telefonbuch oder auf der Website der Airline erfahren.

Buchtipps – Praxis-Ratgeber:
- Frank Littek
Fliegen ohne Angst
- Erich Witschi
Clever buchen, besser fliegen
(beide Bände Reise Know-How Verlag)

flug der gleichen Airline von einem kleineren Flughafen in Deutschland buchen. Außerdem gibt es **Fly & Drive-Angebote,** wobei eine Fahrt vom und zum Flughafen mit einem Mietwagen im Ticketpreis inbegriffen ist.

Reist man viel per Flugzeug, kann man als Mitglied eines **Vielflieger-Programms** auch indirekt sparen, z.B. im Verbund der www.star-alliance.com (Mitglied u.a. Continental Airlines), www.skyteam.com (Mitglieder u.a. Air France, Delta Air Lines) oder www.oneworld.com (Mitglied u.a. Iberia). Die Mitgliedschaft ist kostenlos. Die gesammelten Meilen bei Flügen innerhalb eines Verbundes reichen dann vielleicht schon für einen Freiflug bei einer der Partnergesellschaften beim nächsten Flugurlaub. Bei Einlösung eines Gratisfluges ist langfristige Vorausplanung nötig.

Buchung

Bei der Buchung von Linienflügen gilt: Vergünstigte Spezialtarife und befristete Sonderangebote kann man nur bei wenigen Fluggesellschaften in ihren Büros oder direkt auf ihren Websites buchen; diese Angebote sind jedoch immer in Spezialreisebüros erhältlich, z.B. bei Jet-Travel in Hennef, Tel. 02242 868 606, www.jet-travel.de.

Last Minute

Wer sich erst im letzten Augenblick für eine Reise nach Kolumbien entscheidet oder gern pokert, kann Ausschau nach Last-Minute-Flügen halten, die von einigen Airlines mit deutlicher Ermäßigung **ab etwa 14 Tage vor Abflug** angeboten werden, wenn noch Plätze zu füllen sind. Diese Last-Minute-Flüge lassen sich nur bei Spezialisten buchen:

- **L'Tur,** www.ltur.com, Tel. 00800 2121 2100 (gebührenfrei für Anrufer aus Europa).
- **Lastminute.com,** www.lastminute.de, (D-)Tel. 01805 777 257 (0,14 Euro/Min.).
- **5 vor Flug,** www.5vorflug.de, (D-)Tel. 01805 105 105 (0,14 Euro/Min.), (A-)Tel. 0820 203 085 (0,145 Euro/Min.).
- **Restplatzbörse,** www.restplatzboerse.at, (D-)Tel. 0991 2967 9653, (A-)Tel. 01 580 850.

Per Schiff

Es bestehen unregelmäßige Verbindungen über die offene See zwischen **Ecuador** (San Lorenzo) und Kolumbien (Tumaco, Departamento Nariño). Flussschiffe und Schnellboote auf dem Amazonas verkehren zwischen **Peru** (Iquitos, Santa Rosa), Kolumbien (Leticia, Departamento Amazonas) und **Brasilien** (Tabatinga).

Zwischen **Panama** (Colón, San Blás) und Kolumbien (Cartagena) fahren irregulär private Segelyachten, auf denen man anheuern kann. Boote fahren von Sapzurro (Departamento Chocó) nach Puerto Obaldia (Panama).

Zwischen **Venezuela** und Kolumbien (Arauca sowie Puerto Carreño) operieren Fähren, doch die Sicherheitslage im Bereich dieser Grenzübergänge ist instabil.

Über Land

Die am häufigsten benutzten und sichersten Grenzübergänge sind Cúcuta – San Antonio del Táchira **(Venezu-**

ela), Paraguachón – Guarero (Venezuela), Rumichaca – Tulcán **(Ecuador)** sowie Leticia – Tabatinga **(Brasilien).** Alle anderen Übergänge sind risikobehaftet. Wer nach Brasilien einreist, muss eine Gelbfieberimpfung nachweisen.

Ausrüstung

Haben Sie vergessen, etwas von zu Hause mit auf die Reise zu nehmen? Halb so schlimm! **Vieles kann auch in Kolumbien besorgt werden.** Dies gilt vor allem für Standardkosmetika, Sonnenschutzcreme, Mückenspray, Zahnputzzeug, gängige Medizin, Bekleidung. Da allerdings die meisten Kolumbianer zierlicher sind als viele Mitteleuropäer und viel kleinere Füße haben, sollten sich große Männer vor Reiseantritt mit langen Hosen und Schuhen eindecken. Auch individuell benötigte Sachen, z.B. Medikamente, auf die man angewiesen ist, müssen schon zu Hause eingekauft werden.

Wer in abgeschiedenen ländlichen Gebieten **auf volksnahe Weise reisen** möchte, erwirbt vor Ort eine lokal gebräuchliche Hängematte, dazu Moskitonetz, Gummistiefel, Panamahut sowie eventuell eine Plane sowie ein Erntemesser mit Feile *(lima)*. All das ist billig und genügt völlig, und ein Verlust schmerzt nicht allzu sehr.

Universell anwendbar ist ein **kastenförmiges Netz,** das eigentlich für Betten gedacht ist. Übernachtet man damit in der Hängematte (zum Aufspannen siehe Exkurs im Kapitel „Der wilde Osten“), dreht man das Netz um, d.h. der Baldachin kommt unter die Hängematte, oben wird der Saum der geschlossenen Seite straff zwischen die Hängemattenschlaufen geknotet und die offene (Einstiegs-)Seite nach dem Hineinschlüpfen drübergeschlagen.

Aufgrund unzureichender Stromversorgung mag eine **Taschenlampe** wertvolle Dienste erweisen. Für den Betrieb heimischer elektrischer Geräte benötigt man einen **Adapter** (Stecker im US-amerikanischen Stil mit zwei flachen, parallel zueinander stehenden Kontakten).

Für **Reisen in regenreiche Dschungelgebiete** empfehlen sich ein Gummibeutel (zur Not tun es auch Müllsäcke) und – für die ganz Professionellen – Weithalsschraubkanister (sowie Silikon), damit Ausrüstung und Proviant optimal trocken bleiben.

Professionelle Spezialausrüstung (z.B. für Fotografen, Bergsteiger) ist in Europa leichter zu beschaffen.

Diplomatische Vertretungen

In Deutschland

- **Kolumbianische Botschaft in Berlin:** Kurfürstenstraße 84, 5. Etage, 10787 Berlin, Tel. 030 2639 610, Fax 030 2639 6125, www.botschaft-kolumbien.de.
- **Generalkonsulat in Frankfurt:** Fürstenberger Straße 223, 60323 Frankfurt a. Main, Tel. 069 9595 670, Fax 069 5962 080.

In Österreich

- **Kolumbianische Botschaft in Wien:** Stadiongasse 6–8/15, 1010 Wien, Tel. 01 4064 446 oder 4054 249, Fax 01 4088 303, www.embcol.or.at.

In der Schweiz

- **Kolumbianische Botschaft in Bern:** Dufourstrasse 47, 3005 Bern, Tel. 031 01 400, Fax 031 3501 409, www.emcol.ch.

Ausländische Vertretungen in Kolumbien

Auf kolumbianischem Territorium existieren Vertretungen Deutschlands, Österreichs und der Schweiz in Bogotá, Cali und Medellín sowie z.T. in Cartagena und Barranquilla bzw. San Andrés - siehe jeweils dort.

Eine Adressenliste sämtlicher ausländischer Vertretungen findet sich unter **www.cancilleria.gov.co.**

Einkaufen & Souvenirs

In Bogotá, Cartagena oder direkt im Abbaugebiet um Muzo kauft, wer Ahnung hat, **Smaragde** hoher Qualität. Filigrane **Gold- und Silberschmiedearbeiten** findet man in Mompós und Santa Fé de Antioquia. Für rustikales **Keramikgeschirr** fährt der Kenner in das Dorf La Chamba (unweit El Espinal und Guamo im Departamento Tolima) oder nach Ráquira. Bogotá, Bucaramanga und Pasto verfügen über gute **Leder- und Schuhgeschäfte.** Exzellente Bildbände und überhaupt **kolumbianische Bücher** gibt es in enormer Vielfalt in der Hauptstadt zu kaufen. Die schönsten **Hängematten** produziert die Guajira, wo es unter den indigenen *Wayúu* sprichwörtlich heißt: „Ser mujer es saber tejer - Frau sein heißt weben können!", doch auch San Jacinto nahe Cartagena fertigt gute Hängematten. Die besten **ruanas (Ponchos)** stammen aus der zentralen Andenregion (zu kaufen z.B. in Villa de Leyva). Indigene vom Volk der Kuna in Nordwestkolumbien stellen **farbenfrohe Webmuster (molas)** her. Die Arhuaco in der Sierra Nevada de Santa Marta sind Meister im Fertigen von **Umhängebeuteln aus Agavenfasern und Baumwolle (mochilas).** Gute **sombreros** kommen z.B. aus Purificación (Departamento Tolima) oder Sandoná (Departamento Nariño). Mit **barníz de pasto** dekorierte Holzschnitzereien kauft man in Pasto (siehe dort).

Ein- & Ausreisebestimmungen

Bürger der Europäischen Union und Schweizer brauchen zur Einreise lediglich ihren **noch mindestens sechs Monate gültigen Reisepass,** sofern sie sich zu touristischen Zwecken im Land aufhalten. Geschäftsreisende, Journalisten, NGO-Aktivisten und Menschen, die in Kolumbien zu studieren oder zu arbeiten beabsichtigen, benötigen ein Visum. Mit Informationen über die aktuellen Bestimmungen helfen die kolumbianischen Vertretungen.

In Kolumbien reguliert die Immigrationsbehörde *(extranjería)* des *Departamento Administrativo de Seguridad* (D.A.S.) den Aufenthaltsstatus und stempelt den Pass. Bei der Einreise füllt man das **D.A.S.-Formular** aus und erhält eine Genehmigung für 30, 60 bzw. - auf Nachfrage - **maximal 90 Tage Aufenthalt.** Um auf dem Landweg einzureisen, benötigt man den Ausreisevermerk des zuvor besuchten Staates im Pass und muss bei Ankunft schnellstmöglich im örtlichen D.A.S.-Büro vorsprechen, wo man dann seinen Einreisestempel bekommt. Bei der Ausreise aus Kolumbien benötigt man in jedem Fall einen D.A.S.-Ausreisestempel.

Sofern man Kolumbien per Flugzeug verlässt, muss man eine **Flughafensteuer** von ca. 60 Euro entrichten. Das gilt nicht, wenn man weniger als 60 Tage im Land verblieben ist und das - zum Teil schon bei der Einreise, auf jeden Fall aber am internationalen Abflughafen erhältliche - Formular zur Steuerbefreiung vorzeigt. Beabsichtigt man, **länger als 90 Tage** in Kolumbien zu bleiben, beantragt man vor Ort bei der *extranjería* des D.A.S. einen *salvoconducto* (Aufenthaltsverlängerung für 30 weitere Tage, siehe auch unter www.das.gov.co) oder hält sich zwischenzeitlich für kurze Zeit in einem Nachbarstaat auf und reist dann ganz neu nach Kolumbien ein. D.A.S.-Büros gibt es in jeder Provinzhauptstadt.

Für längere Aufenthalte - z.B. als Student oder Praktikant - empfiehlt es sich, vor der Reise bei der kolumbianischen Botschaft ein **Visum** zu beantragen. In Kolumbien selbst wendet man sich in diesem Fall an das *Ministerio de Relaciones Exteriores* (Bogotá, Cra. 13 No. 93-68, Oficina 203, Tel. 6400 0974, Mo bis Fr vormittags geöffnet).

Achtung: Das Mitführen von **Kopien** des Reisepasses (einschließlich der Seite mit dem Einreisestempel) bzw. die Abrufbarkeit eines eingescannten Reisepasses per E-Mail können das bürokratische Procedere im Falle eines Verlustes des Originaldokumentes in Kolumbien erleichtern helfen. Dann wendet man sich an seine Botschaft.

Zoll

Bei der Einreise und der Ausreise erfolgt jeweils eine Zollkontrolle. Persönliche Gegenstände - auch ein Notebook - sind zollfrei. Bargeld kann in Höhe von bis zu 10.000 US-Dollar ohne Zollerklärung mitgeführt werden. Wer in Kolumbien Luxusgegenstände wie z.B. Smaragde oder Goldschmuck kauft, sollte unbedingt die Kaufbelege gut aufbewahren. Feuerwaffen und Drogen sind strikt verboten. **Die Gepäck- und Personenüberprüfungen**

Hinweis: Da sich die **Einreisebestimmungen kurzfristig ändern** können, raten wir, sich kurz vor Abreise beim Auswärtigen Amt (www.auswaertiges-amt.de bzw. www.bmeia.gv.at oder www.dfae.admin.ch) oder bei der jeweiligen Botschaft zu informieren.

beim Verlassen des Landes sind akribisch!

Bei der Rückeinreise gibt es auch **auf europäischer Seite** Freigrenzen, Verbote und Einschränkungen. Folgende **Freimengen** darf man zollfrei einführen in die EU und die Schweiz:

- **Tabakwaren** (für Personen ab 17 Jahren): 200 Zigaretten oder 100 Zigarillos oder 50 Zigarren oder 250 g Tabak oder eine anteilige Zusammenstellung dieser Waren.
- **Alkohol** (für Personen ab 17 Jahren) in die EU: 1 l Spirituosen (über 22 Vol.-%) oder 2 l Spirituosen (unter 22 Vol.-%) oder eine anteilige Zusammenstellung dieser Waren, und 4 l nicht-schäumende Weine, und 16 l Bier; in die Schweiz: 2 l bis 15 Vol.-% und 1 l über 15 Vol-%.
- **Andere Waren** (in die EU): für See- und Flugreisende bis zu einem Warenwert von insgesamt 430 Euro, alle Reisende unter 15 Jahren 175 Euro (bzw. 150 Euro in Österreich); (in die Schweiz): neu angeschaffte Waren für den Privatgebrauch bis zu einem Gesamtwert von 300 SFr. Bei Nahrungsmitteln gibt es innerhalb dieser Wertfreigrenze auch Mengenbeschränkungen.

Wird die Wertfreigrenze überschritten, sind **Einfuhrabgaben** auf den Gesamtwert der Ware zu zahlen und nicht nur auf den die Freigrenze übersteigenden Anteil. Die Berechnung erfolgt entweder pauschal oder nach dem Tarif jeder einzelnen Ware zuzüglich sonstiger Steuern.

Einfuhrbeschränkungen bestehen u.a. für Tiere, Pflanzen, Arzneimittel, Betäubungsmittel, Feuerwerkskörper, Lebensmittel, Raubkopien, verfas-

colo093 Foto: ib

sungswidrige Schriften, Pornografie, Waffen und Munition; in Österreich auch für Rohgold und in der Schweiz auch für CB-Funkgeräte.

Nähere Informationen

- **Deutschland:** www.zoll.de oder unter Tel. 0351 4483 4510.
- **Österreich:** www.bmf.gv.at oder unter Tel. 01 51433 564 053.
- **Schweiz:** www.ezv.admin.ch oder unter Tel. 061 2871 111.

Elektrizität

110 Volt Stromspannung. Flachstecker nach US-amerikanischem Vorbild. Adapter sind in den Großstädten erhältlich.

Essen & Trinken

Sushi à la colombiana – Gourmet-Küche

Eine Gourmet-Reise nach Kolumbien? Das kommt derzeit wohl nicht allzu häufig vor, könnte sich aber bald ändern: **In den Metropolen Bogotá, Cali, Medellín und Cartagena** hat sich in den letzten Jahren zunehmend eine Restaurantlandschaft für den anspruchsvollen Gaumen (und den dazugehörigen Geldbeutel) entwickelt, die in Lateinamerika ihresgleichen sucht. Designer-, Molekular- und Hausmannsköche aus Kolumbien, Asien, Arabien oder der Schweiz haben das langweilige Einerlei der ewigen *comida corriente* aufgemischt. Ob Sushi, Raclette, Angus, Honigameisen, Austern, Champagner, Regenbogenforelle mit Garnelen oder Spaghetti al dente – sag' es und du kriegst es. Die **erfinderischen und ambitionierten kolumbianischen Köche** sind ohnedies Großmeister der experimentellen kulinarischen Revolution und des *fusion criollo* – zu dieser Meisterschaft haben es in dem globalisierten Vielvölkerstaat, zu dem Kolumbien während der letzten Jahrhunderte gewachsen ist, dank ihrer indianischen, afrikanischen, europäischen und arabischen Wurzeln schon die Großeltern dieser Köche überm heimatlichen *sangrito*-Holzfeuer in der Bambushütte gebracht – damals allerdings gar nicht so selten aus purer Not heraus. Reisende mit bescheidenem Budget sollten in Kolumbien die Chance nutzen, abends auch mal etwas feiner essen zu gehen – die dortige Luxusküche ist wesentlich preiswerter als die europäische.

Auf dem Lande kocht man draußen

Kulinarische Langweiler & Lichtblicke – Standardspeisen

Doch trotz hymnenhaften Lobgesanges: Der Alltag auf der Reise sieht anders aus. Beinahe täglich wird man die **comida corriente** vertilgen, das irgendwann ermüdende – aber zumindest oft frische – Standardgericht in den Restaurants der kleineren Städte und Dörfer und entlang der Überlandstraßen: eine Tasse *sancocho* (Suppe mit Bodenfrüchten, Kochbananen und Fleischfasern), anschließend ein Teller mit Rind, Huhn oder Fisch, dazu Reis, *arepa* (Maisfladen), Kochbanane, Rote Beete, Tomate und auf Wunsch *salsa de ají* (scharfe Koriandersauce).

Eine beliebte Alternative ist die **bandeja paisa,** der aus Antioquia stammende Mittagsteller: diverse Fleischvariationen, *chorizo* (Knacker), *chicharrón* (Schweinehaut), Setzei, Avocado, *patacón* (Fladen aus noch grünen Kochbananen), ein Stück goldgelbe, reife Kochbanane, dicke Bohnen, Reis, Salat.

Ein Lichtblick auf der Speisekarte und immer eine gute Wahl sind die in den Bergen gezüchteten schmackhaften **truchas** (Regenbogen- und Lachsforellen), die in allen Hochlandregionen Kolumbiens angeboten werden.

Viel öfter als Forelle wird man indes Gelegenheit haben, Goldbroiler/Grillhähnchen mit *yuca* (Kassava) oder in Salz gekochten, ungeschälten Kartoffeln und Koriander zu essen, in der Früh gern **empanadas** (mit Fleisch oder Käse gefüllte, frittierte Maismehltaschen), **huevos pericos** (Rührei), klassische **tamales** (ein Mix aus Maismehl, Reis, Kartoffeln, Mohrrüben, Erbsen, Zwiebeln und Fleisch – alles verpackt in Bananenblätter) oder abends auf der Straße eine **hamburguesa** (Hamburger) oder einen **perro caliente** (Hot Dog), die mit ihren US-Verwandten wenig gemein haben und bei deren Zubereitungsvarianten sich der wahre Meister keine Grenzen auferlegt.

Zum Nachtisch beliebt ist z.B. **postre de natas** (Milchhaut verkocht mit Rosinen und Zucker).

Was kein Kolumbien-Besucher versäumen sollte, ist der Genuss der **vielen exotischen Früchte,** die es überall (teilweise ausgepresst als Saft) gibt, und zwar nicht nur Bananen *(bananos),* Erdbeeren *(fresas),* Brombeeren *(moras),* Maracujas *(maracuyás)* oder Mangos, sondern auch die für Mitteleuropäer immer noch fremdartig wirkenden Varianten von *tomate de árbol, zapote, chirimoya, tamarindo, curuba, guayaba, guanábana* und *lulo.*

Meerschwein & Ameise – regionale Spezialitäten

Departamentos Cundinamarca und Boyacá

Vor allem in Bogotá genießt man **el ajiaco,** einen Eintopf mit Kartoffeln, Brustfleisch vom Huhn, Kapern, Knoblauch, Koriander, Sahne, einem Maiskolben und frischen Avocadostreifen.

Alternativ lässt man sich **el puchero** schmecken (Schweinerippen, Huhn, Bratwurst, Kassava, grüne Kochbananen, Kartoffeln, *arracacha* – eine Bodenfrucht, Lorbeerblätter, Knoblauch, Paprika – alles zusammen gekocht). In Sutamarchán werden die berühmten **longanizas** (lange Schweinewürste) hergestellt.

Dazu genießt man **la mazamorra** (einen dickflüssigen Mix aus gekochtem Mais, Milch und Wasser).

Zum Frühstück ist **la changua** beliebt (Milch- und Brotsuppe mit Koriander und Ei).

Departamentos Santander und Norte de Santander

Ein klassisches indigenes Gericht – gern gereicht als Imbiss für zwischendurch – sind die **hormigas culonas** (geröstete schwarze Ameisen mit dickem Hinterteil), die nur zwischen März und Mai angeboten werden. Deftig ist die **pepitoria** (Blutwurst), würzig der **cabrito al horno** (Ziege, gepfeffert und mit Knoblauch im Ofen gebacken), zart die Hauptzutat der **cazuela del conejo** (Kaninchensuppe mit Gemüse, wobei das Kaninchen mit Orangensaft mariniert wurde). Alternativ lässt man sich **el mute santandereano** munden (Fleischeintopf aus verschiedenen Tieren, gewürzt mit guasca-Kraut, dazu Mais und Bohnen).

Departamento Antioquia und Eje Cafetero

Neben der oben bereits beschriebenen **bandeja paisa** sind es vor allem die Leckereien, die die Region berühmt machen, z.B. **arequipe** (auch: *dulce de leche,* eine sahnige Milchkonfitüre, manchmal mit Zimt- oder Kaffeegeschmack), **natila** (süßer Maiskuchen), **avena** (in Milch oder Wasser aufgequollene Haferflocken) oder **fresas con crema** (Erdbeeren mit Schlagsahne).

Departamentos Tolima und Huila

Hier sind die in ganz Kolumbien beliebten **tamales** (siehe oben) besonders populär. Schmackhaft ist dank der Nähe des fischreichen Río Magdalena **el viudo de pescado** (Fischsuppe mit Kassava und Kochbananenstücken), während sich für den ganz großen Hunger **la lechona** empfiehlt (ein einjähriges, mit Milch aufgezogenes Schwein, ausgestopft mit Reis, Kartoffeln, Erbsen, Speck, Leber, Lunge und Nieren).

Departamentos Cauca und Nariño

Die – übrigens auch in Ecuador – immer wieder gern gegessene Delikatesse ist **el cuy** (Meerschweinchen). Man sucht sich den putzigen Nager selbst aus, dann kommt er auf den Grillspieß ... *Cuy* wird stets im ganzen Stück serviert, um dem Gast so nachzuweisen, dass es sich nicht um eine Ratte handelt. Dazu gibt es Kartoffeln oder *yuca* (Kassava). Das Fleisch schmeckt ähnlich wie Kaninchen.

In Popayán isst man gern **empanadas de pipian** im Dutzend (kleine, frittierte, mit Fleisch gefüllte Teigtaschen).

Küstenregion

Hier dominieren **Fischgerichte.** Populäre Fischarten sind z.B. *pargo rojo* (Rotbrasse), *mojarra* (Zweibindenbrasse), *atún* (Thunfisch), *sierra* (eine Makrelenart), *róbalo* (Snook), *bagre* (Bagrewels), *sábalo* (Maifisch), *cachama* (eine sehr fette, morastig schmeckende Karpfenart). Als Beilagen werden gern *bollos* (dicke Maismehlklöße), *patacónes* (frittierte Fladen aus grünen Kochbananen) oder auch Kokosreis gereicht. Begehrt sind *langostas* (Langusten) und *cangrejos* (Krabben). Billiger sind die *chipichipis* (kleine Muscheln). Der Genuss eines **ceviche** (Meeresfrüchtecocktail) soll potenzsteigernd wirken. Auf San Andrés und

Providencia kocht man überm Feuer den **rundown/rondón,** eine Suppe mit Kokosmilch, Fisch, Meeresschnecken *(chonch),* Schweineschwanz, Mehlklößen *(dumplin),* Brotfrucht, Kochbananen *(plátanos),* Kassava *(yuca)* und Yamswurzel *(ñame).* Neben **Krokodilfleisch** essen viele Menschen leider immer noch die bedrohten *iguanas* (Leguane) und deren Eier.

Los Llanos

Hier steht Rindfleisch ganz oben auf der Speisekarte; das Gericht schlechthin heißt **mamona** oder *la ternera a la llanera* (Kalb gegrillt überm Holzfeuer). Der richtige Macho angelt Krokodile, geht im Busch auf die Jagd und kehrt nicht ohne Tapir, Reh oder Wildschwein zurück. Aus den im Fluss vorgeweichten, gern leicht fermentierten Früchten der *moriche*-Palme gewinnen manche Llaneros wie seit Urzeiten einen aromatischen Saft. Die einst bei den Indigenen als Proteinquelle so begehrten, in fauligen *moriche*-Palmstämmen lebenden Insektenlarven haben jedoch heutzutage ihre Ruhe und werden nur noch im Notfall von versprengten Guerilleros genutzt. Als unverderblicher Proviant während der langen und heißen Ritte der *vaqueros* dienen **casabe** (flaches Kassavabrot, das zum Verzehr am besten in Wasser aufgeweicht wird) und **fariña** (Kassavastärke, geröstet und pulverförmig).

Amazonasregion

Hier essen die Menschen am liebsten **Fisch,** z.B. *gamitana* (eine schwarze Karpfenart), *valentón* (eine Riesenwelsart), *pirarucú* (Arapaima), *piraña* (Piranha), *palometa* (Gabelmakrele) etc. Sie sammeln Wildhonig, jagen die Tiere des Waldes, Krokodile sowie Schildkröten *(charapa).*

Schokolade & Schnaps – die beliebtesten Getränke

Das klassische kolumbianische Getränk ist **milder Kaffee.** Am beliebtesten ist er schwarz und gezuckert als **tinto;** alternativ trinkt man ihn als **perico** oder **pintado** (mit wenig bzw. mehr Milch) oder als **café con leche** (mit sehr viel Milch). Leider geht der richtig gute Kaffee ins Ausland; für die kolumbianischen Kränzchen bleiben nur Reste.

Traditionsreiche Heißgetränke in den klammen *cantinas* der Hochanden sind der dickflüssige, köstliche **chocolate con queso** (Trinkschokolade mit einer Scheibe Käse) oder für die ärmeren Leute der Energielieferant **agua de panela/aguapanela** (Wasser mit unraffiniertem, aromatischem Rohrzucker, manchmal in Begleitung von Limonensaft).

Bei den kalten Erfrischungsgetränken unterscheidet man den hausgemachten, überall auf der Straße verkauften **jugo natural** (Fruchtsaft) **con agua** (mit Wasser) oder **con leche** (mit Milchpulver) auf der einen Seite und die industriell hergestellte bunte Limonade, genannt **gaseosa,** auf der anderen Seite.

Gute Qualität weisen die Molkereiprodukte der Marke *Alpina* auf, z.B. **kumis** (Trinkjoghurt).

colo094 Foto: ib

Ein traditionelles indigenes Getränk, das sich in hauptstädtischen Bohème-Kreisen wachsender Beliebtheit erfreut, ist in Kalebassen servierte **chicha** (ein fermentierter Maistrunk, sämig, leicht alkoholisch).

Der *campesino* gibt dem schnöden, preiswerten **aguardiente** (= wörtlich: Feuerwasser, d.h. Schnaps aus Zuckerrohr, je nach Region mit wenig oder viel Anis und/oder Kräutern versetzt) den Vorzug. Zu den bekannteren Marken gehören *Antioqueño* (aus Antioquia), *Doble Anis* (aus Huila), *Tapa Roja* (aus Tolima) und *Llanero* (aus Meta).

Die *paisas* (Bewohner Antioquias) und die *costeños* (Küstenbewohner) lieben den **ron** (Rum). Zu den besten Marken gehört der *Ron Viejo de Caldas.* Aromatisch ist **canelazo** (ein Gemisch aus Rum, Wasser, Zucker, Zimt und Zitrone – je nach Bedarf heiß oder kalt genossen).

Aber was wäre Kolumbien ohne sein **Bier?** Schon 1889 begann der deutsche Einwanderer *Leo S. Kopp* mit dem Bierbrauen – und wurde zum reichsten Mann weit und breit. Heute erhält man die lokalen Biere *Aguila, Aguila Light, Club Colombia, Poker, Pilsen, Brava* und *Leona.*

Erfolgreiche Geschäftsleute und Lokalpolitiker bewirten sich gegenseitig mit edlem schottischen **Whisky.**

Cuy: Meerschweinchen am Spieß

Feiertage & Feste

Es gibt etliche **arbeitsfreie Tage,** oft sogar mehrere im Monat. Dafür haben kolumbianische Arbeitnehmer nur einen relativ geringen Urlaubsanspruch. Typische Ferienzeiten (mit deutlichen Preissteigerungen in Hotels und bei Flügen) sind die Karwoche, Juli/August sowie Dezember/Januar. An den häufigen langen Wochenenden - sogenannten **puentes** (Brücken) - unternehmen Kolumbianer aus der Mittelklasse gern Ausflüge.

Offizielle Feiertage werden nur, soweit hier **mit * gekennzeichnet,** am tatsächlichen Kalendertag begangen, ansonsten am jeweils darauffolgenden Montag, um die beliebten *puentes* zu ermöglichen:

colo095 Foto: ib

- **1. Januar*** - Año Nuevo (Neujahr)
- **6. Januar** - Santos Reyes Magos/Epifania (Heilige Drei Könige)
- **19. März** - San José (Sankt Joseph)
- **März/April*** - Jueves Santo (Gründonnerstag), Viernes Santo (Karfreitag)
- **1. Mai*** - Día del Trabajo (Tag der Arbeit)
- **Mai** - Ascensión del Señor (Christi Himmelfahrt)
- **Mai/Juni** - Corpus Cristi (Fronleichnahm)
- **Mai/Juni*** - Sagrado Corazón del Señor (Pfingsten)
- **29. Juni** - San Pedro y San Pablo (Peter und Paul)
- **20. Juli*** - Día de la Independencia (Unabhängigkeitstag)
- **7. August*** - Batalla de Boyacá (Schlacht von Boyacá)
- **15. August** - Asunción de Nuestra Señora (Mariä Himmelfahrt)
- **12. Oktober** - Día de la Raza (Entdeckung Amerikas)
- **1. November** - Todos los Santos (Allerheiligen)
- **11. November** - Independencia de Cartagena (Unabhängigkeit von Cartagena)
- **8. Dezember** - Inmaculada Concepción (Unbefleckte Empfängnis)
- **25. Dezember*** - Navidad (Weihnachten)

Regionale Feste im Überblick – eine kleine Auswahl

Januar

Feria de Manizales: 2. bis 3. Januar, die ganze Stadt im Stierkampffieber, Pferdeprozessionen, Schönheitsköniginnen.

Carnaval de Blancos y Negros: 2. bis 6. Januar in Pasto, chaotische, aber sehr traditionelle Fiesta, bei der sich die Leute gegenseitig mit schwarzem Fett und weißem Mehl einreiben, um die Sklavenbefreiung zu feiern.

Corraleja de Sincelejo: 20. Januar, Scharen junger Machos wagen sich in die Arena und treten dort wilden Stieren gegenüber; ein oder zwei Halbstarke bleiben meist auf der Strecke.

Februar

Fiesta de Nuestra Señora de la Candelaria: 2. Februar in Cartagena, Pilger mit Kerzen in der Hand erklimmen den Hügel La Popa, um der Heiligen Jungfrau zu huldigen.

Carnaval de Barranquilla: Einer der besten Karnevals weltweit, Party ohne Ende, Umzüge, Konzerte, Tanzen, Singen (und Saufen)!

März/April

Semana Santa: Während der Karwoche sollte man sich entweder in Mompós, Popayán oder Pamplona aufhalten, wo große und feierliche Prozessionen einen heiligen Schauer den Rücken hinunter laufen lassen.

Festival de la Leyenda Vallenata: 26. bis 30. April in Valledupar, eines der besten Musikfestivals Kolumbiens in der klassischen Heimatstadt des Vallenato.

Juni

Festival Folclórico y Reinado Nacional del Bambuco: Ende des Monats in Neiva, traditionelle und wilde Rumba, Prozessionen zu Lande und zu Wasser, Schönheitsköniginnen, Essen bis zum Platzen, viel Aguardiente.

August

Feria de las Flores: 1. bis 10. August in Medellín, Straßenfeste, Konzerte, Umzüge, Paso-Fino-Pferdeparade, Höhepunkt ist der *Desfile de Silleteros,* eine Parade von Stuhlträgern mit riesigen Blumengestecken.

September

Festival de Salsa: In Cali treffen sich die besten Salsa-Tänzer und zeigen ihr Können.

Oktober

Festival de Tambores: Um den 12. Oktober in Palenque de San Basilio, einzigartige afrikanisch-kolumbianische Traditionen im ersten *Pueblo Libre* Amerikas.

Rock al Parque: Ende Oktober kommen Hunderttausende zu diesem internationalen Rockfestival in Bogotás Parque Simón Bolívar zusammen.

November

Fiestas del 11 de Noviembre: In Cartagena, mehrtägige Fiesta mit der Wahl der Miss Colombia anlässlich der Unabhängigkeitserklärung am 11.11. 1811.

Dezember

Festival de las Luces: 7. bis 8. Dezember in Villa de Leyva, Feuerwerk über der kolonialen Plaza.

Feria de Cali: 25. bis 30. Dezember, ein Riesenereignis mit Straßentanz, Umzügen, Stierkämpfen.

Fotografieren & Filmen

Kolumbien bietet passionierten Fotografen eine **unerschöpfliche Auswahl an Motiven** und an Schwierigkeiten, diese Motive ideal abzulichten: mückenverseuchte Dschungellandschaften, kälteklirrende Hochlandregionen, seltene Tiere und Pflanzen, Tanzfeste am Lagerfeuer und urbanes Chaos. Die freundlichen Kolumbianer haben in der Regel kein Problem damit, wenn von ihnen Fotos aufgenommen werden – man sollte natürlich vorher fragen, das gebietet der Respekt. Afrokolumbianer und Indigene sind nicht sehr erpicht darauf, fotografiert zu werden; die Arhuaco und Kogi in der Sierra Nevada de Santa Marta sind sogar ganz und gar dagegen.

Generell ist eine **gewisse Vorsicht** geboten. Es ist leider mehr als einmal vorgekommen, dass ahnungslose Fotografen erschossen wurden, weil sie aus Versehen einen illegalen Deal oder einen lokalen Mafioso aufgenommen hatten, ohne dies überhaupt zu bemerken, z.B. am belebten Strand. Und auch politische Demonstranten legen keinen Wert darauf, von unbekannter Seite fotografiert zu werden.

Buchtipps – Praxis-Ratgeber:
- Helmut Hermann
Reisefotografie
- Volker Heinrich
Reisefotografie digital
(beide Bände Reise Know-How Verlag)

Geld & Finanzen

Währung & Wechselkurs

Währung ist der **peso colombiano** (abgekürzt: **COP** oder **$**). Es gibt Banknoten zu 1.000, 2.000, 5.000, 10.000, 20.000 und 50.000 Pesos sowie Münzen im Wert von 20 (selten), 50, 100, 200 und 500 Pesos. Der **Wechselkurs** stand im April 2012 bei 2.360 COP = 1 Euro und 1.790 COP = 1 US-Dollar (zum aktuellen Kurs siehe www.xe.com). Die traditionell bei 5–10% liegende Inflationsrate verringerte sich zuletzt auf nur noch ca. 3%.

Achtung: **Bargeld-US-Dollars werden nicht übermäßig nachgefragt.** Durch die Kokainbranche sind sehr viele echte Scheine, durch die Geldfälscher aus Cali sehr viele unechte US-Banknoten im Umlauf.

Geldwechsel

Der einfachste und beste Weg, an lokale Währung zu kommen, ist die Benutzung von **Geldautomaten.** Die meisten Banken – aber auch die Flughäfen von Bogotá, Medellín, Cali und Cartagena – verfügen über Geldautomaten, an denen man problemlos mit der **VISA-, Master- oder Debit-Karte** (= Maestro-/EC-Karte) nach Eingabe des PIN-Codes (Geheimnummer) Geld in kolumbianischer Währung zu einem fairen Wechselkurs abheben kann. Dazu gehören z.B. die Banco Santander, Citibank, Banco de Bogotá, Bancolombia, Davivienda. Aufgepasst: Debit-Karten mit dem neuen V-PAY-Logo funktionieren nicht außerhalb Europas. Man kann bei jedem Kassenvorgang nur einen bankabhängigen Maximalbetrag von manchmal 300.000 COP, oft 500.000 COP, bei den oben aufgeführten Banken sogar 700.000 COP abheben, und es ist möglich, mehrere Abhebungen am gleichen Automaten hintereinander zu tätigen. Nicht irritiert fühlen sollte man sich, wenn man in der Menüführung zunächst nach einer Spende gefragt wird; dies kann man mit „No" ablehnen.

Ob und wie hoch die **Kosten für die Barabhebung** sind, ist abhängig von der kartenausstellenden Bank und von der Bank, bei der die Abhebung erfolgt. Man sollte sich daher vor der Reise bei seiner Hausbank informieren, mit welcher kolumbianischen Bank sie zusammenarbeitet. Im ungünstigsten Fall wird pro Abhebung eine Gebühr von bis zu 1% des Abhebungsbetrags per Debit-Karte mit Maestro-Logo oder gar 5,5% des Abhebungsbetrags per Kreditkarte berrechnet.

Für das **bargeldlose Zahlen mit Kreditkarte** werden 1–2% für den Auslandseinsatz berechnet.

Achtung: Vorsicht vor manipulierten Geldautomaten, die die Daten der Geldkarte ausforschen! Besser nur Automaten direkt in der Bank benutzen oder solche, die von Sicherheitskräften bewacht werden (etwa in etablierten Einkaufszentren)! Vorsicht auch vor Räubern, die ihren Opfern in der Nähe von Geldautomaten auflauern.

Siehe im Kapitel „Notfälle", falls die Geldkarte gestohlen wurde bzw. verloren ging.

Reiseschecks lassen sich nur schwer und zeitaufwendig versilbern. Manche Banken akzeptieren sie gar nicht, die übrigen nur American Express, wobei Reisepass und Kaufquittung verlangt werden und eine Aufwandsentschädigung für den Tausch anfällt.

Die meisten Banken tauschen **Bargeld (Euro und US-Dollar),** doch wie bei den Reiseschecks kann auch hier das Procedere sehr bürokratisch und langsam sein. Eine schnellere und bequeme Alternative bieten **Wechselstuben** *(casa de cambio),* die es in Großstädten, in touristischen Gebieten, an internationalen Flughäfen und in Städten in der Nähe von Grenzübergängen gibt und die faire Kurse anbieten.

Achtung: Auf der Straße sollte man kein Geld tauschen! Die einen waschen hier Drogengelder, die anderen bieten Blüten feil, und bei manchem verkalkuliert sich der Taschenrechner auf mysteriöse Weise zuungunsten des Kunden ...

Lebenshaltungskosten

Hier einige **Beispiele:** Ein Kaffee kostet 1.500 COP/Pesos, ein Bier 3.000 COP, ein einfaches Mittagessen 5.000 bis 10.000 COP, eine Übernachtung mindestens 15.000 COP, in Hotels ab 30.000 COP, in größeren Städten selten unter 40.000 COP. Eine Stunde Busfahrt kostet ca. 5.000 COP.

Preisangaben im Buch

Die meisten Preisangaben in diesem Reiseführer – für Unterkünfte, Essen,

Transportmittel, Eintrittsgelder etc. – erfolgen **in Euro.** Das betont den nur pauschal möglichen und letztlich nur gerundeten Charakter vieler Preisangaben und macht die Ausgaben für eine Kolumbien-Reise kalkulierbarer. Hinzu kommt: Auch wenn die Inflation zuletzt mit 3% niedrig war, kann sich dies innerhalb weniger Wochen ändern! Mit Euro-Angaben ist man dann näher am „echten" bzw. für den Touristen maßgeblichen Preis. Vor Ort sind Entgelte und Preise generell in der Landeswährung zu bezahlen.

Gesundheit

Vorabinformation sowie Reiseapotheke

Informationen zur Gesundheitsvorsorge erhält man in den heimischen Tropeninstituten und im Internet auf der Seite der **Deutschen Gesellschaft für Tropenmedizin** unter www.dtg.org. In Kolumbien wendet man sich an das **Instituto Nacional de Salud** in Bogotá, Autopista El Dorado y Cra. 51, Tel. 2207 700, www.ins.gov.co, wo man sich auch impfen lassen kann.

Die eigene **Reiseapotheke** lässt sich in Kolumbien gut und preiswert ergänzen; die *farmacias* (Apotheken) der Großstädte haben eine reiche Auswahl (siehe im Kapitel zu Bogotá), und fast alle Medikamente sind ohne ärztliche Verordnung frei erhältlich.

Ob man viele oder wenige **Medikamente** mitführt, sollte man gut abwägen. In der Regel genügt eine Standardausrüstung, d.h. Durchfallmittel (z.B. *Imodium*), Schmerztabletten (z.B. *Paracetamol*), Sonnenschutz (hoher Lichtschutzfaktor!) und Insektenschutzspray. Wer sehr abgelegene Regionen aufsucht, sollte erwägen, Wasserentkeimungstabletten, Antibiotika, Jod, Verbandszeug und ggf. sogar Einwegspritzen mitzunehmen.

Impfungen, Tollwut, Tierbisse

Schon einige Monate vor der Reise überprüft man, ob man über ausreichenden Impfschutz verfügt oder ggf. noch Auffrischimpfungen benötigt. Immunisierungen gegen **Tetanus, Polio, Hepatitis A** und **Gelbfieber** sind

Hinweis: Alle im Gesundheitskapitel genannten Informationen können die aktuelle **persönliche Beratung durch einen Arzt oder in einem Tropeninstitut** nicht ersetzen! Besondere Beachtung sollte auch Impfungen von Kindern, allergischen Reaktionen auf Impfungen und den Belangen von Schwangeren geschenkt werden.

Gesundheits-Informationen
(siehe auch im Anhang):
- **Travelmed/
Centrum für Reisemedizin**
Hansaallee 321, 40549 Düsseldorf,
Tel. 0211 904 290,
Fax 0211 904 2969,
www.crm.de

unerlässlich. Sie bieten Schutz für zehn Jahre und sind dann zu erneuern. Zu empfehlen ist überdies eine **Hepatitis-B-Impfung.**

Wer sich viel auf dem Lande und abseits der Segnungen der Zivilisation aufhält, sollte sich auf jeden Fall gegen **Typhus** und - unter Umständen - auch gegen **Tollwut** impfen lassen. Denn der Kontakt zu verunreinigtem Wasser und der häufige direkte Kontakt zu Haus-, aber auch Wildtieren (darunter höhlenbewohnende Fledermäuse) ist in solchen Regionen alles andere als unwahrscheinlich. Im Jahr 2004 wurden allein in Birrinchao (Departamento Chocó) 170 Menschen durch Fledermausbisse mit Tollwut infiziert; Ende 2008 trat die Krankheit auch im Departamento Bolívar auf.

Eine **erste Hilfe** bei Verletzungen durch warmblütige Tiere bieten Kernseife, Alkohol und Jod in Begleitung eines Antibiotikums. Blutungen - z.B. durch nächtliche Vampirbisse in der Hängematte - kann man im äußersten Notfall durch reichliches Auftragen gemahlenen Kaffees stoppen.

Bei **Schlangenbissen** (passiert selten!) lagert man den betroffenen Körperteil ruhig und verabreicht ein Kombi-Schlangenserum (in Kolumbien erhältlich) sowie Kortison.

Auf jeden Fall ist bei allen Tierbissen sofortige ärztliche Hilfe essenziell!

Malaria & Dengue

Eine **Malariaprophylaxe** ist nur bei Aufenthalten im Bereich des Magdalena Medio, des Pazifik-Tieflandes einschließlich Urabá, der Llanos und des Amazonasgebietes in Bereichen unter 1.000 Höhenmetern notwendig. Insbesondere im Departamento Chocó tritt die schwere Form der Malaria, die *malaria tropicana (plasmodium falciparum),* auf, die einen Fieberschock auslösen und tödlich sein kann. Einer Malariaerkrankung beugt man vor, indem man gut belüftete Unterkünfte abseits von offenen Wassertanks oder Morastpfützen - insbesondere stehenden Küchenabwässern sowie Regenwassertümpeln unter Pfahlhäusern - bezieht, in Dschungelsiedlungen eher auf Hügeln als im Bereich von Niederungen, und nie ohne Moskitonetz schläft. Hängemattenbenutzer achten darauf, dass das Moskitonetz auch unter der Hängematte ein Eindringen von Mücken nicht zulässt. Je mehr Personen im selben Raum nächtigen, desto höher das Malariarisiko: Die weiblichen Anophelesmücken fliegen gern von einem zum anderen, probieren hier und dort das Blut aus, und wenn jemand schon Malaria hat, kriegen es bald auch seine Schlafgenossen. **Erste Anzeichen** einer Malaria sind grippeähnliche Symptome mit Fieberattacken über 38°C einschließlich Brechreiz.

Auch das in Malariagebieten vorkommende, von heftigen Gliederschmerzen begleitete **Dengue-Fieber** (Knochenbrecherfieber) wird von Mücken übertragen, die allerdings - mehr noch als die eigentlich dämmerungs- und nachtaktiven Malariamoskitos - oft am Tage zustechen. Hier helfen nur langärmelige Kleidung, Schmerzmittel in der Reiseapotheke (und natürlich die Konsultation eines Mediziners).

Durchfall & Trinkwasser

Die meisten Kolumbien-Reisenden erwischen früher oder später eine Durchfallerkrankung, die sich leicht z.B. mit *Immodium* oder *Perenterol* behandeln lässt. Vorbeugend kann man zu Mahlzeiten, bei denen man sich nicht ganz sicher ist, ob sie einem auch bekommen, eine Flasche Cola trinken. Bei schwereren Verläufen oder Durchfällen, die trotz Eigenbehandlung länger als zwei Tage andauern, sucht man einen Arzt auf. Das A und O ist, ein **Austrocknen des Körpers** zu **verhindern.** Hierbei helfen Kochsalzlösungen, die bei Brechdurchfällen ggf. mittels Tropf intravenös verabreicht werden müssen.

Durchfälle oder auch Krämpfe können ein Indiz für **Parasitenbefall** sein, z.B. durch Spulwürmer, Amöben oder Lamblien. Eine Stuhlprobe gibt Aufschluss. Die Behandlung – in der Regel wenig aufwendig – führt nach Einnahme von lokal erhältlichen Tabletten oder oral verabreichter Flüssigmedizin rasch zum Erfolg.

Obwohl das Frischwasser aus den städtischen Leitungen chloriert und relativ bekömmlich ist, kauft man **zum Trinken besser Mineralwasser.** In vielen ländlichen Regionen nutzen die Menschen Regenwasser oder sogar Flusswasser. Flusswasser sollte vor Genuss in jedem Fall gefiltert, per Wasserreinigungstabletten entkeimt bzw. mehrere Minuten abgekocht werden.

Hauterkrankungen

Zu den schwersten Erkrankungen gehört die **Leishmaniose.** Ein kleiner Parasit, der durch Sandfliegenbisse von Zwischenwirten (z.B. Faultieren, Ameisenbären) auf den Menschen übertragen wird, greift die Haut sowie die Schleimhäute an; es bilden sich kraterähnliche Geschwüre, die sich mehr und mehr ausdehnen. Die Behandlung erfolgt mittels wiederholter Injektion starker Antibiotika. Seit Beginn der Militäroffensive gegen die FARC haben sich Tausende im Dschungel operierende Soldaten mit Leishmaniose infiziert. In Dschungel- und Savannenregionen nicht ohne Moskitonetz schlafen!

In feuchtwarmen Gebieten ist die Ansteckung mit **Hautpilzen** möglich. Man sollte luftig herumlaufen, jedoch nicht barfuß, sondern, insbesondere bei der Benutzung von Duschen, in Badelatschen. Lokal aufgetragene Antipilzcremes (z.B. *Canesten*) helfen bei leichteren Erkrankungen schnell und wirksam.

Insbesondere in unterversorgten, feuchtwarmen ländlichen Regionen kann man sich **Krätze** holen, die dort epidemisch auftritt: Milben bohren Gänge in die Haut; ihre Ausscheidungen verursachen starken Juckreiz, von dem man nachts sogar wach wird. Lokal erhältliche Benzylbenzoatlösung mehrere Tage früh und abends auf den gesamten Körper (außer den Kopf, der nicht befallen wird) aufgetragen, lässt die Erreger absterben. Um sich nicht an der eigenen Kleidung

colo057 Foto: ib

wieder anzustecken (aber auch vorbeugend), mag die Kleidung (insbesondere die Wäsche) nachts im Tiefkühlfach eingelagert werden (in Dschungeldörfern verfügen viele Vorratsläden über generatorenbetriebene Tiefkühltruhen für das Bier).

AIDS

AIDS ist verbreitet; etwa 300.000 Personen haben sich mit dem Virus infiziert. Eine Ansteckung ist ausschließlich über die Blutbahn möglich, z.B. durch ungeschützten Geschlechtsverkehr, das Verwenden von schon benutzten Spritzen, Bluttransfusionen. Also: **Kein Sex ohne Kondom!**

Schönheits- & Fortpflanzungsreisen

Mehr und mehr internationale Besucher – insbesondere aus den USA – fahren nach Kolumbien, um sich medizinisch bzw. kosmetisch versorgen zu lassen. Schönheitschirurgie, Zahnmedizin, Augenlaser- und Fortpflanzungstechnik sind hoch entwickelt und die Behandlungen z.T. erstaunlich preiswert zu haben, doch sollte man hier im Vorfeld sorgfältig recherchieren ...

Schwefeldämpfe am Vólcan El Azufral

Informationsstellen

Reise- und Sicherheitshinweise sowie Aktuelles zur Lage in Kolumbien erteilen folgende Stellen/Websites:

- **Deutschland:** www.auswaertiges-amt.de (Reise & Sicherheit), Tel. 030 1817 2000, Fax 18175 1000.
- **Österreich:** www.bmeia.gv.at (Bürgerservice), Tel. 05 01150 4411, Fax 05 01159 0 (die 05 muss immer vorgewählt werden).
- **Schweiz:** www.dfae.admin.ch (Vertretungen), Tel. 031 3238 484.

- Kontakte und Informationen vermag der **Deutsch-Kolumbianische Freundeskreis e.V.** zu vermitteln (www.dkfev.de).
- Historische und landeskundliche Fakten in spanischer Sprache liefert die virtuelle **Biblioteca Luis Ángel Arango** (www.lablaa.org).
- Wer intensivere Recherchen betreiben möchte, sollte auch das **Iberoamerikanische Institut** in Berlin aufsuchen (www.iai.spk-Berlin.de) oder sich an das **Lateinamerika-Institut** in Wien wenden (www.lai.at).
- Die offizielle Tourismuswebsite ist **www.colombia.travel/en.**

Proexport Colombia

In Frankfurt angesiedelt ist Proexport Colombia, Außenwirtschaftsstelle der kolumbianischen Regierung, Förderung von Tourismus, Investitionen und Exporte:

- **Proexport Colombia**
Fürstenbergerstr. 223, 60323 Frankfurt a.M., Tel. 069 1302 3832, Fax 1302 4719, www.colombia.travel, alemania@proexport.com.co.

Literatur & Landkarten

Um – nicht zuletzt im Interesse der eigenen Sicherheit – die komplexe politische und soziale Situation besser zu verstehen, aber auch, um die bewegte Landesgeschichte und die Naturschönheiten gebührend würdigen zu können, sollte man sich auf eine Kolumbien-Reise gründlich vorbereiten. Im Anhang dieses Buches finden sich Literaturtipps, doch es lohnt sehr, überdies die immer zahlreichen Neuerscheinungen in Bogotá durchzusehen und – für detaillierte Landkarten – das **Instituto Geográfico Agustín Codazzi,** www.igac.gov.co, aufzusuchen (siehe unter Bogotá).

Im Anhang dieses Buches findet sich ein **Atlas zu Kolumbien,** dessen Kartenausschnitte der sehr detaillierten und reisepraktisch ausgerichteten Karte des world mapping project von REISE KNOW-HOW entnommen sind.

Maße & Gewichte

Kolumbien nutzt das **metrische System.** Allerdings werden Lebensmittel noch oft in *libras* abgewogen (1 libra = 460 Gramm) und verkauft sich Benzin in *galónes* (1 galón = 3,79 Liter).

Notfälle

Verlust von Geldkarten

Bei Verlust oder Diebstahl der Kredit- oder Maestro-/EC-Karte sollte man diese umgehend sperren lassen. Für deutsche Geldkarten gibt es die einheitliche **Sperrnummer 0049 116 116** und im Ausland zusätzlich 0049 30 4050 4050. Für österreichische und schweizerische Karten gelten:

- **Maestro-/EC-Karte:** Tel. (A) 0043 1 2048 800; Tel. (CH) 0041 44 2712 230, UBS: 0041 848 888 601, Credit Suisse: 0041 800 800 488.
- **MasterCard:** Internationale Tel. 001 636 7227 111.
- **VISA:** Internationale Tel. 001 410 581 9994.
- **American Express:** Tel. (A) 0049 69 9797 1000; Tel. (CH) 0041 44 6596 333.
- **Diners Club:** Tel. (A) 0043 1 501 350; Tel. (CH) 0041 58 7508 080.

Verlust von Reiseschecks

Nur wenn man den Kaufbeleg mit den Seriennummern der Reiseschecks sowie den Polizeibericht vorlegen kann, wird der Geldbetrag von einer größeren Bank vor Ort binnen 24 Stunden zurückerstattet. Also muss der Verlust oder Diebstahl umgehend bei der örtlichen Polizei und auch bei American Express bzw. Travelex/Thomas Cook gemeldet werden (Rufnummer auf der Notrufkarte, die man bekommen hat).

Geldsendungen

Der Transfer von Bargeld aus Europa ist über **Western Union** (www.westernunion.com) innerhalb eines Tages machbar. Für den Transfer muss man die Person, die das Geld schicken soll, vorab benachrichtigen. Diese muss dann bei einer Western-Union-Vertretung (in Deutschland u.a. bei der Postbank) ein entsprechendes Formular ausfüllen und den Code der Transaktion telefonisch oder anderweitig übermitteln. Mit dem Code und dem Reisepass geht man zu einer beliebigen Vertretung von Western Union in Kolumbien (siehe Telefonbuch oder unter www.westernunion.com), wo das Geld nach Ausfüllen eines Formulares binnen Minuten ausgezahlt wird. Je nach Höhe der Summe wird eine Gebühr ab derzeit 10,50 Euro erhoben. Western-Union-Vertreter vor Ort ist der Kurierdienstleister **Servientrega.**

Eine Alternative bietet **MoneyGram** (www.moneygram.com), dessen Vertreter in Kolumbien **Cambiamos** heißt.

Ausweisverlust/ dringender Notfall

Wird der Reisepass oder Personalausweis gestohlen, muss man dies **bei der örtlichen Polizei melden.** Darüber hinaus sollte man sich an die nächste diplomatische Auslandsvertretung seines Landes wenden, damit man einen Ersatz-Reiseausweis zur Rückkehr ausgestellt bekommt (ohne kommt man nicht an Bord eines Flugzeuges!).

Auch in **dringenden Notfällen,** z.B. medizinischer oder rechtlicher Art, bei der Vermisstensuche, Hilfe bei Todesfällen o.Ä., sind die Auslandsvertretungen bemüht vermittelnd zu helfen.

Auslandsvertretungen

- **Deutschland:** Botschaft in Bogotá, Cra. 69 No. 25B-44, Edificio World Business Port, Tel. 1 4232 600; Konsulat in Cali, Cl. 1B No. 66B-29, Tel. 2 3234 435, 2 3238 402; Konsulat in Cartagena, Diagonal 30 No. 54-124, Ceballos, Tel. 5 6671 685; Konsulat in Medellín, Cra. 48 No. 26 Sur-181, Local 106, Centro Integral Las Vegas, Tel. 4 3346 474 oder 315 5890 000.
- **Österreich:** Botschaft in Bogotá, Cra. 9 No. 73-44, Tel. 1 3263 680, 1 3269 240; Konsulat in Barranquilla, Vía 40 No. 64-198, Zona Industrial, Loma No. 3, Tel. 5 3682 050 oder 5 3610 712; Konsulat in Cali, Cra. 13 No. 14-27, Fray Damián, Tel. 2 8834 950 oder 2 8834 951; Konsulat in Cartagena, Edificio Chambacu Business Center, Tel. 5 6503 617 oder 5 6503 610; Konsulat in Medellín, Cra. 43A No. 7-50A, Oficina 1308, Tel. 4 3184 220; Konsulat in San Andrés, „La Bombonier", Av. Juan XXIII, Tel. 8 5123 430, 8 5126 081, 8 5124 330.
- **Schweiz:** Botschaft in Bogotá, Cra. 9a No. 74-08, Edificio Profinanzas, Tel. 1 3497 230; Konsulat in Cali, c/o Pension Stein, Av. 4 Norte No. 3-33, Tel. 2 6534 793; Konsulat in Cartagena, Calle del Curato No. 38-82, Centro histórico, Tel. 5 6602 102, 5 6649 732; Konsulat in Medellín, Cl. 6 Sur No. 43A-96, Oficina 802, Edificio Torre 6 Sur, Tel. 4 3113 314.

Öffnungszeiten

Die gängigen Geschäftszeiten sind **Mo bis Fr 8–12 und 14–17 Uhr sowie Sa 9–12 Uhr.** Gerade in heißen Regionen dauert die Siesta manchmal länger. Banken schließen sowohl mittags als auch abends bis zu eine Stunde eher; in Großstädten arbeiten sie allerdings ohne Mittagspause. Spät abends und an Feiertagen sind viele private Läden trotzdem geöffnet. Kleine Geschäfte auf dem Land kennen keine festen Öffnungszeiten; wenn jemand aus der Familie da ist, dann ist auch offen. Manche Museen in selten besuchten Ortschaften muss man sich von den Nachbarn aufschließen lassen.

Orientierung & Adressen

Nahezu alle Ortschaften – ob Städte oder Dörfer – verfügen über ein schachbrettartiges Straßennetz. Die Straßen tragen keine Namen, sondern haben fortlaufende Nummern. Straßen in Nord-Süd-Richtung heißen **Carreras** (auf Stadtplänen abgekürzt mit Cra. oder K.), die Straßen in Ost-West-Richtung **Calles** (abgekürzt Cl. oder C.). Selten gibt es Straßen, die das Schachbrettmuster diagonal durchkreuzen, sie heißen **Transversales** (eher wie die Carreras in Nord-Süd-Richtung) oder **Diagonales** (eher wie die Calles in Ost-West-Richtung).

Wenn dem Kenner eine Adresse vorgelegt wird, findet er sehr schnell und präzise das dazugehörende Haus, und zwar selbst dann, wenn er vorher noch nie in der betreffenden Stadt war. Damit das auch dem Leser gelingt, hier die **Erklärung:** Ein Haus mit der Adresse Cra. 12 No. 8-27 befindet sich in der Carrera 12, und zwar 27 Schritt von ihrer Kreuzung mit der Calle 8 in Richtung Calle 9. Ein etwas komplizierteres Beispiel: Ein Haus mit der Adresse Cl. 19A No. 45B-05 befindet sich in der Calle 19A (die ihrerseits zwischen den Calles 19 und 20 verläuft), und zwar fünf Schritt von ihrer Kreuzung mit der Carrera 45B (die sich zwischen Carrera 45A und 46 befindet) in Richtung Carrera 46.

In großen Städten gibt es Ausfallstraßen, die z.B. als **Autopista** oder **Avenida** bezeichnet werden und ebenfalls Nummern oder aber Namen tragen.

In Kolonialstädten wie Cartagena, Mompós, Honda oder Santa Fé de Antioquia tragen die Altstadtgassen ihre ursprünglichen, meist sehr klangvollen Namen – doch zusätzlich sind sie nach dem oben beschriebenen System durchnummeriert.

Post & Kurierdienste

4-72 (ehemals Adpostal)

Briefe und Paketsendungen. Das Unternehmen unterhält 1.700 Filialen landesweit und ist in nahezu jedem Ort vertreten.

- **Oficina Centro Internacional:** Bogotá, Cra. 7 No. 27-54; **Oficina Centro Comercial Unicentro,** Bogotá, Av. 15 No. 123-30; www.4-72.com.

Deprisa

Dieser Kurierdienst der Avianca kümmert sich um Pakete und Eilversandgut. Poste-restante-Service.

- Bogotá, Cl. 64A No. 94-69, Tel. 5405 300, Extensión 46/01 8000 912 216; Cra. 7 No. 16-36, Edificio Avianca, Tel. 3427 513 / 3427 558; www.deprisa.com.

Sonstige

Alternativ können **für wichtige Sendungen ins Ausland** auch folgende Kurierdienste genutzt werden:

- **DHL:** Bogotá, Cra. 85D No. 46A-38, Tel. 4235 100 / 4235 200 / 01 8000 111 345 (erreichbar per Stadtbus 299 in Richtung Flughafen, bis Av. Cali nahe Plaza Dorado).
- **Fedex:** Bogotá, Transversal 93 No. 61-32, Tel. 2910 100; Cra. 7 No. 16-50, Tel. 2433 315 / 01 8000 110 339.
- **Servientrega Internacional:** Bogotá, Cl. 64 No. 89A-83, Tel. 5437 300 / 5464 000 / 01 8000 110 222, www.servientrega.com.

Reisezeit

Es gibt nur sehr geringe jahreszeitliche Temperaturänderungen. Ein breites Spektrum unterschiedlicher Klimazonen tritt indes aufgrund der bergigen Natur auf. Kolumbien ist das ganze Jahr hindurch sehr regenreich. Etwas weniger als üblich regnet es nur in den Monaten **Dezember bis März** und **Juli/August.** Dann sind auch die meisten kleineren Straßen passierbar. Die genannten Monate sind daher besonders für eine Reise zu empfehlen – wobei allerdings zu beachten ist, dass während der Weihnachtszeit, zu Ostern und im Juli vielerorts die Hotelpreise aufgrund der heimischen Urlaubssaison ansteigen.

Reiseziele

Die Liste einzigartiger Reiseziele in Kolumbien ist lang und kann beliebig verlängert werden - doch bei der Auswahl der nachfolgenden, bei weitem nicht auf Vollständigkeit beruhenden Empfehlungen wurde explizit die in vielen Landesteilen noch instabile Sicherheitslage berücksichtigt.

In der **Hauptstadt Bogotá** gehören ein Besuch des Goldmuseums, des Museo Botero sowie des Cerro de Monserrate zum Pflichtprogramm.

An **Kolonialarchitekur** Interessierte versäumen auf keinen Fall **Cartagena de Indias** und **Mompós,** beide auf der

colo058 Foto: ib

Liste des UNESCO-Weltkulturerbes, außerdem die südliche Provinzhauptstadt Popayán sowie ein oder zwei der folgenden kleinen Orte: Villa de Leyva, Barichara, Girón und Santa Fé de Antioquia.

Vorzügliche **Beispiele kolonialer Wohnkultur** bieten **Tunja** mit der Casa del Fundador und der Casa del Escribano, die Hacienda El Salitre nahe Paipa sowie die Haciendas Paraíso und Piedechinche nahe Cali.

Das moderne und kontrastreiche urbane Kolumbien erlebt man über den Dächern von **Medellín** im Metrocable schwebend.

Archäologische Fundstätten ersten Ranges sind die mystischen UNESCO-Weltkulturerbestätten **Tierradentro** und **San Agustín.** Schwerer zu erreichen ist die Ciudad Perdida in der Sierra Nevada de Santa Marta.

Kein Kolumbien-Urlaub ist vollständig ohne die **Übernachtung auf einer Kaffeefinca** im Eje Cafetero sowie ein Bierchen auf der Plaza eines typischen *pueblito paisa*, z.B. in Guatapé, Rionegro, El Retiro, Filandia oder Salento.

Badegäste lassen sich die Strände auf **San Andrés** und **Providencia,** auf der Isla Barú oder im Nationalpark Tayrona nicht entgehen. Gute Thermalbäder gibt es z.B. nahe Santa Rosa de Cabal und in Paipa.

Naturliebhaber beobachten die Sterne in der Tatacoa-Wüste, wandern durch das Valle de Cocora sowie entlang heiliger Lagunen im Santuario de Iguaque.

Sportler tauchen an den Korallenbänken von San Andrés und Providencia oder unternehmen von San Gil aus Wildwasserfahrten.

Tanzbegeisterte besuchen **Cali,** die Hauptstadt des Salsa.

Gräber auf dem Alto de los Ídolos in San Agustín

Sicherheit & Kriminalität

Gewalt hat eine lange Tradition

Die große Mehrheit der Kolumbianer ist höflich, zuvorkommend, freundlich und sehr hilfsbereit – insbesondere auch die Jugend. Die meisten Kolumbianer freuen sich sehr über Besucher, die sich für ihr Land und seine Menschen interessieren und tun alles dafür, dass man sich wohlfühlt. Demgegenüber genügt oft ein kurzer Blick in eine Lokalzeitung, um das Schaudern zu kriegen. Und in den Buchläden widmen sich ganze Regale dem ewig gleichen Thema: der Gewalt. In Kolumbien weist **Gewalt als Mittel zur Durchsetzung jeglicher Ziele** und als Form der aktiven Selbsthilfe und Selbstverteidigung eine lange Tradition auf. Als *Álvaro Uribe* 2002 die Regierung übernahm, waren der Staat und seine Sicherheitskräfte immerhin in beinahe 20% aller kolumbianischen Gemeinden nicht präsent, wo zum Teil das archaische **Recht des Stärkeren** herrscht(e). Mittlerweile hat sich die Situation sehr verbessert. Doch wem das Klima der permanenten Gewalt noch in den Knochen steckt, ist und bleibt schnell mit der Waffe. Verzweifelte Binnenflüchtlinge hat es von einem Ende des Landes zum anderen verschlagen; mussten sie sich erst im Dschungel von Urabá behaupten, ist es jetzt der Großstadtdschungel von Medellín. Und die reintegrationswilligen Paramilitärs und Guerilleros, die ihre Waffen abgegeben haben, kennen oft keinen anderen Beruf als den der Gewaltausübung.

Die pure Not ist die strengste und beste Lehrerin; ihre Schüler verfügen über unglaublichen Erfindungsgeist. Es ist nicht immer der brachiale Raubüberfall, der den Tätern den besten Fang beschert. Und so dominieren denn **Trickdiebstähle und Trickbetrügereien** die kriminelle Szene in den Großstädten. Oft arbeiten mehrere Gauner zusammen. Die bestgekleideten und seriös aussehenden sind in der Regel die schlimmsten.

Buchtipps – Praxis-Ratgeber:
- Matthias Faermann
Schutz vor Gewalt und Kriminalität unterwegs
- Birgit Adam
Als Frau allein unterwegs
(beide Bände REISE KNOW-HOW Verlag)

Vorsicht ist besser als Nachsicht!

Doch es besteht kein Grund zur Panik: Wer sich nicht bewusst in Gefahr begibt, indem er ohne einheimische Begleitung durch Elendsquartiere spaziert, wer nachts lieber ein Taxi nimmt anstatt die Sterne über unbeleuchteten Großstadtstraßen oder den Blütenduft in düsteren Parks zu genießen, wer nicht notorische Unruheherde mit Guerilla- oder paramilitärischer Präsenz besucht, wer im Umgang mit Fremden (auch mit anderen Ausländern) auf seine Intuition hört und ein wenig wachsam bleibt, der wird kaum ein Problem erleben.

Der Kolumbien-Reisende schützt sich, indem er sich nicht wie ein Tourist kleidet, sondern wie ein normaler Bürger und sich selbst- und zielsicher bewegt. Er trägt z.B. keine der in Mitteleuropa so populären Camouflage-Kleidung, um in ländlichen Regionen nicht schon von weitem mit einem Guerillero oder Soldaten verwechselt und eventuell ins Fadenkreuz genommen zu werden. Er kleidet sich auch nicht zu abgerissen, denn „Hippies" erregen oft die Aufmerksamkeit von Drogendealern und Polizei.

Papiere und Geld führt er in seiner Kleidung verstaut mit, Letzteres gestreut auf mehrere Stellen: Eng gefaltete Reservegeldscheine schiebt er z.B. durch einen unauffälligen Schnitt in den Hosenbund. Pass und Reiseschecks kann er bei Verlust in eingescannter Form von jedem Computer mit Internetzugang abrufen – oder er hat Kopien im Gepäck. Den Koffer verschließt er mit einem Vorhängeschloss. Die Kamera präsentiert er nicht vor die Brust geschnallt.

Er meidet Menschenaufläufe – sowohl Demonstrationen (die stets ein Gewaltpotenzial in sich bergen) als auch Gewusel auf Busbahnhöfen, die ein Hort der Kriminalität sein können. Darum meidet er nach Möglichkeit auch die billigen, aber unsicheren Hotels an den Busbahnhöfen.

In ein Taxi, in dem außer dem Fahrer noch ein Mann sitzt, steigt er niemals ein. Auch **überlegt er sich genau,** ob er von Fremden im Bus Süßigkeiten oder Zigaretten annimmt oder in der Bar nach dem Besuch des *urinal* seinen unbeaufsichtigten Drink weiterschlürft – er könnte *burundanga* enthalten, eine Droge aus der Rinde des *borrachero*-Baumes, die ihr Opfer völlig willenlos werden lässt – so willenlos, dass es seine Geheimzahl am Geldautomaten verrät oder eine Vergewaltigung über sich ergehen lässt ...

Drogen

Ein Großteil der Gewalt und Kriminalität hat direkt oder indirekt mit Drogen zu tun. Wer Drogen nimmt, vorschlägt, Drogen zu nehmen, oder auf ein entsprechendes Angebot bereitwillig eingeht, macht sich nicht nur strafbar, sondern überschreitet in den Augen vieler Kolumbianer auch eine unsichtbare Grenze der Ehrbarkeit. Der durchschnittliche kolumbianische Bürger hat mit dem Konsum illegaler Drogen nichts im Sinn. Manche Dealer arbeiten mit Polizisten zusammen oder schmuggeln Drogen in das Gepäck eines ahnungslosen Reisenden ein. Polizeirazzien in Hotels, insbesondere Hippie-Absteigen, finden statt. Strafen für illegalen Drogenbesitz und -konsum sind harsch.

Fazit: Finger weg von allen Drogen! Vorsicht bei Leuten, die Drogen nehmen! Gut auf die eigenen Sachen aufpassen, insbesondere auch im Flughafenbereich!

Entführungen (Kidnapping)

Kolumbien ist das klassische Land des Kidnapping. Waren es früher vor allem Guerillagruppen, die Menschen ent-

Íngrid Betancourt – Sechs Jahre Geisel der FARC-EP

Íngrid Betancourt Pulecio, die elitär in Paris aufgewachsene 40-jährige Politikwissenschaftlerin, Antikorruptionsaktivistin und Präsidentschaftskandidatin der kleinen, wenig populären kolumbianischen Partei *Verde Oxígeno,* macht sich am **23. Februar 2002** auf, um im Rahmen ihrer Wahlkampagne als Plädoyer für den Frieden die (neben Tota im Departamento Boyacá) landesweit einzige von einem Parteifreund regierte Gemeinde zu besuchen: das berüchtigte San Vicente del Caguán (Departamento Caquetá), kurz zuvor noch in fester Hand der FARC. In der Umgebung finden nach der Aufkündigung des Friedensdialogs zwischen Regierung und Guerilla immer heftigere Scharmützel statt: Das kolumbianische Militär hofft, im Auftrag der Regierung die riesige, sogenannte „Demilitarisierte Zone" zurückzuerobern, in der die FARC einen „Staat im Staate" errichtet haben. Doch die Kämpfe hindern *Íngrid Betancourt* nicht, in einem Kleinbus, begleitet nur von ihrem Fahrer, ihrer 38-jährigen Wahlkampfleiterin *Clara Rojas,* die die Vizepräsidentschaft anstrebt, und zwei Journalisten, von Neiva kommend über die Provinzhauptstadt Florencia den chronischen Unruheherd anzusteuern.

Der Fahrer wird später den **Hergang der Entführung** folgendermaßen berichten: Nachdem sie Florencia schon eine geraume Zeit hinter sich gelassen haben und sich bereits dem Ort El Paujil nähern, stehen da plötzlich vor ihnen mitten auf der Landstraße zwei Fahrzeuge mit der Aufschrift „Bus Bomba" und zwingen sie zu halten. Sofort umringen mehrere Guerilleros den Kleinbus, fuchteln mit ihren Waffen herum und verlangen die Mobiltelefone der Insassen; der Comandante erkennt sehr schnell, was für einen wundervollen Fang er gemacht hat und brüllt in sein Funkgerät: „Wir haben sie!" In diesem Augenblick aber kommt ganz unerwartet eine junge Mopedfahrerin ebenfalls bei der Straßensperre an. „Sofort umkehren!", schreit der Comandante sie nervös an. „Aber ich muss nach El Paujil!", antwortet das Mädchen verzweifelt. Der Comandante ist wütend: „Fackelt das Ding ab!", befiehlt er seinen Leuten, worauf einer das Moped mit Benzin überkippt und anzündet. Der Guerillero weicht der Flamme aus und tritt dabei aus Versehen auf eine Mine; es knallt; er fliegt durch die Luft und liegt mit zerfetztem Bein im Straßengraben. Die Mopedfahrerin dreht sich panisch um und rennt, so schnell sie kann, zurück. *Íngrid Betancourt* brüllt: „Dieser Krieg ist einfach nur Scheiße!" Der Comandante warnt sie auszusteigen: „Wir haben alles vermint!" Die Guerilleros hieven ihren verletzten Kameraden in den Kleinbus und befehlen dem Fahrer: „Los, weiter!" Etwas später tauchen Lastkraftwagen mit Guerilleros auf: *Betancourt* und *Rojas* müssen umsteigen und werden verschleppt.

Betancourt verbringt **endlose Wochen tief im Busch** in streng bewachten Gebäuden, die als Verstecke für politische Geiseln dienen. Immer wieder wird weitermarschiert. Vom Tod ihres Vaters erfährt sie, als sie einen Kohlkopf aus einem Zeitungsfetzen auswickelt. Zu essen gibt es alles, was der Dschungel hergibt, auch Schlangen- und Affenfleisch. Ein Mitgefangener wird später äußern: „Mehrmals sah ich, wie sie Wächtern den Hundefraß ins Gesicht warf. Statt das Radio leiser zu stellen, drehte sie es auf. Immer war sie in Aktion, besserte Kleider aus, flocht Gürtel, brachte uns Französisch bei."

Doch in Wahrheit leidet *Betancourt* an **Depressionen** sowie einer **Lebererkrankung** und magert immer mehr ab. Die Haare fallen ihr büschelweise aus, ihre Haut ist pilzbefallen. Mit *Clara Rojas* überwirft sie sich. Und auch mit anderen Gefangenen gibt es Streit: Sie gilt als arrogant und schwierig. Im Stillen aber denkt *Betancourt* an Selbstmord. „Der Glaube an Gott ist das einzige, was mich abhielt, die Würde zu verlieren. Hast du diese spirituelle Kraft, behältst du Kontrolle über deinen Verstand", wird sie nach ihrer Befreiung sagen.

Man zwingt sie und die anderen Gefangenen, einen **40-tägigen Marsch durch den pitschnassen Dschungel** anzutreten. Die Nächte verbringen sie in Erdlöchern. Ziel ist ein tief im Wald verborgenes Lager, welches den Guerilleros sicherer dünkt als die bisherigen Verstecke. *Betancourt* ist so schwach, dass sie weite Strecken in einer Hängematte getragen werden muss.

Nach drei Jahren Gefangenschaft und mehreren missglückten Versuchen plant *Betancourt* zusammen mit einer Mitgeisel, dem Senator *Luis Eladio Pérez,* ein weiteres Mal ihre **Flucht.** *Pérez* leidet an Diabetes, hat gerade Leishmaniose sowie einen Herzinfarkt überstanden – und doch wollen sie los, denn die Guerilleros ziehen einen Stacheldrahtring um das neue Lager, und wenn der fertig ist, erscheint alles erst recht aussichtslos. In einer erbärmlichen Regennacht, in welcher die Wächter Plastikkapuzen tragen und fast nichts sehen und hören und vor allem auf die vor den Gefangenenpritschen stehenden Schuhe achten, werden sie durch *Betancourt* und *Pérez* mit Hilfe fremder Schuhe getäuscht. Beiden gelingt es zu entkommen: Sie treiben von nun an jede Nacht auf dem Río Yarí flussabwärts; tagsüber verstecken sie sich vor ihren Häschern, die sich zu Hunderten an der Suche beteiligen, im Uferdickicht. Nach sechs Tagen aber geben sie entkräftet auf. Die Guerilleros ketten sie zur Strafe barfuß an einen Baum – tagelang.

Am 10. Januar 2008 kommt nach langen Verhandlungen *Clara Rojas,* die im Dschungel das Kind eines FARC-Rebellen zur Welt gebracht hat, frei. Und am **2. Juli 2008** wird *Íngrid Betancourt* von kolumbianischen Soldaten am Ufer des Río Inírida aus der Hand der FARC befreit. Ob es sich bei dieser Aktion um ein glänzendes militärisches Manöver handelte oder in Wahrheit eine Lösegeldzahlung erfolgte, ist nicht abschließend geklärt. Jedenfalls wurde *Betancourt* nach ihrer Befreiung mit zahlreichen Preisen und Ehrungen bedacht. Heute lebt sie wieder in Paris.

führten, um ein Lösegeld oder politische Einflussnahme zu erpressen, sind es heute zusätzlich auch ganz gewöhnliche, aber gut organisierte kriminelle Banden. Zu den begehrten Opfern zählen Politiker, Unternehmer, Großgrundbesitzer und ihre Familienmitglieder, Staatsbeamte, Militärangehörige. **Ausländer – zumal Touristen – sind eher am Rande betroffen,** was allerdings auch dem Umstand geschuldet sein mag, dass es nicht allzu viele ausländische Touristen in Kolumbien gibt. Kolumbianische Touristen wurden und werden jedenfalls sehr wohl gekidnappt, wie Vorkommnisse in den Jahren 2007 und 2008 im Departamento Chocó zeigen. Doch generell ist die Zahl der Entführungen in den letzten Jahren erheblich zurückgegangen und konzentriert sich ohnehin auf ganz bestimmte Landesteile. Auch kehren statistisch gesehen neun von zehn Entführungsopfern irgendwann (!) lebend in die Arme ihrer Liebsten zurück. Also keine Panik. Doch mit gutem Recht zieht der deutsche Staat – wie 2009 in einem höchstgerichtlichen Urteil bestätigt – freigekaufte Entführungsopfer hinterher finanziell zur Verantwortung: Es kann wohl kaum angehen, dass der im Schweiße seines Angesichts arbeitende Steuerzahler die Abenteuerlust und Risikofreude einzelner Exzentriker bezahlt.

Und so minimiert der **verantwortungsbewusste Kolumbien-Reisende** sein Entführungsrisiko, indem er all jene notorischen Regionen meidet, die sich außerhalb zureichender staatlicher Einflussnahme befinden oder in denen gerade der interne bewaffnete Konflikt am heißesten schwelt.

Wer unsicher hinsichtlich des Weiterreisezieles ist, fragt in Globetrotterabsteigen nach (z.B. Platypus in Bogotá verfügt über zuverlässige **Informationen** zur landesweiten Sicherheitslage) oder sucht das Bürgermeisteramt *(alcaldia)* der Gemeinde auf, in der er sich gerade befindet, lässt sich dort registrieren und fragt, wie es um den *orden público,* d.h. die öffentliche Ordnung, in der Region bestellt ist.

Polizei & Militär

„Tú ejército es contigo! – Deine Streitkräfte sind mit dir!" Mit Transparenten wie diesen möchte das Militär an Überlandstraßen all jenen Reisenden **Mut machen,** denen sich unterwegs der Magen zusammenkrampft: Galten doch etliche dieser Straßen – insbesondere nachts – bis vor wenigen Jahren noch als notorische Gefahrenstellen aufgrund der Guerillapräsenz. Militärcheckpoints und sporadische **Kontrollen** ganzer Reisebusse gehören zum Alltag. Auch in den Städten kann es vorkommen, dass man als Fußgänger von bewaffneten Beamten höflich nach dem Ausweis gefragt wird.

Hier gilt es, 1. immer ein Identifikationspapier, am besten den Originalreisepass, parat zu halten, und 2. sich den Beamten gegenüber stets geduldig und kooperativ zu zeigen.

Im Gegensatz zu zahlreichen Vorfällen in anderen südamerikanischen Ländern habe ich in Kolumbien bisher nie schlechte Erfahrungen im Umgang mit Polizisten und Soldaten sammeln müssen. Stets verlief alles sehr korrekt und professionell. Oft zeigten sich die Beamten als sehr hilfsbereit.

Dennoch sollte man auch **im Umgang mit Polizei und Militär wachsam sein:** Bei einer Razzia des Hotelzimmers hat man besser einen Zeugen dabei, um zu verhindern, dass Drogen untergeschoben werden. Sofern ein Beamter verlangt, dass man eine „Strafe" zahlt, sollte man auf einer Quittung bestehen; suggeriert er, bestochen werden zu wollen, sollte man darauf besser nicht eingehen (es sei denn, man hat tatsächlich etwas ausgefressen ...). Hingegen mag es hilfreich sein, bei Konflikten nach dem Vorgesetzten zu verlangen oder darauf zu bestehen, zur Polizeistation gebracht zu werden. Denn mancher Kleingauner hat sich schon als Polizist verkleidet, um auf der Straße Touristen zu prellen, und wird dann rasch unsicher.

Wird man Opfer eines Diebstahls, nimmt die **Policia de Turismo** (Touristenpolizei) eine Anzeige auf (wichtig, falls man versichert ist).

colo099 Foto: ib

Sport & Aktivitäten

Wandern/Bergsteigen

Das bizarr zerklüftete Kolumbien entwickelt sich zu einem weltweiten Geheimtipp für Bergwanderer und Bergsteiger. Guerillaaktivitäten und Militäroperationen machen manche Regionen jedoch gefährlich.

Heilige Lagunen der *Muisca* (z.B. die **Laguna del Iguaque** im Departamento Boyacá und die **Laguna de Guatavita** im Departamento Cundinamarca) sowie Vulkane wie der spukhafte **Azufral** (Departamento Nariño) sind relativ leicht auch für wenig Erfahrene zu erreichen.

Mehrtägige, von Ureinwohnern begleitete Dschungelexkursionen führen ausdauernde Wanderer zur geheimnisvollen **Ciudad Perdida** in die Bergwelt der Sierra Nevada de Santa Marta hinein. Die dort lebenden indigenen Völker der *Arhuaco* und *Kogi* wünschen jedoch keine Kletterexpeditionen auf die Gipfel der ihnen sehr heiligen Berge und wissen sich – notfalls auch mit Waffengewalt – gegen Eindringlinge zu wehren.

Wanderer wenden sich in Bogotá an die **Fundación Colombiana de Caminante „Sal Sí Puedes“,** Cra. 7 No. 17-01, Oficina 640, Tel. 2833 765 / 3415 854, Fax 2815 624, www.salsipuedes.org. Die Assoziation organisiert **Gruppenwanderausflüge** (z.T. auch mehrtägig) im Departamento Cundinamarca. Wanderungen organisiert auch die **Corporación Clorofila Urbana,** Cra. 49B No. 91-41, Barrio La Castellana, Tel. 6168 711, www.clorofilaurbana.org.

Bergsteiger und solche, die es werden möchten, üben zunächst am künstlichen Kletterfelsen **Gran Pared** in Bogotá, Cra. 7 No. 50-02, Tel. 2850 903, www.granpared.com, oder strömen am Wochenende in die von Sandsteinklippen umgebene Kleinstadt **Suesca** (Departamento Cundinamarca), das Kletter-Dorado schlechthin (erreichbar in 1 Std. per Bus der Gesellschaft Alianza von Bogotás Transmilenio-Station Portal del Norte). Der Ortsname leitet sich von dem Chibcha-Wort für „Vogelfelsen“ ab. Hier ansässige Kletterschulen verleihen Ausrüstung, vermitteln preiswerte Privatunterkünfte und organisieren Kurse (z.B. *Hernán Wilke,* Cra. 7 y Cl. 50 Esq., Mobil 310 2168 119, www.monodedo.com; *Hugo Rocha,* Mobil 315 8262 051 / 310 5791 809, deaventuraporcolombia@yahoo.com; Unterkunft: Posada de la Montaña, Cl. 9 No. 6-18, Tel. 8563 142).

Buchtipps: Zu vielen sportlichen Betätigungen hält Reise Know-How nützliche Praxis-Ratgeber bereit, z.B.:

- Jürgen Becker
Tauchen in warmen Gewässern
- Sven Bremer
Radreisen Basishandbuch
- Rasso Knoller/Michael Stritzke
Paragliding

Der zwischen den Departamentos Boyacá, Arauca und Casanare gelegene, teilweise unerforschte und von Gletschern bedeckte **Nationalpark Sierra Nevada del Cocuy** (3.060 km²) dürfte für alpine Bergsteiger, die mit eigener Ausrüstung anreisen, die wohl attraktivste Kletterregion ganz Kolumbiens sein. Ein Zugang bietet sich von den Dörfern El Cocuy und Güicán (Departamento Boyacá) an. Weitere Optionen sind die Nationalparks **Puracé** (östlich von Popayán), **Nevado de Huila** oder **Los Nevados** (zwischen Manizales und Ibagué), Letzterer mit dem einfacheren Gipfel Nevado del Ruiz (im Volksmund „Schlafender Löwe" genannt) und dem etwas schwierigeren Nevado del Tolima.

Achtung: Die durch „dünne Luft" verursachte, gefürchtete **Höhenkrankheit** mit Kopfschmerz und Schwindel kann schon ab 3.000 m über NN auftreten: Den Körper langsam an die Höhe gewöhnen, viel trinken, kein Alkohol!

Fahrradfahren

In wohl keinem anderen südamerikanischen Staat genießt der Radsport mehr Prestige als in Kolumbien, der **Heimat von Rennfahrern** wie *Luis Alberto Herrera* (genannt *Lucho Herrera*), *Santiago Botero Echeverry* (genannt *Santi*) oder des zähen *Félix Cárdenas*, Siegers der Kolumbien-Rundfahrt *(Vuelta a Colombia)* 2011.

Obwohl aufgrund der oft chaotischen Verkehrssituation und der gerade in schwierigem Terrain wenig entwickelten Infrastruktur Fahrradfahrer gefährlich leben, setzt sich diese Sportart insbesondere in Bogotá immer mehr auch als Volkssport durch. Schon seit Jahren wird das **Fahrradwegenetz der Hauptstadt** stetig erweitert – vor allem entlang großer Ausfallstraßen. Überdies sind **große Teile des Stadtzentrums an Sonntagen und Feiertagen zwischen 7 und 14 Uhr autofrei** – ein einzigartiges und sehr erfolgreiches Experiment, das nicht nur zum Umweltschutz beiträgt, sondern zur Wiederbelebung des sonst von den Autos völlig vereinnahmten öffentlichen Raumes. An den autofreien Tagen, den **Días de las Ciclovías,** atmet Bogotá auf – und die Fiesta kann beginnen: Sportbegeisterte, aber genauso auch Familien mit Großmüttern und Kleinkindern, machen sich gleichermaßen zu Zehntausenden per Rad, mit Inline-Skatern oder aber zu Fuß auf den Weg und verwandeln die Innenstadt in ein Farbenmeer. Ehrenamtliche Helfer (meist Studenten) und Polizisten sorgen für Sicherheit und Ordnung, Aerobics-Lehrerinnen für körperliche Ertüchtigung.

Die Stiftung **Fundación Ciudad Humana** (Cra. 11 No. 81-35, Oficina 302, Tel. 2361 106, www.ciudadhumana.org) organisiert regelmäßig **Nachtfahrten** *(ruedas de noche)* unter Polizeischutz durch das bizarre, düstere Bogotá mit dem Ziel, die bedrückende Endzeitstimmung, die die nächtliche Stadt ausströmt, zu überwinden und Menschlichkeit zurückzubringen an Orte, die der Durchschnittsbürger nach Sonnenuntergang aus Angst vor

colo100 Foto: ib

Überfällen meidet. Aktuelle Termine finden sich auf der Homepage.

Bogotá Bike Tours, Cra. 3 No. 12-72, Tel. 2819 924, www.bogotabiketours.com, bietet ganztägige informative Fahrradtouren durch die Hauptstadt an (10 Euro/Person).

Fahrradausleihstationen gibt es nur in wenigen, touristisch entwickelten Gebieten Kolumbiens, z.B. auf den Karibikinseln San Andrés und Providencia sowie in San Gil und Villa de Leyva.

Gleitschirmflüge (parapente)

Aufgrund der idealen Thermik in vielen Bergregionen frönt die abenteuerlustige Mittelschicht dem hippen *paragliding*. Zentrum ist **Bucaramanga,** in dessen Umgebung *Richi Mantilla,* der englisch sprechende Besitzer mehrerer Globetrotterhostels, Tandemflüge ab 30 Euro und zehntägige Kurse ab 400 Euro anbietet (Mobil 312 4326 266, www.colombiaparagliding.com).

Spektakulär sind die Gleitschirmflüge über dem **Cañon de Chicamocha** im Departamento Santander (www.parquenacionaldelchicamocha.com).

Eine dritte Option bietet die Schule Zona de Vuelo in der Umgebung von **Medellín** (Bello, Km 5,6 Vía San Pedro de los Milagros, Estadero El Voladero,

Wie zu Humboldts Zeiten:
Die Wege in den Bergen sind schlicht

Tel. 3881 556, Mobil 301 5358 330, www.zonadevuelo.com), wo Tandemflüge um 35 Euro kosten.

Tanzen

Kolumbien ist ein Eldorado für Tanz- und Musikbegeisterte. In kaum einem anderen Land der Welt wurden und werden ähnlich viele Musikrichtungen und Tänze mit immer neuen Varianten erfunden und auch von der breiten Masse praktiziert. Schon die Dreijährigen kreisen auf ihren Kindergeburtstagspartys die Hüften. **Tanzunterricht** kann man **in Bogotá, Cali,** der Hauptstadt des Salsa, **Medellín und Cartagena** erhalten. Man informiert sich am Schwarzen Brett der Globetrotterabsteigen oder im Telefonbuch. Viele *salsatecas* in Cali bieten Tanzstunden an. Einfach nachfragen!

Tauchen

Ein Zentrum des Tauchsports ist der nahe Santa Marta gelegene Ort **Taganga.** Hier finden sich mehrere – auch deutschsprachige – Tauchschulen mit gutem Preis-Leistungs-Verhältnis und im östlich angrenzenden, buchten- und höhlenreichen **Nationalpark Tayrona** ideale, manchmal sogar erst wenig erforschte Tauchgründe. Exzellente Tauchmöglichkeiten bieten auch die Karibikinseln **San Andrés und Providencia,** wo sich mehrere Tauchschulen angesiedelt haben, sowie die Pazifikinsel **Gorgona.** Auf San Andrés existiert – wie auch in Cartagena – eine Dekompressionskammer.

Während der Anfänger einen Schnupperkurs zwischen den **Islas del Rosario** absolviert, scheuen professionelle Taucher nicht die erheblichen Kosten für eine Tauchexpedition zur UNESCO-Welterbeinsel **Malpelo** (Departamento Cauca) im Pazifischen Ozean, wo Schwärme von Hammerhaien für den ultimativen Kick sorgen.

Rafting

White-water rafting, das Befahren von Wildwasserflüssen im Schlauchboot, wird immer beliebter. Als Rafting-Zentrum hat sich **San Gil** im Departamento Santander etabliert, dort werden die Ríos Fonce (Schwierigkeitsgrad 2–3), Chicamocha (Grad 4) und Suárez (Grad 4–5) bezwungen (1,5 Std./15 Euro); doch auch am Río Negro (Grad 4–6) nahe **Tobia** in Cundinamarca (Information: Somos Aventureros, Bogotá, Cra. 28 No. 42-50, Tel. 6057 400, Mobil 312 4904 676) sowie am oberen Río Magdalena nahe **San Agustín** (siehe dort) zeichnen sich gute Rafting-Perspektiven ab. Für Anfänger ist der **Río Claro** geeignet (siehe dort).

Eine Alternative bietet *balsa rafting,* das ruhige Dahintreiben auf einem Floß, wie es im Departamento Quindío (Kontakt: Casa Vieja, Café y Balsaje, **Quimbaya,** Cra. 6 No. 17-05, Tel. 7521 141) auf dem sanften und schönen Río La Vieja praktiziert wird.

Die ökologische **Fundación Al Verde Vivo** in Bogotá, Cl. 95 No. 32-40, Oficina 203, Tel. 2570 153, www.alverdevivo.org, organisiert Rafting-Exkursionen.

Reiten

Simón Bolívar verbrachte einen Großteil seines Lebens hoch zu Pferd; er ritt durch halb Südamerika, durchquerte dabei sowohl die Llanos als auch die Kordilleren. Bis weit ins 20. Jh. hinein wäre das Reisen in Kolumbien ohne Pferd oder Maultier undenkbar gewesen, und noch heute gibt es viele unwegsame Gebirgsgegenden ohne Straßenverbindung, die nur mit *caballo* (Pferd) zu meistern sind, vor allem in Antioquia und den südwestlichen Departamentos. **Abseits der Städte** trifft man ständig auf *campesinos* (Bauern), die mit ihren Pferden unterwegs sind, und **in den Weiten der Llanos** gehört das Reiten erst recht zum Alltag, gern auch mit ein paar Schuss Aguardiente im Blut. Kleinwüchsige kolumbianische Pferde sind schon ab 150 bis 300 Euro zu kaufen: Man fragt auf *fincas* nach oder besucht Pferdemärkte, die in vielen Dörfern abgehalten werden. Sättel und Reitzeug bekommt man in der *talabartería* jeder Stadt.

Viele Großstädter besinnen sich auf ihre Wurzeln und mieten zum Wochenendausflug Pferde. Es stellt darum in touristischen Gebieten (z.B. **San Gil, Valle de Cocora, Villa de Leyva, Tierradentro oder San Agustín**) kein Problem dar, Pferde für Ausritte zu leihen (meist 2–3 Euro/Std.). Selbst in Bogotá lassen sich Reitausflüge organisieren (Cabalgatas Carpasos, Tel. 3687 242, www.carpasos.com).

Die Zucht temperamentvoller **Paso Finos** mit ihren herrlich geschwungenen Hälsen, muskulösen Kruppen und feingliedrigen Beinchen mit kleinen Hufen ist in Kolumbien – speziell im **Departamento Antioquia** – lange Tradition. Wichtigstes Zuchtmerkmal der Paso Finos ist ihr *brío* – ihr Schwung, ihre Energie.

Jede kolumbianische Stadt veranstaltet eine **feria,** einen Jahrmarkt, und Teil einer solchen *feria* ist gewöhnlich die *cabalgata* (Prozession zu Pferd) oder sogar ein Rodeo. Kunstreitshows finden in Antioquia regelmäßig statt. Berühmt ist die *cabalgata* der Feria de las Flores in **Medellín,** während die *cabalgata* im Rahmen der Feria de Cali leider – wegen schlechter Behandlung der Pferde durch Betrunkene – wohl nicht mehr stattfinden kann.

Vogelbeobachtung

Aus den USA kommt die neue Sportart **bird watching.** Die Hobby-Ornithologen scheuen keinen Aufwand, um ihren Wunschvogel vor das Fernglas oder die Linse zu bekommen – und werden in Kolumbien überreich belohnt, gilt doch dieses Land mit seinen unterschiedlichen Lebensräumen an Pazifik und Karibik, Amazonas und Orinoco sowie in den Bergen der Anden zu den artenreichsten Gegenden unserer Erde mit zahlreichen endemischen und sehr seltenen Vögeln.

Informationen über spezifische Vogelvorkommen erhält man unter www.aicas.humboldt.org.co und von der NGO ProAves in Bogotá, Cra. 20 No. 36-61, Tel. 3403 229, www.proaves.org, die mehrere Vogelschutzgebiete unterhält.

Sprache

Dass Englisch mittlerweile als Weltsprache gilt, davon merkt man in Kolumbien nichts – es sei denn, man hält sich ausschließlich im Departamento San Andrés und Providencia auf, wo die Alteingesessenen untereinander ein kreolisches Englisch sprechen, oder treibt sich den ganzen Tag in Bogotás renommiertesten Universitäten herum. Anderswo sind jedoch **Spanischkenntnisse unumgänglich.** Die netten und geduldigen Kolumbianer, die – zumindest im Hochland – in sehr reinem und gut verständlichem Spanisch kommunizieren, freuen sich und helfen gern – auch all jenen, die nur über rudimentäre Spanischkenntnisse verfügen. Wichtig ist einfach, ohne Scheu das, was man kann, anzuwenden. Sehr schnell wird man dann auch Freundschaften schließen können, die vielleicht ein Leben lang halten. Selbst in den entlegenen indigenen Gemeinden wird es immer zumindest einige Bewohner geben, die neben ihrer Muttersprache auch Spanisch sprechen. Ohne daheim (oder vor Ort in Kolumbien) Sprachunterricht genommen zu haben, wird eine Kolumbien-Reise jedoch wenig Vergnügen bereiten können.

- **Buchtipp:** Praktisch, alltagsnah und allgemeinverständlich ist der Sprachführer **„Spanisch für Lateinamerika – Wort für Wort"** aus der Kauderwelsch-Reihe des Reise Know-How Verlags.

Telefon

Festnetz

Kommunikation wird groß geschrieben in Kolumbien. Während öffentliche Münz- und Kartentelefonzellen der großen Telefongesellschaft Telefónica de Colombia (Telecom, www.telefonica.com.co) meist kaputt sind, gibt es in jeder Stadt **private Telefonbüros,** oft mit Fax- und Internetservice (z.B. auch von Movistar und Comcel). Überdies bieten viele Krämer- und Schreibwarenläden Telefondienste an. Stets erhält man ohne viele Schwierigkeiten direkten Anschluss in beinahe jede Region des Landes. Internationale Anrufe sind preiswert.

Telefonieren

1. Schritt: Um vom kolumbianischen Festnetz aus eine Festnetznummer zu wählen, muss zunächst die Vorwahl des Festnetzanbieters eingegeben werden: 05 für Orbitel, 07 für EBT bzw. 09 für Telecom.

2. Schritt: Lokalen kolumbianischen Telefonnummern voran steht die regionale, einstellige Vorwahl (Übersicht und Landkarte zu den regionalen Codes der wichtigsten Regio-

Vorwahlen der wichtigsten Orte und Regionen

1: Bogotá
2: Cali / Pasto / Popayán
4: Medellín / Monteria / Quibdo
5: Barranquilla / Cartagena / Riohacha / Santa Marta / Sincelejo / Valledupar
6: Armenia / Manizales / Pereira
7: Arauca / Bucaramanga / Cúcuta
8: Florencia / Ibagué / Leticia / Mítu / Mocoa / Neiva / Puerto Carreño / Puerto Inírida / San Andrés / Tunja / Villavicencio

Kolumbien
Departamentos & Telefonvorwahlen
San Andrés y Providencia 8
5 km
Guajira 5
Atlántico 5
Magdalena 5
Cesar 5
Sucre 5
Norte de Santander 7
Córdoba 4
Bolívar 5
PANAMA
VENEZUELA
Antioquia 4
Santander 7
Arauca 7
Chocó 4
Caldas Risaralda Quindío 6
Boyacá 8
Casanare 8
Cundina-marca 1
Vichada 8
Tolima 8
Meta 8
Valle del Cauca 2
Huila 8
Guainía 8
Guaviare 8
Nariño 2
KOLUMBIEN
Putumayo 8
Caqueta 8
Vaupés 8
ECUADOR
Amazonas 8
PERU
BRASILIEN
250 km
©Reise Know-How 2012

nen siehe oben). Diese wird nach Eingabe der Vorwahl des Festnetzanbieters gewählt.

3. Schritt: Nun folgt die lokale Nummer, die stets siebenstellig ist.

Beispiel: Um von außerhalb die Nummer 1234 567 in Bogotá über den Anbieter EBT zu wählen, hätte man folgende Kombination zu drücken: 07 1 1234 567.

Mobiltelefon (Handy)

Die wichtigsten **Mobilfunkbetreiber** sind **Movistar** (Vorwahl 315, GSM 850/1900 MHz), **Comcel** (Vorwahl 310, 311, GSM 850/1900 MHz und 3G 850) und **Tigo** (Vorwahl 300, GSM 1900 MHz). Auf der Straße und auf dem Markt sitzen allerorten Mädchen auf weißen Plastikschalenstühlen unterm Sonnenschirm, die ihre Handys für Gespräche vermieten („minutos"); eine Minute kostet 100–300 COP. Die Tarife sind aufgrund spezieller Flatrate-Verträge damit oft günstiger als vom eigenen Handy. Falls man ein Triband-fähiges Handy hat, das auch GSM 1900 MHz empfangen kann, bietet es sich alternativ an, die **SIM-Karte** eines kolumbianischen Mobilfunkanbieters im Telefonbüro, Krämer- oder Schreibwarenladen zu kaufen und sie durch Prepaidkarten aufzuladen. Dadurch ist man flexibler und kann auch selbst angerufen werden. **Vom Handy auf das Festnetz bzw. vom Festnetz auf ein Handy wählt man 03, dann die Anschlussnummer.**

Will man das eigene **Triband-Handy** mit eigener SIM nutzen, sollte man wegen hoher Roaminggebühren bei seinem Anbieter nachfragen oder auf dessen Website nachschauen, welcher der Roamingpartner günstig ist und diesen per manueller Netzauswahl voreinstellen. Nicht zu vergessen sind die Kosten der Rufweiterleitung ins Ausland, die der Empfänger bezahlt (also eventuell die Mailbox abstellen). Der Empfang von **SMS** ist in der Regel kostenfrei.

Empfehlenswert und preiswert ist die Nutzung von **Skype** zum Telefonieren z.B. in Internet-Cafés mit DSL.

Internationale Gespräche

Der **Ländercode Kolumbiens** für Telefonate aus Europa ist **0057.** Will man aus Europa nach Kolumbien telefonieren, ist die Vorwahl des Festnetzbetreibers wegzulassen; die im obigen Beispiel genannte Nummer in Bogotá wählt man aus Deutschland wie folgt: 0057 1 1234 567.

Der internationale Ländercode für Deutschland ist 0049, für Österreich 0043 und für die Schweiz 0041.

In Kolumbien wählt man bei Auslandsgesprächen zunächst die Anbieter-Vorwahl, jedoch nun mit zwei Nullen: 005 für Orbitel, 007 für EBT bzw. 009 für Telecom, dann den internationalen Ländercode (ohne vorangestellte Nullen), den regionalen Code (ohne vorangestellte Nullen) und die lokale Nummer des Gesprächspartners.

Für **R-Gespräche** von Kolumbien nach Deutschland *(llamadas de pago revertido)*, d.h. für Gespräche, die der Empfänger bezahlt, wählt man 01 800 949 0057; für Gespräche nach Österreich bzw. die Schweiz ersetzt man die 49 durch die 43 bzw. die 41.

Transportmittel

Grundsatz: Überall fährt was, aber es muss nicht komfortabel sein.

Die meisten Menschen sind weit davon entfernt, sich ein eigenes Auto leisten zu können, und auf öffentliche Transportmittel angewiesen. Das hat für Reisende sein Gutes, denn sie werden überall auf einen regelmäßig verkehrenden **flota** (Fernbus) treffen, auf eine **chiva** (altmodischer Lastwagen mit holzgezimmertem, rustikalen Fahrgastraum, bunt lackiert), ein **colectivo** (Sammeltaxi mit fünf Passagieren) oder zumindest auf einen **campero** (Jeep) oder eine **camioneta** (einen umgebauten Lieferwagen), die zum gewünschten Ziel fahren.

Einen Anspruch auf Komfort hat der Fahrgast nicht unbedingt. Die häufig verkehrenden Busse zwischen größeren Orten sind gepflegt, womöglich klimatisiert und spielen gar DVDs ab. Nachts verwandeln sich die Luxusbusse mit ihrer vornehmen Kühlung in „fahrende Eisschränke", sodass man besser eine dicke Jacke und einen Schal mit an Bord hat. Die *chivas* und *camperos* zwischen kleinen Weilern besitzen nur Bretter zum Sitzen. Der galante Mann macht den Damen Platz, stellt sich außen auf das Trittbrett und hält sich mit einer Hand am Wagengriff fest. Oder er klettert aufs Dach und raucht sein Pfeifchen unter der Plane, während sich donnernd ein Wolkenbruch entleert. Kleine Menschen quetschen sich noch irgendwo dazwischen, große Menschen müssen zusehen, irgendwie die Fahrt zu überleben ...

Erdrutsche *(derrumbes)* blockieren nach starken Regenfällen die Gebirgsstraßen. Im Küstentiefland treten Flüsse und Lagunen über die Ufer und verwandeln manche Straßen in **Schlammpisten.** Das *Instituto Nacional de Vias* erteilt unter www.invias.gov.co Auskunft über die aktuelle Beschaffenheit der Straßen.

Überlandtransport

Größere Orte verfügen allesamt über einen gut gemanagten **Busbahnhof** mit Toilette, Gepäckaufbewahrung, Infoschalter, Taxistand, Restaurants und Verbindung ins Stadtzentrum. Er heißt **terminal de transportes terrestres, terminal de pasajeros** oder kurz **el terminal.** In kleineren Orten fahren die öffentlichen Verkehrsmittel in der Regel von der Plaza oder den angrenzenden Straßen ab.

Von den Busbahnhöfen der Provinzhauptstädte ist es möglich, in nahezu jeden Ort des Departamento zu fahren – entweder direkt oder mit einmaligem Umsteigen. **Verbindungen** zwischen benachbarten Provinzhauptstädten bestehen in der Regel wenigstens stündlich. Kleine, selten angefahrene Ziele in größerer Entfernung werden meist nur sehr zeitig am Morgen bedient. In der Regel wird es für den Kolumbien-Reisenden allerdings genügen, spontan zum Busbahnhof zu fahren: Oft scheint sein Bus nur noch auf ihn gewartet zu haben und fährt zumindest innerhalb der nächsten Stunde los. Die Mitarbeiter in den Busbahnhöfen und die Busfahrer helfen sehr bereitwillig, wenn es darum geht, den richtigen Bus zu erwischen.

Es existieren Dutzende unterschiedlicher **Busunternehmen** mit klangvollen Namen wie Berlínas, Brasilia, Cootranshuila, Expreso Bolívariano oder Cootransmagdalena, die alle einen eigenen Schalter besitzen, in dem sie auch die Fahrziele aushängen. Zum Schutz der hilflos den Fahrkünsten ausgelieferten Passagiere wurde vielerorts das System eingeführt, in Busbahnhöfen **Unfallstatistiken** auszuhängen, die das Busfahrunternehmen, die Zahl der Unfälle und die Zahl der zu beklagenden Todesopfer genau benennen. Auf diese Weise konnte die Konkurrenz belebt und die Verkehrssicherheit erhöht werden. Im Fahrgastraum selbst sieht man auf einer Anzeige, wie schnell der Fahrer gerade unterwegs ist – so kann man ihn kontrollieren und ggf. zur Mäßigung aufrufen.

Der Reisende kauft seinen **Fahrschein am Schalter** und bekommt auf Nachfrage eventuell einen *descuento*, einen Preisnachlass. **Koffer und Rucksäcke** werden im Stauraum untergebracht; man erhält eine Gepäckmarke. Bei Jeeps kommen die Habseligkeiten aufs Dach. Man sollte darauf achten, dass das Gepäck gut angeseilt wird, damit es nicht unterwegs auf der Buckelpiste herunterstürzt.

colo101 Foto: ib

Taxifahrten

Taxis sind preiswert. Wer zu zweit oder zu dritt reist, für den lohnt es sich, im Stadtverkehr die gegenüber einer Busfahrt geringen Zusatzkosten in Kauf zu nehmen, zumal mit Gepäck. Die Taxis sind gelb und verfügen über ein Taxameter. Die dort erscheinende Zahl wird in den zu entrichtenden Fahrpreis umgerechnet (die Preistafel hängt an der Lehne des Beifahrersitzes). Im Flughafen oder Busbahnhof von Bogotá erhält man am Kiosk ein Ticket, welches das Fahrziel, den Preis und die Taxinummer aufzeigt. In Cartagena werden Taxameter nicht benutzt; man handelt den Preis vor Fahrtantritt aus. In vielen Orten gibt es einen immer gleich hohen Festpreis für innerstädtische Fahrten, egal wo genau man hin will (oft um 2 Euro). Die informellen dreirädrigen Motorradrikschas aus Indien (genannt *mototaxi*) setzen sich in manchen Ortschaften mehr und mehr durch – eine preiswerte, exotische Alternative in den schmalen Kolonialgässchen!

Mietauto

An internationalen Flughäfen sowie in den großen Metropolen gibt es Autoverleiher. Die **Preise sind recht hoch** und die Versicherungsbedingungen sowie das Fahrzeug bei Entgegennahme genauestens zu überprüfen. Ein Liter Benzin kostet knapp 1 Euro. Tankstellen geben die Preise in Gallonen an (3,79 Liter). Straßen- und Verkehrsverhältnisse sind für in Kolumbien unerfahrene Fahrer gewöhnungsbedürftig, tiefe Schlaglöcher oft nicht markiert. Zu beachten ist die **Pico-y-Placa-Regelung** in Großstädten: Dort darf man je nach Nummernschildendziffer an bestimmten Wochentagen nicht ins Zentrum fahren, was auch kontrolliert wird (Details unter www.picoyplaca.info/). Wer sein Fahrzeug in der Stadt parkt, um im Restaurant zu essen, muss in der Regel jemanden bezahlen, damit der aufpasst. Nachts muss man sich um einen bewachten Parkplatz kümmern (manche Hotels bieten diesen Service auf Nachfrage an). Wer jemanden überfährt, kommt ins Gefängnis. Die Familie des Getöteten oder Verletzten wird nicht ruhen, bis aller Schaden ersetzt ist und der Fahrer gesühnt hat. Möglich ist auch, dass Drogen am oder im Fahrzeug deponiert werden, was zu erheblichen Problemen führen kann.

Mit dem Moped ist man schneller

Inlandsflüge

Zwischen den Großstädten bestehen tägliche Flugverbindungen. Darüber hinaus werden auch zahlreiche mittelgroße Städte, die Karibikinseln sowie einige entlegene Ortschaften, z.B. im Chocó, in den Llanos und in der Amazonasregion, angeflogen. Die größte und renommierteste kolumbianische Fluggesellschaft ist **Avianca** (www.avianca.com), die allerorts – sogar in den Exito-Supermärkten – ihre Ticketbüros unterhält. Weitere Fluggesellschaften sind **Aerorepública** (www.aerorepublica.com.co), **Aires** (www.aires.com.co), die nur über Internet zu buchende Billiggesellschaft **easyfly** (www.easyfly.com.co) sowie **Satena** (www.satena.gov.co), die sich auf entlegene Ziele spezialisiert hat. Die Preise sind moderat, keine Verbindung ist derzeit teurer als 150 Euro. Die Flugsicherheit liegt gerade bei Dschungelflügen – bei denen oft altes Fluggerät im Einsatz ist – weit unterhalb europäischer Standards.

Wer mindestens drei Inlandsflüge in Kolumbien plant, kann Geld mit dem **Air Pass von Avianca** sparen. Die Preise sind streckenabhängig und unterscheiden sich auch noch danach, ob man nach und von Kolumbien mit Avianca oder einer anderen Fluggesellschaft fliegt.

Trinkgeld

Trinkgelder sind allgemein **unüblich.** In etablierten Restaurants wird allerdings oft automatisch ein „freiwilliges Trinkgeld" von 10% auf die Rechnung draufgeschlagen – bei ungenügendem Service kann man es indes getrost mit den Worten „Por favor sin servicio!" von der Rechnung streichen lassen.

In ausgesprochenen **Touristenzentren** wie San Andrés oder Cartagena erwarten Kellner ein Trinkgeld, wenn sie die Rechnung auf einem Teller servieren und diese noch keinen Aufschlag enthält. Gepäckträger in (teuren) Hotels freuen sich über ein Bakschisch.

Buchtipp – Praxis-Ratgeber:
- Erich Witschi
Unterkunft
und Mietwagen clever buchen
(REISE KNOW-HOW Verlag)

Unterkunft

Jede Gemeindehauptstadt *(cabecera municipal)* **besitzt zumindest ein Hotel,** in dem Geschäftsreisende, Handelsvertreter, Soldaten oder – inkognito – auch Liebespaare anzutreffen sind. Dieses Hotel liegt entweder nahe der Bushaltestelle oder nahe der Plaza oder in der Nähe von beidem. Selten kostet ein Zimmer in diesem einfachen, oft lauten, manchmal nicht sehr sauberen Hotel mehr als 15 Euro pro Nacht, meist deutlich weniger. In den meisten Gemeindehauptstädten gibt

Hotelpreise (pro DZ)

€	bis 15 Euro
€€	bis 40 Euro
€€€	bis 100 Euro
€€€€	über 100 Euro

Ein Plus-Zeichen (€+) bei manchen Angaben zeigt an, dass es Schlafmöglichkeiten bereits in der unteren Kategorie, aber auch teurere Möglichkeiten gibt. Viele Unterkünfte versammeln unterschiedliche Standards unter ihrem Dach, um ein breiteres Publikum zu erreichen.

colo104 Foto: ib

es darüber hinaus eine ältere, geschäftstüchtige Dame, die eine wenn nicht gemütliche, so doch zumindest saubere und freundliche Pension führt.

Attraktive Ortschaften wie z.B. Villa de Leyva, San Gil, Salento, San Agustín und Mompós, die gern von Ausflüglern oder Urlaubern angesteuert werden, verfügen über eine große Auswahl an Unterkünften in allen Kategorien. Die Preise rangieren zwischen 10 und 80 Euro pro Zimmer und Nacht. Hier beginnen auch zünftige Globetrotterhostels zu erblühen, die genau auf die Nöte und Wünsche internationaler (Low-Budget-)Touristen abgestimmt sind, ihnen viele wertvolle Tipps liefern und zum Teil ein sehr schönes Ambiente haben. Allerdings sind sie - obwohl sie das gern vorgeben - nicht unbedingt preislich am günstigsten. Und wer lieber Kolumbianer als Ausländer kennen lernen will, ist dort in der Regel falsch.

In der Kaffeeregion gibt es sehr schöne - bäuerlich bis feudale - Anwesen, z.B. Kaffeefincas, die romantische, stilvolle Übernachtungsmöglichkeiten bieten.

In Städten ballen sich zwielichtige oder unsichere Hotels oft um den Busbahnhof oder Markt und bessere, empfehlenswerte Hotels eher um die Plaza. Mittelklassehotels sind rar,

In Cartagena - hier das Zentrum - herrscht kein Mangel an guten Hotels

manchmal steril und nicht allzu gepflegt; sie kosten 30 bis 50 Euro pro Zimmer. Qualitativ besser und ökonomischer können familiengeführte kleine Hotels sein, in denen die Besitzer persönlich und mit ihrer Ehre für die Reinhaltung einstehen und für ein angenehmes Ambiente sorgen.

Wirklich gute Hotels - sowohl große Luxusklassehotels als auch edle, kleine Boutique-Hotels - gibt es in den Städten, die auch von internationalen Gästen besucht werden, also in **Bogotá, Cali, Medellín, Barranquilla und Cartagena.** Diese sind nicht selten am Wochenende billiger als unter der Woche und bieten ab und an Preisnachlässe oder Spezialpakete an.

Generell lässt sich sagen, dass **Doppelzimmer** (DZ) nur wenig teurer sind als Einzelzimmer (EZ). Wer zu zweit reist, spart! Generell gilt auch: Entweder die Unterkünfte sind billig (d.h. unter 30 Euro), oder sie sind gleich sehr teuer (über 80 Euro).

- **Pensionen im Internet:** www.posadasturisticas.com.co
- **Globetrotterhostels im Internet:** www.hosteltrail.com/colombia
- **Kaffeefincas im Internet:** www.clubhaciendasdelcafe.com
- Es gibt in 12 kolumbianischen Städten 19 **Jugendherbergen,** die dem internationalen Jugendherbergsverband (www.hihostels.com) angeschlossen sind (in Armenia, Bogotá, Cali, Cartagena, Manizales, Medellín, Montenegro-Quindío, Paipa, Isla Providencia, Isla San Andrés, Santa Maria und Taganga-Santa Maria). Hat man einen **internationalen Jugendherbergsausweis** aus dem Heimatland, schläft man auch in diesen Jugendherbergen zum günstigeren Tarif, sonst muss man eine Tagesmitgliedschaft erwerben. Hat man noch keine Jahresmitgliedschaft bei den Jugendherbergsverbänden daheim, kostet diese 12,50–21 Euro in Deutschland (www.jugendherberge.de), 10–20 Euro in Österreich (www.oejhv.or.at) und 22–44 SFr in der Schweiz (www.youthostel.ch). Tipp: Kann man auch als Familie beantragen.

Versicherungen

Für alle abgeschlossenen Versicherungen sollte man die **Notfallnummern** notieren und mit der **Policenummer** gut aufheben! Bei Eintreten eines Notfalles sollte die Versicherungsgesellschaft sofort telefonisch verständigt werden!

Der Abschluss einer **Jahresversicherung** ist in der Regel kostengünstiger als mehrere Einzelversicherungen. Günstiger ist auch die **Versicherung als Familie** statt als Einzelpersonen. Hier sollte man nur die Definition von „Familie" genau prüfen.

Auslandskrankenversicherung

Die Kosten für eine ärztliche Behandlung in Kolumbien werden von den gesetzlichen Krankenversicherungen in Deutschland und Österreich nicht übernommen, daher ist der Abschluss einer privaten Auslandskrankenversicherung **unverzichtbar.**

Bei Abschluss der Versicherung - die es mit bis zu einem Jahr Gültigkeit gibt - sollte auf einige Punkte geachtet werden. Zunächst sollte ein **Vollschutz ohne Summenbeschränkung** bestehen, im Falle einer schweren Krankheit oder eines Unfalls sollte auch der **Rücktransport** übernommen werden. Diese Zusatzversicherung bietet sich auch über einen **Automobilklub** an, insbesondere wenn man bereits Mitglied ist. Diese Versicherung bietet den Vorteil billiger Rückholleistungen (Helikopter, Flugzeug) in extremen Notfällen.

Wichtig ist auch, dass im Krankheitsfall der **Versicherungsschutz über die vorher festgelegte Zeit hinaus** automatisch verlängert wird, wenn die Rückreise nicht möglich ist.

Schweizer sollten bei ihrer Krankenversicherungsgesellschaft nachfragen, ob die Auslandsdeckung auch für Kolumbien inbegriffen ist. Sofern man keine Auslandsdeckung hat, kann man sich kostenlos bei Soliswiss (Gutenbergstr. 6, Postfach, 3001 Bern, Tel. 031 3807 030, www.soliswiss.ch) über mögliche Krankenversicherer informieren.

Zur **Erstattung der Kosten** benötigt man ausführliche Quittungen (mit Datum, Namen, Bericht über Art und Umfang der Behandlung, Kosten der Behandlung und Medikamente).

Andere Versicherungen

- Ob es sich lohnt, weitere Versicherungen abzuschließen wie eine Reiserücktritts-, Reisegepäck-, Reisehaftpflicht- oder Reiseunfallversicherung, ist **individuell abzuklären.** Gerade diese Versicherungen enthalten viele **Ausschlussklauseln,** sodass sie nicht immer Sinn machen.
- Die **Reiserücktrittsversicherung** für 35–80 Euro lohnt sich nur für teure Reisen und für den Fall, dass man vor der Abreise einen schweren Unfall hat, schwer erkrankt, schwanger wird, gekündigt wird oder nach Arbeitslosigkeit einen neuen Arbeitsplatz bekommt, die Wohnung abgebrannt ist u.Ä. Nicht gelten hingegen: Terroranschlag, Streik, Naturkatastrophe etc.
- Die **Reisegepäckversicherung** lohnt sich seltener, da z.B. bei Flugreisen verlorenes Gepäck oft nur nach Kilopreis und auch sonst nur der Zeitwert nach Vorlage der Rechnung ersetzt wird. Wurde eine Wertsache nicht im Safe aufbewahrt, gibt es bei Diebstahl auch keinen Ersatz. Kameraausrüstung und Laptop dürfen beim Flug nicht als Gepäck aufgegeben worden sein. Gepäck im unbeaufsichtigt abgestellten Fahrzeug ist ebenfalls nicht versichert. Die Liste der Ausschlussgründe ist endlos ... Überdies deckt häufig die Hausratsversicherung schon Einbruch, Raub und Beschädigung von Eigentum auch im Ausland. Für den Fall, dass etwas passiert ist, muss der Versicherung als Schadensnachweis ein Polizeiprotokoll vorgelegt werden.
- Eine **Privathaftpflichtversicherung** hat man in der Regel schon. Hat man eine **Unfallversicherung,** sollte man prüfen, ob diese im Falle plötzlicher Arbeitsunfähigkeit aufgrund eines Unfalls im Urlaub zahlt. Auch durch manche (Gold-)Kreditkarten oder eine Automobilclubmitgliedschaft ist man für bestimmte Fälle schon versichert. Die Versicherung über die Kreditkarte gilt jedoch meist nur für den Karteninhaber!

Zeitverschiebung

Der Unterschied zur Mitteleuropäischen Zeit (MEZ) beträgt **minus sechs Stunden,** im Sommer minus sieben Stunden, d.h. wenn es in Deutschland 12 Uhr mittags ist, zeigt die Uhr in Kolumbien 6 Uhr morgens bzw. (während der Mitteleuropäischen Sommerzeit) 5 Uhr morgens an.

colo172 Foto: ib

Land & Leute

colo112 Foto: ib

colo072 Foto: ib

Unabhängigkeitstag in Cartagena

La Casa del Florero in Bogotá –
Hier begann Kolumbien ...

Professionelle Briefschreiber in Cali

Geografie

Kolumbien bedeckt die nordwestliche Schulter Südamerikas. Es grenzt im Nordwesten an Panama, im Osten an Venezuela, im Südosten an Brasilien, im Süden an Peru und im Südwesten an Ecuador. Es ist der einzige südamerikanische Staat mit **Zugang sowohl zum Pazifischen Ozean als auch zur Karibischen See.** Der überwiegende Teil Kolumbiens liegt auf der nördlichen Erdhalbkugel; der Äquator durchschneidet den Süden des Landes.

Mit einer Fläche von **1.140.000 km²** ist Kolumbien nach Brasilien, Argentinien und Peru das viertgrößte südamerikanische Land, in etwa so groß wie Frankreich, Spanien und Portugal zusammen.

Im Südwesten Kolumbiens erhebt sich das Gebirge des **Macizo Colombiano.** An diesem Punkt entstehen **drei Andenkordilleren: die Cordillera Occidental, die Cordillera Central und die Cordillera Oriental.** Die nach Norden laufende Westkordillere mit Bergen bis über 4.000 m über NN isoliert die regen- und waldreiche Pazifikküste vom Rest des Landes. Parallel zu ihr verläuft die Zentralkordillere mit vereisten Gipfeln von über 5.500 m über NN. Beide Kordilleren fransen mehr und mehr aus und enden in den Sümpfen des Karibiktieflandes. Die Ostkordillere schwenkt nach Nordnordosten, verbreitert sich zum Hochland von Bogotá und Boyacá, bildet Gipfel bis über 5.300 m über NN und spaltet sich nahe der Stadt Cúcuta in zwei scharf konturierte Gebirgszüge: Der östliche zieht sich nach Venezuela hinein, auf dem westlichen, der Sierra de Los Motilones, verläuft bis zur Halbinsel Guajira, dem nördlichsten Punkt Südamerikas, die Staatsgrenze.

In der gesamten Andenregion treten immer wieder **Erdbeben** auf – denn hier drückt die Südamerikanische Platte in westlicher Richtung gegen die Nasca-Platte, die sich unter die Südamerikanische Platte schiebt.

Lokal begrenzte Gebirgsregionen in Kolumbien sind die **Serranía de Baudó,** ein relativ niedriger, isolierter Andenzug entlang des Pazifiks im Nordwesten Kolumbiens, die dreieckig geformte **Sierra Nevada de Santa Marta** an der nördlichen Karibikküste, welche mit 5.775 m über NN nicht nur den höchsten Punkt Kolumbiens erreicht, sondern außerdem das höchste Küstengebirge der Erde ist, die **Serranía de La Macarena,** die östlich der Cordillera Oriental aus den Llanos aufragt und viel älter ist als die noch jungen Anden, und zahlreiche granitene Inselberge, die in den Dschungeln Ostkolumbiens versteckt liegen und zum **Guayana-Schild** gehören, jener mit 500 Millionen Jahren ältesten, schon sehr erodierten Gebirgsformation der Erde.

Die Küstenregionen am Pazifik und an der Karibik und die drei Andenregionen nehmen kaum die Hälfte des kolumbianischen Staatsgebietes ein. Östlich der Cordillera Oriental erstrecken sich die weiten Grasländer der **Llanos Orientales** mit einer Fläche von 300.000 km² und (südlich des Río

Guaviare) die Wälder des **Amazonas,** die etwa 350.000 km² bedecken. Beide Regionen sind kaum bevölkert und kaum erforscht.

In der Gegend des Macizo Colombiano entspringen einige der bedeutendsten Flüsse Kolumbiens. Der **Río Patía** fließt nach Westen in den Pazifik ab, der **Río Caquetá** fließt nach Südosten, vereint sich mit dem Amazonas und endet so im fernen Atlantik. Der Río Magdalena strömt nach Norden zwischen Zentral- und Ostkordillere in die Karibik, der **Río Cauca** ebenfalls nach Norden, und zwar zwischen Zentral- und Westkordillere, und vereint sich zwischen Hunderten von Süßwasserlagunen in der Amphibienlandschaft des Karibiktieflandes mit dem Magdalena. Der **Río Magdalena,** 1.500 km lang, ist der berühmteste und wichtigste Fluss Kolumbiens, denn jahrhundertelang war er die Aorta des Landes, ohne den Handel und Besiedlung undenkbar gewesen wären.

Zu den wichtigen Flüssen Kolumbiens gehören aber auch der wasserreiche **Río Atrato,** der zwischen Westkordillere und Serranía de Baudo nach Norden in die Karibik fließt, der **Río Putumayo,** der über seine gesamte Länge schiffbar ist und an der Grenze zu Ecuador und Peru bis zum Amazonas fließt, und zahlreiche, z.T. sehr breite Ströme, die die Cordillera Oriental entwässern, in West-Ost-Richtung die Llanos durchqueren und sich mit dem **Orinoco** vereinigen, dem Grenzfluss zu Venezuela. Dazu zählen der **Río Arauca,** der **Río Casanare,** der **Río Meta** und der **Río Guaviare.**

Zu Kolumbien gehören überdies mehrere Inselgruppen in der Karibik: die küstennahen **Islas del Rosario** und **Islas de San Bernardo,** die solitäre Isla Fuerte sowie die Inseln **San Andrés und Providencia** auf dem unterseeischen Jamaika-Rücken vor Nicaragua. Die Cayos de Albuquerque unweit von San Andrés bilden den westlichsten Punkt Kolumbiens. Im Pazifik befindet sich vor der Küste die alte Gefängnisinsel **Gorgona** sowie, weit draußen, das Felseneiland **Malpelo.**

Klima

Temperaturen

Kolumbien liegt in **Äquatorial-Amerika.** In den immerfeuchten tiefen Flusstälern, in den Küstenniederungen sowie im Amazonastiefland herrschen das ganze Jahr über annähernd gleiche Temperaturen knapp unter 30°C. Während an der Küste die Nächte für wenig Abkühlung sorgen, gegen Abend jedoch oft eine erfrischende Brise einsetzt, kann es im Dschungel Amazoniens mit 16°C Tiefsttemperatur für Hängemattenschläfer insbesondere kurz vor Sonnenaufgang empfindlich kühl sein.

Einzig die staubige Guajira im niederschlagsarmen äußersten Norden Kolumbiens, auf der Schatten spendende, Temperatur regulierende Bäume weitgehend fehlen, sowie die kleine Tatacoa-Wüste im Departamento Huila warten mit Tageshöchsttemperaturen von **bis zu 45°C** auf.

Trotz seiner geografischen Lage in den feuchtwarmen Tropen, wo es grundsätzlich keine Jahreszeiten gibt, wie Europäer sie kennen, bietet Kolumbien ein **breites Spektrum klimatisch unterschiedlicher Zonen.** Dies hängt mit der Gestalt des bizarr zerklüfteten Landes zusammen: Je höher der Reisende vom Meeresspiegel aus in die Andenregion vordringt, desto niedriger ist die durchschnittliche Temperatur; man unterscheidet hier drei Klimazonen: die *tierra caliente* (das heiße Tiefland), die *tierra templada* (das gemäßigte Hochland) sowie die *tierra fría* (das kalte Hochland). Als Faustregel gilt, dass das Thermometer alle tausend Höhenmeter um etwa 5 bis 6°C fällt. Steht die Quecksilbersäule in Cartagena oder Barranquilla noch auf 29°C, ist es in Cali, das knapp 1.000 m über NN liegt, 24°C warm, und im ganz und gar nicht tropisch anmutenden Bogotá (knapp 2.600 m über NN) sind es sogar kaum 14°C. Mit zunehmender Höhenlage sind überdies auch stärkere Temperaturschwankungen zwischen Tag und Nacht zu verzeichnen. In Bogotá sind Nächte um 5°C keine Seltenheit. Ein Kolumbien-Reisender muss darum gewappnet sein, an ein und demselben Tag alle vier in Europa bekannten Jahreszeiten zu erleben.

Niederschlag

Obwohl Kolumbien insgesamt als sehr regenreiches Land gilt, **variiert** die Niederschlagsmenge **regional beträchtlich:** Die Westabdachung der Anden ist generell niederschlagsreicher als die Hänge im Osten. Bogotá erhält um 900 Millimeter Regen pro Jahr (mm/a). Pazifikküste sowie Amazonas sind ganzjährig überaus feucht mit mindestens 3.000 mm/a. In Teilen des Departamento Chocó fällt sogar die Rekordmenge von 10.000 bis 15.000 mm/a. In starkem Kontrast dazu steht die dürregeplagte Halbinsel Guajira mit unter 400 mm/a.

Die Niederschlagsmenge in Kolumbien ist darüber hinaus **abhängig von der Jahreszeit:** Zwischen Dezember und März regnet es in vielen Landesteilen, insbesondere der Andenregion, deutlich weniger als sonst. Dann spricht man von der „großen" Trockenzeit, *verano* (Sommer) genannt. In manchen Gebieten – so z.B. um Bogotá und Cali – findet darüber hinaus im Juli und August eine „kleine" Trockenzeit statt, der *veranillo*. Die restlichen Monate herrscht die als *invierno* (Winter) bezeichnete Regenzeit, in der es zu Erdrutschen und Überschwemmungen kommen kann, wobei der Druck enormer Regenmengen im Abwassersystem Bogotás schon mal gusseiserne Kanaldeckel anhebt oder sich Barranquillas Straßen in Flüsse verwandeln, die Autos mitreißen.

Achtung: Für Überlandfahrten in der Regenzeit mehr Zeit einplanen! Bitte beachten, dass es in der Trockenzeit nicht immer trocken ist und es in der Regenzeit nicht unbedingt ununterbrochen regnet!

- **Informationen zum Wetter:** www.ideam.gov.co

Flora

Als *Alexander von Humboldt* 1801 die kolumbianischen Wälder durchstreifte, geriet er geradezu in Euphorie angesichts der explosiven **Fruchtbarkeit und Vielfalt** um ihn herum. Inzwischen wurden mehr als 130.000 der hier vorkommenden Pflanzenarten bereits beschrieben (darunter allein 3.500 Orchideenarten, mehr als in jedem anderen Land!) – damit gilt Kolumbien als absoluter ökologischer „hot spot“: Kein anderes Land der Welt (bis auf das viel größere Brasilien) birgt eine vergleichbar große Vielfalt unterschiedlicher Pflanzen.

An der Pazifikküste gibt es **Mangrovensümpfe;** hier und auf der Landbrücke nach Panama, dem Darién, wächst üppiger **tropischer Regenwald,** ebenso in der Serranía de San Lucas, an den Hängen der Sierra Nevada de Santa Marta sowie in der Amazonasregion südlich des Río Guaviare, wo die Blätter der Wasserlilie *Victoria Regia* so groß werden, dass darauf ein Baby schlafen könnte.

Die Weiten der Llanos bestehen hingegen aus offenem **Gras- und Buschland;** nur an den mäandernden Flussläufen stehen dichte **Galeriewälder** und *morichales* (Buschinseln mit Ite-Palmen).

In den Andentälern drängen sich *guaduales* (Bambushaine), weiter oben wachsen **Berg- und Nebelwälder** mit Bromelien, Farnen und Greisenbart, und in den **Hochanden** (mehr als 3.000 m über NN) dominiert die exotische *páramo*-Vegetation mit Gräsern, Mooskissen und den spektakulären *frailejónes (espeletias):* Diese Pflanze – von der es 88 Arten gibt – wächst rosettenartig und gelb blühend aus einem Stamm, den bereits abgestorbene Rosetten bilden, bis zu 12 m Höhe (dabei aber nur wenige Zentimeter pro Jahr).

Die isolierte Lage vieler Gebirgszüge, z.B. der Serranía de La Macarena oder der Serranía de Baudó, und ihrer Täler und Schluchten hat oft zum Entstehen einer ganz eigenen, **endemischen Flora** geführt (ca. 40.000 Pflanzenarten gibt es einzig in Kolumbien).

Auf den Plateaus der Tafelberge des Guayana-Schildes fühlt man sich geradezu wie auf einem anderen Planeten, so fremdartig wirkt ihr Bewuchs; im Tal von Sibundoy (Departamento Putumayo), das einst ein See war, gibt es die weltweit größte Konzentration **halluzinogener Pflanzen;** im Valle de Cocora streben die dürren Stängel der **Wachspalme,** des Nationalbaumes Kolumbiens, in die Wolken hinein.

Fauna

Aufgrund seiner vielen Landschaftsräume und Klimazonen gibt es in Kolumbien eine **immense Vielfalt an Tierarten.**

Mit rund 1.800 heimischen Vogelarten – darunter der majestätische Andenkondor, die gespenstische Harpyie, der geheimnisvolle Guácharo-Ölvogel, der leuchtend rote Guayanafelsenhahn, der stahlblaue Rieseneisvo-

colo106 Foto: ib

gel und zahlreiche, wie Edelstein funkelnde Kolibris (es gibt im Land allein schon 140 Kolibriarten!) – ist Kolumbien das Land mit den **meisten Vogelspezies unserer Erde.** 80 Spezies kommen nur in Kolumbien und nirgendwo sonst vor. Und immer wieder entdecken Ornithologen neue Arten.

Leguane fühlen sich auf alten Bäumen wohl

Daneben bietet das tropische Kolumbien aufgrund seines Wasser- und Waldreichtums paradiesische Lebensräume für mindestens 4.000 **Fischarten** sowie für **Amphibien** und **Reptilien** aller Couleur (ca. 1.200 Spezies).

Ob fingernagelgroßer, bunt getupfter Pfeilgiftfrosch, ob zehn Meter lange Anakonda, ob Brillenkaiman, Zitteraal oder schnöder Piranha – hier fühlen sie sich alle wohl.

Zu den 450 **Säugetierarten** zählen so unterschiedliche Tiere wie der sehr selten gewordene Brillenbär in den Wäldern der Anden, der Jaguar in den Wäldern des Amazonas und die Seekuh in den Wasserpflanzenwäldern der Sumpflagunen. Hinzu gesellen sich Tapire, Wasserschweine, Faultiere, Gürteltiere, zahlreiche Fledermausarten und 15% der weltweiten Primatenarten. Oft verbergen sich hinter Furcht einflößenden Dschungelgeräuschen ganz possierliche Wesen: Wenn das anschwellende Grollen der kleinen, rothaarigen Brüllaffen einen nahenden Regen oder den Gezeitenwechsel ankündigt, könnte man direkt meinen, ein Löwenrudel griffe gleich an.

Die Tiere, die man wohl am häufigsten zu Gesicht bekommt, sind eher **die kleinen:** Ameisen, Tausendfüßler, Glühwürmchen, Kakerlaken, Sandfliegen, Moskitos, aber auch Schmetterlinge wie der Blaue Morpho, der auch Tag-und-Nacht-Falter genannt wird, weil eine Seite seiner Flügel schwarz wie die Nacht, die andere dafür leuchtend blau wie ein schöner Tag ist.

Umweltschutz

Was seine biologische Vielfalt angeht, ist Kolumbien zweifellos eines der privilegiertesten Länder der Welt. Jedoch ist dieses **Naturparadies** nicht nur **akut bedroht,** sondern stirbt jeden Tag ein Stück mehr. Manche Arten hat man gerade erst entdeckt – da sind sie auch schon ausgestorben. Andere – so darf man mit Fug und Recht vermuten – wurden und werden weiterhin täglich vernichtet, bevor sie je ein menschliches Auge zu Gesicht bekommen hat – sei es durch die zunehmende menschliche Besiedlung auch entlegener Landesteile, durch Brandrodung oder durch Herbizide. Der allgemeine Bevölkerungsdruck, die Gewohnheit und der Zwang vieler *campesinos* (Bauern/Landbewohner), sich die „Suppe der Armut" mit Hilfe von Feuerholz zu kochen, die wachsenden Monokulturen sowie die damit einhergehende Bodenerosion und insbesondere der jahrzehntelange bewaffnete Konflikt mit all seinen komplexen Auswirkungen (Vertreibung, Koka-Anbau und Kampf der Regierung gegen diesen Koka-Anbau) – dies sind die Hauptgründe für ein stetiges Schwinden der Naturräume. Kolumbien verliert jährlich mindestens 7.000 km² Waldfläche. Die Liste der existenziell betroffenen Gegenden ist lang, sie reicht vom Chocó, den Nebelwäldern der Anden, der Sierra Nevada de Santa Marta, dem Gebiet von Catatumbo und der Serranía de San Lucas bis hinüber zur Serranía de La Macarena, den Küstenwäldern im Departamento Nariño und weiten Teilen der Amazonasregion.

Der Staat, private Landbesitzer und zahlreiche NGOs (darunter z.B. *Fundación Natura,* www.natura.org) setzen sich zunehmend für den Schutz einzelner Gebiete ein.

Mit Tayrona wurde 1969 der erste Nationalpark gegründet. Heute gibt es **40 Nationalparks und 13 weitere staatliche Naturreservate,** die insgesamt eine Größe von 8,5% der Staatsfläche Kolumbiens einnehmen, und daneben noch etliche, meist kleine, private Schutzgebiete. Allerdings existieren manche Nationalparks lediglich auf dem Papier: Einige verfügen nicht über Naturwarte *(guardaparques),* manche befinden sich in den Händen von Koka-Produzenten oder Guerilleros oder in Kampfzonen. Die meisten sind für Reisende nicht oder nur sehr schwer zu erreichen (was nebenbei gesagt für die Natur ein Segen ist).

Die **Verwaltung** der Nationalparks unterliegt der *Unidad Administrativa Especial del Sistema de Parques Naturales* (UAESPNN) des Umweltministeriums, www.parquesnacionales.gov.co. Wer abgelegene Nationalparks besuchen möchte, sollte sich im Büro der UAESPNN in Bogotá vorab informieren und die ggf. notwendige **Genehmigung** einholen (Cra. 10 No. 20-34).

Informationen über mehr als 200 private Schutzgebiete, von denen viele für Besucher geöffnet sind, erteilt die *Asociación Red Colombiana de Reservas Naturales de la Sociedad Civil* mit Sitz in Cali, Cl. 2A No. 26-103, Barrio San Fernando, Tel. 5585 046, www.resnatur.org.co.

Geschichte & Politik

Bevor die Europäer kamen

Älteste Funde

Vor etwa 20.000 Jahren kamen über die Landbrücke Zentralamerikas sowie von den Karibischen Inseln mit den *Paleoamericanos* erstmals Menschen in das Gebiet des heutigen Kolumbien, von dem Wissenschaftler glauben, dass ihm aufgrund seiner geografischen Lage eine bedeutende Rolle als **„Transitknotenpunkt" für die Besiedlung Südamerikas** zukam.

Die älteste archäologische Fundstelle befindet sich im **Tal von El Abra** (zwischen den Orten Zipaquirá und Tocancipá im Departamento Cundinamarca), wo 14.000 Jahre alte **Steinwerkzeuge, bearbeitete Tierknochen und Asche von Feuerstellen** entdeckt wurden.

Vor 6.000 Jahren lebten in der Region des Canal del Dique halbnomadische **Jäger, Fischer, Sammler und Pflanzer** in riesigen Gemeinschaftshäusern. In Puerto Hormiga (Departamento Bolívar) gruben Archäologen Muschelhalden sowie Keramikscherben aus, die um 3.000 v.Chr. datieren. Zu dieser Zeit kultivierten indianische Gesellschaften auf den Hochebenen von Cundinamarca und Boyacá bereits **Mais.**

Hoch entwickelte Goldschmiedekunst

Das **Volk der Calima** besiedelte um Christi Geburt Täler der Flüsse San Juan, Calima und Dagua in der Westkordillere des heutigen Departamento Valle del Cauca, widmete sich dem Terrassenfeldbau, legte Bewässerungsgräben an, schmiedete goldene *poporos* (Behältnisse zur Aufbewahrung von Kalk, das beim Kokakauen die Alkaloide löst), Kalkspatel, Nasenringe und Brustscheiben, die sonnengleich strahlten. Auch modellierten die *Calima* Keramikbehältnisse in Form mythischer Mischwesen, halb Mensch, halb Jaguar, halb Fledermaus oder Schlange.

Im Bereich des von Mangroven bewachsenen Küstenlandes des heutigen Departamento Nariño standen zwischen 700 v.Chr. und 350 n.Chr. auf speziell angelegten Plattformen die Hütten der **Tumaco,** die mit ihren Einbäumen am Pazifik Handel trieben und fischten. Sie wuschen aus dem Sand der Ríos Patia und Telembi Platin und Gold. Daraus stellten die Tumacos Angelhaken und Schmuckgegenstände her. Zu Halden aufgeschüttet entdeckten Forscher Tonstatuetten mit Schädeldeformationen (einem Zeichen sozialen Ranges) und Nasenringen. Die Figuren wirken so, als seien sie absichtlich – gleichsam rituell – zerbrochen worden: Vielen von ihnen wurde der Kopf abgeschlagen. Rollstempel aus Keramik verwendete man offenbar zur Körperbemalung. Das Tragen von Jaguarmasken aus dünnem Goldblech blieb Schamanen vorbehalten.

Ab dem Jahr 400 zogen **Händler und Schafhirten** über die Hochebenen des heutigen Departamento Nariño, Urahnen der späteren, zur Zeit der Konquista hier lebenden *Pastos*- und *Quillacingas*-Indianer (*Quillacingas* = Mondnasen). Die als **Nariños** bezeichneten Vorfahren bestatteten ihre Verstorbenen in den tiefsten Gräbern ganz Amerikas, in z.T. 40 Meter hinabreichenden Schächten. *Mindalas* – privilegierte Händler – hielten spezielle *tiangües* ab, überregionale Märkte, folgten bestimmten Handelsrouten (z.B. entlang des Río Nulpe), versorgten die Schamanen mit exotischen Pflanzen, Perlen und Muscheln und

Wichtige Geschichtsdaten

12.000 v.Chr.
Menschliche Besiedlung im Tal El Abra östlich von Zipaquirá: Steinwerkzeuge, bearbeitete Tierknochen.

3.000 v.Chr.
Menschliche Besiedlung in der Region des Canal del Dique/Puerto Hormiga: Muschelberge, Keramikreste. Maisanbau auf den Hochebenen von Cundinamarca und Boyacá.

200 v.Chr.
Das Volk der Sinú beginnt mit dem Anlegen seines komplexen Kanalsystems.

200–700 n.Chr.
Klassische Periode der Kultur von San Agustín: Steinskulpturen, Goldschmiedekunst.

500–900
Ein mysteriöses indigenes Volk legt in Tierradentro Schachtgräber an.

700–1600
Cacicazgos: Hoch entwickelte Kazikengesellschaften mit komplexen politischen und sozialen Strukturen beim Volk der Muiscas in Cundinamarca und Boyacá.

800–1600
In den Bergen der Sierra Nevada de Santa Marta existiert auf zeitweilig 200 Steinterrassen eine der größten präkolumbischen Städte Amerikas: Teyuna (= Buritaca 200/ Ciudad Perdida).

1499
Alonso de Ojeda betritt das Cabo de la Vela.

1500
Rodrigo de Bastidas segelt an der Karibikküste entlang.

1513
Vasco Núñez de Balboa sieht als erster Europäer den Pazifik.

1525
Rodrigo de Bastidas gründet mit Santa Marta die erste spanische Siedlung, die dauerhaft Bestand hat.

1533
Pedro de Heredia gründet Cartagena de Indias.

1538
Jiménez de Quesada gründet Bogotá auf dem Stadtgebiet der Muisca-Metropole Bacatá.

1717
Der spanische König *Philipp V.* gründet das Vizekönigreich Neugranada, das von Bogotá regiert wird.

1781
Revolution der Kommunarden von Socorro gegen Steuererhöhungen.

1810
Mompós erklärt als erste Stadt seine Unabhängigkeit von Spanien.

1819
Unabhängigkeitsheld *Simón Bolívar* gewinnt gegen die Royalisten die Entscheidungsschlacht an der Brücke von Boyacá.

1821
Die Republik Großkolumbien wird unabhängig.

1830
Großkolumbien zerfällt in Einzelstaaten.

1863
Die Vereinigten Staaten von Kolumbien werden gegründet, Mitinitiator ist *Tomás Cipriano de Mosquera.*

1886
Unter dem Einfluss von *Rafael Núñez* entsteht die Republik Kolumbien und gibt sich eine zentralistisch geprägte Verfassung.

1899–1902
Der „Krieg der Tausend Tage" fordert 100.000 Menschenleben.

1903
Panama spaltet sich mit Hilfe der USA von Kolumbien ab.

1928
Nahe Ciénaga massakriert die Armee streikende Bananenarbeiter der United Fruit Company.

1934–1938
Präsident *Alfonso López Pumarejo* führt soziale Reformen durch.

1948
Die Ermordung des linkspopulistischen Präsidentschaftskandidaten *Jorge Eliécer Gaitán* löst heftige Straßenkämpfe in Bogotá aus – *El Bogotazo*.

1948–1953/58
La Violencia – der blutigste Bürgerkrieg Kolumbiens; 300.000 Menschen sterben.

1953–1957
Militärdiktatur von *Gustavo Rojas Pinilla*.

1957–1977
Die *Frente Nacional* bestimmt die Geschicke des Landes: Liberale und Konservative wechseln sich mit der Regierung ab.

1964–1970
Gründungsjahre der Guerillabewegungen FARC, ELN, ELP, M-19.

1985
Guerilleros von M-19 besetzen den Justizpalast in Bogotá. Die Stadt Armero wird durch eine Schlammlawine des Vulkans Nevado del Ruiz zerstört.

1991
Eine neue Verfassung tritt in Kraft.

1998–2002
Präsident *Andrés Pastrana* verhandelt mit den FARC und billigt ihnen eine Demilitarisierte Zone zu.

2002
Álvaro Uribe wird Präsident und fährt gegen die Guerilla einen harten Kurs.

2008
Die Präsidentschaftskandidatin *Íngrid Betancourt* wird durch das Militär nach sechsjähriger Geiselhaft aus den Händen der FARC befreit.

2010
Im Januar spuckt der Volcán Galeras (Nariño) Asche, 25.000 Bewohner der nahen Stadt Pasto werden vorsichtshalber evakuiert. Im Frühling wird *Juan Manuel Santos* zum neuen Staatspräsidenten gewählt.

2011
Im November gelingt dem Militär einer der wohl schwersten Schläge gegen die Guerilla: Soldaten töten den FARC-Oberkommandanten *Alfonso Cano*.

2012
Die in die Enge getriebene FARC intensiviert bewaffnete Angriffe auf Polizei- und Militärstationen. Auch Drogenmafia und paramilitärische Verbände terrorisieren – trotz landesweit erheblich verbesserter Sicherheitssituation – noch immer in Randregionen wie dem Departamento Chocó die Bevölkerung. Bomben in Tumaco (Nariño) und Villa Rica (Cauca) fordern Anfang Februar zahlreiche Menschenleben.

die Kaziken mit Luxusgegenständen. Heute bezeichnen die *Pastos*-Indianer reguläre Straßenhändler und Marketender als *mindalas*. Die *Nariños* verarbeiteten Gold und Kupfer und benutzten mit geometrischen Ornamenten verzierte **rotierende Metallscheiben** in religiösen Zeremonien.

Katzenherren & Salamandermänner

Die **Quimbaya,** ein Volk, das ab 500 v.Chr. kulturell zu erblühen begann, in der Kaffeeregion der heutigen Departamentos Antioquia, Caldas, Risaralda und Quindío Landwirtschaft betrieb und möglicherweise kannibalistische Riten praktizierte, brachten die Goldverarbeitung zu höchster Vollendung. Sie mischten dem Gold 30% Kupfer bei und gossen und schmiedeten feinste Kunstwerke mit oft modernstem Design. Berühmt etwa ist der **Poporo Quimbaya,** ein vasenförmiges Gefäß zur Aufbewahrung von Kalk zum Kokakauen mit vier kugelförmigen Ausstülpungen am Ende des schlanken Halses, das dem europäischen Auge zugleich familiär und fremdartig erscheint. Es entstand im typischen **Wachsgussverfahren** um 300 v.Chr. und ist heute im Goldmuseum von Bogotá ausgestellt. Kalkspatel, Körperschmuck, sitzende Figuren mit gesenkten Lidern und verzücktem Gesichtsausdruck, Salamandermänner und Katzenherren, in Metamorphose befindliche Menschen, die zu Fröschen oder Vögeln werden – all das fertigten die *Quimbaya* aus Gold. Zur Zeit der spanischen Konquista hatten sie zwar keinen Staat, aber eine komplexe Kazikengesellschaft herausgebildet und formierten später mit den kriegerischen *Pijao*-Indianern eine Allianz gegen die Europäer.

Wie bei den *Quimbaya,* so gab es in den meisten – an sich geografisch eher isolierten – Gesellschaften Alt-Kolumbiens ähnliche Vorstellungswelten, geprägt durch **Tiersymboliken** und die Annahme, alles unterliege dem Prinzip des **Dualismus** (Tag – Nacht, Sonne – Mond, Leben – Tod, Regen – Dürre, Mann – Frau, Obere Welt – Unterwelt), und bestimmte Kräfte könnten deren natürliche Balance wieder herstellen oder gefährden. Dem Schamanen, dem Jaguar und auch dem Edelmetall Gold kam dabei jeweils eine besondere Stellung zu. Der Schamane musste sicherstellen, dass sich kein Chaos ausbreitet und das Leben seinen gewohnten Gang gehen kann. Unter dem halluzinogenen Einfluss von Drogen nahm er die „Korbposition" *(postura de canasto)* ein, indem er sich, die Arme um die Knie geschlungen, hinsetzte, um auf diese Weise wie ein Korb kosmische Kräfte in sich aufzunehmen und verschieden tiefe Stadien der Konzentration und der Trance zu erreichen. Mit Hilfe von Tiergeistern begab er sich auf den **„Schamanenflug"** – mit dem Ziel, alle Kräfte, die das Leben regulieren, zu kontrollieren. Dem Jaguar schrieb man die Fähigkeit zu, Mittler

Bild links: Indianische Petroglyphen im Amazonasgebiet; rechts: Goldschmuck der Sinú

zwischen den Welten zu sein; seine Gestalt nahm der Schamane – dann in seiner Funktion als „Jaguarmensch" – durch Verkleidungen und Anlegen von Schmuck an. Der Natur ihren Goldstaub zu entreißen, das Gold zu verarbeiten und in „manipulierter" Form der Mutter Erde als Opfer zurückzugeben – das bedeutete in der Denkart der Indianer, einen Kreislauf zu vollenden und das Universum gefügig zu machen.

Ein hydraulisches Volk

Das **Volk der Sinú (Zenú)** siedelte in den Sumpfniederungen der heutigen Departamentos Córdoba, Sucre und Bolívar, befischte die Ríos Sinú und San Jorge, baute Maniok und Marihuana an, jagte Alligatoren und entwickelte sich zu einer einzigartigen hydraulischen Gesellschaft: Ab etwa 200 v.Chr. errichteten die *Sinú* auf einem Gebiet von 5.000 km² ein **komplexes Kanalsystem,** das Wasserläufe und Lagunen miteinander vernetzte und die Regulierung der häufig auftretenden Überschwemmungen ermöglichte. Kilometerlange Kanäle wurden schnurgerade, im Abstand von zehn Metern parallel zueinander ausgehoben; die Menschen wohnten auf Deichen und und runden Erdaufschüttungen in Dorfgemeinschaften. *Sinú*-Männer trugen goldene Penisköcher. Die Schmiede verstanden es, sowohl filigransten Goldschmuck als auch solide Tierfigurinen aus purem Gold herzustellen.

colo107 Foto: ib

colo108 Foto: ib

Die *Sinú* bestatteten ihre Toten mit weiblichen Tonskulpturen und schütteten über ihnen runde Tumuli auf, die mit Bäumen bepflanzt wurden. In die Zweige hängten sie Glocken. Drei Jahrhunderte vor Ankunft der Spanier begann das Kanalsystem, das aus der Luft wie ein gigantisches, fächer- oder fischgrätenförmiges Webmuster ausgesehen haben muss, zu verrotten; die *Sinú* zogen sich in höher gelegene Regionen, z.B. die Hügel der Serranía de San Jacinto, zurück.

Verlorene Städte

Zwischen 200 und 700 n.Chr. errichteten die Indigenen der 3.000 km^2 großen **Region San Agustín** (heute: Departamento Huila) Monumentalgräber mit Skulpturen aus Andesit und Tuffstein – heute UNESCO-Weltkulturerbe. Es wird angenommen, dass San Agustín aufgrund seiner geografischen Lage ein Knotenpunkt für Wanderbewegungen war. Ein kaum 10 cm langes, schlankes, gefiedertes Goldfischchen, wegen seiner Schönheit Symbol des Goldmuseums von Bogotá, wurde neben anderen Artefakten in einem der Gräber von San Agustín gefunden.

In **Tierradentro,** im Nordosten des Departamento Cauca, befinden sich weitere Zeugnisse einer verschollenen, hoch entwickelten indigenen Kultur. In über 100 mit Malereien ausgestalteten Schachtgräbern – heute ebenfalls UNESCO-Weltkulturerbe – entdeckten Grabräuber und Archäologen Jahrtausende alte Keramik- und Goldgegenstände. Die heute in diesem Gebiet lebenden *Nasa*-Indianer wanderten erst zur Zeit der spanischen Eroberung ein, etwa 600 Jahre nach dem Ende der Kultur von Tierradentro.

An der Karibikküste und den nördlichen Hängen der Sierra Nevada de Santa Marta lebten um 200 n.Chr. die **Tairona,** die kulturell bereits hoch entwickelten, chibchasprachigen Vorfahren der heutigen *Arhuaco* und *Kogi*. Sie lebten von Landwirtschaft und Fischfang und stellten feine Goldschmiedearbeiten her. In Nahuange und Pueblito Chairama befinden sich Überreste ihrer Siedlungen. Zwischen 700 und 1600 besiedelten Indigene die Stadt Teyuna (auch Buritaca 200 oder **Ciudad Perdida** genannt): Mitten im Dschungel liegen heute 200 entfernt an das peruanische Machu Picchu erinnernde Steinterrassen, auf denen einstmals die Bambus- und Adobehäuser der Bewohner standen.

El Dorado?

Auf den Hochebenen der Ostkordillere, im Gebiet der heutigen Departamentos Cundinamarca und Boyacá, lebten ab 700 n.Chr. bis zur Konquista die **Muisca,** der Sprachgruppe der Chibchas angehörig. „Muisca" bedeutet auf Chibcha „Menschen". Sie bauten mit Hilfe eines astronomischen Landwirtschaftskalenders Mais, Kartoffeln, Bohnen und Baumwolle an, verarbeiteten Gold, handelten mit Smaragden, Salz und Keramik. Sie lebten in einem komplexen Sozialsystem mit strikten Rangverhältnissen und waren in Kultur, Religion, politischer Struktur, Verwaltung, Gesetzgebung und der Infrastruktur sehr weit entwickelt.

In mehreren Regionen hatten die *Muisca* staatenähnliche Gemeinschaften gebildet und sich in **Cacicazgos** (Kazikengesellschaften) organisiert. So regierte in Bacatá (heute Bogotá) der **Zipa,** in Hunza (heute Tunja, Hauptstadt des Departamento Boyacá) der **Zaque.** Die Zipas waren Nachfahren des Mondes, die Zaques Nachfahren der Sonne. Eine andauernde Rivalität beider Fürsten begünstigte im 16. Jh. den spanischen Sieg über das zuletzt eine Million Menschen zählende Volk. Zipa und Zaque waren Führer von Kazikenkonföderationen, die jeweils aus mehreren Regierungsbezirken bestanden, welche wiederum in kleinere Verwaltungseinheiten unterteilt waren. Agitatoren, Hofschnellläufer und Agenten im Auftrag der Fürsten überwachten die Kartoffelbauern, übermittelten Nachrichten, trieben Steuern ein. Die *Muiscas* lebten in runden Bambushütten - Bacatá allein soll schon aus 20.000 solcher Wohnungen bestanden haben, als 1538 der Konquistador *Jiménez de Quesada* dort einrückte. Hochrangige Männer frönten der Polygamie. Kriegsgefangene wurden als Blutopfer dargebracht. Die Schamanen weihten ihr Leben der Meditation.

Die **Goldschmiedekunst** (Wachsguss- und Hammerverfahren) war bei den *Muisca* hoch entwickelt. Hergestellt wurden Opfergaben wie anthropomorphe Figurinen mit kaffeebohnenförmigen Augen, zoomorphe Figurinen (vor allem Vögel), Miniaturflöße, -sitzschemel und -mobiliar, Darstellungen des kosmischen Dualismus symbolisiert durch Mann und Frau, aber auch Schälchen und feine Röhrchen zum Aufschniefen des halluzinogenen Rauschmittels *yopo,* wie sie höhergestellte Personen des Schamanen- und Kriegerstandes gern benutzten, und Schmuckgegenstände wie rechteckige Nasenringe oder geometrische Broschen. Die weit verbreitete pulverförmige Droge *yopo* gewann man aus den Samen der Pflanze *Anadenanthera Peregrina*. Goldene Opfergaben versenkten die *Muiscas* in ihren heiligen Lagunen. Zu seiner Initiation brachte der Hofstaat den jungen, über und über goldbestäubten Zipa auf einem Binsenfloß in die Mitte der **Laguna de Guatavita,** eines Meteoritenkratersees - dort badete er, ein Ritus, der aller Wahrscheinlichkeit nach den Ursprung jener einzigartigen Legende von El Dorado bildet, die goldgierige europäische Eindringlinge jahrhundertelang beschäftigen sollte.

Spanische Eroberung

Der Mann aus dem Pökelfass

Rodrigo de Bastidas (siehe auch unter Santa Marta), königlichen Geblüts in Sevilla geboren und bereits Teilnehmer an *Kolumbus'* zweiter Amerikareise, befuhr 1500/01 mit seinen vom Schiffsbohrwurm arg zugerichteten Karavellen als erster Europäer die karibischen Küstengewässer des heutigen Kolumbien. In seiner Mannschaft befand sich der verarmtem Adel entstammende **Vasco Núñez de Balboa** (1475–1519), welcher sich nach erfolgreichem Abschluss der

Expedition ab 1502 auf der Insel Hispaniola als Pflanzer und Schweinezüchter versuchte, dort aber rasch Schulden anhäufte und sich zunehmend in den verruchten Spelunken Santo Domingos herumtrieb. Auf der Flucht vor seinen Gläubigern versteckte sich der Hasardeur 1509 zusammen mit seinem Hund *Leoncito* in einem Fass auf der Karavelle des Geografen **Martín Fernández de Enciso,** die in Richtung Kolumbien in See stach. Allein sein Wert als Ortskundiger sowie die Bitten der Schiffscrew retteten dem blinden Passagier nach seiner Entdeckung das Leben. Später jedoch sollte *Enciso* noch oft wünschen, er hätte den Mann aus dem Pökelfass, wie es seine ursprüngliche Absicht gewesen war, unterwegs auf dem erstbesten einsamen Eiland ausgesetzt.

Denn *Encisos* Despotismus, Starrsinn und Geiz sowie *Balboas* Charisma, Offenheit und gute Ideen bewirkten in der Folgezeit, dass die durch die Unwirtlichkeit eines ihnen fremden Gestades und Giftpfeilattacken dortiger Ureinwohner eingeschüchterten Spanier mehr und mehr zu *Balboa* hielten. Auf dessen Vorschlag hin wurde schließlich nach einer für die Spanier erfolgreichen Schlacht gegen 500 Krieger des Kaziken *Cémaco* der Stützpunkt **Santa María la Antigua del Darién** an der sumpfigen, doch fruchtbaren Küste von Urabá (heute: Departamento Chocó) gegründet. Kurz darauf sorgte *Balboa* durch eine

colo109 Foto: ib

raffinierte Intrige für die Ausweisung seines Vorgesetzten *Enciso,* dessen Platz er sofort mit großer Selbstverständlichkeit einnahm.

Unterstützt von indianischen Freunden, mit denen er sich durch Heirat einer Kazikentochter verschwägert hatte, entdeckte *Balboa* auf der Suche nach Gold und Ruhm am 25. September 1513 am Ende seiner mühseligen, doch glücklich verlaufenen 25-tägigen Darién-Durchquerung als erster Weißer den **Pazifischen Ozean** – es war sein größter Triumph und die Euphorie riesig: Sein Kaplan stimmte das *Te Deum* an, die Spanier ritzten Kreuze in die Rinden der Urwaldbäume und schichteten Steinpyramiden am Strand des unbekannten Meeres auf, während *Balboa* trunken in die Brandung hinaus schritt und sein Schwert zur Sonne hob.

Bald schon gab es einen Rivalen: Der alte, grausame Haudegen **Pedro Arias de Ávila** (alias *Pedrarias Dávila*), welcher bereits gegen die Mauren in Granada gekämpft hatte, ankerte in Begleitung des nach Rache dürstenden *Enciso* und etlicher Soldaten mit seiner kleinen Armada vor Santa María und setzte *Balboa* ab. Der große Popularität genießende *Balboa* erhielt zwar zur Besänftigung eine Tochter des neuen Statthalters zur Frau, doch schwelte trotz dieses Versöhnungsangebotes die Feindschaft zwischen beiden weiter. Da reichte es *Pedrarias:* Er verhaftete *Balboa* wegen angeblicher Verschwörung gegen die Krone und ließ ihn auf der Plaza von **Acla** (indianisch für „Menschenknochen") – das Dorf dieses zweifelhaften Namens war *Balboas* im heutigen Panama befindlicher letzter Wohnsitz – mit einer Axt köpfen (was nicht gleich gelang – drei Hiebe waren nötig). *Pedrarias* aber setzte sein rastloses Leben fort, gründete die Stadt Panama und verstarb 91-jährig erst zwölf Jahre nach *Balboas* Tod im heutigen Nicaragua.

Häuser an der Plaza de los Coches in Cartagena, wo die Spanier den größten Sklavenmarkt Südamerikas etablierten

Es kann nur einen geben

Die bereits kartografierte Karibikküste einerseits und der von *Balboa* entdeckte Pazifik andererseits bildeten für jene nachfolgenden spanischen Eroberungszüge, welche den Untergang der indigenen Freiheit einleiten sollten, Verbindungskorridore aus der Welt der Weißen in ein magisches Land namens **El Dorado,** in dem man unermessliche Schätze wähnte. **Pedro de Heredia,** der 1533 nach Kämpfen mit dem indigenen Volk der *Calamaríes* das heutige **Cartagena de Indias** unter dem Namen San Sebastián de Calamar gegründet hatte, und sein Bruder **Alfonso de Heredia,** der um 1537 **Mompox** gründen sollte, unternahmen Raubfahrten an der Küste und entlang der Lagunenketten des Magdalenen-Tieflandes und plünderten die heiligen Grabstätten der *Sinú.*

Von dem seit 1525 bestehenden **Santa Marta** an der Karibikküste brach im Jahr 1536 der Jurist **Gonzalo Jiménez de Quesada y Rivera** (1509–

1579) auf, um im Landesinneren das legendäre El Dorado zu finden. Brennend und mordend zog er mit ca. 800 Mann durch das Territorium des *Chibcha*-Volkes der *Muisca,* passierte die Laguna de Fúquene und die Laguna de Suesca, die Orte Nemocón und Zipaquirá und kam schließlich mit den 100 Mann, die überlebt hatten, 1538 auf die **Hochebene von Bacatá,** wo er die dort existierende, aus 20.000 strohgedeckten Hütten bestehende indianische Stadt in **Santa Fé del Nuevo Reino de Granada (Bogotá)** umtaufte und neu gründete.

Wenig später gelangte auch der vom Handelshaus der Welser entsandte deutsche Konquistador **Nikolaus Federmann** (spanisch: *Nicolás de Federmán*) (um 1505–1542) auf seiner durch den spanischen König *Karl V.* abgesegneten Expedition von Coro (heute Venezuela) aus über den alten Salzhandelsweg der *Chibcha* nach Bacatá.

Und von Süden fiel golddürstend **Sebastián de Belalcázar** (um 1480–1551), der mutmaßlich an *Kolumbus'* dritter Amerikareise teilgenommen und später unter *Pedrarias Dávila* in Panama und Nicaragua und unter *Francisco Pizarro* in Peru gegen die Ureinwohner gekämpft und Städte wie Quito und Popayán gegründet hatte, mit seiner Armee in die Hochebene von Bacatá ein.

Die drei Konquistadoren - allesamt charismatisch, grausam und machtbesessen - trafen sich in Bacatá (Bogotá), bevölkerten es mit ihren Anhängern und beanspruchten jeder für sich allein das Vorrecht, über die von ihnen eroberten Gebiete zu herrschen. Von heftigen Streitereien untereinander aufgebracht, reisten sie nach Cartagena und weiter nach Spanien, um vor dem königlichen **Indienrat** *(Real y Supremo Consejo de Indias),* jenem gewaltigen Verwaltungsapparat, der für die administrativen Belange der Kolonien zuständig war, ihren Zwist beizulegen.

Jiménez de Quesada erhielt in der Folge zwar nicht den erhofften Herrschertitel, aber einen Ehrenposten, und richtete sich auf nachfolgenden Expeditionen in den Llanos sowohl finanziell wie körperlich zugrunde. *Federmann* wurde von den Welsern der Untreue beschuldigt und durch die Inquisition verfolgt; er starb ruhmlos im Gefängnis. Auch *Belalcázar* erhielt nicht die gewünschten Machtbefugnisse, wurde jedoch zumindest Gouverneur in Popayán. Bogotá aber diente fortan als Sitz der *Real Audiencia y Cancillería,* der Kolonialregierung des **Neuen Reiches von Granada** *(Nuevo Reino de Granada),* welches als Generalkapitanat *(Capitanía General)* einen Teil des riesigen Vizekönigreiches Peru bildete.

Das spanische Kolonialreich

Encomienda

Die spanische Krone rechtfertigte die Eroberung und Inbesitznahme der Neuen Welt durch einen **göttlichen Plan,** der die unbedingt zu erfüllende Aufgabe vorsähe, so viele Ureinwohner zu missionieren wie nur möglich.

Die Ausübung von Macht durch heidnische Herrscher wurde als nicht legitim angesehen.

Demgemäß führte das Königshaus unter *Isabella I.* von Beginn an ein System ein, dass sich bereits im Zuge der Reconquista auf der Iberischen Halbinsel bewährt hatte: Dort wurden privilegierten Soldaten, Edelleuten und Ordensmännern aus der Hand der Mauren befreite Gebiete und die darauf lebende Bevölkerung treuhänderisch anvertraut. Die Treuhänder hatten das Recht und die Pflicht, Tribut einzutreiben, zu missionieren, Christen anzusiedeln und „ihre" Menschen zu beschützen. Nach diesem Vorbild entwickelte sich auch im Gebiet des heutigen Kolumbien das **System der Encomienda** (*encomendar* = anvertrauen). Dabei machten sich die Eroberer das bereits bestehende Sozialgefüge in der indigenen Bevölkerung zunutze: Der bisherige indianische Kazike tat das, was er auch schon vor der Machtübernahme durch die Spanier getan hatte, nur tat er es jetzt nicht für sich, den Zipa oder den Zaque, sondern im Auftrag seiner neuen Herren: Er trieb von der seit jeher unterprivilegierten breiten Bevölkerungsmasse, den *encomendados* (Anvertrauten), die **demora (Tribut- und Steuerleistung)** für den *encomendero* (den treuhänderisch tätigen spanischen Patron), den *corregidor* (den königlichen Beamten) und die Krone ein, sorgte für Ruhe und Ordnung und teilte den indigenen Bauern das von ihnen zu bearbeitende Land zu. Dafür erhielt er vom *encomendero* Vorteile.

Die *encomenderos* konnten ihren Titel nicht vererben; ihr Recht blieb befristet, sodass sie stets bestrebt sein mussten, den größtmöglichen Profit aus ihrem Privileg herauszuschlagen. Dadurch entstand **Korruption** und ein großes Missbrauchspotenzial: Die eigentlich unter dem Schutz der Krone stehenden Indigenen hatten für den *encomendero* weniger Wert als ein regulärer Sklave, der ihm wenigstens gehört hätte; sie wurden **brutal ausgebeutet,** schufteten z.B. in Goldminen, als Ruderknechte auf dem Río Magdalena oder als *cargueros* (Träger) in der zerklüfteten Andenwelt, und wer von ihnen es vermochte, floh höher hinauf in unwegsame Bergregionen, in die Wälder der Amazonasebene oder gar in den Tod. Bis zur Abschaffung der letzten *encomienda* durch den Bourbonenkönig *Philipp V. von Anjou* im 18. Jh. waren ganze Stämme ausgelöscht worden.

Der Bourbone reformierte nicht nur die Besitzverhältnisse, er gestaltete die gesamte administrative Struktur seiner Kolonien um: Auf dem Gebiet des heutigen Kolumbien entstand so 1717 das **Vizekönigreich Neugranada** *(Virreinato de Nueva Granada),* mit einem als Vizekönig dienenden königlichen Beamten an der Spitze.

Repartimiento

Mit dem allmählichen Niedergang des Encomienda-Systems breitete sich die **Institution des Repartimiento** (*repartir* = zuteilen) aus: Spanische Siedler erhielten zunächst Eigentumsanwartschaften auf Grundstücke, welche sie dann durch Urbarmachung, Entwicklung und Bewohnung erwerben, vererben und letztlich auch verkaufen durften. Durch den Aufkauf großer Ländereien entwickelte sich eine **kleine Oberschicht von latifundistas (Großgrundbesitzern)**, die nach und nach die besten Böden kontrollierten – eben jene Böden, die zuvor meist von den Indigenen in jahrhundertelanger Arbeit gehegt und gepflegt worden waren. Nun mussten die Indianer Pacht an den Landeigentümer zahlen für die Bewirtschaftung dessen, was einst sie selbst angelegt hatten.

Grundbesitz im Gebiet des jetzigen Kolumbien entwickelte sich bis heute zum **Statussymbol der Eliten** und – selbst im Falle brachliegenden Landes – zum besten Mittel, eine landlose Bevölkerungsmehrheit in Abhängigkeit zu halten.

Sklavenhandel & Resguardos

Bereits eine Reform im Jahre 1595 zum Schutz der rapide schwindenden Urbevölkerung bewirkte die Gründung von **resguardos (Reservaten)**, Gebieten, auf denen die Indianer leben und in bescheidenem Umfang wirtschaften durften. Natürlich blieben sie zur Abgabe der *demora* (Tribut- und Steuerleistungen) verpflichtet, und darüber hinaus zur *mita*, d.h. der zeitweiligen Bereitstellung der eigenen Arbeitskraft gegen geringen Lohn für die Durchführung der Projekte des *encomendero, latifundista* oder der Krone.

Ab dem frühen 17. Jh. erblühte der **Sklavenhandel:** In die Neue Welt wurden **schwarze Menschen aus Afrika** eingeführt, die im Vergleich zur einheimischen Bevölkerung als viel robuster und für schwere Arbeiten geeigneter galten. **Cartagena** etablierte sich als wichtigster Sklavereihafen der gesamten westlichen Hemisphäre. Zwischenhändler kauften auf dem dortigen Markt Menschenmaterial im Dutzend und schafften ihr Investitionsgut flussaufwärts, wo sie es an Minen- und Plantagenbesitzer oder an Viehzüchter weiterverkauften. Nur wenigen Afrikanern gelang die dauerhafte Flucht: In den Sümpfen des Magdalena-Tieflandes gründeten sie *palenques*, eigene Dörfer, in welchen sie fortan Subsistenzwirtschaft betrieben. Die *palenques* entwickelten sich zu Hochburgen des Widerstandes.

Mehr und mehr Indianer zogen im Verlauf des 18. Jh. aus den engen *resguardos* auf die Haciendas der Großgrundbesitzer, wo sie ihre *mita* ableisteten. Dort entstand eine wachsende **Mestizenbevölkerung** – landlos und hungrig. Ihre Arbeitskraft und die der aus dem spanischen Mutterland eintreffenden armen Zuwanderer stellte sich als erheblich rentabler als die Arbeitskraft der Sklaven heraus, welche zwar keinen Lohn erhielten, jedoch sehr wohl – im Interesse ihrer Besitzer – physisch erhalten werden mussten. Bis zur Unabhängigkeit sollte es jedoch noch dauern, bis die Sklaverei – zunächst nur für Kinder von Sklaven – abgeschafft wurde; die letzten Sklaven erhielten erst Mitte des 19. Jh. ihre Freiheit – sie konnten mittlerweile sehr leicht ersetzt werden durch billige **Tagelöhner.**

Kampf um Unabhängigkeit

Die Revolution der Kommunarden

Mit der Neustrukturierung der Kolonien durch die Bourbonen kam es im 18. Jh. zu **stärkerer Kontrolle der verfilzten Verwaltung,** zu **effektiverer Steuererhebung** und de facto höherer Steuererbelastung – nicht nur hinsichtlich *aguardiente* (Zuckerrohrschnaps), Tabak, Salz und Spielkarten, für die königliche Monopole bestanden – sondern auch zur Finanzierung einer Flotte zur Piratenabwehr *(La Armada de Barlovento)* und des von chronischer Geldnot heimgesuchten Königshauses, das sich mit England im Krieg befand. Daneben wuchs die **Unzufriedenheit der neugranadinischen Bevölkerungsmehrheit** mit einem streng hierarchischen, ungerechten System, das ihr keine Entwicklungsperspektiven bot.

Seit den 1750er Jahren brachen immer wieder lokal begrenzte **Aufstände** aus. Ende 1780 begannen die **Tabakarbeiter** in Simacota, Mogotes und Charalá (Ortschaften im heutigen Departamento Santander) unruhig zu werden, und am 16. März 1781 zerriss **Manuela Beltrán** in **Socorro** ein Edikt zur Steuererhöhung. Was als Erhebung der Tabakmanufakturarbeiter einer kleinen Provinzstadt begann, breitete sich wie ein Buschfeuer als **Revolución de los Comuneros** über das Land aus. Indianer, Mestizen, Kreolen, Zambos und Schwarze (und erstmals sogar *bogotános*) beteiligten sich gleichermaßen am Kampf und wählten Abgeordnete, die sich als Volksvertreter im *Común* (dem obersten Rat) versammelten. Nicht nur die Ärmsten, sondern auch reichere Kaufleute und Kaziken, die für sich mehr Machtanteile erkämpfen wollten, schlossen sich der Bewegung an. 20.000 *comuneros* marschierten von Norden auf die Hauptstadt, aus der der Vizekönig bereits geflohen war. In **Zipaquirá** kam der Trupp im Mai 1781 zum Stillstand und ließ sich auf Verhandlungen ein. Die Abgesandten der Kolonialregierung zeigten sich kompromissbereit – und im Siegestaumel zerstreuten sich die Aufständischen, nur um wenig später festzustellen, dass sie betrogen worden waren: Der zurückgekehrte Vizekönig erklärte die Verträge mit den Kommunarden für ungültig.

José Antonio Galán (siehe auch unter Guaduas) erhob sich mit seiner wenige hundert Mann zählenden Armee erneut – doch er und viele seiner Mitstreiter wurden verhaftet und hingerichtet.

180 Jahre später nahm sich die Guerillabewegung ELN den Aufstand der Kommunarden zum Vorbild und besetzte ihrerseits den Ort Simacota.

Buntes Treiben im „dummen Vaterland"

Die Unzufriedenheit der Bevölkerungsmehrheit, die neuen Impulse, welche durch Schmuggel und wachsende Handelsbeziehungen entstanden, die Entwicklung einer gebildeten kreolischen Oberschicht mit eigenen Ideen, die es dürstete, am politischen Leben teilzunehmen und ihren Einfluss auszudehnen, und nicht zuletzt die

Francisco de Miranda – Wie Kolumbien zu seiner Staatsflagge kam

„Dieser Quijote, der keineswegs verrückt ist, trägt heiliges Feuer in der Seele", sagte *Napoleon* über einen der schillerndsten Weltmänner seiner Zeit, den 1750 in Caracas geborenen **Abenteurer und Revolutionär** *Francisco de Miranda.*

Als Soldat des Königs von Spanien focht der junge *Miranda* in Nordafrika, dann, 31-jährig, in Florida und Mississippi: Dort half er den Rebellen des US-amerikanischen Unabhängigkeitskampfes. Der frisch gebackene Oberleutnant kämpfte anschließend gegen die Briten auf den Bahamas, fiel jedoch bald Intriganten zum Opfer und floh aus Spanisch-Kuba in die USA, wo er Persönlichkeiten wie *George Washington* und *Alexander Hamilton* kennen lernte – und seine große **Vision** ihren Anfang nahm, die sich – zumindest in ihren Grundelementen – durch die Jahrhunderte zieht bis zum heutigen Tag: *Miranda* begann zu träumen von einem riesigen unabhängigen Staat, der ganz Lateinamerika vereinigen würde, vom Mississippi-Fluss bis zum Kap Hoorn.

Im Laufe seines Lebens konkretisierte sich dieser Traum: **Das amerikanische Imperium sollte Kolumbien heißen;** ein zu Ehren der Urbevölkerung „Inka" genannter Monarch, unterstützt durch ein Zweikammer-Parlament, hätte die Regierungsgewalt. *Miranda* arbeitete an einer Verfassung und entwarf ein **Banner mit drei horizontalen Streifen in den Farben Gelb, Blau und Rot.** Gelb stand dabei für die Neue Welt, Reichtum und Souveränität, Blau für den Atlantik, die Gleichheit aller und den Edelmut der Väter der Unabhängigkeit, Rot für das Märtyrerblut im Kampf gegen die spanische Unterdrückung und die Glut in den Herzen der Freiheitskämpfer. Diese drei – später als **„großkolumbianische Farben"** bezeichneten – Streifen bildeten jenes Banner, das, im Wesentlichen unverändert, heute Staatsflagge von Kolumbien, Venezuela und Ecuador ist.

Bis aus *Mirandas* Vision tatsächlich Aktion erwuchs, ging er einen **langen Weg.** Nach über einem Jahr in den USA schiffte er sich nach England ein – mit dem Vorsatz, um Unterstützung für das Projekt seines Lebens zu werben: die Befreiung Lateinamerikas vom spanischen Kolonialismus.

Noch schien ihm der Zeitpunkt für eine Kampagne verfrüht. Darum widmete er sich vor allem **theoretischen Studien und Arbeiten.** *Daniel Florencio O'Leary,* Adjutant *Simón Bolívars,* sollte nicht umsonst nach *Mirandas* Tod urteilen: „Sein Hauptverdienst lag darin, das Bewusstsein und Selbstvertrauen der Amerikaner gehoben zu haben. Obwohl stolz, Soldat zu sein, focht er die größten Schlachten mit der Feder!"

Miranda vervollkommnete seine Bildung und Kultur, **reiste jahrelang durch Europa** und tafelte mit den bekanntesten politischen Führern und Persönlichkeiten jener Zeit, die ihn gern – nicht zuletzt zu repräsentativen Zwecken – einluden. Er besuchte Preußen, Italien, Griechenland, gelangte bis Konstantinopel und wurde 1787 in Kiew sogar *Katharina der Großen* vorgestellt, die ihn zu ihrem Favoriten – und wohl auch Liebhaber – machte.

Um einer Auslieferung an Spanien zu entgehen, floh *Miranda* incognito zurück nach **England.** Hier erbat er vom Premierminister Hilfe für die Umsetzung der großen Vision eines freien Lateinamerika: Er legte ihm detaillierte Pläne vor sowie Ausführungen zu möglichen Militäroperationen. Doch der Premierminister zeigte trotz seines grundsätzlichen Wunsches, die Handelsmacht Großbritanniens möglichst auf das abgeschottete Spanisch-Amerika auszuweiten, eher begrenztes Interesse.

Miranda fühlte, dass er neue Impulse, neue Verbündete brauchte. Wieder machte er sich auf den Weg – diesmal nach **Paris:** Er erhielt einen Generalsposten in der französischen Revolutionsarmee, entkam in den Wirren der folgenden Jahre aber nur knapp der Guillotine und kehrte nach England zurück. Von dort, wo er mit einer Britin eine Familie gegründet hatte, unternahm er jahrelang alles ihm Mögliche, endlich internationale Unterstützung für seine Projekte zu erhalten.

Im Jahr 1806 hielt es den Rastlosen - jetzt endlich mit 6.000 Englischen Pfund ausgestattet - nicht mehr länger: Von den USA segelte er über Haiti mit wenigen hundert Freiwilligen nach Venezuela, und es gelang ihm, dem **Precursor** (Vorläufer), der heute in Venezuela als Nationalheld verehrt wird, in La Vela de Coro seine gelb-blau-rote Flagge zu hissen. Die Einheimischen jedoch versagten dem Hünen mit den langen schlohweißen Haaren wider Erwarten ihre Hilfe, und *Miranda* musste aufgeben - für dieses Mal.

Mehr als vier Jahre sollten vergehen, bevor mit **Simón Bolívar,** dem *Libertador* (Befreier), eine neue Persönlichkeit in das Licht der Geschichte trat, *Miranda* eine zweite Chance erkannte und sogar für kurze Zeit zum Diktator der Ersten Republik Venezuela wurde. Doch schon 1812, nach militärischen Rückschlägen und einem schweren Erdbeben, kapitulierte der geschwächte *Miranda,* wurde von seinen eigenen Leuten deswegen des Verrats bezichtigt und an die Spanier ausgeliefert. Die verschifften ihn nach Cádiz, wo er 1816 im Kerker verstarb.

Der Unabhängigkeitskampf wurde fortgesetzt - jetzt unter Führung *Bolívars.*

colo169 Foto: ib

turbulenten Entwicklungen in Europa und Nordamerika nährten den Boden, auf dem die Unabhängigkeitsbewegung keimte: Die USA hatten sich vom britischen Mutterland gelöst, die Erklärung der Menschenrechte war durch **Antonio Nariño** (siehe auch unter Pasto) ins Spanische übertragen und in Neugranada verbreitet worden, **Francisco de Miranda** (siehe Exkurs) hatte sogar bereits einen kläglichen Versuch unternommen, Spanisch-Amerika von Venezuela aus zu befreien, und nun besetzte auch noch *Napoleon* Spanien und hob seinen Bruder *Joseph* in Madrid auf den Thron.

Ab 1810 erklärten mehrere kolumbianische Städte ihre Unabhängigkeit. In Bogotá übernahm die kreolische Oberschicht die Regierung und verjagte den Vizekönig. Andere Städte wie das konservative Pasto oder das karibische Santa Marta (wo der Vizekönig Zuflucht suchte) hielten zur spanischen Krone und der Kolonialregierung. In bunter Mischung kreierten vom Freiheitstaumel erfasste dünkelhafte Führungseliten **fantasievolle Staatsgebilde** aller politischen Schattierungen (z.B. die *República de Cundinamarca* und die *República Mariquita* - um nur zwei zu nennen). Einige Wortführer strebten die Errichtung einer konstitutionellen Monarchie an – teilweise sogar unter Anerkennung des von *Napoleon* gefangen gehaltenen spanischen Königs *Ferdinand VII.* –, andere stritten für die Schaffung von Bundesstaaten wie in den USA oder wollten ihr eigenes kleines Reich. Schon jetzt aber zeichnete sich ab, was die spätere Politik Kolumbiens schmerzlich prägen sollte: die **Zerrissenheit und Rivalität zwischen liberal gesinnten Föderalisten und konservativ gesinnten Zentralisten**. Während Befreiungsheere unter General *Nariño,* dem prominentesten Vertreter der Zentralisten, die südlichen Berge und unter *Simón Bolívar* die karibischen Sumpfebenen durchkämmten und die Hochburgen der Royalisten einzunehmen suchten, brachen die letzten Verwaltungsstrukturen zusammen – das ganze Land versank in unbeschreibliches Chaos. Die Jahre von 1810–1816 werden daher als Ära der **Patria boba,** d.h. des „dummen Vaterlandes", bezeichnet.

Nach *Napoleons* Sturz blieb der wieder an die Macht gelangte *Ferdinand VII.* nicht untätig: Vielmehr entsandte er schlagkräftige Truppen zur Rückeroberung der Kolonien nach Neugranada. Dort hatten die Royalisten unter Führung des gestrengen **Pablo Morillo** (1775–1837) relativ leichtes Spiel: Die Unabhängigkeitskämpfer waren so zerstritten, dass der *El Pacificador* (Friedensbringer) genannte spanische General vielerorts geradezu als Retter empfangen wurde statt als Unterdrücker und 1816 ein regelrechtes Terrorregime in Bogotá errichten konnte (siehe Exkurs zu **Policarpa Salavarrieta**). Als *Morillo* den berühmten **Francisco José de Caldas,** einen illustren Wissenschaftler aus Popayán und echten Freigeist, der unter dem Namen *El Sabio* (der Weise) bekannt war, hinrichten ließ, soll er spöttisch gesagt haben: „España no necesita sabios! Spanien braucht keine Weisen!" All jene Unabhängigkeitshelden, die *Morillos* bitterer Rache entgehen wollten, zogen sich aus den Salons, in denen sie fünf Jahre debattiert und ihre Eitelkeiten gemästet hatten, zurück in die raue Wirklichkeit der Wälder und fristeten fortan ein Dasein als Guerillakämpfer.

Ein junger Witwer

Auch *Simón Bolívar,* dessen Eigentum beschlagnahmt worden war, floh vor *Morillos* Eroberungsfeldzug, segelte erst zum britischen Jamaika, später in die Gewässer des unabhängigen Haiti. Zu dieser Zeit hatte er bereits ein rastloses, von Trauer und Ruhm geprägtes Leben hinter sich.

Geboren am 24. Juli 1783 in Caracas als Sohn begüterter kreolischer Aristokraten lautet sein voller Name **Simón José Antonio de la Santisima Trinidad Bolívar Palacios y Blanco.** Die Eltern besaßen ausgedehnte Kakaoplantagen, auf denen Hunderte Sklaven arbeiteten, Zuckermühlen, Bergbaukonzessionen für Kupferminen. Unter den Fittichen seines Privatlehrers, eines glühenden Anhängers der Aufklärung, bereiste der schon früh verwaiste *Bolívar* mit 16 Jahren erstmals Europa, wie es damals in der kreolischen Oberschicht allgemeiner Sitte entsprach, um seine Bildung zu vervollkommnen. Dort verkehrte er bei Hofe, in Opern, Salons und Kasinos, wurde von der Französischen Revolution mitgerissen und verliebte sich – in die junge, wunderschöne *María Teresa Rodríguez del Toro y Alaysa,* die

er 1802 als Gemahlin nach Caracas zurückführte. Doch Gelbfieber raffte die Gattin acht Monate nach der Heirat dahin, und *Bolívar* irrte lange Zeit wie blind umher, bevor er sich schließlich nochmals nach Europa einschiffte. Der Tod seiner Frau, die darauf folgende Verzweiflung des erst 19-jährigen Witwers und seine trügerische Hoffnung, in der Alten Welt zur Ruhe zu kommen, sollten *Bolívars* Schicksal und das des südamerikanischen Kontinents entscheidend mitbestimmen.

Denn in Europa war es keine neue Liebe zu einer Frau, sondern der Geist der Aufklärung, der von *Bolívar* sehr schnell Besitz ergriff. Unter dem humanistischen **Einfluss Alexander von Humboldts,** mit dem er in Paris bekannt geworden war, und nicht minder beeindruckt von der Selbstkrönung des despotischen **Napoleon I.** soll *Bolívar* gelobt haben, Südamerika vom Kolonialjoch zu befreien. Eifrig betätigte er sich in seiner Freimaurerloge, wob auf diplomatischen Missionen Beziehungsgeflechte und ordnete seine Ideen – bevor er sich wieder in die Heimat aufmachte, um seine Ziele in die Tat umzusetzen.

Als Mitglied des revolutionären Befreiungsheeres gelang dem kleinen Mann (er hatte übrigens Schuhgröße

Simón Bolívar gab nicht auf im Kampf für die Unabhängigkeit – Hier eine Darstellung von Arenas Betancur in Pereira

35) schnell der **Aufstieg:** Er allein verstand es, wie in einem Prismaglas die vielfältigen, chaotisch agierenden Kräfte innerhalb der Unabhängigkeitsbewegung durch seine Person zusammenzuführen, zu bündeln und gemäß eigener Vorstellungen neu und zielgenau auszurichten. Er strebte dabei die Erschaffung eines geeinten, sozial reformierten südamerikanischen Staates mit freien Menschen und einer Provinz Panama als Mittelpunkt und geografisches Zentrum der ganzen Welt an und verhehlte in der Umsetzung dieses Lebenswerkes kaum seinen riesigen Hunger nach **Macht und Ruhm.** Aus Kämpfen – ob diplomatisch oder auf dem Schlachtfeld ausgetragen – ging er wie durch ein Wunder stets unversehrt hervor, er durchschwamm Flüsse und Sümpfe, er durchritt die Fiebersenken der Llanos, er erklomm die Kordilleren, er befreite von Cartagena über Mérida und Trujillo nach Caracas vorstoßend 1813 in nur drei Monaten Venezuela.

Insgesamt zwanzig Jahre seines kurzen Lebens sollten ihm beschieden sein, vom Schiff, vom Pferderücken und von der Hängematte aus für die Befreiung Spanisch-Amerikas zu wirken: 90.000 Kilometer legte er dabei zurück, diktierte 10.000 Briefe, 780 Dekrete (u.a. zur Sklavenbefreiung), 100 Proklamationen, einige Verfassungsentwürfe sowie eine Biografie seines Lieblingsfreundes, des Marschalls *José Antonio Sucre.*

colo064 Foto: ib

Gedenken an die Märtyrer fürs Vaterland

Aufstieg und Fall des Libertador

1817 landet *Bolívar* – unterstützt sowohl durch die Engländer als auch durch den haitianischen Präsidenten *Alexandre Sabès Pétion* – wieder in dem von den Royalisten zurückeroberten Venezuela, um *Pablo Morillo* zu schlagen. Von Angostura (heute Ciudad Bolívar, Venezuela) plant er seine **taktische Meisterleistung:** Statt sich nach Caracas zu wenden, wie seine Gegner vermuten, lässt er die Glutebenen der Llanos unter sich und begibt sich trotz schrecklicher Verluste mit seiner barfüßigen Armee auf die frostklaren Hochplateaus der Anden, von wo er sich hinabwirft in das Gebiet des heutigen Departamento Boyacá und dort am 7. August 1819 den entscheidenden Sieg gegen die Spanier davonträgt (siehe Exkurs „Die Schlacht an der Brücke von Boyacá").

1821 geben die Königstreuen Neugranada preis, und die schon 1819 von dem in Angostura formierten Kongress unter *Bolívar* beschlossene **Republik Großkolumbien** (*República Gran Colombia,* heute: Panama, Kolumbien, Venezuela, Ecuador) wird in Cúcuta gegründet – mit *Bolívar* als Präsidenten. Der lässt die Hände nicht in den Schoß fallen, sondern dehnt seinen Befreiungsfeldzug auf Peru und Alto Perú aus. Alto Perú, das Obere Peru, nimmt nach der Vertreibung der Spanier zu Ehren seines Befreiers den Namen „Bolivien" an und ernennt *Bolívar,* der mittlerweile ein Heer von 30.000 Mann führt, zu seinem lebenslangen Diktator.

Nach dem endgültigen Sieg über die spanische Kolonialherrschaft, auf der Höhe seiner Macht, als es *Bolívar* darum geht, die von ihm befreiten Gebiete zu einem starken Staatenbund zu vereinen, beginnt sein politischer Niedergang. Denn die **Realpolitik** ist nicht zu bewältigen: Zu verworren sind die Interessen und Intrigen, die sozialen Geflechte ein undurchdringliches Dickicht, die gesellschaftlichen Strömungen zu reißend, das Reich zu groß, zu weit, um es zentral beherrschen zu können. *Bolívar* scheitert in seinem Bestreben, eine supranationale Konföderation zu konsolidieren.

Schon 1826 betreibt Venezuela unter dem Llanero-General **José Antonio Páez** seine dauerhafte Loslösung vom Großkolumbianischen Reich. *Bolívars* Vizepräsident in Bogotá, der Jurist und General **Francisco de Paula Santander** (1792–1840), der bereits seit Jahren die eigentlichen Regierungsgeschäfte führt, während *Bolívar* kreuz und quer durch den Kontinent reitet, wird nun dessen gefährlichster Gegenspieler. Der despotisch-unkonventionelle Krieger *Bolívar* soll mit Bezug auf *Santander,* den konservativ verfassungstreu denkenden, strikten „Mann der Gesetze", gesagt haben: „Egal ob Monarchie oder Republik: Die Indios sind immer die Indios, die Llaneros sind immer die Llaneros, die Advokaten aber sind immer die Intriganten!" *Bolívar* setzt *Santander* ab und ernennt sich 1828 zum Alleinherrscher; ein gegen ihn (wohl von *Santander* mit organisiertes) Attentat geht fehl – dank *Bolívars* Geliebter **Manuela Sáenz** (1797–1856), die seitdem anerkennend *La Libertadora del Libertador* („Die Befreierin des Befreiers") genannt wird. Man verurteilt *Santander* zum Tode – jedoch völlig unerwartet wird er von *Bolívar* begnadigt und in die europäische Verbannung geschickt. Die **Spaltung der politischen Lager,** welche bereits 1821 im Kongress von Cúcuta deutlicher denn je zum Vorschein getreten war, ist trotzdem längst unwiderruflich vollzogen: Die einen befürworten eine zentralistische, die anderen eine föderalistische staatliche Struktur.

Im Jahr nach dem Attentat wird der tuberkulosekranke, depressive *Bolívar* zur Abdankung gedrängt. Sein Reich ist in Einzelstaaten zerfallen, sein Vermögen fast gänzlich für den Befreiungskampf geopfert; die Einreise in sein Geburtsland Venezuela wird ihm verwehrt. Seine Freunde haben ihn verlassen oder sind tot, die verarmte, geschundene Bevölkerung der von ihm befreiten Länder behandelt ihn feindselig. Überall brodeln Aufstände. **Bolívar tritt seine letzte Reise an,** den Río Magdalena, den Schicksalsfluss Kolumbiens, stromabwärts gewandt, um sich nach Europa einzuschiffen. Diese Reise beschreibt *Gabriel García Márquez* in seinem Bolívar-Roman „Der General in seinem Labyrinth" (1989) als *Via crucis*. Sein ganzes Leben hat *Bolívar* auf Reisen verbracht, und so stirbt er auch nicht zu Hause – denn ein Zuhause hat er nicht –, sondern unterwegs, als Gast eines Edelmannes, in der Quinta de San Pedro Alejandrino, unweit von Santa Marta, am 17. Dezember 1830.

Hundert Jahre Einsamkeit

Konservative & Liberale

Francisco de Paula Santander erhob sich schon bald wie ein Phönix aus der Asche: Aus dem Exil zurückgekehrt, wurde er 1833 Präsident der **Republik Neugranada** (des heutigen Kolumbien, von dem sich Venezuela und Ecuador bereits losgesagt hatten). Hier herrschte die kreolische Elite – viel hatte sich für die Bevölkerungsmehrheit seit der Kolonialzeit nicht verändert.

Lokale Revolten, Bürgerkriege, Kriege mit Ecuador, politische Instabilität prägten von nun an das Land, das alle paar Jahre eine neue Verfassung und damit neue Machtstrukturen erhielt und auch seinen Namen mehrfach wechselte: Aus der Republik Neugranada wurde 1858 die **Granadinische Konföderation,** 1863 entstanden die **Vereinigten Staaten von Kolumbien,** 1886 dann sollte die Ära der **Republik Kolumbien** beginnen. Hohe Auslandsverschuldung und Machtzuwachs britischer Investoren verschärften die Situation.

Die ehemals zentralistischen bzw. föderalistischen Fraktionen der schon im Unabhängigkeitskampf dominanten Großgrundbesitzer um Popayán bzw. der durch Handel reich gewordenen Großbürger an der Karibikküste verfestigten sich ab der Mitte des 19. Jh.: Die **Konservative Partei** sowie die **Liberale Partei** entstanden. Beide Parteien und ihre Auseinandersetzungen bestimmten die Geschicke des Landes, wobei die Konservativen zumeist den Status quo, die Liberalen hingegen Trennung von Staat und Kirche, mehr Pluralismus und – zumindest in Ansätzen – soziale Reformen befürworteten. Ausgelöst durch allgemeinen wirtschaftlichen Aufschwung infolge prosperierenden Kaffee- und Tabakexports erhielten 1849 liberale Kräfte so viel Zuspruch, dass sie die Macht erringen, die Sklavenbefreiung, die Freiheit der Presse, die Auflösung der Indianerreservate und die Vertreibung der Jesuiten durchsetzen konnten. Verlierer dieses Prozesses waren vor allem die nun vollends zu wurzel- und landlosen Tagelöhnern degradierten Indigenen. Chaotische Zustände bewirkten, dass 1856 wieder die Konservativen die Oberhand gewannen und dann – nach dem Bürgerkrieg von 1861 – erneut die Liberalen.

Ein General & ein Rechtsanwalt

Held dieses Bürgerkrieges war der alte Haudegen **Tomás Cipriano de Mosquera** (1798–1878), ein Payanese bester Familie, dem der letzte königstreue indianische Guerillero *Agustín Agualongo* (1780–1824) während der Schlacht von Barbacoas (heute Departamento Nariño) 1824 eine so schreckliche Gesichtsverletzung beigebracht hatte, dass er zeit seines Lebens Mühe haben sollte, artikuliert zu sprechen. Dieses Handicap hinderte den zunächst konservativ gesinnten *Mosquera* nicht, 1845–49 als Präsident Neugranadas zu dienen. Später der Liberalen Partei angehörig, erklärte *Mosquera* 1860 die Loslösung der Provinz Cauca von der Granadinischen Konföderation und war 1861–63 erneut Staatspräsident des bürgerkriegsgeschüttelten Landes, das in der Folge umstrukturiert wurde in neun souveräne Bundesstaaten (Cauca, Cundinamarca, Antioquia, Boyacá, Bolívar, Magdalena, Tolima, Santander und Panama). 1866/67 hatte er wiederum die Präsidentschaft inne – kurze, wiederkehrende Regierungsphasen waren damals die Regel.

Mosquera gilt neben *Rafael Núñez* als wohl prägendste politische Figur in der nach *Bolívar* und *Santander* folgenden Ära. Wie nach ihm auch *Núñez* unterzog sich *Mosquera* im Laufe seines Lebens einem für die damaligen turbulenten Zeiten nicht untypischen **politischen Wandel;** nur erfolgte der Wandel beider Persönlichkeiten entgegengesetzt: Der konservative *Mosquera* wurde zum Liberalen, der liberale *Núñez* zum Konservativen. Dabei unterschied sich das Alltagsleben beider bezeichnenderweise nur wenig voneinander: Beide pflegten den mondänen Lebensstil ihrer elitären gesellschaftlichen Schicht.

Rafael Wenceslao Núñez Moledo (1825–1894) aus Cartagena war Richter, Zeitungsgründer, Schriftsteller und Konsul, bevor er erstmals 1880 die Präsidentschaftswahlen für sich entschied. Der Bürgerkrieg von 1877 war zwar noch zugunsten der Liberalen ausgegangen, doch mit *Núñez* gelangten dauerhaft konservative Kräfte an die Macht. Von da an bis zu seinem Tode saß *Núñez* (mit nur kurzen Unterbrechungen) auf dem Präsidentenstuhl. Er leitete die **Epoche der Regeneración** ein, einer konservativen Restauration, die zu einer Umstrukturierung des ganzen Landes in einen zentralistisch ausgerichteten Polizei- und Sittenstaat führte – unter Ausschaltung politischer Gegenbewegungen und mit dem Katholizismus als Staatsreligion. Laut Artikel 1 der neuen Verfassung von 1886 (die in wesentlichen Punkten unverändert bis 1991 fortbestand) wurde jetzt „die kolumbianische Nation als einheitliche Republik wiedergegründet". *Núñez* schrieb diesem neuen Land den Text der **Nationalhymne:** „Oh Gloria Inmarcesible! Oh immerwährender Ruhm, oh unsterblicher Jubel! In den Furchen des Schmerzes keimt bereits das Gute!"

Neben dieser poetischen Arbeit stärkte der Präsident das Militär, gründete die Nationalbank, führte Papiergeld ein. Die Liberalen aber griffen zu den Waffen, und das Land versank 1885 und 1895 in Bürgerkrieg. Und dann erneut 1899 - nun begann der Krieg der Tausend Tage.

Der Krieg der Tausend Tage

La Guerra de los Mil Días, der Krieg der Tausend Tage **(Oktober 1899 bis November 1902),** setzte die bereits ein Jahrhundert alte Tradition des Bürgerkrieges als Mittel zur politischen Konfliktbewältigung in grausamster Weise fort. Beide Großparteien unterhielten auch schon zuvor bewaffnete Milizen - zu ihrem Schutz, zum Schutz der Familien ihrer Anhängerschaft und um ihren Einfluss und ihre Macht ausbauen zu können. Für jeden einzelnen Menschen war es eine Frage des Überlebens, sich zu einer der beiden Parteien zu bekennen - neutral zu sein bedeutete den sicheren Tod. Man vererbte seine jeweilige **Parteiloyalität;** sie war weniger abhängig von den eigenen Anschauungen als vielmehr von der Zugehörigkeit des lokalen „Patrons" sowie dem Leid, dass der Gegner über Generationen der eigenen Familie angetan hatte. Die Grenzen zwischen konservativen und liberalen Hochburgen zogen sich kreuz und quer durch die ganze Republik.

Auslöser des Krieges waren Unregelmäßigkeiten bei den Präsidentschaftswahlen, eine Wirtschaftskrise, die besonders die Kaffeeprovinz Antioquia heimsuchte, und die ohnehin prekäre Lage für Oppositionelle in einem stetig autoritärer regierten Staat. Der Krieg begann mit dem **Aufstand der Liberalen von Socorro und San Gil** (heute Departamento Santander), die auf venezolanische Unterstützung hofften. Die Konservativen entsandten Militär nach Santander, worauf die Liberalen lokale Guerillaverbände bildeten, denen auch Kindersoldaten angehörten. Besonders schreckliche Schlachten fanden am Río Peralonso (nahe Ocaña, heute Departamento Norte de Santander) und in Palonegro (Departamento Santander) statt. Nach der Schlacht von Palonegro, die die Liberalen verloren, wurde eine meterhohe Pyramide aufgeschichtet - bestehend aus den Schädeln der Gefallenen ...

Prominenteste Persönlichkeit während des Krieges war zweifellos der liberale Rechtsanwalt, Bürgerkriegsgeneral und spätere Reformpolitiker **Rafael Uribe Uribe** (1859-1914), dem beschert sein sollte, seine Karriere auf den Treppen des Capitolio Nacional in Bogotá zu beenden, wo ihn gedungene Mörder totschlugen.

Der Krieg endete durch Friedensvertragsunterzeichnungen auf der Hazienda Neerlandia und auf dem US-amerikanischen Schlachtschiff „Wisconsin" (welches US-Präsident *Theodore Roosevelt* zum Schutz der Panamakanal-Bauarbeiten entsandt hatte) und hinterließ ein **verwüstetes Land:** Von den damals insgesamt vier Millionen Kolumbianern hatte der Krieg einen Blutzoll von ca. 100.000 Menschenleben gefordert.

In den **Jahrzehnten, die dem Krieg folgten,** erlebte Kolumbien, politisch wesentlich stabiler als je zuvor, eine Phase relativen Friedens. Die Wirtschaft boomte; Kaffee entwickelte sich zum Ausfuhrprodukt Nummer 1. Das Eisenbahnnetz wurde ausgebaut und ersetzte vielerorts die Maultiere und *cargueros* (Träger). Die USA investierten in die Bananenproduktion. Gewerkschaften etablierten sich. Mit ihnen wurde der Ruf nach sozialen Reformen laut.

Die Abspaltung Panamas

Bereits *Karl V.* hatte im Jahr 1523 den Bau eines Kanals zwischen Atlantik und Pazifik auf dem Isthmus von Panama angeregt. Doch es vergingen mehr als 350 Jahre, bevor die **französische Panamakanal-Gesellschaft,** beflügelt durch den Erfolg des Suezkanals, den Gedanken erneut aufgriff, einen Konzessionsvertrag mit Kolumbien schloss und unter Leitung von *Ferdinand de Lesseps* die Arbeiten begann. 1889 gaben die Franzosen auf: Planungsmängel, Korruption, technische Pannen und ein zunehmend von Malaria verseuchtes Terrain bluteten die Kanalgesellschaft aus.

1902 übernahmen die **USA** das Projekt zum Schnäppchenpreis, drängten die Bürgerkriegsparteien zum Friedensschluss und dann zu einem Abkommen, wonach die Kanalzone auf 100 Jahre an die USA verpachtet werden sollte. Doch die zerstrittenen Kolumbianer ratifizierten den Vertrag nicht, sondern forderten viel mehr Geld als zuvor ausgehandelt worden war. Das verärgerte die USA so sehr, dass sie in der Folge die bereits seit 1840 immer wieder aufflammenden Sezessionsbestrebungen Panamas unterstützten.

Panama hatte schon immer eine Sonderrolle im kolumbianischen Staatsgefüge innegehabt: Die **isolierte Provinz** war vom Rest des Landes nur über den Seeweg zu erreichen und doch **reich,** denn sie erwirtschaftete durch die von den USA betriebene transozeanische Eisenbahnverbindung Ciudad Panamá – Colón seit Jahrzehnten einen nicht unerheblichen Anteil des kolumbianischen Bruttoinlandsproduktes und durfte durch den Kanal auf noch wesentlich mehr Einnahmen hoffen.

Im November **1903** erklärte Panama seine **Unabhängigkeit;** US-Kriegsschiffe hinderten Kolumbien am Eingreifen. Der Kanalbau wurde nun fortgesetzt – der Pachtzins floss allein Panama zu, Kolumbien aber ging leer aus und erhielt erst ein Jahrzehnt später von den USA eine Kompensationszahlung. Noch bis 1921 sollte Kolumbien seinem Nachbarn die Anerkennung der Souveränität verweigern.

Der Keim der Guerilla und des Paramilitarismus

Im Gebiet des heutigen Kolumbien gibt es schon seit jeher Guerillabewegungen – und es gibt seit jeher den Paramilitarismus. Indigene Guerillaeinheiten bekämpften im 16. Jh. spanische Kolonisten aus den gleichen Verstecken in den Nebelbergen der Anden heraus wie heutige Guerillagruppen die moderne Regierung. Kreolische Guerillakämpfer sammelten sich im frühen 19. Jh. in Casanare oder Cundinamarca und fochten für ein unabhängiges Südamerika gegen die Königstreuen von Bogotá. Royalistische Guerilleros (vor allem Indigene, die nach dem Verlust königlichen Schutzes eine kreolische Willkürherrschaft fürchteten) versuchten später im Gegenzug, schon längst befreite Gebiete wieder für die Spanier zurückzugewinnen. Und im Krieg der Tausend Tage waren es liberale Kräfte, die sich vornehmlich im Guerillakampf gegen das überlegene, konservativ gesteuerte Militär behaupteten.

Die **Kampftechniken, die einen Guerillakrieg auszeichnen,** sind dabei bis heute im Wesentlichen gleich geblieben. Dazu gehören nadelstichartige, den eigentlich überlegenen Gegner zermürbende militärische Blitzoperationen kleiner, mobiler, selbstständig agierender Einheiten, die aus meist unbekannten, sich bei Bedarf unter die Zivilbevölkerung mischenden Kombattanten bestehen.

Etablierte Regierungsrepräsentanten sowie Großgrundbesitzer und Großunternehmer, die am Bestand des jeweiligen staatlichen Gefüges bei gleichzeitiger Ausdehnung ihrer Einflusssphäre ureigenstes Interesse hatten, warben bewaffnete sogenannte *pájaros* (Vögel) an, um ihre Vorstellungen gegebenenfalls gewaltsam durchzusetzen und sich und ihren Machtbereich mangels Vorhandenseins staatlicher Sicherheitskräfte schützen zu können. Daraus entstand, was heute als **paramilitärische Gruppierungen** bezeichnet wird: militärisch organisierte, private Verbände, die sich polizeiliche oder militärische Befugnisse anmaßen und auf außergesetzliche Weise staatliche, eigene und die Partikularinteressen ihrer Auftraggeber verfolgen und auf diese Weise jegliche Opposition auslöschen.

Kolumbien ist wegen seiner zerklüfteten Topografie, seiner daraus resultierenden ungleichmäßigen, nur inselhaften Besiedlung sowie unzureichenden staatlichen Präsenz und Versorgung **ideales Operationsgebiet** für Guerillas und Paramilitärs.

Einsame Berge und weite Savannen umschließen **rechtsfreie Räume,** in denen Menschen, die dort Zuflucht suchen, zwangsläufig Überlebensstrategien entwickeln müssen, die auf den Grundpfeilern Selbsthilfe, Selbstverteidigung, Selbstverwaltung und Heranbildung und Durchsetzung eigener Prinzipien und Ziele basieren. „Lokalfürsten" hingegen versuchen, die Schwäche des Staates durch ihre Mittel und Maßnahmen zu kompensieren und errichten **Mikrodiktaturen,** in denen allein ihr Wort Gesetz ist. Die „Schmutzarbeit" für sie verrichten dabei paramilitärische *pistoleros*.

In den letzten Jahrhunderten fanden aufgrund **streng oligarchischer Land- und Machtkonzentration** immer wieder *campesino*-Rebellionen statt. In dem Maße, in welchem Landbesitzer unter Einsatz oft brachialer Methoden ihr Leben, ihr Hab und Gut, ihre Herrschaft und die Aufrechterhaltung der öffentlichen Ordnung zu bewahren suchten und dabei alles bekämpften, was ihnen in die Quere kam, organisierten die Rechtlosen und Vertriebenen Gegenbewegungen und Schutzmaßnahmen.

Schwer zu sagen ist, wer historisch als erster da war: Paramilitärs oder Guerilleros. Der **Keim der heutigen Guerillas** entstand jedenfalls während des schwierigen Wandels jener halbfeudalen Agrarstruktur, die es in Ansätzen bereits in präkolumbischen Kazikengesellschaften gegeben hatte, zu einem kapitalistischen System. Die seit Menschengedenken nahezu unerschütterliche Lebensanschauung sowie das traditionelle Selbstverständnis der isolierten, abseits jeglicher Kommunikationsflüsse lebenden Landbevölkerung begannen nun erdrutschartig in sich zusammenzustürzen: Der ökonomische Boom in den 1920er Jahren – ausgelöst durch einen expandierenden Exportsektor – schwemmte viele Bauern in die sich entwickelnden urbanen Ballungsgebiete; die anschließende schwere Krise spülte sie indes erneut in ihr altes Leben zurück – doch jetzt mit mehr Selbstbewusstsein und fortschrittlichen Ideen, sodass Ärger mit den patriarchalisch herrschenden *latifundistas* vorprogrammiert war. Der moderne **Paramilitarismus** entstand als Reaktion auf die sich verändernde gesellschaftliche Situation, von der sich die Eliten bedroht fühlten, und entwickelte dann eine Eigendynamik, die ihn heute zu einem mächtigen politischen Phänomen macht.

El Bogotazo

Einen Meilenstein auf dem Weg der Entstehung von Guerillabewegungen bildete das **Massaker an den streikenden Bananenarbeitern** der *United Fruit Company* im Dezember 1928 nahe Ciénaga (Departamento Magdalena), bei welchem das Militär weit über 1.000 Menschen niedermetzelte.

Zwar brachte der linksorientierte liberale Modernisierer **Alfonso López Pumarejo** (1886–1959) während seiner Präsidentschaft 1934–38 mit der *Revolución en marcha* das gebeutelte Land auf Reformkurs: So wurde erstmals dem Eigentum auch eine soziale Funktion zugeschrieben und eine Enteignung zehn Jahre brachliegenden Großgrundbesitzes aus sozialem Interesse vorgesehen. Doch ein solcher Staatsinterventionismus, der als Nebeneffekt auch noch die Gewerkschaften erstarken ließ, brachte konservative Großunternehmer auf die Barrikaden und spaltete schließlich gar die regierende liberale Partei in mehrere Flügel. Radikale, militante Gruppen formierten sich zusehends. *López Pumarejo* wurde förmlich zwischen der Empörung der notleidenden Bevölkerungsmehrheit und der Hysterie des in die Enge getriebenen Establishments zerrieben: Noch vor Ablauf seiner zweiten, 1942 begonnenen Amtszeit musste er 1945 zurücktreten. Weil sich die Liberalen zerstritten hatten, gewannen für kurze Zeit konservative Kräfte unter **Mariano Ospina Pérez** (1891–1976) die Oberhand; schon aber setzte mit dem Wahlspruch „A la carga! Zum Angriff!" der linkspopulistische Liberale **Jorge Eliécer Gaitán,** vom Volk wegen der von ihm angestrebten Sozialreformen als Retter gefeiert, zum Sprung auf den Präsidentenstuhl an. Doch dazu sollte es nicht kommen: Am 9. April **1948** um 13 Uhr fiel der 50-Jährige in Bogotá an der Ecke Av. Jimenez und Cra. Séptima einem Attentat zum Opfer. Daraufhin erhob sich in der Hauptstadt verzweifelter Aufruhr gegen die konservative Regierung – getreu dem Slogan *Gaitáns:* „Betrüge ich euch, so tötet mich! Sterbe ich, so rächt mich!" Über Radio wurden Anleitungen zum Basteln von Molotov-Cocktails gesendet, Gefangene brachen aus, Obdachlose schlossen sich zusammen, Straßenschlachten zwischen Liberalen und Konservativen sowie Plünderern und Militär forderten allein innerhalb der ersten fünf Stunden 4.000 Menschenleben, überall herrschte Chaos, und am nächsten Morgen war die Stadt verwüstet – wie ein Wirbelsturm hatte El Bogotazo gewütet, und dieser Sturm breitete sich nun in Form von spontanen Volksaufständen über ganz Kolumbien aus.

La Violencia

Der Franco-Sympathisant und Führer der Konservativen **Laureano Gómez** (1889–1965) rief 1949 zum endgültigen **Vernichtungskampf gegen die Liberalen** auf, und dank des Wahlboykotts dieser Partei konnte er die Macht übernehmen. Unter seiner Präsidentschaft florierte die Wirtschaft wieder, doch in gleichem Maße loderte der schreckliche, als *La Violencia* bekannte **Bürgerkrieg (1948–53/58),** dem über 300.000 Menschen zum Opfer fallen sollten. Auf dem Land herrschte Ausnahmezustand, Streiks waren verboten, Polizei, Militär und private Gruppierungen – darunter von Landbesitzern und anderen lokalen Machthabern finanzierte *pájaros* (Vögel) – schwärmten aus und jagten Oppositionelle. Die Liberalen verteilten an ihre Wähler Waffen.

Auf beiden Seiten fanden unbeschreibliche **Exzesse** statt; Horden von Banditen zogen von Dorf zu Dorf, ganze Landstriche wurden entvölkert, Abertausende von ihrem Acker vertrieben, ihre Hütten in Brand gesteckt.

Unter den berüchtigten **Banditen der 1950er Jahre** befanden sich der junge Analphabet *Teófilo Rojas* alias *Chispas,* der allein 600 Menschen ermordet haben soll, *Carlos Ramírez* alias *Sangre negra* („Schwarzes Blut"), der Befehl gab, sämtliche Insassen eines Reisebusses zu köpfen, oder auch der 20-jährige *William Aranguren,* welcher eine Lehrerin von seinen Leuten zu Tode vergewaltigen ließ. Kein Wunder, dass die städtische Bevölkerung rasanten Zuwachs an Flüchtlingen erhielt: Zwei Millionen Vertriebene befanden sich auf der Suche nach einem sicheren Platz, in der Hoffnung, ein neues Leben anfangen zu können.

Liberal bzw. kommunistisch gesinnte *campesinos* schlossen sich in ihrer Not zu **bäuerlichen Selbstverteidigungsgruppen** zusammen. Sichere Zuflucht vor den oft von Regierungsseite gestützten Killerbanden, die selbst Babys

nicht verschonten, boten ihnen allein die Nebelberge und Savannen. Hier entstanden erste moderne Guerillaverbände, darunter der des aus Tame (Departamento Arauca) stammenden Liberalen *Guadelupe Salcedo* (geboren 1924, in Bogotá 1957 nach einem *cantina*-Besuch erschossen).

Der Putsch von Rojas Pinilla

Im Juni **1953** putschte **General Gustavo Rojas Pinilla** (1900–1975), sich die politische – nun auch innerhalb der Konservativen Partei stark ausgeprägte – Zerrissenheit Kolumbiens zunutze machend. Der Diktator genoss anfangs als „Dritte Kraft", *La Tercera Fuerza,* großen Rückhalt insbesondere bei der verarmten Landbevölkerung, die auf ein Ende der immer mehr ausufernden *Violencia* sowie soziale Verbesserungen hoffte, und hatte zeitweilig die Unterstützung gemäßigter Liberaler und Konservativer. Viele Guerilleros und Banditen gaben nach seinem Amnestieversprechen ihre Waffen ab. *Rojas Pinilla* führte Frauenwahlrecht sowie Fernsehen in Kolumbien ein und ließ den Flughafen El Dorado anlegen. Doch aufflammenden politischen Schwierigkeiten – ob verursacht durch Marodeure, Gangster, protestierende Studenten oder „kommunistische Reintegrationsunwillige" – begegnete auch *Rojas Pinilla* mit harter Hand. Er verbot die wichtigsten Tageszeitungen (darunter „El Tiempo" und „El Espectador") und verärgerte Vertreter der Privatwirtschaft durch neue Steuern und branchenspezifische Subventionen. Die Gewalt im Land nahm wieder zu, konservative und liberale Parteieliten, die einen Wahlerfolg von *Rojas Pinillas* neu geschaffener Konkurrenzpartei *Tercera Fuerza* fürchteten, schlossen miteinander das Koalitionsbündnis *Frente Civil* und zwangen den General 1957 durch einen von Wirtschaft und Kirche getragenen Generalstreik zum Aufgeben.

Frente Nacional & Opposition

Im kolumbianischen Dauerkrieg *La Violencia,* der noch bis 1958 als gewaltsamer Verteilungskampf um die Macht über Grund und Boden weiterschwelte, war vor allem die von der Politik im Stich gelassene Landbevölkerung leidtragend und radikalisierte sich zunehmend. Um das Chaos einzudämmen und endlich Frieden herzustellen, aber auch in Gegenwehr zu der autoritären Militärdiktatur des *Rojas Pinilla,* traten die jahrhundertealten Erzfeinde, die Konservative Partei (wiederum unter *Laureano Gómez*) und die Liberale Partei (jetzt unter *Alberto Lleras Camargo*), miteinander in Verhandlung und sicherten sich in dem Zweiparteienbund *Frente Civil* – später **Frente Nacional (Nationale Front)** genannt – die Macht. Das Abkommen sah vor, dass über die nächsten 16 Jahre Konservative und Liberale regelmäßig in der Präsidentschaft wechseln sollten, während die Parlamentssitze – unabhängig von den dann nur für die innerparteiliche Struktur relevanten Wahlergebnissen – jeweils zur Hälfte auf beide Großparteien verteilt würden. Zugleich einigte man sich über die entsprechende Aufteilung der begehrtesten Staatsposten. Erster Präsident in der Epoche der *Frente Nacional* wurde der Liberale **Alberto Lleras Camargo** (1906–1990), der durch Erlass einer Amnestie viele der noch verbliebenen Guerillaverbände und Banden endgültig zum Aufgeben bewegen konnte.

Der Pakt der *Frente Nacional* vermochte etliche Brandherde der *Violencia* erfolgreich zu löschen, er führte jedoch in gleichem Maße zu **Systemunbeweglichkeit, Verfilzung, Vetternwirtschaft, Klientelismus, Korruption** einschließlich Kämpfen einzelner innerparteilicher Interessengruppen um die besten Stücken des wohlschmeckenden staatlichen Kuchens. Die Oligarchie saß fest im Sattel; jene alten Familienclans, die schon immer das Sagen gehabt hatten, achteten darauf, auch jetzt nicht zu kurz zu kommen. Nichts lief ohne *palanca* (Vitamin B). Das alte Kazikentum, d.h. die Abhängigkeit der Einzelnen von ihrem „Patron", übertrug sich vom Land auch auf die Stadt.

Das Volk büßte einen erheblichen Teil demokratischer Kontrollmöglichkeit ein: Welche Partei regierte, das war vorbestimmt, und außerhalb der Großparteien, deren inhaltliche Unterschiede sich immer mehr verflüchtigten, konnte sich niemand wirksam an politischen Entscheidungsprozessen beteiligen, denn Kandidaten durften lediglich auf einer der beiden Parteilisten kandidieren. Die Folgen waren drastisch: Wachsendes Desinteresse, welches sich in Wahlbeteiligungen um 40% äußerte, sowie **soziale Unzufriedenheit in den rasch und planlos urbanisierten Städten;** jene Selbstschutzverbände, die ihre Waffen noch nicht abgegeben hatten, erstarkten auf dem Lande, strebten regionale Autonomie an oder verfolgten sogar gesamtpolitische Ziele - mangels anderweitiger Möglichkeiten - auf illegalem Wege. FARC, ELN und ELP wurden aus dieser Situation heraus geboren.

Guerillabewegungen

FARC-EP

Entstehung

Die marxistisch inspirierten *Fuerzas Armadas Revolucionarias de Colombia - Ejército del Pueblo* **(Revolutionäre Streitkräfte Kolumbiens - Volksheer),** kurz: FARC-EP, kämpfen seit fast 50 Jahren einen erbitterten Guerillakrieg gegen die kolumbianische Regierung. Sie sind die **älteste noch heute aktive Guerillabewegung der Welt und die größte Kolumbiens.**

Der *Frente Nacional* misstrauend, bauten die noch unter Waffen stehenden *campesino*-Verbände in entlegenen Gebieten der Departamentos Cundinamarca, Tolima, Huila und Valle del Cauca, wo sie seit Ende der 1940er Jahre autonome Agrarkommunen gegründet hatten und Subsistenzwirtschaft betrieben, eine eigene, streng begrenzte, defensiv ausgerichtete zivile **Gegenmacht zur Staatsgewalt** auf. Es entstanden Enklaven bäuerlichen Widerstandes. Im Rahmen der militärischen *Operación Soberanía* jedoch löschte der Staat unter dem konservativen Präsidenten *Guillermo Valencia* 1964 mit einem erheblichen Aufgebot an Soldaten und unter Einsatz von Napalm die bedeutendste dieser im Kongress als „unabhängige Republiken" bezeichneten Siedlungen aus: die winzige, sogenannte **Republik von Marquetalia** (Departamento Tolima) mit ihrer lediglich 48 Männer umfassenden bäuerlichen Hilfstruppe.

Der Mitbegründer und Führer von Marquetalia, der um 1930 in Génova (Departamento Quindío) geborene liberal, später aber kommunistisch gesinnte *Pedro Antonio Marín* alias **Manuel Marulanda Vélez** alias **Tirofijo** (= Sicherer Schuss), flüchtete daraufhin mit den Seinigen noch weiter in die Bergwälder hinein. In tiefer Verborgenheit gründete er zusammen mit anderen *campesinos* und liberal gesinnten Veteranen der aufgelösten Guerillabewegungen aus der Zeit der *Violencia* den **Bloque Sur,** aus welchem 1966 - gewissermaßen als militärischer Arm der Kommunistischen Partei - die FARC hervorgehen sollten.

Der Zweck heiligt die Mittel

Die FARC entwickelten sich rasch zu einer von der städtischen kommunistischen Opposition weitgehend losgelösten Linksguerilla, welche aktive **mi-**

litärische Operationen gegen die als reaktionär empfundene Staatsgewalt durchführt – mit der Hoffnung auf einen möglichst „totalen Umsturz sowie die Herstellung sozialer Gerechtigkeit". Angestrebt wird insbesondere eine umfassende Agrarreform – die in Kolumbien, wo 1% der Bevölkerung (darunter viele neureiche Drogenbarone) 50% des Bodens besitzt, auch bitter nötig wäre.

Erklärte Angriffsziele sind nach wie vor Armeestützpunkte, Waffenarsenale, Bürgermeister, Gemeinderäte und andere staatliche Repräsentanten. Ortschaften werden oft angegriffen und zumindest einige Stunden oder Tage besetzt. Seit den 1970er Jahren bemühen sich die FARC eine **Revolutionsarmee** aufzubauen, um schlagkräftiger zu sein – daher der später hinzugefügte Namenszusatz EP. De facto fühlen sich die FARC als im Volk verwurzelte **Gegenautorität** und Vertreter der *campesino*-Interessen legitimiert, exekutive Funktionen wahrzunehmen, Recht zu sprechen und neue Kombattanten zu rekrutieren. Dabei ist ihr tatsächlicher Rückhalt im Volk in den letzten Jahren drastisch zurückgegangen, was nicht zuletzt an ihrer brachialen und autoritären Machtausübung in den von ihnen beherrschten Gebieten liegt. So treiben ihre Kämpfer **Revolutionssteuern** und „freiwillige Beiträge" ein, indem sie Schutzzoll von *campesinos* und Unternehmern – insbesondere solchen, die im Kokageschäft involviert sind – sowie Lösegeld aus Entführungen erpressen. Im Rahmen ihrer *pescas milagrosas* (der „wunderbaren Fischzüge") errichten sie Straßensperren, überfallen Fernbusse und überprüfen die Ausweispapiere der Insassen per Laptop, um lohnende Entführungsopfer zu identifizieren. Beim Drogenabsatz der Kokakleinbauern herrscht nach dem Gesetz der FARC strikte Preisbindung; Aufkäufer zahlen prozentuale Gebühren an die Guerilla.

Vorgenannte Einkünfte, in Eigenregie durchgeführte Waffen- und Drogengeschäfte, aber auch Gewinne aus Smaragd- und Goldabbau sowie anderen Wirtschaftsaktivitäten auf legaler Basis brachten den FARC in Glanzzeiten einen jährlichen **Geldzufluss** von geschätzt 500 Millionen Euro ein. Überdies wird angenommen, dass die mittlerweile in die Enge getriebenen Guerilleros aktuell Finanzspritzen aus dem bolivarischen Venezuela des *Hugo Chávez* erhalten.

Nach vereitelten Waffenstillstandsbemühungen, der Ermordung vieler Aktivisten durch Todesschwadronen und der Bombardierung ihres Hauptquartiers *Casa Verde* in La Uribe (Departamento Meta) durch das kolumbianische Militär änderten die FARC, die 1985 mit der Gründung der Partei *Unión Patriótica* eine Rückkehr zur zivilen Konfliktlösung angestrebt hatten, 1993 ihre Strategie vom Guerilla- zum **Bewegungskrieg,** wobei sie nun Operationen auf das gesamte Staatsgebiet ausdehnen und Verbindungsnetze zwischen den einzelnen Kampffronten unterhalten. Derzeit agieren die FARC im ganzen Land und halten als Faustpfand noch ca. **700 Geiseln,** von denen manche schon seit Jahren in Dschungelcamps dahinvegetieren. Lediglich etwa 50 sind für einen Gefangenenaustausch bestimmt, darunter Politiker und Soldaten - die übrigen sollen Lösegeld einbringen. Die FARC verlangen als Bedingung für einen Austausch die Entmilitarisierung einer 800 km² großen Zone zwischen Pradera und Florida (Departamento Valle del Cauca) für 40 Tage, um Verhandlungen einleiten zu können. Ob dahinter eine ernst zu nehmende Dialogbereitschaft der FARC steckt, wird von Regierungsseite angezweifelt.

Organisationsstrukturen

In den 1970ern wuchs die Zahl der bewaffneten Kämpfer von 500 auf fast 3.000 an, in den 1990ern auf 17.000, bis 2002 auf über 20.000, darunter ein Drittel Frauen und viele Kinder. Je größer die Guerillabewegung wurde, desto straffer wurde sie organisiert. Jeweils zwölf Guerilleros bilden nunmehr einen *pelotón* (Trupp), vier *pelotónes* bilden eine *compañia* (Kompanie), die sich wiederum oft zu weitgehend autonom agierenden *frentes* (Kampffronten) von durchschnittlich 250 Personen zusammenschließen. *Bloques* (gebietsbezogene Kampfblöcke) bestehen aus fünf oder mehr *frentes*. Übergeordnet ist der **Estado Mayor Central** (das Zentrale Oberkommando), dem ca. 30 ranghöchste Kommandanten angehören. Hier werden die wichtigsten Entscheidungen getroffen. Das 1973 gegründete *Secretariado* (Exekutivkomitee) umfasst traditionell sieben Mitglieder. Ihm steht der **Comandante en Jefe** vor, die Führungsfigur. Dieses Amt übte bis zu seinem Herzinfarkttod am 26. März 2008 der alte, zur Legende gewordene **Manuel Marulanda** aus, der sich in der Öffentlichkeit meist mit einem Frotteehandtuch über der Schulter, zuletzt aber gar nicht mehr gezeigt hatte. Seinen Platz nahm drei Jahre lang *Alfonso Cano,* der Chefideologe der FARC, ein. Derzeit ist er von dem kriegerischen **Timoleón Jiménez** (alias *Timochenko*), welcher sich in Venezuela versteckt halten soll, besetzt.

Militärschläge der mit Geldern aus den USA hochgerüsteten kolumbianischen Armee haben die Führungsspitze der FARC in den letzten Jahren drastisch dezimiert. In Yanamaru, auf ecuadorianischem Territorium, wurde FARC-Agitator *Raúl Reyes* bei einem Lufteinsatz im März 2008, der heftiges Säbelrasseln der angrenzenden Staaten auslöste, getötet. Ihm folgte im September 2010 *Jorge Briceño* alias *Mono Jojoy* nach, dem man einen GPS-Sender in die Stiefel schmuggeln konnte, sodass sein Aufenthalt nahe La Julia in der Serranía de La Macarena bekannt wurde. Schließlich musste Rebellenoberkommandant *Alfonso Cano* dran glauben, als es dem Militär gelang, ihn im November 2011 nahe Jambaló und Toribío (Departamento Cauca) aufzuspüren.

Zum **Führungsgremium** gehören gegenwärtig neben FARC-Chef *Timochenko: Iván Márquez, Joaquín Gómez* alias *Usuriaga, Mauricio Jaramillo* alias *El Médico, Pablo Catatumbo* und *Félix Muñoz* alias *Pastor Alape.*

Perspektiven

In den letzten Jahrzehnten wurde die Zivilbevölkerung mehr und mehr in den bewaffneten Kampf zwischen FARC, Paramilitärs und Staat einbezogen und traumatisiert. **Menschenrechtsverletzungen,** vor allem Massenentführungen und -vertreibungen, Zwangsrekrutierungen, die Ermordung von *campesino*-Führern und Indigenen, gegen die die Guerilleros oft mit der Arroganz einer Besatzungsmacht auftreten, sowie der Einsatz von Antipersonenminen und sogenannten *pipetas* (Gaszylinderbomben), denen meist Zivilisten zum Opfer fielen, haben dem Ruf der FARC enorm geschädigt. Ihre **Ideologie ist verwässert.** Immer mehr Intellektuelle sprechen ihr die historische Rechtfertigung ab. Das Volk, als dessen Repräsentanten sie sich sehen, wünscht sich in Wahrheit nichts sehnlicher als Frieden und sieht in der Guerilla oft Unruhestifter, die dem Fortschritt im Wege stehen. So erklärt sich auch die stabile Popularität der *Pastrana* nachfolgenden Präsidenten, die nicht wie er mit den FARC verhandelt oder ihnen gar etwa eine entmilitarisierte Zone eingeräumt haben, sondern ihre Mitglieder im Rahmen des mit US-Militärhilfe initiierten **Plan Patriota** (seit 2007 als **Plan Consolidación** fortgeführt) mit Zuckerbrot und Peitsche bekämpfen: Einerseits werden Kopfgelder auf die Führer ausgesetzt, andererseits wird aber Überläufern Resozialisation versprochen, getreu dem Motto „Mano fuerte, corazón grande – harte Hand, großes Herz“.

Derzeit haben die FARC daher einen schlechten Stand und sich zum großen Teil in die Tiefen der unzugänglichen Departamentos Chocó, Caquetá, Putumayo und Guaviare zurückgezogen, wo seit der Eröffnung der militärischen Offensive 2002 Kriegswirren den Alltag bestimmen.

Die Zahl der – mittlerweile oft **kriegsmüden – FARC-Kämpfer** soll sich nur noch auf 9.000 belaufen. Hinzu kommt eine etwa gleich große Anzahl von bewaffneten Hilfskräften, die als scheinbar angepasste Bürger bei Logistik und Spionage helfen. Vieles spricht dafür, dass unter den verbliebenen Kämpfern vor allem Erschöpfung, Bitterkeit, gegenseitiges Misstrauen, Streit und Korruption herrschen.

Zwei Beispiele: Im Mai 2008 stellte sich die berüchtigte **Kommandantin Karina** den Behörden. Die damals 45-Jährige, seit einem Vierteljahrhundert in den FARC kämpfende Guerillera, der die Verantwortung für mehrere Massaker in Urabá sowie die Entführung und Ermordung des Vaters von Ex-Präsident *Uribe* zur Last gelegt werden, sagte entkräftet: „Ich habe genug vom Krieg.“ Zuletzt befehligte die unterernährte, von Narben entstellte Frau, die im Laufe ihrer Kämpfe ein Auge und eine Brust verloren hat, die bis zu 300 Kombattanten umfassende *Frente 47* nahezu uneingeschränkt, nachdem deren oberster Chef, das Exekutivkomiteemitglied **Iván Ríos,** im März 2008 vom eigenen Leibwächter für ein Kopfgeld von 1 Million US-Dollar getötet worden war. Der Leibwächter hatte sich nach der Bluttat –

mit der abgehauenen Hand des *Comandante* als Beweismittel – seinerseits dem Militär überantwortet.

Nicht nur *Karina,* auch FARC-Oberkommandeur **Alfonso Cano** höchstpersönlich hatte in den letzten Kampfjahren sehr gelitten. Ab August 2011 befand er sich fast ständig auf der Flucht, und seine Angst wuchs so sehr, dass er sogar seinen Begleitern befahl, ihre Gummistiefel wegzuwerfen – aus Furcht, dass darin ein GPS-Sender versteckt sei. Schließlich rasierte sich der arg Bedrängte den langen Bart ab, was auf seine Mitstreiter wie ein Ehrverlust wirkte und seine Autorität untergrub. Am 3. November dann bombardierte das Militär die Bauernhütte, deren Bewohner *Cano* verjagt hatte, um darin zu campieren. Seine Lebensgefährtin wurde getötet, seine dicke Brille beschlagnahmt. Ihn selbst erwischten die tödlichen Kugeln erst am nächsten Morgen, als er aus einem nahen Erdloch, in dem er sich versteckt hatte, stolperte, um zu fliehen.

Seitdem hat die derart in die Enge getriebene FARC die Zahl nadelstichartiger **hit-and-run-Anschläge** auf polizeiliche und militärische Ziele dramatisch erhöht – sie hofft auf diese Weise Druck auszuüben und die Wiederaufnahme von Gesprächen mit der Regierung zu erreichen.

ELN

Entstehung

El Ejército de Liberación Nacional – das **Nationale Befreiungsheer,** kurz: ELN – kämpft als zweitgrößter Guerillaverband Kolumbiens unter dem Schlachtruf „Ni un paso atras – Liberación o muerte! Nicht zurückweichen – Freiheit oder Tod!" nahezu ebenso lange wie die FARC gegen die Regierung. Zwar verfolgt das ELN (ähnlich wie die FARC) eine grundsätzlich marxistisch-leninistische Ideologie, doch stand es von Beginn an sowohl unter dem direkten Einfluss der kubanischen Revolution als auch unter dem der sich seit den frühen 1960ern in vielen lateinamerikanischen Staaten entwickelnden **katholischen Befreiungstheologie.**

Sechs in Bogotá verfolgte Linksintellektuelle, die auf den Spuren des Kommunarden *José Antonio Galán* (siehe unter Guaduas) den Umsturz des Gesellschaftssystems planten, setzten sich nach Havanna ab und erhielten dort eine Ausbildung im modernen Guerillakampf. Nach ihrer Rückkehr gründeten sie 1965 unter Führung von **Fabio Vásquez Castaño,** einem ehemaligen Liberalen und Veteranen der Schweinebucht, nahe San Vicente de Chucurí (Departamento Santander) das ELN und besetzten – der kubanischen Fokismustheorie folgend, wonach zunächst ein lokal begrenzter Aufstand erzeugt werden soll, der sich dann wie ein Flächenbrand ausbreitet – öffentlichkeitswirksam für einige Stunden mit nur 28 Kämpfern den Ort **Simacota** (Departamento Santander): Dort präsentierten sie ein Manifest mit genauer Erläuterung ihrer Motive.

Priester unter Waffen

Das ELN behielt seine offensive Ausrichtung bei, nachdem sich ihm mehrere katholische Priester wie der in Europa ausgebildete **Camilo Torres Restrepo** (1929–1966) anschlossen. Von *Torres* stammen die berühmten Sätze: „Warum sollen wir (Christen und Marxisten) uns streiten, ob die Seele *sterblich* oder unsterblich ist, wenn wir doch wissen, dass Hunger *tödlich* ist. *Si Jesús viviera, sería guerrillero.* – Würde Jesus leben, wäre er Guerillero." *Torres* wurde bei dem Überfall auf eine Militärpatrouille zum Märtyrer: Ein Soldat – so heißt es – habe sich tot gestellt und den Befreiungstheologen, als dieser den Gefallenen die Waffen abnehmen wollte, erschossen. Weitere Geistliche sollten in den folgenden Jahren das Schicksal von *Torres* teilen, darunter die Aragonier *José Antonio Jiménez Comín* und *Domingo Laín Sáenz.*

Gewaltsam bis fast hin zur Selbstauslöschung ausgetragene interne Meinungsverschiedenheiten (Abweichler wurden sofort erschossen) sowie die 1973/74 vom kolumbianischen Militär bei Anorí (Departamento Antioquia) erfolgreich durchgeführte Operation, bei der 30.000 Soldaten 250 Guerilleros einkreisten, führten zu einer schweren Krise des ELN. Gründervater *Fabio Vásquez* wäre wegen der militärischen Schmach, bei der seine beiden Brüder und die meisten anderen Kämpfer umkamen, beinahe von den wenigen überlebenden Mitstreitern erschossen worden, erhielt aber später in Kuba Asyl. Der aragonische Priester **José Manuel Pérez Martinez** alias *El Cura Pérez* (um 1936 geboren, 1986

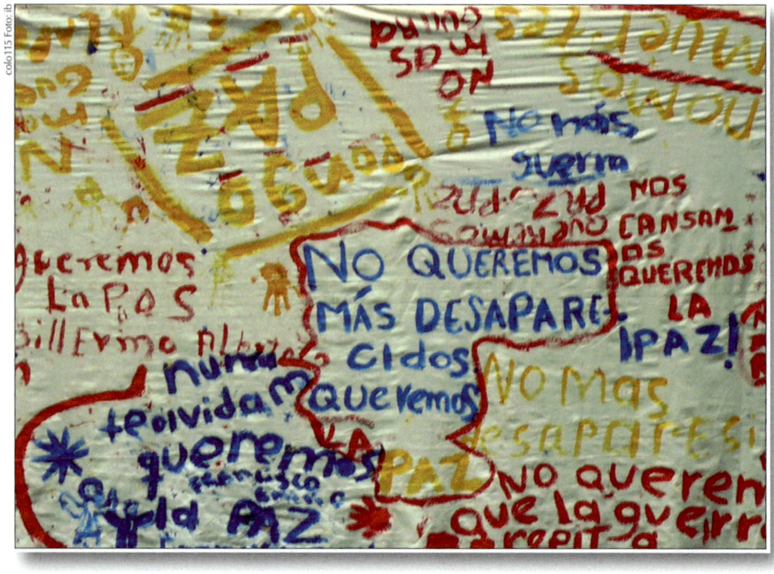

colo115 Foto: ib

exkommuniziert, 1998 verstorben an Hepatitis B) übernahm die ELN-Führung; doch sollten fast zehn Jahre vergehen, bevor das Befreiungsheer erneut erstarkte.

Neuere Entwicklungen und Perspektiven

„Unsere Gewalt ist legitim. Sie ist die letzte Möglichkeit unseres Volkes, sich gegen die wirtschaftliche Gewalt, die alljährlich Tausende Kinder tötet, und gegen die repressive Gewalt der Armee und ihrer Todesschwadronen zu erwehren", so *El Cura Pérez*. Tatsächlich standen hinter dem ELN in den 1990ern noch weite Teile der Bevölkerung im Erdölfördergebiet um Caño Limón (Departamento Arauca) und entlang der quer durch das Land führenden Erdölleitung nach Coveñas, den Hauptoperationsgebieten der multinationale Konzerne und die staatliche *Ecopetrol* attackierenden Guerilla. Zeitweilig erreichte das ELN eine Stärke von über 5.000 Kämpfern, heute stehen nur noch schätzungsweise **2.500 Aktivisten** unter Waffen. Diese stellen keine ernst zu nehmende militärische Gefahr für den Staat dar, agieren jedoch weiterhin punktuell durch Attentate auf Einzelpersonen, Anschläge auf Pipelines und Strommasten. Nach eigenen Angaben hoffen sie eine Infrastruktur zu zerstören, die ohnehin lediglich der Auslieferung von Naturschätzen an internationale Multis dient. Sie meiden Drogengeschäfte, erpressen hingegen **Schutzzölle** von Erdölunternehmen und Großgrundbesitzern und nehmen **„Steuern"** von mittelständischen Geschäftsleuten ein bzw. **„Impfgebühren für die Rinder"** von Bauern. In Glanzzeiten erwirtschaftete das ELN auf diese Weise ca. 120 Millionen Euro jährlich.

In vielen traditionellen ELN-Hochburgen haben jedoch heute paramilitärische Verbände die Guerilleros verdrängt, so im venezolanischen Grenzgebiet Catatumbo (Departamento Norte de Santander). Das ELN bemüht sich zunehmend um Verhandlungen mit der Regierung und fordert dazu die Schaffung einer entmilitarisierten Zone.

Nach dem Tod von *Cura Pérez* soll **Nicolás Rodríguez Bautista** alias *Gabino,* der schon als 14-Jähriger in der Guerilla aktiv war, den Vorsitz des Führungsgremiums übernommen haben.

Plakat für den Frieden in Medellín

Nicht mehr aktive Guerillabewegungen

EPL

Mit maximal 1.000 Guerilleros unter Waffen blieb der Einfluss des *Ejército Popular de Liberación* **(Volksbefreiungsheer),** kurz: EPL, stets vergleichsweise gering. Die von Linksintellektuellen 1967 gegründete orthodox maoistische Gruppierung erhielt auch nach ihrer Neuausrichtung stalinistisch-albanischer Prägung nur wenig Zuspruch innerhalb der Landbevölkerung, welche nach dem Willen der EPL-Ideologen einen Volkskrieg entfachen und in die Städte tragen sollte. Die oft untereinander zerstrittenen Kämpfer operierten unter dem Slogan „Combatiendo venceremos! – Kämpfend werden wir siegen!" vor allem in der Region Urabá, dem Grenzgebiet zwischen den Departamentos Córdoba, Antioquia und Chocó, und unterhielten Verbindungen zur dortigen Bananenarbeitergewerkschaft. Verhandlungen mit der Regierung und Versuche, in die Legalität zurückzukehren, scheiterten letztlich: Zwar gaben etliche Anhänger des EPL 1991 ihre Waffen ab und gründeten die gemäßigt sozialistische Partei EPL – *Esperanza, Paz, Libertad* (Hoffnung, Friede, Freiheit), doch wurden nacheinander die meisten von ihnen durch die noch bewaffneten EPL-Dissidenten unter **Francisco Caraballo,** Guerilleros der FARC oder Paramilitärs ermordet, sodass manche der Überlebenden sich erneut – jetzt unter Führung von *Caraballo* – als Guerilla zu reorganisieren suchten oder sich gar den Paramilitärs anschlossen. Der damals 57-jährige *Caraballo* wurde 1994 verhaftet; in seinem Namen operierten aber weiterhin kleine Einheiten in Urabá. Seit Mai 2008 befindet sich der Veteran wieder auf freiem Fuß.

M-19

Die lange Zeit aufsehenerregendste Organisation Kolumbiens war die linksnational und populistisch ausgerichtete unorthodoxe **Stadtguerilla** *Movimiento 19 de Abril* – **Bewegung 19. April,** kurz: M-19 –, benannt nach dem Datum der Präsidentschaftswahlen von 1970, die im Volk zu großer Frustration geführt hatten: Ex-Diktator *Rojas Pinilla* hätte mit seiner neuen „dritten Kraft" ANAPO diese Wahlen gewonnen, doch der unflexible Zweiparteienbund der *Frente Nacional* sah ausschließlich den Wechsel konservativer und liberaler Präsidenten vor. So wurde die Stimmauszählung ausgesetzt und der konservative Kandidat *Misael Pastrana Borrero* (1923–97) zum Präsidenten ausgerufen. Unmut machte sich daraufhin breit, doch *Rojas Pinilla* gab nach. Wieder einmal zeigte sich, dass neue politische Bewegungen im Land keine Chance hatten.

Teile von ANAPO sowie der linksintellektuellen städtischen Mittelklasse gründeten daraufhin 1972 unter Führung des Ex-FARC-Mitglieds **Jaime Bateman Cayón** (geboren 1940, getötet 1983 bei einem mysteriösen Flugzeugunglück) die M-19 mit dem Ziel, möglichst medienwirksam und provokativ auf Missstände aufmerksam zu machen. Spektakulär waren beispielsweise die Entführung des symbolträchtigen Schwertes von *Simón Bolívar* aus der Quinta de Bolívar, dem ehemaligen Landhaus des *Libertador* in Bogotá, unter dem Motto „Bolívar, tu espada vuelve a la lucha! – Bolívar, dein Schwert kämpft weiter!" (Januar 1974) oder der Diebstahl von über 5.000 Waffen durch einen 80 Meter langen, heimlich gegrabenen Tunnel aus dem streng bewachten Militärarsenal Usaquén (Bogotá) (Silvester 1978). Im Februar 1980 besetzten zwölf M-19-Guerilleros die Botschaft der Dominikanischen Republik in Bogotá und nahmen ein Dutzend der dort gerade feiernden Diplomaten als Geiseln, um die Freilassung von Gefangenen zu erpressen. Nach zähen Verhandlungen flogen die Guerilleros zwei Monate später nach Kuba aus. Die Entführung der Schwester der drei Ochoa-Brüder, Führer des Medellín-Kartells, im Jahr 1981 führte dazu, dass die Drogenmafia die paramilitärische Todesschwadron *MAS - Muerte a los Secuestradores* („Tod den Entführern") gründete. Zwar wurde in Verhandlungen mit der Regierung unter Präsident *Belisario Betancur* ab 1982 ein Waffenstillstand erreicht, doch wurden nach und nach sämtliche Führer der M-19 ermordet - teilweise vom Militär, teilweise von paramilitärischen Todesschwadronen.

In einer umstrittenen Aktion - kofinanziert mit Geldern der Drogenmafia - **besetzten** ca. 30 M-19-Aktivisten am 6. November 1985 **den Justizpalast** an der Plaza Bolívar in Bogotá. Wieder einmal herrschte Ausnahmezustand in der Stadt; Panzer rollten auf; erst nach heftigem Schusswechsel eroberte das Militär das inzwischen ausgebrannte Gebäude zurück. Das Ergebnis: 100 Tote - darunter neben den Guerilleros etliche Soldaten, Richter, Zivilisten - und das Ende des Nationalen Dialogs, den Präsident *Belisario Betancur* im Zuge seiner Versöhnungspolitik mit der Guerilla aufzubauen versucht hatte.

In der Folge strebte die geschwächte M-19 durch Schaffung einer Allianz aller Guerillabewegungen größere militärische Schlagkraft an. Ihrem Bündnis schlossen sich 1987 auch FARC, ELN sowie EPL an: Die *Coordinadora Guerrillera Simón Bolívar* (**Guerillakoordination Simón Bolívar**) formierte sich, blieb jedoch aufgrund interner Zwistigkeiten ohne Erfolg.

Friedensverhandlungen mit Präsident *Virgilio Barco* führten 1989 nicht nur zur Rückkehr der M-19 in die Legalität, die mit der **Alianza Democrática M-19** eine auf Anhieb erfolgreiche Partei gründete. Vielmehr wurde auch der Grundstein für eine neue Verfassung gelegt, welche dann tatsächlich 1991 in Kraft treten sollte. 2006 bildete die *Alianza Democrática M-19* zusammen mit anderen Links-Parteien das wichtigste gegen *Álvaro Uribe* gerichtete politische Oppositionsbündnis Kolumbiens: den *Polo Democrático Alternativo* (PDA).

Paramilitarismus

„Erst schießen, dann gucken"

Las Autodefensas Unidas de Colombia - die **Vereinigten Selbstverteidigungsgruppen Kolumbiens,** kurz: **AUC** - so hieß der 1997 gegründete und 2006 demobilisierte nationale Dachverband der rechtsgerichteten, sogenannten antisubversiven Bürgerwehren („Paras"), deren frisch erblühte Nachfolgegruppierungen weiterhin gegen die Guerilla kämpfen und dabei vor allem die Zivilbevölkerung - den „Nährboden der kommunistischen Guerilla" - terrorisieren. Die AUC strukturierten sich in *bloques* (gebietsbezogene Kampfblöcke). Langjähriger Führer des Dachverbandes der Paras war **Carlos Castaño Gil** (geboren 1965, ermordet wahrscheinlich 2004 - im Auftrag seines Bruders), der als

Jugendlicher die Entführung und Tötung seines Vaters durch die FARC erleben musste und der zum berüchtigten Mörder, Drogenboss und Landräuber wurde.

Die Paras sind verantwortlich für die **Vertreibung** Zehntausender Familien aus vermeintlich von der Guerilla beeinflussten Gebieten und die daraus resultierende Verödung vieler „gesäuberter" Landstriche, welche umso kontrastreicher und spukhafter erscheint, je besiedelter und voller die benachbarten Städte sind.

Sie unterdrücken jegliche oppositionelle Strömungen und soziale Bewegungen, die ihren mafiösen Herrschaftsansprüchen und ökonomischen Interessen gefährlich werden könnten, seien es Gewerkschaften, Bauernbewegungen, linksgerichtete Parteien oder Journalisten, bekämpfen aber auch Konkurrenten im Drogenbusiness. In manchen ländlichen Gebieten wurde über Jahre hinweg jeder Fremde, der dort nichts verloren hatte, getötet: „Erst schießen, dann gucken, was für einen Vogel es diesmal erwischt hat", lautete das zynische Motto. Auch heutzutage fühlen sich Ortsfremde oft einem systematischen „Sicherheits-Check" unterzogen. Massaker an wehrlosen *campesinos,* öffentliche Folter und Hinrichtungen vermeintlicher Kollaborateure unter Verwendung von Motorsägen sowie das wahllose Erschießen Ortsansässiger auf offener Straße verbreiten Angst und demonstrieren der Zivilbevölkerung ihre Ohnmacht. Beispiellose **Gräueltaten** waren z.B. die 1997 verübten Massaker in Mapiripán (Departamento Meta) und El Aro (Departamento Antioquia) sowie das Massaker am oberen Río Naya (Departamento Cauca) 2001.

Von der Selbstverteidigung zum Staatsterrorismus

Was heute einem Außenstehenden als jeweils örtlich begrenztes Mini-Terrorregime erscheinen mag, begann zur Zeit der *Violencia* als Selbstverteidigungsverband, Bürgerwehr oder auch Zusammenrottung von *pistoleros* und *bandoleros.* Unter den ersten und bekanntesten modernen paramilitärischen Organisationen waren die MAS *(Muerte a los Secuestradores),* die *Tiznados* (die Rußschwarzen) sowie die *Escuadrón de la Muerte* (Todesschwadron).

Organisiert in Hunderten Einzelorganisationen stehen derzeit landesweit immer noch (oder wieder neu) **mehrere tausend paramilitärische Aktivisten unter Waffen,** von denen die meisten „Sold" beziehen (im Gegensatz zu Guerilleros). Sie finanzieren sich durch Unterstützungszahlungen ihrer Auftraggeber, der Großgrundbesitzer, der Drogenbarone, der Smaragdbosse sowie etwa jener Wirtschaftsunternehmen, die erst in einem „gesäuberten" Gebiet ihr Großprojekt durchführen können. Viele Paramilitärs sind selbst in den **Drogenhandel** verquickt und unterhalten obendrein undurchsichtige **Verbindungen** zu staatlichen Sicherheitskräften, dem Geheimdienst und nicht zuletzt der Regierung, die sich Stimmen durch Einschüchterung und Belohnungen erkauft. Oft kooperierten die Paras in der Vergangenheit nachweislich mit dem Militär, ja ließen sich von ihm oder professionellen ausländischen Ex-Söldnern ausbilden und verhielten sich dabei wie vom Staat gedungene Mörder, die das erledigen, was der Staat selbst, der sich ja offiziell an die Gesetze zu halten hat, schlechterdings unmittelbar erledigen kann, ohne einen Skandal zu verursachen und einen internationalen Aufschrei zu provozieren: die „Drecksarbeit". Insofern hat sich seit den 1990ern die Gefahr des Entstehens eines regelrechten **„Staatsterrorismus"** zusehends verschärft – obwohl Präsident *Uribe* (dem selbst eine paramilitärische Vergangenheit angelastet wird) einen Demobilisierungsprozess der AUC vermittelt hat, der bis heute zur Entwaffnung von 30.000 *Paras* führte, aber auch zur Neugründung von anderen mafiösen Strukturen und Netzwerken (oft im Schutzmantel der Legalität). **José Vicente Castaño Gil,** der mutmaßlich seinen Bruder, den AUC-Chef, ermorden ließ, weil dieser aus dem Drogenhandel aussteigen wollte, gilt z.B. als Kopf der neuen paramilitärischen Drogenorganisation *Águilas Negras* (Schwarze Adler), die sich vom Departamento Norte de Santander bis zur Grenze von Panama ausgebreitet hat. Anhänger der *Rastrojos,* einer weiteren neuen Gruppierung, haben im Departamento Nariño Fuß gefasst und tyrannisieren auch im Jahr 2012 die Pazifikküste bis hinauf in den Chocó, wo die Urbevölkerung, die Emberá-Indianer, ihrer militärischen Überlegenheit ausgeliefert ist.

Übernehmen die Paras die Macht?

Trotz aller nur zu berechtigten Kritik am Phänomen des Paramilitarismus lässt sich kaum leugnen, dass aufgrund mangelnder staatlicher Präsenz in vielen Regionen und der Überlastung und Korruption der staatlichen Justiz, die der landesweit ausufernden Kriminalität oft nicht Herr werden konnte, in der Vergangenheit eine Privatjustiz manchmal die einzige Lösung zur Vermeidung von Chaos darstellte. Nicht zuletzt waren es Paramilitärs der Todesschwadron *Los Pepes* unter **Fidel Castaño Gil** (einem der fünf Castaño-Brüder), die *Pablo Escobar* 1993 aufzuspüren halfen, nachdem sich der Staatsapparat über Jahre als unfähig erwiesen hatte, diesen gefährlichen Drogenbaron ein für alle Mal zur Strecke zu bringen.

Und doch – gerade dieses Beispiel verdeutlicht die heutige Gefahr, die vom Paramilitarismus ausgeht: Die ehemals (allzu oft von Drogenbaronen wie *Pablo Escobar*) bezahlten „Söldner" haben sich mittlerweile zu einer **autonom agierenden politischen Kraft** entwickelt, die ihren einstigen Auftraggebern überhaupt nicht mehr Rechenschaft abzulegen bereit sind. Vom *pistolero* des Viehzüchters ist der Para längst aufgestiegen zum „outgesourcten" Sicherheitsmitarbeiter, der sich neuerdings komplett emanzipiert hat und nun die eigene Machtübernahme anstrebt.

Wissenschaftler beschreiben den Prozess der Paramilitarisierung dabei als **Phasenmodell:** Paras erobern ein Gebiet, über das der Staat unzureichende Kontrolle ausübt, indem sie die Bevölkerung durch grausam und willkürlich inszenierte Machtdemonstrationen zu Unterwerfung oder Flucht zwingen, und besetzen sofort alle frei werdenden Grundstücke. Schleichend errichten sie nun ihr eigenes strenges Regime, basierend auf dem Prinzip von Zuckerbrot und Peitsche und einer umfassenden Kontrolle, der sich niemand zu entziehen vermag. Sie bestrafen Regelverstöße und Konkurrenten mit dem Tod, zwingen zugleich die Bevölkerung zur Mitarbeit (Jugendliche werden rekrutiert, Unternehmer zahlen „Abgaben"), fördern Denunziantentum und besetzen sukzessive alle öffentlichen Ämter und Schlüsselpositionen mit ihren Getreuen, wobei sie Wähler einkaufen oder bedrohen. Am Ende kontrollieren sie das öffentliche Leben, agieren im Rahmen legaler Organisationen und benötigen keine Kampfeinheiten mehr, sondern erledigen die letzten Gegner in unspektakulären Nacht- und Nebelaktionen. In diesem Lichte gesehen ist die Demobilisierung der AUC keine Garantie für ein Nachlassen paramilitärischer Aktivitäten, sondern wird von Kritikern als Indikator für eine zum Teil fortgeschrittene Paramilitarisierung gewertet.

Hochburgen der Paras sind traditionell die Karibikküste von der Bananenregion Urabá über das Departamento Córdoba bis hin zur Sierra Nevada de Santa Marta und der Serranía de San Lucas, die Grenzgebiete zu Venezuela und Ecuador, aber auch städtische Ballungsräume wie die riesige Ciudad Bolívar im Süden Bogotás.

Neuere politische Entwicklungen

Krieg und Frieden – und Krieg

1982 gewann der Konservative **Belisario Betancur Cuartas** – geboren 1923, Jurist und Wirtschaftswissenschaftler, Journalist und Verlagsgründer, unter Diktator *Rojas Pinilla* zeitweilig inhaftiert – die Präsidentschaftswahlen und tat, was sich vor ihm keiner getraut hatte: Er hob den permanenten Ausnahmezustand auf, regte Diskussionen über notwendige Reformen in den Bereichen Landwirtschaft, Wahlsystem und Verfassung an, nahm direkte Verhandlungen mit der Guerilla auf und setzte sich für einen Prozess der Versöhnung mit ihr und der Drogenmafia ein – als besonderes Bonbon sollte eine Generalamnestie dienen für diejenigen, die den Schritt zurück ins Zivilleben wagen würden. Der oft als „Philosoph auf dem Präsidentenstuhl" bezeichnete Humanist (heute ein Mitglied des Club of Rome) scheiterte jedoch tragisch an der gesellschaftlichen Zerrissenheit, die sich durch eine während seiner Präsidentschaft stagnierende Wirtschaft nur noch verstärkte: Einflussreiche Kreise forderten von der Guerilla die bedingungslose Niederlegung der Waffen; militärische Aktionen und Attentate auf Mitglieder der Opposition einerseits und die soziale Not infolge Arbeitslosigkeit und Inflation andererseits nahmen zu; die Fronten verhärteten sich wieder, und mit dem M-19-Sturm auf den Justizpalast 1985 endete der Nationale Dialog im Inferno.

1986 wurde der Liberale **Virgilio Barco Vargas** (1921–1997) Präsident, setzte offiziell die von seinem Vorgänger initiierten Friedensbemühungen mit der Guerilla fort und bekämpfte die erstarkende Drogenmafia, welche das Land immer mehr mit Bluttaten überzog und in Angst versetzte: Richter, Politiker, Präsidentschaftskandidaten, Journalisten und Zivilisten wurden in bunter Menge ermordet; Bomben explodierten in Zeitungsredaktionen, auf der Straße oder in Flugzeugen. Immerhin gelang – wenn auch unter hohen Verlusten – die Rückkehr der M-19-Aktivisten ins Zivilleben. Das politische Projekt der FARC, ihre Ziele auf legalem Weg mit der neuen Partei *Unión Patriótica* (UP) zu erreichen, ging jedoch zugrunde: Paramilitärische Todesschwadronen unter Beteiligung hochrangiger Militärs – aber auch konkurrierende Guerillabewegungen – ermordeten Tausende Mitglieder der UP und provozierten so ein Wiederaufleben des bewaffneten Kampfes. Kritiker bezeichnen die Regierungszeit *Barcos* als „Ära des Staatsterrorismus".

Eine moderne Verfassung – und trotzdem Krieg

Im Vorfeld der Präsidentschaftswahlen 1990 wurde der charismatische Kandidat **Luis Carlos Galán Sarmiento** (1943–1989), ein liberaler Erneuerer, bei einer Wahlveranstaltung in Soacha (Bogotá) vor 7.000 Teilnehmern ermordet – wahrscheinlich von Paras im Auftrag des Medellín-Kartells. Die Präsidentschaft gewann der liberale Kaffeebauernsohn und Wirtschaftswissenschaftler **César Gaviria Trujillo** (geboren 1947). Im gleichen Jahr wurde in direkter Wahl über die Mitglieder einer Verfassunggebenden Versammlung abgestimmt. An der dann folgenden Erarbeitung des neuen Grundgesetzes, das 1991 in Kraft trat und die Basis für dauerhaften Frieden bilden sollte, wirkten auch ehemalige Guerilleros von M-19 und der indigenen Aufständischenbewegung *Quintín Lame* mit.

Die **Verfassung** gilt in der Tat als eine der modernsten weltweit. Sie enthält eine Vielzahl von Staatszielen: Schaffung von Frieden, Umweltschutz, Arbeit für alle usw. Auch erweitert sie den Grundrechtsschutz der Bürger: Im Falle einer möglichen Grundrechtsverletzung können diese unmittelbar Beschwerde bei Gericht einlegen (*Acción de Tutela*). Die Verfassung führt einen unabhängigen Verfassungsgerichtshof (*Corte Constitucional*) sowie das Amt eines Ombudsmannes (*Defensor del Pueblo*, www.defensoria.org) ein, der die Rechte der Bürger gegenüber dem Staat vertritt. Ein Generalstaatsanwalt *(Fiscal General de la Nación)* klagt Verbrechen in Zusammenhang mit organisierter Kriminalität an. Auch erkennt die Verfassung erstmals die gesellschaftliche Vielfalt Kolumbiens an und stärkt massiv die Landrechte der Indigenen und der Afrokolumbianer. Gouverneure der Departamentos sowie *Alcaldes* (Bürgermeister) werden im Zuge einer Dezentralisierung nunmehr ebenso vom Volk gewählt wie vorher der Präsident. Die

Verhängung des Ausnahmezustands – jahrzehntelang in Kolumbien die Regel und mit Einschränkung grundlegender Rechte des Einzelnen einhergehend – darf jetzt nur noch in engen Ausnahmefällen erfolgen.

Wenn auch das, was auf dem Papier steht, erfahrungsgemäß die eine Sache ist, eine ganz andere aber die alltägliche Realität, so sorgte die neue Verfassung dennoch sofort nach Inkrafttreten für einen **Enthusiasmus im Volk,** wie es ihn schon lange nicht mehr gegeben hatte: Zivilgesellschaftliche Friedensinitiativen schossen wie Pilze aus dem Boden, während das Land weiterhin (trotz mittlerweile gelungener Tötung *Pablo Escobars,* des Kopfes des Medellín-Kartells) von Gewalt heimgesucht wurde.

An dieser allgegenwärtigen Gewalt änderte auch der 1994 gewählte liberale Präsident **Ernesto Samper Pizano** (geboren 1950) nichts. Denn bald schon wurde der Vorwurf laut, seine Wahlkampagne sei nicht unerheblich durch Mittel des Cali-Drogenkartells bezahlt worden, und *Samper* bekam genug damit zu tun, sich in einem langwierigen Untersuchungsverfahren (genannt *Proceso 8000*) rein zu waschen. Immerhin konzentrierte er sich währenddessen auf die Zerschlagung des Cali-Kartells. Inzwischen gelang es Guerilla und Paramilitär, ihre Einflusszonen drastisch auszudehnen. Der Proceso 8000 ergab letztlich eine Beteiligung von zwei Dritteln der liberalen Kongressmitglieder an Bestechungsaffären. Eine ernüchternde Bilanz!

Farclandia – und der Krieg verschärft sich

Staatspräsident wurde 1998 **Andrés Pastrana Arango:** Geboren 1954 als Sohn des späteren Präsidenten *Misael Pastrana Borrero,* war der Harvard-Absolvent 1988 durch das Medellín-Kartell entführt, eine Woche später aber von der Polizei befreit worden, sorgte zwei Jahre lang als Bürgermeister von Bogotá für eine Verbesserung der desolaten Sicherheitslage und personifizierte die größte aller Sehnsüchte des Volkes: dass der landesweit permanente Kriegszustand endlich beendet würde. Von Beginn an waren alle zuversichtlich wie nie, denn *Pastranas* erklärtes Hauptziel war der dauerhafte Frieden unter direkter Einbeziehung der mittlerweile enorm erstarkten FARC. *Pastrana* traf sich mit FARC-Chef *Marulanda* persönlich und gestand der Guerilla 1999 als Szenarium für die Friedensverhandlungen um die Stadt San Vicente del Caguán (Departamento Caquetá) eine **Zona de Despeje** zu, 42.000 km² groß, aus der sich der Staat faktisch zurückzog, während die FARC, die ihr Hauptquartier in Los Pozos (60 km östlich von San Vicente del Caguán, im Departamento Meta) aufgeschlagen hatten, hier schalten und walten konnten wie es ihnen beliebte – und dies auch taten: In der bald schon als **„Farclandia"** verrufenen **rechtsfreien Zone** weiteten die Guerilleros den Kokainanbau und -handel aus, bombardierten schutzlose Dörfer, zwangsrekrutierten Minderjährige, entführten und mordeten Hunderte Menschen. Sie ließen damit die Gelegenheit verstreichen, im Volk damals durchaus bestehende Sympathien durch gemäßigtes, kompromissbereites Verhalten zu verstärken, um so ihre Verhandlungsposition zu verbessern, und sorgten stattdessen für enorme Sympathiegewinne ihrer Erzfeinde, der Paramilitärs.

Pastrana entwickelte derweil mit Unterstützung von US-Präsident *Bill Clinton* den **Plan Colombia:** ein Hilfsprogramm, das die Stärkung der Wirtschaft, des Bildungs- und Gesundheitswesens und der Sicherheitssituation vorsah. Mehr und mehr aber rückte allein die Bekämpfung von Drogenhändlern und Aufständischen in den Vordergrund; die milliardenschwere Unterstützung (ca. 6 Milliarden US-Dollar zwischen den Jahren 2000 und 2009) floss – das sollten die folgenden Jahre zeigen – tatsächlich zu drei Vierteln dem Militär und der Polizei zu, diente der Aufrüstung sowie der Luftraumüberwachung.

Am 20. Februar 2002 eskalierte die Situation: Die FARC entführten ein Flugzeug, in dem Senator **Jorge Eduardo Gechem Turbay** saß, ließen es im Municipio Hobo (Departamento Huila) landen und verschleppten den Politiker, der sich konsequent für Frieden eingesetzt hatte, in die Bergwälder der Ostkordillere. Erst im Februar 2008 kam *Gechem Turbay* wieder frei.

Noch am Tag der Entführung erklärte *Pastrana* der Guerilla den Krieg, doch seine Präsidentschaft endete schon drei Monate später, und alles, was blieb, war Desillusion und der Glaube, dass nur militärische Offensiven für Ruhe sorgen könnten.

Die Regierung Uribe

Paramilitärische Vergangenheit

Álvaro Uribe Vélez, so hieß der Retter aus der Not, und als solchen empfand ihn die Mehrheit, ihn, den neuen, neoliberalen Präsidenten Kolumbiens, der 2002 als unabhängiger Kandidat im ersten Wahlgang die absolute Mehrheit erzielte und die jahrhunder-

colo12-005 Foto: ib

Verkehrskontrolle in Yopal

telange Ära der Zweiparteienlandschaft beendete. Die Karriere des 1952 in Medellín als Sohn eines Rinder züchtenden Großgrundbesitzers geborenen *paisa* (Bewohner Antioquias), der Politik und Recht in Medellín, Harvard und Oxford studiert hatte, begann von Anfang an exquisit. Sein Vater, dem von Kritikern enge Verbindungen zum Drogenhandel und zu paramilitärischen Gruppierungen nachgesagt werden, wurde 1983 von den FARC auf seiner Finca ermordet. Zu dieser Zeit war *Álvaro Uribe* bereits **Bürgermeister von Medellín,** wo er – so wiederum seine Gegner – mit dem Medellín-Kartell *Pablo Escobars* zusammengearbeitet haben soll. Die Kritik geht weiter: Als Gouverneur des Departamento Antioquia (1995–1997) habe der zurückhaltend und seriös wirkende *Uribe* die privaten Milizengruppen *Asociaciónes Convivir* gefördert und unterstützt und damit – im Schutzmantel der Legalität – eine Keimzelle sowie einen Hilfstrupp des modernen Paramilitarismus.

„Harte Hand, großes Herz"

Nach dem kläglichen Ende des Friedensdialogs mit der Guerilla unter *Pastrana* hatte es der als Hardliner bekannte *Uribe* leicht, die Kolumbianer für sich zu begeistern. Seine Ziele formulierte er einfach und klar: Militärisches Durchgreifen gegen die Guerilla, rigorose Verbesserung der desolaten Sicherheitssituation, Korruptionsbekämpfung. Und dabei machte er deutlich: Wer ihn nicht unterstütze, der sei womöglich Kollaborateur der als Narco-Terroristen bezeichneten Guerilla. Seine Entschlüsse setzte er sofort in die Tat um: In enger Zusammenarbeit mit den USA entwickelte er den **Plan Patriota,** eine Strategie zur Vernichtung der Guerilla, die insbesondere in den Departamentos Caquetá und Putumayo zu mittlerweile acht Jahre andauernden, intensiven militärischen Operationen geführt hat. Tatsächlich gelang es *Uribe,* die Sicherheit nicht nur in den Städten, sondern auch entlang der großen Überlandstraßen im ganzen Land erheblich zu verbessern – und das ist es, wofür die Kolumbianer ihm zu Recht besonders dankbar sind. So sieht man z.B. an der Panamericana zwischen Cali und Popayán buchstäblich alle 50 Meter Soldaten zu Fuß, in Panzern oder Schützenständen aus Sandsäcken, was dafür sorgt, dass so gut wie jeder Bus unbeschadet durchkommt.

Wesentlich kritischer wird der oft als Posse verschrieene **Demobilisierungsprozess der AUC** gesehen: Viele bemängeln, dass auf diese Weise auch gewöhnliche Kriminelle in den Genuss einer weitgehenden Straffreiheit gelangen, die an sich bereits als unverhältnismäßige Vergünstigung empfunden wird; auch erfolgt eine Aufarbeitung des paramilitärischen Unrechts ebenso unzureichend wie eine Enteignung verbrecherisch erlangten materiellen Gutes, eine Opferentschädigung oder eine wirksame Wiedereingliederung der ehemaligen Para-Aktivisten in die Zivilgesellschaft. Schon haben sich neue paramilitärische Gruppierungen gebildet.

Erst eine Entscheidung des Verfassungsgerichtshofs im Jahr 2006 sorgte dafür, dass sich paramilitärische Führer nun doch umfassender als zunächst vorgesehen strafrechtlich zu verantworten haben werden. Während traditionell Guerilleros wegen Drogendelikten an die USA ausgeliefert werden (können), geschieht dies nun auch mit Paras, wie z.B. der Fall des *monteriano* **Salvatore Mancuso Gómez** (genannt *Triple Cero*) zeigt, den die Regierung in einer Blitzaktion am 13. Mai 2008 zusammen mit einem Dutzend weiterer hochkarätiger Para-Führer aus dem kolumbianischen Gefängnis den USA überantwortete, während die Polizei seine Güter im Wert von 20 Millionen Euro beschlagnahmte. Dennoch ist bisher nur ein Bruchteil paramilitärischer Straftaten zur Anklage gelangt.

Der Uribismus

Eine Verfassungsreform ermöglichte die **direkte Wiederwahl** des (auch aufgrund des Wirtschaftswachstums) überaus populären *Uribe* zum Staatspräsidenten für eine weitere Legislaturperiode ab 2006. Zuvor war die direkte Wiederwahl eines Präsidenten in Kolumbien verboten. *Uribes* autoritäre und zugleich volksnahe Methoden – so wurden Kabinettssitzungen oft in der Provinz öffentlich abgehalten – prägten einen neuen Begriff: den Uribismus *(Uribismo)*. Dieser Uribismus war es, der die traditionellen Großparteien innerhalb kurzer Zeit ins politische Abseits drängte und dafür etwas förderte, was die schärfsten Gegner (unter den wenigen, die es gab) als ein faschistisches System und als **parapolítica** („Parapolitik", d.h. die Verquickung von Staatspolitik, Wirtschaft und Paramilitarismus) bezeichneten.

In der **Außenpolitik** verbündete sich *Uribe* vor allem mit den USA unter *George W. Bush*. Nach Anti-Guerilla-Einsätzen im grenznahen Bereich auf venezolanischem bzw. ecuadorianischem Staatsgebiet kam es zu einem Aufschrei der Nachbarn – die doch in Wahrheit diejenigen waren, die die Guerilla bei sich duldeten. Zu Venezuela besteht traditionell ein schlechtes Verhältnis. Zwar nimmt dieser Staat viele Immigranten aus Kolumbien auf, doch wird dort antikolumbianische Propaganda stark gefördert.

Im Mai **2008** besuchte **Bundeskanzlerin Angela Merkel** – erstmalig für einen deutschen Regierungschef – Kolumbien. Sie lobte die Fortschritte des Landes, sicherte Unterstützung zu und mahnte eine konsequente Aufarbeitung der Verbrechen der Paramilitärs an. Positiv äußerte sie sich über die Justiz, die sich nicht mehr scheut, kriminelle Machenschaften selbst hochrangiger Politiker aufzudecken.

Die Regierung Santos

Wie so viele Staatspräsidenten vor ihm entstammt auch der 2010 gewählte **Juan Manuel Santos Calderón** einem Oligarchenklan: Schon Großonkel *Eduardo* bekleidete das höchste Amt (1938–42), Papa gab 50 Jahre lang die renommierte Zeitung „El Tiempo" heraus, und ein Cousin war Stellvertreter von *Álvaro Uribe*.

Santos, geboren 1951 in Bogotá, genoss eine **internationale Ausbildung** in den Bereichen Wirtschaft, Diplomatie und Journalismus, war als Politiker, Manager von „El Tiempo" sowie zuletzt Verteidigungsminister bei seinem Amtsvorgänger *Uribe* tätig. Als solcher waren ihm viele militärische Erfolge gegen die Guerilla gelungen - Grund genug für viele Wähler, ihm ihre Stimme zu geben.

Doch auch Schatten fallen auf seine Aura: Kritiker werfen ihm **Verbindungen zu Paramilitärs** vor. Überdies fällt der seit 2008 gärende **Skandal der Falsos Positivos** in seinen Verantwortungsbereich als Verteidigungsminister. Danach sollen über die Jahre 3.000 Zivilisten teils gewaltsam verschleppt oder von Personalvermittlern mit falschen Versprechen in einsame Gegenden gelockt worden sein, wo sie dann systematisch getötet und in Uniformen gesteckt als angebliche Guerilleros präsentiert wurden - das alles nur, damit ihre Mörder eine vom Militär veranschlagte Kopfprämie von je 1.000 Euro pro Guerillero kassieren konnten.

Santos' **Regierungsstil** lehnt sich nur zum Teil an seinen Vorgänger an; er gilt als gemäßigter, versucht, die schlechten Beziehungen zu den Nachbarländern zu verbessern und verbreitet vage Hoffnungen auf soziale Reformen.

- **Infos im Internet:** www.presidencia.gov.co ist die offizielle Webseite der Regierung; www.gobiernoenlinea.gov.co gibt Auskunft über Gesetze und Gesetzesänderungen.

Menschen- & Bürgerrechte – Probleme des law enforcement

Kolumbien gilt bis heute - nicht zu Unrecht - als **einer der Staaten mit den meisten Menschenrechtsverletzungen weltweit.** Diese werden in erster Linie von Paramilitärs, Guerilleros und kriminellen Banden, aber auch von staatlicher Seite (in Form von „Säuberungsaktionen") verübt. **Mord und Vertreibung** gehören in manchen Regionen zum Alltag; ländliche Gebiete z.B. in den Departamentos Chocó, Antioquia, Córdoba, Sucre, Bolívar, Caquetá sowie Putumayo und Städte wie z.B. Barrancabermeja (Departamento Santander), Palmira (Departamento Valle del Cauca) oder Apartadó (Departamento Antioquia) sind dabei notorische Brennpunkte. Allein seit 1985 haben fast vier Millionen Binnenflüchtige *(desplazados internos)* ihren angestammten Wohnsitz verloren - manche mussten mehrmals fliehen; viele vegetieren heute in Armensiedlungen an den Großstadträndern dahin. In Regionen wie dem Departamento Arauca, wo mit dem Erdöl großes wirtschaftliches Potenzial lagert, werden immer wieder Bürgerrechte außer Kraft gesetzt, um die Förderquote nicht zu gefährden; dort gilt de facto Kriegsrecht: Ausgangssperren und Massenverhaftungen waren auch in jüngerer Zeit nicht ungewöhnlich.

Unter Präsident *Uribe* hat sich die **Sicherheitslage** zwar in weiten Teilen des Landes drastisch verbessert, doch der Staat vermag bestehende Gesetze in vielen Gebieten nicht, nur unzureichend oder zeitweilig durchzusetzen; ein effektives *law enforcement* erfolgt nicht, sondern bleibt auf Kampagnen beschränkt. Vielerorts wird die öffentliche Sicherheit und Ordnung nur aufgrund militärischer Präsenz enormen Umfangs aufrechterhalten. In solchen Gebieten herrscht kein wirklicher Frieden, sondern nur eine bis zum Reißen gespannte Ruhe auf Kosten der Rechte des Einzelnen. Und so ist neben der Zahl der Entführungen zwar auch die Mordrate in der letzten Dekade erheblich gesunken (von einstmals durchschnittlich 80 Morden je 100.000 Einwohner pro Jahr auf nunmehr unter 40 Morde), doch bleiben die weitaus meisten Fälle strafrechtlich ungesühnt. Schuld ist die Überlastung des Staatsapparates einerseits, Korruption und Vetternwirtschaft andererseits.

Die 1991 geschaffene **neue Verfassung** Kolumbiens ist erstklassig – auf der Straße hat sie jedoch keinen Wert. Warum? Hier einige Beispiele: Die umfassenden Landrechte etwa, die sie den Afrokolumbianern des Departamento Chocó zusichert, haben diese oft längst durch Vertreibungen wieder verloren, für welche meist Paramilitärs – nicht selten mit Billigung staatlicher Stellen oder gar im Auftrag von Großunternehmen wie Chiquita – verantwortlich sind. Oder: Die Bürger Kolumbiens dürfen zwar direkt, frei und geheim ihre politischen Repräsentanten wählen. Doch was ist eine Wählerstimme angesichts der knallhart ausgetragenen Machtkämpfe lokaler Größen? Im besten Falle nichts als eine Währung, die sich wie bares Geld in einer Wechselstube tauschen lässt – z.B. gegen einen guten Job, einen Auftrag, einen Kredit, eine Sondergenehmigung; sag' es und du kriegst es. Je mehr Wählerstimmen jemand kontrolliert (einzig, weil er es vermag, den Wählern etwas im Gegenzug für ihre Stimme zu bieten), desto förderlicher ist es für seine Karriere: Er wechselt die Stimmen einfach wie ein ganzes Bündel Geldscheine bei jemandem ein, der noch einflussreicher ist, und erhält dafür ein Äquivalent. Doch nicht immer wird „gewechselt"; Drohungen und Einschüchterungen, politische Morde an Konkurrenten und deren Anhängern führen dazu, dass derjenige mit dem aggressivsten Gewaltpotenzial den von ihm angestrebten Posten auch tatsächlich erhält. Eine erhebliche Zahl von Spitzenpolitikern (darunter 60 Parlamentsmitglieder!) ist unter der Anschuldigung von **Wahlmanipulationen** – speziell in Zusammenarbeit mit Paramilitärs – ins Visier der Staatsanwaltschaft geraten; vieles spricht indes dafür, dass dies noch immer nur die Spitze des Eisberges ist.

Überaus problematisch sehen Völkerrechtler die **Einordnung des internen Konfliktes** von Seiten der Regierung als bloßes kriminelles und terroristisches Problem. Dadurch können die Bürger für sich **keine Neutralität** beanspruchen, wie dies bei Anwendung des internationalen humanitären Völkerrechts im Konfliktfall zwischen Staat und Aufständischen normalerweise der Fall wäre, sondern sie müssen Farbe bekennen: Entweder sind sie auf der Seite des Staates – oder sie sind kriminelle Terroristen, die nicht von den Streitkräften geschont zu werden brauchen. Und so geraten die Bürger überall zwischen die Fronten und werden erbarmungslos zermalmt. Die Regierung fördert gerade auf dem Lande die Organisation ziviler Hilfstruppen des Staates *(soldados campesinos),* die ihr Informationen zutragen sollen, und vereinnahmt auf diese Weise z.B. auch indigene Gemeinden für sich, ein Vorgehen, das mehrfach zu blutigen Rachefeldzügen der FARC gegen diese Dörfer führte. Manche Bürger wehren sich durch Gründung von neutralen **Friedensgemeinden** (bekanntestes Beispiel ist das Dorf San José de Apartadó in Urabá) – doch unter großen Opfern: Diese Gemeinden und ihre Führer sind ganz besonders der Gewalt ausgesetzt, sie haben faktisch keine Schutzmacht auf ihrer Seite – weder den Staat noch die Guerilla und schon gar nicht das Paramilitär. Das Büro des UN-Hochkommissariats für Menschenrechte in Bogotá prangert immer wieder von Seiten der staatlichen Sicherheitskräfte begangene außergerichtliche Hinrichtungen und willkürliche Verhaftungen an (Jahresberichte auf www.hchr.org.co).

Staat & Verwaltung

Kolumbien ist eine Republik mit **parlamentarischer Demokratie** und einem Präsidenten, der als Staats- und Regierungsoberhaupt fungiert und vom Volk für derzeit maximal zwei Legislaturperioden hintereinander (zu je vier Jahren) gewählt werden kann. Das Volk bestimmt auch in direkter Wahl die Mitglieder des aus zwei Kammern – dem Senat (*Senado*, 102 Sitze) sowie dem Abgeordnetenhaus (*Cámara de Representantes*, 166 Sitze) – bestehenden Kongresses, die Gouverneure der *Departamentos* (Verwaltungseinheiten) und die *Alcaldes* (Bürgermeister) der *Municipios* (Gemeinden).

Der zunehmend föderalistisch organisierte Staat gliedert sich in den **Distrito Capital** (Hauptstadtdistrikt) sowie **32 Departamentos** mit jeweils einer Hauptstadt, in der die Provinzregierung tagt, und einer unterschiedlich großen Zahl von **Municipios** (derzeit landesweit 1120) mit jeweils einem Hauptort, in dem sich die *Alcaldía* (das Bürgermeisteramt) befindet.

Wirtschaft & Soziales

Neoliberale Öffnung & Wirtschaftswachstum

Kolumbien hat sich zu einer **führenden Wirtschaftsnation in Lateinamerika** entwickelt – trotz vieler ungünstiger Grundvoraussetzungen, insbesondere des internen bewaffneten Konflikts und der Probleme der Durchsetzbarkeit bestehender Gesetze *(law enforcement),* die einhergehen mit ungezügelter allgemeiner Kriminalität und bis in die höchsten Ebenen reichender Vetternwirtschaft (Nepotismus). Ein immenser Ressourcenreichtum, eine geostrategisch einmalige Lage im Zentrum des amerikanischen Doppelkontinents mit Zugang zu beiden Ozeanen sowie das erhebliche Arbeitskräftepotenzial (sogenanntes „Humankapital"), welches aus der überproportionalen Bevölkerungszahl von 46 Millionen Einwohnern erwächst, überwiegen jedoch die genannten Nachteile.

Anfang der 1990er Jahre begann unter Präsident *César Gaviria Trujillo* das **Zeitalter der apertura,** d.h. der wirtschaftlichen Öffnung Kolumbiens unter einem neoliberalen Stern, charakterisiert durch Entbürokratisierungen, Freihandelsabkommen und eine zunehmende Privatisierung mit all ihren Begleiterscheinungen: Optimierung von Produktionsprozessen, Kostensenkung, Abbau unnötiger Arbeitsplätze, Rückgang der Reallöhne. Diese *apertura* schreitet seit der Präsidentschaft von *Álvaro Uribe* zügig voran. Ausländische Investoren trauen sich in immer größerer Zahl nach Kolumbien. Unter ihnen genießen die Deutschen nicht zuletzt aufgrund ihrer Maschinenbautradition und ihrer qualitativ hochwertigen Ingenieurleistungen den besten Ruf. Deutschland gilt als nicht unwichtiger Handelspartner Kolumbiens - wenn auch weit abgeschlagen nach den USA (mit einem Anteil von 35% des Gesamthandelsvolumens), den Nachbarländern Venezuela, Ecuador und Brasilien sowie Peru und Mexiko. Aus Deutschland werden vor allem Maschinen, Kfz-Teile sowie Mess- und Regeltechnik eingeführt.

Eine der Schattenseiten der Wirtschaftsöffnung sind die enormen und konkurrenzlos billigen **Lebensmittelimporte** Kolumbiens (vornehmlich aus den USA), welche in Anbetracht der günstigen Klima- und Bodenverhältnisse an sich überhaupt nicht erforderlich wären, mindestens drei Millionen kolumbianische *campesinos* mit leeren Händen dastehen lassen und viele von diesen zur einzig lukrativen Alternative drängen: dem Drogenanbau.

Lag das **Wirtschaftswachstum** Kolumbiens in den 1990ern noch bei 2–4%, ist es nach der Rezession, die während der Jahrtausendwende ihren Tiefpunkt erreichte, ab dem Jahr 2004 auf regional weit überdurchschnittliche, zu Euphorie Anlass gebende 4–7% geklettert, wobei die Inflationsrate 2011 um vergleichsweise moderate 3,5% pendelte. Größtes Wachstum verzeichneten zuletzt neben der Baubranche der Bergbau, der Tourismussektor sowie der Finanzbereich (Börsen existieren in Bogotá, Cali und Medellín). Doch die gegenwärtige globale Finanz- und Wirtschaftskrise mit ihren negativen Folgen für Wachstum, Arbeit und Konsum hat auch vor Kolumbien nicht gänzlich haltgemacht.

Armut & Armutsbekämpfung

Ein 2007 initiierter, wiederum milliardenschwerer und in mancher Hinsicht mit dem einstigen Marshall-Plan für Deutschland vergleichbarer **Plan Colombia II** soll bis zum Jahr 2013 nicht nur die weitere militärische Bekämpfung der Guerilla und des Drogenanbaus und -handels vorantreiben, sondern parallel dazu und in besonderem

Maße für eine nachhaltige soziale und ökonomische Entwicklung sorgen, die das Grundübel des bewaffneten Konfliktes beseitigt: die weit verbreitete Armut. Noch klafft die Reichtumsschere weit auseinander: Jeder zweite Kolumbianer lebt in Armut, jeder siebte in extremer Armut. Dabei verfügt die kleine, weiße Oberschicht über extremen Reichtum und enormen politischen und wirtschaftlichen Einfluss. Um die Großstädte wuchern riesige *barrios subnormales,* meist ohne hinreichende elektrische und sanitäre Versorgung. Der offizielle monatliche **Mindestlohn** bei Vollzeitbeschäftigung beträgt derzeit kaum mehr als 200 Euro. Wer über 500 Euro verdient, gehört zur Mittelklasse. Die offizielle **Arbeitslosigkeit** liegt bei 13% – indes ist diese Statistik nicht aussagekräftig, da ein Großteil der arbeitenden Bevölkerung im informellen Sektor oder aber als Selbstversorger in der Landwirtschaft beschäftigt ist – mit oft sehr spärlichen und unregelmäßigen Einnahmen, die sehr viel geringer sind als etwa ein Mindestlohn. Eine erhebliche Zahl von NGOs, Bürgerinitiativen und kommunalen Programmen sucht die sozialen Missstände einzudämmen. Eine 2007 eingeführte „Reichen-Steuer“ soll sozialen Projekten zugute kommen.

Wertvolle Bodenschätze

Bedeutendstes Exportgut Kolumbiens ist **Erdöl** mit einem Anteil von 28% am

colo066 Foto: ib

Gesamtausfuhrerlös. Der Staat profitiert erheblich von den rasanten Preissteigerungen der letzten Jahre in diesem Bereich. Allerdings bleiben viele potenzielle Erdöllagerstätten wegen der Guerillapräsenz in etlichen Gebieten unerforscht und ungenutzt. Die militärische Offensive gegen die Guerilla hatte sogar zeitweise einen Rückgang der Ölförderung von 830.000 Barrel pro Tag (1999) auf 531.000 Barrel (2007) zur Folge. Anfang 2012 wurde allerdings die Rekordmenge von über 1 Mio. Barrel pro Tag gefördert – mit steigender Tendenz. Traditionelle Fördergebiete sind das Magdalenental, die Llanos Orientales (mit den Departamentos Arauca und Casanare) sowie das vom Krieg zerrüttete Departamento Putumayo. Vermutet werden auch Lagerstätten auf der Halbinsel Guajira sowie am Río Atrato (Departamento Chocó). Landesweit soll es Reserven ungeahnten Ausmaßes geben; manche Schätzungen gehen gar von Zehntausenden Milliarden Barrel aus, sind aber mit Vorsicht zu genießen, da de facto bisher nur ein Zehntel der potenziell erdölhaltigen Schichten exploriert wurde. Neben der mittlerweile börsennotierten, aber noch zu fast 90% staatlichen Gesellschaft Ecopetrol operieren multinationale Konzerne wie Occidental Petroleum (Oxy), Pacific Rubiales Energy und Petrominerales in Kolumbien.

Farmarbeit in Orinoquia

Außer Erdöl und Erdgas verfügt das Land über immense **Steinkohlevorkommen** von geschätzt 6,2 Milliarden Tonnen – die größten in ganz Lateinamerika. Kohle ist das derzeit zweitwichtigste Exportgut mit einem Anteil von 13% am Gesamtausfuhrerlös (wobei ein wichtiger Abnehmer Deutschland ist). Allein zwischen 2007 und 2009 stieg der Kohleexport von ca. 60 auf 70 Millionen Tonnen pro Jahr an; eine weitere drastische Steigerung wird für die Amtszeit von Präsident *Santos* erwartet. Die größte Mine, betrieben von einem multinationalen Konsortium, ist **El Cerrejón** im Departamento La Guajira. Ein schnurgerader Güterbahnanschluss verbindet sie mit dem Verladehafen Puerto Bolívar. Die zweitgrößte Mine ist Descanso im Departamento César – wie die anderen Abbaugebiete ebenfalls geleitet von internationalen Bergbaukonzernen. Im Departamento Norte de Santander befinden sich weitere riesige, teilweise noch nicht erschlossene Reserven. Die ortsansässige Bevölkerung profitiert wenig von den Minenaktivitäten, indes sind die Abbauregionen gekennzeichnet durch schlechte Infrastruktur, Massenvertreibungen, gewerkschaftsfeindliche *parapolítica* und wachsende Umweltprobleme insbesondere aufgrund des hohen Wasserverbrauchs der Minen und der schwermetallbelasteten Abraumhalden.

In Kolumbien lagern nicht nur die genannten fossilen Energieträger, sondern weitere kostbare Bodenschätze, die zumeist erst zum geringeren Teil ausgebeutet wurden, darunter **Gold,**

Platin, Ferronickel, Kupfererz, Eisenerz, Mangan, Uran und Diamanten. Im Departamento Boyacá befinden sich reiche **Smaragdvorkommen.**

Kaffee, Bananen ... und Schecks aus dem Ausland

Das wohl bekannteste und traditionsreichste Exportprodukt Kolumbiens ist der **Kaffee,** der in der EU unter der geschützten Ursprungsbezeichnung g.g.A. („geschützte geografische Angabe") vertrieben wird. In ca. 400.000 vornehmlich kleinen und mittelständischen Fincas im sogenannten **Eje cafetero,** der Hauptanbauregion in den Departamentos Antioquia, Caldas, Risaralda, Quindío und Valle del Cauca, wird so viel Kaffee der Sorte *Arabica* geerntet und z.T. auch raffiniert, dass er derzeit 7% des Gesamtausfuhrerlöses Kolumbiens ausmacht. Damit ist das Land viertgrößter Produzent weltweit (nach Brasilien, Vietnam und Indonesien) und führend im Anbau besonders milder Sorten. Die Kaffeebauern sind in der *Federación Nacional de Cafeteros de Colombia* (FNCC) organisiert, welche durch ihr Markenzeichen „Café de Colombia" mit der Symbolfigur des Bauern *Juan Valdez* und seiner Eselin *Conchita* auffällt.

Der Anteil des einstmals zweitwichtigsten Exportproduktes, der **Banane,** ist auf nur noch 7% der Gesamtausfuhr Kolumbiens geschrumpft, was nicht zuletzt mit der politischen Krise im Hauptanbaugebiet Urabá zusammenhängt. Bürgerrechtsbewegungen deckten auf, dass der Bananenkonzern Chiquita Brands International zwischen 1997 und 2004 in Urabá paramilitärischen Todesschwadronen Millionenbeträge zahlte.

Schnittblumen – insbesondere Nelken, aber auch Rosen und Chrysanthemen – machen 8% der Ausfuhrerlöse aus (nach den Niederlanden ist Kolumbien zweitgrößter Erzeuger). So sollen drei Viertel aller Blumen, die US-amerikanische Kinder zum Muttertag verschenken, aus Kolumbien stammen. Auch **Guadua** (eine besonders harte Bambusart, die z.B. in der Möbelindustrie Verwendung findet), **Baumwolle, Tabak** und **Zucker** werden exportiert. In der Zuckerproduktion sowie der Herstellung des Rohproduktes *panela,* das in Kolumbien den Status eines Grundnahrungsmittels besitzt, sind 350.000 Menschen beschäftigt, die ihre Zuckerrohrfuhren in eine der rund 20.000 *trapiches* (Zuckermühlen) bringen, um dort den Saft auszupressen. Jährlich werden 1,4 Millionen Tonnen *panela* erzeugt.

Insbesondere im Pazifiktiefland (in den Departamentos Chocó und Nariño) werden Urwälder gerodet und finden sogar Massenvertreibungen statt, um in Monokulturen die **Afrikanische Ölpalme** anbauen zu können, aus der Rohstoffe für die chemische Industrie sowie Biodiesel gewonnen werden. Auch in den Llanos (vor allem im Departamento Meta) breiten sich die Palmölplantagen aus. Der Staat

Polizeimuseum Bogotá:
Die Harley des Mafioso

plant eine weitere Expansion der Anbauflächen und die Entwicklung von **Biodiesel** zum wichtigsten Agrarexportgut Kolumbiens. Leider schaut niemand auf die ökologischen Konsequenzen.

Einen vorzüglichen Ruf genießt Kolumbiens **Textil- und Lederindustrie;** speziell Mode- und Designerartikel werden in alle Welt exportiert (9% des Gesamtexporterlöses). Entsprechende Trends sind dem deutschen Markt meist um Jahre voraus.

Etwa 4% des Bruttoinlandsproduktes resultieren aus **Geldsendungen von Auslandskolumbianern.** Über fünf Millionen Bürger haben allein seit Mitte der 1990er Jahre ihre Heimat verlassen. Sie sind vor dem Krieg geflohen, vor der wirtschaftlichen Perspektivlosigkeit oder angelockt worden von attraktiveren Verdienstmöglichkeiten in den USA (dort vor allem New York und Florida), der Europäischen Union (dort vor allem die einstige Kolonialmacht Spanien) und sogar Venezuela, dem ungeliebten Nachbarn. Ihre zurückgebliebenen Angehörigen haben sie nicht vergessen; die jährlichen Überweisungen belaufen sich auf vier Milliarden US-Dollar.

Tourismus

Tourismus ist in Anbetracht einer generell verbesserten Sicherheitslage und der Herstellung des *orden público* in vielen Regionen ein Erfolg verspre-

colo118 Foto: ib

chender **Wachstumsmarkt,** auf den die jetzige Regierung ihr besonderes Augenmerk richtet. In der Umgebung von Großstädten wie Bogotá, Cali und Medellín hat sich eine gewisse Infrastruktur entwickelt, die den aus mittelständischen Wochenendausflüglern bestehenden Lokaltourismus befriedigt. Sonne, Strand, Kolonialarchitektur, Fiestas, Sport, Abenteuer und Ökotourismus sind die Säulen, die einen Zukunftsmarkt stützen, welcher auch auf steigende Zahlen ausländischer Besucher setzt. Von den derzeit jährlich ca. 750.000 als Touristen registrierten Besuchern aus dem Ausland ist ein ganz beträchtlicher Teil kolumbianischstämmig und auf Familienbesuch oder kommt aus Nachbarländern, um in Wahrheit Geschäftsaktivitäten nachzugehen. Die meisten Reisenden aus Übersee sieht man in Cartagena (Departamento Bolívar), auf den Karibikinseln San Andrés und Providencia, im Nationalpark Tayrona (Departamento Magdalena), in San Agustín (Departamento Huila) sowie in den Departamentos Cundinamarca, Antioquia, Quindío und Santander.

Das Drogengeschäft

Einst indigene Tradition – heute Big Business

Kolumbien ist weltweit die Nummer 1 bei Herstellung und Vertrieb von **Kokain** und kontrolliert mindestens drei Viertel des Weltmarktes. In kleinerem Maßstab werden auch Schlafmohn (zur Produktion von **Heroin**) sowie **Marihuana** angebaut und gehandelt. Es wird geschätzt, dass de facto etwa 6% des kolumbianischen Bruttoinlandsproduktes durch Deviseneinnahmen aus dem Drogenbusiness erwirtschaftet werden.

Schon in präkolumbischer Zeit nutzten **indigene Völker** der Region die **Blätter des Kokastrauches** für rituelle und medizinische Zwecke, als Aufputschmittel bei entbehrungsreichen Wanderungen oder auch als Rauschmittel auf Feierlichkeiten. Aus Gold geschmiedete *poporos* (kleine Gefäße, die zerriebenen Muschelkalk enthielten, der beim Kokablattkauen zum Lösen der Wirkstoffe dient) und dazugehörige goldene Kalkspatel sind heute im Goldmuseum von Bogotá ausgestellt; sie künden von der in vielen indianischen Kulturen weiten Verbreitung des Brauches, Koka zu genießen. Angehörige der *Arhuaco* und *Kogi* tragen weiterhin *poporos* bei sich – allerdings nicht goldene Kanister, sondern ausgehöhlte Kalebassen.

Aufgrund der ungebrochen hohen **Nachfrage durch Konsumenten im Ausland** und des dortigen hohen Preisniveaus, aufgrund **mangelnder alternativer Einkommensquellen für die arme Landbevölkerung** in den infrastrukturell unterentwickelten Savannen- und Dschungelgebieten, aber auch infolge einer generell **unzureichenden staatlichen Kontrolle weiter Landesteile** sowie als Folge des internen bewaffneten Konfliktes, der von den im Untergrund operierenden Akteuren finanziert sein will, konnten sich Kokaanbau, Kokainherstellung sowie -vertrieb in Kolumbien seit Jahr-

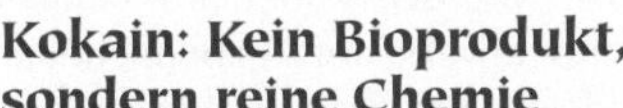

Kokain: Kein Bioprodukt, sondern reine Chemie

Schätzungen zufolge werden **500 bis 800 Tonnen Kokain pro Jahr** hergestellt. Die nicht selten provisorisch anmutenden **Kokainlabors oder -küchen** liegen großteils im Dschungel versteckt und bestehen in den meisten Fällen aus wenig mehr als einem Holzunterstand, Bambuswänden sowie Zeltplanendächern. Die „Kokaköche" schlafen in Hängematten. Sie verarbeiten lokal geerntete Kokablätter ebenso wie aus Bolivien, Peru oder Ecuador importierte Kokapaste zu Kokabase oder Kokain. Es gibt verschiedene **Herstellungsvarianten,** hier eine gängige:

Generatorengespeiste Stampfmaschinen lösen in Becken aus aufgespannten Plastikplanen, in welchen sich ein Gemisch von pulverisierten, eingeweichten Kokablättern und Zement oder Ätzkalk befindet, mit Hilfe von Kerosin, Benzin oder Diesel die Alkaloide aus den Blättern. Als Stampfmaschinen können zur Not auch Zementmischer oder Waschmaschinen dienen. Ist derartige Technik – wie meist – nicht vorhanden, genügt es, den Mix zwei bis drei Tage unter sporadischem Umrühren stehen zu lassen; der Prozess der Alkaloidabsorbierung verlangsamt sich dann lediglich. Anschließend wird das Kerosin ausgefiltert. Dem Bodensatz mischt der Kokakoch mit Wasser verdünnte Schwefelsäure bei. Nach wenigen Minuten haben sich Schwefelsäure und Alkaloide zu braunem, stinkenden Kokainsulfat verbunden, dem sogenannten *agua rica* oder *guarapo*. Es wird nun eine anorganische Base (z.B. Kalk, Karbonatsalze, Ätznatron) hinzugefügt, die unter wildem Aufschäumen das *agua rica* neutralisiert und die Ausfällung der sogenannten **Kokapaste** bewirkt, einer klebrigen, gelben Masse mit einem Reinheitsgehalt von 60%, die gefiltert, getrocknet, abgepackt und zur Weiterverarbeitung verschickt wird.

Alternativ hierzu schüttet der erfahrene Kokalaborant in sein *agua rica* – nach Erhöhung des pH-Wertes – mit viel Fingerspitzengefühl Kaliumpermanganatlösung, sodass nach Filterprozessen und endgültiger Neutralisation unter Beigabe von Ammoniak im Ergebnis weißgelbe, festere **Kokabase** entsteht, die bereits zu 85% kokainhaltig ist. Die Kokabase wird getrocknet und ggf. zur endgültigen Raffinierung in ein Speziallabor weiterverschickt.

Zur Herstellung kristallinen **Kokainhydrochlorids** (des Endproduktes Kokain) löst der Koch die Kokabase in Diethylether auf, filtert Unreinheiten aus und gibt Aceton (oder ein anderes Lösungsmittel) mit Salzsäure bei. Nun fällt Kokainhydrochlorid in glänzend weißen Kristallflocken aus. Der stundenlange Kristallisationsprozess kann bedeutend beschleunigt werden, wenn die Portion in ein heißes Wasserbad gestellt wird (das sogenannte *baño María*). Das auf diese Weise gewonnene Kokain wird anschließend gefiltert und an der Sonne (oder z.B. in der Stadt unter starken Lampen bzw. in der Mikrowelle) getrocknet, das Pulver dann gepresst, verpackt und abtransportiert (sei es per Boot durch die Mangrovensümpfe bis zum Containerschiff oder per Flugzeug von einer Dschungelpiste aus). Die Herstellung von 1 kg Kokain kostet insgesamt nicht mehr als 500 Euro, im deutschen Großhandel erzielt es dann bis zu 40.000 Euro.

Erfahrene *comisionistas* (Kokainaufkäufer) erkennen **Qualität** am Geruch. Auch zerreiben sie etwas Kokain zwischen den Fingern: Schmilzt es und fühlt sich ölig an, ist dies ein Indiz für Reinheit. Sie geben etwas Pulver in ein Wasserglas: Löst es sich, bevor es an den Grund sinken kann, komplett auf und bildet dabei Schlieren – befinden sie es für gut. Erhitzen sie eine Portion auf einer Alufolie, und das Pulver schmilzt, ohne anzubrennen, wobei eine transparente Lackschicht übrig bleibt – ebenfalls ein Qualitätsnachweis.

zehnten prächtig entwickeln. Dazu trägt auch die günstige Einbettung des Landes nahezu im Zentrum des amerikanischen Doppelkontinents bei: Von hier lassen sich Drogen über etliche Schleichwege hinausbringen, vornehmlich in Richtung der nahe gelegenen Absatzmärkte in der Karibik und in Nordamerika.

Organisationsstrukturen

Bis in die 1990er Jahre hinein dominierten **Großkartelle in Medellín und Cali,** die sich seit den 1970ern entwickelt hatten, den Drogenhandel. Nach deren Zerschlagung wird der illegale Wirtschaftszweig offenbar derzeit nicht mehr zentral gesteuert. **Private Geschäftsleute, kriminelle, mafiös strukturierte Familienbanden und korrupte politische Akteure, darunter auch Guerilleros und Paramilitärs** (z.B. die Gruppe der *Águilas Negras*), bilden Symbiosen und Zweckgemeinschaften und scheuen kein Mittel, um ihre Ziele zu erreichen und sich zu bereichern. Das OGD *(Observatoire de Drogues)* in Paris vermutet in Kolumbien ein Netzwerk aus ca. 40 mittelständischen und etwa 2.500 kleineren Organisationen.

Die Logistik der Unternehmen ist bestens organisiert, wenig dem Zufall überlassen, doch der Weg zum zweifelhaften Erfolg von Toten gesäumt: 20.000 Menschen sollen pro Jahr in Kolumbien der Drogengewalt zum Opfer fallen. **„Plata o plomo – Geld oder Blei!“,** lautet die Devise: „Entweder ich kaufe dich, oder du kriegst die Kugel!“ Einzelne Gruppierungen innerhalb schwer überschaubarer Geflechte sind jeweils auf Teilbereiche des Handels spezialisiert; nur wenige Drahtzieher überblicken alle Zusammenhänge. So gibt es Gruppen, die die Produktion, einzelne Transportabschnitte oder die Lagerung organisieren, während andere den Transport als solchen versichern und bei Beschlagnahme durch die Polizei die Ware finanziell ersetzen. Wieder andere waschen Geld oder erledigen gar als „outgesourcte Subunternehmer“ Auftragsmorde. Ganz unten in der Hierarchie arbeiten *mulas,* „Maultiere“, nicht selten hübsche junge Frauen, die Dutzende sorgfältig in Kondome abgepackte Kokainportionen verschlucken und als Flugpassagier in die USA oder nach Europa bringen. Der Kinofilm „María, llena eres de gracia“ (Maria voll der Gnade) (2004) beschreibt das Schicksal der *mulas* eindrucksvoll.

Ich wurde Zeuge, wie in einer isolierten Grenzregion unbekleidete Indigene im Krämerladen erschienen, um dicke Bündel US-Dollars, die sie vom Einbaum aus im Fluss treiben gesehen und aufgefischt hatten, in einheimische Währung umzutauschen. Auch sah ich fernab der nächsten Siedlung modernste Hubschrauber, die nach dem Sturm der vergangenen Nacht ein verschollenes Drogenkurierspeedboot suchten. Und ich bin armen Menschen begegnet, die dann plötzlich reich wurden und noch plötzlicher den Tod fanden. **Wenig dringt nach außen,** und um so mythischer erscheint manchem die gewissenlose Geschäftemacherei.

Staatliche Bekämpfung

Mit bisher über 6 Milliarden Dollar US-Hilfe kämpft die kolumbianische Regierung im Rahmen des 1999 initiierten **Plan Colombia** gegen den Drogenhandel. Gut ausgebildete Dschungelbataillone durchkämmen Gebiete, in denen Kokaanbau vermutet wird und heben Kokainlabors aus, Flugzeuge versprühen **Herbizide** (z.B. das Monsanto-Gift „Roundup") und haben dadurch bereits Hunderttausende Hektar Anbaufläche zerstört – eine vom ökologischen Standpunkt aus, auch von den in Mitleidenschaft gezogenen Anrainerstaaten, scharf kritisierte Maßnahme. Neuere Bemühungen von Regierungsseite, die Pflanzen mit der Hand ausreißen zu lassen, endeten für die Arbeiter oft genug tödlich – die Guerilla vermint nicht selten die von ihr aufgegebenen Plantagen.

Die angestrebte Ausmerzung des Kokaanbaus hat für die meisten der 500.000 in diesem Sektor beschäftigten **Kleinbauern** dramatische Folgen, da legale Anbauprodukte, die sich finanziell bezahlt machen, in der Regel nicht vorhanden sind.

Einen großen Erfolg im Kampf gegen den Drogenhandel vermeldete die kolumbianische Polizei im Dezember 2010, nachdem sie **Pedro Oliverio Guerrero,** genannt *El Cuchillo,* im Departamento Meta zur Strecke gebracht hatte, einen führenden Drogenbaron, der enge Verbindungen zu Paramilitärs pflegte und mit 3.000 Morden in Zusammenhang gebracht wird. Präsident Santos nannte ihn den „Mörder der Mörder".

Bevölkerung

In Kolumbien leben **46,5 Millionen Menschen.** Es ist damit nach Brasilien der südamerikanische Staat mit den meisten Einwohnern und übertrifft sogar die einstige Kolonialmacht Spanien. Doch die Menschen bevölkern nicht alle Regionen in gleichem Umfang. So siedeln mindestens neun von zehn Kolumbianern im Bereich der Andenkordilleren oder im Karibiktiefland, in Gebieten, die zusammen weniger als die Hälfte der Staatsfläche einnehmen. Die Llanos Orientales, die Amazonas- sowie die Pazifikregion sind dagegen kaum oder überhaupt nicht bewohnt. Acht von zehn Kolumbianern leben in urbanen Ballungsgebieten. Allein im Großraum Bogotá leben fast 20% aller Kolumbianer und in Cali und Medellín jeweils 6%. Weite Teile des Landes liegen brach; und in einigen Regionen mutet der scharfe Kontrast zwischen geballter Urbanität und entvölkertem Umland beinahe spukhaft an.

Ethnische Vielfalt

Die meisten Menschen haben sowohl europäische als auch indianische Vorfahren oder sind europäischen, indianischen und afrikanischen Ursprungs (ca. 80%). In Bogotá und Teilen des Departamento Antioquia überwiegen **Europäischstämmige.** An der Pazifikküste, um Cali, auf Providencia und in Teilen des karibischen Tieflands wohnen vor allem **afrikanischstämmige Menschen,** die ca. 15% der Gesamtbevölkerung Kolumbiens ausmachen. Doch gerade im Einzugsgebiet der Karibik finden sich auch viele der Nachfahren von Immigranten aus dem Nahen Osten.

In den Hochlandregionen Südwestkolumbiens, im Amazonasgebiet und auf der Halbinsel Guajira dominieren noch **indigene Ethnien.** Sie stellen weniger als 5% der Gesamtbevölkerung. Insgesamt leben in Kolumbien ca. 80 Indianervölker, darunter große Gemeinschaften wie die der *Wayúu* im Departamento La Guajira (ca. 300.000 Menschen), der *Nasa (Paez)* im Departamento Cauca (140.000) oder der *Emberá* im Departamento Chocó (65.000) und - gerade in der Amazonasregion - auch Kleinstvölker wie das der erst in den 1980er Jahren kontaktierten *Nukak Maku* im Departamento Guaviare, die seitdem durch eingeschleppte Krankheiten und den bewaffneten Konflikt nahezu ausgelöscht wurden.

Die Verfassung garantiert indigenen Gruppen umfassende Landrechte. Die Indianervölker organisieren sich in **resguardos,** autonom verwaltete Gebiete mit eigener Rechtsprechung, denen jeweils ein *cabildo,* ein Rat, vorsteht. Nahezu 700 *resguardos* verteilen sich auf eine Landfläche von 310.000 km². Für den Schutz der *resguardos,* der Rechte ihrer Bewohner und ihrer kulturellen Identität zeichnet der indianische Verband *Organisación Nacional de Indígenas de Colombia* (ONIC, www.onic.org.co) verantwortlich.

colo068 Foto: ib

Junge Städter posieren in San Agustín

Sprachen

Amtssprache ist **Spanisch.** Alle Kolumbianer - bis auf einige isoliert lebende Indigene - sprechen es, und für nahezu alle ist es auch die Muttersprache.

Jahrhunderte währende Isolation der Andenbevölkerung führte dazu, dass das heute **im Hochland** - insbesondere in Cundinamarca und Boyacá - gesprochene Spanisch sich nur wenig vom Spanisch der einstigen Konquistadoren unterscheidet - es ist ein archaisches, edles und höfisches Spanisch, sehr klar und deutlich und exzellent zu verstehen für Ausländer. Es mag vorkommen, dass man mit „Su merced – Euer Gnaden" angesprochen wird, und wenn man sich für guten Service bedankt hat, erhält man zur Antwort: „A la orden – Zu Befehl!" oder wenigstens „Con mucho gusto – Mit viel Vergnügen!". Während sich in manchen Regionen alle dutzen, benutzen in anderen sogar Familienmitglieder untereinander das „Sie" *(usted)*.

An der Karibikküste ist alles anders. Man arbeitet langsamer und redet dafür umso schneller und moderner und benutzt eine laxere Sprache; Silben, Buchstaben und sogar ganze Wortenden werden einfach weggelassen.

Die Gemeinden der *Nasa (Paez)*, der *Wayúu (Guajiro)*, der *Emberá* und anderer indigener Völker pflegen ihre eigenen Sprachen; fast alle Angehörigen dieser Ethnien verstehen jedoch auch Spanisch, da in den Schulen der *resguardos* zweisprachiger Unterricht stattfindet. Insgesamt werden **65 indigene Sprachen** gesprochen, die sich auf 14 Sprachfamilien verteilen (z.B. Chibcha, Arawak, Karibisch, Chocó, Witoto).

Auf den Inseln San Andrés und Providencia wird – noch! – **kreolisches Englisch** gesprochen, und manch Syrer und Libanese an der Karibikküste schließt seine Händel wie seit Generationen auf Arabisch ab.

Lebensgefühl & Alltagsleben

Die Kolumbianer sind **warmherzig, liebenswert, ehrlich und humorvoll.** Sie pflegen ihre Traditionen und lieben ihre Familie über alles. Den Zwang, unbedingt etwas leisten zu müssen, um das eigene Dasein zu legitimieren, haben noch nicht alle verinnerlicht.

Zwar haben auch die Kolumbianer ihre Statussymbole: Landbesitz in den Llanos, Rinderherden, 4x4 Pick-ups, einen mächtigen Mann bzw. eine junge und schöne Frau an der Seite oder wenigstens zum Feierabend einen guten Whisky. Wichtiger als einfach nur viel Geld zu verdienen ist für sie aber **das Leben an sich:** soziale Zusammenkünfte aller Art, Familientreffen, Kindergeburtstage, Geschäftsessen, lokalpolitische Debatten beim Billardspiel, der Nervenkitzel beim Hahnenkampf oder die Erfolge bei der Pferdezucht. Ungeduld, übertriebene Pünktlichkeit, soziale Isolation und Ausgrenzung – typische Merkmale in der westlichen Gesellschaft – sind in Kolumbien noch nicht sehr verbreitet. Dafür sieht man öfters lebende Beispiele für die philosophische Erkenntnis, dass man nur hier und jetzt gerade lebt und ohnehin nicht dem Unausweichlichen zu entgehen vermag: Unbekümmerte Trinkgelage, rollerfahrende Kinder, schlafende Senioren oder im Gespräch vertiefte Marktfrauen – das alles 10 cm entfernt von der Schnellstraße, auf der ständig rußspuckende Lastkraftwagen vorbeidonnern.

Ein Mann hat die Aufgabe, die Familie – notfalls mit Waffengewalt – in der Öffentlichkeit zu vertreten, zu schützen und zu ernähren und schmiedet gern politische Allianzen. Er ist stolz und stets bedacht auf seinen guten Ruf als echter Macho. Wer noch nicht geheiratet hat, wohnt bei den Eltern. **Ei-**

ne Frau legt viel Wert auf ihre Schönheit, arbeitet oft zu Hause oder als Geschäftsfrau im informellen Sektor, ist aber auch im öffentlichen Leben zunehmend erfolgreich, ob als Bürgermeisterin, Ärztin, TV-Talkmasterin oder Lehrerin. Im Haus hat definitiv die Frau das Sagen. Sie ist der Mittelpunkt der Familie. Eine kolumbianische Frau bekommt durchschnittlich zwei bis drei **Kinder.** Im Departamento Chocó können es aber auch zehn oder zwölf sein. Die älteren Geschwister helfen immens bei der Erziehung der Kleinen und sind sehr verantwortungsbewusst. Die modern erzogenen, 12-jährigen Mädchen fackeln nicht lange, wenn es beim Schulausflug darum geht, an einem Kabel 30 Meter über der Schlucht durch die Baumkronen zu sausen *(canopi)* oder im Schlauchboot den Wildwasserfluss zu bezwingen. Sie haben keine Angst vor dem Leben, denn sie wissen: Angst vor dem Leben nützt ihnen nichts.

Fremden gegenüber sind die Kolumbianer **aufgeschlossen** und hilfsbereit. Es ist möglich, mit ihnen sehr schnell ins Gespräch zu kommen und lockere Bekanntschaften zu schließen.

Was die **Mentalität** betrifft, so gibt es beachtliche regionale Unterschiede. Der Hochlandbewohner aus dem Departamento Cundinamarca lebt und arbeitet nach der Uhr, ist sehr höflich und eher zurückhaltend. Der Küstenmensch aus Barranquilla dagegen genießt das Leben, sitzt abends gern vorm Haus und schafft sich Oasen der Zeitlosigkeit (d.h. er macht gar nichts), doch wenn Musik erschallt, muss er nicht lange zum Tanz aufgefordert werden.

Der moderne Großstädter pflegt das, was heute als *urban culture* bekannt ist, kennt sich aus mit E-Mails, Hard Rock, Piercings und Sushi, der Landbewohner nur 20 km entfernt trägt hingegen seine alte Tracht, sammelt Feuerholz und stutzt sich den Schnurrbart wie ehedem. **Die Großstadt macht die Politik, das Land badet sie aus.**

Wenn es um Politik geht, hört generell der Spaß auf. Demonstrationen und soziale Proteste aller Art können mit brennenden Autoreifen und Gewaltausbrüchen enden. Als Fremder sollte man sich hier nicht einmischen.

Religion

Kolumbien ist ein **katholisches Land.** Mindestens 90% der Einwohner sind Katholiken. In den Kirchen, die die Plazas der Gemeindehauptstädte flankieren, findet man zu jeder Tageszeit knieende, inbrünstig betende Menschen vor – zwar zum großen Teil ältere Damen, aber durchaus auch Jugendliche. In fast allen Kirchen – auch den kleinen, die sonst oft zugeschlossen sind – wird täglich eine Messe gehalten, meist zur Zeit des Sonnenunterganges. An ländlichen Kreuzwegen sieht man von Kerzenwachs beträufelte Madonnenstatuen und Schreine. Taxi- und Busfahrer befestigen am Armaturenbrett oder Lenkrad Heiligenbildchen und bekreuzigen sich vor Haarnadelkurven schicksalsergeben.

Religiöse Feste begeht der Kolumbianer sehr feierlich. So gehört beispielsweise die Karwoche in Popayán zu den bombastischsten katholischen Ereignissen weltweit. Zahlreiche Wallfahrtsorte – z.B. Las Lajas, Buga und Chiquinquirá – locken Pilgerscharen auch aus den Nachbarländern.

Die neue Verfassung von 1991 sichert allen Bürgern das **Recht der freien Religionsausübung** zu. Seitdem haben evangelikale Missionare und Sektenpriester aus den USA etwas an Boden gewonnen.

Zu den **religiösen Minderheiten** gehören die Protestanten und Rastas von San Andrés und Providencia, die muslimischen Einwanderer aus dem Nahen Osten, die Chinesen, die Juden sowie all jene Indigenen der Amazonaswälder, die die Missionare noch nicht zu bekehren geschafft haben.

Bildung

Etwa 90% der über 15-jährigen Kolumbianer können lesen und schreiben. **Schulbesuche sind kostenfrei und Pflicht.** Die Schulen sind geprägt von Konformitätsdruck. Gerade in ländlichen Regionen lässt das Bildungssys-

colo120 Foto: ib

tem zu wünschen übrig. Bei weitem nicht alle Kinder gehen zur Schule. Lehrermangel und zu große Klassen bestimmen das Bild, obgleich in den letzten Jahren große Fortschritte erzielt wurden. Wer es sich leisten kann, nimmt Unterricht an Privatschulen. Kolumbien verfügt über viele - z.T. private - Universitäten, die zu den besten ganz Lateinamerikas gehören, z.B. die Universidad Nacional, die Universidad Javeriana und die Universidad de los Andes.

Kunst & Kultur

Malerei & Skulpturen

Einen Überblick über die kolumbianische Kunstwelt, Museen, Ausstellungen und Veranstaltungen erhält man im Internet unter **www.sinic.gov.co.** Im Folgenden seien einige der bekanntesten Künstler vorgestellt.

Andrés de Santamaría (1860–1945)

Andrés de Santamaría gilt als Vorreiter der Moderne in Kolumbien. Seine **impressionistischen Werke,** charakterisiert durch zentimeterdicke Farbschichten, erzeugten bei vielen seiner provinziell gesinnten Zeitgenossen Widerwillen. Das hielt den in Frankreich studierten Diplomatensohn, der seiner Frau acht Kinder schenkte, nicht davon ab, eine glänzende Karriere als Direktor der Kunstakademie in Bogotá zu absolvieren, während des Krieges der Tausend Tage ausführlich Europa zu bereisen und zum berühmtesten kolumbianischen Maler seiner Generation zu avancieren.

Guillermo Wiedemann (1905–1969)

Guillermo Wiedemann, eigentlich *Wilhelm Egon Wiedemann,* stammte aus München, wohnte am Vorabend des Zweiten Weltkrieges in Berlin und starb in Florida an Parkinson. Und doch verbrachte er seine beste Zeit nirgendwo anders als in Kolumbien, wohin der als „entartet" eingestufte Künstler in seiner Not geflüchtet war. Stark unter dem Einfluss der tropischen Pazifikküste und seiner afrokolumbianischen Bewohner präsentierte er in Bogotá seine **Aquarelle,** erntete rasch Anerkennung und wurde kolumbianischer Staatsbürger. Ab den 1950er Jahren wurde seine Malerei zunehmend - für Südamerika damals recht ungewöhnlich - abstrakt expressionistisch.

Rodrigo Arenas Betancur (1919–95)

Ikone der polemischen Monumentalbildhauerei und offizieller **Lieblingskünstler der Nation** ist „El Creador de Energía - Der Schöpfer der Energie", der *paisa Rodrigo Arenas Betancur,* dessen bekannteste Werke in staatlichem Auftrag entstanden, darunter das gewaltigste Denkmal des ganzen Vaterlandes: *El Monumento de la Batalla del Pantano de Vargas* (siehe unter Paipa). Zu beherrschenden Motiven gehören ästhetische Athleten in Bronze, auf- oder nach vorn strebend und dabei leicht strauchelnd, bald zu Pferd, bald zu Fuß oder mit Flügeln ausgestattet, bald sich auf einem Keimling zum Licht windend oder aus einem Füllhorn ausgestoßen, stets aber in beunruhigender Bewegung und dabei manchmal gar spukhaft abstrakt – wie der ikarusartige *Bolívar Condor* in Manizales.

Enrique Grau (1920–2004)

Enrique Grau, geboren in Panama, wuchs in Cartagena auf und bezog viele der Motive seiner späteren Werke aus der üppigen **Fülle der tropischen Welt** seiner Kindheit. Er malte lebensecht die Kreolen, Indianer und Schwarzen der Karibikküste – oft in Verbindung mit interessanten Accessoires wie tropischen Früchten, Vogelkäfigen oder Masken –, aber auch die Tiere seiner Heimat. Das war für europäische und nordamerikanische Augen exotisch und brachte dem Künstler großen Ruhm ein.

Alejandro Obregón (1920–92)

Alejandro Obregón verbrachte einen Teil seiner Jugend an der Karibikküste und startete früh eine internationale Karriere. Er schuf Monumentalwerke wie den Vorhang im Teatro Amira de la Rosa in Barranquilla, Wandmalereien und Mosaike an Hausfassaden, vor allem aber **abstrakte,** meist sehr **farbenprächtige Gemälde** mit ungeheurer allegorischer Kraft. So erinnert sein Gemälde „La Violencia" (1948), das Porträt einer während des Bogotazo getöteten unbekannten schwangeren Frau, zugleich an die düstere kolumbianische Bergwelt, auf die ein einzelner Sonnenstrahl fällt.

Edgar Negret (*1920)

Edgar Negret aus Popayán ist der Meister des **Konstruktivismus:** Aus dünnen, meist flugzeuggrau oder feuerlöscherrot lackierten Metallblechen fertigt er an Maschinenteile erinnernde komplexe **Skulpturen** von hohem Wiedererkennungswert, die ihn international sehr bekannt machten. Wer aufmerksam durch Kolumbien reist, wird öfters mal einen Original-Negret zu Gesicht bekommen; so steht z.B. seine rote Sonne – „El Sol" – vor dem Flughafengebäude des Aeropuerto Internacional José María Córdoba in Ríonegro.

Eduardo Ramírez Villamizar (1923–2004)

Eduardo Ramírez Villamizar aus Pamplona (wo viele seiner Werke zu sehen sind), ursprünglich ein expressionistischer Maler, machte sich ab den 1950ern vor allem durch seine **plastische Kunst** einen Namen. Seine konstruktivistischen, sehr kantigen Skulpturen zeichnen sich durch scharfe Linienführung aus. *Villamizar* gehört gemeinsam mit *Grau, Obregón, Negret* und *Botero* zu den „Fünf Großen" Kolumbiens.

Fernando Botero (*1932)

Fernando Botero ist der **reichste und berühmteste lebende Künstler Kolumbiens** – wie er selbst sagt, „der kolumbianischste aller kolumbianischen Maler", obwohl er schon seit Jahrzehnten nicht mehr in seiner Heimat wohnt, sondern zurzeit zwischen Paris, New York und dem kleinen italieni-

colo123 Foto: ib

Dick, dicker, Botero

schen Pietrasanta mit seinen phänomenalen Gießereien pendelt. Seit Banditen in sein Urlaubsdomizil in Kolumbien einbrachen, um ihn zu entführen, ist er noch seltener daheim.

Er malt **grotesk-naive,** zugleich sehr **sinnliche Figuren** mit extrem dicken, fast schon ballonartig aufgeblähten Körpern und sorgt bei seinem Publikum für Neugierde, Spannung, Staunen und Heiterkeit, während es unermüdlich begutachtet, wie dick ein Körper maximal sein kann, ohne Kugelgestalt anzunehmen, sondern noch möglichst viele anatomisch korrekte Details zu enthalten. In zahlreichen Gemälden verarbeitete der Künstler den Tod seines Sohnes *Pedrito.*

Seit den 1970ern widmet sich *Botero* zunehmend der **Bildhauerei** und schuf Skulpturen aus Bronze, die in namhaften Museen auf der ganzen Welt zu sehen sind und es 2007 bis in den Berliner Lustgarten und vor das Brandenburger Tor schafften, wo sie aufgrund ihrer Makellosigkeit, sanften Form und Glätte viele „Streicheleinheiten" durch Besucher erhielten.

2002 eröffnete *Botero* in Bogotá und Medellín erstklassige **Museen,** in denen nicht nur seine eigenen Werke, sondern auch große Teile seiner umfassenden Privatsammlung von Werken namhafter Künstler des 20. Jh. – von *Picasso* bis *Max Ernst* – dem kolumbianischen Publikum präsentiert werden.

Catalina Mejía (*1962)

Catalina Mejía (www.catalinamejia.com) stammt aus Bogotá und studierte zunächst Architektur. Heute gehört sie zu den erfolgreichsten Nachwuchskünstlern Kolumbiens. Ihre großformatigen **Acrylgemälde** erinnern an Seelenlandschaften, Wolkenformationen oder Feuersbrünste, alle Linien haben sich aufgelöst in feine Partikel, die durch den Raum schweben.

Literatur

Verschluckt vom Wald

„Bevor noch irgendeine Frau meine Leidenschaft gefesselt hatte, setzte ich aufs Geratewohl mein Herz und verspielte es an die Gewalt." Mit diesen Worten beginnt ein Klassiker der kolumbianischen Literatur, der Roman „La Vorágine" (1924) von **José Eustasio Rivera,** ein Roman über die Unermesslichkeit und Unfassbarkeit der Seele und des Dschungels, in dem der aus Bogotá geflüchtete Held sich nicht etwa findet, sondern verloren geht: „Ich bin Kautschuksammler. Ich habe in den schlammigen Sümpfen in der Einsamkeit der Wälder gelebt mit meiner Crew malariageplagter Männer und in die Rinde der Bäume geschnitten, die weißes Blut haben wie das der Götter. Ich bin Kautschuksammler. Und was meine Hand mit den Bäumen machte, das kann sie auch mit Menschen tun."

Rivera (1888–1928) stammte aus dem später nach ihm umbenannten Dorf San Mateo im Departamento Huila (siehe dort), studierte in Bogotá Jura und schloss sich 1922 einer Expedition an, mit dem Ziel, den genauen Verlauf der Grenze zwischen Kolumbien und Venezuela zu erkunden. „La Vorágine" („Der Strudel") bescherte *Rivera* erheblichen Erfolg, doch auf einer Reise nach New York, wo er Verhandlungen über Filmrechte an seinem Buch führte, wurde er krank und verstarb. Das Thema der Gewalt, das *Rivera* in „La Vorágine" verarbeitet, zieht sich wie ein roter Faden durch die kolumbianische Literatur des 20. Jh.

Der verzückte Uhu

Eigentlich hieß er *Francisco de Asís León Bogislao de Greiff,* doch in Kolumbien kennt man den unbequemen Denker, wortgewaltigen Poeten, Nobelpreiskandidaten und neubarocken Vorreiter der Moderne aus Antioquia unter dem Namen **León de Greiff** (1895–1976). Seine Vorfahren stammten aus Schweden und Deutschland. Von der Uni flog er – durch und durch ein „subversives Element". Er war einer der Wortführer bei der Straßenschlacht zwischen jugendlichen Liberalen und Konservativen auf der Plazuela de San Ignacio in Medellín am 11. Mai 1913 und begann kurz darauf eine Tätigkeit als Privatsekretär des Liberalengenerals *Rafael Uribe Uribe,* der im Jahr darauf zu Tode geprügelt wurde. Sein erstes Gedicht, „La Balada de los Búhos Extáticos" („Die Ballade von den verzückten Uhus"), veröffentlichte *de Greiff* 1915 in der von ihm und zwölf Mitstreitern gegründeten Zeitschrift „Los Panidas". Schon in diesem Gedicht trat der einzigartige, ironische, oft polemische, stets experimentelle, nach Originalität strebende Stil *de Greiffs* ans Licht, den er in späteren Arbeiten wie „Mamotretos" und „Prosas de Gaspar" einem stetig wachsendem Publikum darzubieten vermochte.

Die alten Herren

„Der Mann der gelungenen ersten Sätze" – so spottet manch Neider über die Ikone der kolumbianischen Schriftstellergilde, den kultisch verehrten **magischen Realisten und Nobelpreisträger Gabriel García Márquez** (geboren 1927 in Aracataca). Tatsächlich ist es stets schon der erste Satz in seinen Romanen, der die Leser in den

Bann schlägt. Unvergesslich bleibt der Einleitungssatz „Viele Jahre später sollte der Oberst *Aureliano Buendía* sich vor dem Erschießungskommando an jenen fernen Nachmittag erinnern, an dem sein Vater ihn mitnahm, um das Eis kennenzulernen" aus dem Roman „Hundert Jahre Einsamkeit" (1967), oder etwa der Anfang von „Liebe in den Zeiten der Cholera" (1985): „Es war unvermeidbar: Der Geruch von bitteren Mandeln ließ ihn stets an das Schicksal verhinderter Liebe denken." *Gabito,* wie man ihn liebevoll in Kolumbien nennt, zählt zu den erfolgreichsten und meistgelesenen Schriftstellern unserer Zeit. Er ist ein enger Freund *Fidel Castros* und *Bill Clintons.*

Die ersten Jahre seines Lebens verbrachte er unter der Obhut seines Opas, eines liberalen Obersten des Krieges der Tausend Tage. Als junger Mann begann *Gabito* mit dem ungeliebten Jurastudium, brach es ab und verfolgte eine Karriere als Journalist. Fast ein Jahrzehnt dauerte es, bis es ihm 1955 gelang, seinen ersten Roman „Laubsturm" zu veröffentlichen, in dem der fiktive Ort **Macondo** bereits eine Rolle spielt, jenes mythisch verklärte und doch so überaus realistisch präzise beschriebene Aracataca seiner Kindheit, das in späteren Werken zum Symbol der kolumbianischen Befindlichkeit und Denkart avancierte und heute ein literarisches Schlagwort zur Beschreibung eines ganzen Literaturgenres ist: des *realismo maravilloso.*

Aufgrund seiner schweren Krebserkrankung erklärte eine peruanische Zeitung *Gabito* bereits im Jahr 2000 für tot, doch weit gefehlt: Stattdessen arbeitete der bekennende Bordellgänger an seiner 2004 veröffentlichten „Erinnerung an meine traurigen Huren", welche die sexuellen Begierden eines greisen Macho gegenüber einem kaum erblühten Mädchen beschreibt, die ihre Jungfräulichkeit verkauft, um ihrer Familie zu helfen. Auch dieser auf *political correctness* pfeifende und mehrfach angefeindete Roman *Gabitos* ist tatsächlich nichts anderes als ein Spiegelbild der karibischen Lebenswahrheit.

Wie *Gabito,* so ist auch sein enger Freund, der Poet und Schriftstellerkollege **Álvaro Mutis** (geboren 1923 in Bogotá), schon vor etlichen Jahrzehnten nach Mexiko emigriert. Vor allem in der spanischsprachigen Welt liebt man den Träger des renommierten Cervantes-Preises, und zwar einerseits wegen seiner wunderbaren Synchronisationsstimme, der sich niemand zu entziehen vermag, vor allem aber wegen seiner Saga von „Maqroll, dem Marsgast", einem ewig Reisenden und ewig Suchenden, der zu Lande und zu Wasser das eigene Ich erkundet. Als Kind lebte *Mutis,* der Sohn eines Diplomaten, in Brüssel, doch reiste die Familie jedes Jahr in den Ferien auf die Kaffeefinca des Opas in das Departamento Tolima, und es ist dieser Flecken Erde, der *Mutis* nie mehr losließ: „All der Stoff meiner Träume, meine Nostalgien, meine Ängste und meine Schätze entspringen diesem Winkel der *tierra caliente.*" Auf Deutsch sind die Maqroll-Romane mittlerweile im Unionsverlag erschienen.

In der Vorhölle der abgewaschenen Berge: Die jüngere Generation

„Ich bin das Gedächtnis Kolumbiens und sein Gewissen, und nach mir bleibt nichts mehr. Sollte ich sterben, dann ist hier Feierabend, dann macht jeder, was er will" – so schreibt **Fernando Vallejo** (geboren 1942 in Medellín) in seinem provokanten Roman „La Virgen de los Sicarios" (deutsch: „Die Madonna der Mörder", Verlag Paul Zsolnay, Wien 1994), und in dieser Weise begreifen sich auch etliche seiner Schriftstellerkollegen. *Vallejo* – wie so viele andere – hat es frühzeitig ins mexikanische Exil getrieben, wo der bekennende Homosexuelle, Frauenfeind und Tierschützer nach eigenem Bekunden freier und sicherer arbeiten kann. In seinen Werken, die von Gewalt und Blut strotzen, beschreibt er oft voll bitteren Zorns – und nicht ohne Zynismus – jene „Vorhölle von abgewaschenen Bergen", die einst seine Heimat war: „Medellín hat, wie es heißt, 35.000 Taxis, pro Privatauto eins – sie sind leer und warten auf Opfer ... In (ihnen) dudelt unaufhörlich das Radio, und das bringt Fußball, vallenatos oder aber optimistische Nachrichten über die 35 Mordopfer von gestern, 15 weniger als der offizielle Tagesrekord – obwohl ein Soldat mit einem Halsdurchschuss mir versicherte, es sei schon vorgekommen, dass in Medellín an einem Tag über 170 Leute umgebracht wurden ... Der liebe Gott wird es wissen, er hat von oben den Überblick. Wir hier unten können nichts weiter tun, als die Leichen einzusammeln."

Laura Restrepo (geboren 1950 in Bogotá) engagierte sich in den 1980er Jahren stark für einen politischen Dialog zwischen Regierung und Guerilla und ging für einige Jahre aus Sicherheitsgründen ins Exil, wo ihr erster Roman „Isla de pasión" (1989) entstand, der die Tragödie auf dem Clipperton-Atoll beschreibt. Der Durchbruch gelang ihr mit dem Roman „Dulce compañia" (1995), in welchem sich eine moderne, pragmatische Journalistin in den armen, irrationalen Barrio Galilea aufmacht, weil dort ein Engel erschienen sei. Für ihren Drogenhändlerroman „Delirio" (2004) erhielt *Restrepo* hohe Auszeichnungen.

Santiago Gamboa (geboren 1965 in Bogotá) hat es bis nach Rom verschlagen, das zu seiner neuen Heimat geworden ist. In China unterwegs, um einen Reiseführer zu schreiben, kam ihm die Idee für seinen spannenden, sehr konstruierten Literaturroman „Los impostores" (deutsch: „Die Blender", Klaus Wagenbach Verlag, Berlin 2005), in dem sich drei sophistische Manuskriptjäger für die geheimen Zwecke ihrer Auftraggeber eingespannt finden und dann ihrerseits zu „Blendern" der anderen werden.

Musik & Tanz

Niemand darf behaupten, Kolumbien auch nur ansatzweise zu kennen oder gar zu verstehen, wer nicht vor Lebenslust sprühend Salsa und Cumbia getanzt hat, wer nicht mit seiner Liebsten oder seinem Liebsten im Arm, den Wind im Haar, Vallenato-Klängen ge-

colo12-001 Foto: ib

Joropo-Musiker in den Llanos

lauscht hat oder hinabgesunken ist in die Tiefen der Traurigkeit beim Mitsingen eines sentimentalen Liebesliedes aus den Llanos. Denn **Kolumbien – das ist Musik,** und die Musik der Kolumbianer – das ist **vertonte Emotion.** Es gibt Hunderte Richtungen, Strömungen und Varianten, und immer wieder verschmelzen bekannte zu neuen – wie sonst nirgendwo auf der Welt.

Bei Überlandfahrten im Bus singt der Fahrer, oder es singen die Fahrgäste oder alle zusammen, und sie alle kennen die Texte der Lieder ihrer Lieblingsstars auswendig. **Überall hört man Musik,** im Slum und in der Villa, am Strand, auf dem Berg und in der Dschungelhütte.

Vallenato

Vallenato, „Der im Tal Geborene", wurde im Valle de Upar geboren, dem Tal zwischen der Serranía de Los Motilones und der Sierra Nevada de Santa Marta. Zentrum des Vallenato ist **Valledupar,** die Provinzhauptstadt des Departamento César, wo jährlich ein Festival stattfindet. Man spielt Vallenato zum 2/4- bzw. 6/8-Takt des Paseo, Merengue, Son bzw. der Puya, und zwar mit dem deutschen Akkordeon, der *caja vallenata* (einer kleinen Trommel) und der *guacharaca* (Rumbagurke). Meist sind es **Liebeslieder,** die sehr ans Herz gehen, manchmal Balladen oder Vorkommnisse aus dem Alltagsleben, die die Sänger zum Besten geben. Was als Zeitvertreib isolierter Rinderhirten begann, ist heute erfolgreiches Exportprodukt, das in ganz Lateinamerika begeisterte Anhänger findet. Unter den Vallenato-Musikern ist *Francisco „El Hombre"* mythische Gestalt, der 2009 verstorbene *Rafael Escalona* Legende, und Altrocker *Carlos Vives (Clásicos de la Provincia)* der Reichste.

Cumbia

Cumbia, abgeleitet von Cumbé, einem Tanz aus Guinea, ist sehr viel älter als Vallenato und begann zu Kolonialzeiten am unteren Lauf des Magdalena als Kreistanz zum 4/4-Takt, wobei die Männer sich in trottender Gangart außen bewegten und eine Rumflasche oder einen Hut hielten, und die Frauen innen tänzelten – mit einem Bündel der als *espermas* bezeichneten Kerzen. Traditionell musizierte man auf indianischen *gaitas* („weiblichen" und „männlichen" Flöten aus Bambus oder Kaktus mit Federkielmundstück), schüttelte die *maracas* (Rumbakugeln) und schlug diverse Trommeln afrikanischer Bauart: *llamadores, tamboras, alegres* und *hembras*. Lange Zeit galt der Cumbia als vulgär, erlebte jedoch ab Mitte des 20. Jh. eine Blüte. Heute fehlen in keiner Band Piano, Bass und Bläser. Zentrum der Cumbia ist der Ort **El Banco** (Departamento Magdalena), wo im Juni ein Festival stattfindet. Über die Jahrhunderte haben sich viele Cumbia-Varianten herausgebildet, z.B. Bullerengue, Mapalé oder Porro. Cumbia ist heute ein **Paartanz** und behauptet international seinen festen Platz in der Latino-Klubszene.

Joropo

Joropo, auch als **Música Llanera** bezeichnet, stammt aus dem Grasland im Osten Kolumbiens, das bis nach Venezuela hineinreicht. Die sehnsüchtigen, energetischen und beinahe in Trance versetzenden Rhythmen entstehen auf der *arpa llanera* (Harfe), dem *cuatro* (kleine Gitarre mit vier Saiten) und indianischen *maracas* (Rasseln). Es gibt etliche Varianten. Legendär sind gesungene Poesiewettstreite zwischen zwei Rivalen, die sich über Stunden hinziehen können. Ein Zentrum des Joropo ist **Villavicencio** (Departamento Meta). Zu den Joropo-Legenden gehören *Arnulfo Briceño, Carlos Rojas, Alfredo Orlando Ortíz* oder *Luis Ariel Rey.*

Currulao

Currulao gilt als die **am meisten von Afrika beeinflusste Musik Südamerikas.** Sie stammt aus dem Chocó. Instrumente sind die *marimba* (ein Xylophon) oder die Klarinette, die aufrecht stehenden afrikanischen *cununos* („männliche" und „weibliche" Trommeln, die mit der Hand gespielt werden), der *bombo* (eine breite Trommel, die mit Stock geschlagen wird), ein Becken sowie die *guasá* (eine mit Samen gefüllte Bambusrassel). Vorsänger und Chor wechseln einander ab.

Die Tänze sind voll roher **Energie und Erotik.** Legendär ist *Petronio Álvarez Quintero* (1920–66). Zu den heutigen Currulao-Meistern gehört z.B. *Baudilio Cuama Rentería* aus Buenaventura.

Bambuco

Bambuco ist die traditionelle und heiß geliebte, im Alltag jedoch wenig präsente **Volksmusik der Anden,** die ihre Ursprünge in Spanien, Afrika, aber nicht zuletzt auch der indigenen Chibcha-Kultur hat. Gitarre, *tiple* (eine zwölfsaitige Gitarre) und *bandola* (eine mit Hornplättchen gespielte Kastenhalslaute) sind die Hauptinstrumente. Ein Höhepunkt sind die Ende Juni in den Departamentos Tolima und Huila stattfindenden Festivals.

Salsa

Salsa stammt anders als die zuvor genannten Musikrichtungen eigentlich nicht aus Kolumbien, sondern erreichte das Land erst in den 1960er Jahren, ist indes nicht aus der Klubkultur wegzudenken. In **Cali** wurde Salsa so populär, dass es heute als „Salsa-Welthauptstadt" gilt.

Daneben sind in Kolumbien auch **Merengue, Bachata, Tango** und **Reggaetón** populär. In Bogotá hören viele Jugendliche **Heavy Metal.**

Architektur

Wer wissen will, wie es im Spanien des *Don Quijote* aussah, der ist in Kolum-

colo069 Foto: ib

bien nicht falsch. Zahlreiche im 16. und 17. Jh. von Kolonisten angelegte Orte haben bis heute ihre Grundstruktur bewahrt - zum Teil mehr als im Mutterland selbst; dazu zählen z.B. Popayán und Villa de Leyva.

Interessant ist die oft an alten Gebäuden zu beobachtende **Verschmelzung indigener, iberischer und maurischer Baumaterialien:** Kalk, Lehm, Ton, Stierblut, Bambus, Rinderknochen und Stroh. Auf dem Lande bauen arme *campesinos* wie eh und je mit Adobe (Lehmziegeln) und (platt geklopftem) Bambus.

Ein Beispiel des während der Kolonialzeit beliebten plateresken Stils (mit gotischen und maurischen Elementen) ist die Kathedrale zu Tunja. Der Manierismus erlebt seine Ausprägung in der typischen *arquitectura santafereña* Bogotás. Und als ein Glanzstück des Barock darf der Inquisitionspalast Cartagenas gelten.

Armut, Not, Landflucht, Industrialisierung, Kriminalität und rasantes Bevölkerungswachstum haben seit Mitte des 20. Jh. zum Entstehen gewaltiger, zum Teil **gesichts- und konturloser Städte** und „urbaner Alpträume" geführt. Doch zunehmend bemüht sich der Staat, die Infrastruktur zu verbessern und öffentliche Plätze und Gebäude weniger lebensfeindlich zu gestalten. Inmitten des regendurchweichten Ziegelstein- und Wäschemeers der Slums von Medellín sind ultramoderne, minimalistische und futuristische Inseln der Beschaulichkeit entstanden: Kulturzentren und Bibliotheken, die architektonisch ihren Geschwistern in europäischen Metropolen in nichts nachstehen, sie zum Teil sogar überflügeln.

Kolonialles Pflaster
mit eingelegten Rinderknochen

Bogotá, wo der Rotklinker seinen Siegeszug gefeiert hat, ist „Salmona-Land". Hier eröffnete der Stararchitekt **Rogelio Salmona** (1927–2007) bereits in den 1950ern sein Büro. Doch nicht nur in der Hauptstadt, sondern in ganz Kolumbien sieht man auf Schritt und Tritt die von ihm entworfenen Gebäude. Dazu zählen z.B. die Biblioteca Pública Virgilio Barco sowie das Archivo General de la Nación in Bogotá, das Museo Quimbaya in Armenia sowie die Casa de Huéspedes Ilustres in Cartagena.

Medien

In Kolumbien besteht **Pressefreiheit.** Die Berichterstatter nehmen kein Blatt vor den Mund.

Es existieren zahlreiche landesweite und lokale **Fernsehkanäle.** *Caracol, RCN, Señal Colombia, Señal Institucional* und *Canal Uno* werden in ganz Kolumbien ausgestrahlt. In Bogotá schaut man *City TV*. Neben Nachrichtensendungen wie *Especiales Pirry, Entre Ojos, La Noche* und *Séptimo Día* sind es vor allem sentimentale, doch zugleich sehr dramatische und spannende *telenovelas* (Seifenopern) wie die einst so berühmte „Yo soy Betty, la fea" oder „Hasta que la plata nos separe", welche die TV-Landschaft dominieren. Im **Kino** beherrschen Gewalt und Drogen das Geschehen: Zartbesaitete werden sich nach dem spätabendlichen Kinobesuch kaum mehr auf die Straße trauen ...

Zu den landesweit erhältlichen, tonangebenden **Zeitungen** gehören „El Tiempo" und „El Espectador" (aus Bogotá), „El Mundo" (aus Medellín) und „El País" (aus Cali). Jede Provinzhauptstadt druckt eine eigene Zeitung mit regionalspezifischen Themen. Populäre **Zeitschriften** sind „Semana" und „Cambio".

Sport

Besonders populär ist **Fußball** *(fútbol)*. Die Bundesliga besteht aus 18 Klubs, darunter *Los Millonarios* aus Bogotá (www.millonarios.com.co), *Cúcuta Deportivo* (www.cucutadeportivo.com), *Atlético Nacional* aus Medellín (www.atlnacional.com.co) und *Atlético Junior de Barranquilla* (www.juniorbarranquilla.com). Die Nationalmannschaft mit ihren damaligen Ikonen **Carlos Valderrama** und **René Higuita** hatte einen ihrer brillantesten Momente bei der Weltmeisterschaft von 1990, als in der Vorrunde das 1:1 gegen Deutschland fiel – den späteren Champion. Das wunderbare Tor veranlasste die Kolumbianer zu der Spekulation, dass sie selbst (beinahe) ebenso den World Cup hätten gewinnen können ...

In späteren Jahren waren es weniger die Torerfolge als vielmehr zahlreiche **Todesfälle** einer ganzen Reihe von Spielern, die die Weltöffentlichkeit erregten: Ein „Tor! Tooor!!" schreiender Fan erschoss 1994 in Medellín den unglücklichen Eigentorschützen *Andrés Escobar* (und ist nach elf Jahren Gefängnis wieder auf freiem Fuß); Mittelfeldspieler *Hernán Gaviria* wurde 2002 im Stadion vom Blitz erschlagen; dem 2003 gegen Kolumbien angetretenen Kameruner *Marc-Vivien Foé* blieb während des Spiels das Herz stehen; *Albeiro Usuriaga* hauchte 2004 sein Leben, von Kugeln durchlöchert, in einem Nachtklub in Cali aus (es geschah an der Ecke Cra. 28F und Cl. 52); Stürmer *Elson Becerra,* genannt *Chocolatín,* der seinerzeit versucht hatte, *Marc-Vivien Foé* wiederzubeleben, fand 2006 seinen eigenen Tod in einer Disco in Cartagena, wo ihn beim Salsa-Tanzen vier Kugeln erwischten.

Mit der jedes Jahr im August stattfindenden Kolumbien-Rundfahrt *Vuelta a Colombia* erfährt die **Radsportsaison** ihren Höhepunkt. An der Karibikküste erfreut sich **Baseball** großer Beliebtheit. **Billard** sowie **Tejo** – die Nationalsportart (siehe Exkurs „Tejo – Nationalsport Kolumbiens") – spielt man beim Biertrinken. Nach Spanien und Mexiko ist Kolumbien die drittgrößte **Stierkampfnation.** In Europa und den USA immer beliebter wird das kolumbianische **Tanz-Fitness-Programm Zumba,** das *Alberto „Beto" Pérez* in den 1990er Jahren entwickelt hat.

colo070 Foto: ib

colo140 Foto: ib

Cundinamarca – das Herz

colo003 Foto: ib

colo010 Foto: ib

Zu Stein geworden:
Die Savanne von Bogotá

Plaza Bolívar mit Kathedrale (Bogotá)

Junge Liebe in der Hauptstadt

Bogotá (Distrito Capital)

Überblick & Geschichte

- **Fläche:** 1.587 km²
- **Einwohner:** 8,4 Mio. *bogotános*

Der **Hauptstadtdistrikt,** kurz: D.C., bildet eine Verwaltungseinheit innerhalb des Departamento Cundinamarca, hat jedoch einen gleichwertigen eigenen Status neben den insgesamt 32 Departamentos Kolumbiens. Der *Concejo Distrital* (Distriktrat) fertigt Übereinkünfte *(acuerdos)* aus (Gesetze beschließt demgegenüber nur der kolumbianische Kongress). Als Bürgermeister fungiert ein *Alcalde Mayor*. Der Distrikt ist unterteilt in **20 localidades (Bezirke)** mit Bezirksbürgermeistern und Bezirksausschüssen und umfasst neben dem eigentlichen Stadtgebiet Bogotás ein weit nach Süden bis zum Páramo de Sumapaz auf 4.500 m über NN reichendes, nahezu unbewohntes Gebiet.

1955 schuf der Diktator *Gustavo Rojas Pinilla* in Bogotá einen autonomen *Distrito Especial* (Spezialdistrikt); daraus wurde mit der neuen Verfassung aus dem Jahr 1991 der jetzige Hauptstadtdistrikt.

Bogotá

⇗ XVII/C1

Überblick

- **Bevölkerung:** 8,4 Mio. *bogotános*
- **Meter über NN:** 2.600
- **Temperatur** (im Durchschnitt): 14°C

Bogotá – die „urbane Bombe", in deren Sogbereich sich mittlerweile **jeder fünfte Kolumbianer** befindet, ist stets sowohl am Explodieren wie auch am Implodieren. Diese Stadt kennt nie den Zustand, fertig zu sein. **Blüte und Verwesung** – so empfindet der Besucher – scheinen hier sowohl baulich als auch sozial überall zugleich stattzufinden. Feuchtkalte Höhenluft kriecht bis in die Knochen, düstere Wolken lasten über der zu Stein gewordenen einstigen Hochsavanne am Rande der Berge. Der Verkehr summt ununterbrochen. Regenwasser läuft in Schlieren an grauen Hauswänden entlang, die dumpf das Echo des Atems der Stadt reflektieren. Moderne *edificios* (Gebäude) aus rostroten Ziegeln verwandeln riesige Viertel im Norden und Westen Bogotás in ein anonymes Labyrinth von geringem Wiedererkennungswert. Im Süden dehnt sich die **Ciudad Bolívar** aus, ein Moloch der Armen und Vertriebenen mit Straßen und Pfaden, deren genauer Verlauf selbst der Polizei unbekannt ist. An die Bergkante gepresst liegt das koloniale, streng intellektuelle und hippe Bogotá: das ursprüngliche **La Candelaria** mit seinen bemoosten Dachziegeln und kraushaarigen Philosophen oder weiter nördlich das schicke **Usaquén** mit seinen manikürten Zigarettenraucherinnen. Auf der Séptima hasten im Stil der 1950er Jahre gekleidete Geschäftsleute von enormer Wichtigkeit. Graue Herren unterhalten in der Avenida Jiménez (unterhalb der Kreuzung mit der Séptima) eine Open-Air-Smaragd-Börse. Wundertäter klappern vor der Kirche des heiligen Franziskus mit Schlangenschwänzen. Fast unbemerkt stöhnen die Bettler. Abends rasseln vor allen Läden schwere Metallrollos hinab auf das filzige Pflaster. Der zentrale Stadtteil **El Cartucho,** ein Hort von Klebstoffschnüffelei, Obdachlosigkeit und Mord, wurde kurzerhand durch Bulldozer platt gefahren und zu einem Park umgestaltet. Weihrauchschwaden und Tauben wirbeln über die Plaza Bolívar, auf der 1985 Panzer aufgefahren waren, um den besetzten Justizpalast von der Guerilla zurückzuerobern. Soldaten ziehen im Gänsemarsch durch die spärlich beleuchteten Straßen der vielen Vorstädte und *barrios* (Wohnviertel), die oft genug ihrerseits die Namen anderer Städte und Länder dieser Welt tragen: Las Vegas, Nueva York, Nueva Roma, Niza, Buenos Aires, Marruecos, República de Venezuela, República de Canada etc. Architekten ersinnen ultramodernes Design für neue Denkfabriken und Bibliotheken. Doch einzig die roten Transmilenio-Busse, so scheint es, fahren auf Spuren der Ordnung inmitten des urbanen Gestrüpps. Wann wird man diese Stadt kennengelernt haben? Vielleicht geht das gar nicht.

Aber ein Versuch lohnt sich. Innovative Bürgermeister und idealistische, kreative und friedliebende Bürger haben die anarchische „Mordhauptstadt" der frühen 1990er Jahre für die Menschen zurückgewonnen und ihr ein **rigoroses Lifting** verpasst, das sie wieder begehrenswert und genießbar macht. Zahlreiche Sehenswürdigkeiten, Kolonialkirchen, Theater, Cafés, Museen und allerlei bizarre Kuriositäten sorgen für Attraktivität und Vielfalt, die vielleicht erst auf den zweiten Blick sichtbar wird, jedoch die meisten Menschen rasch in ihren Bann schlägt.

Ein Aufenthalt in Bogotá ist nicht komplett ohne den Besuch des magischen **Goldmuseums** und der Wallfahrtskapelle auf dem **Monserrate** oder ohne nachts einmal im Bohème-Viertel **La Candelaria** ein wenig zu versumpfen.

Geschichte

In der Nähe der Grundfesten der alten **Muisca-Siedlung Bacatá** (= hohes Feld, Ende der Welt) gründete **Gonzalo Jiménez de Quesada** am 6. August 1538 die Stadt, für die sich bald die Bezeichnung **Santa Fé** (erst sehr viel später Santafé de Bogotá) einbürgerte. Obwohl schon kurz darauf zum politischen Machtzentrum Neugranadas erhoben, blieb der Ort (im Verhältnis zur Konkurrentin Cartagena) klein und unterentwickelt. 1810 floh der Vizekönig aus Santa Fé, wo sich eine starke Unabhängigkeitsbewegung gebildet hatte. 1816 eroberten die Spanier die Stadt zwar zurück, doch schon drei Jahre später zog **Simón Bolívar** triumphal ein. Bogotá wurde Hauptstadt von Gran Colombia und nach Abspaltung der Schwesterstaaten Venezuela und Ecuador Kapitale Kolumbiens.

Bis ins 20. Jh. hinein dominierten **Wissenschaften, Theologie, Jurisprudenz und politisches Intrigantentum** das elitäre urbane Leben. Wegen seiner unausrottbaren Affektiertheit soll es schon *Simón Bolívar* äußerst zuwider gewesen sein. Das wahre, das pulsierende Leben fand ganz woanders statt. Doch es war genau diese verklärte Zeit, in der sich das kühle, von Regenschleiern umnebelte Bogotá mit seinen vielen Universitäten einen bis heute andauernden Ruf in ganz Lateinamerika erwarb: das Image, nirgendwo sonst sei die (europäisch-kreolische) **Hochkultur** so distinguiert und verfeinert zu finden wie dort oben auf dem Hochplateau. Und tatsächlich: Einen vergleichbaren Ruf genießt in unseren Tagen lediglich Buenos Aires.

In den 1930ern lebten – geschuldet der rasanten Industrialisierung – immerhin schon 300.000 Menschen in Bogotá, in den 1950ern wurde (nicht zuletzt als Auswirkung der auf dem Land tobenden *Violencia*) die Eine-Million-Grenze gesprengt, in den 1980er Jahren wohnten hier bereits vier Millionen: Bis heute ist eine Trendwende nicht in Sicht.

Orientierung

Bogotá liegt **im Herzen Kolumbiens,** inmitten des Departamento Cundinamarca auf der Ostkordillere, wie ein Halbkreis ausgebreitet über eine Hochebene, die östlich ein abruptes

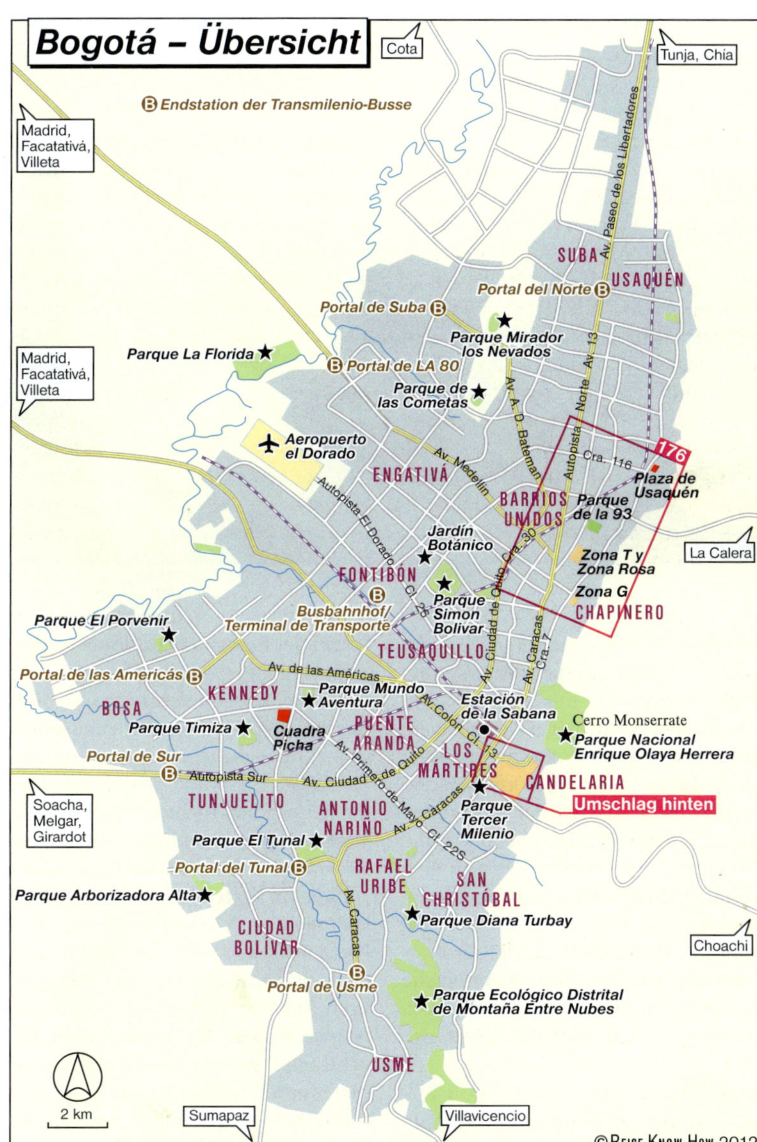
Bogotá – Übersicht
Endstation der Transmilenio-Busse
Cota
Tunja, Chía
Madrid, Facatativá, Villeta
Madrid, Facatativá, Villeta
La Calera
Soacha, Melgar, Girardot
Choachi
Sumapaz
Villavicencio
SUBA
USAQUÉN
Av. Paseo de los Libertadores
Portal del Norte
Portal de Suba
Parque Mirador los Nevados
Parque La Florida
Portal de LA 80
Parque de las Cometas
Autopista Norte
Av. 13
Av. A. D. Bateman
Aeropuerto el Dorado
Av. Medellín
ENGATIVÁ
Cra. 116
176
Plaza de Usaquén
Autopista El Dorado
BARRIOS UNIDOS
Parque de la 93
Jardín Botánico
Cra. 30
Zona T y Zona Rosa
FONTIBÓN
Zona G
Parque Simon Bolivar
CHAPINERO
Cl. 26
Av. Ciudad de Quito
Busbahnhof/ Terminal de Transporte
Parque El Porvenir
TEUSAQUILLO
Av. Caracas
Cra. 7
Portal de las Americás
Av. de las Américas
KENNEDY
Parque Mundo Aventura
Estación de la Sabana
BOSA
Av. Colón Cl. 13
Cerro Monserrate
Parque Timiza
Cuadra Picha
PUENTE ARANDA
Parque Nacional Enrique Olaya Herrera
Portal de Sur
LOS MÁRTIRES
Av. Primero de Mayo Cl. 22S
Autopista Sur
Av. Ciudad de Quito
CANDELARIA
TUNJUELITO
ANTONIO NARIÑO
Parque Tercer Milenio
Umschlag hinten
Av. Caracas
Parque El Tunal
Portal del Tunal
RAFAEL URIBE
SAN CHRISTÓBAL
Parque Arborizadora Alta
Av. Caracas
Parque Diana Turbay
CIUDAD BOLÍVAR
Portal de Usme
Parque Ecológico Distrital de Montaña Entre Nubes
USME
2 km
© Reise Know-How 2012

Ende durch die hohen Bergrücken der Cerros Guadalupe und Monserrate findet.

Nahe der Berge ist die Urbanität am weitesten fortgeschritten, hier liegen die Zentren von Kultur, Wirtschaft und Finanzwesen; zur **westlichen Peripherie** hin öffnet sich die dichte und hohe Bebauung zusehends: Dort haben sich Industrien angesiedelt und befinden sich neben riesigen Wohnvierteln der Flughafen und der Busterminal.

Im Norden der Stadt **wohnen die Wohlhabenden;** je weiter man nach Süden kommt, desto dünner die Geldbeutel der Bewohner, desto mehr Verzweiflung und Gewalt.

Die roten Transmilenio-Busse im urbanen Dschungel

Während die **Carreras** (Cra.) in Süd-Nord-Ausrichtung parallel zueinander und zur Bergkette verlaufen, kreuzen die **Calles** (Cl.) die Carreras von Ost nach West im rechten Winkel. Alle Straßen tragen Nummern, einige große zusätzlich einen Namen.

Ganz **im Osten,** am Berghang, verläuft die **Cra. 1,** je weiter westlich ihre Parallelstraßen sich entlangziehen, desto höher ist ihre jeweilige Nummer. Vom Zentrum betrachtet steigen die Nummern der Calles nach Norden sowie nach Süden zu jeweils an – im Süden erhalten sie den Zusatz „Sur".

Die beiden zentralen Straßen im Zentrum sind die von Süd nach Nord verlaufende **Cra. 7 (= La Séptima,** früher: Calle Real) sowie die diese kreuzende, kurvenreiche **Av. Jiménez (= Cl. 13),** die über einem alten Flussbett gebaut wurde und heute vom Transmilenio-Bus benutzt wird.

Südlich der Av. Jiménez (zwischen Cra. 1 und Cra. 10 und nördlich von Cl. 6) liegt das schachbrettförmig angelegte historische Zentrum mit dem kolonialen Viertel **La Candelaria,** der **Plaza Bolívar,** dem Kapitol und den **meisten Sehenswürdigkeiten.** Im Süden und Westen von La Candelaria befinden sich Viertel unterprivilegierter *bogotános,* darunter elende *barrios subnormales.*

Nördlich der Av. Jiménez zieht sich entlang der Cra. 7 das **Centro Internacional,** das Business- und Finanzzentrum mit zahlreichen Hochhäusern und vielen Geschäften in bunt durcheinander gewürfelten Häusern unterschiedlichster Stilrichtungen und in unterschiedlichstem Verfallsgrad. Ständig strömt neuer Verkehr aus westlicher Richtung über die Ausfallstraße Av. Lima (Cl. 19) und die vom Flughafen kommende Av. El Dorado (Cl. 26) ins Zentrum ein.

Weiter nach Norden zu folgt, sich entlang der Cra. 4 an den Berghang schmiegend, zwischen Cl. 25 und 27 das Viertel **La Macarena,** früher von blau gefrorenen Bohemiens bewohnt, jetzt Trutzburg der Molekularköche.

Nördlich schließt sich El Chapinero an (zwischen Cl. 50 und Cl. 68), einst wohlhabende Vorstadt, heute ein etwas heruntergekommenes Einkaufsviertel, zugleich ein Mittelpunkt der Klubszene und beliebt bei Homosexuellen. Die Gegend zwischen Cra. 4 und 5 sowie Cl. 68 und Cl. 71 wird als **Zona G** bezeichnet, wobei „G" für „Gourmet" steht, denn hier befinden sich exzellente Restaurants.

Nördlich folgen im Stadtteil **El Retiro** die **Zona Rosa/Zona T** mit zahlreichen Nachtklubs und Bars (zwischen Cra. 11 und 15 sowie Cl. 81 und 86) sowie das Gebiet um den **Parque de la 93** (zwischen Cra. 11 und 15 sowie Cl. 93 und 96) mit weiteren guten, aber teuren Lokalen, in denen die im Norden residierende Oberschicht Kolumbiens ein- und ausgeht.

Ganz im Norden, um die noch fast dörflich anmutende **Plaza de Usaquén** (östlich der Cra. 7 zwischen Cl. 117 und 119), gibt es entspannende Cafés und Galerien für die, denen die quirlige Innenstadt zu viel ist.

Wem das alles nicht reicht, der fährt abends hinaus aus Bogotá in das nördliche **Chía,** wo kulinarische Highlights auf zahlungskräftige Kunden lauern.

Mehrere parallel zum Berghang von Süd nach Nord ausgerichtete Straßen dienen der Entlastung des Verkehrs im Innenstadtbereich, darunter die **Av. Caracas (Cra. 14)/Autopista del Norte,** auf der die wichtigste Transmilenio-Route verläuft.

• Einen **Straßenplan** kann man unter www.bogota.gov.co/mad/buscador.php aufrufen.

Stadtverkehr

Seit 2001 existiert das System des **Transmilenio** (www.transmilenio.gov.co). Es handelt sich um ein **Schnell-**

busnetzwerk auf eigens diesem Verkehrsmittel vorbehaltenen, gesonderten Fahrbahnen, die von keinem anderen Fahrzeug benutzt werden dürfen. Die roten Transmilenio-Busse ersetzen eine fehlende U-Bahn oder S-Bahn. Ihre Stationen sind vom Militär bewacht. Erst nach Entrichtung des Fahrpreises (ca. 0,70 Euro/Fahrt) öffnet sich die Schranke. Damit alles schneller geht, hält nicht jeder Bus an jeder Station. Wo ein Bus hält, bestimmt sich nach einem **komplexen Fahrplan** mit Buchstaben- und Zahlenkombinationen, den viele Ortsansässige bis heute nicht verstanden haben. Meistens ist der Transmilenio völlig überfüllt. Obwohl beispielsweise eine Fahrt vom Zentrum zum Portal del Norte durchaus eine Stunde dauern kann, handelt es sich zweifellos um das schnellste öffentliche Verkehrsmittel Bogotás.

Die zahlreichen, zumeist antiquierten **Nahverkehrsbusse** sind preiswerter und halten nicht nur an Stationen, sondern wo immer jemand aus- oder einsteigen möchte und dies durch Ausrufe oder Winkzeichen kundtut („Por acá/La esquina, por favor – Hier /An der Ecke, bitte!"). Hauptachsen sind die Cra. 7 sowie die Cra. 14. Die Busse sind brechend voll und oft sehr langsam. Eine Fahrt in ihnen kann nervtötend sein, aber wer Humor und Geduld hat, kommt schnell mit den Fahrgästen ins Gespräch.

Eine Alternative bieten die allerorts dominierenden, kleinen gelben **Taxis.** Man sollte darauf achten, dass das Taxameter an ist (bzw. vorher den exakten Preis zum Fahrziel vereinbaren). Die Tariftabelle hängt am Sitz. Nachts sollte man stets ein Taxi nutzen. Funktaxirufnummern sind z.B. 2111 111, 3111 111 oder 4111 111. Am Busterminal sowie am Flughafen existieren **Ticketschalter:** Hier gibt man sein Fahrziel an und bekommt den Fahrpreis ausgedruckt und ein Taxi zugeordnet – eine praktische Sache, um unverschämte Forderungen am Ende der Fahrt zu vermeiden. Eine Fahrt vom Flughafen zum Stadtzentrum kostet ca. 8 Euro.

Barrio La Candelaria

Der Barrio La Candelaria (www.lacandelaria.info) ist das **historische und intellektuelle Zentrum Bogotás.** Etwa 100 wie auf einem Schachbrett geordnete und von Häusern umbaute Quadrate *(bloques)* bedecken die von der Plaza Bolívar nach Osten zu in Richtung Cerro Monserrate hinaufgehende schiefe Ebene zwischen Cra. 1 und Cra. 10 sowie Cl. 6 und Cl. 16.

Die traditionellsten der **engen Straßen** sind noch katzenkopfgepflastert wie einst. Hinter dicken Mauern, schweren Türen und hölzernen Fenstergittern verbergen sich karge Wohngemächer mit hohen Decken, Patios, in die von den Ziegeldächern das Regenwasser tropft, Universitätssäle mit geschnitzten Galerien, Off-Theater, Philosophencafés.

Ein Großteil der Sehenswürdigkeiten Bogotás – Kirchen, Museen und geschichtlich bedeutsame Gebäude – sind in der Candelaria zu finden, die sich in den letzten zwei Jahrzehnten

Bogotá – Transmilenio

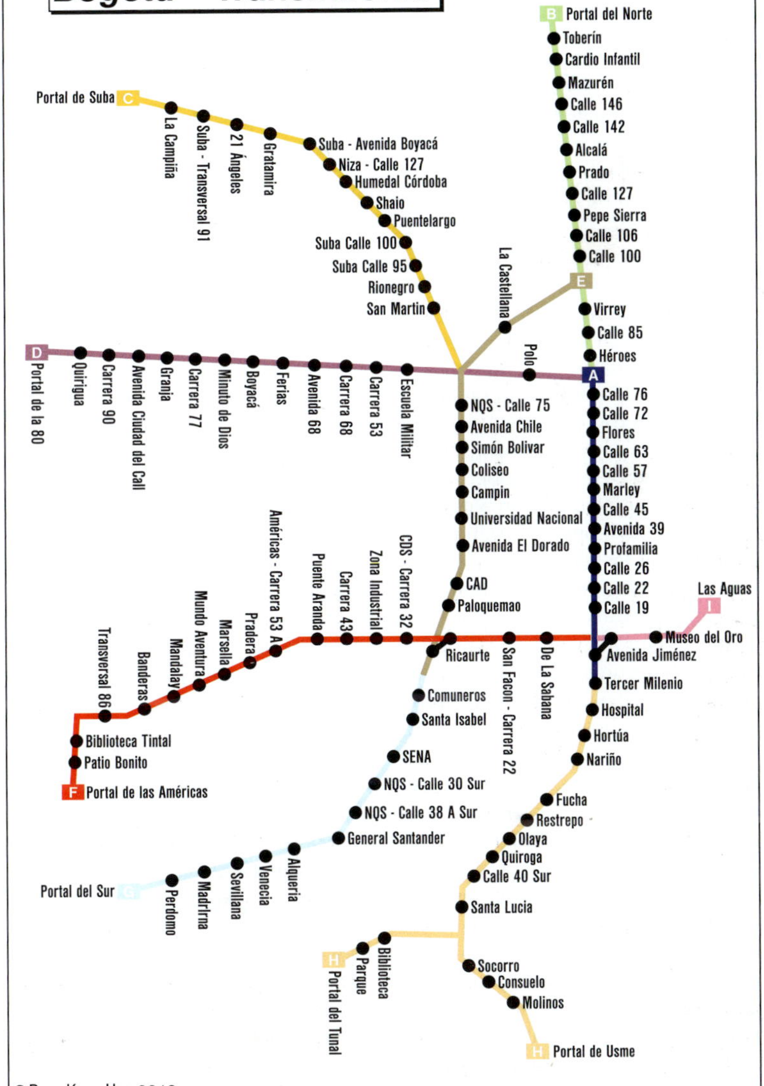

B Portal del Norte
Toberín
Cardio Infantil
Mazurén
Calle 146
Calle 142
Alcalá
Prado
Calle 127
Pepe Sierra
Calle 106
Calle 100
E
Virrey
Calle 85
Héroes
A
Calle 76
Calle 72
Flores
Calle 63
Calle 57
Marley
Calle 45
Avenida 39
Profamilia
Calle 26
Calle 22
Calle 19
Avenida Jiménez
Tercer Milenio
Hospital
Hortúa
Nariño
Fucha
Restrepo
Olaya
Quiroga
Calle 40 Sur
Santa Lucia
Socorro
Consuelo
Molinos
H Portal de Usme
Biblioteca
Parque
H Portal del Tunal

Portal de Suba C
La Campiña
Suba - Transversal 91
21 Ángeles
Gratamira
Suba - Avenida Boyacá
Niza - Calle 127
Humedal Córdoba
Shaio
Puentelargo
Suba Calle 100
Suba Calle 95
Rionegro
San Martin

La Castellana

D Portal de la 80
Quirigua
Carrera 90
Avenida Ciudad del Cali
Granja
Carrera 77
Minuto de Dios
Boyacá
Ferias
Avenida 68
Carrera 68
Carrera 53
Escuela Militar
Polo

NQS - Calle 75
Avenida Chile
Simón Bolivar
Coliseo
Campin
Universidad Nacional
Avenida El Dorado
CAD
Paloquemao
Ricaurte
Comuneros
Santa Isabel
SENA
NQS - Calle 30 Sur
NQS - Calle 38 A Sur
General Santander
Alqueria
Venecia
Sevillana
Madrirna
Perdomo
Portal del Sur G

Las Aguas
I
Museo del Oro

F Portal de las Américas
Patio Bonito
Biblioteca Tintal
Transversal 86
Banderas
Mandalay
Mundo Aventura
Marsella
Pradera
Américas - Carrera 53 A
Puente Aranda
Carrera 43
Zona Industrial
CDS - Carrera 32
San Facon - Carrera 22
De La Sabana

von einer *no go area* zu einem atmosphärischen Boheme-Viertel entwickelt hat. Die Gebiete westlich und südlich der Candelaria sind indes für Besuche zu Fuß nicht geeignet.

Der international wohl bekannteste aller kolumbianischen Filme, „La Estrategia del Caracol" – „Die Strategie der Schnecke" (1993), wurde in der Candelaria gedreht.

Plaza Bolívar

Diese **gewaltige baumlose Plaza** (Cra. 7 und 8 mit Cl. 10 und 11) ist das **Herz Kolumbiens.** Hier kommen täglich Zehntausende Tauben und noch viel mehr Menschen zusammen: Soldaten, Geistliche, Politiker, Richter, Touristen, Lama-Führer, Lebenskünstler, Demonstranten und an autofreien Sonntagen Rad- und Rollerfahrer und Familien mit Picknickkörben. Auf der Plaza steht eine 1846 gegossene Statue *Simón Bolívars.*

An der Nordflanke der Plaza trutzt der 1999 fertiggestellte **Palacio de Justicia** (Justizpalast). Sein Vorläufer war 1985 durch M-19-Guerilleros besetzt und erst nach schwerem Beschuss durch die Panzer des kolumbianischen Militärs zurückerobert worden; er war dadurch so sehr beschädigt, dass man ihn abriss. Er teilte damit das Schicksal seines eigenen Vorgängers (damals noch an der Cra. 6 und Cl. 11 Esq.), der 1948 beim Volksaufstand des *Bogotazo* niederbrannte. Es bleibt nur zu hoffen, dass der neue Bau eine bessere Zukunft vor sich hat.

Die Westseite der Plaza nimmt das zweistöckige, lang gestreckte Gebäude der **Alcaldía** (des Bürgermeisteramtes) ein. Das auch unter dem Namen *Edificio Liévano* bekannte Bauwerk wurde zu Beginn des 20. Jh. in französischem Stil auf den Trümmern der verbrannten Galerías de Arrubla errichtet.

An der Südwestecke der Plaza steht die **Casa de los Comuneros** (Cra. 8 und Cl. 10) aus dem 17. Jh., ein exzellentes Beispiel des kolonialen Erbes der Stadt, mit schwerer Holztür und einem mit Rinderknochen gepflasterten Patio. Wo der Historiker *Juan Flórez de Ocáriz* 1654 seine „Genealogías del Nuevo Reino de Granada" schrieb, sitzt heute die **Touristeninformation** (Cra. 8 No. 9-83, Tel. 3274 916).

An der Südflanke der Plaza befindet sich an der Stelle, wo zu Kolonialzeiten der Vizekönig residierte, das 1927 fertiggestellte **Capitolio Nacional** (Parlamentsgebäude), dessen Bauzeit sich – mit langen Unterbrechungen wegen der instabilen politischen Lage in Kolumbien – über 80 Jahre hinzog.

Casa del Florero (Museo 20 de Julio)

Neben der Kathedrale, an der Nordostecke der Plaza Bolívar, steht das kleine, **weiß getünchte Kolonialhaus mit rotem Ziegeldach und Holzgalerie,** das – anekdotisch verklärt – den Ausgangspunkt der Unabhängigkeitsbewegung Kolumbiens bildete. *José Gonzalez Llorente,* ein Mitglied der spanischen Oberschicht, weigerte sich am 20. Juli 1810, seine wunderschön verzierte, mit dem Wappen des spanischen Königshauses dekorierte Blu-

colo001 Foto: ib

menvase (= *florero*) als Tischschmuck für ein Diner bereitzustellen, das zu Ehren eines prominenten Kreolen, des illustren *Antonio Villavicencio*, ausgerichtet werden sollte. Diese Weigerung führte zu einem Streit, bei dem nicht nur die Vase zu Bruch ging, sondern in absehbarer Zeit auch das spanische Weltimperium. Denn die Kreolen (= in der Kolonie geborene Abkömmlinge des spanischen Mutterlandes) begannen nach dem *florero*-Vorfall gegen die spanische Vorherrschaft und die Privilegien der „echten" Spanier zu rebellieren.

Das Haus ist heute ein **Museum,** in dem Gegenstände aus der Kolonialzeit, darunter Möbel, Kleidung, Waffen, Gemälde – und der erhalten gebliebene Boden der Blumenvase, ausgestellt sind (Cl. 11 No. 6-94, Tel. 2826 647, Di bis So 9–17 Uhr, Eintritt 2 Euro).

Catedral Primada de Colombia

An der Ostflanke der Plaza Bolívar steht die **Anfang des 19. Jh. errichtete Kathedrale.** Sie erhebt sich genau dort, wo das Sommerhaus des Zipa von Bacatá gestanden haben soll und Stadtvater *Gonzalo Jiménez de Quesada* zu Ehren der zwölf Apostel zwölf Hütten und eine Kapelle errichten ließ. Die erste Messe verlas damals *Fray Domingo de las Casas*.

Sonntags gehört die Innenstadt den Fahrradfahrern (Blick auf die Alcaldía)

Die heutige Kirche gehört zu den größten und wichtigsten Kolumbiens und wurde auch von Papst *Johannes Paul II.* besucht. In ihr ruhen die sterblichen Überreste von *Jiménez de Quesada* und *Antonio Nariño.*

Südlich neben der Kathedrale befindet sich ein ganz typisches Beispiel der sogenannten *arquitectura santafereña*: die 1689 fertiggestellte barocke **Capilla del Sagrario** (Cra. 7 No. 10-40), in der einige der besten Arbeiten des berühmten Malers *Gregorio Vázquez de Arce y Ceballos* zu sehen sind. Nebenan ist der **Palacio Arzobispal** (Cra. 7 No. 10-20).

Palacio Nariño

Zu Beginn des 20. Jh. fertiggestellt, dient dieses neoklassizistische, palastartige Gebäude südlich des Kapitols den **Staatspräsidenten Kolumbiens** (mit Unterbrechungen) seit 1908 als offizieller Wohnsitz (Cra. 8 No. 7-26, Tel. 5629 300, www.presidencia.gov.co). Der Volksaufstand des *Bogotazo* 1948 verschonte den Palast nicht, und Renovierungsarbeiten zogen sich bis Ende der 1970er Jahre hin. Präsident *Belisario Betancur* ordnete die Öffnung des Palastes für alle Bürger an – die Erstürmung des Justizpalastes 1985 setzte dieser Volkstümlichkeit jedoch ein jähes Ende. Neuerdings finden manchmal wieder organisierte Führungen statt. Der Präsidentenpalast trägt den Namen *Antonio Nariños,* dessen Elternhaus einst an dieser Stelle stand. Der Unabhängigkeitsheld wurde hier am 9. April 1765 geboren. Vor dem Palasteingang (Cl. 7) stehen Wächter der **Präsidentengarde** mit Pickelhaube (Wachablösung um 17.30 Uhr).

Gegenüber des Eingangs erhebt sich die **Iglesia de San Agustín** (Cl. 7 No. 7-25), in die *Policarpa Salavarrietas* Brüder nach der Hinrichtung ihren Leichnam schafften (siehe Exkurs unter Guaduas).

Im Palastgarten befindet sich das **Observatorio Astronómico** aus dem Jahr 1803, das der berühmte Wissenschaftler *José Celestino Mutis* unter seinen Fittichen hatte (zu sehen von der Cra. 8 aus, gegenüber der Iglesia de Santa Clara).

Westlich des Palacio Nariño

An der Seite des Palastgartens steht die innen sehr eindrucksvolle **Iglesia de Santa Clara** aus dem 17. Jh. mit dem einstigen Nonnenkonvent, heute ein lohnendes **Museum** (Cra. 8 No. 8-91, geöffnet 10–16 Uhr, Eintritt 2 Euro). Das Kirchenschiff ist über und über mit Gemälden verziert. Das Malergenie *Gregorio Vásquez de Arce y Ceballos* (1638–1711) organisierte 1701 für Liebhaber *Don Bernardino* die Entführung der vornehmen und schönen *Doña María Teresa de Orgaz* aus dem Konvent Santa Clara, was ihm eine Haftstrafe einbrachte, von der er sich nicht mehr erholen sollte.

Etwas weiter südlich befindet sich das **Museo Siglo XIX** (Cra. 8 und Cl. 8 Esq., geöffnet täglich 9–17 Uhr, am Wochenende nur bis 13 Uhr) mit Gemälden, Kleidung und Möbeln aus dem 19. Jh. Interessant ist hier die *Botica de los Pobres,* die Nachbildung einer historischen Apotheke. Ein kleines

Café bietet Leckereien in altertümlichem Ambiente an.

Noch weiter südlich stößt man auf das **Museo de Artes y Tradiciones Populares** (Cra. 8 No. 7-21, täglich bis 17 Uhr geöffnet) in den Gebäuden des ehemaligen Augustinerkonvents, die einen imposanten Innenhof einfassen.

Einen Block westlich der Iglesia de Santa Clara befindet sich das **Museo de la Policia** (Cl. 9 No. 9-27, Tel. 2335 911, geöffnet 8–17 Uhr, Mo und zur Siesta geschlossen, freier Eintritt). Das zum Museum umgewandelte ehemalige Polizeipräsidium aus den 1920ern lohnt für Liebhaber des Bizarren: Angenehme Politessen in Paradeuniform führen durch den repräsentativen Palast, von dessen Dachgeschoss der ehemalige Stadtteil El Cartucho zu sehen ist. Gezeigt werden erbeutete Trophäen wie die Harley-Davidson des Mafioso *Carlos Mario Alzate* (genannt *El Arete,* Der Ohrring) vom Medellín-Kartell, Fotos des erschossenen *Pablo Escobar* oder die Medaille eines Polizisten, von der eine Kugel abprallte. „Doch die nächste Kugel", erklärte mir die Polizistin, „tötete ihn dann doch ..." Im Dachgeschoss werden auf schmerzhaft anschauliche Weise Hinrichtungspraktiken aus aller Welt erläutert.

Die Cl. 10 aufwärts schreitend

Eine ganz besonders **repräsentative Gasse** im Viertel La Candelaria ist die Cl. 10, die von der Südostecke der Plaza Bolívar nach Osten bergauf führt.

Direkt in der Ecke mit Blick auf den Platz befindet sich nahe der Stelle, wo Jesuiten 1605 mit dem **Colegio de San Bartolomé** eine der ältesten Lehreinrichtungen Santa Fés gründeten, das heutige elitäre Gymnasium gleichen Namens aus dem frühen 20. Jh. (Cra. 7 No. 9-96, www.sanbartolome.edu.co). Zu den illustren Studenten von einst gehörten *Pedro Claver,* jener spätere Beschützer der Sklaven von Cartagena, der heute heiliggesprochen ist, Unabhängigkeitsheld *Antonio Ricaurte,* der sich im Krieg gegen die Royalisten selbst in die Luft sprengen sollte, um seine Gefährten zu retten, sowie *Francisco de Paula Santander* und *Antonio Nariño,* beides machtbewusste Konkurrenten *Bolívars.*

Nebenan steht die **Iglesia de San Ignacio** (Cra. 10 No. 6-35, Tel. 3421 639), eine Jesuitenkirche aus dem frühen 17. Jh., die zu Kolonialzeiten die größte der Stadt gewesen war. In ihrem reich gestalteten Innern finden sich Gemälde von *Gregorio Vásquez de Arce y Ceballos* und Schnitzwerk von *Pedro Laboria.*

Direkt gegenüber der Kirche, an der Rückfront des die Plaza Bolívar flankierenden Palacio Arzobispal, liegt die winzige **Plazoleta de Rufino Cuervo** (heute benannt nach einem Philologen des 19. Jh., davor als Plazoleta de San Carlos bezeichnet), beschattet von tropischen Bäumen und auf drei Seiten gerahmt von Balkons umstehender Gebäude. In dem Haus an der Nordflanke des kleinen Platzes wurde 1794 *Antonio Nariños* Übersetzung der von *Thomas Paine* verfassten „Erklärung der Menschenrechte" gedruckt, was *Nariño* eine lange Haftstrafe bescherte.

Östlich des Platzes folgt die **Casa de Manuelita Sáenz,** das Wohnhaus der Zigarren rauchenden, rassigen Mätresse *Bolívars,* die ihm gegenüber während ihrer achtjährigen gemeinsamen Zeit stets loyal blieb. In dem Haus ist heute das kleine **Museo de Trajes Regionales** (Cl. 10 No. 6-20, Tel. 2826 531, www.museodetrajesregionales.com, Mo bis Sa 10–16 Uhr, Eintritt 2 Euro) untergebracht, in welchem traditioneller Kleidungsstil unterschiedlicher Regionen Kolumbiens vorgestellt wird. *Manuelita Sáenz* (1797–1856) mietete das Haus seinerzeit an, um *Bolívar* näher sein zu können und das Stadtgespräch auf der kleinen Plazoleta de San Carlos mitzukriegen. Sie erhielt Kenntnis von einem gegen *Bolívar* gerichteten Mordkomplott und verhalf ihm in der Nacht des geplanten Attentats rechtzeitig zur Flucht.

Auf der anderen Straßenseite, im Eckhaus Cl. 10 und Cra. 6, befindet sich in einem exquisiten Kolonialhaus mit eindrucksvollem Patio das **Museo de Arte Colonial** (Cra. 6 No. 9-77, Tel. 3416 017, geöffnet Di bis So 10–16 Uhr, Eintritt 1 Euro). Wo früher Jesuiten meditierten, sind jetzt Möbel, Gebrauchsutensilien und viele Gemälde aus der Kolonialära (darunter die größte existierende Sammlung von Werken des Malers *Gregorio Vásquez de Arce y Ceballos*) zu sehen.

Nach Überqueren der Cra. 6 folgt rechter Hand der **Palacio de San Carlos** (Cl. 10 No. 5-51), in dem zeitweilig **Simón Bolívar** wohnte. In der Nacht des Attentates vom **25. September 1828** hielt *Manuelita Sáenz* die Verschwörer auf, sodass *Bolívar* genug Zeit gewann, um aus dem Fenster zu springen, und sich draußen unter einem Bogen der Brücke über den Río San Agustín (heute aufgeschüttet zur Cl. 7) verstecken konnte, wo er zusammen mit seinem Küchenchef, der ihm in der Not Gesellschaft leistete, mehrere Stunden verbrachte. Später diente der Palacio de San Carlos als Wohnsitz für Staatspräsidenten. Heute sind hier Büros des Außenministeriums.

Direkt gegenüber, auf der anderen Straßenseite, steht das 1892 eröffnete **Teatro Colón** (Cl. 10 No. 5-32, Tel. 2847 420) mit prächtigem Zuschauerraum, das Opern und Dramen zeigt und bis 2010 restauriert wurde.

Nach Überqueren der Cra. 5 folgt linker Hand das **Museo Militar** (Cl. 10 No. 4-92, Tel. 2813 086, Di bis So 9–16 Uhr, Eintritt 1 Euro) mit einer Sammlung historischer Waffen, z.B. den Lanzen der Llaneros, wie sie beim Kampf auf dem Pantano de Vargas 1819 benutzt wurden, und Informationen über den Verlauf dieser wichtigen Schlacht.

Camarín del Carmen

Der Cra. 5 einen Block nach Süden folgend, gelangt man zum ehemaligen **Heiligenschrein Camarín del Carmen** (Cl. 9 No. 4-77) aus dem Jahr 1655 mit seinem archaischen Glockenturm und – über der Cl. 9 – einem kleinen, runden Erker, der früher den Altar enthielt. Heute befindet sich in dem Gebäude ein Theater (Tel. 3426 711).

An der Cra. 5, in südlicher Nachbarschaft zum Camarín del Carmen, steht das streng ehrwürdige **Colegio Sale-**

siano de León XIII., in dem über 1.000 Schüler unterrichtet werden. In einem Teil des Gebäudekomplexes befand sich früher ein Karmeliterkloster. Südlich daneben ragt die weiß-rot gestreifte, sehr fantasievolle **Iglesia de Nuestra Señora María del Carmen** auf (Cra. 5 No. 8-36, Tel. 3420 972, geöffnet zu den Messen um 7, 12 und 18 Uhr), die in den 1930ern fertiggestellt wurde.

Einen Block westlich der Kirche ist in der kolonialen **Casa del Marqués de San Jorge** (Cra. 6 No. 7-43, Tel. 2430 465) das **Museo Arqueológico** (www.museoarqueologico.com, geöffnet Di bis So 9–16.30 Uhr, Eintritt 2 Euro) untergebracht. Hier werden exzellente indigene Keramiken ausgestellt.

Casa de Moneda/Museo Botero

Lohnend ist ein Spaziergang entlang der Cl. 11, die, ausgehend von der Plaza Bolívar, zwischen Casa del Florero und Kathedrale nach Osten bergauf führt. Linker Hand befinden sich in historischen Gebäuden mehrere klassische, morgens und mittags geöffnete Gasthäuser mit Zwischenboden aus Holz (z.B. La Puerta Falsa oder Mama Lupe), in denen man Spezialiäten aus Bogotá essen kann (z.B. *changua, tamales, ajiaco, chocolate con queso*). Einen Block weiter folgt links die ultramoderne **Biblioteca Luis Ángel Arango** (Cl. 11 No. 4-14, kostenlose Internetnutzung, viele kulturelle Veranstaltungen).

Gegenüber befinden sich die Casa de Moneda, das Museo Botero sowie die Colección de Arte Latinoamericano e Internacional del Banco de la República, die ineinander übergehen und in einem Mix aus feinster kolonialer und moderner Architektur miteinander verschmelzen (Cl. 11 zwischen Cra. 4 und 5, täglich außer Di geöffnet, freier Eintritt). Ein Besuch dieser Museen gehört zu den Höhepunkten in Bogotá. Die ehemalige Münzstätte **Casa de Moneda** (Cl. 11 No. 4-93) zeigt die Entwicklung des kolumbianischen Geldes und stellt Münzpressen sowie Goldmünzen aus dem spanischen Kolonialreich aus. In einem hinten gelegenen Safe-Raum werden drei Monstranzen aus Gold, bestückt mit

colo005 Foto: ib

Aus diesem Fenster rettete sich Bolívar in der Mordnacht des 25. September

Cundinamarca – das Herz

Smaragden aus Muzo, Rubinen und Diamanten, aufbewahrt. Im **Museo Botero** (Cl. 11 No. 4-21, Tel. 3431223) hängen Werke des berühmten kolumbianischen Künstlers *Fernando Botero* sowie aus seiner umfangreichen Kunstsammlung, darunter von *Picasso* und *Matisse*. Die **Colección de Arte Latinoamericano e Internacional del Banco de la República** stellt Totenbilder von Nonnen, religiöse Gemälde von *Vásquez de Arce y Ceballos,* impressionistische, expressionistische und zeitgenössische Kunst aus, z.B. Werke von *Andrés de Santamaría, Enrique Grau, Alejandro Obregón, Guillermo Wiedemann, Ricardo Gómez Campuzano.*

colo141 Foto: ib

Im Parque de los Periodistas mit dem Templete de Bolívar (hoch oben thront das Santuario de Monserrate)

Museo de Bogotá

In der restaurierten **Casona del Virrey Sámano** (Cra. 4 No. 10-18, www.museodebogota.gov.co, geöffnet Mo bis Fr 8–17 Uhr, freier Eintritt) befindet sich ein Museum, das die Stadtgeschichte Bogotás anhand von Modellen und historischen Fotos illustriert.

Plazoleta del Chorro de Quevedo

Dieser kleine, von schmalen Katzenkopfstiegen und Gassen umnetzte Platz ist das **historische Herz der Candelaria** (Cra. 2 und Cl. 13). Manche Historiker nehmen an, dass nicht an der Stelle der heutigen Kathedrale, sondern genau hier Teusaquillo, der Ruhesitz des Zipa, stand und sich die Gründung Bogotás durch *Jiménez de Quesada* vollzog. Im frühen 19. Jh. errichtete Augustinerpater *Francisco Quevedo* auf dem Platz einen Brunnen, um die Wasserversorgung der Anwohner zu verbessern.

Seit 1998 steht auf der Plazoleta ein **symbolisches Tor** mit zwölf Nischen, welches jene zwölf Apostelhütten repräsentiert, die der Stadtgründer einst errichten ließ. Auf und an dem Tor tanzen die **Figuren von fünf legendären kolumbianischen Charakteren,** die allesamt im Laufe ihres Lebens dem Wahnsinn verfielen: *Pomponio* wurde verrückt aus unerfüllter Liebe, *Margarita,* weil man ihren liberal gesinnten Sohn im Krieg der Tausend Tage vor ihren Augen erschoss, der reiche *Conde de Cuchicute,* weil ihm ein echter Adelstitel fehlte, der Aristokrat *Santamaría* indes verarmte, schlief auf der Straße und kleidete sich weiter in Frack und Zylinder, während der einsame *Antonín* den Pferdebahnen nachzurennen pflegte ...

Abends öffnen rund um die Plazoleta kleine Cafés, Bars und Restaurationen. In manchen kann man aus traditionellen Kalebassen das fermentierte indigene Maisgetränk *Chicha* genießen oder sich an offenen Kaminfeuern wärmen, z.B. entlang der engen und spukhaften Gasse **Callejón del Embudo.** In anderen spielen lokale Musiker oder liegen Rosenblätter verstreut (z.B. im Café El Gato Gris).

Die Cl. 13 einige Schritte abwärts schreitend, erreicht man den ehemaligen Sitz des **Teatro Libre** (Cl. 13 No.2-44, Tel. 2814 834), in dem Schauspielschüler noch immer exzellente Darbietungen geben.

Casa de Poesía Silva

Dieses **Kolonialhaus,** das ein **Museum** sowie einen **Buchladen** beherbergt, befindet sich ganz in der Nähe der Plazoleta del Chorro de Quevedo (Cl. 14 No. 3-41, Tel. 2865 710, www.casadepoesiasilva.com, geöffnet Mo bis Fr 9–18 Uhr, zur Siesta geschlossen, freier Eintritt). Hier wohnte der unglückliche Poet **José Asunción Silva** (1865–96) zuletzt, ließ sich von seinem Arzt die genaue Stelle seines Herzens auf einem Seidenhemd markieren und erschoss sich. Der Sohn begüterter Eltern lebte zunächst sorgenfrei und versumpfte in der Künstlerszene von Paris und London. Zunehmende finanzielle Sorgen, Drohungen der Gläubiger, die Bürde, nach dem Tode seines Vaters für die Familie sorgen zu müssen, das Ableben seiner heiß geliebten Schwester und ein Schiffbruch, bei dem er einen Großteil seiner Manuskripte verlor, trugen dazu bei, dass *Silva* seelisch rasch verfiel. Sein großartiges Gedicht „Nocturno" ist en miniature auf der 5.000-Peso-Banknote abgedruckt.

Parque de los Periodistas

Dieser Park (Av. Jiménez und Cra. 3 und Cl. 16) mit dem markanten **Templete de Bolívar,** einem 1884 in republikanischem Stil errichteten Pavillon, ist – insbesondere unter Studenten – ein beliebter Treffpunkt. An manchen Sonntagen findet hier der *Vendetón,* ein Floh- und Antiquitätenmarkt, statt. Auf dem Kopf des *Libertador* sitzt meist eine Taube.

Casa Museo Quinta de Bolívar

Nahe des Fußes des Cerro de Monserrate liegt die Quinta de Bolívar, ein von üppigen Gärten umgebenes Anwesen, das einst **Simón Bolívar** gehörte (Cl. 20 No. 2-91 Este, Tel. 284 6819 / 3366 419, Fax 336 6410, www.quintadebolivar.gov.co, geöffnet Di bis Fr 9–17 Uhr, Sa und So 10–15 Uhr, Eintritt 1 Euro; Eingang ca. 300 m östlich der Transmilenio-Station Las Aguas).

Ein erstes Landhaus wurde hier um 1800 errichtet. Nach dem Unabhängigkeitskrieg erhielt *Bolívar* für seine Verdienste die Quinta von General

Francisco de Paula Santander und der Regierung von Cundinamarca geschenkt, doch der rastlose *Libertador* bewohnte während der zehn Jahre, die es ihm gehörte, nur kurze Zeit das elegante Haus, nämlich in den Monaten Januar und Oktober 1821 und dann (nachdem ein Verwandter *Bolívars* darin gehaust und es zugrunde gerichtet hatte und *Santander* viele Reparaturen hatte vornehmen müssen) sehr sporadisch zwischen November 1826 und März 1830, wobei ihm die Quinta als Rückzugsort diente. Das heutige **Museum** enthält Möbel, Waffen, Dokumente und Gemälde aus der Zeit *Bolívars,* darunter auch einige persönliche Gegenstände.

Cerro de Monserrate

Mit einer Höhe von **3.150 m** über NN ragt der schwarz bewaldete Cerro de Monserrate steil aus der sich östlich von Bogotá erstreckenden Bergkette auf. Wie ein Adlerhorst sitzt das schneeweiße **Santuario de Monserrate** (www.cerromonserrate.com) auf dem Fels und überschaut die Candelaria. 1640 wurde hier eine erste Kapelle errichtet, einige Jahre darauf ein Kloster. Pilgerscharen strömen auf den Berg, um die wundertätige **Statue des Gefallenen Christus (El Señor Caído)** zu besuchen, die aus der Hand des Meisters *Pedro de Lugo y Albarracín* stammt. Viele Ausflügler kommen auch wegen der atemberaubenden Blicke auf die Savanne von Bogotá. Um die Pilgerstätte haben sich preiswerte Restaurants, Kunstgewerbeläden und Souvenirshops angesiedelt, außerdem gibt es hier die teuren und sehr eleganten Restaurants Casa San Isidro (geöffnet Mo bis Sa 12–24 Uhr, Tel. 2819 270) und Casa Santa Clara (geöffnet Di bis So 12–17 Uhr, Tel. 2819 309).

Etwa 700 Meter östlich der Transmilenio-Station Las Aguas befindet sich die Bodenstation des **teleférico** (der **Luftseilbahn**) zum Monserrate, Cra. 2 Este No. 21-48, Tel. 2845 700. Die Seilbahn fährt alle 20 Min. Mo bis Sa 12–24 Uhr und So 5.30–17 Uhr. Daneben liegt der Bahnhof des **funicular,** der **Standseilbahn,** die Mo bis Sa 8–11.30 Uhr und So 5.30–17 Uhr betrieben wird. Hin- und Rückfahrt kosten zusammen 6 Euro.

Alternativ kann man in einer Stunde den **Kreuzweg** zum Gipfel hoch schreiten, doch Achtung: Hier sind auch Räuber unterwegs! Der Kreuzweg ist daher nur am Wochenende zu empfehlen, wenn viele Pilger unterwegs sind. Ganz Vorsichtige fahren sogar mit dem Taxi bis zur Seilbahnstation vor.

La Séptima

Die pulsierende Aorta Bogotás ist die **Cra. 7,** auch *Séptima* genannt, die **von der Plaza Bolívar nach Norden** führt. Die Straße symbolisiert wie keine zweite **das „wahre Leben" Bogotás,** mit ständigem Verkehrsstau, Auspuffgasen, zahlreichen Geschäften, Banken, Restaurants, schmierigen Plätzen, chaotischen Straßenmärkten, Schuhputzern, Schaustellern, politischen Demonstrationen und vielen Sehenswürdigkeiten, von denen im Folgenden einige benannt werden. Sonntags gehört die Straße den Radfahrern und Fußgängern *(ciclovía)*, nachts den von der Gesellschaft Ausgestoßenen und dem Militär.

Colegio del Rosario

Wer, von der Plaza Bolívar kommend, die Cra. 7 nach Norden schlendert, erreicht nach drei Blöcken das renommierte **Colegio Mayor de Nuestra Señora del Rosario** mit seinem exquisiten Leitspruch „Nova et Veteran – Immer neu, immer alt" (Eingang Cl. 14 No. 6-25), eine der ältesten Hochschulen Bogotás, gegründet vom Dominikaner *Fray Cristóbal de Torres* Mitte des 17. Jh. *José Celestino Mutis* unterrichtete hier in den 1760er Jahren Naturwissenschaften. Während der spanischen Reconquista unter *Pablo Morillo* diente das trutzige klosterartige Gebäude als Gefängnis. Hier saßen *Francisco José de Caldas* und *Policarpa Salavarrieta* ein und warteten auf ihre Hinrichtung. Zahlreiche Präsidenten drückten in ihrer Jugend die Schulbank des Rosario. In der Mensa gibt es preiswertes Mittagessen. Am Ostflügel steht eine Kapelle mit der Schutzheiligen der Hochschule, der Virgen de „La Bordalita".

Iglesia de San Francisco

Der Cra. 7 nach Norden folgend und die Av. Jiménez überschreitend, erstreckt sich rechter Hand der **Parque Santander.** Linker Hand befindet sich die Kirche des heiligen *Franz von Assisi,* das **älteste und vielleicht beliebteste Gotteshaus Bogotás,** erbaut 1550–67 mit funkelndem Goldaltar und maurischer Deckenarbeit. Das Gotteshaus ist zu jeder Tageszeit voll mit Gläubigen, an den Eingängen sitzen Bettler.

Iglesia de la Veracruz

Diese Kirche (Cl. 16 No. 7-19) steht gleich nebenan, direkt nördlich der Iglesia de San Francisco, und wird auch als **Panteón Nacional** bezeichnet, da die meisten während des Kampfes um Unabhängigkeit den Märtyrertod gestorbenen Patrioten hier ihre letzte Ruhestätte gefunden haben, darunter *Antonio Villavicencio* und *Francisco José de Caldas.*

Iglesia de la Tercera Orden Franciscana

Die Cl. 16 überquerend, erreicht man dieses dritte religiöse Schmuckstück entlang der Cra. 7, erbaut im 18. Jh. mit Spenden des Vizekönigs und weiterer illustrer Personen.

Museo de Oro (Goldmuseum)

An der Nordostseite des Parque Santander befindet sich unter den Fittichen der Banco de la República das Museo de Oro (Goldmuseum), **das zweifellos zu den besten Museen Lateinamerikas zählt und die wichtigste Sehenswürdigkeit Bogotás ist** (Cl. 16 No. 5-41, Tel. 3432 221, Fax 2847 450, www.banrep.gov.co/museo, geöffnet Di bis Sa 9–18 Uhr und So 10–16 Uhr, Eintritt 1,50 Euro; Führungen auf Spanisch und Englisch um 11, 15 und 16 Uhr).

colo006 Foto: ib

Dem Goldmuseum gehört mit ca. **35.000 Objekten** die größte existierende Sammlung präkolumbischer Gold-, Platin-, Silber- und Tumbagogegenstände – ein Bruchteil der tatsächlich von den indigenen Völkern hergestellten Artefakte, die ja überwiegend von den spanischen Eroberern zu Barren geschmolzen nach Europa transportiert und damit unwiederbringlich vernichtet wurden.

Akkurat **sortiert nach ihrer kulturellen Herkunft** (z.B. Tumaco, Calima, Tolima, Quimbaya, Zenú, Tairona, Muisca, Urabá) geben die durch Hammer- und Schweiß- bzw. Wachsausschmelztechniken hergestellten Exponate einen Eindruck von der hohen Entwicklung des Handwerks, von Denken und Fühlen, Glauben und Mythologie, Alltag, Riten und Sozialstrukturen der vielfältigen indigenen Gesellschaften, die im Verlaufe der zwei letzten Jahrtausende vor der Konquista das Gebiet des heutigen Kolumbien bevölkerten.

Ausstellungsstück im Goldmuseum

Ein Höhepunkt der Sammlung ist das **Balsa Muisca,** ein Miniaturfloß aus Gold, das den Mythos von El Dorado widerspiegelt (siehe dazu unter Guatavita). Als letztes betritt der Besucher einen sich hermetisch hinter ihm schließenden **runden Raum.** Er symbolisiert den Grund einer jener heiligen Lagunen, in welche die Indianer Opfergaben zu versenken pflegten, und enthält 8.000 Artefakte, die unter archaischen Klängen nach und nach aufblitzen und dann von Dunkelheit verschlungen werden und so gleichsam den unwiderruflichen Untergang der alten Kulturen vor Augen führen.

Im Erdgeschoss befindet sich ein **gutes Restaurant,** in dem auch *ajiaco* - eine Spezialität Bogotás - angeboten wird (Tel. 2829 205).

Museo de Arte Moderno Bogotá

Acht Blöcke nördlich des Goldmuseums steht rechter Hand das Museum für Moderne Kunst, kurz: MAMBO, in dem **kontemporäre lateinamerikanische Kunst** gezeigt wird (Cl. 24 No. 6-00, Tel. 2860 466, www.mambogota.com, geöffnet Di bis Sa 10–18 Uhr und So 12–17 Uhr, Eintritt 2 Euro). Gutes Museumscafé.

Parque de la Independencia/ Planetario Distrital

Nordöstlich des MAMBO erstreckt sich der 1910 eingeweihte Unabhängigkeitspark (zwischen Cl. 26 sowie Cra. 5 und 7) mit seinem Eukalyptushain und dem **Quiosco de la Luz** des Florentiner Baumeisters *Pietro Cantini.* Am Wochenende ein angenehmes Erholungsgebiet, bietet der unter der Woche vereinsamte Park dann kein ausreichendes Maß an Sicherheit. Nördlich des Parks steht das **Planetario Distital,** das Planetarium von Bogotá, in dem modernste Zeiss-Technik anspruchsvolle Vorführungen erlaubt (Cra. 7 und Cl. 26, Tel. 3423 171, www.planetariodebogota.gov.co).

Plaza de Toros de Santamaría

Neben dem Planetarium liegt das Rondell der **Stierkampfarena** aus dem Jahr 1931, die 14.500 Zuschauern Platz bietet (Cra. 6 No. 26-50, Tel. 3341 482). Sie trägt den Namen des Rinderzüchters *Ignacio Sáenz de Santamaría,* der das Grundstück für den Bau der Arena zur Verfügung stellte. Die Stierkampfsaison dauert für gewöhnlich von Dezember bis Februar (Eintritt 6–100 Euro). Das **Museo Taurino** lässt die Glanzmomente in der Geschichte des kolumbianischen Stierkampfes aufleben.

Museo Nacional de Colombia

Kein kolumbianisches Museum ist älter als das **Nationalmuseum** (Cra. 7 No. 28-66, Tel. 3348 366, www.museonacional.gov.co, geöffnet Di bis Sa 10- 18 Uhr und So 10–17 Uhr, Eintritt 2 Euro). 1823 von *Francisco de Paula Santander* gegründet, befindet es sich seit 1948 hier, etwas nördlich der Stierkampfarena - im kastellartigen Gebäude des **Panóptico de Cundinamarca,** von *Thomas Reed* 1875 als Gefängnisbau errichtet. In den weiß getünchten hohen Sälen hängen die Unabhängigkeitshelden in Öl, und wenn draußen wie so oft ein Gewittersturm tobt und das Licht zu flackern beginnt, hat man das Gefühl, als stiegen sie aus ihren morschen Rahmen herab. Das Museum verfügt über archäologische, ethnografische und historische Sammlungen; außerdem finden wechselnde Ausstellungen zu kulturellen und politischen Themen statt.

Torre Colpatria

Vom 50. Stock dieses mit 196 Meter höchsten Wolkenkratzers Kolumbiens aus dem Jahr 1979 hat man **exzellente Ausblicke** über Bogotá (Cra. 7 No. 24-89, Tel. 2836 697, geöffnet für den Besucherverkehr nur Sa und So 11–17 Uhr, Eintritt 3 Euro). Nachts funkeln die Kanten des Gebäudes in wechselnden Neonfarben.

Cementerio Central

Der etwa 700 Meter westlich der Séptima gelegene, 1827 gegründete **Zentralfriedhof** gehört zu den ältesten noch existierenden Beinstätten Bogotás (Cra. 17 und Cl. 26, geöffnet täglich 8–17 Uhr; für organisierte nächtliche Besuche: siga.museobogota@gmail.com).

Am Hauptportal begrüßt Gott *Chronos* mit Sanduhr und Sense den Besucher. Auf dem Friedhof befinden sich zahlreiche **Gräber bekannter Persönlichkeiten,** um die die *bogotános* ihre Legenden und Mythen gewoben haben und die Pilgerscharen anlocken.

Geisterbeschwörer nehmen an manchen Grüften Tabakriten vor. Andere Gräber sollen überirdische Kräfte ausstrahlen, so das der **María Salomé** oder die sogenannten „Zwillingsgräber" **(Las Gemelas).** Stets gut besucht ist das **Grab von Leo Kopp,** des geschäftlich überaus erfolgreichen und seinen Mitarbeitern gegenüber großzügigen Gründers der Bavaria-Brauerei: Viele Verzweifelte hoffen, durch die Nähe zu seinem Leichnam falle auch auf sie ein bisschen von dem unerreichbaren Glanz des Reichtums.

Aber auf dem Zentralfriedhof liegen auch viele unglückliche Menschen, so der Dichter **José Asunción Silva,** der sich 30-jährig eine Pistolenkugel ins Herz jagte, oder der so Erfolg versprechende Präsidentschaftskandidat **Luis Carlos Galán,** der während einer Demonstration von Drogenkillern des Medellín-Kartells ermordet wurde.

Jardín Botánico José Celestino Mutis

Der **Botanische Garten** (Av. 63 No. 68-95, Tel. 4377 060, www.jbb.gov.co, geöffnet Mo bis Fr 9–17 Uhr und Sa/So 10–17 Uhr, Eintritt 2 Euro) liegt nordwestlich des Zentrums auf halber Strecke zum Flughafen. Der Garten hat ein interessantes Orchideenhaus und vermittelt einen Überblick über die heimische Pflanzenwelt.

Maloka Centro Interactivo de Ciencia y Tecnología

Dieses moderne **Museum für Technik und Naturkunde** mit einem *Cine Domo* (Cra. 68D No. 40A-51, Tel. 4272 707, www.maloka.org, täglich geöffnet, Eintritt 3–7 Euro) befindet sich südlich des Botanischen Gartens.

Feiertage & Feste

Die **Fiesta de los Reyes Magos** wird anlässlich der Ankunft der Heiligen

Drei Könige zum 6. Januar im Barrio Egipto (bergauf östlich der Candelaria) bombastisch gefeiert.

Die Monate Januar und Februar bilden den Höhepunkt der **Fiesta Taurina** mit sonntäglichen Stierkämpfen in der Arena von Santamaría (Cra. 6 No. 26-50, Tickets am Schalter).

Jedes zweite Jahr (2014, 2016) findet in den Monaten März und April das **Festival Iberoamericano de Teatro** statt, in dem nationale und internationale Theatergruppen die Bühnen der Stadt bevölkern (www.festivaldeteatro.com.co).

Einen guten Ruf genießt die **Feria Internacional del Libro,** die Buchmesse, die im April in den Messehallen von Corferias stattfindet (Cra. 37 No. 24-67, www.corferias.com).

Im August erreicht die **Opernsaison** ihren Höhepunkt und findet das **Festival del Salsa al Parque** mit Gruppen auch aus New York und Puerto Rico im Parque Metropolitano Simón Bolívar statt. Zwei Wochen im August dauert das **Festival de Verano** (Sommerfestival) mit Sportevents, Konzerten, Folkloreshows und Feuerwerk.

Im September, zum **Festival de Jazz al Parque,** treten in Parks und auf der Freilichtbühne Media Torta (südlich des Geländes der Universidad de los Andes am östlichen Ende der Cl. 18 in der Candelaria) Jazzmusiker auf.

Im Oktober feiert man im Barrio La Perseverancia (im Stadtzentrum, Cra. 4 und Cl. 32) das **Festival de la Chicha, la Vida y la Dicha** mit Musik, Tanz und natürlich – mit *chicha,* dem stärkehaltigen, leicht alkoholischen Maisgetränk der *Muiscas,* das in *totumas,* ausgehölten Kürbissen oder Kalebassen, gereicht wird.

Im Oktober findet auch das **Festival del Cine de Bogotá** statt, wobei lateinamerikanischen Autorenfilmen eine besondere Bedeutung zukommt.

Doch das bedeutendste Event im Oktober ist zweifellos das **Festival de Rock al Parque** im Parque Metropolitano Simón Bolívar, das gigantischste Rockfestival ganz Lateinamerikas mit Hardcore-, Ska-, Metal- und Punkbands internationalen Kalibers.

Im Dezember findet in den Ausstellungshallen von Corferias (Cra. 37 No. 24-67, www.corferias.com) die **Feria Expoartesanía** statt, eine Kunstgewerbe- und Gourmetmesse mit regionalen Highlights.

Exotisches Bogotá

El Palo de Ahorcado

Dies ist das bittere, bizarre **Denkmal der Verzweiflung,** das die Menschen der armen Ciudad Bolívar für sich errichtet haben. Hierher, zur mythischsten aller Hinrichtungsstätten, kommen Selbstmörder und all jene, die keinen Ausweg mehr sehen. Gute Taxifahrer kennen den Weg ...

Iglesia del 20 de Julio

Cl. 27 sur No. 5A-27, Tel. 3725 555; in einem der gewaltigsten Tempel der Stadt kann man zusammen mit vielen tausend Gläubigen die **Sonntagsmesse** feiern. Anfahrt per Taxi oder mit dem Transmilenio.

Billardsalons

Billares San Francisco: Cra. 7 No. 14-36, Tel. 3421 969, geöffnet bis 2.30 Uhr. Ganz typische Billardhalle. Der Macho trinkt *aguardiente,* Frauen haben hier wenig verloren. Alternativ: **Club Billares Londres:** Cra. 7 No. 21-94, geöffnet bis 3 Uhr. Einer der ältesten Billardsalons Bogotás. Hier wird auch das traditionelle, aus Cundinamarca stammende Spiel „El Sapo" gespielt.

Tejo

Campo de Tejo „El Paisa": Cra. 7 No. 1C-12. Hier praktiziert man den Nationalsport Kolumbiens, das von den Indianern erfundene *tejo* (siehe Exkurs). Alternativ: **Campo de Tejo „Peperepe":** Cl. 7 No. 8-22, geöffnet Do bis So ab Mittag.

Hahnenkampf

- **Club Gallistico:** Cl. 57 No. 14-63, Di, Fr.
- **Club Gallistico San Miguel:** Cl. 77 No 19-65, Tel. 2358 171, Mi und Fr 20–3 Uhr.
- **Club Gallistico Fontibón:** Cra. 103B No. 22-72, Mobil 311 2766 994, Eintritt 6 Euro.

Nachtklubs

- **El Castillo Night Club:** Cl. 23 No. 14-19, Tel. 4822 518, www.elcastillobogota.com, edler Nachtklub. Tabledance, Striptease, spektakuläre Modelle. Sauna, Türkisches Bad. Mariachi-Gruppen. Suites. Bei Bedarf bewaffneter Body-Guard-Service für all jene, die schrankenlos das nächtliche Bogotá erforschen wollen. Beliebt bei gut situierten Geschäftsleuten.
- Weitere populäre Nachtklubs sind **La Piscina,** Cra. 15 No. 23-64, Tel. 3412 420, sowie **Whiskería de la 49,** Cra. 13 No. 49-77, Tel. 2888 773.

Informationen & wichtige Adressen

Touristeninformation

- **Am Flughafen:** Aeropuerto El Dorado, Muelle Internacional: Tel. 4139 053, Muelle Nacional: Tel. 4138 732. Schalter geöffnet täglich 9–21 Uhr.
- **Im Busbahnhof:** Terminal de Transportes, Cl. 33B No. 69-59, Módulo 5, local 127, Tel. 2954 460, täglich geöffnet 7–18 Uhr.
- **In La Candelaria:** Instituto de Cultura y Turismo, Cra. 8 No. 9-83, Tel. 3274 916, an der Südwestecke der Plaza Bolívar, geöffnet täglich 8–18 Uhr. Stadtpläne, Infobroschüren.
- **Im Centro Comercial Unicentro:** Av. 15 No. 123-30, Entrada 8, Piso 1, Tel. 6121 967, täglich geöffnet 9–21 Uhr.
- **Im Internet: www.bogotaturismo.gov.co** ist die offizielle Homepage Bogotás. Für alle, die wissen wollen, was kulturell „in" ist und wo man am besten ausgeht: **http://bogota.vive.in, www.planb.com.co/Bogota.aspx.**

Touristenpolizei/Policia de Turismo

- **Oficina de Denuncias y Contravenciones:** Cra. 13 No. 26-62, Tel. 3374 413 / 2431 175. Nimmt Anzeigen entgegen. Hilfsbereit.

Notrufnummern

- **Polizei: 112, 156**
- **Notarzt: 125**
- **Rotes Kreuz: 132**
- **Feuerwehr: 119**

Internetcafés

Überall in der Stadt gibt es Internetcafés (ca. 0,50 Euro/Std.), vor allem entlang der Séptima, in den Centros Comerciales und in La Candelaria. Bibliotheken (z.B. die **Biblioteca Luis Ángel Arango,** Cl. 11 No. 4-14) und die überwiegende Zahl der Hotels und Herbergen bieten freien Internetzugriff bzw. verfügen über einen drahtlosen Zugang.

Post & Telefonieren

- **Deprisa:** Edificio Avianca, Cra. 7 No. 16-36, geöffnet Mo bis Fr 7.30–19 Uhr, Sa 8–15 Uhr.

Briefe und Paketsendungen. Poste restante: Briefe werden einen Monat aufbewahrt.

●**4-72 (Post):** Oficina Centro Internacional, Cra. 7 No. 27-54; Oficina Centro Comercial Unicentro, Av. 15 No. 123-30. Briefe und Paketsendungen.

●Überdies gibt es die **Kurierdienste** Servientrega, DHL und Fedex (siehe unter „Praktische Tipps A–Z/Post & Kurierdienste").

●**Telefonate** sind quasi von jeder zweiten Straßenecke möglich. Überall gibt es Telefonläden oder „Minutos", wo man vom Festnetztelefon bzw. dem Handy des Anbieters für wenige Pesos anrufen kann. Viele Internetcafés, aber auch Krämerläden, bieten diesen Service an.

Geldwechsel

●Kolumbianische Pesos erhält man mit der Maestro-/EC-Karte schnell und billig an **Bankgeldautomaten,** z.B. Banco Santander, Cl. 12 No. 7-32, Citibank, Cra. 13 No. 29-25. Geldautomaten gibt es auch direkt am Flughafen, im Busbahnhof sowie in den großen Einkaufszentren (z.B. Centro Comercial Unicentro, Av. 15 No. 123-30, oder Hacienda Santa Bárbara, Cra. 7 No. 115-60).

●Aufwendiger ist es, **Reiseschecks** zu tauschen (Öffnungszeiten der Banken Mo bis Fr 9–15 Uhr). Hier z.B. Banco Unión, Cra. 8 No. 14-45; Bancolombia, Cra. 8 No. 13-17; Banco Popular, Cra. 7 No. 13-93; Emerald Trade Center, Av. Jiménez No. 5-43, Local 128, Tel. 2866 181, geöffnet 8–18 Uhr, nimmt Thomas Cook an.

●**Wechselstuben (casa de cambio):** z.B. Titán, Cra. 7 No. 18-42, Local 116, Tel. 3413 875. Viele Möglichkeiten entlang der Av. Jiménez zwischen Cra. 6 und Cra. 11. Oder im Unicentro, Local 1-118.

Reisebüros

●**Aviatur:** Av. Jiménez No. 4-62, Tel. 3821 616, www.aviatur.com. Organisiert z.B. Aufenthalte in Kaffeefincas oder auf Isla Gorgona und bietet mehrtägige Reisepakete an, auch in schwer erreichbare Nationalparks, z.B. nach Los Nevados. Filialen von Aviatur gibt es landesweit in allen Großstädten.

●**Trotamundos S.A.,** www.trotamundos.com.co, unterhält zahlreiche Filialen. Rückbestätigungen von Flügen, Flugbuchungen. Z.B. Filiale Av. Chile: Cra. 11 No. 73-44 Of. 501, Tel. 3124 909 / 3457 591, Fax 3124 908; Filiale Andes: Cl. 19 No. 1-85, Tel. 2810 177 / 5665 546 / 5665 024, Fax 5664 892.

●**Promotora Neptuno:** Cra. 7bisA No. 123-15, Tel. 5205 620, www.neptuno.org. Deutsche Leitung, Reisepakete z.B. in die Serranía de La Macarena oder zum Cañon Chicamocha.

●**Vivir Volando:** Cra. 16 No. 96-64, Local 2, Tel. 6014 676, www.vivirvolando.com. Mehrtägige Reisepakete z.B. nach Capurganá, Providencia und Mompós sowie günstige Inlandsflüge mit Satena.

●**De Una Colombia:** Cra. 26 No. 40-18, Tel. 3681 915, www.deunacolombia.com. Holländische Leitung, Exkursionen in den *páramo* von El Cocuy, Orchideenwanderungen, Ausflüge in den Parque Chicaque, Fahrten in die Llanos, z.B. nach Tuparro.

Bücher

●**Librería Centro Cultural Gabriel García Márquez:** Cl. 11 No. 5-60, Tel. 2832 200, www.fce.com.co. Riesige Auswahl kolumbianischer Literatur. Bildbände.

●**Librería Lerner,** www.librerialerner.com.co, bietet eine große Auswahl an Büchern aus und über Kolumbien, Bildbände, wissenschaftliche Studien und Romane an. Filiale im Zentrum: Av. Jiménez No. 4-35, Tel. 3347 826 / 2430 567; Filiale im Norden: Cl. 92 No. 15-23, Tel. 6364 261 / 6170 476.

●**UN La Librería:** Cra. 7 und Cl. 20 Esq., www.unlalibreria.unal.edu.co. Buchhandlung der Universidad Nacional, drei Etagen mit Büchern über Kolumbien und wissenschaftlichen Studien.

●**Centro Cultural del Libro:** Cra. 8A No. 15-63. Große Auswahl.

●**Librería Central:** Cl. 94 No. 13-95. Deutsch- und englischsprachige Presse und Bücher.

Landkarten

●Atlanten, Übersichtskarten, Karten der Departamentos und wichtigsten Städte sowie genaue regionale Detailkarten erhält man im **Instituto Geográfico Agustín Codazzi:** Cra. 30 No. 48-51, Tel. 3694 000 / 3694 100, Fax 3694 098, www.igac.gov.co.

Bibliotheken

- **Biblioteca Luis Ángel Arango (BLAA):** Cl. 11 No. 4-14, Tel. 3431 212, www.lablaa.org, geöffnet Mo bis Sa 8–20 Uhr und So 8–16 Uhr. Ultramoderne Bibliothek in La Candelaria. Kulturelle Veranstaltungen.
- **Biblioteca Nacional:** Cl. 24 No. 5-60, Tel. 3413 061, wwwbibliotecanacional.gov.co, geöffnet Mo bis Sa 9–19 Uhr. Traditionsreiche Bibliothek in einem Art-déco-Gebäude.
- **Archivo General de la Nación:** Cra. 6 No. 6-91, Tel. 3282 888, www.archivogeneral.gov.co, geöffnet Mo bis Fr 8–17 Uhr. Staatsarchiv.

Sprachunterricht

- Spanisch-Unterricht erteilen die **Universitäten,** z.B. Universidad de Los Andes, www.uniandes.edu.co; Universidad Javeríana, www.javeriana.edu.co; Universidad Nacional, www.unal.edu.co; Universidad Pedagógica, www.pedagogica.edu.co.
- Informationen auch am Schwarzen Brett einschlägiger **Globetrotterhostels** (Platypus, Hostal Sue). Viele kolumbianische Studenten, die ihrerseits Englisch lernen wollen, sind an einem „Sprachtandem“ interessiert.
- Informationen über aktuelle Spanisch-Kurse erhält man auch vom kolumbianisch-deutschen Kulturzentrum **Instituto Cultural Colombo-Alemán/Goethe-Institut,** Cra. 11A No. 93-52, Apartado 25 08 65, im Gebiet des Parque de la 93, Tel. 6018 600, www.goethe.de/ins/co/bog/deindex.htm.
- Eine empfohlene Sprachschule ist **Nueva Lengua** (auch in Medellín und Cartagena), Universidad de la Sabana, Km 21, Autopista Norte, Tel. 8615 555, www.nuevalengua.com.

Botschaften

- **Deutsche Botschaft:** Cra. 69 No. 25 B-44, Piso 7, Edificio World Business Port, Tel. 4232 600, Fax 4293 145 / 4232 643. Postadresse: Embajada de la República Federal de Ale-

colo007 Foto: ib

mania, Apartado Aéreo 98833, Bogotá, Colombia.

- **Österreichische Botschaft:** Cra. 9 No. 73-44, Piso 4, Edificio Fiducafé, Tel. 3263 680 / 3263 690, Fax 3177 639, www.embajadadeaustria.org.co.
- **Schweizer Botschaft:** Cra. 9 No. 74-08, Piso 11, Edificio Profinanzas, Tel. 3497 230, Fax 3497 195, www.eda.admin.ch/bogota. Postadresse: Embajada de Suiza, Apartado Aéreo 251957, Bogotá, Colombia.
- **Brasilianische Botschaft:** Cl. 93 No. 14-20, Piso 8, Tel. 2180 800, Fax 2188 393.
- **Ecuadorianische Botschaft:** Cl. 67 No. 7-35, Oficina 1102, Tel. 3175 328 / 3175 329 / 3175 319, Fax 3175 324.
- **Panamaische Botschaft:** Cl. 92 No. 7A-40, Tel. 2574 452 / 2575 058, Fax 2575 067.
- **Venezolanische Botschaft:** Cra. 11 No. 87-51, Piso 5, Tel. 6401 213, Fax 6401 242.

Immigrationsbehörde D.A.S.

- **Hauptbüro:** Cra. 28 No. 17A-00, Tel. 2086 060, www.das.gov.co, geöffnet Mo bis Fr 7.30–15.30 Uhr.
- Visa-Verlängerungen und die Erteilung eines *salvoconducto* nimmt die **D.A.S.-Extranjería** vor: Cl. 100 No. 11B-27, Tel. 6017 200, geöffnet Mo bis Fr 7.30–15.30 Uhr.

Nationale Fluggesellschaften

- **Avianca:** Zahllose Buchungsbüros, z.B. am Aeropuerto Eldorado, Tel. 4139 862, geöffnet täglich 4–22.30 Uhr, oder im Stadtzentrum Av. 19 No. 4-37, Local 2, Tel. 2845 649, geöffnet Mo bis Fr 9–19 Uhr, und in Chapinero Cra. 13 No. 53-34, Tel. 2553 097; www.avianca.com.
- **Aires:** Cra. 11 No. 76-11, Local 103, Tel. 3213 649; www.aires.com.co.
- **Aerorepública:** Cra. 10 No. 27-51, Local 165, Tel. 3209 090; www.aerorepublica.com.co.

In Bogotás hippem Norden
liebt man Oldtimer

- **Easyfly:** Billigfluglinie, Tel. 4148 111, Flüge sind nur über Internet buchbar unter www.easyfly.com.co.
- **Satena:** Militärfluglinie, Cra. 10 No. 26-21, Oficina 210, Tel. 4238 500; www.satena.gov.co.

Internationale Fluggesellschaften

- **Air France:** Cra. 9 No. 99-07, Torre 1, Piso 5, Tel. 6506 000; www.airfrance.com.co.
- **Aeropostal (Venezuela):** Cl. 73 No. 9-42, Piso 1, Tel. 2830 264; www.aeropostal.com.
- **American Airlines:** Cl. 71A No. 5-90, Local 101, Tel. 4398 022, www.aa.com.
- **Continental Airlines:** Cra. 7 No. 71-21, Torre A, Oficina 2, Tel. 3425 279, oder Cra. 10A No. 26-25, Local 7, Tel. 800 9440 219; www.continental.com.
- **Copa (Panama):** Cra. 9A No. 99-02, Local 108, Tel. 800 5507 700; www.copaair.com.
- **Lan (Chile):** Cl. 100 No. 8A-49, Tel. 6111 533; www.lan.com.
- **Iberia (Spanien):** Am Aeropuerto Eldorado, Tel. 4138 715, oder Cra. 19 No. 85-11, Tel. 6166 111; www.iberia.com.
- **Mexicana:** Av. 15 No. 114-36, Oficina 108, Tel. 4148 428.
- **Taca (El Salvador):** Cl. 113 No. 7-21, Local 124, Tel. 800 9518 222.
- **Varig (Brasilien):** Cra. 7 No. 33-24, Tel. 6507 100; www.varig.com.

Autovermietung

- **Budget:** Am Flughafen sowie Av. 15 No. 107-08, Tel. 2134 721 / 2155 736, www.budget.colombia.com.
- **Dollar Rent a Car:** Am Flughafen sowie Cl. 90 No. 11A-09, Tel. 6914 700.
- **Hertz:** Am Flughafen sowie Av. Caracas No. 27-17, Tel. 3276 700.

Gesundheit

Apotheken

In den meisten Supermärkten sind Apotheken integriert, in denen Arzneien und Medizin relativ preisgünstig erhältlich sind, z.B. **Olimpica** (Cra. 40 No. 22C-10), **Colsubsidio, Cafam.** Die Kette **Farmacity** hat 24 Std. geöffnet (z.B. Cl. 93A No. 13-41). Eine große

Auswahl hat der auf Gesundheitsprodukte spezialisierte **Locatel Supermercado de Salud y Bienestar** (Cra. 13 No. 11-09, Tel. 3451 638 / 2352 326).

Ärzte

Deutsch spricht **Dr. Brigitte Scholz Gómez** (Cl. 183 No. 76-65, Tel. 6704 982 / 311 5610910). Englisch spricht der kanadischstämmige **Paul Vaillancourt** (Cra. 11 No. 94A-25 Oficina 401, Tel. 6356 312 / -57 / -79).

Zahnärzte

Deutsch spricht **Dr. Werner Wittich** (Cra. 7 No. 119-14, Consultorio 410, Tel. 2156 427). Englisch sprechen z.B. **Doctor Aguilar** (Cra. 4 No. 18-50, Oficina 1802, Tel. 2840 123 / 2842 262), **Doctor Iregui** (Cl. 13 No. 5-63, Oficina 501, Tel. 2834 803) und **Doctor Hyung Kuk Kim** (Diagonal 86A No. 32-43, Tel. 6356 312).

Krankenhäuser

- **Clínica del Country:** Cra. 16 No. 82-57, Tel. 5300 470, www.clinicadelcountry.com, mit Ärztehaus.
- **Fundación Santafé de Bogotá:** Cl. 119 No. 9-33, Tel. 6030 303, www.fsfb.org.co.
- **Clínica El Bosque:** Cl. 134 No. 12-55, Tel. 2740577, www.clibosque.tripod.com.
- **Clínica Marly:** Cl. 50 No. 9-67, Tel. 3436 600, www.marly.com.co.

Homöopathie

- Homöopathische Erzeugnisse vertreibt die **Apotheke Santa Rita,** Cra. 5 No. 11-10, Tel. 3421 055 / 3425 435.
- Kontakt zu Naturheilern vermittelt die **Asociación de Terapeutas de Medicina Tradicional,** Cra. 63 No. 24-07, Tel. 2901 006.

Einkaufen

Einkaufszentren

- In Bogotá gibt es zahlreiche riesige und moderne Einkaufszentren nach US-amerikanischem Vorbild mit exzellenter Auswahl und vielen Serviceangeboten, z.B. **Centro Comercial Unicentro,** Av. 15 No. 123-30, www.unicentrobogota.com.co, **Centro Granahorrar,** Cl. 72 No. 10-34, oder **Centro Comercial Andino,** Cra. 11 No. 82-70, www.centroandino.com.co. In einem ehemaligen ländlichen Anwesen wurde das edle **Centro Comercial Hacienda de Santa Barbara** errichtet, Cra. 7 No. 115-60, www.haciendasantabarbara.com.co.
- Die Supermarktkette **Exito** (z.B. Cl. 52 No. 13-70 oder am Transmilenio-Terminal Portal del Norte/Cl. 170) hat ein riesiges Angebot auch europäischer Produkte. Hier unterhält auch die Fluggesellschaft Avianca Buchungsbüros.

Märkte

- **Plaza del Mercado de Paloquemao:** Av. 19 und Cra. 22, riesiger überdachter Basar mit über 2.000 Ständen. Obst, Gemüse, Kräuter, Blumen, Fleisch, Kunsthandwerk. Zur Zeit des Sonnenaufgangs am betriebsamsten.
- **Pasaje Rivas:** Cra. 10 und Cl. 10, orientalisch anmutender Basar, in dem man all das kriegt, was die modernen Einkaufszentren nur noch selten im Sortiment haben: Hängematten, irdene Töpfe, Macheten, Moskitonetze, *ruanas* (Ponchos) und andere Gebrauchsgegenstände für ein Leben auf dem Land. Ehrliche Preise.
- **Mercado San Andresito:** Cra. 38 und Cl. 12, großer Schmugglermarkt – hier gibt es all das, was der moderne Weltbürger schon immer wollte und sich bisher vielleicht nicht leisten konnte: Designerklamotten, Computer, Handys, Markenturnschuhe, DVD-Player und Whisky.
- **Mercado de Pulgas:** Cra. 7 und Cl. 24, nur sonn- und feiertags, neben dem Museo de Arte Moderno. Flohmarkt.
- **Mercado de Usaquén:** Cra. 5 und Cl. 119, sonntags exzellenter Kunstmarkt.

Kunstgewerbe

- Vor dem Museo de Oro (Goldmuseum) gibt es zahlreiche Passagen mit Souvenirläden (Cl. 16), darunter **Galería Artesanal de Colombia,** Cl. 16 No. 5-70.
- **Artesanías de Colombia:** Cra. 3A No. 18-60 oder Cra. 11 No. 84-12. Kunsthandwerk. Gute Qualität, aber relativ teuer.

- **Galería Cano:** Centro Comercial Santa Bárbara, Cl. 114 No. 6A-92, Locales C-228 sowie D-207 und 208, Tel. 6122 510, weitere Filiale am Flughafen (Local 218), www.lacano.net. Keramiken und Repliken altindianischen Goldschmuckes.

Leder

Die meisten Ledergeschäfte gibt es im **Barrio Gaitán** (Cra. 30 und Cl. 65). Hier kann man sich Lederjacken maßschneidern lassen. **Entlang der Séptima** haben sich zahlreiche Schuhgeschäfte angesiedelt. Qualitativ hochwertige Lederprodukte gibt es auch an der **Cl. 19** zwischen Cra. 4 und 7.

Smaragde

Hunderte akkurat gekleidete Herren stehen wochentags auf der **Plazoleta del Rosario** und dem Bürgersteig der **Av. Jiménez** (unterhalb der Kreuzung mit der Séptima). Es sind Smaragdhändler, und die Straße ist ihre Börse. Wer sich nicht auskennt, lässt aber besser die Finger davon (es gibt auch Fälschungen sowie Techniken, minderwertige Steine zeitweilig aufzupolieren). Schmuckladen auf Schmuckladen (= *joyería*) folgt südlich der Av. Jiménez **entlang der Cra. 6.** Hier gibt es Smaragde, Gold und Silber. Alternativ wendet man sich an das **Emerald Trade Center,** Av. Jiménez No. 5-43 (teuer, aber korrekt). Der abenteuerlich gestimmte Smaragdfachmann reist indes lieber nach Muzo und Cosquez (Departamento Boyacá) und erhandelt sich dort, was er begehrt.

Religiöse Artikel

- Heiligenfiguren, Rosenkränze, Engel, Jungfrauen und Kreuze kauft man in der Cra. 6 zwischen Cl. 10 und 12, z.B. im **Relicario,** Cra. 6 No. 11-62, Tel. 3421 329.

Hüte

- Hüte sind in Kolumbien ein unverzichtbares modisches Accessoire. Trotz Einzugs der schnöden Moderne haben sich in der **Cl. 11** westlich der Plaza Bolívar viele klassische Hutläden erhalten können.

Bergsteiger-Ausrüster

- **MonoDedo:** Cra. 16 No. 82-22, Tel. 6163 467, www.monodedo.com, Zelte, Schlafsäcke, Kletterausrüstung. Informationen über Kletterregionen, Verbindungen nach Suesca.
- **Almacén Aventura:** Cra. 13 No. 67-26, Tel. 2481 679, Rucksäcke, Schlafsäcke, Zelte, Kocher usw.
- **Montaña Accesorios:** Cra. 13A No. 79-46, Tel. 5306 103, Trekkingausrüstung.

Unterkunft

In La Candelaria

- **Hotel de la Ópera**€€€€: Cl. 10 No. 5-72, Tel. 3362 066, www.hotelopera.com.co. Kolonialer Charme in den einst der Leibgarde *Simón Bolívars* zugeteilten Gebäuden inmitten des historischen Herzens der Candelaria am Tea-

colo004 Foto: ib

Blick aus einem Innenhof auf die Kathedrale von Bogotá

tro Colón und gegenüber des Palacio de San Carlos. Patio, Spa, mediterranes Restaurant, Dachterrasse, Zimmer ab ca. 150 Euro, Sondertarife für Romantikwochenenden.

- **Hotel Abadia Colonial**€€€: Cl. 11 No. 2-32, Tel. 3411 884, www.abadiacolonial.com. Elegantes kleines Boutique-Hotel im Herzen der Candelaria mit Holzbalkon und romantischem Patio, der mit knorrigen Bäumen bestanden ist. EZ ab 60 Euro, DZ ab 80 Euro. Italienisches Restaurant.
- **Casa Platypus**€€€: Cra. 3 No. 16-28, Tel. 2811 801, www.platypusbogota.com. Geräumige Zimmer ab 45 Euro/EZ bzw. 60 Euro/DZ, große Betten, Frühstück inklusive. Dachterrasse mit Blick auf den Parque de los Periodistas. *German,* der Besitzer, führt auch das nahe Globetrotterhostel gleichen Namens (siehe unten).
- **Hotel Ambala**€€+: Cra. 5 No. 12B-46, Tel. 342 6384 / 341 2376, Fax 337 6593, www.hotelambala.net. 22 kleine Zimmer (35 Euro/EZ bzw. 55 Euro/DZ), sauber, freundlich, Fenster zum Patio, TV.
- **Hotel Oceanía**€€: Cl. 12C No. 4-48, Tel. 3420 560. Sehr altmodisches schlichtes Hotel mit verblasstem Charme, hohen Decken, knarrenden Holzdielen und alten Möbeln. Privatbad. Preiswerte Mittagsküche unter der Jesus-Statue.
- **Hotel Dorantes**€€: Cl. 12B No. 5-07, Tel. 3346 640, www.hoteldorantes.com. Extrem atmosphärisches altes Hotel mit Parkett und getäfelten Wänden, 30 altmodische Räume, einige mit Balkon. Privatbad, warmes Wasser. Zimmer ca. 25 Euro.
- **Posada Anandamayi**€/€€: Cl. 9 No. 2-77, Tel. 3417 208, www.anandamayihostel.com. Kolonialhaus mit drei üppig begrünten Innenhöfen, Holzgalerien mit Hängematten, Küchennutzung. DZ ab 45 Euro, Bett im Schlafsaal 12 Euro. Auch für Familien geeignet.
- **Hostal La Candelaria**€/€€: Cl. 12F No. 2-38, Tel. 6007 559, www.hostallacandelaria.com, neue, empfohlene Herberge, sauber, gemütlich, ab 3 Nächte Aufenthalt ist die Abholung vom Flughafen inklusive. DZ mit Privatbad 35 Euro, mit Gemeinschaftsbad 25 Euro.
- **Hotel Zaragoza**€+: Av. Jiménez No. 4-56, Tel. 2845 411. Zentral, aber wenig Atmosphäre und abgewohnt, DZ ca. 36 Euro.
- **Cranky Croc Backpackers Hostel**€/€€: Cl. 12D No. 3-46, Tel. 3422 438, Mobil 314 4275 299, www.crankycroc.com. Gut gepflegtes, verwinkeltes Kolonialhaus mit 3 Patios. Schwere rote Dachziegel, Holzbalken stützen die Decke. Kamin, Gepäckaufbewahrung, Internet, Privaträume mit Bad (30 Euro/DZ) sowie Schlafsäle (8 Euro/Bett). Die hinteren Zimmer sind sehr ruhig. Australischer Besitzer.
- **Hospedaje Cacique Sugamuxi**€/€€: Cl. 12D No. 2-19, Tel. 3374 326, www.caciquesugamuxi.com. Moderne Globetrotterabsteige in schrillen indianischen Farben, Aufenthaltsraum, Internet, Wäscheservice. DZ mit Bad 25 Euro, Bett im Gemeinschaftszimmer 10 Euro.
- **Platypus Hostel**€/€€: Cl. 12F No. 2-43, Tel. 341 3104 / 341 2874, Fax 352 0127, www.platypusbogota.com. Sehr beliebte, fast legendäre freundliche Globetrotterherberge. Viele Gäste aus Nordamerika. Vorhängeschlossgesicherte Flügeltüren. Privatzimmer (DZ ab 20 Euro) und Mehrbettzimmer (pro Bett 8 Euro). Ofenbeheizter Rauchersalon. Patio. Küchennutzung. Internet. Wäscheservice. Viele nützliche Informationen. Gepäckaufbewahrung. Reservierung empfohlen.
- **Hostal Fatima**€/€€: Cl. 12C No. 2-24, Tel. 2816 389, www.hostalfatima.com. Umtriebige Globetrotterabsteige mit Schlafsälen (6 Betten à 6 Euro), Privatzimmern (30 Euro/DZ) und Apartments. Frühstück inklusive. Innenhöfe, Pflanzen, Jacuzzi. Tanzstudio mit Pilates-Unterricht.
- **Hostal Sue**€/€€: Cl. 12F No. 2-55, Tel. 3348 894, www.suecandelaria.com. Populär bei Globetrottern, großer Innenhof, Internet, Di und Do Salsa-Unterricht, Gemeinschaftsküche, Wäscheservice, Privatzimmer (20 Euro/DZ) oder Schlafsäle (8 Euro/Bett).
- **Hotel International**€+: Cra. 5 No. 12C-45, Tel. 3418 731, www.hotelinternacionalbogota.com. Einfache Privat- und Mehrbettzimmer, Küchenbenutzung, familiär und freundlich, WiFi gratis. Beliebt bei Israelis. DZ 20 Euro.

Im Stadtzentrum/La Séptima

- **Hotel Crowne Plaza Tequendama**€€€€: Cra. 10 No. 26-21, Tel. 3820 300, Fax 2822 860, www.cptequendama.com.co. Das wohl traditionsreichste Luxushotel Bogotás (es besteht seit 1953) verfügt über 578 Räume und liegt an einer verkehrsumfluteten Straße im Herzen der Stadt. Beliebter Tagungsort für internationale Konferenzen. Zimmer ca. 150 Euro mit Frühstück, zum Wochenende oft Preisnachlässe.

- **Residencias Tequendama**€€€€: Cra. 10 No. 27-51, Tel. 3813 700, Fax 5660 026. Ein All-Suite-Hotel mit 274 kleinen, autarken Wohnungen für Geschäftsleute, Kulturfreunde und all jene, die sich für einige Zeit von der Bildfläche zurückzuziehen wünschen. Sauna und Fitnessraum. Ab 100 Euro/Nacht. Im 30. Stock tanzt man in The End.
- **Hotel Augusta**€€€+: Av. Jiménez No. 4-77, Tel. 5712 838300, www.hotelaugusta.com.co. Neues Hotel mit 98 individuell eingerichteten modernen Zimmern. Gutes Restaurant. Sauna. DZ ab 120 Euro.
- **Hotel San Francisco**€€€: Cra. 10 No. 23-63, Tel. 2861 677, www.sfcol.com. Ein weiterer, für das Stadtzentrum so typischer Hotelklotz. Moderne Zimmer. Restaurant. Flughafentransfer.
- **Hotel La Sabana**€€+: Cl. 23 No. 5-23, Tel. 2844 830, www.hotellasabana.com. Gemütliches Mittelklassehotel im Zentrum. Bar und Restaurant. DZ ab 50 Euro.
- **Hotel Casa Marly**€€: Cra. 8 No. 47-86, Tel. 5705 572, www.bogotacasamarly.com. Ruhiges, kleines Hotel etwas nördlich der Action in Chapinero. 15 schmucke Zimmer. Familiäre Atmosphäre, mehrere Salons, Touristeninfo auf Deutsch, Wäscheservice, Schweizer Führung. DZ mit Privatbad 40 Euro.
- **El Cafecito**€/€€: Cra. 6 No. 34-70, Tel. 2858 308, www.cafecito.net. Globetrotterhostel in dem von englischer Architektur beeinflussten Viertel La Merced unweit der Restaurants von La Macarena und dem Nachtleben der Zona Rosa. Privatzimmer und Schlafsäle.

Im Norden

- **Hotel Casa Medina**€€€€: Cra. 7 No. 69A-22, Tel. 2170 288, Fax 2212 666, www.hotelcharlestoncasamedina.com. Kleines, sehr edles Boutique-Hotel, Holztäfelung, Kamin, prächtige Betten, exzellentes Essen. Regierungsgäste und Hochzeitspaare steigen hier ab. Zimmer ab ca. 270 Euro.
- **Hotel Charleston**€€€€: Cra. 13 No. 85-46, Tel. 2180 590, Fax 2367 981, www.hotelcharlestonbogota.com. Ähnlich luxuriös wie die Casa Medina, aber in modernerem, fernöstlich eingefärbten Designerstil eingerichtetes Edelhotel. Zimmer ab ca. 200 Euro.
- **Morrison Hotel**€€€€: Cl. 84Bis No. 13-54, Tel. 6223 111, www.morrisonhotel.com. Fünf Sterne in der Zona Rosa/Zona T, englischer Stil, unmittelbar am Parque León de Greiff, Sauna, Fitnessraum, Restaurant. Zimmer ab 140 Euro.
- **Hotel La Bohème Royal**€€€€: Cl. 82 No. 12-35, Tel. 6180 168, Fax 6180 003, www.hotelesroyal.com/boheme. Unter Geschäftsleuten beliebtes Hotel in der Zona Rosa, DZ ca. 100 Euro inklusive Frühstück.
- **Apartaestudios Los Andes**€€€: Cra. 19A No. 102-09, Tel. 6220 678, Fax 2573 268, www.apartestudioslosandes.com. Beliebt bei Geschäftsreisenden. Ruhige, ungestörte Lage inmitten eines labyrinthartigen Wohngebietes der gut betuchten Mittelschicht. DZ ab 60 Euro inklusive Frühstück.
- **Hotel Casona del Patio**€€€: Cra. 8 No. 69-24, Tel. 2128 805, Fax 2123 507, www.lacasonadelpatio.net. Gebäudeensemble aus den 1940er Jahren nahe der Zona G, familiäre Atmosphäre, 14 Zimmer, ab 50 Euro/Nacht. Wäscheservice.

Essen, Trinken, Unterhaltung

In La Candelaria

Hier finden sich zahlreiche kleine und traditionelle Restaurants und Cafés mit der üblichen *comida corriente* oder aber sehr schmackhaften lokalen Spezialitäten.

- **Mora Mora:** Cra. 3 und Cl. 12F Esq., Snack- und Sandwich-Bar, Müsli, Fruchtsäfte und Mocktails. Gut zum Frühstück. Ausgerichtet am nordamerikanischen/europäischen Geschmack. Nicht billig.
- **Restaurante Loto Azul:** Cra. 5 und Cl. 12C Esq., Tel. 3342 346, vegetarische Kost, Salate, Sandwiches, Pasta. Früh, mittags, abends. Yoga-Unterricht. Fr Poetry Slams.

Bogotá – Der hippe Norden
Av. Rodrigo Lara Bonilla
Cl. 125
Calle 127
Autopista Norte
Av. 19
T. 19
Av. 15
Av. 9
Cra. 7
Cl. 119
PLAZA DE USAQUÉN
Cl. 122
Av. Pepe Sierra Cl. 116
Pepe Sierra
Cra. 11
D. 109
Cl. 106
Calle 106
Cl. 104
Cl. 103
Cra. 35
Cra. 30 NOS
La Calera
Av. de España
Cl. 100
Calle 100
Cl. 95
Suba Calle 95
Av. 94
PARQUE DE LA 93
Cra. 15
Cra. 38
Rionegro
Museo Parque El Chicó
Av. 92
Cl. 90
Cl. 88
Virrey
San Martín
La Castellana
T. 24
Calle 85
Cl. 85
Av. Ciudad de Quito
Av. 78
Polo
Av. Paseo del Country
ZONA T Y ZONA ROSA
Av. 82
Héroes
Av. Circunvalar
Calle 76
Cl. 76
Cl. 74
500 m
Calle 72
Cl. 72
Cra. 17
Flores
Cra. 13
ZONA G
Übernachtung
3 Apartaestudios Los Andes
4 Hotel Charleston
6 Hotel Casona del Patio
7 Hotel Casa Medina
Geschäfte
1 Centro Comercial Unicentro
2 Centro Comercial Hda. Santa Bárbara
5 Centro Comercial Andino
©Reise Know-How 2012

- **Café Juan Valdez:** Cl. 11 No. 4-30, direkt beim Museo Botero. Kuchen und kolumbianischer Kaffee für zwischendurch oder frisch gemahlen in der Tüte als Souvenir für die Lieben daheim.
- **Mama Lupe:** Cl. 11 No. 6-14, Tel. 243 5393, sowie nebenan **La Puerta Falsa:** Cl. 11 No. 6-50, Tel. 2865 091. Beide Lokale liegen direkt neben der Seitenfront der Kathedrale oberhalb der Casa del Florero. Traditionsreiche Gebäude mit hölzernem Zwischenboden und spelunkenhaftem Kolonialcharme. Ortstypisches, preiswertes Frühstück und Mittagessen. Exzellente *changua* (Milch- und Brotsuppe mit Ei), *chocolate santafereño con queso* (heiße Schokolade mit Käse), *tamales* (Maismehl, Reis, Fleisch und Gemüse im Bananenblattmantel) und *ajiaco* (Kartoffelsuppe mit Huhn, Mais, Sahne, Kapern). Konditor. Selbst gemachte Süßigkeiten. Mittagessen ca. 5 Euro.
- **El Toro Manso:** Cra. 8 No. 9-09, Tel. 3419 279, atmosphärisches Galerie-Restaurant, Grillspezialitäten, lecker, aber teuer.
- **Restaurante Carboncitos:** Cl. 12A No. 6-77, Tel. 3418 568, am Ende einer von der Séptima abgehenden Sackgasse, typische kolumbianische Küche gehobenen Anspruches, z.B. *bandeja paisa* (gemischte Platte aus Antioquia), *sancocho* (Suppe), gute Steaks.
- **Frutería Arizona/Casa Oriental Azzhar:** Cra. 8 No. 11-57, Tel. 2842 635, Mittagessen schon ab 2 Euro in einem Haus aus dem Jahr 1812. Unter Leitung des freundlichen Palästinensers und Mekkapilgers *Ibrahim Alí.*
- **Vagón Café:** Cl. 12C No. 5-14, Tel. 5624 080, geöffnet nachmittags und am frühen Abend. Kaffee, Tee, Kuchen in einem ehemaligen Eisenbahnwaggon der Pazifiklinie.
- **Sopas de Mamá y Postres de la Abuela:** Cra. 9 No. 10-59, dieses Restaurant macht seinem Namen alle Ehre. *Ajiaco* und *sancocho*, Süßigkeiten, Eis. Satt werden für 5 Euro.
- **Crepes y Waffles:** Etliche Filialen in Kolumbien, darunter Av. Jiménez No. 4-55, Tel. 2835 377, www.crepesywaffles.com, beliebt bei den Damen. Brot gefüllt mit Garnelen, leichte Salate, Eis. Sehr gute Qualität zu Preisen um 8 Euro/Hauptspeise.
- **El Gato Gris:** Cra. 1A No. 12B-12, Tel. 3421 716, sehr gemütliches Boheme-Café direkt am Chorro de Quevedo, geeignet für romantische Stunden. Kleine Nischen, Galerien und Balkons. Kerzenlicht. Verstreute Rosenblätter. Bossa Nova, Jazz, Chansons. Manchmal Live-Musik.
- **Café Color Café:** Cra. 2 No. 12B-05, am Chorro de Quevedo, Boheme-Ambiente. Preiswerter Kaffee.

Im Stadtzentrum/La Séptima

- **Restaurante La Pola:** Cl. 19 No. 1-86, Tel. 5665 654, Spezialitäten aus Bogotá, z.B. *ajiaco* (Suppe mit Hühnerbrust, Maiskolben, Avocado, Kapern, Kartoffeln).
- **Restaurante Sabores del Pacífico:** Cra. 4 No. 20-29, Tel. 2860 521, leckere, preiswerte Fischspezialitäten aus dem Departamento Chocó, z.B. *pargo* (Rotbrasse), *corvina* (Adlerfisch) und Langusten.
- **Pescaderia Las Juanas:** Cra. 4 No. 20-22, Piso 2, Tel. 2839 204, Fischspezialitäten, z.B. *bagre* (Wels), *trucha* (Forelle), *róbalo* (Meerbarsch), *mojarra* (Zweibindenbrasse), *viudo de capaz* (Fischsuppe). Frisch, schmackhaft, preiswert. Mittagstisch. Studentische Atmosphäre.
- **El Sabor del Carbon:** Cl. 19 No. 5-94, Tel. 342 2913, Av. Jiménez 4-65, Tel. 283 1158, gute Steaks und Rippen sowie andere Grillspezialitäten. Mittagessen ca. 6 Euro.

In Chapinero

- **Restaurante Fulanitos:** Cra. 13 No. 27-00, Local 101, Tel. 2817 913, Mittagstisch aus dem Departamento Valle del Cauca, z.B. *sancocho* (Suppe), *tamales*. Hauptgericht ca. 6 Euro.
- **Mini-Mal:** Cra. 4A No. 57-52, Tel. 3475 464 / 2352 016, gegenüber des Parque Portugal. Alternatives Etablissement: halb Ausstellungs- und Verkaufsraum für junge Designer, halb Restaurant mit karibischem Flair. Huhn mit Rosenblättern und Maracujasauce. Fisch. Fruchtsäfte. Hauptgericht 10 Euro.
- **Govindas Restaurante:** Av. Caracas No. 32-69, Tel. 2885 604, geöffnet 12–15 Uhr, vegetarische Küche aus Indien. Sehr preiswert. Die Kellnerinnen tragen Saris. Mit angeschlossenem Meditationsraum für Hindus.
- **Lechonerías:** Av. Caracas zwischen Cl. 29 und 27 Sur. Hier gibt es die beliebte Spezia-

lität aus dem Departamento Tolima an jeder Ecke: *lechona* (mit Reis und Innereien gefülltes einjähriges Milchferkel). Preiswert, schlicht, deftig.

Im **Barrio La Macarena** (Cra. 4 und 5 mit Cl. 25 bis 27) leben noch Reich und Arm zusammen, Avantgardisten, Künstler, Bohemiens und all jene, die es nicht mehr nötig haben zu arbeiten und das freie Denken pflegen. Es gibt hier exzellente Restaurants, für die man ein wenig tiefer in die Tasche greifen muss.

- **Barra del Sagrado Corazón:** Cra. 4A No. 26-88, Tel. 3376 015, geöffnet täglich außer So, mittags und abends, Suppen, Sandwiches, Salate. Hauptspeise ca. 12 Euro.
- **Estrella de los Ríos:** Cl. 26D No. 4-50, Tel. 3374 037 / 2818 941 / 3340 502, www.estrelladelosrios.com, intimes Restaurant für max. 12 Personen. Kochbuchautorin *Estrella* kocht *sin limites* - ohne Grenzen, aber nur für all jene, die 24 Std. zuvor ihre Reservierung aufgegeben haben. Individuelle, schmackhafte 5-Gänge-Menüs für ca. 30 Euro. „Es gibt bei mir all das, was es nirgendwo sonst gibt", sagt die Chefin, die alles ganz allein managt.
- **Restaurante En Obra:** Cra. 4 No. 26A-37, Tel. 2846 310, bis Mitternacht geöffnet, eines der Frontlichter von La Macarena. Spezialität sind Lachs- und Meeresfrüchtesuppe sowie der Martini. Hauptgericht ca. 8 Euro.
- **Restaurante La Juguetería:** Cl. 27 No. 4A-03, Tel. 3411 188 / 3418 653, ein bizarrer Ort, um gute Steaks vom Holzfeuergrill zu essen: Überall stehen, liegen und sitzen Puppen, Spielzeuglokomotiven fahren am Dachbalken entlang, aus Särgen schauen Vampire. Hauptspeise ca. 8 Euro.
- **Al Wadi:** Cl. 27 No. 4-14, mittags und abends libanesische Kost. Hauptspeise ca. 4 Euro.
- **El Café de Merlín:** Cra. 4A No. 26-54, Tel. 2434 365, kleine Speisen, heiße Schokolade, Wein, Kerzenlicht.

Die **Zona G** ist die „Gourmet-Meile" Bogotás (zwischen Cra. 4 und 5 sowie Cl. 68 und Cl. 71). Hier tobt die Avantgarde der Küchenchefs. Die Preise sind deutlich höher als in La Candelaria und dem Stadtzentrum.

- **DiVino Swiss House:** Cl. 70 No. 11-29, Tel. 3130 595, geöffnet Di bis Sa mittags und abends, geführt von *Harry Leitner* aus St. Gallen. Schweizer Küche. Raclette. Hauptspeise ca. 16 Euro.
- **Restaurante Criterión:** Cl. 69A No. 5-75, www.criterion.com.co, französisch beeinflusstes, wöchentlich wechselndes Menü. Erhielt 2008 den Five Star Diamond Reward.
- **Dar Papaya:** Cl. 69A No. 4-78, Tel. 5415 013, www.darpapaya.com, Restaurant im Zen-Stil. Asiatisch und *fusion* für ca. 9 Euro.
- **Mi Perú Quinta Camacho:** Cra. 10A No. 69-38, Tel. 5450 021, mittags und abends, peruanische Spezialitäten, Hauptgericht für 9 Euro.

In der **Zona Rosa/Zona T** (um Cra. 13 und Cl. 83) gibt es Discos und Nachtklubs, Fast-Food-Ketten, Bars und Restaurants.

- **Restaurante Harry Sasson:** Cra. 9 No. 75-70, Tel. 3477 155, www.harrysasson.com, geöffnet Mo bis Sa 12–24 Uhr, So Brunch. Asiatisch und *fusion,* Currys von *Harry Sasson,* einem gefeierten Chef. Modern und atmosphärisch. Gute Weinauswahl. Für den besonderen Anlass.
- **El Museo del Tequila:** Cra. 13A No. 86A-18, Tel. 5313 756 / 2566 614, www.museodeltequila.com.co, Restaurant und Bar im mexikanischen Stil. Geschmückt mit etlichen Tequila-Flaschen. Man isst Tacos, Burritos – und trinkt natürlich Tequila oder das, was man daraus machen kann (Margarita). Essen ca. 9 Euro.

Weiter nördlich erstreckt sich die **Zona Parque de la 93,** die zu den exklusivsten Ausgehmeilen Bogotás zählt.

- **Restaurante El Artista:** Cra. 14 No. 98-05, Tel. 6109 300, geöffnet Mo bis Fr abends, ultramodernes Gebäude, Kunstgalerie und Autorenküche des *Julián Böhm.* Das *menu degustación* kostet ca. 25 Euro.
- **Salto del Ángel:** Cra. 13 No. 93A-45, Tel. 6226 427, sehr beliebtes Etablissement. Steaks, Fisch, Snacks und Fußball. Und nach dem Mahl am Wochenende Disco für Gutbetuchte: Salsa, Vallenato, Crossover.

In Usaquén

Usaquén, einst ein Dörfchen vor den Toren Bogotás, wurde vom Moloch Bogotá längst geschluckt. Erhalten blieben die gemütliche Plaza und die drum herum im typischen Schachbrettmuster angelegten Straßenblöcke. Hier wohnen Leute, die nicht betteln zu gehen brauchen. Extravagante Cafés, teure Gourmet-Restaurants, Boutiquen, Antiquitätengeschäfte, Galerien.

- **Restaurante 80 Sillas:** Cl. 118 No. 6A-05, Tel. 6192 471, *cebiche*, Meeresfrüchte und Fisch ganz frisch von der Küste. Einrichtung im Zen-Stil.
- **La Tienda de Café:** Cl. 119 No. 6-16, Tel. 2133 118 / 6195 981, www.tiendadecafe.net, gemütlich, am Dorfplatz. Wandmalerei. Holzkohlegrill, Grillkäse, Suppen, liebevolle Snacks, Cocktails, Wein.
- **Restaurante Katmandú:** Cra. 6 No. 117-26, Tel. 2133 276, orientalische Küche (arabisch/indisch/chinesisch) in einem Ambiente à la 1001 Nacht. Plüschig. Bauchtänzerinnen.
- **Restaurante Cadaqués:** Cl. 119B No. 5-43, Tel. 4802 810, geleitet von *Rodrigo Roesel*, einem Schüler des berühmten *Ferrán Adrià*, dem „Salvador Dalí der Kochkunst". Feinstes katalanisches *designer food* für den besonderen Anlass.

In Chía

- **Andrés Carne de Res:** Cl. 3 No. 11a-56 Chía, Tel. 8637 880, www.andrescarnederes.com, ganz im Norden im exklusiven Vorort Chía. Riesiger Restaurantkomplex (für 3.000 Personen!) im Llanero-Ranchero-Disneyworld-Stil. Spielzeugwindmühlen. Große Steaks vom Holzfeuer. Animateurinnen im Cowgirl-Outfit. Rumba ab Mittag bis spät in die Nacht. Shows. DJs. Sehr beliebt sowohl bei Familien als auch bei Teenagern oder Geschäftsleuten. Hauptspeise ca. 12 Euro. Reservierung empfohlen. Per Taxi vom Stadtzentrum ca. 12 Euro, preiswerter per Taxi von der Transmilenio-Station Portal del Norte.
- **Jaku Hana:** Cl. 2 No. 11-80 Variante Chía – Cota, Tel. 8639 063, japanisches Restaurant für romantische Abende mit Teppanyaki-Show direkt am Tisch. Hauptspeisen um 22 Euro.

Tanzen & Feiern

In La Candelaria

Hier überwiegt noch immer das intellektuell-alternative Boheme-Flair der letzten Jahre. Man diskutiert viel und wärmt sich am Ofen. Provisorische Kneipen, experimentelle Kunst, Musiker ohne Vertrag. Viel Atmosphäre. Zumeist ehrliche Preise. Schneller Wechsel der Etablissements. Man genießt Schokolade mit Käse, *chicha* und – draußen – immer wieder mal einen Joint. Es gibt nur wenige Discos.

- **El Viejo Almacén:** Cl. 12F No. 4-30, Tel. 2433 356, auf der Südseite des Edificio Monserrate, in dem früher die Redaktion des „El Espectador" saß. Die charmante Witwe *Manuelita* lädt Mi bis So zum Tangotanzen ein.

colo009 Foto: ib

Smaragdhändler in Bogotá

Alte, gemütliche Kneipe (geöffnet 18–3 Uhr). Rosen, Wein und – *Gardel*.

•**Bar Escobar Rosas:** Cra. 4 No. 12F-01, Tel. 3417 903, der Klassiker in der Candelaria: Die kleine Disco spielt Acid, Funk und New Wave in den Räumlichkeiten einer ehemaligen Apotheke, in der noch so manche verkorkte Flasche steht.

•**Casa de Citas:** Cra. 3 No. 12B-35, Tel. 2866 944 / 2826 368, nach 20 Uhr beherrschen Poesie, Jazz, Boleros und Melancholie das Innere dieses Kolonialhauses, in dem lange Zeit ein Bordell untergebracht war. Fr/Sa wird zu Live-Musik getanzt. Preiswertes Mittagessen.

Im Stadtzentrum

Im Zentrum, nördlich der Av. Jiménez, gibt es einige interessante *locations*.

•**Pasaje Gourmet Olga Karina:** Cra. 4 No. 19-56, in den düsteren Gewölben dieser Passage haben sich zahlreiche Cafés, Bars und Restaurants angesiedelt.

•**Quiebracanto:** Cra. 5 No. 17-76, Tel. 2431 630, www.quiebracanto.com, freundliche Disco: Mi Black Music, Do Musik aus Brasilien und von den Antillen, Fr/Sa klassische Salsa.

•**El Goce Pagano:** Cra. 1A No. 20-04, Tel. 2839 243, „Heidenspaß" nahe der Universidad de los Andes, geöffnet Fr/Sa 19–3 Uhr, viele Studenten. Salsa und Reggae. Hier arbeitete in den 1970ern der Schriftsteller *Tomás González* („Horacios Geschichte") als Barmann.

•**The End:** Cra. 10 No. 27-51, Tel. 6169 720, Edel-Disco mit 360°-Panoramablick im 30. Stock der Residencias Tequendama. House/ Elektro.

In Chapinero

Der Stadtteil Chapinero hat sich zum **Mekka der Homosexuellen** gemausert. Doch auch Heteros kommen hier in vielen Lokalen auf ihre Kosten. Die Gays nennen „ihren" Bezirk liebevoll Chapigay oder Chapichévere (Cl. 58 zwischen Cra. 7 und Cra. 13).

•**Theatron:** Cl. 58 No. 10-32, Tel. 2492 092 / 2356 879, www.theatrondepelicula.com, geöffnet ab 22 Uhr, Riesendisco für 3.000 schwule und lesbische Partygäste im alten Porno-Kino Metro Rivera. Ein Restaurant, zwei Bars, drei *dance floors*. Glamouröse Spektakel wie die Wahl der *Miss Gay* oder der *Britgay Spears Circus* gehören regelmäßig dazu. Teile der *location* sind auch Heteros zugänglich. Eintritt ca. 8 Euro.

•**Lottus:** Cl. 58 No. 10-42, im 3. Stock des Edificio G, Tel. 2492 092 / 2356 879, gleich neben dem Theatron und unter gleicher Leitung. Frauen ist diesem exklusiven Etablissement der Zutritt verboten. Für Gays – zum Chillen, Kennenlernen, Billardspielen oder einfach Spaß haben.

•**El Closet Lounge:** Km 4.5 Vía la Calera, Tel. 5207 126, Fr bis Sa ab 22 Uhr, exklusiver, teurer Gay-Club am Berghang. Tischtelefone. Supertoller Ausblick auf das nächtliche Bogotá. Striptease. Themenabende. Per Taxi zu erreichen.

•Auch Heteros gehen gern in Chapinero aus: **El Cha Cha:** Cra. 7 No. 32-26, www.elchacha.com, einer der hippsten Klubs der Stadt im ehemaligen Hilton Hotel, etliche Tanzsäle verteilt über mehrere Etagen hoch über der Stadt. Reiches und gestyltes Publikum. Renommierte europäische DJs: House, Elektro. Sonntag ist „Sungay". Eintritt: 12 Euro.

•**Congo Reggae:** Cra. 7 No. 49-37, Tel. 2859 091, der Fußboden ist mit Sand bedeckt. Unter Rasta-Ikonen wird getanzt und Rum-Punch ausgeschenkt.

•**Blossom Bar Rock:** Cl. 57 No. 6-04, Tel. 2147 626, studentische Eckbar, Rock, Indie, Ethno.

•**In Vitro:** Cl. 59 No. 6-38, Piso 2, Tel. 2491 302, geöffnet Di bis Sa 18–3 Uhr, mittlerweile keine Modeerscheinung mehr, sondern eine feste Institution, beliebter Klub bei Künstlern und Studenten. Di laufen selbst gedrehte Kurzfilme. Mi Rock, Do Elektronica, Fr Salsa, Sa Retro. Cover Charge.

•**Noches de Garibaldi:** Cra. 7 No. 59-34, Tel. 2493 001, für alle *ranchera*-Liebhaber, denen das Geld aus der Tasche hängt und die unter den Bildnissen von *Vicente Fernández, José Alfredo Jiménez* und *Ana Gabriel* eine exzellente mexikanische Partynacht mit Mariachi-Live-Band verbringen wollen. Ein Bier kostet 3 Euro, ein Tequila 5 Euro.

- **Galeria Café Libro:** Transversal 15B No. 48-38, Tel. 2851 794 in Chapinero sowie alternativ Cra. 11A No. 93-42, Tel. 2183 435 in der Zona Parque de la 93. Empfohlen für Liebhaber von Son und Salsa.
- **Cafetín de Buenos Aires:** Cl. 64 No. 10-13, Tel. 2112 001, authentische Bar, in der Tango, Bolero, Fox und Pasodoble getanzt wird.

Im Norden

Weiter nördlich folgt zunächst die teure und hippe **Zona Rosa/Zona T.** Hier finden sich zweifellos die meisten Bars und Discos. Die Moden wechseln schnell. Eine kleine Auswahl:

- **Salomé Pagana:** Cra. 14A No. 82-16, Tel. 2211 895, von *César Pagano* geführt, einer der besten, aber auch teuersten Salsa- und Son-Schuppen. Do spielt die Hausband auf, das Salomé Orquestra, Fr kommen renommierte Gruppen von auswärts. Eintritt 5 Euro.
- **Gótica:** Cra. 14 No. 82-50, Tel. 2180 727, Mi bis Sa 23–4 Uhr, teurer Edelschuppen mit vier Räumen, Crossover, Elektro, Hip Hop, renommierte DJs.
- **Alma:** Cl. 85 No. 12-51, Tel. 6228 289, exklusiver und teurer Klub mit VIP-Lounge und drei Räumen, Mi Salsa, Do Achtziger, Fr/Sa Soul, Acid. Eintritt ca. 15 Euro.
- **Cachao:** Cra. 13 No. 82-52, Tel. 6233 003, benannt nach *Israel Cachao López,* gemütliche Salsa-Kneipe mit kubanischem Flair.
- **El Rincón de Rafael Ricardo:** Cl. 85 No. 14-55, Tel. 5302 118, steht in der Tradition des Vallenato. Oft Live-Musik.

In der **Zona Parque de la 93** gibt es zahlreiche exklusive Restaurants, Bars und Discos.

- **El Sitio Bar:** Cra. 11A No. 93-52, Tel. 5305 050, www.elsitiobar.com, geöffnet 22–3 Uhr, Live-Bands, Tanz, sehr voll; ein Bier kostet 3 Euro.
- **La Leyenda:** Cra. 13 No. 93-76, Tel. 6364 512, Bar für Liebhaber des Vallenato.
- **LOV Club (Lost.On.Vibes),** Cra. 15 No. 97-18, piso 2, http://twitter.com/lostOnVibes. Einer der hippsten House Clubs der Stadt, etwas nördlich der „Zone" gelegen.

Noch weiter nördlich, in **Usaquén,** wird es gemütlich:

- **Luna Bar:** Cl. 116 No. 23-08, Tel. 6121 545, volkstümliche Disco, Do für Singles, Fr/Sa Live-Musik.

Im Südwesten

Zu den besten und authentischsten *locations* gehören die wilden und sexy Partyzonen **Av. Primero de Mayo/Cuadra Picha.** Die *rumba* erstreckt sich zehn Straßenblöcke weit. Es ist ein schrilles Las Vegas des Salsa, Vallenato, Merengue, Son, der Corridos Mejicanos und des Rock. Buntes Neonlicht. Lichterketten über der von Menschen berstenden Straße. Kleine Liebeshotels. Wildwestatmosphäre. Die Frau, die am heißesten tanzt, kriegt von der Disco als Hausgeschenk eine Flasche *aguardiente.* Cowgirl-Kellnerinnen schießen Tequila-Pistolen ab.

Beliebt sind z.B. die Discos **Studio 54,** Av. Primero de Mayo No. 70B-64, **Batikano Music,** Cl. 6 sur No. 71D-25, Piso 2, und **Monasterio Music Hall,** Cl. 6 sur No. 71D-67, Piso 2. Und auch die Gay-Szene ist in Primero de Mayo superaktiv (z.B. in den Clubs Sugar Gay, Ángel und Acerijo). Beste Partynächte: Do bis Sa.

Jeder Taxifahrer kennt die Gegend (westlich des Centro Comercial Plaza de las Américas). **Achtung:** Keilereien, räuberische Übergriffe und Polizeieinsätze sind nicht auszuschließen.

Theater, Kino, Kultur

- **Teatro Colón:** Cl. 10 No. 5-32, Tel. 2847 420, 1892 eröffnetes prachtvolles Opernhaus in der Candelaria. Auch Sprechbühne. Internationale Künstler. 2010 nach Restaurierungsarbeiten wiedereröffnet.
- **Teatro Nacional:** Cl. 71 No. 10-25, Tel. 2174 577, www.teatronacional.com.co, Opern, Dramen, Ballett, Konzerte.
- **Teatro Jorge Eliécer Gaitán:** Cra. 7 No. 22-47, Tel. 3346 800, www.teatrojorgeeliecer.gov.co, Sprechbühne und Konzerte für 1.500 Zuschauer in einem ehemaligen Kino aus den 1940er Jahren.

- **Teatro Libre de Bogotá:** Cl. 62 No. 9A-65, Tel. 2171 988, www.teatrolibre.com, modernes Theater.
- **Teatrino Don Eloy:** Av. Primero de Mayo No. 10B-36 sur, Tel. 4080 461. Marionettentheater mit Tradition.
- **Media Torta:** Freilichtbühne südlich der Universidad de los Andes am östlichen Ende der Cl. 18 in La Candelaria. Sonntags Live-Konzerte.
- Große **Multiplexkinos** mit Mainstream-Filmen befinden sich in den großen Einkaufszentren, z.B. im **Centro Comercial Atlantis Plaza,** Cl. 81 No. 13-05, im **Centro Comercial Unicentro,** Av. 15 No. 123-30, sowie im **Centro Comercial Andino,** Cra. 11 No. 82-70. Gezeigt werden meist US-amerikanische Hollywood-Streifen mit O-Ton und spanischen Untertiteln. Seltener ist ein kolumbianischer Spielfilm darunter.
- **Museo de Arte Moderno:** Cl. 24 No. 6-00, www.mambogota.com, Autorenfilme.
- **Cinemateca Distrital:** Cra. 7 No. 22-79, www.cinematecadistrital.gov.co, heimische Filme.
- **In Vitro:** Cl. 59 No. 6-38, Piso 2, Tel. 2491 302, beliebter Künstlertreffpunkt und Nachtklub, kolumbianische Autoren-/Kurzfilme.

Verkehrsverbindungen

Busbahnhof

Der vorbildlich organisierte **Terminal de Transporte Terrestre** (Cl. 33B No. 69-13, Tel. 4282 424, www.terminaldetransporte.gov.co) liegt etwa 6 km nordwestlich des Stadtzentrums. Er besteht aus mehreren Abfahrtshallen: Norte, Sur und Oriente/Occidente. Die Bezeichnungen der Hallen korrespondieren mit der geografischen Lage der jeweils angefahrenen Fahrziele.

Nahezu jeder Ort Kolumbiens mit Straßenanschluss wird von hier angefahren, mindestens stündlich die Metropolen und größeren Provinzhauptstädte, teilweise selten die kleineren Reiseziele wie z.B. San Agustín, La Plata, Quibdó oder Muzo.

In den Hallen befinden sich die **Ticketschalter** der Busunternehmen. Man sollte beim Ticketkauf genau auf die Abfahrtszeit achten, um zu lange Wartezeiten zu vermeiden. Handeln ist möglich.

Im Busbahnhof gibt es Restaurants, Duschen, Toiletten, eine Touristeninformation sowie einen **Taxischalter** (zur Erklärung siehe unten), von dem unbedingt Gebrauch gemacht werden sollte. Eine Taxifahrt ins Zentrum kostet ca. 4 Euro. Im Stadtzentrum fahren Busse mit der Aufschrift „Terminal Terrestre" von der Cra. 10 (zwischen Cl. 19 bis 26) zum Busbahnhof. Eine solche Fahrt kann bis zu einer Stunde dauern.

Achtung: Wer ein Ziel im Norden des Departamento Cundinamarca erreichen möchte (z.B. Zipaquirá, Guatavita), dem sei empfohlen, nicht vom Busterminal, sondern von der **Transmilenio-Station Portal del Norte** aus einen Bus zu seinem Fahrziel zu nehmen. Dies spart erheblich an Zeit.

Flughafen

Der **Aeropuerto El Dorado** befindet sich an der nordwestlichen Stadtgrenze Bogotás etwa 12 km vom Stadtzentrum entfernt an der Av. El Dorado. Er unterteilt sich in drei nebeneinander liegende Terminals, jeweils einen für internationale Flüge (El Dorado Internacional, Tel. 4139 053), nationale Flüge (Puente Aéreo, Tel. 4139 511) und für Cargoflüge. Nahezu jeder Flughafen in Kolumbien wird von hier angeflogen, am häufigsten die Großstädte Cali, Medellín, Barranquilla, Cartagena, Cúcuta, aber auch Armenia (z.B. mit Easyfly), San Andrés oder Leticia.

Im Flughafen gibt es **Touristeninformationsschalter** sowie – in den Abflughallen – **Geldautomaten.** In der Ankunftshalle steht eine **Wechselstube** zur Verfügung.

Überdies existiert ein Schalter, an dem **Tickets für Taxis** ausgedruckt werden, die Fahrziel und Fahrpreis angeben und dem Passagier auch ein bestimmtes Taxi zuweisen. Von diesem Service sollte man unbedingt Gebrauch machen, denn man ist unter keinen Umständen verpflichtet, nach Erreichen des Fahrziels mehr an den Fahrer zu bezahlen, als auf dem Ticket ausgewiesen ist. Auf diese Weise ist man vor überhöhten Forderungen der Taxifahrer geschützt. Ein Taxi in die Stadt kostet selten mehr als 8 Euro. Die Fahrt dauert zwischen 30 und 60 Min.

Zurzeit wird eine Transmilenio-Verbindung zum Flughafen fertiggestellt. Bis dahin muss, wer kein Geld für ein Taxi hat, die **Busse** mit der Aufschrift „Aeropuerto“ nutzen. Sie fahren von der Cl. 19 zum Flughafen und brauchen oft weit länger als eine Stunde.

Departamento Cundinamarca

Überblick

- **Fläche:** 24.210 km²
- **Einwohner:** 2,4 Mio. *cundimarquéses* (ohne Distrito Capital)
- **Hauptstadt:** Bogotá

Der Name Cundinamarca ist eine spanische Verballhornung der Chibcha-Bezeichnung *Kuntur marqa* (= **„Nest des Kondor“**), wobei sich die Spanier beim Hören des Wortes vielleicht unwillkürlich an den Landesnamen „Dinamarca“ (Dänemark) erinnert fühlten.

Das Departamento liegt im Zentrum Kolumbiens, es ist das Herz und das industriell und infrastrukturell am höchsten entwickelte Gebiet des Staates. Es werden Eisen, Kupfer, Gold, Silber, Kohle und Salz abgebaut. Und auf der **Sabana de Bogotá,** jener 2.600 m über dem Meeresspiegel liegenden gewaltigen Hochebene, die heute der dicke Speckgürtel der Hauptstadt bedeckt, finden sich zwischen Rinderweiden neben riesigen Feldern und Gewächshäusern, in denen Schnittblumen für den Export gezüchtet werden, Textilfabriken, Metall verarbeitende und pharmazeutische Industrien.

Nach Westen hin fällt das Land bizarr zerklüftet bis auf ca. 200 m über dem Meeresspiegel ab in das Tal des Río Magdalena. Die unterschiedlichen Höhenlagen bewirken unterschiedlichste klimatische Verhältnisse, was zu einem breiten Spektrum an landwirtschaftlichen Anbauprodukten führt: Die Spanne reicht von Zuckerrohr für die *panela*-Produktion bis hin zu Kaffee, Reis, Mais, Weizen, Tomaten und Kartoffeln. 1,6 Millionen Rinder durchstreifen das Departamento, dessen Vegetation mancherorts ein wenig an ein deutsches Mittelgebirge erinnert.

Nach Osten zu erhebt sich die Gipfelkette der Ostkordillere mit Höhen von über 4.000 m über NN. In den dortigen eiskalten Bergseen opferten die *Muiscas,* die indigenen Ureinwohner des Hochlandes, vor Ankunft der Europäer Goldgegenstände – hier entstand der Mythos von El Dorado.

Ganz im Osten stürzt die Ostkordillere abrupt hinab in die feuchtheißen, schier endlosen Ebenen der Llanos.

Trotz relativ hoher Bevölkerungsdichte – wobei europäischstämmige Einwohner deutlich dominieren – sind Teile Cundinamarcas, insbesondere einige Grenzabschnitte zu den Departamentos Boyacá und Meta, nahezu unbewohnt und kaum über Straßen erreichbar; hier operieren **Guerillaverbände.**

Geschichte

Im Gebiet von Cundinamarca herrschten zur Zeit der spanischen Konquista hoch entwickelte **Kazikengesellschaf-**

ten mit komplexen Sozialstrukturen: im Westen das kriegerische Kariben-Volk der *Panches* und auf den zentralen Hochplateaus die *Muiscas*, ein Volk der Chibcha-Sprachgruppe, die in Kanus die damals oft überschwemmte Sabana de Bogotá befuhren, Handel trieben, überregionale Märkte veranstalteten und Eroberungskriege führten. Ganz im Osten, am Fuße der Kordillere, lebten verdrängte Arawak-Völker. Der dritte Zipa (Lokalfürst) des von den *Muiscas* besiedelten Bacatá (Bogotá), **Nemequene** (= Löwenknochen), ging in die Geschichte ein als Begründer kodifizierter Gesetze. Nach seinem Tod 1514 wurde sein Neffe **Tisquesusa** vierter Zipa; seine Armee kämpfte gegen den Zaque (Lokalfürst) von Hunza (Tunja) und später gegen die *Panches* bei dem Ort Fusagasugá. Das war die Zeit, als Konquistador **Jiménez de Quesada** in das Territorium der *Muiscas* eindrang. *Tisquesusa* stellte sich den Spaniern in Zipaquirá entgegen, doch deren Waffen waren seinen Kriegern überlegen; so floh der stolze Zipa, wurde aber noch 1537 nahe des Ortes Facatativá aufgespürt und von dem Spanier *Alonso Dominguez* erschossen. Sein Nachfolger, der fünfte und letzte Zipa, war der Thronräuber **Zaquezazipa (Sagipa)**, der sich aus Nordosten von den übermächtigen Spaniern und aus Südwesten von den *Panches* bedroht fand, welche bereits den Ort Zipacón plünderten und von dort Frauen verschleppten. Die Spanier nutzten die Gunst der Stunde, gingen eine raffinierte Allianz mit *Zaquezazipa* ein und schlugen am 20. August 1537 mit Hilfe der 4.000 Krieger des Zipa in der verhängnisvollen **Schlacht von Tocarema** (südwestlich von Zipacón) die *Panches*. Das Ergebnis: Die Spanier wurden nun Herren über ganz Cundinamarca und sperrten *Zaquezazipa* ein, um von seinem Volk Lösegeld in Form von Gold zu erpressen. Sie folterten den Zipa und brachten ihn 1538 um.

Die Konquistadoren machten sich in der Folge das bereits bestehende streng **hierarchische Gesellschaftssystem** der Indigenen für ihre Zwecke nutzbar und kolonisierten Cundinamarca sehr rasch, indem sie ranghohe Indigene als Mittler, Aufseher und Steuereintreiber einsetzten.

1810 wollte der Patriot **Antonio Nariño** einen großen, zentralistischen Staat namens Cundinamarca gründen, doch die Föderalisten unter **Camilo Torres Tenorio** ließen dies nicht zu; so gelang es den Spaniern 1816, ihre – mittlerweile zwar als Republik unabhängige, aber de facto unregierbare – einstige Kolonie zurückzuerobern, die dann erst **Simón Bolívar** 1819 endgültig befreite. Zwischen 1863 und 1886 war Cundinamarca einer von neun unabhängigen Staaten auf dem Gebiet Kolumbiens. Bis zur Diktatur von **Gustavo Rojas Pinilla** in den 1950ern gehörte Bogotá zum Departamento Cundinamarca, erhielt von da an aber einen Sonderstatus.

Blick auf Zipaquirá

Zipaquirá

⇗ XII/B3

Überblick

- **Bevölkerung:** 70.000
- **Meter über NN:** 2.630
- **Temperatur** (im Durchschnitt): 14°C

50 km nördlich von Bogotá liegt die wohl bedeutendste und bekannteste und auch geschichtsträchtigste Stadt Cundinamarcas, das koloniale Zipaquirá (oft in seiner Kurzform „Zipa" bezeichnet), seit alters her ein **Salzabbaugebiet,** heute vielleicht beliebtestes Tagesausflugsziel der *bogotános.* Weiß getünchte Häuser mit dicken Mauern, lang gezogenen Holzbalkons und Ziegeldächer prägen die Altstadt, deren **Osterprozessionen** legendär sind. In der Umgegend dominieren Rinderweiden mit Milchkühen. Der Hauptgrund für jährlich 200.000 Besucher in Zipaquirá ist die **unterirdische, avantgardistische Salzkathedrale.**

Geschichte

Die Gegend um Zipaquirá wird schon seit Jahrtausenden von Menschen bewohnt. Im Tal von El Abra östlich der Stadt liegt die älteste archäologische Fundstelle Kolumbiens.

Der Name des heutigen Ortes, der noch bis Ende des 19. Jh. Cipaquirá buchstabiert wurde, leitet sich möglicherweise von dem alten indianischen

colo144 Foto: ib

Dorf Chicaquicha (= „Große Einfriedung") am Fuße des südwestlichen Cerro del Zipa ab, bedeutet auf Chibcha in seiner jetzigen Form aber „Stadt unseres Vaters" oder – anderen Übersetzungen zufolge – **„Ort des Zipa".** Zipa war der Titel eines in Bacatá (Bogotá) ansässigen Lokalherrschers der *Muisca,* jenes Volkes der Chibcha-Sprachfamilie, das zur Zeit der Konquista die Hochplateaus von Cundinamarca und Boyacá bewohnte. Als Konquistador **Jiménez de Quesada** 1537 durch Zipaquirá kam, sollen hier 1.200 Menschen gelebt haben. Sie bauten Steinsalz ab und standen in regem Handel mit den anderen Dörfern jener großen Feuchtsavanne, an deren Rand Zipaquirá heute liegt und die nunmehr fast komplett vom Stadtgebiet Bogotás überwuchert worden ist. Benachbarte Völker, so z.B. die Kariben-Völker der *Panches* oder *Muzos,* lieferten Keramik, Baumwolle bzw. Smaragde und erhielten dafür Salz. In Zipaquirá fanden erste Kämpfe zwischen den Spaniern und den Kriegern des **Zipa Tisquesusa** statt, der sich nach Bacatá (Bogotá) und später Facatativá zurückziehen musste.

Don Luis Enríquez gilt als Gründer der spanischen Stadt (im Jahr 1600). 1778 wurden Indigene aus Zipaquirá ins benachbarte Nemocón deportiert, um künftigen Revolten ein für alle Mal vorzubeugen, die den Salzabbau (der sich längst nicht mehr in der Hand von Kaziken befand, sondern ein königliches Monopol war) behindern würden. Drei Jahre später kam auf der Plaza von Zipaquirá der **Protestmarsch der aufständischen Kommunarden aus Socorro** zum Stillstand.

1801 besichtigte **Alexander von Humboldt** die Salzmine, fand sie in katastrophalem Zustand, leitete umgehend Verbesserungen ein und ließ Stollen bauen, wie er es an der Bergakademie Freiberg gelernt hatte.

1816, während der Terrorherrschaft von *Pablo Morillo,* füsilierten die Spanier in Zipaquirá etliche Männer und Frauen, die für die Unabhängigkeit eingetreten waren.

1863 wurde der Ort **Hauptstadt des unabhängigen Staates Cundinamarca,** nach dem Ende des Krieges der Tausend Tage Hauptstadt des neu gegründeten Departamento Quesada.

Zipaquirá profitierte enorm von der **industriellen Entwicklung** zu Beginn des 20. Jh.; es erhielt einen Eisenbahnanschluss, und schon 1930 gründete der findige Geschäftsmann *Hernando Camargo* die Flota Zipa, ein Transportunternehmen mit regelmäßigen Busverbindungen nach Bogotá. Auslöser für den Boom war und blieb – Salz.

Orientierung

Teile des **Stadtzentrums** sind verkehrsberuhigt, so die von Süd nach Nord laufenden Carerras 7 und 8 sowie die von West nach Ost führenden Calles 4 und 5, wo sich auch die meisten Geschäfte und Restaurants befinden. Der **Busbahnhof** liegt nördlich des Stadtzentrums an der Cra. 7, die **Eisenbahnstation** westlich zwischen Cra. 12 und Cl. 4. Herz der Stadt ist die Plaza de los Comuneros (siehe unten). Die Hauptattraktion, die Salzkathedrale, liegt im Südwesten (am Anfang der Cra. 6).

Sehenswertes

La Catedral de Sal (Salzkathedrale)

Unter Anleitung deutscher und kolumbianischer Ingenieure trieben Minenarbeiter seit dem 19. Jh. tiefe Stollen in den Salzberg südwestlich des Stadtzentrums von Zipaquirá. Bald schon entstanden für die Bergleute erste unterirdische Kapellen. 1954 wurde die ursprüngliche, 1992 wegen Einsturzgefahr wieder geschlossene Salzkathedrale des Architekten *José María González Concha* geweiht. Noch weit größer und imposanter als diese

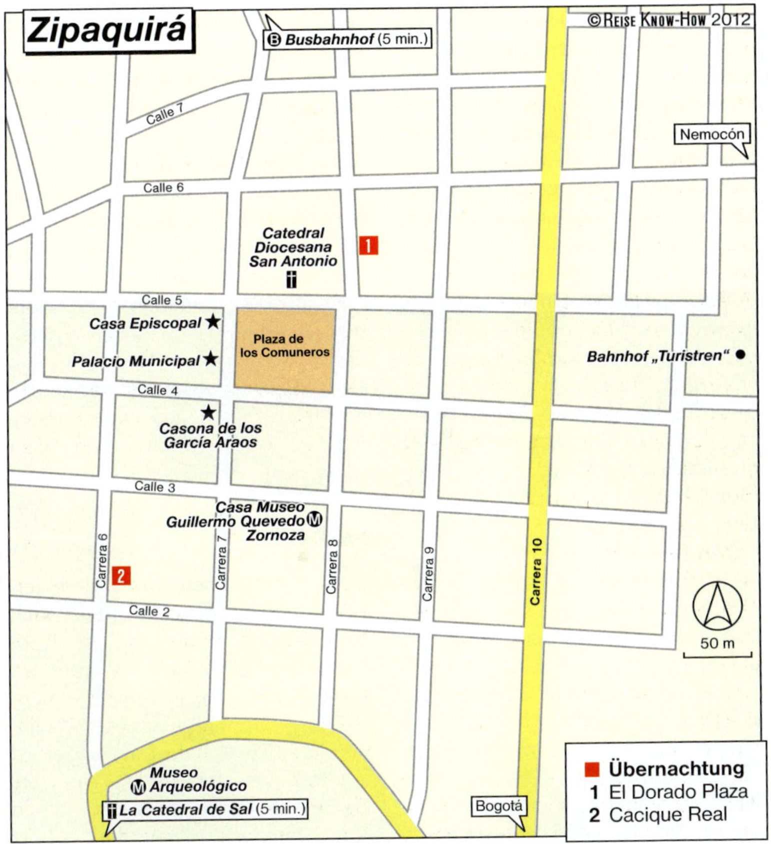

erbaute man nach Plänen des Architekten *Roswell Garavito Pearl* 1992–95 unter Einsatz von fast 80 Tonnen Sprengstoff die jetzige Salzkathedrale, eine monumentale Halle auf einer Fläche von 8.500 m², für deren Hohlraum eine Viertel Million Tonnen Gestein und Salz ausgeschält wurden. Die **dreischiffige, geheimnisvoll illuminierte Höhlenkirche – die größte ihrer Art weltweit** – ist sehr schlicht; alles in ihr ist aus Salz (auch das 16 m hohe Kreuz und das Taufbecken). Sie wirkt durch ihre Dimensionen, durch den Klang des Echos, durch die Farbe des spärlichen Lichts, die Finsternis der Schatten, die oft allein von winzigen Lichtfünkchen, erzeugt durch das Glitzern des Salzes, durchbrochen wird. Besuchergruppen wandeln zunächst auf der **Via crucis,** einem unterirdischen Kreuzweg, bevor sie in die Kathedrale hinabsteigen. Ein Engel grüßt mit der Inschrift: „Ihr seid das Salz dieser Erde".

Zur Salzkathedrale folgt man in Zipaquirá der Cra. 6 nach Süden (20 Min. zu Fuß). Sie ist täglich geöffnet 9–17 Uhr, Eintritt 5 Euro. Sonntags finden Messen statt, im Oktober insbesondere zu Ehren der Schutzpatronin *Virgen del Rosario de Guasá.* **Informationen** unter Tel. 8524 035 und www.catedraldesal.gov.co.

Museo Archeológico

Am Fuße des Salzberges, in dem sich die Salzkathedrale befindet, steht

colo142 Foto: ib

das **Archäologische Museum** (Cl. 1 No. 6-21, Tel. 8523 499, geöffnet Di bis So 9–16 Uhr, Eintritt 1 Euro) mit Keramikfunden der *Muisca*-Kultur und auch anderer Ethnien.

Plaza de los Comuneros

Auf dem **kolonialen Hauptplatz** der Stadt (zwischen Cra. 7 und 8 und Cl. 4 und 5) versammelten sich 1781 mehr als 10.000 *comuneros,* Aufständische, die gegen Steuererhöhungen protestierten und als Vorreiter der erst Jahrzehnte später erkämpften Unabhängigkeit gelten. Hier warteten sie auf den Ausgang der Verhandlungen mit der aus Bogotá abgesandten Delegation der Kolonialverwaltung, hier feierten sie ihre Triumphe, hier vollzog sich aber zugleich auch ihre Niederlage, denn die ausgehandelten Verträge wurden bald schon für nichtig erklärt.

Am 3. August 1816 exekutierten auf der Plaza spanische Royalisten die heute als Märtyrer verehrten **Mártires Zipaquireños,** Guerilleros und Patrioten, die für eine Loslösung vom spanischen Mutterland gekämpft hatten.

An den Flanken und Ecken der Plaza befinden sich heute als stumme Zeugen noch immer einige jener Häuser, die schon damals standen, balkongeschmückt und mit schweren Dachziegeln, darunter die **Casona de los García Araos** (Cra. 7 und Cl. 4 Esq.) und die lang gestreckte **Casa Episcopal** (neben dem Palacio Municipal). An der Nordflanke der Plaza erhebt sich die doppeltürmige Sandsteinkathedrale der Diözese, die **Catedral de San Antonio.**

„Ihr seid das Salz dieser Erde" –
In der Salzkathedrale zu Zipaquirá

Palacio Municipal

Im klassizistischen Stil erbaut beherbergt das grün bedachte, schneeweiß getünchte Gebäude der **Gemeindeverwaltung** an der Flanke der Plaza de los Comuneros (Cra. 7) den wohl schönsten Sitzungssaal eines Stadtrates im ganzen Land, mit Ölgemälden von Meister *Federico Rodríguez,* die *Simón Bolívar* und den Ex-Präsidenten (1874–76) und *zipaquireño Santiago Pérez* (1830-1900) zeigen.

Casa Museo Guillermo Quevedo Zornoza

In diesem archaischen, flachen Eckhaus (Cl. 3 No. 7-69, Tel. 8522 220, www.museoquevedofunzipa.org, zur Siesta geschlossen, Eintritt 1 Euro) lebten drei Generationen der Familie *Quevedo,* illustre Komponisten, Musiker und Patrioten. Heute werden hier Gegenstände ausgestellt, die Personen wie z.B. *Simón Bolívar* und *Francisco de Paula Santander* gehörten, aber auch eine **Schreibmaschine des Autors Gabriel García Márquez,** der Ende der 1930er Jahre dank eines Stipendiums das Jesuitenkolleg von Zipaquirá besuchte.

Estación del Tren

Im Volksmund „Station der drei Ecken" *(Estación de tres esquinas)* genannt, wurde die schmucke, schneeweiße **Eisenbahnstation,** an welcher noch immer sonn- und feiertags der aus Bogotá kommende **Tren de la Sabana (Turistren)** hält (siehe unten), 1926–27 nach Plänen des Architekten *Alfredo Bazzani* in klassizistischem Stil erbaut.

Unterkunft

- **Hotel Cacique Real**€€: Cra. 6 No. 2-12, Mobil 311 5321 251, Fax 8523 060, www.hotelcaciquereal.com. Rustikaler, flacher Kolonialbau mit farnbehangenem Patio, ruhige Lage, schlichte, saubere Zimmer.
- **Hotel El Dorado Plaza**€€: Cra. 8 No. 5-82, Tel. 8526 896, eine weitere Option direkt im Zentrum.

Verkehrsverbindungen

Busse

- Vom Busbahnhof in Zipaquirá (Cra. 7, nördlich des Zentrums) fahren ständig Busse **nach Bogotá** (1½ Std./2 Euro) bis zur Transmilenio-Station Portal del Norte. Häufige Verbindungen auch **nach Nemocón** (20 Min.); mehrere Busse täglich **nach Tunja** und **nach Chiquinquirá.**
- **Von Bogotá** fahren Busse der Gesellschaft Alianza im Zehnminutentakt von der Transmilenio-Station Portal del Norte (Autopista del Norte und Cl. 170, gegenüber des Exito-Supermarktes) nach Zipaquirá.

Eisenbahn

- Sa, So und an Feiertagen verkehrt **zwischen Bogotá und Zipaquirá** auf dem 53 km langen historischen Schienenstrang der **Turistren,** eine für Wochenendausflügler wieder ins Leben gerufene Eisenbahn mit Dampflokomotive. Sie fährt 8.30 Uhr in Bogotá von der Estación de la Sabana (Cl. 13 No. 18-24) ab, hält 9.20 Uhr in der Estación Usaquén (Cl. 110 und Ave. 9A) und erreicht 11.30 Uhr Zipaquirá (Cl. 4). 11.50 Uhr verlässt sie Zipaquirá wieder, trifft 16.40 Uhr in Usaquén und 17.40 Uhr in der Estación de la Sabana ein. An Bord gibt es Essen und Musik *(banda papayera).* Fahrkarten kosten ca. 10 Euro. Infos unter www.turistren.com.co. Tickets kauft man in Bogotá: Turistren Ltda., Estación de Usaquén, Transversal 10 No. 110-08, Tel. 6297 407 / 6297 408, oder Estación de la Sabana, Cl. 13 No. 18-24, Tel. 3750 557 / 3750 558 / 3750 559. Reservierung empfohlen.

Nemocón

XII/B3

Überblick und Geschichte

- **Bevölkerung:** 9.000
- **Meter über NN:** 2.660
- **Temperatur** (im Durchschnitt): 13 °C

16 km ostnordöstlich von Zipaquirá liegt am Rande steiler Berge jenes Andendorf, das den Chibcha-Namen **„Klageschrei des Kriegers"** (nach anderer Übersetzung: „Der Löwe, der weint") trägt, da hier die Angehörigen der Kriegerkaste um den Tod ihrer Zipas, der Lokalfürsten, zu trauern pflegten. Bereits in uralten Zeiten baute das Chibcha-Volk der *Muiscas* in den nahen Minen Steinsalz ab, das die spanischen Konquistadoren als „zu weißen Laiben verarbeitet" beschrieben; denn in dieser Form exportierten es die Indigenen seit Generationen entlang der Salzstraßen aus Cundinamarca hinaus in andere Reiche. Als **Jiménez de Quesada** 1537 durch Nemocón zog, fand er die Umgegend kultiviert mit Mais- und Rübenfeldern. Im Jahr 1600 ordneten die Spanier unter **Don Luis Enríquez** die Verlegung der 300-Einwohner-Siedlung aus dem Bereich der 200 m oberhalb des Tals gelegenen Salzmine an ihren jetzigen Standort

an. 1817, zur Zeit des Terrorregimes des Spaniers *Pablo Morillo,* war Nemocón Hochburg der patriotischen Guerillabewegung der Gebrüder *Almeyda.*

Hauptattraktivität des kolonialen Ortes ist heute die noch in den 1990ern wegen Einsturzgefahr geschlossene **Salzmine (La Mina de Sal).** 2,5 km weit führt der nunmehr von Besuchern begehbare Weg durch die 80 m unter der Erde liegenden Salzstollen, in denen im Laufe von Jahrhunderten über neun Millionen Tonnen Salz zum Kochen bzw. zur Herstellung von Seifen, Glas, Medikamenten und anderen Produkten gewonnen wurden; vorbei an Stalaktiten, dem „Brunnen der Wünsche", der ausgemeißelten Capilla de la Virgen del Carmen, einer Kapelle, die der Schutzheiligen der Bergleute, Fernfahrer und Polizisten geweiht ist, und vorbei am **„Herz von Nemocón",** welches *Don Miguel Sánchez* 1960 aus einem tonnenschweren Salzkristall schnitt. Informationen: Tel. 8544 120 / 8544 681. Täglich geöffnet 9–17 Uhr, Eintritt 3 Euro.

Seitlich der Plaza, die von kunstvoll bemalten Häusern gesäumt wird, befindet sich in der 1665 errichteten **Casa del Encomendero,** dem Haus des spanischen Treuhänders, der de facto über die Indigenen herrschte, ein **Salzmuseum** zur Geschichte des Salzabbaus seit den *Muiscas* (geöffnet Di bis So 9–17 Uhr, Eintritt 1,50 Euro).

Praktische Informationen

- **Hotel Valle de la Sal**[€+]: Cra. 4 und Cl. 4, Tel. 8544 715, im Besitz der Familie *Furmanowski.* Opulenter Kolonialstil, mit Restaurant.
- **Restaurante El Colonial:** Cl. 4 No. 5-26, Tel. 8544 116, typische Küche aus Cundinamarca, z.B. Blutwurst, *ajiaco colonial* (Suppe mit Huhn, Kartoffeln, Mais, Avocado) und *gallina al carbón* (auf Holzfeuer gegrilltes Hühnchen).
- **Restaurante Kokorovo:** Cl. 4 No. 5-21, z.B. *sancocho de gallina* (traditionelle Suppe für Verkaterte und Grippekranke), *fritanga* (gebratene Fleischsorten, Würste, Herzen und Nieren), *cuajada* (Sauermilch), *caldo de papa con costilla* (Kartoffelsuppe), Arepa, Eier, heiße Schokolade etc.
- **Sonntag** ist in Nemocón **Markttag.**
- Ständig fahren **colectivos sowie Busse** der Gesellschaft Alianza von der Plaza **nach Zipaquirá** (20 Min.); mehrere Busse pro Tag **nach Sesquilé** und **Suesca.**

Laguna de Guatavita

↗ XII/B3

Überblick

- **Meter über NN:** 3.050
- **Temperatur** (im Durchschnitt): 12°C

Sie erscheint an klaren Morgen wie ein Himmelsauge: Knapp 60 km nordöstlich von Bogotá im Gemeindeland des **Municipio Sesquilé** ruht sie in windumtoster Stille in einer gleichmäßig um 35° abgeneigten, kraterförmigen Senke: die Mutter der Legenden – die mythische Laguna de Guatavita (auch unter dem Namen **Lago de Amor** bekannt), jener vor 2.000 Jahren durch einen Meteoriteneinschlag entstandene, nahezu perfekt kreisrunde Bergsee (Durchmesser: ca. 350 m, mittlere Tiefe: 25 m), früher, in der Welt des Volkes der *Muisca,* **„Nabel des Universums"** und damit einer der heiligsten Orte überhaupt, heute umwoben von dichter, blühender Vegetation und Anziehungspunkt zahlreicher Ausflügler auf den Spuren der für Südamerika so schicksalsträchtigen Sage von El Dorado.

Der Mythos von El Dorado 

Wie eine **Legende** berichtet, hatte die Gattin des Zipa, eines der wichtigsten Lokalfürsten des Chibcha-Volkes der *Muisca,* die Ausschweifungen ihres Mannes satt; seine Orgien, seine *chicha*-Sucht, sein *yopo*-Konsum, seine Liebschaften machten ihr schwer zu schaffen. Trost fand sie in den Armen eines Kriegers. Vom Zipa überrascht, ertränkte sie sich und die gemeinsame Tochter im Meteoritensee. Die Frau, so sagt man, lebe noch heute am Grunde der Lagune von Guatavita. Aus Trauer begann der Zipa mit jenem Ritus, der die Lagune zum Ausgangsort des zunächst nur lokal begrenzten Mythos von *El Dorado* (= dem vergoldeten Mann) machte. Dieser Mythos wurde im Verlaufe des 16. Jh. immer weiter gewoben und überzog schließlich wie ein Spinnennetz den ganzen nördlichen Teil des Subkontinents. Zwischen Kolumbien und Guayana trieb er ungezählte europäische Konquistadoren, Abenteurer und Glücksritter in den Tod. Die Suche nach El Dorado, ausgelöst durch pure **Goldgier,** bildete eine wesentliche Triebfeder für die Erforschung und Eroberung Südamerikas.

Alexander von Humboldt zufolge stammt die Sage aus dem Königreich Quito, wo 1535 *Luis Daça* und seine spanischen Gefolgsleute in der Stadt Tacunga (Llactacunga) auf einen Indianer trafen, der aus Bacatá (Bogotá) oder Hunza (Tunja) abgesandt war, um von *Atahualpa,* dem Inka von Peru, Kriegshilfe zu erbitten. Wie es der Gewohnheit entsprach, pries der Abgesandte den Reichtum seiner Heimat. Den Spaniern fiel die Geschichte über einen vornehmen Mann auf, der, den Körper von Kopf bis Fuß mit Goldstaub bedeckt, in einem See mitten im Gebirge zu baden pflegte. *Humboldt* selbst sah 1801 am Rande des smaragdgrün schimmernden heiligen Sees Guatavita noch Reste einer in den Fels gehauenen Treppe, die seiner Vermutung nach religiösen Waschungen gedient haben müsse. Die Indigenen erzählten ihm, man habe in alter Zeit Goldstaub und Goldgeschirr als Opfergabe in die Lagune geworfen. Auch sei es Brauch gewesen, dass indianische Priester ihr Haupt einfetteten und hernach mit Gold bepuderten, um Zeremonien vorzunehmen.

Die Lagune von Guatavita, ihre strenge Ästhetik, ihre Mystik übten zweifellos auf die *Muisca* eine besondere, spirituelle Anziehungskraft aus. Die von Schlangengottheiten bewohnte **Kultstätte** – eine Verbindung zwischen der Oberen Welt und der Unterwelt – avancierte zu einem rituellen Zentrum: Der goldbestäubte Zipa ließ von seinem Binsenfloß aus Opfergaben – Gold, Smaragde, Lebensmittel, Keramikfiguren – in die stillen, tiefen Wasser hineinwerfen und badete dann selbst darin, um den kosmischen Pakt zu besiegeln und Unheil von seinem Volk abzuwenden. Jeder junge Zipa vollzog diese Zeremonie zur Initiation: Dann war die Wasseroberfläche der Lagune, die Pforte zur Welt der Götter, komplett bedeckt mit Booten und Flößen; vom Ufer erklang Gesang, dort fanden Gelage statt und leuchteten die ganze Nacht über Feuer.

Heute vermuten Archäologen, dass Guatavita gar nicht die wichtigste der heiligen *Muisca*-Lagunen war; diese Stellung kommt möglicherweise eher den Lagunas de Siecha (Municipio Guasca) sowie der Laguna del Iguaque (Departamento Boyacá) zu.

Geschichte

Als Beweis dafür, dass der Zipa tatsächlich als vergoldeter Mann (= *El Dorado*) auf den See hinausfuhr, dient das heute im Goldmuseum von Bogotá aufbewahrte **Balsa Muisca (Goldfloß von El Dorado):** 19,5 cm lang und 10,2 cm breit, besteht dieses Miniaturfloß wie auch die darauf befindlichen elf Figurinen, die den Zipa (mit Schmuck in Nase und Ohren) sowie seine Gefolgsleute darstellen, aus nichts als purem Gold. Das einzigartige Goldartefakt wurde 1969 in einer Höhle bei Pasca (Departamento Cundinamarca) von Bauern gefunden, die eigentlich auf der Suche nach einem entlaufenen Hund waren. Ein Stückchen des Floßes fehlt: Es heißt, einer der Bauern habe sich damit einen kaputten Zahn geflickt ...

Bereits im 16. Jh. gab es Versuche, den auf dem Grunde der Lagune vermuteten **Schatz der Muisca** zu heben: So schöpften Arbeiter im Auftrage eines Bruders des Konquistadors *Gonzalo Jiménez de Quesada* mit Kalebassen in monatelanger Arbeit das Wasser der Lagune um mehrere Meter ab – sie fanden auch tatsächlich Goldgegenstände, aber nicht in dem erhofften Ausmaß. Noch heute sieht man den von *Antonio de Sepúlveda,* einem reichen Kaufmann, mit Hilfe von Tausenden Indianern in den 1560er Jahren angelegten **V-förmigen Einschnitt am Ufer des Sees,** die letzte Spur jenes waghalsigen Versuches, das Seeufer kunstgerecht „aufzuschneiden", um das Wasser abzuleiten. Acht Jahre mühte sich der Spanier; der Wasserspiegel fiel um 20 Meter – da stürzten die Grabenwände ein und blockierten den Abflusskanal.

Kurz nach der Unabhängigkeit der Republik Großkolumbien scheiterte *José Ignacio Paris,* ein Freund *Simón Bolívars,* ebenfalls mit einem Abflussprojekt.

Um die Wende zum 20. Jh. gelang es dem britischen Unternehmer *Hartley Knowles,* mit einem **Tunnel** das Wasser zur Gänze abzulassen, doch der freigelegte Seeboden war mit einer meterdicken Schlammschicht bedeckt, und schon nach kurzer Zeit härtete die Sonne den Schlammboden, worauf der Schlamm den Tunnel blockierte und sich der See nach Regenfällen wieder mit Wasser füllen konnte. Die Goldausbeute war gering. In den 1990ern tauchte eine modern ausgerüstete Expedition auf den Grund hinab – vergebens.

Bis zum Jahr 1965 sollte es dauern, dass die kolumbianische Regierung Guatavita zum **Nationalen Erbe** erklärte. Nun begann der Ansturm von Touristen – mit der Folge, dass zum Schutz des Ökosystems der Besuch des Sees zeitweilig ganz verboten und lange Jahre nur mit Spezialgenehmigung möglich war.

Praktische Informationen

- **Besuchserlaubnis & Öffnungszeiten:** Aktuell wird keine Genehmigung für den Besuch der Lagune benötigt; vorsichtshalber sollte man dies aber dennoch im Vorfeld abklären. Zuständig ist die **Corporación Autonoma Regional de Cundinamarca in Bogotá,** Cra. 7 No. 36-45, Tel. 3209 000 Extensión 1181, www.car.gov.co. Mögliche Kosten einer Genehmigung: 5 Euro. Das als Waldreservat ausgewiesene Schutzgebiet Guatavita ist offiziell geöffnet Di bis So 8–17 Uhr.
- **Essen:** Manchmal sind am Kraterrand Füchse zu sehen, die nach Essensresten der Besucher Ausschau halten. Zurückgelassener Müll führte in der Vergangenheit zur zeitweiligen Schließung der Lagune für die Öffentlichkeit. Statt Proviant mitzunehmen, kann man in dem Ort **Guatavita La Nueva** speisen, z.B. gegenüber der Kirche Knoblauchkaninchen.
- **Unterkunft:** In dem Ort Guatavita La Nueva (dort z.B. **Hospedaje Guatavita**€+, Cra. 3 No. 4-05, Tel. 8577 331).
- **Verkehrsverbindungen & Infrastruktur: Busse** fahren von Bogotás nördlicher Transmilenio-Station Portal del Norte ab Sonnenaufgang stündlich **über Sesquilé nach Guatavita La Nueva** (1,5 Std./3,50 Euro). Dem Busfahrer sollte vor Fahrtantritt das eigentliche Ziel, die Lagune, angegeben werden, damit er 7 km nach Passieren des Ortes Sesquilé (10 km vor dem Ort Guatavita La Nueva) auf der Hauptstraße anhält und Lagunenbesucher aussteigen lässt. An der Hauptstraße kann man durch Handzeichen Busse nach Bogotá zum Stoppen bringen.

Von der Hauptstraße führt in östlicher Richtung ein Abzweig nach El Hato (La Capilla). Dieser den Berghang aufsteigenden, gut ausgebauten Straße folgend erreicht man nach ca. 4,5 km die **Escuela Tierra Negra.** Dort biegt man rechts nach Süden in einen Feldweg ab, wandert entlang kleiner Bauernhöfe ca. 2,5 km weit und steht nach Passieren des V-förmigen Ufereinschnitts von *Sepúlveda* am See (zu Fuß von der Hauptstraße insgesamt 2–3 Std.).

Alternativ ist ein Besuch der Lagune zumindest am Wochenende direkt von dem Ort **Guatavita La Nueva** aus organisierbar, wo Jeeps warten, die direkt bis zur Lagune fahren, oder Pferde zu mieten sind. Guatavita La Nueva ist auch über **La Calera** erreichbar, wohin Busse von Bogotás Transmilenio-Station Calle 72 abfahren.

Die Lagune verfügt über ein **Besucherzentrum** sowie ein 2006 erneuertes **Netz von exzellenten Wanderpfaden,** die sich durch den Wald und das Gebüsch um den See schlängeln.

Guaduas

XII/A3

Überblick

- **Bevölkerung:** 30.000
- **Meter über NN:** 990
- **Temperatur** (im Durchschnitt): 23°C

Wer sich auf die Suche nach Spuren der Freiheitsheldin **Policarpa Salavarrieta** (um 1794–1817, siehe Exkurs) begeben und zugleich Ruhe und kolonialen Charme erleben will, sollte ihn besuchen: den Ort **La Villa de San Miguel de las Guaduas** (gegründet 1644 von *Francisco Pérez de Guzman*) – oder kurz: Guaduas (das Wort *guadua* bezeichnet den hier oft vorkommenden Bambus), beliebtes Wochenendziel für *bogotános,* gelegen inmitten einer wohltemperierten, üppig bewachsenen Gebirgsgegend, die die ersten Spanier noch Valle Despoblado (etwa: Ödes Tal) nannten.

Geschichte

Von Anfang an als Raststelle für Maultiere und *cargueros* (Träger) benutzt, diente das zunächst unter der Obhut von Franziskanern stehende Guaduas bis ins 20. Jh. hinein vornehmlich als **Pferdewechselstation** für Reisende zwischen Honda (dem einst bedeutendsten Binnenhafen am Río Magdalena) und der Hauptstadt. Auf dem Rücken von *mulas* (Maultieren) brachte man denn auch 1928 die Einzelteile des ersten Automobils, eines Buick, für *Señor Miguel Olaya* in den Ort. Doch erst 20 Jahre später sollte es eine befahrbare Straße bis an den Río Magdalena geben.

Am Rande des **Camino Real,** des gepflasterten wichtigsten Durchgangsweges des gesamten Landes, betrieb die berühmte Expedición Botánica des **José Celestino Mutis** im 18. Jh. eines ihrer Zentren: Hier wurde mit *níspero*-Samen (Kumquat) experimentiert, hier wirkte der berühmte Pflanzenmaler **Francisco Javier Matiz** (1763–1851), hier wurden die ersten Limonen, die ersten andalusischen Apfelsinen, die ersten aus Spanien gebrachten Weinstöcke verpflanzt. Noch heute ist Guaduas bekannt für seinen Obstbau.

Alexander von Humboldt passierte Guaduas von Honda kommend Ende Juni 1801 und notierte: „Der Weg ist meist nicht über 14, ja oft nur 10 Zoll breit, sich in nackten Felsen schlängelnd, bald Stufen im anstehenden Gestein, bald im Geröll. Man muss den Verstand der Mulas bewundern, wie sie von Stufe zu Stufe klimmen. Man trifft alle Viertelstunden Hütten freier Menschen mit Pisang- und Zuckerpflanzungen. Der Weg abwärts ins Tal von Las Guaduas ist besonders zur Regenzeit sehr böse. Die Sandsteinflöze schießen mit 45° gegen Mittag und Morgen ein; auf diesen spiegelglatten Ablösungen steigt das Maultier hinab. Das Tal ist mit Landhäusern besät, um die sich zypressen-

colo143 Foto: ib

Salto de Versalles in der Nähe von Guaduas

artig die Grenadensis-Weide erhebt, ein überaus anmutiger, fröhlicher Anblick. Das Städtchen ist elend gebaut. Alles Land umher ist hier - leider! - in der Hand eines einzigen Besitzers, unseres Wirtes *Don José de Acosta*. Man kauft für einen halben Real Branntwein in seinem Laden. Er bewirtet alle kommenden und abgehenden Vizekönige, die sich beim Kommen 8 bis 10 Tage hier aufhalten, um sich an das kalte Klima von Bogotá zu gewöhnen, und im Abgehen 18 bis 20 Tage, um ihre Papiere zu ordnen." Auch *Humboldt* blieb - und zwar länger als gewollt - in der Gegend, denn sein Begleiter *Aimé Bonpland* litt an Fieber.

Natürlich gehört der rastlose **Simón Bolívar** ebenfalls zu den Besuchern von Guaduas: Am 26. Januar 1815 kam er mit seiner 2.000-köpfigen Truppe hier durch - kampfesmutig auf dem Weg zur Karibik, und dann noch einmal, am 10. Mai 1830, nun erschöpft und hustend, fast allein, auf seiner letzten Reise. Im zweiten Stock der Alcaldía soll er genächtigt haben.

Am 24. Juni 1854 floss Blut in den Pflasterstraßen von Guaduas: Es kämpften die auf Bogotá vorrückenden Allianzen der Ex-Präsidenten gegen Truppen des Diktators **José María Melo** (1800–1860), eines Abkömmlings von *Pijao-Indígenas,* der kurz zuvor gegen den liberalen Präsidenten *José María Obando* geputscht hatte, um eine protektionistische Politik gegen britische, französische und US-amerikanische Billigangebote zugunsten einheimischer Produkte zu verwirklichen und einer von der Regierung geplanten Reduzierung des Militärs entgegenzuwirken. *Melo* wurde in Bogotá von drei Seiten eingekreist, unterlag und musste später ins Exil nach Mexiko.

Sehenswertes in Guaduas und Umgebung

La Casa de La Pola

In diesem schlichten, weiß gekalkten Kolonialhaus wenige Blocks von der Plaza lebte die Familie der Freiheitsheldin **Policarpa Salavarrieta** (siehe Exkurs). Heute beherbergen die dicken, aus Lehm und Bambus konstruierten Mauern (*bahareque*-Stil) unterm original wiederhergestellten Strohdach ein kleines **Museum** zu ihren Ehren, das von Schulklassen besucht wird. Mehrere Landschildkröten wandeln lautlos in den drei Räumen des Hauses umher. Im Hinterhof steht ein aus Kalk, Sand und Tierblut gebauter Brunnen. Hier wächst unter anderem ein Kokabusch.

Patio del Moro

In der Cra. 4 No. 4-40, nur zwei Gehminuten von der Kathedrale entfernt, befindet sich das als Patio del Moro bezeichnete exquisite **Kolonialhaus** samt quadratischem Innenhof mit originalen Pflastersteinen und Abwasserkanälchen, die bis zum Bach reichen, sowie einer morschen knarzigen Holzgalerie im ersten Stock, von der die Küche sowie Gemächer voll mit allerlei von allen Winden herbeigetragenen **Kuriositäten** abgehen. Hier werden auch traditionelle Kostüme und Puppen für die zahlreichen öffentlichen Feierlichkeiten von Guaduas aufbewahrt und finden kulturelle Veranstaltungen statt. Eintritt 0,50 Euro mit Führung.

Obelisco de José Antonio Galán

Dieser am besten per Taxi erreichbare, 1955 errichtete Obelisk soll das Andenken an **José Antonio Galán** (geboren 1741, hingerichtet am 1. Februar 1782) wachhalten, jenen Vorreiter der kolumbianischen Unabhängigkeit, der die legendäre **Revolución de los Comuneros** (den Aufstand der Tabakmanufakturarbeiter in Socorro 1781) mit anführte und, nachdem alles verloren schien, sich erneut erhob und mit seiner etwa 200 Mann starken Armee am 4. Juni 1781 durch Guaduas zog. Vom Kommunarden *Galán* stammen die Worte: „Ni un paso atrás, siempre adelante, y lo que fuere menester ... sea! – Keinen Schritt zurück, immer vorwärts, und was kommt, das sei!" Sein abgeschnittener Kopf wurde als Warnung für andere Freinaturen in einem hölzernen Käfig am Ortsausgang von Guaduas in Richtung Bogotá aufgehängt (an der Stelle, wo sich jetzt der Obelisk befindet), seine rechte Hand nach Socorro verschickt, die linke nach San Gil, der rechte Fuß in das Tabakdorf Charalá (sein Geburtsort im heutigen Departamento Santander), der linke nach Mogotes.

Salto de Versalles

Dieser **Wasserfall,** einst beliebtes Ausflugsziel, ist etwa 30 Meter hoch. Seine Wasser sind heute verschmutzt. Busse von Guaduas' Zentrum fahren in Richtung Caparrapí. Der Busfahrer wird Besucher an einem Karrenweg hinauslassen, der linker Hand entlang von Fincas und Sommerfrischen etwa 1 km bis an den Fall führt.

Piedra Capira

Vom *mirador* (Aussichtspunkt) auf diesem **bizarren Fels** hat man einen **weiten Blick** den Westhang der Ostkordillere hinab und über das ferne Silberband des Río Magdalena hinweg. *Capira* hieß eine Göttin in der Mythologie des einst hier ansässigen Karibenstammes der *Panches* (oder *Paimas*), der zur Zeit der Konquista etwa 50.000 Mitglieder zählte, neben Landwirtschaft Keramikhandwerk betrieb und sein Gemüse gegen Fisch vom Magdalenental eintauschte. Man erreicht den Felsblock mit Bussen oder Taxis in Richtung Honda.

Feiertage & Feste

In Guaduas wird jeder 25. Januar als **Geburtstag von Policarpa Salavarrieta** feierlich begangen. Zur Semana Santa (Karwoche) sowie zu Weihnachten finden prächtige Feiern statt. Interessant ist die **Fiesta de la Ronda** um den 5. September mit Straßenumzügen und historischen Darbietungen.

Praktische Informationen

- **Touristeninformation: In der Alcaldía,** Palacio Municipal, Cl. 4 No. 2 Esq., Tel. 846 6033 / 846 6100.
- **Internetcafés, Restaurants, Panaderías und Eiscafés** befinden sich an der Plaza nahe

Policarpa Salavarrieta – La Heroina Colombiana

Von **Kolumbiens einziger Unabhängigkeitsheldin** kennt man weder Taufname noch Geburtstag oder -ort. Es existieren zahlreiche bittersüße Gemälde aus älterer wie jüngster Zeit, die die zarte Frau mit hochgestecktem Busen vorm blanken Stahl des Erschießungskommandos von Royalist *Pablo Morillo* abbilden. Eine der schönsten Darstellungen der *heroína* findet sich auf der 10.000-Pesos-Banknote, deren Rückseite Guaduas' Marktplatz zeigt. Und auf den Etiketten des alten La-Pola-Biers der ehemaligen Deutsch-Columbianischen Brauerei G.m.b.H. Bavaria-Bogotá ist die Revolutionärin und Märtyrerin auferstanden als Siegesgöttin.

Man nannte sie *La Pola* oder *Polonia* oder *Policarpa*. Da nachweislich einige ihrer Geschwister **in Guaduas geboren** wurden, nimmt man an, dass auch *Policarpa* dort um **1794** das Licht der Welt erblickte. Und zwar in „gutem Hause". Nach dem Pockentod ihrer Eltern und zweier ihrer Geschwister bei der Epidemie von 1802 in Bogotá zerstreute sich die Familie: Zwei Brüder gingen ins Augustinerkloster, zwei bekamen Arbeit auf einer Finca, *Policarpa* kehrte mit ihrem Lieblingsbruder *Bibiano* unter Aufsicht ihrer ältesten Schwester nach Guaduas zurück. Sie lernte lesen, schreiben, arbeitete als Näherin. Eine Legende berichtet, die weissagende Vizekönigin habe auf ihrem Weg ins Exil 1810 der jungen *Policarpa* in Guaduas einen frühen Tod prophezeit.

Während der spanischen Wiederbesetzung Bogotás 1816 kam *Policarpa* in Kontakt zu der im Untergrund operierenden Unabhängigkeitsbewegung der Brüder *Vicente* und *Ambrosio Almeyda,* die junge Rekruten der königlichen Armee zum Desertieren ermunterten und in Guerillaeinheiten zu organisieren suchten. Auf diese Weise sah *Policarpa* den Patrioten **Aléjo Sabaraín** zum ersten Mal: ihre große, unsterbliche Liebe. Gemeinsam verbrachten sie eine kurze, glückliche Zeit in Guaduas, wo *Policarpa* an der Schule unterrichtete und Geheimaufträge für den Widerstand erledigte.

In geheimer Mission, ausgerüstet mit gefälschtem Pass, reist *Policarpa* unter dem Decknamen *Gregoria Apolinaria* mit ihrem Bruder *Bibiano* 1817 in die Hochburg der Royalisten – ins terrorgeschundene Bogotá. Ihre große Zeit als **Spionin** beginnt: Offiziell arbeitet sie als Dienerin im Hausstand von *Doña Andrea Ricaurte de Lozano.* Doch in Wirklichkeit ist dieses Haus Sammelpunkt und Zentrum der Untergrundbewegung und Schnittstelle des Informationsaustausches zwischen den Guerillaeinheiten von Cundinamarca und denen der Llanos. Unter dem Vorwand, ihr Können als Schneiderin anbieten zu wollen, gelingt es *Policarpa,* immer wieder in Häuser einflussreicher Royalisten und Militärs eingeladen zu werden. Hier belauscht sie beim Ausbessern, Zuschneiden und Nähen von Kleidern Gespräche, fragt die Dienerschaft aus, beobachtet, wer ein- und ausgeht, sichtet in günstigen Momenten Geheimdokumente und Landkarten und sammelt so viele Informationen wie sie irgend vermag. Aber das Schicksal nimmt seinen Lauf ...

Als die *Almeyda*-Brüder, die in ständigem Kontakt zu den Guerilleros vor den Toren der Stadt stehen und ihnen regelmäßig Nachrichten übermitteln, verhaftet werden, richtet sich erstmals auch ein **Verdacht** gegen *Policarpa.* Doch einer jungen Näherin will man nicht so recht konspirative Aktivitäten zutrauen. Erst als auch *Policarpas* Geliebter, *Aléjo Sabaraín,* bei seinem Fluchtversuch zu den Aufständischen von Casanare in die Fänge der Spanier gerät, hält man den **Beweis** in Händen: *Sabaraín* trägt eine von *Policarpa* geschriebene Liste bei sich, auf der die Namen von Patrioten und Royalisten stehen.

Policarpa Salavarrieta und ihr Bruder *Bibiano* werden im Hause von *Doña Andrea* gefasst und ins Colegio Mayor de Nuestra Señora del Rosario (La Candelaria) gebracht, das gerade als provisorisches Gefängnis dient. Das Kriegsgericht verurteilt sie zum Tode. Am **14. November 1817** um neun Uhr morgens wird sie vor das **Erschießungskommando** geleitet. Es wird später heißen, sie habe den ganzen schweren letzten Gang hindurch geschimpft und die Spanier verflucht und die unausweichliche Revolution hochleben lassen. Man weist sie an, sich umzudrehen: Das ist die Art, nach der Verräter hingerichtet zu werden pflegen. Sie bittet, knieend vor ihrem Schöpfer erscheinen zu dürfen.

Mit ihr sterben weitere sieben Gefangene, darunter ihr geliebter *Aléjo.* Die Leichen der Männer werden in den Straßen von Bogotá zur Schau gestellt. *Policarpas* Körper entgeht diesem makabren Ritual. Zwei ihrer Brüder schaffen ihn in die Iglesia San Agustín, wo er christlich beigesetzt wird.

Die Guerilleros werden nicht aufgeben und den Kampf fortführen, bis sie sich 1819 mit den Truppen *Bolívars* vereinigen können.

Policarpas Todestag, der **14. November,** ist seit 1967 offizieller **Tag der Kolumbianischen Frau.**

colo008 Foto: ib

der Catedral de San Miguel. Hier gibt es auch empfehlenswerte Unterkünfte, z.B.:

- **Hotel Morgan**€: Cl. 4ª No. 2-84, nahe der Plaza, Tel. 846 6053, Mobil 312 3269 465. Üppig begrünter Patio, komfortable luftige Zimmer mit Bad und Kabelfernsehen.
- **Hosteria Colonial**€: Cra. 3 No. 3-30, direkt an der Plaza de la Constitución neben der Kathedrale, Tel. 846 6041. Stilvoll und schön, Patio mit Blumen, Holzgalerie, Restaurant mit *comida corriente,* Huhn, Rind und Fisch.
- **Busse** fahren mindestens stündlich vom Zentrum nahe des Marktes in **Richtung Bogotá und Honda,** mehrere täglich auch **nach Caparrapí;** sie halten, wenn man sie heranwinkt. Von Hondas Rondell (Monumento al Boga de la Libertad) und Bogotás Terminal fahren ständig Busse nach Guaduas.

colo020 Foto: ib

Die Ostkordillere – nach Venezuela

colo021 Foto: ib

colo171 Foto: ib

Blick auf die grünen Berge von Santander

Quipamá im Departamento Boyacá

Wandschmuck in Cúcuta

Departamento Boyacá

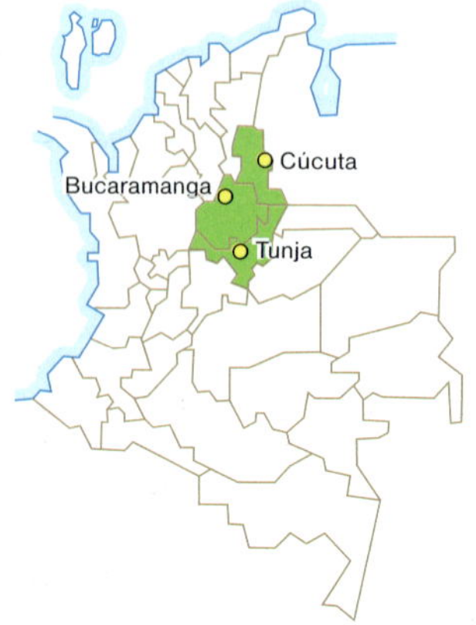

Überblick & Geschichte

- **Fläche:** 23.189 km²
- **Einwohner:** 1,3 Mio. *boyacenses*

Die Herzregion des Departamento Boyacá bedeckt das einst von den *Muisca* bewohnte **Hochland der Zentralkordillere nördlich von Bogotá.** Im antiken Hunza, der heutigen Provinzhauptstadt Tunja, residierte der Zaque genannte *Muisca*-Fürst. Als Konquistador *Gonzalo Jiménez de Quesada* 1537 nach Hunza kam, herrschte hier der alte Zaque **Quemuenchatocha,** der mit dem Zipa von Bacatá, *Tisquesusa,* und weiteren Lokalfürsten nach Jahrzehnten kriegerischer Rivalität Frieden geschlossen hatte, doch nun, aufgrund schlechter Behandlung durch die spanischen Eindringlinge, schon sehr bald versterben sollte. Sein Neffe, **Aquiminzaque,** der letzte Zaque von Hunza, konvertierte zum Katholizismus; aber nach einer Rebellion gegen die Spanier schlugen diese ihm 1541 den Kopf ab.

Kopfsteingepflasterte, schmucke Kolonialdörfer, gelegen zwischen akkuraten Weizenfeldern, Zwiebel- und Kartoffelbeeten oder zwischen Tabak- und Kaffeepflanzungen, die durch Hecken eingefriedet sind, zeigen heute, dass die Spanier Boyacá schon gleich nach der Konquista als primäres Siedlungsgebiet nutzten. Eindrucksvolles Beispiel ist das 1572 gegründete Villa de Leyva. Von hier erstreckt sich das Departamento über die bedeutenden **Smaragdminen von Muzo,** die bereits vor Ankunft der Europäer von den Indianern betrieben wurden, als schmaler Korridor nach Westen hinab zum Flusstal des Río Magdalena. Ein weiterer Korridor zieht sich an den **Eisenerzminen von Paz del Río** vorbei und entlang der eisigen Gipfelketten des Parque Nacional El Cocuy nach Norden bis zur Grenze mit Venezuela.

Von Osten, aus den Llanos kommend, überquerte **Simón Bolívar** mit seiner schlecht ausgerüsteten Armee 1819 die Zentralkordillere und schlug im Pantano de Vargas (nahe Paipa) sowie an der Brücke von Boyacá (südlich von Tunja) zwei Entscheidungsschlachten gegen die spanischen Royalisten – dies besiegelte die Unabhängigkeit Kolumbiens, und so gilt Boyacá als **Cuna de la Libertad** – Wiege der Freiheit.

Das Departamento – benannt in Erinnerung an die Schlacht von Boyacá – wurde 1858 gegründet; im Verlaufe des 20. Jh. spalteten sich die Departamentos Arauca und Casanare ab.

Boiaca soll in der Sprache der *Muisca* „Königsmantel" oder „Grundstück des Kaziken" bedeuten. Moderne Kolumbianer bezeichnen die Region aufgrund der Feldbestellung, die von weitem wie ein Flickenmuster wirkt, liebevoll als *tapiz* (Teppich).

Tunja

↗ XIII/C2

Überblick

- **Bevölkerung:** 160.000 *tunjanos*
- **Meter über NN:** 2.800
- **Temperatur** (im Durchschnitt): 13 °C

Die kalte **Provinzhauptstadt** Santiago de Tunja inmitten des vom Wind abgeschliffenen Hochlandes von Boyacá (es ist die höchstgelegene Hauptstadt eines kolumbianischen Departamento) hat sich nur karge Reste ihrer indigenen Vergangenheit als Residenz der Zaques erhalten; überdies finden sich hier **exquisite Kolonialbauten mit einzigartigen Deckengemälden** und mehrere, vom spanischen Mudéjar-Stil beeinflusste Kirchen aus dem 16. Jh. Dominierend aber ist das entspannte, studentische Flair.

14 km südlich der Stadt befindet sich die legendäre **Brücke von Boyacá,** an der *Simón Bolívar* den spanischen Royalisten eine entscheidende Niederlage zufügte.

Tunja ist interessanter Ausgangspunkt für einen Besuch von Villa de Leyva und der Smaragdminen von Muzo.

Geschichte

Am 6. August 1539 gründete *Capitán Gonzalo Suárez Rendón,* Bevollmächtigter des Konquistadors *Jiménez de Quesada,* auf den Grundfesten von Quimuinza, dem unterworfenen Residenzbezirk des Zaque, **Santiago de Tunja.**

colo011 Foto: ib

Das Wort „Tunja“ leitet sich vom Namen „Hunza“ oder „Tchunja“ ab, mit dem die *Muiscas* das *Cacicazgo* (d.h. die Kazikengesellschaft bzw. das Fürstentum) des Zaque bezeichneten. Der Name soll auf den ersten Zaque, *Hunzahúa,* zurückgehen und **„Der Mächtige“** bedeuten. *Tunjos* aber heißen bei den *Muiscas* auch jene wertvollen Opfergaben, die sie in ihre heiligen Lagunen versenkten.

Die Kathedrale in Tunja:
Ein Musterbeispiel des plateresken Stils

Rasch vermochten die Spanier in der Gegend Fuß zu fassen und ihr System der *encomienda* zu etablieren – die bereits bestehende komplexe und pyramidenartige Sozialstruktur der *Muiscas* kam ihnen dabei sehr entgegen.

Orientierung

Tunja ist sehr überschaubar. Die Stadt erstreckt sich auf einer Plateaustufe entlang einer sanften, durch den Río Chulo geformten Depression von Südwest nach Nordost über das Hochland der Ostkordillere. Die Nummern der parallel zueinander nach Nordosten führenden **Carreras** steigen von Osten nach Westen zu an, die

Nummern der im rechten Winkel zu ihnen verlaufenden **Calles** von Süd nach Nord. Zentraler Punkt ist die **Plaza Bolívar** (zwischen Cra. 9 und 10 und Cl. 19 und 20). Die Cra. 10 sowie die Cl. 19 und Cl. 20 sind Fußgängern vorbehalten. Hier befinden sich die meisten Sehenswürdigkeiten, Hotels, Geschäfte und Geldautomaten.

Sehenswertes

Casa del Fundador Gonzalo Suárez Rendón

An der Ostflanke der Plaza Bolívar, die einst Plaza Suárez Rendón hieß, neben der Kathedrale, steht ein Juwel kolonialer Baukunst: der in den 1550er Jahren erbaute prächtige Wohnsitz des Stadtgründers von Tunja, *Capitán Gonzalo Suárez Rendón,* heute **eines der sehenswertesten und besterhaltenen Kolonialhäuser Lateinamerikas** (Cra. 9 No. 19-68, Tel. 7423 272, Museum geöffnet 9–12 Uhr und 14–18 Uhr, Eintritt 1 Euro). *Don Gonzalo,* ein Edelmann aus Málaga, hatte vor seiner Zeit in der Neuen Welt Schlachtfelder in Deutschland, Italien und Ungarn kennengelernt, gegen *Suleiman I.* gekämpft und eine Strafexpedition zur Vernichtung des Piraten *Barbarroja* angeführt. Zusammen mit dem Eroberer *Jiménez de Quesada* erreichte er 1537 die Hochebene von Hunza. Durch seinen Befehlshaber zum „Kapitän und Großrichter" ernannt, verblieb er in Hunza, verwaltete fortan die mächtigste *encomienda* ganz Neugranadas (über 3.000 Indigene waren ihm unterstellt) und dirigierte die Erbauung der Stadt Tunja und seines eigenen Hauses.

Durch ein Renaissancetor betritt man das **einstöckige Anwesen,** das sich um einen **nach andalusischem Vorbild** gebauten Innenhof zieht. Im Vestibül bewahrte *Don Gonzalo* einige repräsentative Militaria auf: Schwerter, Degen und einen maurischen Krummsäbel. Ein Teil des Erdgeschosses diente als Gesindestube, Lagerraum für Weizen, Mais, Kartoffeln, Käse und Früchte, die aus seiner *encomienda* Icabuco stammten, und als Unterstand für seine Rassepferde. Im Obergeschoss, von dessen korinthischem Kreuzgang man den üppig bewachsenen Patio überblickt, wohnten *Don Gonzalo* und – nach der Vermählung 1563 – auch seine junge Gattin *Doña Mencia de Figueroa y Godoy,* die ihm vier Kinder gebar. Hier befanden sich die Schlafzimmer, das Esszimmer mit den so typischen, tierhautbespannten Holzstühlen, und der Besuchersalon.

Für die größte Attraktion des Hauses hat *Doña Mencia* gesorgt. Nach dem Tode ihres Gemahls 1583 heiratete sie erneut und gestaltete zusammen mit ihrem zweiten Mann *Don Juan Núñez de Cerda* die hohen Decken des Hauses aus, indem sie diese nach Art des **Manierismus** mit exotischen und antiken Motiven märchenhaft bemalen ließ – und zwar in einem unverhofften und bizarren Mix aus Ritterburgen, Urwaldbäumen, Vogelschwärmen, Giraffen, Kamelen, Nashörnern, Wildkatzen, Affen, diversen Familienwappen und griechischen Gottheiten. Mehrere Jahrhunderte hindurch blieben diese

Malereien unter Farbschichten verborgen – bis zu ihrer Wiederentdeckung 1964.

Casa del Escríbano del Rey Don Juan de Vargas

Unweit der Plaza Bolívar, in der Cl. 20 No. 8-52, befindet sich das zweite, ebenfalls von seiner Architektur **maurisch beeinflusste koloniale Kleinod** Tunjas: die ehemalige Residenz des Königlichen Schriftgelehrten und Stadtchronisten *Don Juan de Vargas* aus dem späten 16. Jh. (Tel. 7426 611, geöffnet Di bis Fr 9–12 und 14–17 Uhr, feiertags 10–16 Uhr, Eintritt 1 Euro, Museumsführungen durch Schüler). Tierknochen geben dem Fußboden Halt. Ein Kreuzgang öffnet sich zum blumengeschmückten Patio. Sehr beeindruckend sind wiederum die **Deckengemälde** im Obergeschoss, farbenprächtig und realistisch gestaltet und zugleich geheimnisvoll, z.B. Szenen aus der griechischen Mythologie, mit Blumengirlanden umgürtete Wappen und symbolträchtige Tierdarstellungen, darunter Nashörner und Elefanten. Es wird vielleicht zu Recht vermutet, all die Fantasiewesen, Gottheiten und Tiere hätten ihr Vorbild in Buchillustrationen aus der Bibliothek des Hausherrn.

Casa del Capitán Martín de Rojas

An der Westflanke der taubenumflogenen Plaza Bolívar steht das restaurierte ehemalige Haus des *Capitán Martín de Rojas* aus dem 16. Jh. (Cra. 10 No. 19-17, geöffnet Mo bis Fr 8–12 und 14–18 Uhr), in dem heute Ausstellungen, Konzerte und andere **kulturelle Veranstaltungen** stattfinden. Die Säulen im Auditorium „Eduardo Caballero Calderón" sollen aus einem nicht mehr existenten Haus stammen, in dem im 17. Jh. eine Edeldame eingemauert wurde.

Casa del Presidente General Gustavo Rojas Pinilla

In diesem Ende des 19. Jh. in republikanischem Stil errichteten Bürgerhaus (Cl. 17 No. 10-73, täglich geöffnet 8–12 und 14–18 Uhr) verbrachte General *Gustavo Rojas Pinilla,* der zwischen 1953 und 1957 Kolumbien als Diktator beherrschte, seine Kindheit und Jugend. Neben einem **Museum,** das allen Ex-Präsidenten gewidmet ist, die aus Boyacá stammen, sind hier auch ein Filmvorführsaal und eine Bibliothek untergebracht.

Catedral de Santiago de Tunja

Die an der Westflanke der Plaza Bolívar gelegene Kathedrale (Cra. 9 No. 19-28), welche man auch unter dem Namen Basílica Metropolitana de Santiago el Mayor de España kennt, wurde zwischen 1569 und 1600 erbaut und ist **Tunjas größtes und architektonisch vielseitigstes Gotteshaus.** Maurermeister *Pedro de Sosa* und die Zimmerleute *Francisco Abril* und *Bartolomé Moya* leiteten die Arbeiten. Künstler aus der Schule von Tunja gestalteten den Altar und das Interieur mit gotischen und maurischen Elementen (= plateresker Stil). In einer Totennische wird des Stadtgründers *Gonzalo Suárez Rendón* gedacht.

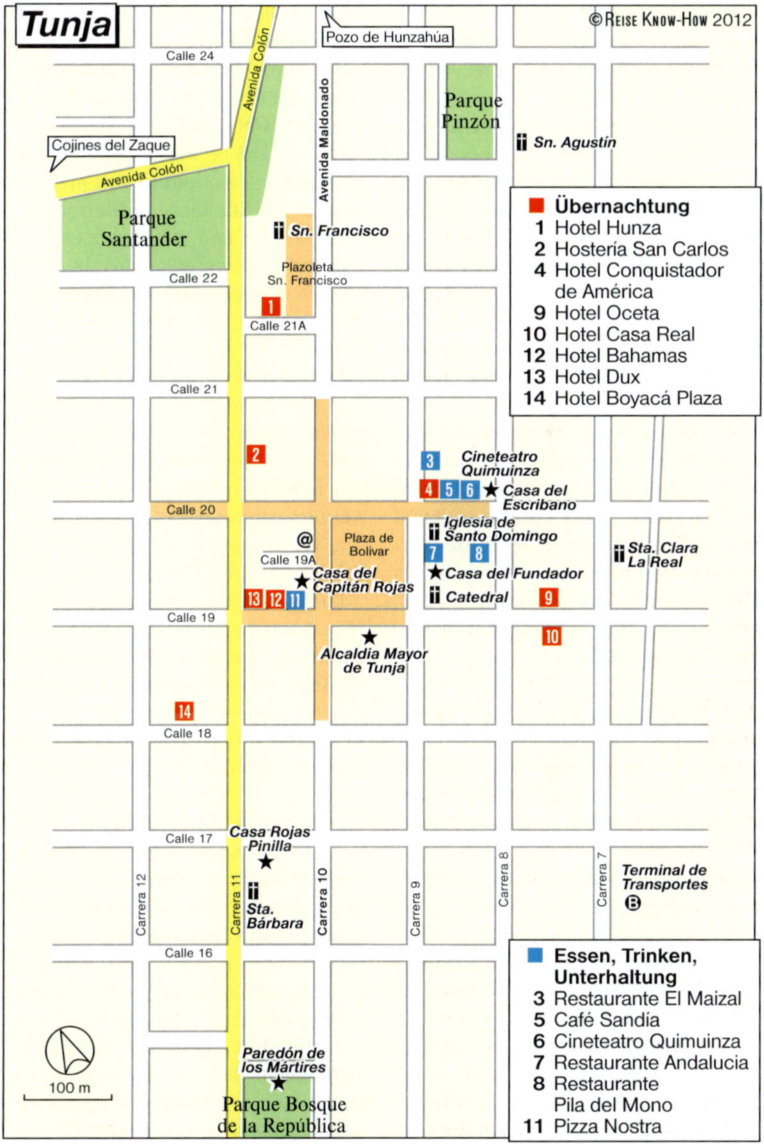
Tunja
© Reise Know-How 2012
Pozo de Hunzahúa
Calle 24
Avenida Colón
Avenida Maldonado
Parque Pinzón
Sn. Agustín
Cojines del Zaque
Avenida Colón
Parque Santander
Sn. Francisco
Plazoleta Sn. Francisco
Calle 22
1
Calle 21A
Calle 21
2
3
Cineteatro Quimuinza
4 5 6
Casa del Escribano
Calle 20
Iglesia de Santo Domingo
Plaza de Bolivar
@
Calle 19A
7 8
Sta. Clara La Real
Casa del Capitán Rojas
Casa del Fundador
13 12 11
Catedral
9
Calle 19
10
Alcaldia Mayor de Tunja
14
Calle 18
Calle 17
Casa Rojas Pinilla
Sta. Bárbara
Carrera 12
Carrera 11
Carrera 10
Carrera 9
Carrera 8
Carrera 7
Terminal de Transportes
Calle 16
Paredón de los Mártires
Parque Bosque de la República
100 m
Übernachtung
1 Hotel Hunza
2 Hostería San Carlos
4 Hotel Conquistador de América
9 Hotel Oceta
10 Hotel Casa Real
12 Hotel Bahamas
13 Hotel Dux
14 Hotel Boyacá Plaza
Essen, Trinken, Unterhaltung
3 Restaurante El Maizal
5 Café Sandía
6 Cineteatro Quimuinza
7 Restaurante Andalucia
8 Restaurante Pila del Mono
11 Pizza Nostra

Iglesia de Santo Domingo

Diese in der zweiten Hälfte des 16. Jh. errichtete Kirche (Cra. 9 zwischen Cl. 19 und 20; außer mittags täglich geöffnet) wirkt von außen unscheinbar, entpuppt sich aber innen als eines der am kunstvollsten gestalteten Gotteshäuser des ganzen Landes. Denn linker Hand vom Eingang ist die berühmte **Capilla del Rosario** eingelassen, die auch als „Sixtinische Kapelle Neugranadas" bezeichnet wird. Ihre vollständig mit Blattgold überzogenen, von Barockkünstlern aus der Schule von Quito geschnitzten Holzornamente erstrahlen sonnengleich, ebenso wie die perlmutt- und spiegelgeschmückte *Virgen del Rosario,* welche die in ihrem traditionellen Glauben schwankend gewordenen *Muiscas* geradezu verzückt haben muss. Die Kapelle ist ein Musterbeispiel der *arte mestizo* (Mestizenkunst). Das Bildnis des *Judío Errante* ist legendär.

Capilla y Convento de Santa Clara La Real

Der 1571 gegründete Konvent (Cra. 7 No. 19-58, Tel. 7425 659, Museum geöffnet täglich 9–12.30 und 14–18 Uhr, Eintritt 1 Euro) soll das erste Nonnenkloster Neugranadas gewesen sein. Nahe des Chores befand sich die Zelle der geheimnisumwobenen **Mutter Francisca Josefa de Castello y Guevara** (1671–1742), die 53 Jahre ihres Lebens hier als Nonne lebte und ihre tägliche Gedankenwelt, ihren inneren Zwist zwischen Versuchung und Erleuchtung und ihre spirituellen Eingebungen in autobiografischen, von heutigen Feministinnen als erstaunlich modern gefeierten Schriften niederlegte. Ihre Tagebuchaufzeichnungen sind unter dem Titel „Afectos espirituales" bekannt.

An der Decke der Kapelle fällt die Darstellung einer **Sonne mit menschlichem Antlitz** auf - ein Beispiel der *arte mestizo* und zugleich Beleg für die Verflechtung des Urglaubens der *Muisca* an ihre Sonnengottheit mit dem für sie neuen Katholizismus.

Iglesia de San Francisco

In dieser Kirche (Cra. 10 No. 22-23) befindet sich eine 1816 geschnitzte, sehr realistisch wirkende **Jesusfigur,** die unter dem Namen *Cristo de los Mártires* verehrt wird.

Iglesia de Santa Bárbara

Diese 1599 fertiggestellte Kirche (Cra. 11 zwischen Cl. 16 und 17) weist zahlreiche **maurische Elemente** auf: Ihr Turm erinnert an ein Minarett, und die Decke der Capilla de la Epístola in ihrem Inneren ist ganz vom Mudéjar-Stil geprägt.

El Paredón de los Mártires

An dieser **Adobemauer im Parque Bosque de la República** (Cl. 15 zwischen Cra. 10 und 11) starben 1816 zwei Ex-Gouverneure der unabhängigen Provinz Tunja den Märtyrertod, als die Spanier für kurze Zeit die Gegend zurückeroberten. Es waren *Juan Nepumuceno Niño Muelle* und *José Cayetano Vásquez.* Die Einschusslöcher der Kugeln werden heute von einer Glasplatte vor Witterungseinflüssen geschützt. *Vásquez* soll vor dem Erschießungskommando geäußert haben: „Ewig lebt, wer für das Vaterland starb."

Los Cojines del Zaque

Die „Kissen des Fürsten" sind zwei aus dem felsigen Untergrund des Alto de San Lázaro gemeißelte, eng beieinander liegende kreisrunde, oben jedoch abgeflachte Steine, die entfernt an riesige Säulenfundamente erinnern würden, wenn nicht ihre ebenen Flächen auf einer Seite in der Breite von etwa einem Drittel schräg zum Boden hin abgeschnitten wären. Es handelt sich bei diesen Steinen um eine **Sonnenkultstätte mit Opferaltar,** die die Zaques (Fürsten von Hunza) und Mitglieder ihrer Priesterkaste allmorgendlich aufsuchten, um das Aufsteigen von *Zuhé* (der Sonne) zu beobachten, der Manifestation des Allmächtigen Wesens *Chiminichagua.* Man sang, Musiker spielten auf ihren Muschelhörnern, Flöten, Trompeten und Trommeln. *Los Moxas,* 12-jährige, der Sonne geweihte Kinder, wurden als Opfer dargebracht, ihr Herz ausgeschnitten, ihr Blut über die „Kissen" gesprenkelt. Auch Fruchtbarkeitsriten fanden hier statt; dazu gehörten Trinkgelage und sexuelle Exzesse.

Die Cojines del Zaque befinden sich links der nach Villa de Leyva führenden Straße westlich der Altstadt von Tunja nahe der Ecke Cl. 22 und Cra. 20. Man erreicht sie zu Fuß von der Altstadt, indem man der Cl. 22 nach Westen folgt, in etwa 25 Min. (oder per Taxi für ca. 1 Euro).

El Pozo de Hunzahúa o de Donato

Das Brunnenbecken des Hunzahúa mit den monolithischen Säulenresten des Sonnentempels von Goranchacha an seinem Ufer bietet dem uneingeweihten Auge keine spektakuläre Ansicht; wer sich jedoch die Legenden zu eigen gemacht hat, die an diesem Ort nordöstlich der Altstadt zu Hause sind, wird ein Stück Magie spüren können – war diese durch Grundwasser gespeiste Minilagune doch einst eine heilige **Zeremonienstätte** des Chibcha-Volkes der *Muisca*.

Der allererste Lokalfürst in der Dynastie der Zaques, d.h. der Herrscher von Hunza, war der gestrenge **Hunzahúa,** welcher sich abgöttisch in seine leibliche Schwester verliebte – ein Unding, da Inzest bei den Chibchas ausdrücklich verboten war. Die erzürnte Mutter der beiden holte immer wieder mit dem riesigen Stampfstock aus, mit dem sie eben noch *chicha* umgerührt hatte, um ihre Tochter zu züchtigen; die Tochter aber rannte um den Tonkrug herum und ließ sich nicht schlagen. Dann auf einmal traf der Stock versehentlich den Krug: Er zerbrach und die *chicha* lief auf den Boden und formte die heute zu bestaunende Lagune. *Hunzahúa* und seine Schwester aber mussten fliehen; sie bekamen ein Kind, das zu Stein wurde, und wurden schließlich – erschöpft und desillusioniert – selbst zu Stein. Am Ufer aber gedachten von da an die nachfolgenden Generationen der *Muiscas* ihres in die Welt der Mythologie entrückten ersten Zaque.

Kazike **Goranchacha** errichtete hier später einen **Sonnentempel,** und man sagt, jedes Jahr hätten gewaltige **Prozessionen** stattgefunden, die von Quimuinza, dem Sitz des Zaque, d.h. von dort, wo sich heute der Parque Pinzón befindet (zwischen Cra. 8 und 9 und Cl. 23 und 24), bis zum Pozo de Hunzahúa führten: Drei Tage waren die zur Sonne singenden, *chicha*-schlürfenden Pilger unterwegs; sie wanderten nicht einfach, sondern taten – rhythmisch schwingend – drei Schritte vor und zwei zurück und bewegten sich auf diese Weise langsam und kräftezehrend. Dann verblieben sie drei Tage beim Sonnentempel, tanzten und sangen sich in Trance und wiegten sich drei Tage lang zurück.

Goranchacha, der Erbauer des Tempels, hatte die Gabe weiszusagen und kündigte seinen Landsleuten das baldige Eintreffen weißer Konquistadoren an. Was er prophezeite, sollte tatsächlich geschehen; und der bei der Ankunft der Spanier regierende Zaque *Quemuenchatocha* sah sich genötigt, seine Gold- und Smaragdschätze dem Brunnenbecken des Hunzahúa anzuvertrauen, um sie vor der Gier der Europäer zu schützen. Immer wieder versuchten daraufhin die Spanier, das Wasser aus dem Brunnen abzusaugen. Am meisten Geld und Kraft dafür investierte **Don Jerónimo Donato de Rojas,** sodass sich bald der Name „Pozo de Donato" als Synonym für den „Pozo de Hunzahúa" einbürgerte und sogar eine Redensart entstand, wonach eine Schuldsumme, die nicht zurückgezahlt wurde, von Gläubigern als „in den Brunnen des Donato geworfen" und damit sinnbildlich als auf ewig verloren galt.

Von der Plaza Bolívar folgt man der Cra. 10 nach Norden; diese heißt außerhalb der Altstadt Avenida Maldonado und mündet in einen Kreisverkehr, in dessen Zentrum sich das Monumento a la Raza befindet. Geradeaus darüber hinweg führt die Avenida Norte, an deren westlicher Straßenseite auf dem Grundstück der Universidad Pedagógica y Tecnológica sich das Wasserbecken befindet (von der Altstadt zu Fuß ca. 45 Min., besser zu erreichen per Taxi für 2 Euro).

Feiertage & Feste

Herausragend sind die feierlichen Prozessionen am **Gründonnerstag** und **Karfreitag.** Einmal im Jahr findet das mehrtägige **Festival Internacional de la Cultura** statt – eine „Zusammenkunft von Geist, Kultur und Kunst", mit Konzerten, Theatervorführungen und Ausstellungen auf der Plaza, in der Alcaldía bzw. diversen Kirchen. In der Woche vor Weihnachten feiern die *tunjanos* ausgelassen ihren **Aguinaldo Boyacense:** Bunte Umzüge, Showtänze und Musik erfüllen die abends illuminierte Innenstadt.

Deckenmalerei in der Casa del Escríbano

Informationen & wichtige Adressen

Touristeninformation

- **Corporación Fondo de Promoción Turística:** Cl. 21 No. 10-52, Adressen, Karten, Informationen.
- **Oficína de Turismo de Tunja:** Cra. 9 No 19-68, an der Ostflanke der Plaza Bolívar in der Casa del Fundador, Tel. 7423 272, geöffnet 8–12 und 14–18 Uhr. Informationsbroschüren, Stadtpläne.

Internetcafés

- Es gibt sie in großer Zahl dank der Nachfrage durch die vielen Studenten in Tunja, insbesondere **nahe der Plaza,** z.B. Cra. 10 No. 19-80 oder Cl. 20 No. 10-20.

Geldwechsel

- Die **Banken** Bancolombia, Cra. 10 No. 22-35, Banco de Bogotá, Cl. 20 No. 10-60, und Banco Popular, Cl. 20 No. 11-72, tauschen allesamt Bargeld und Reiseschecks. Sie haben auch Geldautomaten, ebenso Banco Santander, Cra. 10 No. 18-16, und Banco de Occidente, Cl. 18 No. 10-54.

Telefonieren

- **Telecom:** Cl. 19 No. 9-10, an der Südflanke der Plaza Bolívar.

Unterkunft

- **Hotel Hunza**€€€: Cl. 21A No. 10-66, Tel. 7424 111, www.hotelhunza.com. Modernes Gebäude, komfortable Zimmer, Pool, Türkisches Bad, Restaurant.
- **Hotel Boyacá Plaza**€€€: Cl. 18 No. 11-22, Tel. 7401 116, zwei Block von der Plaza Bolívar. Klein, beliebt bei Geschäftsleuten, sicherer Parkplatz. Frühstück inklusive.
- **Hotel Conquistador de América**€€: Cl. 20 No. 8-92, Mobil 310 3211 506, Fax 7423 534. Kolonialhaus an der nordöstlichen Ecke der Plaza Bolívar, Privatbad mit warmem Wasser.

colo012 Foto: ib

- **Hotel Casa Real**€+: Cl. 19 No. 7-65, Tel. 7431 764, www.hotelalicantetunja.com. Saubere Zimmer mit Bad, gutes Preis-Leistungs-Verhältnis.
- **Hostería San Carlos**€+: Cra. 11 No. 20-12, Tel. 7423 716. Kolonialhaus, familiäre Atmosphäre, fünf schlichte Räume mit Bad.
- **Hotel Bahamas**€: Cl. 19 No. 10-64, Tel. 7423 556. Viel Atmosphäre in einem Kolonialhaus mit geschnitzter Holzgalerie um den glasüberdachten Patio und knarzendem Balkon überm Boulevard mit seinen *maní*-Verkäufern, Schuhputzern und Bettlern. Winzige Zimmer mit Bad.
- **Hotel Dux**€: Cl. 19 No. 10-78, gleich neben dem Hotel Bahamas.
- **Hotel Oceta**€: Cl. 19 No. 7-64 (gegenüber Hotel Casa Real), Tel. 7422 886. Bad, warmes Wasser, TV, Ermäßigungen für Gruppen.

Essen, Trinken, Unterhaltung

- **Restaurante Andalucía:** Cra. 9 No. 19-92, direkt an der Plaza Bolívar in einem Kolonialhaus, Fischgerichte gehobener Preislage, Live-Musik.
- **Restaurante Pila del Mono:** Cra. 8 No. 19-67, Tel. 7403 380, in einem Kolonialhaus, in dem sich auch eine angenehme *hostería*€€ befindet. Gutes Essen.
- **Restaurante El Maizal:** Cra. 9 No. 20-30, Tel. 7425 876, beliebt bei den Einheimischen, einfache lokale Gerichte zu ehrlichen Preisen, z.B. Forelle.
- **Restaurante Bar Son y Sabor:** Cl. 19A No. 10-71, Tel. 7402 970, Regionalgerichte, Kaninchen.

Die Schlacht an der Brücke von Boyacá

15 Autominuten südlich von Tunja, an der Straße nach Bogotá, wölbt sich linker Hand die winzige, aber legendäre Brücke von Boyacá über das Bächlein Teatinos. Sie ist die **Rekonstruktion einer typischen altspanischen Brücke,** die allerdings mit jener hölzernen Brücke wenig Ähnlichkeit hat, über die am 7. August 1819 die Armee der Königstreuen ziehen wollte und von *Bolívar* nach kurzem Gefecht entscheidend geschlagen wurde. Der Zusammenstoß der beiden jeweils etwa 3.000 Kämpfer zählenden Armeen ging in die Geschichte als **wichtigste Schlacht im Ringen um die Unabhängigkeit Kolumbiens** von der spanischen Kolonialmacht ein. Heute befinden sich seitlich der Brücke zementierte Aufmarschplätze sowie eine in den 1930ern in München hergestellte Statue *Bolívars* mit Damen, die die befreiten Länder repräsentieren, und diversen Musen zu seinen Füßen. Auf einem nahen Hügel steht ein Siegesobelisk.

Die Brücke von Boyacá ist ein **Nationalheiligtum.** Jeder Bus zwischen Tunja und Bogotá passiert das Denkmal, oder man nimmt von Tunja ein Taxi. Öffnungszeiten täglich 8.30–20.30 Uhr.

Wie war es zur Schlacht gekommen? Der geniale Militärstratege und Befreiungsheld **Simón Bolívar** weilte fernab in Angostura (heute: Ciudad Bolívar, im Osten Venezuelas) und sann darüber nach, wie er seine von starken royalistischen Einheiten kontrollierte Heimat Venezuela aus den Händen der Kolonialmacht zurückerobern könne, als ihn Hilfegesuche der geschwächten kolumbianischen Untergrundkämpfer erreichten. Die königstreue Streitmacht im Gebiet des heutigen Kolumbien war weit weniger stark als in Venezuela, da die Royalisten davon ausgingen, in Kolumbien bereits ganze Arbeit geleistet zu haben, was die Vernichtung von Oppositionellen anging, und dass allein in Venezuela noch ernste Gefahr seitens der Separatisten drohe. Keiner vermutete, dass *Bolívar* nicht gegen Caracas, sondern gegen Bogotá ziehen würde – doch genau das tat er.

Seine Verbündeten unter *José Antonio Páez* starteten in Venezuela einen Ablen-

- **Pizza Nostra:** Cl. 19 No. 10-36, Tel. 7402 040, moderner Laden am Boulevard, wo die Pizza Margarita 2 Euro kostet.
- **Italian's Pizza:** Cl. 20 No. 8-92, Pizzas, klein und frisch.
- **Asadero Pollo Listo:** Cra. 11 No. 19-30, Grillhähnchen, Salzkartoffeln, Koriandersauce, einfach und sehr preiswert.
- **Café Sandia:** Cl. 20 No. 8-96, exzellente Torten, Eisbecher, Fruchtsäfte und -salate. Spezialität ist ein Eisschiff mit Früchten, das eine ganze Mahlzeit ersetzen kann.
- **Cineteatro Quimuinza:** Cl. 20 No. 8-60, neben der Casa del Escríbano. Riesiger Kinosaal, der einer längst entschwundenen Epoche entstammt und US- wie kolumbianische Streifen für 1 Euro zeigt. Am Kartenschalter sind klassische Kinosnacks erhältlich.

Verkehrsverbindungen

- Der **Busterminal** (Tel. 7401 426) befindet sich wenige Fußminuten südöstlich der zentralen Plaza Bolívar an der Avenida Oriental, der Verbindungsstraße Bogotá – Bucaramanga. Man kann ihn von der Ecke Cra. 7 und Cl. 16 erreichen.
- **Busse bzw. Mikrobusse** fahren halbstündlich **nach Villa de Leyva** (45 Min./2 Euro), **nach Chiquinquirá** (2 Std./5 Euro) oder **nach Paipa** (45 Min./2,50 Euro). Verbindungen bestehen auch **nach Ráquira** oder **nach Barbosa.** Mindestens stündlich verkehren Busse, die **San Gil** (4½ Std./10 Euro) passieren, **nach Bucaramanga** (7 Std./17 Euro), weit häufiger noch **nach Bogotá** (2½ Std./5 Euro).

kungsfeldzug. In der Zwischenzeit marschierte *Bolívar* unbemerkt quer durch das Land und unter großen Entbehrungen, denen viele seiner schlecht ausgerüsteten Kämpfer erlagen, über den Páramo de Pisba hinauf in die Ostkordillere. Seiner Armee voraus schickte er einen Aufruf durch alle Dörfer, sich ihm anzuschließen – auf diese Weise vermochte er neue Kämpfer zu rekrutieren. Kleinere Scharmützel alarmierten die Hauptstreitmacht der Königstreuen unter dem Spanier **José María Barreiro,** und es kam im Pantano de Vargas (nahe Paipa) zu einem ersten großen Zusammentreffen. *Bolívar* wurde in den Sumpf getrieben, doch die Verzweiflung und hohe Kampfmoral seiner Leute retteten die Separatisten vor dem Untergang. Erst *Bolívars* Lanzenreiter konnten mit letzter Kraft die vorrückenden Königstreuen zurückschlagen (siehe dazu unter Paipa).

Nach dieser Schlacht stieß Verstärkung zu *Bolívars* Truppen, und er unternahm ein raffiniertes **Täuschungsmanöver:** Er tat so, als zöge er sich nach Osten zurück, machte aber in der Nacht kehrt, ging zurück nach Westen und dann nach Süden auf Tunja zu, das er am Morgen des 5. August mit geringem Aufwand einnahm. *Barreiro* setzte nun panisch alles daran, *Bolívar* von Süden her zu umgehen und ihm in den Rücken zu fallen. Als seine Truppen am 7. August gegen 14 Uhr die Brücke über den angeschwollenen Bach Teatinos queren wollten, verriet nichts die Anwesenheit *Bolívars,* der sich bereits seit geraumer Zeit auf der Lauer befand. Binnen weniger als zwei Stunden lagen 150 Royalisten und 63 Unabhängigkeitskämpfer tot oder verwundet auf dem Schlachtfeld, *Bolívar* hatte darüber hinaus ca. 1.600 Gefangene gemacht – darunter *Barreiro* persönlich. Abseits, über einem Fels, unter dem sich *Barreiro* verborgen hielt, als er von dem 13-jährigen *Pedro* und dem Soldaten *Negro José* erwischt wurde, befindet sich heute ein kleines Denkmal zu Ehren dieser beiden Patrioten, die auf das Angebot *Barreiros,* ihnen Geld zu schenken, nicht eingingen, sondern *Barreiro Bolívar* vorführten. Etwa 1.200 Royalisten flohen in alle Himmelsrichtungen; viele von ihnen wurden später noch niedergesäbelt.

Als *Bolívar* wenige Tage später triumphal in Bogotá einzog, war der spanische Vizekönig bereits ausgeflogen.

Paipa

XIII/C2

Überblick & Geschichte

- **Bevölkerung:** 60.000 *paipanos*
- **Meter über NN:** 2.500
- **Temperatur** (im Durchschnitt): 15°C

Paipa, umgeben von grünem Weideland im **Tal von Chicamocha** unweit des Nordufers der Laguna Sochagota, ist ein beliebtes Ziel für großstädtische Wasserski- und Kayak-Enthusiasten, Wellness-Genießer, Anhänger des *termalismo* sowie für Geschäftsreisende, um ihre Abschlüsse zu feiern. Schon im 16. Jh. ließen sich hier spanische Kolonisten nieder und genossen die **Thermalwässer,** die auch *Alexander von Humboldt* bei seinem Besuch im Jahr 1801 lobte. 1819 fand in der Nähe die blutige **Schlacht im Pantano de Vargas** statt, welche Kolumbien einen entscheidenden Schritt in Richtung Unabhängigkeit brachte.

Sehenswertes & Aktivitäten im Umland

Aguas Termales de Paipa

Gespeist von einem unterirdischen See, kommen in der Gemeinde Paipa Thermalquellen an die Oberfläche. Südsüdöstlich der Stadt, nahe des Flugplatzes, wurde auf einer Fläche von 5 ha ein **Aquapark mit Schwimmbecken, Restaurants und Therapieeinrichtungen** gebaut (Kilómetro 4, Vía Pantano de Vargas, Tel. 7850 585 / 7850 068; per Taxi 1,50 Euro). Ob Thermalbad, Sauna, Jacuzzi, Schlammpackung, Wassermassage oder „Hydroakupunktur" – alles ist vorhanden. Geöffnet 6–21.30 Uhr, Eintritt 4 Euro. Ein zweistündiges Wellnessprogramm kostet 10 Euro. Auch im Voraus lässt sich – interessant für Gruppen! – ein Programm zusammenstellen und buchen, z.B. über den Anbieter Paipa Tours Ltda., Paipa, Cl. 25 No. 19-44, Tel. 7850 673, Mobil 313 8521 230, www.paipatoursboyaca.com.

Hacienda El Salitre

Dieses Anwesen (Kilómetro 3, Vía Toca – Paipa, Tel. 7851 508, oder Bogotá Tel. 1 6234 992, www.haciendadelsalitre.com, per Taxi von Paipa 2 Euro) besteht seit 1736. Hier hatte *Simón Bolívar* nach der Schlacht auf dem Pantano de Vargas Quartier bezogen. Die Hazienda wurde zu einem kleinen, ganz exquisiten **Romantikhotel mit Thermalbad**€€€€ (20 Zimmer, zwei Luxusunterkünfte mit eigenem Thermalwasserbecken, zwei Suiten) ausgebaut, doch sie hat ihren kolonialen Charme bis heute bewahrt. Schattige Arkadengänge, der große Park, ein Stierkampfring, Reit- und Wanderwege, die alte Kapelle, die Taverne El Rincón de los Próceres, in der man noch das Sporenklirren der spanischen Recken zu hören vermeint und sich am Kamin wärmt, sowie eine exzellente Gastronomie machen einen Besuch vor allem für Liebespaare lohnend.

Pantano de Vargas

8 km südöstlich von Paipa liegt der Pantano de Vargas, ein **Hochmoor,** in

dem am 25. Juli 1819 am *camino real* **eine der letzten blutigen Schlachten im kolumbianischen Befreiungskrieg** ausgetragen wurde. Man erreicht das Schlachtfeld von Paipa per Taxi (3 Euro). *Simón Bolívars* Truppen, 2.600 Mann stark, großteils noch erschöpft vom eiskalten Andenaufstieg, von Hunger und Krankheit gezeichnet, wurden um 11 Uhr morgens von 3.800 Royalisten unter Kommandeur *José María Barreiro* angegriffen, die einen Terrainvorteil nutzten und die Patrioten in arge Bedrängnis brachten. Gegenoffensiven wurden immer wieder zurückgeschlagen.

Die Britische Legion unter **Coronel James Rooke,** der schon in Waterloo gekämpft hatte, musste vor den Royalisten zurückweichen. *Rookes* linker Arm wurde durch eine Kugel fast vollständig abgerissen. Nach der Schlacht, als ihm der Arm amputiert wurde, rief er verzweifelt auf Spanisch: „Viva la patria! - Es lebe das Vaterland!“ Der Chirurg fragte auf Englisch zurück: „Welches Vaterland? Irland oder England?“ Worauf *Rooke* antwortete: „La que me ha de dar sepultura. - Das, welches mir mein Grab gibt!“ Tage später starb er.

Als die Schlacht bis zum Abend dauerte, überkam *Bolívar* Verzweiflung - doch da erschien vor ihm **Juan José Rondón,** der agile Befehlshaber der venezolanischen Lanzenreiter. *Bolívar* befahl ihm seufzend: „Coronel, retten Sie das Vaterland!“, worauf *Rondón* mit 14 seiner besten Leute vorsprengte. Ihnen schlossen sich andere an und konnten so im letzten Moment doch noch die Niederlage abwenden. 350 Patrioten und 500 Königstreue aber blieben auf den Feuchtwiesen des Pantano de Vargas zurück.

Zu Ehren der Lanzenreiter von *Rondón* wurde 1969 eine Monumentalstatue des renommierten Bildhauers *Rodrigo Arenas Betancur* eingeweiht, das **gewaltigste Denkmal Kolumbiens:** Lanzenstichartig Attacke reitend, und doch strauchelnd, bewegen sich die bronzenen Kämpfer in den Himmel hinein. Nachts ist das Schlachtfeld illuminiert.

Praktische Informationen

- **Hotel Sochagota**€€€: Kilómetro 2, Vía Las Piscinas, Tel. 7850 011, www.hotelsochagota.com. Etwas außerhalb der Stadt nahe des Aquaparks, wunderbarer Blick über die Lagune, 45 moderne Zimmer mit Balkon sowie 19 *cabañas.* Gutes Restaurant. Hoteleigener Pool mit Thermalwasser. Aufenthalt ideal für ein Wellness-Wochenende.
- **Hotel El Portal de la Casona**€+: Cl. 24 No. 19-21, Tel. 7850 176, Mobil 311 5421 671, www.hotelelportaldelacasona.com. Zentrale Lage in der Innenstadt von Paipa, flaches Haus im Kolonialstil, liebevoll eingerichtet, begrünter Innenhof, zwölf saubere Zimmer mit Privatbad und Warmwasser.
- **Hotel La Posada Colonial**€+: Cl. 23 No. 20-37, Tel. 7850 073, Mobil 310 2511 833. Kolonialbau im Zentrum von Paipa, Zimmer mit Privatbad, Frühstück.
- **Café Art:** Cl. 24 No. 20-83, Kaffee, Eiscreme und Kunst an den Wänden.
- Ständig fahren **Busse nach Tunja** (45 Min./ 2 Euro), **nach Duitama** (20 Min./1 Euro) sowie **nach Sogamoso** (30 Min./1 Euro). Mehrere Busse **nach Bogotá** (3 Std./6 Euro) und **nach Bucaramanga** (8 Std./15 Euro).

Villa de Leyva

↗ XIII/C2

Überblick

- **Bevölkerung:** 11.000
- **Meter über NN:** 2.140
- **Temperatur** (im Durchschnitt): 19 °C

Villa de Leyva (auch: Villa de Leiva) liegt 40 km nordwestlich von Tunja und ist **ein wahr gewordenes koloniales Märchen.** Die kopfsteingepflasterten Gässchen sind gesäumt von gekalkten Häusern im andalusischen Stil mit Patios, in denen Oleander und Bougainvillea wachsen. Blumen hängen von den Balkonen herab. Restaurants, Cafés, kleine Hotels und Kunstgewerbeläden dominieren in dieser Kleinstadt, die heute fast ausschließlich vom Fremdenverkehr lebt und vielen Paaren schon eine ideale Station während ihrer Flitterwochen war. Die fossilienreiche Umgebung bietet zahlreiche Möglichkeiten für Ausflüge. So lässt sich von hier das Santuario de Iguaque mit der heiligen Lagune der *Muiscas* besuchen.

Geschichte

Auf Befehl von *Don Andrés Días Venero de Leyva* gründete *Capitán Hernán Suárez de Villalobos* an einem Platz namens Zaquenzipá am 12. Juli 1572 einen **Erholungsort** für hohe Militärs und Beamte. Schon bald zog die Gegend viele spanische Siedler an, die Oliven und Weizen anbauten. Übermäßige Ausbeutung des Bodens aber führte nach und nach zur vollständigen Versteppung – heute ist die Region beinahe vegetationslos (mittlerweile wird jedoch erfolgreich mit Rebbau experimentiert). Der zunehmenden landwirtschaftlichen Unfruchtbarkeit verdankte der Ort seinen jahrhundertelangen Stillstand, und so konnte sich sein heute gepriesenes koloniales Flair wunderbar erhalten. Im Jahr 1954 unter Schutz gestellt, ist der Ort ein **seltenes Musterbeispiel altspanischer Lebensart.** Er inspirierte den Regisseur *Werner Herzog* dazu, einige Szenen seines Films „Cobra Verde" mit *Klaus Kinski* hier zu drehen, und war Schauplatz der *telenovela* (Seifenoper) „Zorro – La Escada y la Rosa" von 2007. Bis zu seinem Tode 2006 spielte der ehemalige Schlagzeuger von *Ray Charles* und *Elvis Presley, Bill Lynn,* jede Nacht in seiner Bar Don D'Bill (jetzt: Restaurante Savia) in der Casona Quintero (Cra. 9 und Cl. 12 Esq.).

Orientierung

Mittelpunkt des von Südost nach Nordwest ausgerichteten Schachbrettmusters der Stadt ist die **Plaza Mayor.** Von dort erreicht man in weniger als 10 Min. nach jeder Richtung zu den Ortsrand. Stadt und Umgebung lassen sich bequem zu Fuß, per Fahrrad oder Pferd erkunden.

Sehenswertes in Villa de Leyva und Umgebung

Plaza Mayor (Plaza Prinzipal)

Mit Seitenlängen von je ca. 120 m zählt der historische Marktplatz von

Villa de Leyva

Arcabuco,
Museo Paleontológico
Laguna de Gachantivá
Avenida Circunvalar
Cl. 16
Cl. 15
Cl. 14
Cl. 13
Cl. 12
Cl. 11
Cl. 10
Cl. 9
Cl. 8
Cl. 7
Cl. 6
Cl. 5
Cra. 12
Cra. 11
Cra. 10
Cra. 9
Cra. 8a
Cra. 8
Cra. 7
Cra. 6
Cra. 5
Iglesia del Carmen
Parque Ricaurte
Casa de Ricaurte
Casa de Acuña
Plaza Mayor
Casa del Primer Congreso
Real Fábrica
Iglesia Parroquial
Colombian Highlands
Parque Nariño
Casa de Nariño
Guías & Travesías
Plaza de Mercado
Terminal de Transportes
Santa Sofiá,
Monasterio Ecce Homo,
El Infiernito,
El Fósil,
Casa Terracota,
Granja de Arestruces
Tunja
100 m

Übernachtung
1 Hostal Rana
4 Hospedería La Villa
5 Hospedería Colonial
6 Hotel Plaza Mayor
8 Posada de San Martín
9 Mesón de los Virreyes
12 Campestre del Molino La Mesopotamia

Essen, Trinken, Unterhaltung
2 Billard
3 Restaurante Savia
7 Frutería
10 Té & Café Saloon
11 Restaurante Casa Blanca

Villa de Leyva (zwischen Cra. 9 und 10 und Cl. 12 und 13) zu den größten öffentlichen Plätzen ganz Kolumbiens. Er weist das traditionelle Pflaster auf, über welches 1819 schon die Hufe von *Simón Bolívars* Pferd klapperten. Der Himmel über dem Platz wölbt sich hoch und weit. Man vernimmt das Ziehen der Wolken. Ein kleiner, im maurischen Stil gefasster **Brunnen,** aus dem über Jahrhunderte die Bewohner Villa de Leyvas ihr Trinkwasser schöpften, verliert sich in der Mitte des Platzes. Zahlreiche **Kolonialhäuser** reihen sich um den Platz, so die Casona de Don Juan Castellanos (Cra. 9 No. 13-15), La Guaca (Cra. 9 No. 13-57) und Quintero (Cra. 9 & Cl. 12 Esq).

Iglesia Parroquial

An der Südostflanke der Plaza Mayor erhebt sich die 1608 erbaute, **trutzig wirkende Pfarrkirche** (geöffnet zu den Sonnenauf- und -untergängen), die gemeinhin als „Kathedrale" bezeichnet wird und ihr Aussehen über die Jahrhunderte vollständig bewahren konnte. In ihr wurde der tragische *Antonio Ricaurte* (siehe unten) getauft.

Iglesia y Convento del Carmen

Der 1645 gegründete Konvent der Karmelitermönche und das Kloster der Barfüßernonnen liegen an der Plazoleta del Carmen (Cra. 10 zwischen Cl. 13 und 14). Hier ist heute das **Museum für religiöse Kunst** untergebracht (geöffnet nur Sa/So und an Feiertagen 10–13 und 14–17 Uhr, Eintritt 1 Euro), das sehr wertvolle, bis zu 500 Jahre alte Schnitzereien, Monstranzen etc. enthält. Nebenan befindet sich die 1850 errichtete Kirche, die im Volksmund **Mama Linda** genannt wird und schöne Malereien im Dachgebälk aufweist (Cl. 14 No. 10-04, täglich zum Sonnenaufgang geöffnet). Diese Kirche ist der Mittelpunkt der Julifeierlichkeiten zu Ehren der Schutzheiligen von Villa de Leyva, der **Virgen del Carmen.** *Carmen* ist auch Schutzheilige der Chauffeure, Lkw- und Busfahrer, die ihr an ihrem Ehrentag besonderen Tribut zollen.

Casa del Primer Congreso de las Provincias Unidas de la Nueva Granada

In diesem **exquisiten Kolonialhaus** an der Nordostecke der Plaza Mayor (Cra. 9 No. 13-04) tagte am 4. Oktober 1812 der Kongress von sieben neugranadinischen Provinzen, die sich vom spanischen Mutterland lossagten und den föderalistisch gesinnten **Camilo Torres Tenorio** zu ihrem Präsidenten bestimmten. Die Restaurierung des Gebäudes wurde auf Befehl von General *Rojas Pinilla* ausgeführt, der Villa de Leyva 1954 unter Denkmalschutz stellte. Heute befindet sich im Erdgeschoss das **Touristenbüro.** Im Obergeschoss ist der Sitz des Gemeinderates.

Casa de Antonio Nariño

Zwei Blöcke südwestlich der Plaza befindet sich das Haus, in dem *Don Antonio Nariño* am 13. Dezember 1823 für immer seine Augen schloss (Cra. 9 No. 10-19, Tel. 7320 342, geöffnet Mi bis So 8–12 und 14–17 Uhr,

colo013 Foto: ib

Eintritt 1,50 Euro). Der Vorvater der kolumbianischen Unabhängigkeit (siehe auch unter Pasto) übertrug *Thomas Paines* „Rights of Men" ins Spanische, verfocht sein Leben lang die Menschenrechte und avancierte zu einem herausragenden General. Der politische Konkurrent *Bolívars* hatte sich jedoch erhebliche gesundheitliche Schäden auf den Schlachtfeldern Neugranadas und insbesondere während der jahrelangen Festungshaft in Spanien zugezogen, sodass er nach Villa de Leyva zog, um sich zu erholen. Kurz vor seinem Tod äußerte er: „Ich liebte mein Land. Wie tief diese Liebe war, davon wird die Geschichte eines Tages berichten. Ich vermag meinen Kindern nichts zu vermachen als meine Erinnerungen. Meinem Land aber vermache ich meine Asche." In seinem Sterbehaus ist heute ein **Museum** untergebracht, das Erinnerungsstücke aus kolonialer Zeit enthält.

Casa Natal de Antonio Ricaurte

Dies ist das Elternhaus des patriotischen Märtyrers *Antonio Ricaurte,* der am 10. Juni 1786 hier das Licht der Welt erblickte (Cl. 15 No. 8-16, an der Südwestflanke des Parque Ricaurte, geöffnet Mi bis So 9–12 und 14–17 Uhr, Eintritt 1 Euro). 28 Jahre später kam das Befreiungsheer *Simón Bolí-*

Iglesia Parroquial an der Plaza Mayor

colo014 Foto: ib

vars in San Mateo (Venezuela) in große Bedrängnis: Die spanischen Royalisten umzingelten das von *Capitán Ricaurte* bewachte Munitionsdepot. *Ricaurte* ließ die Feinde ein und entzündete dann mit seiner Fackel das Schießpulver. Alles flog in die Luft – auch *Ricaurte*. Die Spanier aber verloren infolge dieser beispiellosen Selbstaufopferung des jungen Patrioten den Kampf. Rechter Hand des **Museums,** an der Südostflanke des Parks, liegt der ehemalige Augustinerkonvent.

Casa de Luis Alberto Acuña

Der international bekannte *Luis Alberto Acuña* (1904–93) war Muralist, Bildhauer, Restaurateur, Kunstsammler und Historiker, Mitbegründer der Bachué-Kunstbewegung der 1930er Jahre, Direktor der Kunsthochschule von Bucaramanga und vieles mehr. 1977 wurde er Witwer, heiratete erneut, zeugte in hohem Alter zwei Töchter und lebte die letzten 15 Jahre, bis zu seinem Tode, in einem Kolonialhaus an der Nordwestflanke der Plaza Mayor (Cra. 10 No. 12-83, Tel. 7320 422, geöffnet täglich 9–18 Uhr, Eintritt 1 Euro), das er nach seinem Geschmack mit **Wandgemälden** ausgestaltete, **die den amerikanischen Urwald und die indianische Mythologie eindrucksvoll widerspiegeln,** und noch zu Lebzeiten als Museum eröffnete. Herausragend ist das mythische Bild „La Mapiripana" (1986, Pastell auf Holz).

Antonio Ricaurte und das Pulverfass

Real Fábrica de Destilaciónes del Nuevo Reino de Granada

Die Königliche Branntweinbrennerei (der König hatte diesbezüglich ein Monopol) war die erste ganz Neugranadas. Heute ist hier die Telecom untergebracht. Bemerkenswert ist jedoch das **alte spanische Wappen über dem Barockportal** (Cl. 13 zwischen Cra. 8 und 9).

Museo Paleontológico

Der Cra. 9 von der Plaza Mayor nach Nordosten in Richtung Arcabuco folgend, erreicht man etwa 1 km außerhalb Villa de Leyva das von der Universidad Nacional betriebene **Paläontologische Museum** (geöffnet Di bis Sa 9–12 und 14–17 Uhr, So 9–15 Uhr, Eintritt 1 Euro). Hier befinden sich die schönsten der vielen **Fossilien,** an denen die Gegend so reich ist, dass die Dörfler sie sogar als schnöden Schmuckbesatz ihrer Grundstücksmauern nutzen. Ihr Alter datiert auf 100 bis 150 Millionen Jahre. Damals wogte hier noch ein Meer. Beeindruckend ist die Auswahl an **Ammoniten und Trilobiten.** Überdies gibt es den seltenen **Kopf eines schwertfischartigen Ictiosaurus** sowie Knochen des Kronosaurus zu sehen.

Casa Terracota

Der Cra. 12 ca. 1 km nach Westen folgend und dann an der Wegscheide rechts in Richtung Monquirá einbiegend, erreicht man nach 0,5 km dieses surreal anmutende, **fast vollständig aus Ton erbaute „Märchenhaus"** des Architekten *Octavio Mendoza,* in welchem auch Keramikkurse stattfinden (www. casaterracota.com).

Granja de Avestruces

Etwa 5 km südwestlich von Villa de Leyva an der Straße in Richtung El Fósil liegt eine Tierfarm, in der sich neben Pferde-, Lama- und Schafweiden auch eine **Straußenaufzucht** mit derzeit ca. 130 Vögeln befindet (Mobil 315 2335 877 / 300 2168 924, www. ciexoticos.com, geöffnet Di bis So 9–16.30 Uhr, Eintritt 2 Euro). Interessierte Besucher können sich die „producción industrial del avestruz" (O-Ton) erklären lassen, ein Straußenei kaufen und an *puentes* (langen Wochenenden) im hiesigen Restaurant Straußenfleischgerichte (ca. 10 Euro) essen.

El Fósil de Monquirá

Das versteinerte, 8 m lange **Skelett eines 120 Millionen Jahre alten Kronosaurus boyacencis ampes,** eines Meeressauriers mit flossenartigen Gliedmaßen und 2,70 m langem Krokodilskopf, ist 6 km westlich von Villa de Leyva zu bestaunen – genau dort, wo ein Bauer es 1977 entdeckte (Mobil 311 2694 067, täglich geöffnet 8–17 Uhr, Eintritt 2 Euro). Ursprünglich war das noch nicht ausgewachsene Tier etwa 12 m lang, doch ein Stück des Schwanzes fehlt. In Australien wurden ebenfalls Kronosaurusfossilien ausgegraben, aber weniger gut erhalten.

Der Fundort liegt 1 km nördlich der Straße nach Ráquira/Chiquinquirá bzw. direkt rechter Hand der Straße nach Santa Sofía. Wer nicht laufen, reiten, Fahrrad fahren oder auf einen Bus warten will, kann für ca. 5 Euro (hin und zurück) mit dem Taxi fahren.

Estación Astronómica de Zaquenzipá (Parque Arqueológico)

2 km nördlich von El Fósil (am besten folgt man der nach rechts führenden Abzweigung von der Straße nach Santa Sofía) recken sich **34 phallusartige Steinmonolithe** gen Sonne. Der größte ist knapp 5 m hoch. Sie stehen im Abstand von etwa 1 m in zwei parallelen, ca. 9 m voneinander entfernten Reihen. Die spanischen Eroberer gaben dieser für sie unverständlichen Kultstätte der *Muiscas* scheu und zugleich abschätzig den Namen **„El Infiernito – Kleine Hölle"** – mit dem Ziel, die Indianer davon abzubringen, hier weiter heidnische Zeremonien durchzuführen. Nach anderer Auffassung sollen es die Indianer selbst gewesen sein, die den ihnen heiligen Ort so nannten, damit kein katholischer Spanier ihn betreten möge. Jedenfalls aber handelt(e) es sich – politisch korrekt formuliert – um die Estación Astronómica de Zaquenzipá, ein schon mindestens 1.500 Jahre altes **Himmelsobservatorium** (geöffnet Di bis So 9–12 und 14–17 Uhr, Eintritt 1 Euro). Die Indianer maßen die Schatten der Steine und bestimmten so die geeigneten Zeiten der Aussaat und der Ernte. Wann immer gar kein Schatten fiel – nämlich je einen Tag im März und September, wenn die Sonne im Zenith stand –, hieß das, Sonne und

Erde paarten sich; Grund genug für die *Muiscas* zu feiern.

Convento del Santo Ecce Homo

Die Mauern dieses 1620 gegründeten **Dominikanerklosters** (geöffnet 9–17 Uhr, Eintritt 2 Euro) stehen solitär und windumtost etwa 13 km nordwestlich von Villa de Leyva in der Nachbarschaft eines Weingutes. Man erreicht den Nonnenkonvent, wenn man dem linken Abzweig von der nach Santa Sofía gehenden Straße ca. 1 km weit folgt (dem Busfahrer Bescheid sagen oder per Taxi von Villa de Leyva für 16 Euro hin und zurück). Die Klosterböden sind gepflastert mit Steinen, die versteinerten Mais und Abdrücke archaischer Pflanzen aufweisen. Durch den verwunschenen Garten im Hof, in dem auch einige Rebstöcke gedeihen, gelangt man in die Kapelle mit dem verehrten Bildnis des *Ecce Homo*. An der Westseite hängt eine Christusdarstellung, deren Augen sich zu öffnen bzw. zu schließen scheinen – je nachdem, von wo aus man sie betrachtet.

Feiertage & Feste

Mittelpunkt fast aller Festivitäten ist die grandiose Plaza Mayor, die ob ihrer enormen Größe auch für ungewöhnliche Anlässe Platz bietet. So bauen im Februar anlässlich des **Festival Astronómico** professionelle Astronomen und Hobbysterngucker ihre Teleskope auf dem Marktplatz auf.

Am 12. Juni, dem Gründungstag der Stadt, finden beim **Festival del Mercado Tradicional** ein traditioneller Markt sowie folkloristische Veranstaltungen statt. Alle Bewohner kleiden sich in traditionelle Trachten.

Wer gerne Drachen steigen lässt, kommt beim **Festival del Viento y las Cometas** Mitte August, wenn der Wind in Boyacá besonders günstig weht, voll auf seine Kosten. Es finden auf der Plaza Mayor verschiedene Wettbewerbe unter nationalen und internationalen *cometeros* (Drachensteigern) statt; die Atmosphäre ist bunt und musiktrunken.

Um den 8. Dezember ist die Zeit des **Festival de las Luces:** Dann erstrahlt der Himmel über der Plaza Mayor im Licht eines bombastischen Feuerwerks.

Informationen & wichtige Adressen

Touristeninformation

- **Oficina de Turismo:** Cra. 9 No. 13-04, an der Nordostecke der Plaza Mayor in der historischen Casa del Primer Congreso, Tel. 7320 232, geöffnet täglich 8–13 und 15–18 Uhr. Vermittlung von Führern, Pferdevermietern, Informationsmaterial, Landkarten.

Reisebüros

- **Colombian Highlands:** Cra. 9 No. 11-02, Tel. 7321 201, Mobil 311 3083 739, www.colombianhighlands.com. Dieses von dem Biologen *Oscar Gilède* geführte Reisebüro bietet ungewöhnliche Ausflüge zu Fuß, per Fahrrad oder zu Pferd an. Verleih von Fahrrädern und Zelten. Der englischsprachige Besitzer führt eine Pension sowie einen Zeltplatz.
- **Guías & Travesías:** Cl. 11 No. 8A-30, Tel. 7320 742. Der hilfreiche *Enrique Maldonado* führt dieses Büro, bietet Exkursionen an, vermietet Fahrräder und stellt gute Landkarten zur Verfügung.

Internet/Telefonieren

- **Movistar:** Cl. 14 No. 9-52.
- **Telecom,** Cra. 9 No. 12-36, an der Plaza Mayor.

Geldwechsel

- **Banco Popular:** Cl. 12 No. 9-43, an der Plaza Mayor (mit Geldautomat).

Unterkunft

- **Hospedería Duruelo**€€€€: Cra. 3 No. 12-80, Tel. 7320 222, www.duruelo.co.co. Das luxuriöseste Hotel am Platz, etwas außerhalb auf einem Hügel südöstlich des Zentrums gelegen. Restaurant, Bar. Großzügige Swimmingpools, Sauna, Türkisches Bad. Zimmer ab 100 Euro. Tagesgäste zahlen für die Poolnutzung 12 Euro.
- **Campestre del Molino La Mesopotamia**€€€+: Cra. 8 No. 15A-265, nordöstlich der Plaza Mayor am Ortsrand gelegen, Tel. 7320 235, www.hosterialamesopotamia.addr.com. Nicht das teuerste Hotel, aber ein Klassiker in Villa de Leyva. Die Mühle stammt aus dem Jahr 1568 und ist damit älter als der Ort selbst. Schöner Garten. Blumen. Exquisite, hohe Betten mit Baldachin. Frischwasserpool, den auch Außenstehende gegen Gebühr benutzen können (Umkleidemöglichkeit vorhanden). Gutes Restaurant. DZ ca. 50 Euro, *cabaña* ca. 100 Euro.
- **Hotel Plaza Mayor**€€€+: Cra. 10 No. 12-31, Tel. 7320 425. Kolonialhaus mit üppig bewachsenem Patio im Zentrum am alten Marktplatz. 32 detailverliebte Räume. Suite mit drei Räumen und Kamin für ca. 200 Euro.
- **Mesón de los Virreyes**€€€: Cra. 9 No. 14-51, nördlich der Plaza Mayor und des Baches gelegen, Tel. 7320 252, www.hotelmesondelosvirreyes.com. Kolonialhaus mit Barockportal und Patio. Blühende Bougainvillea. DZ ca. 60 Euro.
- **Posada de San Martín**€€: Cl. 14 No. 9-43, Tel. 7320 428. Hübsches altes Haus, familiäre Atmosphäre, fünf Räume mit Privatbad. Gutes Frühstück inklusive.
- **Hostal Rana**€+: Cl. 10a No. 10-31, Mobil 311 4642 969, www.hostalrana.com, www.learnspanishinvilladeleyva.com. Neue, ruhige Herberge zwei Blöcke von der Plaza. Der Besitzer spricht gut Englisch und organisiert Spanisch-Unterricht (ca. 200 Euro pro Woche inkl. Unterkunft).
- **Renacer Guesthouse**€/€+: Etwa 1 km außerhalb, noch jenseits des Museo Paleontológico, buchbar über das Reisebüro Colombian Highlands (siehe oben). Beliebt bei Globetrottern. Schlafsäle und Privatzimmer. Möglichkeit, hier für 2 Euro zu zelten. Internet. Viele wertvolle Informationen.
- **Casa Viena**€+: 200 m außerhalb des Ortes, nordöstlich des Zentrums im Sektor La Bañadera gelegen, Wegbeschreibung auf www.hostel-villadeleyva.com. Neue Globetrotterherberge des Österreichers *Hans,* der in Cartagena ein gleichnamiges Hostel führt. Privaträume (18 Euro/DZ) oder Schlafsäle (7 Euro/Bett). Garten. Gute Bäckerei.
- **Hospedería Colonial**€: Cl. 12 No. 10-81, Tel. 7321 364. Wurde 2012 komplett renoviert, sehr freundlich.
- **Hospedería La Villa**€: Cl. 12 No. 10-11, Tel. 7320 848, Mobil 311 8524 038, nahe der Plaza Mayor. Familiär, einfache, saubere, sehr preiswerte Option. Kleine Zimmer mit Fensterläden.
- **Zelten/Biwakieren:** Auf einem ummauerten Stück Grasland, Cra. 10 und Cl. 10 Esq., 2 Euro. Alternativ auch beim Renacer Guesthouse außerhalb des Ortes (Kontakt über Colombian Highlands, siehe oben).

Essen, Trinken, Unterhaltung

Die meisten Restaurants befinden sich um die Plaza Mayor. Einige Hotels (siehe oben) haben ebenfalls Restaurantbetrieb.

- **Frutería:** Cl. 13 No. 9-20, Tel. 7321 694, Pizzeria und Bar. Man sitzt unter den Arkaden mit Blick auf die Plaza Mayor. Die Pasta ist al dente. Gehobenes Preisniveau.
- **Restaurante Casa Blanca:** Cl. 13 No. 7-16, Tel. 7320 821, preiswerte und gute Option à la carte. Hier gibt es auch *longaniza*-Würste aus dem Nachbarort Sutamarchán.
- **Bistro Al Horno:** Cl. 13 No. 7-95, Tel. 7321 640, Pasta, Pizza, Sandwiches, Salate.

- **Restaurante Savia:** In der Casona Quintero, Cra. 9 und Cl. 12 Esq., Biokost mit asiatischem Touch.
- **Restaurante Don Quijote:** Cra. 9 No. 13-47, an der Plaza im Kolonialhaus La Guaca, gute spanische Küche.
- **Té & Café Saloon:** Cra. 8 und Cl. 13 Esq., Tel. 7320 177. Diese von *Sibila Ponti* geführte Konditorei bietet Kaffee, frisch gepresste Säfte, Torten und Sahnebisets *(merengues)* an, darunter auch die berühmten *besos de novia*.
- **Billardsalons:** Z.B. nahe der Polizeikommandantur, Cra. 10 No. 10-98, oder auch Cra. 9 No. 16-40.

Verkehrsverbindungen

- Der **Busterminal** (Tel. 7320 622) befindet sich drei Blocks südwestlich der Playa Mayor an der Cra. 9, die außerhalb des Ortes zur nach Tunja führenden Überlandstraße wird. Hier operieren die Transportunternehmen Libertadores, Cootax, Autoboy, Línea Omega, Flota Ricaurte und Coomultrasvilla.
- Mindestens halbstündlich wird **Tunja** (45 Min./2,50 Euro) angefahren; der letzte Bus geht 18.30 Uhr. **Nach Bogotá** nur zweimal direkt (4 Std./7,50 Euro): 5 und 13 Uhr.
- **Nach Ráquira** verkehren vier Mikrobusse täglich (30 Min./2 Euro): 7.30, 8.30, 12.30, 16.30 Uhr. **Nach Santa Sofia** (30 Min./1,50 Euro) fahren sechs Mikrobusse, der erste 6.45 Uhr, der letzte 16 Uhr. **Nach Sutamarchán,** in die für ihre *longaniza*-Würste berühmte Nachbargemeinde, fahren fünf Mikrobusse (20 Min./1,50 Euro): 7, 9, 12, 14 und 16 Uhr. Sutamarchán passiert man ohnehin auf dem Weg **nach Chiquinquirá** (1 Std./3 Euro), wohin sechs Busse pro Tag (der letzte 16 Uhr) fahren. **Nach Los Naranjos** (dem 14 km von Villa de Leyva entfernten Zugang nach Iguaque) und weiter in die Gemeinde **Arcabuco** (40 Min. bzw. 1 Std./2,50 Euro) gibt es täglich drei Verbindungen (7, 10 und 13.30 Uhr).
- Am Busterminal bieten **Taxifahrer Rundfahrten zu Sehenswürdigkeiten im Umland** (El Fósil, El Infiernito, Ecce Homo, Ráquira und La Candelaria) zum Preis von ca. 30 Euro (inkl. Wartezeiten an den Haltepunkten) an.

colo015 Foto: ib

Tejo – Nationalsport Kolumbiens

Ein Besuch des Departamento Boyacá ist keinesfalls komplett, solange man nicht wenigstens einen Nachmittag lang der unter echten *machos* sehr populären Sportart *tejo* gefrönt hat. **Jede gute Bar Boyacás besitzt eine tejo-Bahn.** Sie ist knapp 20 m lang und ca. 2 m breit. Vorn und hinten stehen jeweils schräg angekippte Bretter, auf denen ein mit Lehm oder Ton gefüllter Holzrahmen lehnt. In den Lehm werden dreieckige *mechas* gepresst: kleine, mit Schießpulver gefüllte Zielscheiben. Die beiden gegeneinander spielenden Teams werfen den *tejo,* ein 2 kg schweres, puckähnliches Eisenstück, immer abwechselnd von einer Seite auf die andere – mit dem Ziel, eine *mecha* zu treffen, und zwar so, dass sie explodiert. Knallt es, bekommt die Mannschaft einen Punkt. Man spielt ähnlich wie beim Tischtennis bis zu 21 Punkten. Zwischen den Runden fließt Bier in Strömen.

Der Sport soll in Turmequé (südwestlich von Tunja) erfunden worden sein und wurde schon in alter Zeit von Indianern, die dabei *chicha* schlürften, mit Stöcken und Steinen gespielt. **Seit dem Jahr 2000 ist tejo offizieller Nationalsport Kolumbiens.**

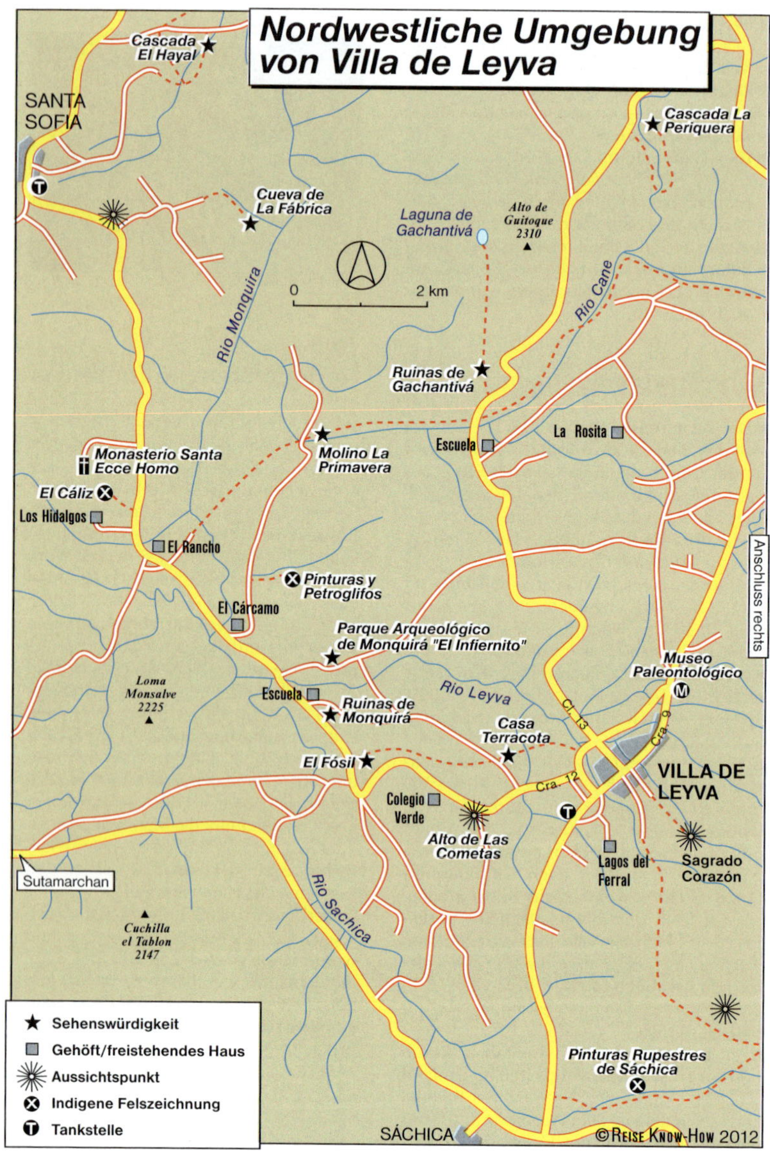
Nordwestliche Umgebung von Villa de Leyva
Cascada El Hayal
SANTA SOFIA
Cueva de La Fábrica
Laguna de Gachantivá
Alto de Guitoque 2310
Cascada La Periquera
0
2 km
Rio Monquira
Rio Cane
Ruinas de Gachantivá
Escuela
La Rosita
Molino La Primavera
Monasterio Santa Ecce Homo
El Cáliz
Los Hidalgos
El Rancho
Pinturas y Petroglifos
El Cárcamo
Anschluss rechts
Parque Arqueológico de Monquirá "El Infiernito"
Loma Monsalve 2225
Escuela
Ruinas de Monquirá
Rio Leyva
Museo Paleontológico
Casa Terracota
El Fósil
Cl. 13
Cra. 9
VILLA DE LEYVA
Cra. 12
Colegio Verde
Alto de Las Cometas
Lagos del Ferral
Sagrado Corazón
Sutamarchan
Rio Sachica
Cuchilla el Tablon 2147
Sehenswürdigkeit
Gehöft/freistehendes Haus
Aussichtspunkt
Indigene Felszeichnung
Tankstelle
Pinturas Rupestres de Sáchica
SÁCHICA
©REISE KNOW-HOW 2012

Nordöstliche Umgebung von Villa de Leyva

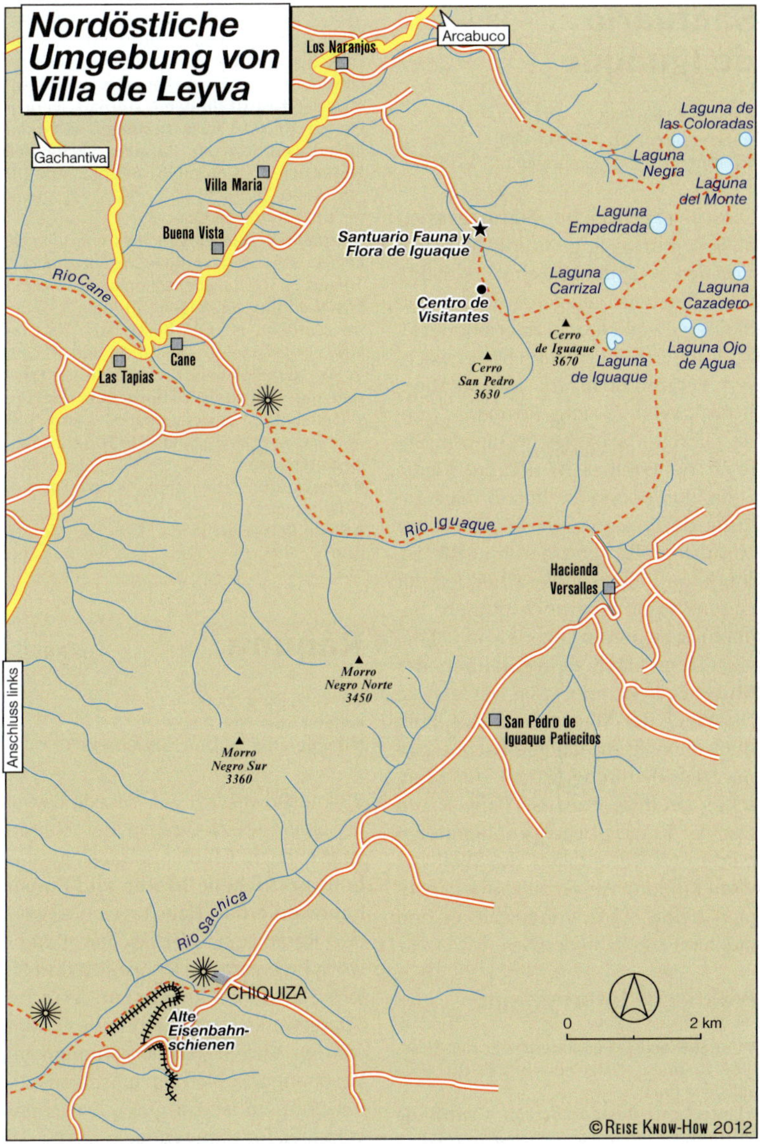

Santuario de Iguaque

XIII/C2

- **Fläche in km²:** 67,5
- **Meter über NN:** 2.400–3.800
- **Temperatur** (im Durchschnitt): 10–18°C

Dieses **regenreiche Naturreservat** (1.700 mm/a) liegt nordöstlich von Villa de Leyva und südlich von Arcabuco. In den tiefer gelegenen Zonen sind die Berge von Nebelwäldern bedeckt, ab 3.300 m über NN und höher wachsen Páramo-Pflanzen: Moosmatten, Arnika, Weberdisteln, Rosmarin, hundertjährige *frailejónes*. In diesem Bereich befinden sich mehrere kleine Seen, von denen die herzförmige **Laguna de Iguaque** auf 3.600 m über NN die größte und berühmteste ist. Moderne Völkerkundler sprechen der Lagune sogar eine noch größere Bedeutung zu als der Lagune von Guatavita. Denn **nach dem Glauben der Muiscas,** denen sie heilig war, galt sie als **Wiege der Menschheit:** Aus ihren dunklen Wassern tauchte *Bachué* empor, die mythische Mutter der Menschen, an ihrer Brust ein Baby. Kaum war der Junge erwachsen, heirateten beide und besiedelten die Welt mit ihren Kindern. Als sie alt wurden, nahmen beide Schlangengestalt an und tauchten zurück in den See.

Praktische Informationen

- **Organisierte Exkursionen** bietet das Reisebüro Colombian Highlands in Villa de Leyva an (siehe dort).
- **Unterkunft/Restaurant:** Im **Centro de Visitantes** 3 km östlich der Straße zwischen Villa de Leyva und Arcabuco gibt es Gemeinschaftsschlafzimmer (€€ pro Person), Möglichkeiten zum Zelten (€ pro Person) und relativ teure Mahlzeiten. Hier muss jeder Besucher den **Eintritt für den Naturpark** entrichten (ca. 10 Euro). **Reservierungen** sind empfehlenswert, Kontakt: **Parques Nacionales Naturales de Colombia,** Bogotá, Cra. 10 No. 20-30, Tel. 2433 003 / 3415 331, geöffnet Mo bis Fr 8–16 Uhr.
- **Verkehrsverbindungen:** Bus von Villa de Leyva (siehe dort) in Richtung Arcabuco 7, 10 und 13.30 Uhr, aber schon nach 14 km in **Los Naranjos** aussteigen (40 Min./2,50 Euro). Zurück passieren Busse nach Villa de Leyva Los Naranjos um 9.15, 13 und 16 Uhr. In Los Naranjos geht nach Osten ein Fahrweg zum **Centro de Visitantes** ab, dem Besucherzentrum des Naturparks (3 km). Von dort sind es etwa 3 Stunden zu Fuß zur Laguna de Iguaque.
- **Ausrüstung:** Regenschutz, warme Sachen, Gummistiefel.
- **Beste Reisezeit:** Januar, Februar, Juli, August.

Ráquira

XIII/C2

- **Bevölkerung:** 2.000
- **Meter über NN:** 2.200
- **Temperatur** (im Durchschnitt): 18°C

25 km südwestlich von Villa de Leyva, an einem Abzweig von der Hauptstraße nach Chiquinquirá, liegt das **bunt gestrichene Töpfer- und Kunsthandwerkerdorf** Ráquira. Überall werden Keramiken, Webtaschen, Baumwollhängematten, Flechtkörbe und allerlei Souvenirs angeboten. Manche Töpferwerkstätten können besichtigt werden. Viele *bogotános* kommen am Wochenende hierher, um einzukaufen. Ráquira ist ein guter Zwischenstopp für Transitreisende.

Praktische Informationen

- **Hotel Suaya**€+: Cl. del Comercio, Tel. 7357 029. Altes Gasthaus einen Block von der Plaza, zehn Zimmer mit Privatbad, warmes Wasser, schlicht und preiswert. Gutes Restaurant.
- **Hotel Nemqueteba**€+: Cl. del Comercio, Tel. 7357 016. Kolonialhaus mit blumengeschmücktem Hof, Pool und gutem Restaurant, in dem Forelle angeboten wird. *Nemqueteba* ist ein Gott der *Muisca*-Mythologie, dessen wikingerhafte Erscheinung unter Wissenschaftlern zu vielen Spekulationen geführt hat ...
- **Verkehrsverbindungen:** siehe oben unter Villa de Leyva.

La Candelaria

↗ XIII/C2

6 km südöstlich von Ráquira befinden sich inmitten einer wüstenhaften Gegend das Vorwerk La Candelaria sowie der gleichnamige, 1597 gegründete **Augustinerkonvent** (www.agustinosrecoletos.com.co; geöffnet Mo bis Sa 9–17 Uhr), der über einen unbefestigten Fahrweg zu erreichen ist. Die einsiedlerisch lebenden Mönche führen Besucher durch den schönen, vom Wasser des nahen Baches Guachaneco gespeisten Klostergarten mit seinen knorrigen Orangenbäumen, in die Kapelle, die Bibliothek und die Eremitenhöhle.

Praktische Informationen

- Übernachtungen sind in der den Mönchen gehörenden **Posada San Agustín**€€ möglich, Tel. 7400 342 / 6210 531, 32 Zimmer, darunter vier Suiten.
- **Zwei Busse** täglich fahren **von Ráquira** nach La Candelaria; alternativ fährt man dorthin per **Taxi** (8 Euro hin und zurück). Eine Taxifahrt ist auch von Villa de Leyva aus organisierbar (ca. 30 Euro hin und zurück). Oder man **wandert** von Ráquira nach La Candelaria, wobei man eine Abkürzung nimmt, indem man von der Plaza von Ráquira aus den dahinterliegenden Hügel erklimmt und dann wieder bergab läuft, bis man wieder auf dem Fahrweg ist (1½ Std.).

Chiquinquirá

↗ XII/B2

Überblick, Geschichte und Mythos

- **Bevölkerung:** 40.000
- **Meter über NN:** 2.580
- **Temperatur** (im Durchschnitt): 14°C

Chiquinquirá – der Name bedeutet in der Sprache der *Muisca* „Ort der Priester" – ist heute **spirituelle Hauptstadt Kolumbiens.** Das ganze Jahr über strömen Pilger hierher, um *Unserer Lieben Frau von Chiquinquirá,* der Schutzheiligen von Kolumbien, Dank zu sagen oder ihr gegenüber ein Versprechen einzulösen. An der Plaza Alta/Plaza de la Libertad (Cra. 11 mit Cl. 17 und 18) steht die neoklassizistische, doppeltürmige **Basílica,** in der sich das 1986 von Papst *Johannes Paul II.* besuchte **wundertätige Bildnis der Jungfrau** befindet: Der andalusische Maler *Alonso de Narváez* malte es 1562 mit Farbpigmenten, die er aus Erde und Pflanzen gewonnen hatte, auf ein etwa 1 m breites Stück Webtuch. Bald schon verblich das Gemälde aufgrund harscher Witterungseinflüsse. 1577 kam es aus Tunja hierher, wo es – wenig beachtet – in einem Seitengelass der Kapelle endete, bis eine Bäuerin namens *María Ramos* es 1586 entdeckte und sich immer wieder zu ihm hingezogen fand. Sie betete und meditierte vor dem Bildnis - und plötzlich, am 26. Dezember jenes Jahres, geschah ein Wunder: Das Gemälde erneuerte sich aus sich selbst heraus und begann wieder wie einst frisch und farbenfroh zu leuchten.

Die **Altstadt** von Chiquinquirá, deren zweigeschossige Häuser mit langen Holzgalerien und schweren Ziegeldächern mancherorts fast schon japanische Züge zu tragen scheinen (Fußgängerboulevard Cl. 17), wurde 1998 zum Nationalen Erbe erklärt. Vom **Mirador de Santa Bárbara** (links der Cra. 11 oberhalb der Basilika) hat man einen Weitblick über den Ort, in dem übrigens erstmals die heute so beliebten **Paso-fino-Pferde** gezüchtet wurden und sich exzellente Pferdesattler angesiedelt haben (z.B. Talabartería Paso Fino, Cra. 10 No. 14-25, oder Talabartería Mateus, Cra. 10 No. 14-30/32). Überdies gibt es in Chiquinquirá **Gitarrenwerkstätten:** Hier werden *bandolas* (achtsaitige Lauten) und *tiples* (zwölfsaitige Gitarren) gefertigt (z.B. an der Plaza Alta, Cra. 11).

Ein Stadtbesuch bietet sich als Zwischenstopp auf dem Weg von Tunja in die Smaragdminen von Muzo an.

Orientierung

Die Cra. 9 führt vom **Busbahnhof** (Cl. 4 Esq.) ins Zentrum. Die teilweise parallel dazu verlaufende Cra. 10 gilt oberhalb des **Marktes** (zwischen Cra. 9 und 10 und Cl. 10 und 11) als wohl beste Geschäftsstraße der Stadt. Um den **Parque Julio Flórez** (Cra. 9 mit Cl. 16 und 17), in dem ein Smaragdstraßenhandel stattfindet, liegen gute Hotels und Restaurants. Von hier führt der Boulevard Cl. 17 bergan zur Basílica, vorbei an Kunstgewerbeläden und Restaurants.

Unterkunft

Viele - meist einfache Unterkünfte - befinden sich nahe des Busbahnhofes, z.B.:

- **Hotel Alferez Real**€+: Cra. 9 No. 5-23, Tel. 7265 018. Zimmer mit Bad, TV.
- **Hotel Boyacá**€: Cl. 5 No. 9-05.
- **Hospedaje El Condor**€: Cl. 5 No. 9-08, Mobil 312 5606 270. Gehört zu den einfachsten Unterkünften (Zimmer ab 4 Euro).

Im Zentrum finden sich Hotels gehobeneren Anspruchs. Empfehlenswert sind:

- **Hotel Pórtico**€€: Cra. 9 No. 16-23, Tel. 7263 810. Modern, zentral, 28 Zimmer, beliebt bei Geschäftsleuten.
- **Hotel Sarabita**€€: Cl. 16 No. 8-12. 45 Zimmer in einem denkmalgeschützten einstöckigen Eckhaus am Parque Julio Flórez, Tel. 7262 068, Mobil 310 7692 139, Fax 7262 760. Pool, Restaurant. Schräg gegenüber, wo jetzt die Iglesia de la Renovación steht, geschah das Wunder, dem die Stadt heute ihre Pilgerströme verdankt.

Essen, Trinken, Unterhaltung

Nicht weit vom Parque Julio Flórez, bei der Basílica, gibt es mehrere Restaurants, z.B.:

● **Restaurante El Rancho:** Cl. 17 No. 11-61, an der Plaza de la Libertad, Tel. 7262 056. Grillspezialitäten.

Entlang der zum Zentrum führenden Cra. 9 gibt es Möglichkeiten zum Einkauf und Essen, z.B.:

● **Pizzeria Napolitana:** Italienische Küche in der Cra. 9 No. 15-18.
● **Markthalle:** Cra. 9 zwischen Cl. 10 und 11, Obst, Gemüse, Hühner, Lederwaren. Drum herum finden sich Imbisse und Grillstuben à la „Pollo Broaster". Neben der Markthalle, Cl. 11 No. 9-40, kann man Billard spielen.
● **Internetcafé:** Cra. 9 No. 8-08.

Verkehrsverbindungen

● Vom Terminal de Transportes, Cra. 9 und Cl. 4 Esq.) fahren halbstündlich **Busse nach Bogotá** (3 Std./7,50 Euro) und **nach Tunja** (2 Std./5 Euro) sowie stündlich **nach Villa de Leyva** (1 Std./3 Euro). Wenige Busse fahren über Pauna und San Pablo de Borbur **nach Otanche.**
● Einige vollgepackte **Jeeps** von Expreso Gaviota quälen sich zeitig am Morgen (der letzte mittags) die schmale Straße durch die Berge **über Maripi nach Muzo** (4 Std./6 Euro).

colo016 Foto: ib

Muzo

XII/B2

- **Bevölkerung:** 7.000
- **Meter über NN:** 850
- **Temperatur** (im Durchschnitt): 25°C

Muzo ist ein Mythos, ein Ort ertrunken in blutigem Morast, ein zerbrochener Traum, jeden Morgen auferstanden aus den Nebeln, welche die **Hänge des Furatena** umspülen, des Berges, dessen Silhouette wie eine schlummernde Göttin geformt ist. Muzo liegt an einer vor Fruchtbarkeit geradezu giftgrün bewachsenen Flanke inmitten der hier tief zerklüfteten Westausläufer der Ostkordillere. Im Angesicht der erhabenen Natur ringsum wirkt der Ort wie ein hingespuckter Fleck.

Muzo ist ein **Mythos,** den jeder Kolumbianer kennt, und wie jeder Mythos ist auch dieser kaum mit Händen greifbar. Denn Muzo war früher und ist noch heute ein **Provisorium,** eine Illusion, ein metaphysisches Gebilde, in dem das, was die Glücksritter am meisten erhoffen, und das, was sie am meisten fürchten, wie die Wasser zweier Flüsse miteinander verstrudeln.

Am Ortsrand befindet sich ein unbefestigtes Grundstück – der **Terminal de Transportes** (Cra. 8 und Cl. 4 Esq.). Das Poster an der Holzbaracke, aus der abends Bier und *aguardiente* verkauft werden, ist nicht der Fahrplan, sondern bewirbt die beliebtesten Marken von Handfeuerwaffen.

Der aus brüchigen Ziegeln bestehende, mit Gräsern behaarte **Kirchturm** gilt als legitimes Wahrzeichen von Muzo, das seinen Namen jenem Kariben-Volk verdankt, welches schon vor Ankunft der Konquistadoren hier erfolgreich Smaragde förderte und bei anderen indigenen Völkern eintauschte. Eine turnhallenartige Baracke ersetzt das fehlende Kirchenschiff.

Die meisten **Behausungen** erinnern in ihrer Bausubstanz an einen *barrio subnormal* in Bogotá oder Medellín; sie erstrecken sich hinab in ein Tal und auf der anderen Seite wieder hinauf. Die Straßen sind ungeachtet der enormen Steigungen wie üblich im Schachbrettmuster angelegt. An den Hängen befinden sich planenbespannte Holzgestelle und Benzinfässer, die als Marktstände bzw. Grillvorrichtung dienen. Und in der **Talsohle** gibt es einen überdachten Sportplatz – vielleicht eine der besten Errungenschaften. Drum herum ziehen sich Läden, von denen nahezu jeder dritte ein *sala de belleza,* ein Schönheitssalon, bzw. eine Billardbar oder Disco ist. Dazwischen stehen verdrehte Schaufensterpuppen, die vor den durch Feuchtigkeit zerfressenen Fassaden geradezu bizarr wirken. Im Talkessel schallt Musik aus Dutzenden Lautsprechern und schallen die Schreie der Menschen, und all diese Geräusche verquirlen miteinander wie die Zutaten in einer Suppe.

Die Männer tragen Hüte und eine leichte, weiße *ruana* (einen dünnen Poncho) wie ein Handtuch über die Schulter geworfen. Sie sind Smaragdsucher, Smaragdhändler oder Geschäftsleute, die zumindest indirekt von **Smaragden** leben. Manche sind bewaffnet. Bis in die frühen 1990er

Jahre waren sie es alle und mussten es sein – denn damals herrschte Krieg, und die Gegend gehörte zu den gefährlichsten ganz Kolumbiens. **Ein Pakt zwischen den Dörfern sorgt nun für dauerhaften Frieden** (siehe Exkurs „Das Blut der Berge"). Die Menschen sind stolz, freundlich und entspannt. Jeden 24. Juni bzw. am darauffolgenden Wochenende wird die *Reina de Esmeraldas,* die Smaragdkönigin, gekürt.

Muzo, dem man leider nicht im Entferntesten anzusehen vermag, dass hier schon Millionen und Abermillionen von US-Dollars erwirtschaftet wurden, ist **stimmungsvoller Ausgangsort für den Besuch der nahen Smaragdminen, der bedeutendsten der Welt.**

Unterkunft

- **Hotel Las Vegas€**: Cra. 8 No. 4-48, Tel. 7256 075, Mobil 311 8742 400, nahe am Busterminal. Von dem hilfreichen *Jairo Vega Rocha* geführt. Sauber, ruhig, sicher. Geräumige Zimmer. Hier steigen manchmal Smaragdhändler ab.
- Weitere Hotels sind **El Castillo** und **Mediterraneo** (nahe des Terminals), **Hilton 2, Real** und **Los Balcones** (nahe des Marktes, wo die Jeeps zu den Minen abfahren).

Verkehrsverbindungen

- **Vom Busterminal** wird unregelmäßig – über **Pacho** gehend – **Bogotá** (7–8 Std./ 12 Euro) angefahren. Mehrere Jeeps/Chivas täglich fahren **über Maripí nach Chiquinquirá** (4 Std./6 Euro).
- Am Markt – nicht jedoch am Busbahnhof! – fahren geländegängige **Jeeps in die Smaragdgebiete** ab. Es operieren die Fuhrgesellschaften Expreso Gaviota und Transportes Muzo (Mobil 310 2672 412 / 311 2671 528). 5.30 Uhr **nach La Mina/La Playa** (1 Std./ 2,50 Euro), wobei die Brücke über den Río Minero gequert und ein Teil der Strecke auf einer aufgeweichten, bröckelnden Schlammstraße an einem steilen Berghang und dann im Geröll des Flussbetts des Río Itoco zurückgelegt wird. 7 Uhr **nach Quípama** (1½ Std./ 3 Euro). 10 Uhr mit Transportes Muzo über den Bergpass Alto del Tigre, der die Cuchilla del Tigre schneidet, **nach Coscuez/ Chacaro** (3 Std./5 Euro). Von Chacaro verkehren Jeeps/Mikrobusse **nach Santa Barbara** und weiter **nach Otanche** (30 Min./1,50 Euro).

Sicherheitshinweis: Wer im Jeep keinen Platz hat, steigt aufs Dach. Geplatzte Reifen bzw. im Schlamm oder Fluss festgefahrene Räder gehören zum Alltag. Wo Bergbäche niedergehen, kann die Straße wegbrechen.

Quípama

↗ XII/B2

- **Bevölkerung:** 3.500
- **Temperatur** (im Durchschnitt): 25°C

Liegt Muzo südöstlich, so liegt Quípama (benannt nach einer legendären Kazikin) **südwestlich des Epizentrums der Smaragdproduktion.** Auf dem Weg zwischen beiden Orten passiert man die Schlucht des Río Itoco sowie mehrere sehr bescheidene Fincas, in denen gealterte *esmeralderos* wohnen, die die Smaragdsuche aufgegeben haben. Quípama ist ein kleiner, viel beschaulicherer Ort als Muzo. Und es gibt hier einige gut **funktionierende Gemeindeeinrichtungen,** z.B. einen öffentlichen Swimmingpool, aber auch das gerühmte Colegio de Nuestra Señora de la Paz unter Führung von Mutter *Ana María Ruíz Ri-*

vera, in dem etliche Kinder unterrichtet werden. Die Hahnenkampfarena (im Juni 1990 Ort des Friedenspaktes zwischen den verfeindeten Minendörfern, der das Ende des letzten „grünen Krieges" markiert), eine Freiluftbar, in der man *tejo* spielt, einige Restaurants und Vorratsläden vervollkommnen das Stadtbild. Auf der kleinen Plaza befindet sich eine Büste, die **Gilberto Molina** zeigt, den bekannten Smaragdpaten, dessen Wirkungskreis neben Muzo vor allem sein Heimatdorf Quípama war. Er zählte zu den wenigen Bossen, die ihre Millionen nicht nur rausschleppten, sondern ein bisschen von ihrem Reichtum zur Verbesserung und Entwicklung der Gemeinden verwendeten. Dafür lieben ihn viele einfache Menschen noch heute. Am 28. Februar 1989 fiel er, wie schon Tausende vor ihm, dem schmutzigen und hinterhältigen Smaragdkrieg zum Opfer, den er selbst mit zu finanzieren geholfen hatte: Er überlebte seine eigene Geburtstagsparty nicht, die er auf der Hacienda Eden in Sasaima (Cundinamarca) veranstaltete. Unter der Büste ist zu lesen: „Frieden schafft man durch Taten."

Praktische Informationen 

- **Hotel Los Cisnes€**: Cra. 3 No. 5-44, Mobil 311 5378 060. Mit Zimmer- und Waschservice.
- **Verkehrsverbindungen:** Ein bis zwei Jeeps pro Tag **nach La Mina/La Playa und Muzo,** sonst sollte man lieber loslaufen und hoffen, unterwegs von einem privaten Pickup mitgenommen zu werden (die Chancen stehen gut). Espreso Gaviota fährt unregelmäßig **nach Otanche** (3½ Std./6 Euro).

Smaragdminen am Río Itoco

Von Muzo kommend fährt man über die **Brücke des Río Minero,** in den etwas weiter abwärts der Río Itoco (benannt nach dem Kaziken *Itoco,* der gegen die Spanier gekämpft hatte) einmündet. Der grauschwarze Schlammweg folgt dem Berghang südlich des **Río Itoco** und reicht bis Quípama. Auf halber Strecke, nach Passieren der von Erdrutschen bedrohten *guaquero*-Pfahlbausiedlung **Mata de Café** am Steilhang des Flusses, befinden sich die Smaragdminen. Schutthalden türmen sich terrassenförmig am und im Flussbett des Río Itoco, das als solches kaum noch erkennbar ist und nur noch aus künstlichen Schlammlachen und -suhlen besteht.

Auf einem dreieckigen Stück Schwemmland mitten im Flussbett stehen Hütten, zusammengezimmert aus Sperrholzkisten, gedeckt mit Planen – die Bars und Restaurants der Minenarbeiter. Um sie herum parken schicke Geländewagen aus Bogotá. Es geht zu wie auf einem Ameisenhaufen. Das ist Playa Mazato, oder kurz: **La Playa, der berühmte Smaragdumschlagplatz.** Hunderte *guaqueros,* d.h. Smaragdsucher, die auf eigene Faust (nicht für eine der Companys) meist in kleinen Teams mit ihren Schaufeln und Wasserspritzen das Flussbett umgraben, um im Abraum der Minengesellschaften nach Smaragden zu suchen, kommen hierher, essen, trinken und treffen die pomadisierten Smaragdhändler aus der Großstadt, die in der einen Hosentasche ein Bündel Geld, in der anderen ihr Schießeisen tragen. Zwischen den primitiven Unterständen der Marketender und Barbesitzer stehen den ganzen Tag Gruppen von Männern, breiten auf ihren weißen *ruanas* Smaragde aus oder starren mit zusammengekniffenen Augen in den Himmel, zwischen Daumen und Zeigefinger einen Edelstein, dessen Qualität, Schönheit, Transparenz und Feuer sie prüfen. Die besten Smaragde nennen sie „Öltropfen". Die Händel verlaufen leise und unspektakulär, und sie ziehen sich über Stunden. Wer kein Fachmann ist, lässt sich leicht übers Ohr hauen. Denn den wahren Wert eines Smaragdes zu beurteilen ist schwieriger als beispielsweise die Gütekontrolle eines Diamanten.

Oberhalb von La Playa wölben sich die aschgrauen **Schutthänge** der Minengesellschaften wie Amphitheater. In La Playa ist es drückend heiß, oben auf den Hängen wesentlich kühler. Hoch in der Luft laufen Wasserschläuche zum Ausspülen der Edelsteine. Loren fahren in Stollen ein und aus. Minenarbeiter lassen sich per Lastenaufzug in **schmale Schächte** hinab, die 80 m, ja sogar 100 m tief führen, und kommen am Ende ihrer Schicht überhitzt und kohleschwarz wieder ans Tageslicht. Denn trotz Frischluftzufuhr herrscht im Berg mörderische Hitze von bis zu 60°C und chronischer Sauerstoffmangel.

Die **Carretera Mina,** die täglich ihren Lauf ändern kann, führt von Mine zu Mine. Smaragdadern durchbluten die Cortes Sincho (Coexminas), Cortes Amarillas, Volveré, Puerto Arturo, Tequendama, La Pava. Die zusammengeballten Gruppen der waghalsig gebauten Pfahlunterkünfte von **Matefique** stehen abseits am Hang.

Vielleicht sieht man sogar den Hubschrauber von **Víctor Carranza,** dem **Smaragdkönig** und Gesellschafter der privaten Minengesellschaften Tecminas, Esmeralco und Coexminas, über dem Campamento de Administración einfliegen.

Otanche

↗ XII/B2

- **Bevölkerung:** 6.000
- **Temperatur** (im Durchschnitt): 25°C

Die Gemeindehauptstadt Otanche bildet den nördlichen Schenkel des Smaragddreiecks Muzo-Quípama-Otanche, in dem sich die größten Abbaugebiete befinden. Von hier können innerhalb kurzer Zeit und mit geringem Aufwand die bedeutenden Smaragdminen von Coscuez besucht werden. Otanche lässt sich ob der besseren Straßenanbindung leichter von Chiquinquirá erreichen als Muzo oder Quípama. Der Ort hat weit weniger Wild-West-Flair zu bieten als Muzo.

Praktische Informationen

- Einfache, preiswerte Unterkünfte sind der **Hospedaje Bonaire**€, geführt von *Luzmila Rocha,* mit kleinen Zimmern entlang einer Galerie, sowie der **Hospedaje El Viajero**€, beide in Seitenstraßen in unmittelbarer Nähe der Plaza.

Das Blut der Berge – Die Smaragdkriege im Westen Boyacás

Westboyacá, das Gebiet der bedeutendsten Smaragdminen der Welt, war **von jeher ein gefährlicher Unruheherd.** Fremde wurden stets als Feinde gesehen – und das waren sie in der Regel auch. Zu keiner Zeit vermochte man es so gefahrlos zu bereisen wie heute. Dazu *Bayardo Molina,* Regierungssekretär in Muzo: „Muzo ist ruhig, es erholt sich ... und wir wollen, dass uns kolumbianische und ausländische Touristen besuchen!"

Schon vor Ankunft der Spanier wurden hier blutige Machtkämpfe um den Besitz der Smaragde, der „Kinder der Sonne und der Berge", ausgetragen. Das wehrhafte **Kariben-Volk der Muzos** konnte seine Vorherrschaft über die von benachbarten Völkern begehrten Minen zwar lange behaupten, doch die Gier der militärisch überlegenen europäischen Konquistadoren tötete auch den letzten *Muzo*-Krieger. Lange Jahre schlummerten die Minen dschungelüberwachsen in Vergessenheit.

Doch im 20. Jh. setzten sich die Kriege fort. Lokal ansässige Privatleute hatten Konzessionen für den in den 1940ern darniederliegenden, desolaten Smaragdabbau erworben. Und es siedelten sich auch Tausende durch die *Violencia* Vertriebene, Glücksritter sowie wurzellose Abenteurer in provisorischen Lagern an, um durch Smaragdfunde Reichtum zu erlangen. Die Minenverwaltung aber oblag offiziell der Zentralbank. Und so wurden die modernen Kriege nun nicht mehr ausgetragen zwischen Indianern oder zwischen Indianern und Spaniern, sondern – im Laufe der Jahrzehnte wechselnd – entweder zwischen Konservativen und Liberalen, zwischen *bandoleros* (Straßenräubern/Banditen) und Militär, *guaqueros* (freien Smaragdschürfern) und *planteros* (Subunternehmern, die von Minenbossen Stollen pachteten), verschiedenen Nachbardörfern, Familienclan A und Familie B, Mafia-Don X und Mafia-Don Y. Es herrschte **Chaos in Westboyacá** – genau wie überall, wo Geld und Macht noch keinen unangefochtenen Besitzer gefunden haben und wo Armut, Gier oder Eitelkeit das Leben der Menschen bestimmen.

So hielten ab 1960 der grausame, aber von vielen Armen wie ein moderner *Robin Hood* verehrte *bandolero* und Liberalenfeind **Efraín González Téllez** (genannt *El Siete Colores*) und sein Gehilfe, der Mörder **Humberto Ariza Ariza** (genannt *El Ganso Ariza*), uneingeschränkt das Szepter der lokalen Ordnungsmacht in ihren Händen und sammelten ein Heer von zehntausend Outlaws um sich. Sie verfolgten eine paramilitärische Desintegrationspolitik nach dem Grundsatz „Auge um Auge" und schürten mit Hilfe ihrer Madsen-Maschinengewehre, ihrer 38er Smith & Wessons und ihrer Handgranaten eine Atmosphäre der Angst. Es endete z.B. die Fahrt eines Busses der Gesellschaft Flota Reina, der von Albania in Richtung Chiquinquirá aufgebrochen war, in einem Blutbad – 24 Menschen mussten sterben, weil der polizeilich gesuchte „Alleinherrscher" *Téllez* im Bus einen Widersacher vermutet hatte. Erst 1965 gelang es dem kolumbianischen Militär unter Einsatz von 200 Soldaten und einer Kanone, *Téllez* in Bogotá zu töten, und es setzte jetzt alles daran, das Smaragdgebiet für den Staat zurückzuerobern. Eine staatliche Minengesellschaft übernahm die Smaragdproduktion. Doch die Gewalt brach nicht ab, sodass die Regierung zeitweise eine Komplettschließung der Minen anordnen musste.

Mitte der 1970er Jahre zog sich das Militär aus der Region zurück. Private Gesellschaften, geleitet von **Paten wie Gilberto Molina** und **Víctor Carranza** oder auch **Luis Murcia** (genannt *El Pekinés*), betrieben von nun an (in Joint Ventures unter Beteiligung des Staates) die Smaragdausbeutung und kontrollierten mit ihren paramilitärischen Schwadronen de facto die Gegend. Man erkannte „ihre Jungs" an den teuren Beretta-Pistolen, die sie im Gürtel trugen. Doch auch die Kokainbarone aus Medellín, bedacht, ihr Geld zu waschen, sahen nicht tatenlos zu und begannen sich für den einträglichen Wirtschaftszweig mit dem **„grünen Gold"** zu interessieren: **Gonzalo Rodríguez Gacha** (genannt *El Mejicano*) aus Pacho baute eigene paramilitärische Gruppen im Gebiet um Puerto Boyacá auf, mit denen er die Menschen einschüchterte. Wirkungsvoll demonstrierte er seine Macht, als er *Gilberto Molina,* seinen einstigen Mentor, nebst 15 Gästen in einer Partynacht töten ließ, oder indem er einen politischen Aktivisten und Anhänger *Víctor Carranzas* bei lebendigem Leib, verschnürt in einem Plastiksack, in 300 Meter Höhe aus einem Flugzeug über den Río Itoco abwerfen ließ.

„Das erste, was sich jeder kaufte, wenn er das Glück hatte, einen großen Fund gemacht zu haben, war eine Browning. Das zweite ein Auto", gibt *guaquero Gonzalo Rodríguez* unverhohlen zu. **Erst 1991 endete der Smaragdkrieg** – nach 30 Jahren und 7.000 Toten (davon allein 3.500 zwischen 1984 und 1990). Gewinner ist der heutige **Smaragdzar Víctor Carranza** (Tecminas Ltda., Bogotá Cra. 23 No. 94-47, Tel. 2185 600), der schon als Neunjähriger erfolgreich Smaragde schürfte (die Leute sagten bewundernd: „Por donde pasa Víctor sale una piedra ... – Wo Victor auftaucht, ist auch ein Stein ..."), sich während des Krieges stets unauffällig hinter dem Rücken des dominanten *Gilberto Molina* hielt und eine intelligente Partnerschaft mit dem Rechtsanwalt *Dr. Juan Beetar* in Bogotá einging. *Carranza* gilt genau wie der Bischof von Chiquinquirá und der inzwischen tote Geschäftsmann *Pablo Elias Delgadillo* (ein Freund von *Gacha*) als Friedensbringer im **„grünen Krieg"**.

Heute erfolgt 50% der Weltsmaragdproduktion allein in Kolumbien; das Land exportiert jährlich Smaragde im Wert von mindestens **120 Millionen US-Dollar,** vier Fünftel davon stammen aus dem Departamento Boyacá. Von den 60 dort derzeit aktiven Minen befinden sich 20 im Raum Muzo/Quípama und 20 in und um Coscuez, fünf in Maripí und zehn weitere in Chivor.

• Mehrere **Busse** verkehren vormittags von der Plaza über San Pablo de Borbúr und Pauna **nach Chiquinquirá. Nach Santa Bárbara** und weiter bis **Chacaro** (nahe Cosquez): **Jeeps** halbstündlich von der Plaza (30 Min./ 1 Euro). Von Chacaro fährt täglich ein Jeep bis Muzo. **Nach Quípama:** Selten Jeeps z.B. von Expreso Gaviota (3 Std./4 Euro). **Nach Puerto Romero, Puerto Boyacá:** Mit Jeeps der Gesellschaft Transportes La Paz (Cl. 4 No. 8-48, Tel. 7259 531) um 5 und 12 Uhr von der Plaza (6 Std./7 Euro) quer durch die schlammigen Berge hinab ins heiße Magdalenental.

Smaragdminen von Coscuez

Von Otanche gelangt man auf einer schlechten Straße an die **T-Kreuzung von Santa Bárbara.** Geradeaus, nach Osten, geht es weiter nach San Pablo de Borbúr, wo viele *esmeralderos* wohnen. Rechts führt eine Piste nach Chacaro Pelao (= Knapp bei Kasse) oder kurz: **Chacaro** (sinngemäß auch: der Geizhals/Knauser). Chacaro ist für die Minen von Coscuez das, was La Playa für die Minen am Río Itoco ist: eine provisorische Ansiedlung von Restaurants und Bars, in denen die Minenarbeiter essen und sich ausruhen. Vor allem aber findet hier ein **reger Smaragdhandel mit Agenten aus Bogotá** statt. (Allerdings gelten die Smaragde aus Muzo und Quípama generell als hochwertiger.) Zwischen Santa Bárbara und Chacaro verlief im letzten „grünen Krieg" (1984–90) die Front miteinander konkurrierender, verfeindeter Minenfraktionen und Nachbardörfer: Hier lagen einige der bewaffneten

colo022 Foto: ib

Smaragdabbau in Coscuez

Posten, die nur ihnen genehmen Personen Zutritt ins Smaragdgebiet gestatteten und alle anderen zu töten suchten.

Ab Chacaro läuft man am Rand eines steilen Berghanges entlang und erreicht nach 20 Min. die Minen, deren selbsternannt unumschränkter Herrscher während des Smaragdkrieges der Pate **Luis Murcia** aus Pauna war, „der Pekinese" von der Bergbaugesellschaft Esmeracol, dessen Vater in großem Stil Koka angebaut hatte. Er war neben *Gonzalo Rodriguez Gacha* der wichtigste Gegner *Víctor Carranzas* (siehe Exkurs „Das Blut der Berge").

Die Minen befinden sich an der schiefen Ebene des Berges: Niedrige Stollen führen in den brüchigen Steilhang hinein. Manchmal lösen sich kleine Steinlawinen und trommeln auf den Fahrweg.

Nach 15 weiteren Minuten gelangt man in die ganz aus Holz gebaute **Pfahlsiedlung von Coscuez,** in der sich viele Familien permanent niedergelassen haben: Trotz der unermesslichen Schätze untertage sind die Menschen auch hier arm geblieben.

Puerto Boyacá

↗ XII/A2

Überblick & Geschichte

- **Bevölkerung:** 25.000
- **Meter über NN:** 150
- **Temperatur** (im Durchschnitt): 28°C

Das Schicksal der wie ein Schachbrett ausgelegten Tropenstadt Puerto Boyacá mit ihren bungalowartigen Flachbauten, großzügigen Avenuen und Alleen bleibt vom Einfluss der **Paramilitärs** nach wie vor nicht unberührt. Die Umgegend war in den frühen 1980ern das erste erfolgreiche Aktionsgebiet der damals gerade gegründeten paramilitärischen Todesschwadronen. Zuvor hatte die im Magdalena Medio operierende Guerilla-Front der **FARC** hier eine Herrschaft des Grauens errichtet: Sie terrorisierte Großgrundbesitzer, aber genauso auch die breite Masse der Bevölkerung. Entführungen und immer höhere Lösegeldforderungen waren an der Tagesordnung. Die alteingesessenen Viehzüchter taten sich darum mit den neureichen Drogenbossen, die hier gerade in große Ländereien investiert hatten, zusammen und stellten bewaffnete Selbstverteidigungsgruppen auf. Diese gingen in der Folge allerdings nicht nur gegen Guerilleros vor, sondern gegen alle, die den Interessen ihrer Auftraggeber zuwiderhandelten oder auch nur in irgendeiner Weise den Status quo zu stören geeignet waren – darunter Kleinkriminelle ebenso wie Ortsfremde, Außenseiter oder Vertreter von Bauernorganisationen. Die Paras ermordeten allein zwischen 1982 und 1984 etwa 800 Menschen in der Region und vertrieben etliche Familien.

Der Ort Puerto Boyacá breitet sich aus **am Ostufer des** grau und dickflüssig fließenden **Río Magdalena,** der heute wegen der Autoverbindung La Dorada – Barrancabermeja eine nur untergeordnete Bedeutung für den Verkehr hat. Es scheint sogar, der Fluss liege im Rücken der Stadt: Unter überhängenden Zweigen reiben die letzten *bongo*-Boote aneinander; dies, die kleinen Explosionen des beliebten *tejo*-Spiels und das Zischen geöffneter Bierflaschen sind oft die einzigen Geräusche am Ufer. Landeinwärts, in Richtung Parque Principar, gibt es einige Discos, Bars und Bingohallen.

Das wirkliche Leben findet in den Geschäftsstraßen um den schattigen **Parque Principar** statt. In seiner Mitte steht ein Denkmal des Liberalenführers *Jorge Eliécer Gaitán,* dessen Ermordung 1948 den blutigen *Bogotazo* auslöste. Imbissbuden, Fruchtsaftstände, Hotels, Busgesellschaften, Drogerien, Panaderías, Restaurants, Bars, Billardsalons, Supermärkte und Läden, in denen Sattelzeug verkauft wird, befinden sich allesamt hier.

Erdöl und Viehzucht *(ganadería)* gehören zu den wichtigsten Geschäftszweigen der Gemeinde Puerto Boyacá.

Unterkunft

- **Gran Hotel**€+: Cl. 11 No. 3-22, Tel. 7384 376. Ventilator/Klimaanlage, TV, Kühlschrank, Blick vom Balkon auf den Parque.

- Einfacher ausgestattet und sehr preiswert sind folgende um die Plaza gruppierte Unterkünfte: **Residencias El Viajero€**, Cra. 3 No. 11-95, Privatbad; **Residencias Antioquia€**, Cl. 12 No. 3-19; **Residencias Santa Rita€**, Cl. 12 No. 3-35, Tel. 383 484.

Verkehrsverbindungen

- **Über den Río Magdalena:** Fährverkehr in motorisierten *bongos* (1,50 Euro).
- **Nach Puerto Romero, Otanche:** Mit Jeeps der Gesellschaft Transportes La Paz (Cl. 12 No. 3-33, Tel. 7383 484) um 5 und 12 Uhr vom Parque Principar (der Plaza) (6 Std./ 9 Euro). Die Straße ist größtenteils unbefestigt, platzende Reifen sind normal. In Richtung Puerto Romero erstreckt sich stark zerklüftetes Weideland: Hügel und Sümpfe in dauerndem Wechsel. Hinter diesem Ort erfolgt der Anstieg in die bewaldete Zentralkordillere mit ihren einsamen Fincas aus vertikal genagelten Holzbrettern. Hühner, Fasane, Pferde und Soldaten kreuzen den Weg.
- **Nach La Dorada, Honda, Bogotá** sowie **nach Puerto Triunfo, Medellín** und **Barrancabermeja** starten stündlich Busse von der Plaza.

Departamento Santander

Überblick & Geschichte

- **Fläche:** 30.537 km²
- **Einwohner:** 2 Mio. *santandereanos*

Am Ostufer des lagunengespickten mittleren Río Magdalena erstrecken sich Viehweiden, Zuckerrohrfelder, Kakaoplantagen und Ölfördergebiete; das **teilweise verminte Gebiet** ist umkämpft von Guerilleros, Paras und kolumbianischem Militär. Weiter im Osten steigt die unter Naturschutz stehende **Cordillera de los Cobardes** auf, ein von Schluchten durchzogener, parallel verlaufender Ableger der gewaltigen, an die Grenze nach Venezuela reichenden Ostkordillere. Zwischen beiden Bergketten ziehen sich tief eingeschnittene **Flusstäler,** so das des Río Suárez. Der weiter im Osten eingekerbte **Cañón de Chicamocha** gilt als tiefster Kolumbiens, während der **Cañón del Río Fonce** zu Recht ein Eldorado für Rafter ist.

Schmucke Kolonialorte wie Barichara liegen an Schwindel erregenden Abbruchkanten inmitten des Siedlungsgebietes der heute nahezu komplett vernichteten **indigenen Völker der Guane und Yariguíes.** Sie trieben Ackerbau und Tauschgeschäfte. Schä-

colo017 Foto: ib

Bushaltepunkt in Puerto Boyacá

deldeformationen – erzeugt durch ein Stirnholz, das die Kinder trugen – dienten ihnen als Merkmal der Volkszugehörigkeit und galten als schick. Das Gold in ihren Flüssen zog schon früh die Aufmerksamkeit der Konquistadoren auf sich.

Später entwickelte sich vor allem die Region um Socorro zu einem **Herzstück kreolischer Kultur** und zum Zentrum des zu Kolonialzeiten so wichtigen Tabakanbaus. Erste Unabhängigkeitsbestrebungen gingen von hier aus. Nicht umsonst heißt es in der kämpferischen Hymne des Departamento: „Santandereanos, siempre adelante! Santandereanos, ni un paso atrás! – Leute aus Santander, immer vorwärts! Leute aus Santander, weicht keinen Schritt!" Socorro diente ab 1862 als Hauptstadt des souveränen Staates Santander, eines der neun Vereinigten Staaten von Kolumbien, und wurde 1886 von Bucaramanga abgelöst, der jetzigen modernen Provinzhauptstadt, die inzwischen den Ruf genießt, die sauberste Stadt Kolumbiens zu sein. Doch lange hatte es gebraucht, bis in Santander die Wunden, die der hier besonders verheerend lodernde Krieg der Tausend Tage gerissen hatte, verheilt waren.

Seit den 1960er Jahren gilt das Departamento als strategischer Knotenpunkt der **Guerilla.** Von antik anmutenden *caminos reales* durchzogene Kolonialorte wie Girón und San Gil gelten jedoch für Reisende als sicher.

Das Departamento Santander (benannt zu Ehren von *Francisco de Paula Santander*) ist berühmt für seinen *arequipe* (eine süße Creme), vorzügliche Schokolade und die von März bis Mai feilgebotene Spezialität *hormiga culona* (geröstete Ameisen), die potenzsteigernd wirken soll.

Bucaramanga

↗ IX/C3

Überblick & Geschichte

- **Bevölkerung:** 600.000
- **Meter über NN:** 960
- **Temperatur** (im Durchschnitt): 23 °C

Bucaramanga, die von Bergen umgebene **„grüne Stadt der 137 Parks",** hat sich ein vergleichsweise markantes Level ökonomischen Wohlstandes erfochten. Sie wurde schon 1622 gegründet, u.a., weil man im Río de Oro Gold gefunden hatte, blieb aber über Jahrhunderte klein und unbedeutend, bis sie dann 1886 als neue Hauptstadt von Santander erwachte. Noch im Krieg der Tausend Tage heiß umkämpft, konnte sie sich im 20. Jh. rasant und doch vorbildlich entwickeln. Heute ist sie **modern, kultiviert,** Heimat einer ungewöhnlich breiten Mittelschicht, produziert feinste Zigarren, Blumen, erlesene Lederwaren und Schuhe und betreibt regen Handel bis hinüber nach Venezuela. Sie wirbt für sich selbst nicht zu Unrecht als „La Ciudad más amable de Colombia – Liebenswürdigste Stadt Kolumbiens", und das macht den Mangel an Sehenswürdigkeiten allemal wett. Bucaramanga ist ein guter Zwischenstopp auf dem langen Weg zwischen der Küste und Bogotá – liegt es doch in etwa auf halber Strecke. Auch nächtigen viele Besucher der kolonialen Nachbarstadt Girón lieber in Bucaramanga, da hier der Puls schneller schlägt.

Orientierung

Die Schlagader der Stadt pulsiert entlang einer von West nach Ost führenden Achse, nämlich des **Boulevards Cl. 35,** der vom **historischen Zentrum um den Parque García Rovira** (zwischen Cra. 10 und 11 sowie Cl. 35 und 37) bis zum **modernen Zentrum um den Parque Santander** (zwischen Cra. 19 und 20 sowie Cl. 35 und 36) führt. Nordöstlich davon liegt der Stadtteil La Aurora mit der **Zona Rosa** (Nachtleben).

Südwestlich des Zentrums, auf halber Strecke nach Girón, befindet sich der **Busterminal;** weiter westlich, nahe der Straße nach Barrancabermeja, der **Flughafen** – beide erreicht man von Zentrum über die Cra. 15.

Sehenswertes

Um den Parque García Rovira

Dies ist das Herz des kolonialen Bucaramanga. Die **historischen Gebäude** an den Flanken des Parks und in seiner unmittelbaren Umgebung gehören zu den wenigen, die die explosionsartige Entwicklung der Stadt im 20. Jh. überstanden haben.

Einen Block westlich steht die **Casa del Libro Total** (Cl. 35 No. 9-81, Tel. 6303 389), ein Kulturhaus, in dem des Öfteren Konzerte und Partys veranstaltet werden.

Direkt an der Westfront des Parks steht die 1748–50 errichtete doppeltürmige **Capilla de Los Dolores** (Cra. 10 und Cl. 35 Esq.), das älteste Gotteshaus Bucaramangas und zumeist verriegelt.

Schräg gegenüber befindet sich die **Iglesia de San Laureano** aus dem Jahr 1774 (Cra. 11 und Cl. 36 Esq.). Nahebei wohnte **Manuel Mutis Bossio,** ein Verwandter des weisen *José Celestino Mutis* (siehe unter Mariquita) – sein Haus ist ein architektonisches Kleinod. Und auf der Südseite der Cl. 37, direkt neben der Kirche von San Laureano, steht die **Casa de Luis Perú de la Croix,** heute Bibliothek, früher Schaffensort eines französischen Offiziers im Dienste *Bolívars,* der hier seine berühmten „Tagebücher von Bucaramanga" schrieb.

Östlich der Kirche gibt es zwei weitere interessante Häuser aus der Kolonialzeit. Das eine ist die **Casa de Bolívar** (Cl. 37 No. 12-15, Tel. 6304 258, Museum geöffnet Mo bis Sa 8–12 Uhr sowie Mo bis Fr auch 14–18 Uhr, Eintritt 1 Euro). Hier übernachtete *Simón Bolívar* während seines mehrwöchigen Aufenthalts im Jahr 1828. Entlang der drei Innenhöfe ziehen sich zehn Säle, in denen Gegenstände des *Libertador,* Zeitzeugnisse aus dem Departamento Santander (darunter Waffen, Fotos und Dokumente) sowie Relikte von den *Guane,* den indigenen Ureinwohnern der Region, ausgestellt sind.

Auf der anderen Straßenseite steht die **Casa de la Cultura (Custodio Gar-**

cía Rovira), ein Kulturhaus, in dem regionale Künstler ihre Arbeiten ausstellen und viele Veranstaltungen, darunter Lesungen und Konzerte, stattfinden (Cl. 37 No. 12-46, Tel. 6302 046 / 6420 163, geöffnet Mo bis Sa 8–12 Uhr sowie Mo bis Fr auch 14–18 Uhr).

Um den Parque Santander

Dies ist das **moderne** Herz und heutige **Zentrum Bucaramangas.** An der Südflanke des Parks steht die weiße, doppeltürmige **Catedral de la Sagrada Familia** (Cl. 36 No. 19-50), die nach über hundert Jahren Bauzeit 1887 endgültig fertiggestellt werden konnte.

Das von der Universität genutzte **Gebäude des Hotels Bucarica** steht unter Denkmalschutz (Cra. 19 und Cl. 35).

Sechs Straßenzüge östlich des Parque Santander befindet sich das **Museo de Arte Moderno** (Cra. 37 No. 26-16, Mo geschlossen).

Jardín Botánico Eloy Valenzuela (Paraguitas)

9 km vom Zentrum, in der südlichen Schwesterstadt **Floridablanca,** befindet sich am Ufer des kleinen Río Frío dieser empfehlenswerte, 1982 gegründete, 7,5 ha große Botanische Garten mit 400 Pflanzenarten, in dem man mit etwas Glück Faultiere in den Bäumen beobachten kann (geöffnet Di bis So 8–17 Uhr, Eintritt 1 Euro, zu erreichen im Taxi für 2,50 Euro oder per Metrobus von der Cra. 15).

Informationen & wichtige Adressen

Touristeninformation

- **Instituto Municipal de Cultura y Turismo:** Cl. 30 No. 26-117, Tel. 6341 132, am Parque de Los Niños, Informationsmaterial. Im Parque Santander gibt es überdies einen Kiosk, aus dem Stadtpläne verteilt werden.
- **Parapente:** Infos zu spektakulären Gleitschirmflügen, die in Las Águilas möglich sind, sowie entsprechende Tickets (30 Min./30 Euro) sind im Hostal Kasa Guane erhältlich (siehe unten), www.colombiaparagliding.com.

Internet & Telefonieren

- Internetcafés und Telefonlokale gibt es **im Centro Comercial La Triada** an der Nordseite des Parque Santander.

Geldwechsel

- **Bancolombia:** Cl. 35 und Cra. 18 Esq., ein Block westlich des Parque Santander, nimmt Reiseschecks an.

colo024 Foto: ib

Straßenszene in Bucaramanga

• **Bancafé:** Cl. 35 No. 16-20, Bank mit Geldautomat.

Fluggesellschaften

• **Avianca:** z.B. im Exito-Markt Avenida La Rosita, Cra. 17 No. 45-56, Tel. 6524 693, oder Cl. 37 No. 15-03, Tel. 6426 117.
• **Aerorepública:** Cra. 35 No. 54-14, Tel. 6430 222. Flüge nach Bogotá.
• **Easyfly:** Billigfluglinie, Tel. 6536 969. Flüge sind nur über Internet buchbar unter www.easyfly.com.co.

Unterkunft

• **Hotel Dann Carlton**€€€€: Cl. 47 No. 28-83, Tel. 6431 919, www.dannbucaramanga.com.co. 5-Sterne-Hotel im östlichen Teil Bucaramangas. Dachterrasse mit Pool und Aussicht auf die Stadt. Türkisches Bad, Fitnessraum. Sehr gutes Restaurant. Treffpunkt internationaler Geschäftsleute.
• **Hotel Chicamocha**€€€€: Cl. 34 No. 31-24, Tel. 6343 000, www.hotelchicamocha.com. Weitere luxuriöse Option mit 200 Zimmern, gelegen in der Zona Rosa. Pool, Türkisches Bad, Restaurant. Zum Wochenende oft erhebliche Rabatte.
• **Hotel La Triada**€€€€: Cra. 20 No. 34-22, Tel. 6422 410, www.hotellatriada.com. 5-Sterne-Hotel im modernen Stadtzentrum nahe des Parque Santander. Beliebt bei Geschäftsleuten. Internet und Frühstücksbuffet inklusive.
• **Hotel Ciudad Bonita**€€€: Cl. 35 No. 22-01, Tel. 6350 101, zwei Blocks östlich des Parque Santander gelegen. Blick auf die Innenstadt, Pool, gutes Restaurant. Zur Klientel gehören auch Familien.
• **Hotel Ruitoque**€€+: Cra. 19 No. 37-26, Tel. 6334 567, hinter der Catedral de la Sagrada Familia im Stadtzentrum gelegen. Sauberes, wenn auch sehr schlichtes Mittelklassehotel. Frühstück inklusive. Freundlich.
• **Hotel Morgan No. 2**€€: Cl. 35 No. 18-83, Tel. 6304 226, sehr zentrale Lage direkt am Parque Santander. Kleine Zimmer mit Privatbad. Manche in Richtung Straßengetümmel.
• **Hotel Balmoral**€+: Cra. 21 No. 34-79, Tel. 6304 663, nahe des Parque Santander. Mit Privatbad. Ziemlich laut.
• **Hostal Kasa Guane**€+: Cl. 49 No. 28-21, Tel. 6576 960, Mobil 312 4326 266, www.kasaguane.com. Globetrotterherberge, geführt von dem Paragliding-Experten *Richi Mantilla*. Zwei Privatzimmer, drei Schlafsäle. Schließfächer, Küchenbenutzung, Internet, Informationsmaterial.
• **Hotel Familiar**€+: Cra. 10 No. 29-46, Tel. 6817 060. Hostel außerhalb des Zentrums im charmanten Stadtteil Provenza, DZ 20 Euro, kaltes Wasser, sauber und ruhig, die Zimmer liegen um einen Innenhof, Küchenbenutzung.

Essen, Trinken, Unterhaltung

• **Desayunos Tony:** Cra. 33 No. 33-67, Tel. 6454 559, in der Zona Rosa von La Aurora, für gutes santandereanisches Frühstück nach der Rumba (*arepas* und *tamales*).
• **Restaurante La Carreta:** Cra. 27 No. 42-27, Tel. 6436 680, stilvolles Ambiente in einem Kolonialhaus, Springbrunnen im Innenhof, Gegrilltes und Meeresfrüchte in gehobener Preislage.
• **Restaurante El Viejo Chiflas:** Cra. 33 und Cl. 34 Esq., Tel. 6320 640, direkt in der *zona rosa*. Gute, preiswerte Fleischgerichte. Hier gibt es auch die santandereanische Spezialität *mute* (Maissuppe mit Kartoffeln, Ziegen- und Schweinefleisch).
• **Rancho Argentino:** Cra. 17 No. 22-52, Tel. 3333 490, üppige Fleischgerichte.
• **Restaurante Mar Azul:** Cra. 33A No. 30-13, Tel. 6450 263, Fischgerichte.
• **Pescocentro Búcaro:** Cl. 21 No. 18-32, Tel. 6336 685, Fisch und Meeresfrüchte.
• **Restaurante Vinotinto:** Cra. 27 No. 42-53, Tel. 6472 876, Thai-Spezialitäten und Sushi.
• **Restaurante Vegetariano Salut y Vigor:** Cl. 36 No. 14-24, preiswerte vegetarische Kost früh, mittags und abends (bis 18 Uhr).

Tanzen & Feiern

Nordöstlich des Stadtzentrums, im Gebiet der **Zona Rosa** (zwischen Cra. 31 und 33 sowie Cl. 33 und 34 im Stadtteil La Aurora) und entlang der von dort nach Süden führenden

Cra. 33 (= Avenida de las Américas) bis zu ihrem Schnittpunkt mit Cl. 45 pulsiert das Nachtleben am fieberhaftesten, insbesondere um den Parque Las Palmas, aber es gibt auch andere gute *spots*. Empfohlen seien z.B. **Il Gato Pardo,** Cl. 44 No. 29-33, Tel. 6471 153, **Saxo, Tapas y Cerveza,** Cra. 29A No. 44-23, Tel. 6479 363, **Tierra de Cantores,** Cra. 31 No. 33-43, Tel. 6356 253, **Cubica,** Cra. 34 No. 48-84, Tel. 6437 752, **El Guitarrón,** Cra. 33 No. 37-34 (mit *mariachi*-Gruppen). Im **Loop (Rock n'Movie Garden),** Cra. 34 No. 51-75, wird alternative Musik gespielt, im **Dixie,** Cl. 43 und Cra. 34 Esq., treten Jazz-Bands auf.

Verkehrsverbindungen

Busse

- **Stadtbusse nach Girón** fahren halbstündlich von der Cra. 15 ab (30 Min./2,50 Euro).
- Der gut ausgestattete **Fernbusbahnhof** (Tel. 6445 572) liegt ca. 4 km südwestlich der Innenstadt in Richtung Girón. Häufige *Busetas* pendeln entlang der Cra. 15 zwischen Terminal und Stadtzentrum. Fernbusse u.a. der Gesellschaften Omega (Tel. 4168 609), Berlinas del Fonce (Tel. 6445 586), Copetrán (Tel. 6444 164) verkehren nahezu stündlich **über San Gil** (2½ Std./5 Euro) **nach Tunja** (7 Std./17 Euro) und weiter **nach Bogotá** (10 Std./35 Euro), **über Pamplona** (4½ Std./8 Euro) **nach Cúcuta** (6 Std./12 Euro) sowie **nach Santa Marta** (9 Std./30 Euro) und **nach Cartagena** (12 Std./35 Euro).

Flugzeug

- Der **Flughafen Palonegro** (Tel. 6569 400) befindet sich auf einem Plateau 7 km südwestlich von Bucaramanga zwischen den Orten Girón und Lebrija. Stündliche Busse mit dem Schild „Aeropuerto" pendeln zwischen Bucaramangas Cra. 15 und dem Flughafen. Oder man nimmt ein *colectivo* (Sammeltaxi) von der Nordflanke des Parque Santander (1 Euro). **Flüge nach Bogotá oder Medellín** kosten um 100 Euro.

Girón

IX/C3

- **Bevölkerung:** 50.000
- **Meter über NN:** 780
- **Temperatur** (im Durchschnitt): 24°C

San Juan de Girón, eine koloniale Tabakstadt nur 9 km südwestlich von Bucaramanga und schon nahezu einverleibt von dieser gefräßigen Metropole, konnte sich dank ihrer Eigenschaft als beliebtes Wochenendausflugsziel in ihrem kleinen Zentrum **sehr viel historischen Charme** bewahren und entwickelt sich momentan zu einem Szenebezirk für Künstler, Schriftsteller und Intellektuelle. Seine Konturen sind streng und geradlinig: Weiß getüncht und nahezu schmuck- und fensterlos verlaufen die Mauern der flachen, im altspanischen Stil um märchenhafte Patios errichteten Häuser entlang Pflastergässchen, auf denen noch immer das Hufeklappern der Pferde widerhallt wie seit ehedem.

Der Ort wurde 1631 an einer Rundung des Río de Oro zu beiden Seiten des Bächleins Quebrada Las Nieves gegründet. **Sechs Brücken** aus dem damals so gebräuchlichen *calicanto* (einem Gemisch aus Kalk, Salz und Ochsenblut) verbinden den nördlichen und den südlichen Ortsteil.

Im Norden liegen der **Parque Principal** (Cra. 25 und 26 mit Cl. 30 und 31), das Herz von Girón, mit zahlreichen Kolonialhäusern und der **Catedral del Señor de los Milagros,** sowie die schmucke **Plazoleta José Alejandro Peralta** (Cra. 28 und Cl. 31 Esq.). Der Cl. 30 nach Osten folgend, erreicht man den Friedhof **(Cementerio de Monguí).**

Im Süden, auf der **Plazoleta de Nuestra Señora de las Nieves** (Cra. 27 und 28 mit Cl. 28), steht eine edle Kapelle aus dem 18. Jh.

Informationen & wichtige Adressen

- **Touristeninformation: Casa de la Cultura Francisco Mantilla de los Ríos,** Cl. 30 No. 24-64, Tel. 6461 313.
- **Internetcafé:** Cra. 25 und Cl. 31 Esq. an der Nordostecke des Parque Principal.
- **Geldautomat: Banco Popular,** Cra. 25 No. 30-45, an der Ostflanke des Parque Principal.

Unterkunft

- **Hotel Las Nieves€€:** Cl. 30 No. 25-71, an der Südflanke des Parque Principal im Zentrum, Tel. 6810 144 / 6468 968, www.hotellasnievesgiron.com. Zimmer um einen mit Fächerpalmen überwucherten Patio, einige mit Balkon zur Plaza. Privatbad, Klimaanlage. Preiswertes, gutes Rest., Parkmöglichkeit.
- **Hostal Girón Chill Out€€:** Cra. 25 No. 32-02, Tel. 6461 119, Mobil 315 4753 001, www.gironchillout.com. Minimalistisch, aber geschmackvoll eingerichtete Zimmer in einem Kolonialhaus. Italienische Führung. Exzellentes Restaurant. Manchmal Jazzmusik.

Essen, Trinken, Unterhaltung

- **Restaurante La Mansión del Frayle:** Cl. 30 No. 25-27, Tel. 6465 408, an der Südflanke des Parque Principal in einem prächtigen Kolonialhaus aus dem 17. Jh., in dem *Eloy Valenzuela* 1756 geboren wurde, ein Stellvertreter des berühmten Botanikers *José Celestino Mutis.* Oben gibt es ein **Museum,** unten typische Speisen aus Santander, darunter leckeren Ziegenbraten: *cabrito al horno* (= Zicklein aus der Röhre).
- **Restaurante La Casona:** Cra. 28 und Cl. 28 Esq., Tel. 6467 195, weitere gute, preiswerte und geschmackvolle Option in einem Kolonialhaus neben der Capilla de las Nieves.

Verkehrsverbindungen

Einen Block hinter dem Parque Principal fahren halbstündlich **Busse zum Zentrum von Bucaramanga** (Cra. 15) ab und passieren dabei den Terminal von Bucaramanga, der auf halber Strecke liegt. Alternativ per *colectivo.*

Parque Nacional del Chicamocha (Panachi)

Dieser **Themenpark** 50 Straßenkilometer südsüdöstlich von Bucaramanga (geöffnet Di bis So 9–18 Uhr, Eintritt 15 Euro, www.parquenacionaldelchicamocha.com) bietet Familien mit Kindern ein interessantes Wochenendausflugsziel und Reisenden einen Zwischenstopp auf ihrem Weg von oder nach San Gil. Ein Besucherzentrum, Parkmöglichkeiten, Restaurants, ein Museum über die Guane-Kultur und allerlei Möglichkeiten zur Zerstreuung sind vorhanden (z.B. *cable vuelo* – eine rasante Fahrt am Kabel gegurtet, *parapente* – Gleitschirmflüge, *buggies* – Sandpistenrennen). Die Attraktion ist die 2009 eröffnete, 6,3 km lange **Seilbahn** *(teleférico)* über den Schlund des imposanten Cañón Chicamocha.

- **Verkehrsverbindungen:** Jeder Bus, der zwischen Bucaramanga und San Gil pendelt, und Direktbusse aus Bucaramanga.

San Gil

↗ XIII/C1

Überblick

- **Bevölkerung:** 34.000
- **Meter über NN:** 1.100
- **Temperatur** (im Durchschnitt): 22°C

San Gil ist ein charmantes Kolonialstädtchen mit rostroten Ziegeldächern - heute das **El Dorado der Wildwassersportler.** Eine bergige Umgebung mit tief eingeschnittenen Canyons, Höhlen und malerischen Dörfern bietet reichhaltige Möglichkeiten für Aktivurlauber, Naturliebhaber und Extremsportler.

Die von *ceibas* bestandene **Plaza de la Libertad** mit der **Catedral de la Santa Cruz** (Cra. 9 und Cl. 13 Esq.) aus dem 18. Jh. bildet das Herz des überschaubaren Ortes. Treppensteige - darunter die steilen, im Volksmund als *caracol* bezeichneten Stufen an der Rückfront der Kathedrale - führen von Gasse zu Gasse.

Sehenswertes in San Gil und Umgebung

Parque El Gallineral

10 Fußminuten vom Zentrum, nahe des Denkmals zu Ehren des mutigen Häuptlings *Guanentá,* an der Kreuzung des Malecón mit Cl. 6, befindet sich der Eingang zu dem seit 1919 bestehenden Parque El Gallineral (Tel. 7244 372, geöffnet täglich 8–18 Uhr, Eintritt 2 Euro), der **Hauptsehenswürdigkeit von San Gil.** Auf einem 4 ha großen dreieckigen Stück Land zwischen dem Zusammenfluss des Río Fonce und der Quebrada Curití stehen fast 2.000 *chiminangos,* Bäume, die über und über mit Greisenbart *(tillandsia)* bedeckt sind. Man wandelt unter ihnen vorbei an Helikonien, Orchideen, Vögeln und Baumfröschen und fühlt sich wie in einer verwunschenen Schattenwelt.

Cueva La Antigua

Unter den Höhlen in der Umgebung von San Gil ist die Cueva La Antigua deshalb interessant, weil das einst hier ansässige Chibcha-Volk der *Guane* sie als Begräbnisstätte benutzte. Heute ist sie Privateigentum (Eintritt 1 Euro). Die Höhle befindet sich 4 km nordwestlich von San Gil linker Hand der Straße nach Barichara (dem Busfahrer vorher Bescheid sagen).

Cascadas Juan Curi

Etwa 22 km südlich von San Gil auf der Straße nach Charalá lässt der Busfahrer Besucher an einem kleinen Haus aussteigen. Von hier wandert man 15 Min. bis zu den östlich der Straße gelegenen schmalen, aber 180 m hohen Wasserfällen, in denen sich adrenalinhungrige Kletterer **abseilen** (über ein Reisebüro in San Gil buchbar). Holzsprossen führen an den Fuß der Fälle, wo man baden kann.

Informationen & wichtige Adressen

Touristeninformation

- **Oficina de Turismo:** Malecón und Cl. 7 Esq., Tel. 7243 433, nahe des Eingangs zum Parque El Gallineral, mittags geschlossen.

- **Casa de la Cultura – Coordinación de Turismo:** Cl. 12 No. 10-60, Tel. 7244 617, in einem Kolonialhaus. Informationen über Aktivitäten und Touranbieter. Hier finden auch Kunstausstellungen statt. Café-Betrieb.

Internetcafés

- Mindestens ein Dutzend, **z.B. im Centro Comercial El Edén** am Parque La Libertad.

Geldwechsel

- **Bancolombia,** Cl. 12 No. 10-44, Bank mit Geldautomat.

Reisebüros

Die meisten Reisebüros bieten Kayakfahrten, Höhlenbesuche, Kletterausflüge, Paragliding und Ausritte an. Am beliebtesten aber sind **Wildwasserfahrten (Rafting) auf dem Río Fonce, Río Chicamocha oder Río Suárez.** Wer schon vor Ankunft in San Gil Kontakt aufnimmt, spart oft Geld, da dann Gruppen zusammengestellt werden können. Fast alle Touranbieter haben ihre **Büros nahe des Eingangs zum Parque Gallineral.** Empfehlenswert sind z.B.:

- **Ríos y Canoas:** Tel. 7247 220, riosycanoas @hotmail.com.
- **Planeta Azul:** Tel. 7240 000, Mobil 310 7717 586, 315 8234 796.
- **Aventura Total:** Tel. 7238 888, Mobil 310 5515 254, www.aventuratotal.com.co.
- **Colombian Rafting Expeditions:** Cra. 10 No. 7-83, *César Diaz:* Mobil 311 2838 647 / 311 2912 870, www.colombiarafting.com.
- **Macondo Adventures:** siehe unter „Unterkunft".

Unterkunft

- **Hotel Posada Campestre**€€€: Vía San Gil – Charalá km 2, Tel. 7236 058, Mobil 312 4355 151, www.posadacampestre.com, 2 km südlich in Richtung des Weilers Charalá über der Schlucht des Río Fonce gelegen. *Cabañas* mit Balkon. Pool. Restaurante La Carbonera.
- **Hotel La Mansión del Parque**€€: Cl. 12 No. 8-71, Tel. 7245 662. Schönes Kolonialhaus am Parque Central, große Zimmer mit Antiquitäten, einige mit Balkon zum Platz hin. Internetanschluss.
- **Hotel Cacique Guanentá**€+: Cra. 17 No. 23-78, Tel. 7242 402. Angenehme Atmosphäre, sauber, freundlich.
- **Hotel Centro Real**€+: Cl. 10 No. 10-41, Tel. 7240 387. Modernes Hotel im Stadtzentrum. Sauber. Oft ausgebucht. WiFi gratis.
- **Hotel Viajero**€: Cra. 11 No. 11-07, Tel. 7241 965, Terrasse direkt am Río Fonce. Rustikales Ambiente. Kleine Zimmer.
- **El Dorado Hostel**€+: Cl. 12 No. 8-55, Tel. 7237 588, www.eldoradohostel.com. Kleine Globetrotterherberge in einem Kolonialhaus. 2 Privatzimmer (16 Euro/DZ), Schlafsaal (6 Euro/Bett). Internet. Der Besitzer spricht englisch und organisiert Paragliding- und Raftingtouren.
- **Macondo Hostel**€: Cra. 8 No. 10-35, Tel. 7248 001, Mobil 311 8282 905, www.macondohostel.com. Vom Australier *Shaun Clohesy* geführte Globetrotterherberge (Mehrbett- und Privatzimmer) mit Patio, Garten, Küchenbenutzung und Waschservice. Reservierung erwünscht. **Macondo Adventures** bietet organisierte Touren an: Paragliding, Rafting, Kayakfahren, Höhlendurchquerungen, Klettern, Reiten. Mountainbike-Verleih.
- **Sams Hostel**€+: Cra. 10 No. 12-33, Tel. 7242 746, Mobil 310 2497 400, www.samshostel.com, direkt an der Südflanke des Parque Central. Hippe, moderne, großzügige Globetrotterherberge mit Bar, Sauna, Pool und viel Action. Privatzimmer und Schlafsäle.

Essen, Trinken, Unterhaltung

- **Restaurante Calle Real:** Cra. 9 No. 9-97, santandereanische Kost.
- **Restaurante El Turista:** Cl. 10 No. 10-27, Frühstück, Mittagbrot und Abendessen. Hier gibt es „Ziege aus dem Ofen" *(cabrito al horno),* eine lokale Spezialität.
- **Restaurante Santa Parrilla:** Cl. 11 No. 8-40, Fleisch vom Grill.
- **Restaurante Saludable Delicia:** Cl. 11 No. 8-40, Tel. 7243 539. Eine der wenigen Möglichkeiten, gute vegetarische Speisen zu essen. Geöffnet So bis Fr.

• **Masai Mara:** Disco und Bar an der Vía a Bella Isla.
• Auf dem **Markt** (Cra. 11 zwischen Cl. 13 und 14) lässt es sich gut frühstücken. An Straßenständen wird von März bis Mai die santandereanische Köstlichkeit *hormiga culona* (geröstete Ameisen) verkauft.

Verkehrsverbindungen

• Der **Terminal de Transportes** (Busbahnhof, Tel. 7245 858) befindet sich 2 km außerhalb der Innenstadt an der Straße nach Socorro. Per Taxi 1,50 Euro. Halbstündlich fahren von hier Busse bzw. Mikrobusse **nach Bucaramanga** (2½ Std./5 Euro), die unterwegs den spektakulären **Cañon de Chicamocha** passieren. Viele Verbindungen auch **nach Bogotá** (7½ Std./17 Euro).
• Mindestens stündlich fahren Busse der Gesellschaft Cotrasangil (Tel. 7243 333) vor ihrem Geschäftsbüro Cra. 10 No. 14-82 **nach Barichara** (40 Min./2 Euro) ab. **Nach Charalá** verkehren alle halbe Stunde Busse von der Cra. 10 östlich der Brücke über den Río Fonce.

Barichara

↗ XIII/C1, IX/C3

Überblick

• **Bevölkerung:** 4.000
• **Meter über NN:** 1.340
• **Temperatur** (im Durchschnitt): 22°C

22 Straßenkilometer nordwestlich von San Gil schmiegt sich Barichara, definitiv **eines der schönsten Kolonialdörfer Kolumbiens,** an die schwindelerregende Abbruchkante über dem Canyon des Río Suárez. Aus der Luft wirkt der Ort wie ein Schachbrett, dessen nordwestliche Ecke jemand mutwillig abgeknickt hat. Das Ortsbild der gleichmäßig gebauten, ziegelgedeckten Kolonialhäuser und der mit Natursteinen ausgelegten Gassen wird dominiert von der Kathedrale, drei weiteren Kirchen und einer riesigen *ceiba.* Nachts streicht kühler Wind durch das Blattwerk der Samanbäume.

Geschichte

Vor der Konquista wohnten in der Umgegend Klans des Chibcha-Volkes der *Guane,* die während der Kolonialzeit rasch ausgerottet wurden. In ihrer Sprache bedeutete das Wort „Barachalá", von dem sich der heutige Ortsname ableitet, **„Ruheplatz".** Möglicherweise zogen sich die Indianer zur Meditation an die Abbruchkante des Plateaus zurück, um ihr Stammesland im Blick zu behalten.

Don Francisco Pradilla y Ayerbe gründete **La Villa de San Lorenzo de Barichara** 1705 an einem offensichtlich geheiligten Platz, hatte hier doch drei Jahre zuvor ein Bauer einen Fels entdeckt, auf dem sich ein Marienbildnis abzeichnete. An der Stelle der wundersamen Erscheinung erhebt sich heute Bacharas Kathedrale.

Sehenswertes

Catedral de la Inmaculada Concepción

An der Stelle, wo ein *campesino* einst Zeuge einer Marienerscheinung wurde, nämlich an der Nordflanke des heutigen **Parque Central** (Cra. 6 und 7 mit Cl. 5 und 6), steht die aus dem frühen 18. Jh. stammende „Mutterkirche", errichtet aus ockerfarbenem

Sandstein, der im Licht der untergehenden Sonne regelrecht erglüht – in schönem Kontrast zum Schneeweiß der Häuser.

Casa de la Cultura Emilio Pradilla González

In diesem Kolonialhaus direkt am Parque Central (Cl. 5 No. 6-30, Tel. 7267 002, geöffnet täglich 8–12 Uhr und Mo bis Sa auch 14–18 Uhr, Eintritt 0,50 Euro) werden **Artefakte der Guane,** insbesondere tönerne Gefäße, und in der Umgegend gefundene **Fossilien** ausgestellt. Nördliche Nachbarn sind Polizei und Bürgermeister, die ihren Sitz ebenfalls in einem opulenten Kolonialanwesen haben.

Iglesia de Santa Bárbara

Diese Kirche am Nordende des Ortes (Cra. 11 mit Cl. 6) stammt aus dem 18. Jh., wurde jedoch in den 1990er Jahren ausgiebig restauriert. Nahebei wurzelt eine mächtige, weit ausladende *ceiba*.

Capilla de Jesús Resucitado

Blitzschlag zerstörte einen Teil des Glockenturmes dieser Friedhofskapelle (Cra. 7 mit Cl. 3). Auf dem **Friedhof** befinden sich zahlreiche alte Gräber noch aus dem 19. Jh.

Casa de Aquileo Parra Gómez

In diesem bescheidenen Haus (Cra. 2 No. 5-60) wurde 1825 *Aquileo Parra* geboren, der es bis zum Staatspräsidenten brachte. In einem Teil des Gebäudes arbeitet eine Weberkooperative, die Taschen herstellt. Falls geschlossen – die Nachbarin hat den Schlüssel.

Touristeninformation

- In der **Casa de Cultura** (siehe oben) sowie der nebenan befindlichen **Alcaldía,** dem Bürgermeisteramt.

Unterkunft

In Barichara gibt es viele Unterkunftsmöglichkeiten. Zahlreiche Familien vermieten **Privatunterkünfte** (in der Alcaldía oder der Casa de Cultura nachfragen).

- **Hostal Misión Santa Bárbara**€€+: Cl. 5 No. 9-12, Tel. 7267 163, www.hostalmisionsanta-barbara.info. Zwei Blocks nördlich des Parque Central in einem schönen Kolonialhaus mit Garten im Patio. Zimmer mit Charakter und Privatbad. Wäscheservice. Pool. Restaurant. Gutes Frühstücksbuffet – für Gäste inkl.
- **Hotel Coratá**€+: Cra. 7 No. 4-07, Tel. 7267 110, westlich der Kathedrale. Gebäude aus dem 18. Jh. mit alten Holzmöbeln. Räume mit sehr hohen Decken und Privatbad. Restaurantbetrieb.
- **La Posada de Pablo**€: Cra. 3 No. 7-30, Tel. 7267 719, Mobil 310 3419 025. Logierhaus mit familiärer Atmosphäre. Sauber.
- **Zelten/Biwakieren:** In La Chorrera, ca. 0,5 km vom Ortsausgang an der Straße nach San Gil.

Essen, Trinken, Unterhaltung

- **Restaurante Mi Lindo Barichara:** Cra. 5 No. 6-10, Tel. 7267 089, Grillspezialitäten, auch Ziegenbraten.
- **Restaurante La Braza:** Cra. 6 No. 6-31, *pepitoria de chivo* (Ziegenklein mit Reis oder Maniok) und andere deftige santandereanische Speisen unter freiem Himmel.
- **Color de Hormiga:** Cl. 8 No. 8-44, regionale Gerichte mit Blick auf die Stadt, im März und April auch *hormiga culona* (geröstete Ameisen).

- **Café Plenilunio:** Cl. 6 No. 7-70, abends geöffnet, einfache mediterrane Kost.
- **Hato Grande:** Cl. 6 No. 6-34, Tel. 7267 532, an der Ostflanke des Parque Central gelegen, hier wird der berühmte *sabajón* (Eierlikör) verkauft.

Verkehrsverbindungen

- Stündliche **Busse nach San Gil** (40 Min./2 Euro) fahren vor dem Büro der Transportgesellschaft Cotrasangil (Cra. 6 No. 5-74, Tel. 7267 132) an der Südseite des Parque Central ab.
- **Nach Guane** (20 Min./1 Euro) fahren nur zwei Busse pro Tag: 11.30 und 17 Uhr (sicherheitshalber Zeiten vorher abklären).

Guane

↗ IX/C3

- **Bevölkerung:** 1.200
- **Meter über NN:** 1.200
- **Temperatur** (im Durchschnitt): 22°C

Das Bergdorf Guane aus dem frühen 18. Jh., benannt nach einem einst hier ansässigen indigenen Volk, befindet sich 9 km nordnordwestlich von Barichara oberhalb des Río Suárez. Es ist ein beschaulicher Ort, in dem sich in den letzten hundert Jahren wenig verändert zu haben scheint. Die Dorfkirche an der Plaza, die **Iglesia de Santa Lucía,** stammt aus dem Jahr 1720. Gegenüber steht das **Museo Paleontológico,** das stets verschlossen ist; sobald aber ein Besucher auftaucht, schließt es der Museumsvorsteher auf (Eintritt 1 Euro). Gezeigt werden Keramiken der *Guane*-Indianer, die von Tonverarbeitung viel verstanden. Auch sind hier interessante Fossilien zu sehen, zusammengetragen aus der Region.

Hauptattraktion ist der **Camino Real,** die alte spanische Straße aus grob bearbeitetem Gestein, die, teilweise antiken indigenen Handelswegen folgend, von Barichara (Start: Cra. 10 mit Cl. 4) am Steilhang entlang bis nach Guane führt (zu Fuß 2 Std.) und heute unter Denkmalschutz steht. Sie kreuzt zweimal die moderne Straße, auf der täglich zwei Busse – von Plaza zu Plaza – verkehren (privat organisierte Autofahrten kosten ca. 5 Euro, oder man trampt). Von Guanes Plaza nach Barichara fahren die Busse um 12 und 17.30 Uhr (Zeiten vorher abklären).

Unterkunft

- **Posada Chia-Zuhé**€€: nahe des Parque Principal, Mobil 316 6920 274. Rustikales, archaisch anmutendes, sehr gepflegtes Kolonialhaus, Zimmer mit Privatbad. Patio. Hängematten. Parkmöglichkeiten.
- **Posada Mi Tierra Guane**€€: Cra. 7 No. 7-45, direkt am Parque Principal, Mobil 311 5660 402, hildaui@hotmail.com. Kleine, familiäre Herberge. Privatbad.

colo170 Foto: ib

Departamento Norte de Santander

Überblick & Geschichte

- **Fläche:** 21.658 km²
- **Einwohner:** 1,8 Mio. *nortesantandereanos*

Über den Gebirgspass Alto de Berlín die Ostkordillere überschreitend, erreicht man das 1910 vom Departamento Santander abgespaltene Departamento Norte de Santander, welches sich über die Ostabdachung der Cordillera Oriental hinabsenkt bis zur an Venezuela grenzenden Tiefebene von Catatumbo. Der kulturelle **Einfluss aus Venezuela** ist groß; und aufgrund seiner geografischen Lage spielen **Schmuggelaktivitäten** für die wirtschaftliche Entwicklung von Norte de Santander eine herausragende Rolle. Jahrzehntelang war das weitgehend isolierte, dünn besiedelte Departamento Hochburg der Guerilla, die Anschläge auf Ölpipelines und Brücken verübte; heute haben **paramilitärische Verbände** vielerorts die Macht übernommen. Im infrastrukturell unterentwickelten Hinterland im Nordwesten des Departamento bestimmen *bandoleros* der **Águilas Negras,** einer mafiösen paramilitärischen Organisation, über die öffentliche Ordnung. Hier wird **Koka** angebaut, und ein Menschenleben kostet so viel wie die Patrone einer AK-47.

Fast 90% der Provinzbevölkerung lebt allein im Großraum der überaus aktiven, aufstrebenden, industrialisierten Hauptstadt Cúcuta nahe der Staatsgrenze. Daneben sind Ocaña und Pamplona die einzigen nennenswerten Städte. Die **enorme Verstädterung** ist nicht zuletzt dem Phänomen der Massenvertreibungen geschuldet. Grund dafür sind ökonomische Interessen an der **Ausbeutung natürlicher Ressourcen.** So wird um Tibú Erdöl gefördert. „Frei gewordenes" Land mit Kohle-, Kupfer-, Uran- und Eisenerzlagerstätten harrt noch der Exploration. Bedroht sind auch die von ehrwürdigem Regenwald bedeckten Regionen des Parque Nacional Catatumbo Barí im Norden des Departamento – der natürliche Lebensraum der *Motilones (Barí).*

Das vom Chibcha-Volk der **Chitareros** und dem Kariben-Volk der **Motilones (Barí)** bevölkerte Territorium des heutigen Departamento Norte de Santander wurde vom deutschen Konquistador **Ambrosius Ehinger,** der im Auftrag der Welser nach Gold suchte, durchquert; doch der Pfeil eines indianischen Scharfschützen drang nahe des heutigen Chinácota (südlich von Cúcuta) in *Ehingers* Hals und beendete nach vier Tagen der Qual im Jahr 1533 das junge Leben des Draufgängers. In Cúcuta wurde 1792 der illustre „Organisator des Sieges" über die Spanier und Namensgeber des Departamento geboren: *Francisco de Paula Santander.*

Cúcuta

↗ IX/D1

Überblick

- **Bevölkerung:** 900.000
- **Meter über NN:** 320
- **Temperatur** (im Durchschnitt): 28 °C

Die **heiße Provinzhauptstadt San José de Cúcuta** am Westufer des Río Pamplonita, heute die sechstgrößte Stadt Kolumbiens, liegt nahe der Grenze zu Venezuela – und das ist der Grund für ihren **wirtschaftlichen Aufstieg.** Der Status als *zona franca,* der grenzübergreifende Handel – ob legal oder illegal –, das billig in Venezuela erhältliche Benzin, die Standortvorteile für venezolanische Investoren aufgrund des geplanten Freihandelsabkommens zwischen Kolumbien und den USA – all das hat die Geschäftsaktivitäten angeheizt und vielen Menschen Wohlstand beschert. Nirgendwo sonst in Kolumbien leben so **viele Venezolaner** wie in Cúcuta. Aus ganz Venezuela kommen Händler und Ladenbesitzer, um Kleidung, Schuhe und Lederwaren einzukaufen. Nachts glitzern die Lichter der Kasinos. Kaum eine andere Stadt in Kolumbien scheint derzeit so viel Potenzial zu bieten wie Cúcuta.

Realität aber sind zugleich nach wie vor die **Kämpfe lokaler Mafiaklans und paramilitärischer Gruppen,** die Armut in den südöstlichen Stadtbezirken, die Umweltzerstörung durch einen schmatzenden, sich unkontrolliert ausbreitenden, konturlosen Moloch. Trotzdem: Das Stadtbild ist in seiner Gesamtheit nicht unangenehm; es wird geprägt durch moderne Gebäude, großzügige Avenidas, viele Bäume am Straßenrand. Cúcuta ist dabei die einzige Stadt, in der es eine Straße Null gibt, die Avenida 0. Der lokale Fußballklub Cúcuta Deportivo genießt große Popularität. Der August ist die Saison der Drachensteiger.

Die meisten der wenigen europäischen Besucher Cúcutas sind **Transitreisende** zwischen Kolumbien und Venezuela, die in der Stadt einen kurzen Zwischenstopp einlegen, oder patriotische Pilger auf den Spuren des Unabhängigkeitskampfes.

Geschichte

Ursprünglich lebten hier nomadische *Chitareros* und *Motilones*. Die Familie *Rangel* versuchte lange Zeit vergeblich eine Kolonisation des Gebietes. Die Attacken der Indianer verhinderten die Entwicklung einer permanenten spanischen Siedlung. Eine Urenkelin, **Juana Rangel de Cuéllar** (1649–1736) aus dem südlich gelegenen Pamplona, spendete am 17. Juni 1733 einen Teil ihrer Rinderfarm für die Errichtung einer Pfarrkirche, einer Plaza und von Häusern für weiße Siedler. Und so entstand der Ort dort, wo sich heute der Barrio San Luis befindet.

Vor den Toren der Stadt, in Villa del Rosario (siehe dort), wurde 1821 der **Kongress von Cúcuta** abgehalten, auf dem die Verfassung für den bereits 1819 in Angostura (Venezuela) geschaffenen Staat Gran Colombia verabschiedet wurde.

Am 18. Mai 1875 um 11.15 Uhr zerstörte ein gewaltiges Erdbeben Cúcuta. Beim Wiederaufbau pflanzte Straßenbauingenieur **Francisco de Paula Andrade Troconis** (1840–1915) Tausende Alleebäume, von denen viele noch heute der Stadt ihr Gepräge geben. Für einen ökonomischen Boom sorgte die 1888 fertiggestellte Eisenbahnverbindung Cúcuta - Puerto Santander. 1960 wurde der Eisenbahnbetrieb eingestellt.

1940 wohnten erst 40.000 Menschen in Cúcuta, im Jahr 1990 waren es 600.000. Allein in den letzten 20 Jahren sind weitere 300.000 hinzugekommen.

Orientierung

Das **Stadtzentrum** liegt **um den Parque Santander** (Av. 5 und 6 mit Cl. 10 und 11). Neun Blocks weiter nördlich befindet sich der **Busbahnhof** (Av. 7 und 8 mit Cl. 1 und 2), 4 km weiter der **Flughafen.**

Villa del Rosario und die **Staatsgrenze** erreicht man, wenn man der Av. Diagonal Santander etwa 11 km nach Südosten folgt.

Sehenswertes

In dem an Sehenswürdigkeiten armen Cúcuta lohnt ein Besuch der **Casa de la Cultura** (Cl. 13 No. 3-65, Tel. 5716 689, geöffnet Mo bis Fr, zur Siesta geschlossen) mit der **Torre del Reloj,** dem Uhrenturm, in dem die Stunde zum Rhythmus der Nationalhymne schlägt. Hier finden wechselnde Kunstausstellungen statt, ebenso in den Kultursälen der **Banco de la Républica** (Av. Diagonal Santander und Cl. 11 Esq., Tel. 5750 131, geöffnet Mo bis Fr, zur Siesta geschlossen). Ein Wahrzeichen der Stadt ist die moderne **Monumentalstatue El Cristo Rey** im Süden der Stadt (Cl. 19 und 20 mit Av. 4).

Informationen & wichtige Adressen

Touristeninformation

- **Corporación Mixta de Promoción de Norte de Santander:** Cl. 10 No. 0-30, Edificio Rosental, Tel. 5713 395, geöffnet Mo bis Fr 8–12 und 14–18 Uhr.

Venezolanisches Konsulat

- **Consulado General de Venezuela:** Av. Camilo Daza, Zona Industrial, Tel. 5791 954 / 5791 956, geöffnet Mo bis Fr 8–12 und 14–16 Uhr. 3 km nördlich des Zentrums an der Straße zum Flughafen gelegen, etwa 1 km von ihm entfernt. Vom Busbahnhof bzw. von der Cl. 13 per Stadtbus mit der Aufschrift „Consulado" zu erreichen.

Immigrationsbehörde

- **D.A.S.:** Nicht nur an der Grenze, sondern auch am Flughafen und in der Stadt unterhält die kolumbianische Immigrationsbehörde ein Büro: Av. 1 No. 28-52, geöffnet bis 17 Uhr, zur Siesta geschlossen.

Internetcafés

- **In den Shoppingzentren,** z.B. im Centro Comercial Gran Bulevar, Av. 0 und Cl. 11 Esq.

Geldwechsel

- **Banco de Bogotá,** Av. 6 No. 10-85, Geldautomat an der Westflanke des Parque Santander; **Bancafé,** Cl. 10 No. 6-50, Geldautomat an der Nordseite des Parque Santander; **Bancolombia,** Av. 5 No. 9-80, geöffnet Mo bis Fr 8–16 Uhr und Sa 8–12.30 Uhr, nimmt Reiseschecks an.

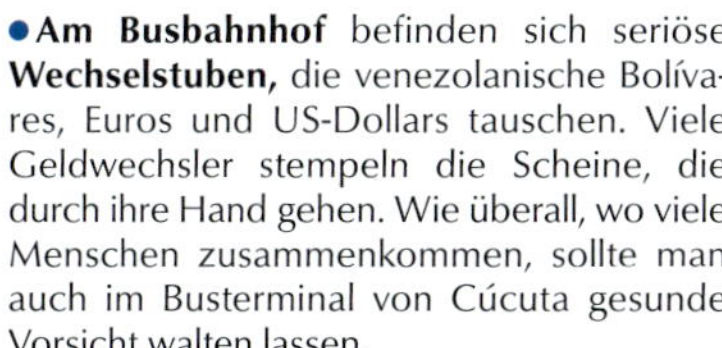

- **Am Busbahnhof** befinden sich seriöse **Wechselstuben,** die venezolanische Bolívares, Euros und US-Dollars tauschen. Viele Geldwechsler stempeln die Scheine, die durch ihre Hand gehen. Wie überall, wo viele Menschen zusammenkommen, sollte man auch im Busterminal von Cúcuta gesunde Vorsicht walten lassen.

Fluggesellschaften

- **Avianca:** Av. 5 No. 13-04, Tel. 5715 161, oder Av. 0 No. 13-84, Tel. 5712 848. Flüge nach Bogotá (ca. 100 Euro), Barranquilla, Bucaramanga, Medellín.
- **Aerorepública:** Cl. 15 No. 0E-18, Los Caobos, Tel. 5833 306. Flüge nach Bogotá.
- **Aires:** Av. 1E No. 18-12, Los Caobos, Tel. 5833 941.
- **Easyfly,** Billigfluglinie, Tel. 5818 990. Flüge sind nur über Internet buchbar unter www.easyfly.com.co.

Unterkunft

- **Hotel Tonchalá**€€€: Av. 0 und Cl. 10 Esq., Tel. 5712 005 / Fax 5731 891, www.hoteltonchala.com. Das bei Geschäftsleuten beliebte Kasinohotel verfügt über Restaurant, Pool und Fitnessraum.
- **Hotel Bolívar**€€€: Av. Demetrio Mendoza vía San Luis, auf halber Strecke zum Flughafen gelegen, Tel. 5760 764. Resort mit Park, zwei Pools und über 100 Zimmern. Frühstück inklusive. Geeignet für Familien.
- **Hotel Quinta Avenida**€€+: Av. 5 No. 8-32, Tel. 5720 086. Modern und gut, inklusive Frühstück.
- **Hotel Amaruc**€€: Av. 5 und Cl. 10 Esq., Tel. 5717 625, direkt im Zentrum am Parque Santander. Privatbad, Klimaanlage. Restaurant im obersten Stockwerk.
- **Hotel República Bolivariana**€+: Av. 6 No. 11-70, südlich des Parque Santander. Schlichte Räume, manche mit Ventilator.
- **Hotel Internacional**€+: Cl. 14 No. 4-13, Tel. 5712 718. Patio, Privatbad, Ventilator.
- **Hotel La Bastilla**€: Av. 3 No. 9-42, Tel. 5712 576. Schlichtes Hotel im Ortszentrum, die Zimmer haben immerhin ein Privatbad und Fenster.

Essen, Trinken, Unterhaltung

- **Restaurante Rodizio:** Av. Libertadores No. 10-121, Malecón II. Etapa Riviera, Tel. 5750 095, stilvolles Ambiente, Fleisch- und Fischgerichte, Live-Musik, gehobene Preislage.
- **Asadero El Corral:** Cl. 4 No. 13E-55, Tel. 5745 701, Grillspezialitäten, aber auch *mute* (Ziegensuppe).
- **Restaurante La Mazorca:** Av. 4 No. 9-64, Tel. 5711 800, preiswerte regionale Gerichte in einem gemütlichen Patio. Wein.
- **Restaurante Molinito:** Av. Libertadores No. 18-60, Tel. 5730 122, Spezialitäten aus Santander.
- **Restaurante Vegetariano Salud y Vida:** Av. 4 No. 6-60, gute vegetarische Kost.

Verkehrsverbindungen

Busse

- Der **Terminal de Transportes** (Busbahnhof) liegt nördlich des Stadtzentrums (Av. 7 und 8 mit Cl. 1 und 2). Man kann dort Geld wechseln, Brathähnchen und Schnaps kaufen oder am Einarmigen Banditen sein Geld verspielen. Fahrkarten sollten nur direkt von den Büros der Busgesellschaften gekauft werden.
- Es fahren stündlich klimatisierte **Fernbusse nach Bogotá** (16 Std./36 Euro) und über **Pamplona** (1½ Std./3,50 Euro) **nach Bucaramanga** (6 Std./12 Euro).
- **Minibusse und colectivos** fahren in großer Zahl vom Busbahnhof über die Grenze ins venezolanische **San Antonio del Táchira** (20 Min./1,50 Euro). Es sollte zuvor abgeklärt werden, dass der Fahrer an den Immigrationsposten hält. Manche *colectivos* fahren sogar bis **San Cristóbal** (Venezuela) (4 Std./4 Euro). Es werden sowohl kolumbianische Pesos als auch venezolanische Bolívares akzeptiert. Alternativ fahren *colectivos* nach San Antonio del Táchira auch aus der Innenstadt von Cúcuta ab, Ecke Av. 0 und Cl. 8 und Av. Diagonal Santander.
- Wer **nach Bogotá** reisen will, kann auch vom **Privatterminal** der Gesellschaft Berlinas (südlich des Stadtzentrums) fahren.

Flugzeug

- Der **Aeropuerto Camilo Daza** (benannt nach Kolumbiens erstem Piloten, der aus Pamplona stammte und 1919 ein Flugzeug steuerte) liegt 4 km nördlich vom Zentrum (per Taxi 2,50 Euro). **Flüge gehen z.B. nach Bogotá, Medellín, Cali und Cartagena.** Wer nach Caracas will, fliegt von den venezolanischen Airports in San Antonio del Táchira, San Cristóbal oder Mérida.

Grenze zu Venezuela

Der Grenzübergang befindet sich **ca. 11 km südöstlich von Cúcuta.** Auf der nördlichen Straßenseite, direkt vor der Brücke über den Grenzfluss Río Táchira, steht der moderne Bau des kolumbianischen Immigrationspostens *Departamento Administrativo de Seguridad* (D.A.S.), wo der Pass gestempelt wird – und zwar sowohl bei der Ein- als auch bei der Ausreise.

Auf der anderen Flusseite beginnt die **venezolanische Grenzstadt San Antonio del Táchira.** An der Hauptstraße befindet sich das Gebäude der venezolanischen Immigrationsbehörde DIEX (Cra. 9 No. 6-45), wo die Passkontrolle erfolgt und der Pass gestempelt wird (bei der Ein- wie bei der Ausreise).

Für die **Einreise nach Venezuela** und Kolumbien benötigen Deutsche, Österreicher und Schweizer kein Visum. Im Zweifel sollte vorab das venezolanische Konsulat in Bogotá bzw. das in Cúcuta (siehe oben) aufgesucht werden.

Verkehrsverbindungen: Von Cúcuta zur Grenze und weiter nach San Antonio del Táchira und San Cristóbal siehe unter Cúcuta. In Villa del Rosario und dem grenznahen Bereich verkehren zahlreiche *colectivos*. Es werden jeweils beide Währungen akzeptiert.

Zeitverschiebung: Die Uhren in Venezuela sind Kolumbien eine halbe Stunde voraus.

Villa del Rosario

↗ IX/D2

Überblick & Geschichte

- **Bevölkerung:** 70.000
- **Meter über NN:** 395
- **Temperatur** (im Durchschnitt): 28 °C

Knapp 10 km südöstlich von Cúcuta liegt direkt am Westufer des Grenzflusses Río Táchira der mit der Provinzhauptstadt bereits verwachsene historische Ort Villa del Rosario, die **„Wiege Kolumbiens“.** Gegründet um 1750 von *Ascencia Rodriguez de Morales* und *José Díaz de Astudillo,* den Besitzern des Tales von San José, die einen Teil ihres Landes für die Besiedlung zur Verfügung stellten, kam der Ort zu unsterblichem Ruhm als **Sitz des Kongresses von Cúcuta** im Jahre 1821, an dem *Antonio Nariño, Simón Bolívar, Francisco de Paula Santander* und viele andere namhafte Unabhängigkeitshelden teilnahmen und nach langen Debatten am 3. Oktober die **erste Verfassung des neuen Staates Gran Colombia** (= Kolumbien, Venezuela, Panama und später Ecuador) beschlossen. Darin wurde der Grundstein zur Sklavenbefreiung gelegt, die Inquisition wurde abgeschafft, das Wahlrecht für Männer über 21 Jahre, die mindestens 100 Piaster besaßen, wurde festgeschrieben, die Regierungsform geregelt und ein Zweikammerparlament eingeführt. *Bolívar* wurde zum Präsidenten, *Santander* zum Vizepräsidenten gewählt. *Nariño,* gerade erst seit einem Jahr aus dem Gefängnis von Cádiz entlassen, konnte seinen persönlich ausgearbeiteten Verfassungsvorschlag nicht durchsetzen, verlor die Wahl zum Präsidenten mit sechs zu 50 Stimmen und ebenso die zum Vizepräsidenten mit 19 zu 38 Stimmen.

Sehenswertes

El Templo Histórico

In der Sakristei der 1802 errichteten Pfarrkirche von Villa del Rosario debattierten zwischen Mai und Oktober 1821 die Abgeordneten des Kongresses von Cúcuta; hier wurde der Text der Verfassung für Gran Colombia erstmals in einer feierlichen Zeremonie verlesen. In der Kirche erfolgte auch die Amtseinführung des Präsidenten *Bolívar.* Beim Erdbeben von 1875 wurde der **Templo del Congreso** erheblich beschädigt. Der zum Teil erfolgte Wiederaufbau orientierte sich leider nicht am Original. Dennoch besitzt die Ruine eine ehrwürdige Ausstrahlung. Sie befindet sich direkt an der zum Grenzübergang führenden Straße nicht weit vom Río Táchira.

El Tamarindo Histórico

Während der Verhandlungspausen ruhten die Kongressmitglieder im Schatten des nahen Tamarindenbaumes, der sich in dem als **Parque de la Gran Colombia** bezeichneten historischen Komplex befindet.

Casa de Gobierno La Bagatela

Gegenüber der Kirchenruine steht das nach dem Erdbeben von 1875 wieder aufgebaute Haus des Vizepräsidenten, in dem ein kleines **Museum** untergebracht ist (geöffnet Di bis So 8–12 und 14–18 Uhr).

Quinta de Santander

In diesem Landhaus wurde *Francisco de Paula Santander* am 2. April 1792 geboren und wohnte dort bis 1805. Es wurde 1875 beim Erdbeben zerstört und wieder hergerichtet. Heute beherbergt es ein **Museum mit historischen Dokumenten,** die *Santander* und den Kongress von Cúcuta betreffen (Tel. 5700 741, geöffnet Mo bis Fr 9–11.30 und 14–17.30 Uhr, Eintritt 1 Euro). Der Jurist *Santander* diente zunächst als Vizepräsident des unabhängigen Gran Colombia, hatte aber aufgrund der ständigen Abwesenheit *Bolívars* de facto die Regierungsgeschäfte komplett in seinen Händen. In den 1830er Jahren, nach *Bolívars* Tod, war er Staatspräsident.

Verkehrsverbindungen

Alle **Busse und colectivos,** die zwischen Cúcuta und dem venezolanischen Grenzort San Antonio del Táchira pendeln, passieren den Sitz des Kongresses von 1821. Zu den genauen Verbindungen siehe unter Cúcuta.

Pamplona

↗ IX/D2

Überblick

- **Bevölkerung:** 60.000
- **Meter über NN:** 2.300
- **Temperatur** (im Durchschnitt): 16°C

Pamplona, die „vornehme und adelige Stadt" (O-Ton *Karl V.*) beiderseits des Pamplonita-Flüsschens, heute der älteste Ort des Departamento Norte de Santander, liegt im wolkenverhangenen **Valle del Espíritu Santo** in den nordöstlichen Falten der Ostkordillere an der Durchfahrtsstraße von Cúcuta nach Bucaramanga. Ein Stopp lohnt hier allemal: Die terrakottafarbenen Ziegeldächer der ehemaligen Bergarbeiterstadt atmen koloniales Flair; in den Cafés diskutieren Zöglinge der renommierten Universidad de Pamplona Philosophie und Liebesabenteuer; zahlreiche Museen locken, noch mehr aber die exzellenten Feierlichkeiten zur Karwoche (La Semana Mayor) und die wilden **Fiestas del Grito de Independencia** Anfang Juli (mit Stierkampf, Schönheitswahl und Straßentanz) in Gedenken an den Ausruf der Unabhängigkeit am 4. Juli 1810. Kartoffeln und Erdbeeren, Kuchen und Süßigkeiten, Wallfahrer und Examenskandidaten – all das macht Pamplona zu dem, was es heute ist: ein geschäftiger und doch gemütlicher Andenort.

Geschichte

Einst lebten in der Gegend Indigene, welche aufgrund der mit *chicha* gefüllten Kalebassen, die sie typischerweise am Gürtel trugen, von den Konquistadoren abschätzig als *Chitareros* (etwa: „Maisweinträger") bezeichnet wurden. Nachdem 1549 der aus Navarra stammende **Pedro de Ursúa,** sein Kapitän **Ortún Velasco de Velásquez** und ihre 134 Mannen die Stadt Pamplona gegründet hatten, verteilten sie die unterworfenen Indianer als Arbeitskräfte auf zahlreiche *encomiendas,* in die sie die Gegend tortenstückartig schnitten. Pamplona entwickelte sich nun zu einem **Zentrum der Kolonisierung:** Von hier zogen Siedler und

colo019 Foto: ib

Páramo-Vegetation

Abenteurer aus und gründeten viele neue Städte, darunter Cúcuta, Ocaña und Bucaramanga. Politiker und zahlreiche religiöse Orden ließen sich in Pamplona nieder; Herrenhäuser, Klöster und Kirchen schossen pilzgleich aus dem regennassen Talgrund. Das Erdbeben von 1644 konnte dem Aufschwung noch wenig anhaben; das Erdbeben von 1875 dagegen wirkte verheerend und half der bis dahin nur dahinvegetierenden Stadt Bucaramanga, ihre altersschwache Gevatterin rasch zu übertrumpfen.

Orientierung

Zentraler Platz ist der **Parque Águeda Gallardo** (Cra. 5 und 6 mit Cl. 5 und 6), benannt nach jener illustren Stadttochter, die als erste ihre Stimme für die Unabhängigkeit des Landes erhob. An der Südwestflanke steht die **Catedral Metropolitana,** an der westlichen Ecke erstreckt sich die riesige, weiß getünchte **Casa del Mercado** aus dem 19.Jh.

Sehenswertes

Museo de Arte Moderno Ramírez Villamizar

An der Nordostflanke des Parque Águeda Gallardo steht das weiß getünchte, eingeschossige Anwesen aus dem 16. Jh., in dem das Museum für **Moderne Kunst** untergebracht ist (Cl. 5 No. 5-75, Tel. 5682 999, www.mamramirezvillamizar.com, geöffnet Di bis So 9–12 und 14–18 Uhr, Eintritt 1 Euro). Hier befindet sich nicht nur eine Kollektion von Bildern und Plastiken des aus Pamplona stammenden Künstlers **Eduardo Ramirez Villamizar** (1923–2004), sondern es sind auch Werke von *Edgar Negret, Ómar Rayo, Juan Antonio Roda* und vielen anderen zu sehen.

Museo Arquidiocesano de Arte Religioso

Hier sind **religiöse Kunstwerke** zu sehen, die aus der ganzen Region zusammengetragen wurden (Cra. 5 No. 4-50, Tel. 5681 814, geöffnet täglich außer Di, zur Siesta geschlossen, Eintritt 1 Euro). Genial sind die Ölgemälde des lateinamerikanischen Barockkünstlers **Gregorio Vásquez de Arce y Ceballos** (1638–1711), der wegen der Beteiligung an der spektakulären Entführung von *Doña María Teresa de Orgaz* aus dem Kloster inhaftiert wurde und nach jahrelanger Haft arm und dem Wahnsinn verfallen in seiner Heimatstadt Bogotá starb.

Casa de Anzoátegui

Zwei Blocks südwestlich des Parque Águeda Gallardo zieht sich das von einer hölzernen Galerie gestützte Ziegeldach jenes einstöckigen Kolonialhauses, in dem General *Anzoátegui* die Augen schloss, um einen kargen Innenhof (Cra. 6 No. 7-48, mittags geschlossen, freier Eintritt).

José Antonio Anzoátegui, geboren in Barcelona, der Hauptstadt des 1909 zu seinen Ehren umbenannten venezolanischen Bundesstaates Anzoátegui, war einer der herausragenden Militärstrategen und Unabhängigkeitshelden Südamerikas. Der Chef der Ehrengarde *Bolívars* nahm 1819 an der Schlacht von Boyacá (siehe Exkurs) teil. Drei Monate darauf, am 15. November – es war der Tag nach seinem 30. Geburtstag –, erlag der Soldat einem plötzlichen Fieber (so der britische Arzt, der den Tod feststellte). Oder aber (Historikern zufolge) einer Vergiftung. Oder aber einer Embolie, die er sich nach einem schweren Abendmahl und den darauf folgenden Beziehungen zu einer lokalen Schönheit zuzog (so inoffizielle Quellen). *Bolívar* soll wehmütig geäußert haben: „Habría preferido ya la pérdida de dos batallónes a la muerte de Anzoátegui! Qué soldado ha perdido la República! - Lieber hätte ich zwei Bataillone verloren als Anzoátegui! Welch Soldat hat die Republik eingebüßt!" *Anzoáteguis* sterbliche Überreste verschwanden während des Erdbebens von 1875 unter den Trümmern der Kirche, in der er beigesetzt worden war, spurlos ...

Casa Colonial

In dem uralten Gebäude ist ein **Historisches Museum** untergebracht (Cl. 6 No. 2-56, geöffnet Mo bis Sa 8–12 und 14–17 Uhr, Spende erbeten). Es zeigt präkolumbische Keramiken und koloniale Kunst sowie Gegenstände, die von den in Norte de Santander ansässigen *Motilones (Barí)* herrühren. Ihrer Mythologie nach schuf der Allmächtige die Menschen, indem er mit der Machete zwei Ananasfrüchte spaltete, aus denen ein Mann und eine Frau hervorsprangen.

colo027 Foto: ib

Santuario del Señor del Humilladero

Am nordöstlichen Ende der Cra. 7, vor dem Eingang zum Friedhof, steht diese **Wallfahrtskapelle** aus dem 16. Jh., in der eine 500 Jahre alte, aus Spanien gebrachte Christusfigur verehrt wird. Die beiden Figuren an ihrer Seite, die Diebe darstellen, fertigte 1595 Meister *Juan Bautista Guzmán* in Pamplona. Der Blick von der Kapelle auf die Stadt ist grandios. Auf der anderen Straßenseite befindet sich ein kleines Museum, das historische Fotografien ausstellt (Cra. 7 und Cl. 2 Esq.). Hier hat *Emiliano* sein Atelier, der gern seine neuesten Werke zeigt.

Informationen & wichtige Adressen

- **Información Turística:** Cra. 6 No. 2-56, in der Casa Colonial, sowie Cl. 5 No. 6-43 neben der Alcaldía.
- **Internetcafés** gibt es in der Studentenstadt an jeder zweiten Ecke.
- **4-72 (Post):** Cl. 6 No. 6-24.
- **Banco de Bogotá,** Cra. 6 No. 5-50, am Parque Águeda Gallardo (mit Geldautomat).

Unterkunft

- **Hotel El Solar**€€+: Cl. 5 No. 8-10, Tel. 5682 010 / 5681 379. Kolonialhaus aus dem ausgehenden 18. Jh. Die Räume im Obergeschoss sind teurer, aber groß und mit Balkon (ca. 30 Euro für eine Person bzw. 40 Euro für zwei Personen). Sehr gutes Restaurant.
- **Hotel Cariongo**€€+: Cra. 5 und Cl. 9 Esq., Tel. 5681 515, www.cariongoplazahotel.com, drei Blocks südwestlich des Parque Águeda Gallardo an der Plazuela Almeyda. Dieses futuristische Hotel aus den 1960er Jahren hat seitdem wenig Veränderung erfahren. Privatbad mit warmer Dusche. Gutes Restaurant. Parkplatz.
- **1549 Hostal**€€+: Cl. 8B No. 5-84, Tel. 5680 451, www.1549hostal.com. In der Calle Los Miserables gelegenes, neu eröffnetes Boutiquehotel in einem schönen Kolonialhaus. Sonderangebote für Flitterwöchler.
- **Hotel El Álamo**€€: Cl. 5 No. 6-68, Tel. 5682 137, direkt im Zentrum. Einfache Ausstattung. Privatbad. Sauber. Restaurantbetrieb.
- **Hotel Los Llanos**€+: Cl. 9 No. 7-30, Tel. 5683 441, am Río Pamplonita. Sauber.
- **Hotel Imperial**€+: Cra. 5 No. 5-32, Tel. 5682 571 / 5683 246, direkt im Zentrum am Parque Águeda Gallardo. Karger Beton und gleißendes Neon. Privatbad.
- **Hotel Ursúa**€: Cl. 5 No. 5-65, Tel. 5682 470, neben dem Museum für Moderne Kunst an der Nordostflanke des Parque Águeda Gallardo. Schlicht, freundlich und zentral. Mit Restaurant. DZ 9 Euro/Nacht.
- **Hotel Alcarabana**€: Cra. 8 No. 9-83. Sieben Zimmer, einige mit Bad (5 Euro), andere ohne Bad (3,50 Euro).

Tausendfüßlerkolonie nahe Pamplona

Essen, Trinken, Unterhaltung

- **Restaurante Zulima:** Cra. 5 und Cl. 9 Esq., Tel. 5681 515, im Hotel Cariongo, eines der besten Restaurants Pamplonas.
- **El Palacio Chino:** Cl. 6 No. 7-30, chinesisch-kolumbianische Kost.
- **Restaurante El Solar:** Cl. 8 No. 5-18, Tel. 5682 966, gute Küche, z.B. Schwein in Honig.

Verkehrsverbindungen

- Der **Busbahnhof** befindet sich sechs Blocks südöstlich vom Parque Águeda Gallardo auf der anderen Seite des Río Pamplonita (15 Min. zu Fuß oder per Taxi 1,50 Euro).
- Ständig fahren **Busse nach Cúcuta** (1½ Std./4 Euro) und **nach Bucaramanga** (4½ Std./7 Euro). Alternativ per **colectivo** (geringer Aufpreis, dafür schneller). Mehrere Busse starten täglich **nach Bogotá** (15 Std./36 Euro).

colo048 Foto: ib

Antioquia & die Kaffee-zone

colo046 Foto: ib

colo047 Foto: ib

Mototaxi Made in India (in Santa Fé de Antioquia)

Straßenumzug in Salento

Pájaro de Paz - Verletzt durch eine Autobombe (Medellín)

Departamento Antioquia

Überblick & Geschichte

- **Fläche:** 63.612 km²
- **Einwohner:** 5,9 Mio *antioqueños*

Antioquia ist anders! Die ethnischen Wurzeln seiner Menschen, ihre Mentalität, ihr sprachlicher Ausdruck, ihre Kultur – all das und tausend kleine Details erzeugen bei Besuchern das Gefühl, sich in einer Welt zu bewegen, die zwar mit dem übrigen Kolumbien verwandt, aber eben doch nicht exakt die gleiche ist. Die **paisas,** die Bewohner Antioquias, haben schmucke Landhäuschen mit bunt bemalten Fenstern und Türen. Sie lieben ihre Rinder und ihre Pferde. Sie haben einen tiefen Ehrbegriff und starken unternehmerischen Freigeist. Sie mischen kräftig mit, wenn es darum geht, die Geschicke Kolumbiens von unten und oben und aus der Mitte heraus zu gestalten. Sie tun für das Wohl ihrer kinderreichen Familien alles.

Die **zerklüfteten Berge der West- und der Zentralkordillere** und die Ufer der Ríos Cauca und Magdalena waren früher der Lebensraum wehrhafter Karibenvölker, darunter *Catíos, Nutabes* und *Tahamíes,* die spanischer Versklavung Kampf, Flucht und Tod vorzogen. Nur sehr zögerlich vermochten daher die Konquistadoren Fuß zu fassen. Während es dem furchteinflößenden **Kaziken Nutibara** noch gelungen war, jene spanischen Eindringlinge, die sich bereits durch die Ländereien des Kaziken *Dabeiba* gearbeitet hatten, zurück nach Urabá an die Küste zu drängen, fiel 1541 Marschall **Jorge Robledo** von Süden her in das dschungelüberwucherte, unübersichtliche Territorium Antioquias ein und gründete dort ein erstes Kolonialdorf namens „Antioquia". Woher dieser Name stammt, ist unklar: Die einen sagen, er leite sich von der antiken Stadt Antiochia (heute der Türkei zugehörig) ab, andere behaupten, er bedeute in einer indianischen Sprache „Goldberg". **Gold** war es tatsächlich, was die Spanier hierher trieb: Die prächtigen Goldschmiedearbeiten der bald ausgelöschten Quimbaya müssen die Gier der Konquistadoren ganz erheblich gesteigert haben. Um Zaragoza am Río Nechí begannen Tausende afrikanischer Sklaven Gold für ihre Herren abzubauen. Doch erst ab der zweiten Hälfte des 17. Jh. siedelten erstmals Bauern in Teilen Antioquias – vornehmlich um Medellín, damals eine bescheidene Finca, später regionales Handelszentrum, heute Millionenstadt. Die zähen, fleißigen *paisas,* darunter etliche Nachkommen von Basken und Sepharden, rangen und ringen dem Dickicht des Waldes beständig neue Gebiete ab. Der Eisenbahnanschluss zum Río Magdalena und der **Kaffeeboom** bescherten ihnen plötzlichen Wohlstand. Kommerz und Industrien erblühten, die Bevölkerung explodierte. Geld aber schuf auch Ungleichheit, und Ungleichheit Konflikte, von denen Antioquia seit dem 20. Jh. ganz besonders heimgesucht wird. Wohl nirgendwo liegen gegenwärtig mehr **Antipersonenminen** versteckt als hier, und bis heute sind viele Teile des Departamento in den Händen von **Paramilitärs** (*Los Rastrojos* und *Los Urabeños*) sowie **Guerilleros** (FARC-EP). Das Militär hat hier allein 2011 mindestens 25 Soldaten durch Kämpfe mit der Guerilla verloren. Es bewacht die wichtigsten Straßen, auf denen noch bis vor einigen Jahren Überfälle auf Busse an der Tagesordnung waren.

Medellín

↗ XI/D2

Überblick

- **Bevölkerung:** 2,5 Mio.
- **Meter über NN:** 1.540
- **Temperatur** (im Durchschnitt): 23 °C

Medellín, **Provinzhauptstadt Antioquias,** verabscheut nichts so sehr wie Provinzialität. Es gibt nicht viele Orte, die ähnlich kontrastreich sind: modern, innovativ, offen, weltstädtisch auf der einen Seite – aber leider auch geprägt von den Schattenseiten und grundlegenden Problemen Kolumbiens: Kriminalität, Arbeitslosigkeit, wuchernde Armenviertel, bewohnt von Hunderttausenden Binnenflüchtlingen, die der Gewalt auf dem Lande entkommen sind. **Die Stadt ist schwer zu kontrollieren:** Während sich wohlgeordnet Glas-, Büro- und Konsumtempel oder phallusartige Wolkenkratzer durch die von Nord nach Süd verlaufende Talsohle des Valle de Aburrá ziehen, so dehnt sich über die von West und Ost keilförmig darauf zustürzenden Berghänge ein

Gewirr aus übereinander gebauten Häusern, durchzogen nur von Trampelpfaden, schmalen Treppen und Gassen, durch die kaum ein Auto passt. Diese steilen, exklusiv aus roten Ziegeln waghalsig gemauerten *barrios* ähneln riesigen Amphitheatern, in denen täglich das gleiche Drama über Liebe, Not und Überlebenskampf aufgeführt wird.

Eine **neue Politik der Versöhnung** aber sucht seit mehreren Jahren in Medellín Fuß zu fassen: Wie Inseln in einem Meer der Armut sind moderne Schulen, Bibliotheken, Parks, Terrassen in den unterprivilegierten Vierteln entstanden. So hat z.B. der berühmte kolumbianische Architekt **Rogelio Salmona** (1927–2007) in Moravia, einem auf einer Abfallhalde entstandenen *barrio,* ein kulturelles Begegnungszentrum errichtet (Centro de Desarollo Cultural de Moravia, Av. Carabobo und Cl. 86, Tel. 3855 369). Und die von *Giancarlo Mazzanti* entworfene, 2007 durch den spanischen König *Juan Carlos* eröffnete, spacige Biblioteca España (Cra. 33B No. 107A-100, Tel. 3857 317) im Viertel Santo Domingo, deren Architektur an schwarze Diamanten erinnert, ist eine Sehenswürdigkeit, die man dort absolut nicht erwartet hätte. Derartige Projekte verdeutlichen, wie viel daran gesetzt wird, ein Stück Normalität dort aufzubauen, wo bis vor kurzem noch die Frontlinie bewaffneter Auseinandersetzungen verlief. Museen, Theater, Kulturzentren sprießen wie Pilze aus dem an Ideen so reichen Nährboden der Medellíner Gesellschaft. Viel Geld fließt auch in modernste Infrastrukturprojekte wie dem **Metrocable,** einer spektakulären Seilbahn, die bitterarme, schwer zugängliche Viertel mit dem Stadtzentrum verknüpft.

Medellín ist auch eine **Stadt der Schönen und Reichen,** der Molekularköche, der Modedesigner, der Drogenbarone, der Schönheitschirurgen, der Zahntechniker und Fortpflanzungsmediziner. Von hier stammen der international gerühmte Bildhauer, Maler und Kunstsammler **Fernando Botero** oder der Sänger und Chartstürmer **Juanes,** dem 2005 der Durchbruch mit dem Song „La Camisa Negra" gelang.

Geschichte

Ab Ende des 16. Jh. gründeten spanische Kolonisten im Valle de Aburrá *hatos* und *estancias* (Großfarmen). Bald schon bildeten sich im Gebiet des heutigen El Poblado und Parque Berrío kleine Weiler. Doch erst am 22. November 1674 wurde eine Stadturkunde ausgestellt – auf den Namen Villa de Nuestra Señora de la Candelaria de Medellín. Ab 1826 Hauptstadt der Provinz Antioquia, verblieb die Stadt nichtsdestotrotz bis in die zweite Hälfte des 19. Jh. hinein ein – vergleichsweise isolierter – Außenposten der Zivilisation inmitten der zerklüfteten Bergwelt Nordwestkolumbiens mit seinen Goldminen und einsamen Fincas. Erst der **Kaffeeboom,** der **Eisenbahnanschluss** und schließlich die enorm expandierende **Textilindustrie** waren es, die Medellín zur Metropole werden ließen. Um 1900 lebten hier

Pablo Escobar und das Medellín-Kartell

Ende der 1970er Jahre explodierte die Nachfrage nach Kokain in den USA. Intelligente Gangster in Kolumbien formierten ein **Produktions-, Handels- und Transfernetzwerk,** das einen möglichst reibungslosen, effizienten und profitablen Geschäftsablauf garantieren und ihre Vormachtstellung auf dem umkämpften Markt sichern sollte: das Medellín-Kartell. Es war dies ein lockerer Zusammenschluss von international operierenden Unternehmern, lokal wirkenden Politikern und Rebellen, die bedacht waren auf die Akkumulation von Einfluss, Reichtum und Macht. Kokarohmasse wurde aus Peru importiert und zunächst in Medellíner Laboren, später in vom Radar abgeschirmten riesigen Dschungelverstecken um San José del Guaviare veredelt, dann - oft über Nicaragua, Kuba oder die Bahamas - nach Norden exportiert.

Gesamteinnahmen des Kartells von jährlich mehreren Milliarden US-Dollar machten aus ehemaligen Kleingaunern wie dem hochintelligenten Autodieb, Marihuanahändler, Verkäufer geschmuggelter Marlboro-Zigaretten und geklauter Grabsteine, dem Entführer und Lösegelderpresser **Pablo Escobar** (der nach eigenen Angaben ursprünglich Anwalt werden wollte) innerhalb eines Jahrzehnts äußerst einflussreiche und gefährliche Männer. Der 1,68 m kleine *patrón* hatte sogar zeitweilig einen Sitz im Abgeordnetenhaus inne. 1989 wurde sein Privatvermögen bereits auf 2,7 Milliarden US-Dollar geschätzt; damit galt er als siebtreichster Mann der Welt. In seinem Auftrag agierten Killer *(sicarios)* und paramilitärische Banden; durch sein Geld starben unliebsame Richter, Journalisten, Politiker und Konkurrenten. **„Gut leben, solange man lebt"** - das war das Motto einer Medellíner Jugend, für die *Escobar* zum Idol wurde und die bereit war, für 10 US-Dollar zu töten. Bald schon kontrollierte das Kartell 80% des Kokaingeschäfts.

Als die kolumbianische Regierung über die Auslieferung von Drogenhändlern in die USA debattierte, erklärte *Escobar* dem Staat offiziell den Krieg. Explosionen von Autobomben gehörten in Bogotá von nun an zum Alltag. Friedensverhandlungen führten 1991 dazu, dass sich *Escobar* stellte und nach **El Catedral,** ein von ihm nach seinem Geschmack gebautes Luxusgefängnis in Envigado, übersiedelte. Hier machte er ganz ungeniert weiter wie bisher; junge Edeldamen besuchten ihn, Drogenhändler tranken mit ihm *Johnny Walker Blue Label,* und Konkurrenten oder illoyale Mitarbeiter verließen die „Kathedrale" im Plastiksack.

Aufgrund derartiger Vorkommnisse sollte *Escobar* verlegt werden. Da floh er und versteckte sich. Doch **am 2. Dezember 1993,** einen Tag nach seinem 44. Geburtstag, wurde er, barfuß auf einem Medellíner Tonziegeldach im Barrio Los Olivos (Cra. 79B No. 45D-95) stehend, vom Militär, das immer wieder von paramilitärischen Einheiten entscheidende Tipps bekommen hatte, **erschossen.** Das Kartell zerfiel.

Aber die Legende lebt fort: *Escobars* Grab auf dem Cementerio Jardines de Montesacro im Medellíner Vorort Itaguí ist stets gut besucht - nicht zuletzt von den vielen Menschen aus der Unterschicht, denen „El Patrón" ihre bescheidene Bleibe finanziert hat.

colo177 Foto: ib

etwa 50.000 Menschen, nur fünfzig Jahre später bereits 350.000.

Ab den 1980er Jahren gerieten Medellíns riesige, anarchisch gewachsene Slumgürtel an den beiden Talhängen zunehmend in den Fokus internationaler Medien. Die Zeitungen betitelten Medellín als **„Drogenmoloch"** oder **„Mordhauptstadt der Welt",** berichteten über Jugendbanden und Wut, Leid und Chaos im Alltag. Pro 100.000 Einwohner verzeichnete die Mordstatistik 1991 381 Morde. Zum Vergleich: 2007 waren es 26 (wobei die Rate jüngst leider wieder angestiegen ist). **Pablo Escobar,** einer der Drahtzieher des berüchtigten Medellín-Kartells, das bis zu 80% des weltweiten Kokainbusiness unter seiner Kontrolle hatte, wurde zur Schlüsselfigur für den Imageverlust der aufstrebenden Metropole – sein unfreiwilliger Abgang 1993 dann zum Schlüsselereignis für den Beginn einer Renaissance der ausgebluteten Stadt, in der nach dem Zusammenbruch des Kartells allerdings zunächst ein Machtvakuum entstand: Guerillanahe Milizen lieferten sich mit *sicarios* (jugendlichen Killern), der Armee, der Polizei, den Paramilitärs vom *Bloque Cacique Nutibara* allnächtliche Schießereien. 2002 nahm das Militär die Comuna 13 (= San Javier) ein, den **Kriegsschauplatz zwischen linker Guerilla und rechten Paras.** Die 140.000 Einwohner der Comuna 13 gerieten – wie dies so oft in Kolumbien geschieht – zwischen die Fronten. Nach der Ausmerzung der Guerilla gaben im Rahmen des von der Regierung initiierten Demobilisierungsprozesses Tausende Paramilitärs medienwirksam ihre Waffen ab – inoffiziell aber verbleiben viele *barrios* bis heute unter ihrem Einfluss. Es bleibt zu hoffen, dass sich der inzwischen generell erfreuliche **Trend zu einer gewaltfreien Zukunft** nicht umkehrt. Trotz aller, weiterhin sehr gravierender Probleme – so gut wie derzeit ging es der Stadt und ihren Bewohnern lange Zeit nicht.

Orientierung

Das Ballungsgebiet von Medellín folgt in Nord-Süd-Ausrichtung dem Verlauf des **Aburrá-Tals,** in dem der begradigte, in ein Betonbett verbannte **Río Medellín** strömt. Direkt neben dem Fluss führen die Hauptverkehrsachsen Autopista Norte, Autopista Sur und Avenida del Río sowie die Schienen der **Metrolinie A,** einer modernen, z.T. auf Stelzen errichteten Stadtbahn.

Die Stadt ist administrativ aufgeteilt in **sechs zonas,** die sich ihrerseits in **16 comunas** aufspalten, welche insgesamt **249 barrios** (Wohnviertel) vereinigen. Calles verlaufen von Ost nach West, Carreras von Süd nach Nord.

Das klassische **Zentrum** Medellíns liegt um den **Parque Berrío** (Cl. 50). Eine hippe Ausgehmeile befindet sich im moderneren Süden der Stadt, im **Viertel El Poblado** (Cl. 10).

Neben der **Metro** und dem **Metrocable** (einer Seilbahn) verfügt die Stadt über das **Busnetzwerk Metroplús.** Die Stadt verlässt man von einem der beiden Busbahnhöfe, Terminal del Norte bzw. Terminal del Sur. Zwar verfügt Medellín über einen innerstädtischen

colo031 Foto: ib

Schwebend über die barrios mit dem Metrocable

Flughafen, den Aeropuerto Olaya Herrera, doch gehen die meisten Flüge vom neuen **Aeropuerto Internacional José María Córdoba,** 33 km entfernt, nahe der Stadt Rionegro ab.

Sehenswertes

Metro & Metrocable

Die **ultramoderne Metro** von Medellín wurde 1995 eröffnet und führt, **auf hohen Stelzen** errichtet, ca. 30 km quer durch die Stadt, wobei mittlerweile 34 Stationen angefahren werden. Eine Fahrt mit der Metro garantiert einen faszinierenden ersten Überblick und ersetzt eine klassische Stadtrundfahrt. Ein Ticket kostet 0,75 Euro. Die Metro operiert täglich 5–23 Uhr.

Atemberaubend ist die Fahrt mit dem seit 2004 existierenden und seitdem immer mehr ausgeweiteten System des **Metrocable,** den jeweils mehrere Kilometer langen **Seilbahnlinien J, K und L,** die von den Metrostationen Acevedo (Linie A) bzw. San Javier (Linie B) abgehen und die *barríos* auf den Berghängen zu beiden Seiten des Aburrá-Tals bedienen. Die Gondeln schweben über die dicht bevölkerten Comunas 2 und 1 bzw. 13 hinweg. Aus der Vogelperspektive schaut man herab auf regenfeuchte Dächer, von Menschen wimmelnde Wendelgänge und Balkons, erblickt trocknende Wäsche, mit Murmeln spielende Kinder und Hinterhofzusammenkünfte. Die pralle Urbanität schlägt mit harter Faust zu. Dies ändert sich nach dem Umsteigen in Santo Domingo in die **Linie L** (El Tambo/Arví), die vornehmlich Ausflüglern dient und zum ökologischen **Parque Arví** führt (http://arvi.pacifica.co), in dem man wandern gehen kann (Achtung: Der Park schließt um 17 Uhr).

Plaza Botero

Westlich der Metrostation Parque Berrío, **zwischen der Casa de la Cultura Rafael Uribe** (dem ehemaligen, in den 1930ern vom Belgier *Augustin Goovaerts* errichteten, ein wenig byzantinisch anmutenden Gouverneurssitz Antioquias) **und dem Museo de Antioquia** dehnt sich der originellste Platz Medellíns aus: die 2002 neu gestaltete Plaza Botero.

Palmen, Blumen, Springbrunnen, Parkbänke, Imbissverkäufer, Geisterbeschwörer, Feuerspeier, Schuhputzer und Bauchladenverkäufer gehören zum Inventar. Doch die Attraktion sind **23 Monumentalskulpturen Fernando Boteros** (geboren 1932 in Medellín), darunter Adam, Eva, Katze, Hund, Pferd, römischer Soldat, Frau mit Spiegel etc., allesamt „üppig sinn-

lich", d.h. dick und rund und schwarze Bronze. *Botero* verbindet in seinen Werken altmeisterliche Techniken und lateinamerikanische Volkskunst – was dabei herausgekommen ist, hat hohen Wiedererkennungswert und seinen Schöpfer zu einem der bestbezahlten Künstler der Welt gemacht.

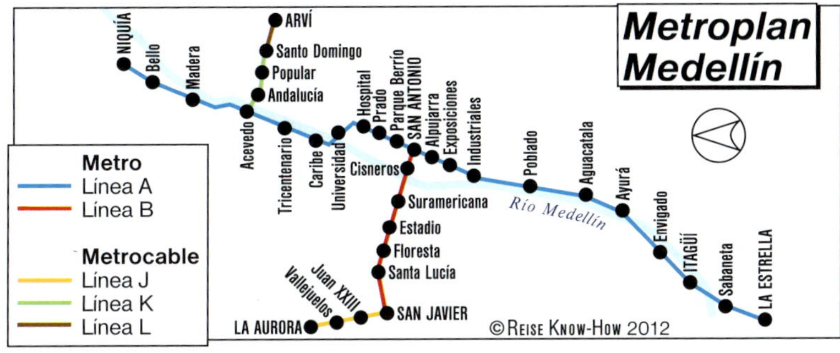

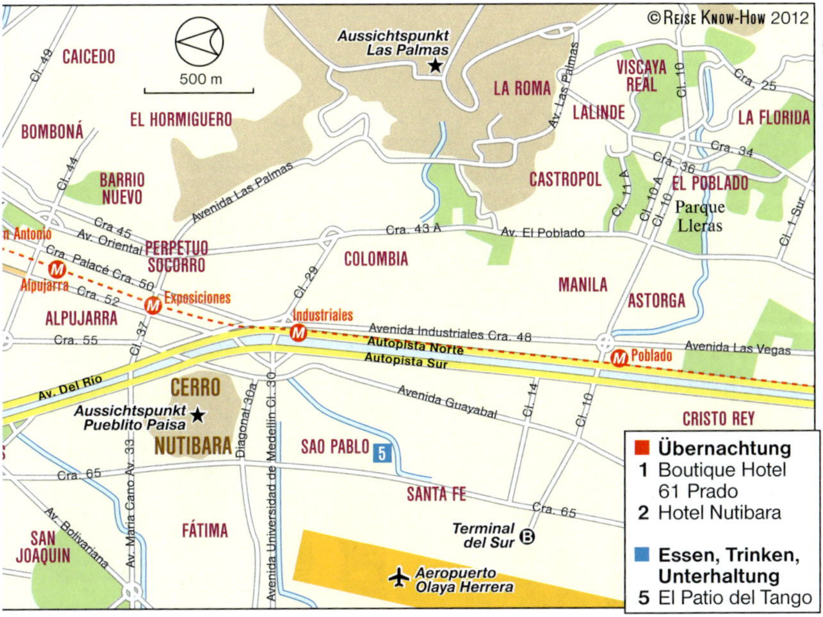

■ **Übernachtung**
1 Boutique Hotel 61 Prado
2 Hotel Nutibara

■ **Essen, Trinken, Unterhaltung**
5 El Patio del Tango

Zwischen der Plaza und dem Museo de Antioquia verläuft die Cra. 52, nach Süden zu ein Fußgängerboulevard **(Paseo Peatonal Carabobo),** mit zahlreichen preiswerten Geschäften, der kleinen, taubenumtosten **Ermita de la Veracruz** (heute die älteste Kirche Medellíns) und dem architektonisch schmucken Einkaufszentrum **Centro Comercial Palacio National** (Cra. 52 und Cl. 48 Esq.).

Museo de Antioquia

An der Westflanke der Plaza Botero steht der im Stil des Art déco errichtete **ehemalige Palacio Municipal** aus den 1930ern, in dem sich heute das Museo de Antioquia befindet (Cra. 52 No. 52-43; www.museodeantioquia.org, nahe der Metrostation Parque Berrío, täglich geöffnet 10–17 Uhr, Eintritt 3 Euro; Reservierungen für Museumsführungen: Tel. 2513 636 Extensión 189).

Dieses Museum ist das älteste und wichtigste des Departamento Antioquia und landesweit das zweitälteste; seine Gründung geht auf das Jahr 1881 zurück. Gezeigt werden vor allem **Gemälde und Plastiken,** darunter einige von *Fernando Botero* persönlich sowie aus seiner rund 60 Millionen Euro schweren Privatsammlung, darüber hinaus Erinnerungsstücke aus der Zeit des Unabhängigkeitskampfes.

Im Hochparterre bittet das **Café Botero** zu Tisch, ein teures, exzellentes Restaurant, von dessen Terrasse sich

colo032 Foto: ib

das Stadtleben auf der Plaza Botero beobachten lässt.

Iglesia de la Candelaria

An der Ostflanke des **Parque Berrío,** der einst das Herz des alten Medellín bildete und heute vom Schatten der Stützpfeiler für die gleichnamige Metrostation beinahe erdrückt wird, steht die 1776 fertiggestellte Iglesia de la Candelaria (Cra. 50 und Cl. 51). Das dreischiffige Gotteshaus diente zwischen 1868 und 1931 als Kathedrale des Erzbistums Medellín und gilt als wichtigste Kirche der Stadt.

Auf der Plaza steht **„La Gorda",** eine Skulptur *Fernando Boteros.* Der Platz trägt den Namen *Pedro Justo Berríos,* der 1864–73 Präsident des souveränen Staates Antioquia war. Seitlich, unter der Hochbahn, befindet sich ein Wandgemälde des Muralisten *Pedro Nel Gómez.*

Catedral Metropolitana

Die Cra. 49 (Paseo Junín) führt hinter der Iglesia de la Candelaria nach Norden. Entlang dieser Geschäftsstraße befinden sich Restaurants, Bars, Nachtklubs, Banken und Bekleidungsläden. Sie mündet in den **Parque de Bolívar** (zwischen Cra. 48 und 49 sowie Cl. 54 und 56). An dessen Nordflanke steht die dämmerige **Catedral Basilica de la Inmaculada Concepción de María,** erbaut aus 1,2 Millionen Ziegeln und 1931 vollendet.

2002 neu gestaltet: die Plaza Botero

Pájaro de Paz

Wer der Cra. 49 (Paseo Junín) nach Süden folgt, stößt nach Passieren des Exito-Supermarktes auf den unwirtlichen **Parque San Antonio** (zwischen Cra. 46 und 49 sowie Cl. 45 und 46). An der Ostseite dieser Plaza stehen zwei Skulpturen *Fernando Boteros.* Die eine stellt die originale **Friedenstaube** des Künstlers dar, die durch eine Autobombe der Guerilla völlig zerfetzt wurde, was damals auch zahlreichen jungen Leuten das Leben kostete. Die andere ist eine später angefertigte Replik dieser Friedenstaube, welche *Botero* hier aufstellen ließ, um zu zeigen, dass Kunst stärker ist als Gewalt.

Antigua Estación del Ferrocarril

Direkt westlich der Metrostation Alpujarra steht das attraktive Gebäude des Medellíner Eisenbahnhofs aus dem Jahr 1930 (Cra. 52 und Cl. 44). Neben einem **Museum zur historischen Entwicklung der Bahn** ist hier eine **Außenstelle des Instituto Geográfico Agustín Codazzi** untergebracht, in dem man Stadtpläne und Landkarten erwerben kann.

Esculturas de Rodrigo Arenas Betancur

Rodrigo Arenas Betancur (1919–95), ein illustrer Sohn Antioquias und in seiner Heimat äußerst gefragter Bildhauer, hat in Medellín viele Spuren seines Schaffens hinterlassen. Seine monumentale Fruchtbarkeitsstatue **Monumento a la Vida** (Cra. 64B und Cl. 50 Esq.; nördlich der Metrostation Suramericana, direkt vor dem Edificio Suramericana de Seguros und unweit der Südseite des Museo de Arte Moderno) windet sich wie ein Kressekeimling aus der Erde hinauf zum Licht.

Beeindruckend ist auch sein **Monumento al Creador de Energía** auf dem Campus der Universidad de Antioquia (Cl. 67 und 55, nahe der Metrostation Universidad).

Doch seine wohl beste Statue ist das ca. 38 m hohe, himmelstürmerische **Monumento a la Raza** vor dem Gebäude der Gobernación de Antioquia, dem Sitz der Provinzregierung (Cl. 44 und Cra. 52, westlich der Metrostation Alpujarra).

Jardín Botánico

Bereits im ausgehenden 19. Jh. diente das Terrain des heutigen Botanischen Gartens, damals noch Teil der Finca El Edén, den Bewohnern Medellíns als Ort der Erholung. Um 1920 entstanden hier ein Hippodrom und ein künstlicher See, in dem man umherrudern konnte. 1972 öffneten dann die Türen des heutigen **Botanischen Gartens Joaquín Antonio Uribe** (benannt nach einem Naturwissenschaftler und Schriftsteller). Mit seinen über 5.000 Pflanzenarten, dem 2006 eingeweihten exzellenten **Orqideorama,** einem Orchideenhaus, Palmen- und Dschungelgärten und einem blühenden Schmetterlingshaus bietet der Park gute Einblicke in die tropische Flora (Cra. 52 No. 73-298, nördlich der Metrostation Universidad, Tel. 4445 500, geöffnet 9–17 Uhr, Eintritt kostenfrei). Im März lockt eine Orchideenausstellung viele Besucher. Im **Parkrestaurant In Situ** (Cl. 73 No. 51D-14, Tel. 2332 373) werden hochwertige Fusion-Gerichte serviert (ca. 10 Euro/Hauptgericht).

Casa Museo Maestro Pedro Nel Gómez

Auf einem Hügel im Barrio Brasilia (Cra. 51B No. 85-24, Tel. 2332 633, geöffnet Mo bis Fr 9–12 und 14–17 Uhr, Sa 9–12 Uhr, Eintritt 2 Euro) steht das Anwesen von **Pedro Nel Gómez** (1899–1984), der als Architekt 1938 die Bergbaufakultät in Medellín entwarf (Faculdad de Minas, Cra. 80 No. 65-223, nordwestlich des Cerro El Volador; hier befindet sich ein interessantes Mineralogisches Museum), als Städteplaner die Bebauung des Barrio Laureles (südwestlich der Metrostation Estadio) regulierte und als Bildhauer und Maler – insbesondere als **Muralist** (Wandmaler) – international bekannt wurde.

In seiner Villa finden sich etliche monumentale Wandgemälde, die zwischen lateinamerikanischer Volkskunst und sozialistischem Realismus angesiedelt sind. Immer wieder taucht **die Gold waschende Indígena** auf – ein Symbol für die Heimat des Künstlers: das wilde, fruchtbare und harte Antioquia. Der Künstler lebte und arbeitete in seinen letzten Lebensjahren in der Villa; zahlreiche Zeichnungen, Aquarelle, aber auch persönliche Gegenstände werden ausgestellt; im Obergeschoss finden Malkurse statt.

Man erreicht das Museum, indem man von der Metrostation Universidad der Cra. 52 nach Norden folgt (ca.

1,5 km). Am Centro Cultural Moravia läuft man geradeaus die sich auf einen Hügel windende Straße hinauf. Alternativ per Taxi (ca. 1 Euro).

Cementerio de San Pedro

Dieser bereits seit 1842 bestehende Friedhof (Cra. 51 No. 68-68, wenige Schritte nordöstlich der Metrostation Hospital, Tel. 2120 951) hat aufgrund seiner Architektur und der prächtigen Mausoleen und Grabsteine den **Status eines Museums** erlangt. Hier ruhen Ex-Präsidenten, Dichter, Maler und reiche Geschäftsleute, so z.B. der Schriftsteller *Jorge Isaacs,* der den Erfolgsroman „María" schrieb, der Muralist *Pedro Nel Gómez,* der als einer der besten Maler Kolumbiens galt, der Politiker *Pedro Justo Berrío,* nach dem der Parque Berrío benannt wurde, und der Mitbegründer der Konservativen Partei und 17. Staatspräsident Kolumbiens, *Mariano Ospina Rodríguez.* Geisterbeschwörer rauchen auf manchen Gräbern in aller Stille ihre Zigarren. In Vollmondnächten finden auf dem Friedhof Konzerte statt.

Südlich des Friedhofs erstreckt sich der **Stadtteil Prado** mit verfallenen Villen, üppigen Blumen und dem alternativen Kunsthaus **Casa Tres Patios** (Cra. 50A No. 63-31).

Museo de Arte Moderno de Medellín (MAMM)

Das Museum für **Moderne Kunst** (Cra. 44 No. 19A-100, Metrostation Poblado, Tel. 4442 622, www.elmamm.org, geöffnet Mo bis Fr 10–19 Uhr und Sa 10.30–17 Uhr, Eintritt 3 Euro, guter Museumsshop) zeigt in seinen drei Sälen wechselnde Expositionen zeitgenössischer Kunst.

Museo Etnográfico Miguel Ángel Builes

Dieses nach einem Bischof benannte, 1972 eröffnete völkerkundliche Museum zeigt in acht Ausstellungsräumen Kunst- und Kultgegenstände indigener Ethnien Kolumbiens, vor allem aus dem Amazonasgebiet und dem Departamento Chocó. Herz des Museums ist eine **Maloka,** ein indianisches Versammlungshaus (Cra. 81 No. 52B-120, Tel. 2646 474; geöffnet Mo bis Fr, zur Siesta geschlossen; zu Fuß etwa 10 Min. nördlich der Metrostation Floresta).

Museo Etnográfico Madre Laura

In diesem völkerkundlichen Museum befinden sich **2.000 Ausstellungsstücke indigenen Ursprungs,** Werkzeuge, Bekleidung, Kultobjekte, Waffen, Schmuck etc. (Cra. 92 No. 34D-21, südlich der Metrostation San Javier, Tel. 2523 017). Das Museum trägt den Namen von *Laura Montoya* (1874–1949), die als Missionarin unter den *Emberá* in Dabeiba (Departamento Antioquia) arbeitete und die Schwesterngemeinschaft der Misioneras de María Inmaculada y Santa Catalina de Siena gründete, die mit vielen Konventionen brach. Im Jahr 2004 sprach Papst *Johannes Paul II.* sie selig.

Museo El Castillo

In diesem **zwischen Mittelalter und Disneyland angesiedelten,** 1930 erbauten **Protzbau** inmitten eines im französischen Stil angelegten Gartens lebte einst der Großindustrielle *Diego Echavarría Misas* (1895–1971). Nach seiner Ermordung durch *Pablo Escobar* wurde die kastellartige Villa mit ihren kostbaren Gemälden, Möbeln, ihrem Porzellan, Kristall und ihren Skulpturen zum Museum. Hier finden auch Aktivitäten wie Antiquitätenbasare und Malkurse statt (Cl. 9 Sur No. 33-269, Tel. 2660 900, So und zur Siesta geschlossen, Eintritt 2 Euro; etwa 25 Minuten zu Fuß östlich der Metrostation Aguacatala oder mit dem Bus nach San Lucas vom Parque Berrío aus, alternativ per Taxi vom Zentrum für ca. 3 Euro).

colo034 Foto: ib

Großstadtdschungel Medellín

Cerro Nutibara

Nordwestlich der Metrostation Industriales erhebt sich mitten im Aburrá-Tal der bewaldete, 80 m hohe Hügel Cerro Nutibara, benannt nach einem bedeutenden Kaziken. Am Fuße des Hügels befindet sich der **Parque de los Esculturas** mit zeitgenössischer Objektkunst. Sonntags besuchen unzählige Städter den Hügel, um einen Panoramablick auf Medellín zu werfen und das **Pueblito Paisa** (Cl. 30A No. 55-60, Tel. 2358 370) zu stürmen, jenes in Miniatur nachgebildete antioquinische Dörfchen mit Plaza, Kirche, Geschäften und Restaurant, das mittlerweile zum Symbol des Lebensgefühls der Medellíner geworden ist.

Feiertage & Feste

Umzug der Stuhlträger

Die überregional vielleicht bedeutendste Feierlichkeit in Medellín ist die jährliche **Feria de las Flores** (Ende Juli bis Anfang August). Alles wartet auf den **Desfilé de Silleteros,** das Hauptevent des Festes, einen Umzug von ca. 600 „Stuhlträgern". Sie tragen auf ihren Rücken große Holzstühle mit wunderschönen und kostbaren, aber zentnerschweren Blumengestecken. Damit folgen sie symbolisch der Tradition der *silleteros,* die während der Kolonialzeit in Tragsesseln festgeschnallte, zahlungskräftige Reisende huckepack beförderten, da es in den Dschungelbergen noch keine von Maultieren begehbaren Wege gab. Die *silleteros* waren häufig mehrere Wochen mit ihrer menschlichen Last unterwegs, und wenn sie mitten in der Wildnis krank wurden, bedeutete das ihr Todesurteil. Der Humanist **Alexander von Humboldt** weigerte sich entschieden, auf seiner Südamerikareise in einen solchen Stuhl zu klettern. Er notierte 1801 ins Tagebuch: „Es gibt so falstaffartig dicke Menschen hier, dass sie nur gewisse *silleteros* finden, die sie tragen. Sie bezahlen doppelt und dreifach für ihr Gewicht. Für noch Dickere nimmt man starke Kerle, die den *silletero* führen und mit ihm abwechseln. Es gibt Menschen, die so barbarisch sind, den *silletero* wie ein Tier mit den Hacken anzuspornen; diese aber wissen sich wohl zu rächen, denn oft lassen sie Person und Stuhl im Gebirge und laufen davon, ein Unfall, den ich immer mit einer Art Schadenfreude hörte."

Poesiefestival

Auf dem jährlich im Juni oder Juli stattfindenden, sehr renommierten **Festival Internacional de la Poesía** (www.festivaldepoesiademedellin.org) treffen sich Poeten aus aller Herren Länder und lesen vor riesigem Publikum. Wichtiger Anlaufpunkt ist dabei die überregional bedeutende Biblioteca Pública Piloto para Latinoamérica (Cra. 124 No. 53B-40, Tel. 4385 761).

Tangofestival

Als die weltberühmte argentinische Tangolegende **Carlos Gardel** 1935 Medellín besuchte, stieß sein Flugzeug auf der Landebahn des Aeropuerto Olaya Herrera mit einem anderen zusammen. *Gardel* starb am 24. Juni um 14.58 Uhr. Und lebt seitdem weiter – in Medellín! Im Stadtteil Manrique verwandelte sich die Cra. 45 in die **Avenida Carlos Gardel,** und diese Straße wiederum verwandelt sich immer am letzten Freitag jedes Monats in die **Tangovía,** die „Straße des Tango". Gravitätisches Zentrum des Geschehens ist die an sich nur noch als Museum und Galerie fungierende **Casa Gardeliana,** ein *Gardel* gewidmetes Haus (Cra. 45 No. 76-50, Tel. 2120 968).

Alumbrado Navideño

Vom 7. Dezember bis zum 6. Januar funkelt Medellín im Glanz einer **fantasievollen Weihnachtsbeleuchtung.** Nach Einbruch der Dunkelheit verwandelt sich die Stadt insbesondere entlang des Río Medellín und in den zahlreichen Parks in ein Märchenland, das alle Armut und alle Nöte für einen kleinen Augenblick vergessen lässt. 2008 erstrahlten 14,5 Millionen Glühbirnen – ein vorläufiger Rekord!

Fiesta Taurina (Stierkampf)

Im Januar und Februar ist Stierkampfsaison in der zumeist ausgebuchten **Arena von La Macarena,** Cra. 63 und Cl. 44, Tel. 2607 193. Die preiswertesten Tickets kosten etwa 15 Euro.

Informationen & wichtige Adressen

Touristeninformation

- **Oficina de Fomento y Turismo:** Palacio de Exposiciónes, Cl. 41 No. 55-80, Oficina 302, nordwestlich der Metrostation Exposiciónes, Tel. 2617 200, geöffnet Mo bis Fr. Zweigstellen befinden sich im Stadtflughafen Olaya Herrera sowie in den Busbahnhöfen Terminal del Norte und Terminal del Sur. Auf der Plaza Botero, nahe des Hotels Nutibara, befindet sich ebenfalls eine Touristeninformation.
- Über das, was in Medellín kulturell gerade „in" ist und wo man am besten ausgeht, informieren die Internetseiten **http://medellin.vive.in** sowie **www.planb.com.co.**

Reisebüros

- **Las Buseticas:** Cra. 43 No. 34-95, Oficina 298, Tel. 2627 444, www.lasbuseticas.com, organisiert Tagesfahrten inkl. Mittagessen nach Fizebad, El Retiro, Rionegro etc.
- **Destino Colombia:** Cl. 50 No. 65-42, Centro Comercial Contemporáneo, Local 116, Tel. 2606 868, www.destinocolombia.com, organisiert Ausflüge in die Umgebung und kolumbienweit.
- **Aviatur:** Cra. 46 No. 50-70, Tel. 5117 197, www.aviatur.com, Reisepakete zur Isla Górgona, in die Nationalparks Los Nevados und Amacayacu etc.

Internetcafés

- **In allen Centros Comerciales,** z.B. entlang der Cra. 52 (Paseo Carabobo) und der Cra. 49 (Paseo Junín).

Sprachunterricht

- Empfohlen wird die Sprachschule **Spanishola,** Cra. 48 No. 17B Sur 62 1209, Edifício Parque de Santa María, El Poblado, Mobil 315 5891 110, www.spanishola.com, Metrostationen Ayurá oder Aguacatala. Einzelunterricht. Ein- bis dreiwöchige Kurse (ca. 200 Euro/Woche).
- **Universidad EAFIT,** Cra. 49 No. 7Sur-50, Tel. 2619 500, www.eafit.edu.co. Vierwöchige Kurse mit 2 Std./Tag für ca. 360 Euro.

Geldwechsel

- Z.B. **Banco Santander,** Cra. 49 (Paseo Junín); **Bancolombia,** Cra. 52 (Paseo Carabobo) und Cl. 50 Esq.; **Giros & Finanzas,** Western-Union-Partner und Wechselstube im Centro Comercial Villanueva, Cl. 57 und Cra. 49 Esq., Local 241.

Gesundheit

- Renommiert sind z.B. die privaten Krankenhäuser **Hospital Universitario San Vicente de Paúl** (Cl. 64 No. 51D-154, direkt an der Metrostation Hospital, Tel. 4441 333, www.elhospital.org.co) und **Hospital Pablo Tobón Uribe** (Cl. 78B No. 69-240, nördlich des Cerro El Volador, Tel. 4415 252, www.hptu.org.co). Alternativ ist das öffentliche **Hospital General de Medellín** (www.hgm.gor.co) zu nennen.
- Mittlerweile hat sich ein **medizinischer Tourismus** entwickelt, insbesondere, was die Fortpflanzungs- und Zahnmedizin anbelangt. In vielen Hotels liegen bergeweise Visitenkarten von Schönheitschirurgen aus.

Diplomatische Vertretungen

- **Honorarkonsulat Deutschlands:** Cra. 48 No. 26 Sur-181, Local 106, Centro Integral Las Vegas, Tel. 3346 474, Fax 3318 716.
- **Honorarkonsulat Österreichs:** Cra. 43A No. 7-50A, Oficina 701, Centro Empresarial Dann Carlton, Tel. 3184 220 / 3121 289, Fax 2684 049.
- **Konsulat der Schweiz:** Cl. 6 Sur No. 43A-96, Oficina 802, Edificio Torre 6 Sur, Tel. 3113 314, Fax 3116 898.

Immigrationsbehörde

- **D.A.S.:** Cl. 19 No. 80A-40, Tel. 2381 728.

Fluggesellschaften

- **Avianca:** Verfügt über zahlreiche Büros, z.B. direkt an den Flughäfen sowie in allen Exito-Supermärkten, z.B. Exito Poblado, Cl. 10 No. 43E-135, Tel. 3525 741, oder Exito San Antonio, Cl. 48 No. 46-115, Tel. 5141 948, aber auch am Museo de Antioquia, Cra. 52 No. 51A-05, Tel. 5135 000.
- **Aerorepública:** Cl. 5A No. 39-140.

- **Aerolíneas de Antioquia (ADA):** In El Poblado, Cl. 10 No. 35-32, oder am Flughafen Olaya Herrera.
- **Satena:** In El Poblado, Cl. 9 No. 41-56, Tel. 2662 185.
- **Easyfly:** Billigfluglinie, Tel. 3631 651. Flüge sind nur über Internet buchbar unter www.easyfly.com.co.

Unterkunft

Das Gros der Unterkünfte verteilt sich auf **drei Zonen:** 1.) das Stadtzentrum zwischen Plaza Botero und Parque Bolívar, 2.) den Paseo Turístico (Cra. 70) westlich des Zentrums, 3.) das schicke El Poblado im Süden.

Im Stadtzentrum

- **Hotel Nutibara**€€€: Cl. 52A No. 50-46, Tel. 5115 111, Fax 3213 713, www.hotelnutibara.com. Traditionshotel direkt an der Plaza Botero im Herzen der Stadt; hinter dem Hotel fahren die Busse zum Flughafen Rionegro ab. 1945 im Stil des Art déco errichtet, blieb es lange Zeit das beste Hotel Medellíns. 140 Zimmer mit Parkett und Klimaanlage. Open-Air-Pool, Türkisches Bad, Restaurant. Von den frei zugänglichen Balkons in den oberen Stockwerken exzellente Blicke. Doppelzimmer oft schon ab 50 Euro (mit Frühstück).
- **Gran Hotel**€€€: Cl. 54 No. 45-92, Tel. 5134 455, Fax 5718 558, www.granhotel.com. Drei Blocks östlich des Parque Bolívar, Restaurant, Pool.
- **Hotel Botero Plaza**€€+: Cra. 50 No. 53-45, Tel. 5112 155, www.hotelboteroplaza.com. Mittelklassehotel direkt im Zentrum nahe des Hotels Nutibara. EZ ab 30 Euro, DZ 40 Euro. Hier fahren die Busse zum Flughafen Rionegro ab.
- **Boutique Hotel 61 Prado**€€: Cl. 61 (Moore) No. 50A-60, Barrio Prado, zu Fuß 5 Min. von der gleichnamigen Metrostation, Tel. 2549 743, www.61prado.com. Gute Mittelklasseoption, Dachterrasse mit Ausblick, sauber, geschmackvoll. DZ 30 Euro, EZ 20 Euro. Die Umgebung ist nachts unsicher.
- **Hotel Cristal**€+: Cra. 49 No. 57-12, Tel./Fax 5115 631. Nur eine von mehreren schlichten Optionen im Dunstkreis der Catedral Metropolitana, wo es einem nachts nicht ganz geheuer ist. 24 kleine Zimmer an einem langen Korridor.

Im Westen

- **Hotel Mediterráneo**€€+/€€€: Cra. 70 Circular 5a-23, Tel. 4102 510, www.mediterraneo-medellin.com. Gehobenes Mittelklassehotel am Paseo Turístico (= Cra. 70) südlich der Metrostation Estadio, sehr modern, gutes Restaurant, Türkisches Bad. DZ ca. 60 Euro.
- **Hotel Palma 70**€€+: Circular 5ta No. 70-37, Tel. 4091 020, Fax 4125 751, www.hotelpalma70.com. Eines von zahlreichen Mittelklassehotels im Umkreis der Cra. 70.
- **Hotel Lincoln**€€+: Circular 3a No. 70-28, Tel. 4091 200, www.hotellincoln.com.co. Sehr modernes Boutique-Hotel südlich der Metrostation Estadio. Beliebt bei Geschäftsleuten. Zimmer mit großen Fenstern.
- **Hostal Medellín**€+: Cra. 65 No. 48-144, Tel. 2300 511, Mobil 311 3348 083, www.hostalmedellin.com, nahe der Metrostation Suramericana. Sehr beliebt bei Bikern. Große Garage. Deutsch-kolumbianische Führung.
- **Palm Tree Hostal**€/€+: Cra. 67 No. 48D-63, Barrio Suramericana, www.palmtreemedellin.com. Globetrotterabsteige hinterm Exito-Markt. Küche, Fernsehraum, Computer, Fahrradverleih.

Im Süden (El Poblado)

- **Hotel Poblado Plaza**€€€€: Cra. 43A (= Av. El Poblado) No. 4 Sur-75, Tel. 2685 555, Fax 2686 949, www.hotelesestelar.com. 5-Sterne-Hotel im schicksten Teil der Stadt, 84 Zimmer, Pool, Garten. Ab 120 Euro pro DZ.
- **Hotel Park 10**€€€€: Cra. 36B No. 11-12, Tel. 3106 060, Fax 2666 165, www.hotelpark10.com.co. Kleines, schickes Boutique-Hotel mit fünf Sternen drei Blocks nordöstlich vom Parque Lleras im Ausgehviertel El Poblado. Türkisches Bad, Pilates-Studio, sehr gutes Fisch-Restaurant. Viele Geschäftsreisende.
- **Hotel Boutique Florencia Plaza**€€€€: Cra. 41A No. 10-41, Tel. 2662 526, Fax 3113 648, www.hotel-florenciaplaza.com. Kleines, modern und schlicht gehaltenes Hotel direkt am Parque Lleras in El Poblado. DZ ab 80 Euro.

● **Geo Hostel€/€€**: Cra. 35 No. 8A-58, Tel. 3542 945, www.geohostel.com. Neue, minimalistisch-moderne Herberge drei Blöcke vom Parque Lleras, Mehrbettzimmer (10 Euro/Bett) und Privatzimmer (35 Euro/DZ). Küche, Internet, Waschservice.
● **Hostel Sunshine€/€€**: Cl. 9 No. 43C-36, Tel. 5820 305. Nette kleine Herberge in einer ruhigen Seitenstraße unweit des Parque El Poblado, DZ 20 Euro, Mehrbettzimmer 8 Euro/Bett.
● **Saman Hostel€/€+**: Cl. 10 No. 36-24, Tel. 5818 908, www.samanhostel.blogspot.com. Neue, saubere Herberge, Schlafsaal ab 7 Euro/Bett.
● **Hostal Casa Kiwi€/€+**: Cra. 36 No. 7-10, Tel. 2682 668 / 3521 109, www.casakiwihostel.net. Nahe des Parque Lleras in El Poblado. Gemütliche Atmosphäre. Viele Rucksackreisende. Privatzimmer und Schlafsäle. Internet. Waschservice.
● **The Black Sheep Hostal€/€+**: Transversal 5ª No. 45-133, Tel. 311 1589, Mobil 311 3413 048, www.blacksheepmedellin.com. Globetrotterherberge unter neuseeländischer Führung südöstlich der Metrostation Poblado (südlich des Exito-Marktes) in einem ruhigen Wohngebiet. Internet, Küche, Informationsmaterial. Organisiert Spanischunterricht (Einzelunterricht ca. 5 Euro/Std.) und vermittelt Salsa-Tanzunterricht.

Essen, Trinken, Unterhaltung

Im Stadtzentrum

Hier gibt es **viele Möglichkeiten, sehr preiswert essen** zu gehen.

● **Restaurante Donde Eduard:** Cl. 53 No. 42-63, beliebter und preiswerter Mittagstisch in der Nähe des Parque de los Periodistas.
● **Restaurante La Estancia:** Cra. 49A No. 54-10, nahe des Parque Bolívar, billigstes Restaurant weit und breit, Gerichte ab 0,90 Euro, beliebt bei den Rentnern Medellíns. Selbstbedienung.
● **Restaurante Mango Maduro:** Cl. 54 No. 47-5, Tel. 5123 671, winziges Restaurant mit Mittagstisch im 1. Stock nahe der Südostecke des Parque Bolívar neben dem Restaurante Los Toldos. Es gibt täglich nur ein einziges, dafür leckeres Gericht (ca. 2,50 Euro). Hier treffen sich Philosophen und Künstler.
● **Salon Versalles:** Cra. 49 Pasaje Junín No. 53-39, Tel. 2517 416, direkt südlich des Parque Bolívar, unscheinbar, aber berühmt für seine argentinischen *empanadas* und seine Pasta, früh und mittags sehr voll, mittlere Preislage.
● **El Astor:** Cra. 49 Pasaje Junín No. 52-84, Tel. 5119 002, ein *salon de té* mit Tradition. Der Schweizer *Enrique Baer* eröffnete ihn 1930. Kuchen, Schokolade, Tee, Kaffee.
● **Restaurante Chung Wah:** Cl. 54 No. 49-75, Tel. 5131 514, eines der ältesten chinesischen Restaurants von Medellín.
● **Restaurante Govinda:** Cl. 51 No. 52-17, Hare-Krishna-Anhänger führen dieses gute vegetarische Restaurant im 1. Stock. Mittagstisch ab 1,60 Euro.
● **Donde Quién:** Cl. 57 No. 41-57, Tel. 2911 506, geöffnet Di bis Sa ab 17 Uhr, gute Holzofenpizza (7 Euro).

Im Westen

Zahlreiche **Restaurants mittlerer Preislagen** befinden sich an und um die Cra. 70, den Paseo Turístico. Darunter z.B.:

● **Restaurante Fenicia:** Cra. 73 No. Circular 2-41, Tel. 4138 566, www.feniciacomidaarabe.com, libanesisches Restaurant mit ehrlichen Preisen im Stadtteil Laureles südlich der Metrostation Estadio, schließt um 20 Uhr.
● **Restaurante Opera Pizza:** Cl. 42 No. 70-28, Tel. 4131 920, der italienische Besitzer bereitet sehr gute Steinofenpizza zu.

Im Süden

Wer im Süden ausgeht, muss bereit sein, **deutlich mehr Geld** auszugeben.

● **El Patio del Tango:** Cl. 23 No. 58-38, Tel. 3512 856, Metrostation Industriales, südlich des Cerro Nutibara und östlich des Flughafens, auf dem *Carlos Gardel* starb. Abends gute argentinische Steaks, Rotwein und Live-

Tangomusik im Patio, auch der Besitzer gibt gern ein paar Lieder zum besten. Klein und sehr gemütlich, mittlere Preislage.

- **360° Bistro:** Cra. 43a No. 1-50, Centro Empresarial San Fernando Plaza, Local 360, Tel. 3262 130, Mo bis Sa mittags und abends, elegantes Bistro, beliebt bei Geschäftsleuten, französische und selbst ausgedachte Rezepte, Hauptspeise ca. 10 Euro.
- **Café Le Bon:** Cl. 9 No. 39-09, Tel. 2668 872, an der Südflanke des Parque Lleras, leichte Kost, viele Teesorten, Suppen; Sofas unter Blätterbaldachin.
- **Restaurante Casa Molina:** Cl. 11A No. 43B-41, Tel. 2661 440, www.casamolina-restaurante.com, teure Gourmet-Küche in El Poblado für den besonderen Anlass.
- **Restaurante Basílica:** Cra. 38 No. 8-42, am Parque Lleras, gleichermaßen für Liebhaber von Steaks und Sushi.
- **Restaurante El Cielo:** Cra. 40 No. 10A-22, Tel. 2683 002, Molekularküche mittags und abends mitten in El Poblado. Wechselnde Menüs des jungen Kochs *Juan Manuel Barrientos.* Hauptgerichte ca. 16 Euro.
- **Restaurante Herbario:** Cra. 43D No. 10-30, Tel. 3112 537, www.elherbario.com, *fusion*-Küche in El Poblado, Kräuter, Tapas, Weine, Hauptgerichte ca. 10 Euro.
- **Restaurante Pietra Santa:** Cl. 24 Sur No. 42B-112, Tel. 3318 187, in Envigado (Metrostation), italienische Küche in minimalistisch-klassischem Ambiente, exzellente Steinofenpizza, mittags und abends, Hauptgerichte ca. 6 Euro.

Tanzen & Feiern

Im Stadtzentrum

- Um den kleinen **Parque de los Periodistas** (Cra. 43 und Cl. 53) drängen sich die meisten Cafés und Bars. Im Park treffen sich Studenten, Bohemiens, Punks und Obdachlose, trinken Bier, rauchen oder schnüffeln Klebstoff.
- Die etwas alternativ anmutende **Bar El Guanábano** (Cra. 43 No. 53-15) ist in einem Gebäude, das der Abrissbirne entging. Die Gegend ist alles andere als schick und mag nachts etwas spukhaft wirken.
- Tangobegeisterte suchen die alte **Bar La Boa** (Cl. 53 No. 43-60) auf, in der *paisa Manuel Mejía Vallejo* (1923–1998) seinen Roman „Aire de Tango" (1973) schrieb.
- Der 1958 gegründete **Salón Malaga** (Cra. 51 No. 45-80, Tel. 2312 658, www.salonmalaga.com) ist eine der traditionsreichsten Tangobars. Live-Musik und Tanz, junges Blut und alte Veteranen. Auch Tanzunterricht.

Im Westen

- Viele Restaurants, Bars und Clubs mittlerer Preislage haben entlang des **Paseo Turístico (Cra. 70)** südlich der Metrostation Estadio eröffnet. Sonntagvormittag, wenn hier autofreie Zone ist, kommt halb Medellín zum Joggen.
- Auch die **Cl. 33** hat im Bereich des Stadtteils **Laureles** Discos und Bars angelockt.
- Der kleine **Salsaclub Rumbantana** (Cl. 44 San Juan No. 74-80, Tel. 4125 152) westlich des Paseo Turístico widmet sich dem klassischen Salsa alter Schule.

Im Süden

Im Stadtteil **El Poblado** gehen die wohlhabenden und schicken Leute aus. Die Action spielt sich um den **Parque Lleras** in der **Zona Rosa** ab (zwischen Cra. 36 und 42 sowie Cl. 9 und 10A), wo zahlreiche relativ teure, extravagante Restaurants, Cafés, Bars und Discos in ständig wechselnden Moden entstehen und verschwinden, um wieder neu und anders aufzuerstehen. Per Taxi vom Zentrum 3 Euro oder per Metro bis zur Station Poblado und dann 20 Min. zu Fuß nach Osten.

- **Berlín:** Cl. 10 No. 41-65, Tel. 2662 905, www.berlin1930.com, Billardbar mit Rock-Musik, beliebt bei Ausländern aus Nordamerika. 2 Euro/Fassbier. Do bis Sa 22–3 Uhr.
- **El Blue:** Cl. 10 No. 40-20, Tel. 2663 047, einer der kleinsten und ältesten Tanz- und Trinkschuppen in El Poblado. Oft sehr voll. Rock, Elektro, Salsa. Do bis Sa 21.30–3 Uhr. 4 Euro „Cover Charge". 1 Bier: 1,80 Euro.
- **Arte Vivo:** Cl. 25 No. 43G-25, Tel. 4441 609, Restaurant-Bar mit Live-Rockbands. Do bis Sa 20–4 Uhr. 3 Euro „Cover Charge". 1 Bier: 1,30 Euro.

• **Triada:** Cra. 38 No. 8-08, Parque Lleras, Tel. 3115781, www.triadaonline.com, Bar, Restaurant, Disco. Do ist Karaoke-Nacht. Disco Do bis Sa 21–3 Uhr. Rock und Electronic.
• **B-Lounge:** Cra. 35 No. 11-38, angesagte Disco, gute Rumba (= Party). 23–3 Uhr. Mi Karaoke.
• **Mélodie Lounge:** Cra. 37 No. 10-29, Tel. 2681 190, www.melodielounge.com, Vodka und Martini in einem zweigeschossigen Designerladen. Sofas zum Abhängen. 17–2 Uhr. 1 Bier: 1,50 Euro.

Südlich, im Vorort **Envigado** (Metrostation), spielt sich das Partyleben entlang der Cl. 38B ab. Eine schlichte, authentische Salsabar mit Live-Sängern und Salsa-Tanzunterricht ist z.B. **El Son de la Loma,** Cra. 39 No. 38 Sur-62, Tel. 2700 564 (nahe der Escuela Fernando González), 18–2 Uhr.

Weiter südlich, in **Itagüí** (Metroverbindung), ist es das **Mangos,** welches die Crowd anzieht (Cra. 42 No. 67A-151, Tel. 2776 123, www.discotecamangos.com). Eine Großdisco im Wild-West-Stil, wie es der/die *paisa* liebt. Mehrere Bühnen, Animateurinnen. Special Events. Meist Crossover. Eintritt: 6 Euro. 1 Bier: 3 Euro. Die Rumba läuft Do bis Sa 22–3 Uhr.

Alternativ geht man in Itagüí in die riesige **Discoteca Palmahía** (Cra. 42 No. 85B-121, Tel. 3625 757, www.palmahia.com), Musik zwischen *Vicente Fernández, Antonio Aguilar* und *Grupo Galé.*

Eine Metrostation weiter südlich, im Ort **Sabaneta,** lässt es sich um die attraktive Plaza herum gut feiern. Abends trifft sich hier bodenständiges Volk aller Altersgruppen. Die Preise sind ehrlicher als anderswo.

• **Canalón:** Cra. 40 No. 75 Sur-25, www.canalonbar.com, populäre Grillbar und Partylocation im kolumbianischen Wild-West-Stil.
• **Tienda Bar La Herrería:** Cra. 45 No. 70 Sur-24, Tel. 2881 385, zünftige *paisa*-Bar mit lokalem Flair.
• **Sitio Viejo:** Cl. 70 No. 44-25, Tel. 2881 170 / 2880 193, alte Bar.

Im noch weiter südlich von Medellín gelegenen Ort **Caldas** ist der Partyladen **Vinacuré** (Cra. 50 No. 100D Sur-7) am angesagtesten. Mit dem Taxi von Medellíns Zentrum ca. 12 Euro. Sehr viel billiger per Taxi von der südlichen Metroendstation La Estrella. Es lohnt sich **für Liebhaber des Bizarren:** Der umstrittene Künstler *Germán Arrubla* (geboren 1960 in Caldas) hat das Etablissement schräg, surrealistisch und bissig ausgestaltet. Ein Mix aus Disco, Varieté, psychedelischer Galerie. House, Rock, Goa etc. Legendär ist die Samstagnachtvorstellung.

Theater & Kino

• **Teatro Metropolitano „José Gutierrez Gómez“:** Cl. 41 No. 57-30, Tel. 2322 858, www.teatrometropolitano.com, westlich der Metrostation Alpujarra am Río Medellín. Moderne Backsteinfestung mit 1.600 Sitzen. Klassische Konzerte, Ballet, Oper.
• **Teatro de la Universidad de Medellín:** Cra. 87 No. 30-65, Tel. 3405 555, www.udem.edu.co, Konzerte und Kultur.
• **Teatro Lido:** Cra. 48 No. 54-20, Tel. 5142 376, seit 1947 bestehendes Tanztheater, Sitz des Ballet Folclórico de Antioquia.
• **Teatro „Pablo Tobón Uribe“:** Cra. 40 No. 51-24, Tel. 2397 500, www.teatropablotobon.com, östlich des Parque de los Periodistas. 900 Zuschauer sehen Salsashows oder erleben die klassische Sprechbühne. Karten kosten ca. 7 Euro.

In der Nähe finden sich weitere kleinere, zumeist experimentelle Theater, z.B.:
• **Pequeño Teatro:** Cra. 42 No. 50A-12, Tel. 2393 947 / 2699 418, www.pequenoteatro.net, einen Block westlich des Teatro Tobón in einem kleinen, kolonial anmutenden Gebäude. Sprechbühne mit Stücken von *Brecht, Beckett, Saramago* oder *Fuenmayor.* Schauspielschule.
• **Teatro Matacandelas:** Cl. 47 No. 43-47, Tel. 2151 010, www.matacandelas.com, experimentelles Theater, klassische und moderne Stücke.

• Die schicken und modernen Einkaufszentren bieten **Multiplex-Kinos,** so z.B. Centro

Comercial Los Molinos, Cl. 30A No. 82A-26, Tel. 2383 505; Centro Comercial Unicentro, Cra. 66B No. 34A-76, Tel. 2651 116; Centro Comercial El Tesoro, Cra. 25A No. 1A Sur-45, Tel. 3211 010.

- Das **Centro Colombo Americano** (Cra. 45 El Palo No. 53-24, Tel. 5134 444, www.colomboworld.com) zeigt Autorenfilme (meist auf Englisch).

Verkehrsverbindungen

Busse

Medellín verfügt über **zwei Busbahnhöfe.** Zwischen beiden Terminals verkehren Direktbusse (1,50 Euro).

- **Terminal del Norte:** Cra. 64C No. 78-344, Tel. 2677 075 / 76, direkt auf der westlichen Seite der Metrostation Caribe (Achtung: Es ist verboten, schwere Gepäckstücke in der Metro zu befördern!). Der Busbahnhof ist gut organisiert mit Läden, Restaurants, Informationsschaltern, Toiletten, Duschen. Taxi vom Zentrum ca. 3,50 Euro. Von hier fahren alle Überlandbusse nach Norden, Nordwesten, Osten und einige nach Südosten ab. **Nach Santa Fé de Antioquia** (2 Std./4 Euro), **nach Turbo** (13 Std./20 Euro), häufig Busse **nach Marinilla** (50 Min./2,50 Euro), **nach El Peñol und Guatapé** (2 Std./5 Euro), drei Busse nach **Río Claro** (4 Std./8 Euro) und **Puerto Triunfo** (4½ Std./9 Euro). Ständig Busse **nach Bogotá** (11 Std./24 Euro). Verbindungen auch **nach Magangue** (36 Euro), **Caucasia, Sincelejo** (10 Std./23 Euro), **Tolú** (12 Std./30 Euro) sowie **nach Cartagena** (14 Std./35 Euro) und **nach Santa Marta.**
- **Terminal del Sur:** Cra. 65 No. 8B-91, Tel. 3611 499, 20 Fußminuten westlich der Metrostation Poblado östlich des Stadtflughafens Enrique Olaya Herrera. Gut organisiert, Informationsschalter. Von hier fahren alle Überlandbusse nach Westen und Süden und einige nach Südosten ab. Mehrere Busse **nach Quibdó** (11 Std./25 Euro), **nach Jardín** (5 Std./10 Euro), **nach El Retiro** (45 Min./2,50 Euro) und **La Ceja** (1 Std./2,50 Euro). Häufige Verbindungen **nach Manizales** (6 Std./15 Euro), regelmäßig auch weiter **nach Pereira** (7½ Std./17 Euro), **Armenia** (9 Std./20 Euro), **Cali** (12 Std./25 Euro), wenige Busse **nach Popayán** (14 Std./30 Euro) und **nach Ipiales** (20 Std./42 Euro).

Flugzeug

- Direkt im Südwesten der Stadt liegt der kleine, historische **Aeropuerto Enrique Olaya Herrera,** den man von der Metrostation Industriales nach kurzer Taxifahrt erreicht. Von hier fliegt man z.B. **nach Quibdó, Bahía Solano** (easyfly oder Aerolíneas de Antioquia/ADA), **Apartado, Turbo, Capurganá** bzw. **Acandí** (ADA). Es gibt auch Flüge **nach Bogotá** (easyfly, Satena).
- 33 km östlich von Medellín, nahe der Stadt Rionegro, befindet sich der größere und moderne **Aeropuerto Internacional José María Córdoba,** von dem die meisten Flüge abgehen. Eine Taxifahrt von Medellín zum Flughafen kostet mindestens 20 Euro. Es empfiehlt sich daher, den nur 3,50 Euro teuren Flughafenbus zu nehmen, der halbstündlich hinter dem Hotel Nutibara (Cra. 50B und Cl. 53) abfährt. Von hier fliegt man **nach Bogotá, Cali, Cartagena, San Andrés** oder **Bucaramanga** (z.B. mit Avianca).

Santa Fé de Antioquia

↗ XI/C1

Überblick

- **Bevölkerung:** 15.000
- **Meter über NN:** 550
- **Temperatur** (im Durchschnitt): 27°C

80 km nordwestlich von Medellín und nur wenige Kilometer vom Westufer des Río Cauca entfernt liegt inmitten hügeligen Buschlandes der älteste Ort des Departamento Antioquia, respektvoll als *Ciudad Madre*, als **„Mutterstadt"** oder *Cuna de la Raza paisa*, „Wiege der Paisas", bezeichnet, ein

koloniales Kleinod mit antioquinischem Schnitzwerk an den Türen seiner Häuser und feinem Goldschmuck um die Hälse seiner Damen, das an Wochenenden gern von betuchten Bürgern aus Medellín besucht wird. Unter einem Tondachziegelmeer fliehen dicke Mauern mit Ölsockeln *(zócalos)* die Katzenkopfgassen entlang zum Horizont. Das Dunkel hoher Räume und tamarindenbaumbeschatteter Innenhöfe verbirgt sich hinter hölzernen Fenstergittern. Rösser klappern über die Straße und heben sich von den kargen Wänden ab wie vor einer Fotoleinwand, und auch die Spiele der Kinder oder die Bewegungen der an ihren geflügelten Portalen sitzenden Senioren, mit denen sie Hitze und Fliegen verscheuchen, sind wohl die gleichen wie vor hundert Jahren. Die Stadt hat dank ihres Flairs enormes touristisches Potenzial – ja schon sind an ihren Rändern Ferienwohnanlagen mit livrierten Wächtern entstanden –, aber noch lebt sie vor allem von der Landwirtschaft, der Rinderzucht, dem Kaffee, den Bohnen, Kochbananen, Kartoffeln, dem Mais. Aus *tomate de árbol* pressen die Frauen Saft, aus dem Fleisch der Tamarinden bereiten sie süßsaures *pulpa de tamarindo*. Einen gemütlichen Zigarillo raucht man am besten auf der archaischen Plaza.

Geschichte

Jorge Robledo (geboren um 1500 in Jaén) – auf Denkmälern gern dargestellt mit dem typischen Federhelm eines Konquistadors, Ziegenbart, gezwirbeltem Schnurrbart und Ballonhosen – hatte es nie leicht. Die Gouverneure *Pedro de Heredia* und *Sebastián de Belalcázar* versuchten stets, den „Emporkömmling" auszustechen, doch gilt der ehrgeizige Edelmann, der den Indigenen vom Río Cauca übel zusetzte, heute einvernehmlich als der entscheidende „Eroberer von Antioquia".

Er diente zunächst in Popayán in *Belalcázars* Truppe, trennte sich aber, gründete am 4. Dezember (heute ein lokaler Feiertag) des Jahres 1541 mit seinen drei Dutzend Gefolgsleuten eine Goldminensiedlung namens Antioquia im Tal von Ebéjico, südlich des heutigen Peque (die aufgrund andauernder Kämpfe mit den Ureinwohnern im Jahr darauf nach Südwesten, in die Nähe des heutigen Frontino, verlegt werden musste), und brach, anstatt *Belalcázar* Meldung zu erstatten, nach Norden zur Karibikküste durch. Von dort verbrachte man ihn – durch *Heredia* umstürzlerischer Aktivitäten beschuldigt – ins Mutterland. 1546, nach seiner Rückkehr aus Spanien – wo *Robledo* erst im Gefängnis gesessen hatte, dann rehabilitiert wurde und den Rang eines Marschalls erhielt –, nahm er die von *Belalcázar* abgeordneten Provinzgrößen der Ciudad de Antioquia fest, riss die Macht in dem wilden Bergland, die er einst, in einem süßen Taumel, glaubte besessen zu haben, an sich und gründete das **Minendorf Santa Fé** an genau der Stelle, wo sich jetzt Santa Fé de Antioquia befindet.

Doch das Glück blieb ihm auch diesmal nicht lange hold, sein Widersacher *Belalcázar,* dem *Robledo* ernsthaft gefährlich zu werden drohte, ließ ihm am 5. Oktober des nämlichen Jahres mittels einer Würgschraube den Garaus machen; allein zurück blieb die stolze *María de Carvajal,* die aus Spanien mitgebrachte Ehefrau des gescheiterten Haudegens. Auf der Plazoleta La Chinca (Cra. 12 und Cl. 10) steht heute die **lebensgroße Statue des Konquistadors;** sein Finger weist mahnend auf den Betrachter, und es ist, als flüstere der Marschall in Be-

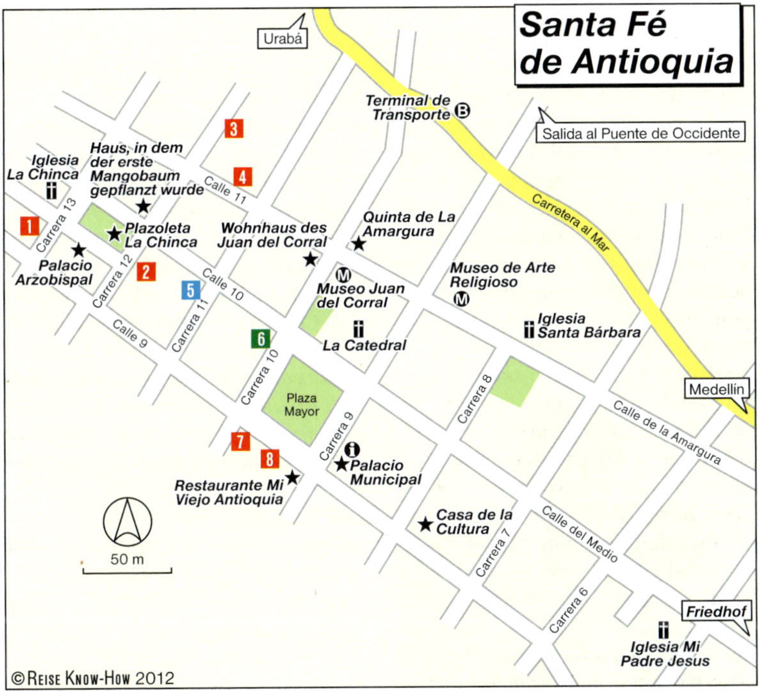

Übernachtung
1 Hostería de la Plaza Menor
2 Hotel Mariscal Robledo
3 Hotel La Casa Amarela
4 Hotel Los Geranios
7 Hotel Caserón Plaza
8 Hostal Plaza Mayor

Essen, Trinken, Unterhaltung
5 Restaurante El Portón del Parque

Einkaufen
6 Supermercado

fehlston: Gib nicht auf, gib nicht auf, gib nicht auf ... Die Bewohner von Santa Fé de Antioquia lieben „ihren Marschall" und haben ihr schönstes Hotel nach ihm benannt. Er ist Maskottchen und Aushängeschild der Stadt.

Sebastián de Belalcázar aber sandte nach *Robledos* Tod seinen Getreuen *Don Gaspar de Rodas* aus, der die Stadtverwaltung in Santa Fé übernahm. Bald schon siedelten die von den Indigenen bedrohten Kolonisten von Antioquia über nach Santa Fé – beide Orte fusionierten auf diese Weise, und während das alte Antioquia 1555 komplett aufgegeben wurde, wuchs das heutige Santa Fé de Antioquia zur **größten und vornehmsten Stadt** weit und breit und wurde 1584 Sitz der Provinzregierung. 1813 erklärte die Provinz Antioquia ihre absolute Souveränität. Ab 1826 erhielt Medellín Hauptstadtstatus – dies führte Gott sei dank dazu, dass Santa Fé de Antioquia seither sein Gesicht nicht zu liften brauchte und noch aussieht wie einst.

colo035 Foto: ib

Mariscal (Marschall) Jorge Robledo

Orientierung

Die **drei historischen Straßenzüge** des kleinen Santa Fé de Antioquia (Cl. 9, 10 und 11) erstrecken sich links der zur Küste führenden Überlandstraße (Cl. 13) in Südost-Nordwest-Ausrichtung oberhalb einer Abbruchkante im Südwesten, unter der Gemüsegärten und Viehfarmen liegen und der Tonusco-Bach sprudelt. Man kann das Flair des Ortes bei einem zweistündigen Spaziergang erleben oder sich mit den *Mototaxis* (Mopedrikschas made in India) in wenigen Minuten herumkutschieren lassen. Doch erst, wer unter der Mondsichel auf dem Kopfsteinpflaster der Plaza Mayor getanzt hat, wird nach Verlassen der Stadt behaupten dürfen, dauerhaft „ein Stück Antioquia" mit sich genommen zu haben.

Sehenswertes

Plaza Mayor

Die große, von knorrigen Bäumen bestandene Plaza (Cra. 9 und 10 sowie Cl. 9 und 10) mit der Statue *Simón Bolívars* ist das **Herz der Stadt.** Die

Nordostflanke wird von der im spanischen Renaissancestil erbauten **Catedral La Inmaculada** (geöffnet zur Morgen- und Abendmesse) eingenommen, deren Bau man 1797 begann, aber aufgrund von Kriegswirren erst 1837 fertigstellen konnte – sie steht an der Stelle, wo zuvor die ursprüngliche „Mutterkirche" abgebrannt war. Der Turm diente früher zeitweilig als Gefängnis.

An der Südostflanke, Ecke Cra. 9 und Cl. 9, steht der **Palacio Municipal** aus dem Jahr 1787, einst Regierungssitz Antioquias und Gefängnis, heute Bürgermeisteramt und **Touristeninformation.** Hier wurde 1813 die Unabhängigkeitserklärung Antioquias unterzeichnet.

An der Südwestflanke befinden sich zwei weitere **geschichtsträchtige Häuser:** Im Haus Ecke Cra. 10 und Cl. 9 wohnte zeitweilig der gefeierte, aber malariakranke Schriftsteller **Jorge Isaacs** (siehe unter Hacienda El Paraíso); und im Haus Ecke Cra. 9 und Cl. 9, wo sich heute das **Restaurante Mi Viejo Antioquia** befindet, in dem exzellente *comida corriente* gereicht wird, schlief 1819 der milchgesichtige **General José María Córdoba,** der schon mit 15 dem Militär beitrat, später mit anderen Unabhängigkeitskämpfern eine Guerillaeinheit im Casanare bildete, dann an *Bolívars* Seite aus den Tiefen der Llanos über den Páramo de Pisba ins Hochland zurückkletterte und an der Schlacht von Boyacá teilnahm. *Bolívar* ernannte ihn nach dieser erfolgreichen Schlacht zum Gouverneur der Provinz von Antioquia. Später erntete *Córdoba* unvergänglichen Ruhm als „Held der Schlacht von Ayacucho" (am 9. Dezember 1824 in Peru). Doch all dies half ihm am Ende nichts: Denn als er sich empört gegen die von *Bolívar* ausgerufene Diktatur erhob, wurde der gerade 30-jährige *paisa* am 17. Oktober 1829, in El Santuario (Antioquia) durch den im Dienste des *Libertador* stehenden irischen Comandante *Rupert Hand* umgelegt. Nichtsdestotrotz hat man sich dazu durchgerungen, das 1952 gegründete nördliche Nachbardepartamento Antioquias nach ihm zu benennen.

Plazoleta La Chinca

In diesem charmanten kleinen Park nordwestlich der Plaza Mayor steht die Statue des **Mariscal Jorge Robledo,** der nach Südosten auf das nach ihm benannte Traditionshotel blickt. An der Nordwestseite erhebt sich die **Iglesia de Nuestra Señora de Chiquinquirá** (kurz: La Chinca) von 1868; zu ihrer Rechten, an der Südwestseite des Parks, erstreckt sich der historische **Palacio Arzobispal,** in dem 1902–82 die Bischöfe ihren Sitz hatten. An der Ecke Cra. 12 und Cl. 10 befindet sich jenes Haus, in dessen Innenhof der erste Mangobaum von Santa Fé gepflanzt worden sein soll.

Museo Juan Bautista del Corral

Das Museum in einem Kolonialanwesen, das einst *Carlos del Corral* gehörte, beherbergt **Ausstellungsstücke aus der Kolonialzeit,** der bewegten Geschichte des unabhängigen Kolumbien sowie aus dem Leben des *Juan* *del Corral,* welcher acht Monate als Diktator in Antioquia regierte und sich für ein Ende der Sklaverei einsetzte (Cra. 10 und Cl. 11 Esq., geöffnet täglich außer Mo, Eintritt: 0,50 Euro).

Der in Mompox geborene Kakaobauer und Kaufmann **Juan del Corral** (1778–1814) lebte im Haus nebenan, auf der anderen Straßenseite der Cra. 10. Er war nach der Abspaltung Neugranadas vom spanischen Mutterland im Jahr 1810 einer der Repräsentanten der Provinz Antioquia im Kongress von Bogotá. Als aber 1813 in Antioquia die Furcht vor einer spanischen Rückeroberung wuchs, ernannte man ihn, den Chef der lokalen Miliz, zum Diktator des souveränen Staates Antioquia; unter seiner Anleitung rüstete sich Antioquia zum Verteidigungskrieg. Der Tisch, an dem 1813 die Unabhängigkeitserklärung des Staates Antioquia unterzeichnet wurde, ist das wertvollste Exponat des Museums.

Direkt gegenüber des Museums, in der Cl. 11, die traditionell den Namen Calle de la Amargura führt, befindet sich die für die lokale Baukunst so typische, edle **Quinta de La Amargura.**

Museo de Arte Religioso „Francisco Cristóbal Toro"

Das Museum für **religiöse Kunst** (Cl. 11 No. 8-12, Tel. 8532 345, linker Hand der Iglesia Santa Bárbara, geöffnet nur an Wochenenden und Feiertagen, Eintritt 1 Euro) führt den Namen eines berühmten Bischofs, der übrigens im Haus Cl. 11 und Cra. 12 geboren wurde. Ausgestellt sind Kelche, Altarbilder und Gemälde, darunter Bilder des berühmten Barockkünstlers *Gregorio Vásquez de Arce y Ceballos* (1638–1711).

Iglesia Santa Bárbara

Von den vier alten Kirchen Santa Fé de Antioquias ist die von Jesuiten erbaute Iglesia Santa Bárbara (Cl. 11 und Cra. 8 Esq., geöffnet zur Abendmesse) aus dem 18. Jh. mit ihrer **schönen Barockfassade** wohl die bedeutendste. Sie wurde ab 1728 aus Steinen, die vom Flussbett des Río Tonusco stammen, aus gebrannten Ziegeln und Ochsenblut errichtet. Man nennt sie „La Abuela de las Iglesias" – „Die Großmutter der Kirchen".

Puente Colgante de Occidente

Diese **291 Meter lange Stahlseilhängebrücke** überspannt 5 km östlich der Stadt Santa Fé de Antioquia den **Río Cauca** (etwa 3 km flussabwärts der modernen Autobrücke). Früher bot sie die einzige Straßenverbindung zwischen Medellín und dem nordwestlichen Teil der Provinz Antioquia; heute dürfen nur noch Autos und Motorräder, nicht aber Busse oder Lkws über die Holzbohlen des schwankenden Musterbeispiels kolumbianischer Brückenbaukunst fahren.

Die „Brücke des Westens", zwischen 1887 und 1895 von dem Ingenieur **José María Villa** errichtet, war damals mit 160 Tonnen Eigengewicht die gewaltigste Hängebrücke Südamerikas und vermochte 255 Tonnen Last auszuhalten. *José María Villa* (1850–1915) stammte ganz aus der Nähe, aus Sopetrán, studierte in den USA und war

colo036 Foto: ib

dort an der Konstruktion der Brooklyn Bridge beteiligt, bevor er, zurück in Kolumbien, insgesamt vier Brücken über den Río Cauca sowie den berühmten Puente Navarro über den Río Magdalena (siehe unter Honda) entwarf. Der große Baumeister starb in Medellín – der Trunksucht verfallen.

Man erreicht die Brücke am besten per Mototaxi (hin und zurück mit Aufenthalt an der Brücke 6 Euro). Zu Fuß läuft man die Cra. 9 nach Norden hoch, über die Hauptstraße hinweg und wendet sich dann nach rechts.

Feiertage & Feste

Beeindruckend sind die Prozessionen in der **Semana Santa** (Karwoche). Zwischen Weihnachten und Neujahr begeht die Stadt ihre **Fiesta de los Diablitos** mit viel Musik, Tanz, Feuerwerk, Stierkämpfen und einem Schönheitswettbewerb.

Touristeninformation

- **Oficina de Turismo:** Cra. 9 und Cl. 9 Esq., Tel. 8532 314, an der Südostflanke der Plaza Mayor im Palacio Municipal, einem Gebäude aus dem 18. Jh. Informationen über Museen, Unterkünfte, Fincas.

Der Puente de Occidente überspannt den Río Cauca

Unterkunft

Außerhalb des Ortes vermieten viele Fincas Unterkünfte an Gäste, so z.B. **Rancho Hotel**€€€, Tel. 8532 662, Mobil 310 4183112, nahe der Cauca-Brücke sowie **Club Campestre La Montaña**€€€, Tel. 8541 518, nahe Sopetrán. Direkt in der Altstadt von Santa Fé de Antioquia finden sich zahlreiche - unter der Woche meist leere - Unterkünfte mit viel Charme:

- **Hotel Mariscal Robledo**€€€: Cra. 12 No. 9-70, Tel. 8531 111 / 3818 037, cerostressltda @gmail.com. Westlich des Zentrums an der Plazoleta La Chinca, einem Park mit der Statue von *Jorge Robledo*. Wo sich heute das traditionsreichste und größte Hotel der Stadt befindet (es besteht schon seit den 1930er Jahren), wohnte einst *José María Martínez Pardon* (1805–1892), Hochschullehrer, Provinzgouverneur, Universalgenie. Koloniales Flair. Swimmingpool, Türkisches Bad, gutes Restaurant. Von der Außenwelt abgeschieden. Ein DZ mit Klimaanlage, Kühlschrank sowie Vollpension für zwei Personen kostet täglich ca. 60 Euro.
- **Hotel Caserón Plaza**€€+: Plaza Mayor (Cra. 9), Tel. 8532 040, Fax 8531 640, www.hotelcaseronplaza.com.co. Zentrale Lage an der Südflanke der Plaza. Elegantes kleines Hotel an der Stelle, wo zeitweilig *Jorge Isaacs*, der Autor des Romans „María", gewohnt haben soll. Blumengeschmückter Innenhof, Zimmer im Obergeschoss mit Balkon, im Erdgeschoss billiger. Swimmingpool. Gemütliche Sonnenterrasse mit Blick auf die Berge. Restaurant (Essen ist nicht inklusive). Parkplatz. Beliebt bei Flitterwöchlern.
- **Hostería de la Plaza Menor**€€+: Cl. 9A No. 13-21, Tel. 8531 133 / 2557 427, südlich der Iglesia de la Chinca im Westen der Altstadt. Weitere luxuriöse Option mit Parkplatz, Garten, Swimmingpool, Kinderspielplatz. Bei Vorbestellung 15% Preisnachlass.
- **Hotel Los Geranios**€+: Cl. 11 No. 11-58, Tel. 8534 743, nordwestlich der Plaza Mayor. Familiäre Atmosphäre, Kolonialhaus, großer Innenhof. Zimmer mit Bad und Ventilator. Schlicht.
- **Hotel La Casa Amarela**€+: Cra. 12 No. 11-77, weitere schlichte Option im Nordwesten der Altstadt.
- **Hostal Plaza Mayor**€: An der Südflanke der Plaza Mayor, Tel. 8533 448, Mobil 310 3344 501, Preis abhängig von der Saison und dem Wochentag, auf Wunsch Vollpension (dann pro Übernachtung/Person ca. 16 Euro). Kolonialstil, getünchte Wände, hölzerne Kastenbetten. Charmant-rustikale Option für den kleinen Geldbeutel.

Essen, Trinken, Unterhaltung

- Um die **Plaza Mayor** (Cra. 9 und 10 sowie Cl. 9 und 10) befinden sich zahlreiche Restaurants, Bars, Billardsalons, Cafés, Konditoreien und ein kleiner Supermarkt (Cra. 10 und Cl. 10 Esq.). Abends tauchen überdies fahrende Imbissstände auf.
- Gut isst man im **Hotel Mariscal Robledo** sowie im **Hotel Caserón Plaza** (siehe dort).
- Empfehlenswert ist auch das **Restaurante El Mesón de la Abuela,** Cra. 11 No. 9-31, Tel. 8531 053, im gleichnamigen Hotel, wo gute, einfache und preiswerte Gerichte serviert werden. Koloniales Flair bieten die hohen Hallen des **Restaurante El Portón del Parque,** Cl. 10 und Cra. 11, Tel. 8533 207.

Verkehrsverbindungen

Der **Busbahnhof** befindet sich an der Carretera al Mar (Cl. 13), der Fernstraße Medellín – Turbo/Urabá, zwei Blocks nordöstlich der Plaza Mayor zwischen Cl. 9 und 10 (zu Fuß 5min). Von hier fahren halbstündlich **Busse, Mikrobusse bzw. colectivos nach Medellín** (2 Std./3,50 Euro) zum dortigen Terminal del Norte. Dank des 2006 eingeweihten Autotunnels hat sich die Fahrzeit ganz erheblich verkürzt. Häufige Verbindungen bestehen auch **nach Apartado** und **nach Turbo.**

Hacienda Fizebad

Das **Herrenhaus** der seit 1825 bestehenden Hazienda ist **mit Originaleinrichtungsgegenständen** ausgestattet und kann besichtigt werden (geöffnet Di bis So 10–17 Uhr, Eintritt 4 Euro). Drum herum finden sich inmitten einer anmutigen Parklandschaft üppige Gärten, ein 9-Loch-Golfplatz, Ententeiche, Liebesbrücken, eine Kapelle, ein nachgebautes *paisa*-Dorf und eine Orchideenzucht mit 150 Arten.

Heute ist die Hazienda ein **Club Campestre,** beliebt bei Hochzeitsgesellschaften und feiernden Geschäftsleuten. 20 Unterkünfte, vier Tennisplätze, Sauna und Whirlpools, ein Fitnessbereich und ein Restaurant vervollkommnen die Ausstattung.

Die Hazienda befindet sich knapp 30 km südöstlich von Medellín bei der Straße Richtung El Retiro und La Ceja. Jeder Bus, der vom Terminal del Sur in Medellín in diese Orte fährt, passiert unterwegs Fizebad.

- **Club Campestre Fizebad**€€€+: Vía Las Palmas, km 27, Vereda Los Salados, El Retiro, Tel. 5421 313, Fax 5420 303, www.haciendafizebad.com.

El Retiro

XI/D2

- **Bevölkerung:** 11.000 *guarceños*
- **Meter über NN:** 2.175
- **Temperatur** (im Durchschnitt): 16° C

Die Kleinstadt El Retiro (= Der Ruhesitz) 33 km südöstlich von Medellín (am Ende eines 4 km langen Südabzweiges von der Hauptstraße nach La Ceja), ein **Musterbeispiel traditioneller paisa-Kultur,** ist – aus der Vogelperspektive betrachtet – ein gewellter See aus braunen Tonziegeldächern, eingebettet zwischen Grashängen und schwarzen Pinien, durch enge Gassen messerscharf zerteilt in ein Schachbrettmuster, mit weiß getünchten Häusern, flach oder im ersten Stock umgeben von Holzgalerien. An der Plaza steht die mit drei weißen Glockentürmen ausgestattete Kirche. Wochenendausflügler aus Medellín, Gemüse- und Obstanbau, Milchproduktion, Rinderzucht und insbesondere die exquisite Möbeltischlerei sichern den Bewohnern ihr Einkommen.

El Retiro, früher von *Tahamíes*-Indianern, einem Karibenvolk, bewohnt, entwickelte sich bereits im 18. Jh. aufgrund der nahen **Salzlagerstätten,** die *José Nicolás Arcila* entdeckt hatte. *Juan José Mejia* stellte einen Teil seiner Ländereien herbeiströmenden Kolonisten zur Verfügung, die dann 1814 die eigenständige Gemeinde El Retiro ausriefen.

Berühmt aber machten den Ort die **Eheleute Ignacio Castañeda und Javiera Lodoño,** die ab 1734 mit ihren Sklaven die Quarzminen der Umgegend explorierten. In den folgenden Jahrzehnten ließen sie nämlich nach und nach alle ihre 126 Sklaven frei – und sie waren die ersten, die dies in Amerika taten, sodass El Retiro auch als *Cuna de la Libertad* – „Wiege der Freiheit" bezeichnet wird. Die Sklaven arbeiteten weiter in den Minen Antioquias, aber jedes Jahr feierten sie ihre

Befreiung – und aus dieser Tradition heraus entstand die bis heute mit Tanz und Pferdeprozessionen Ende Dezember in El Retiro begangene **Fiesta de los Negritos.**

Ein Relikt aus der Zeit der *Castañedas* ist die interessante **Capilla de Nuestra Señora de los Dolores y San José** (kurz: Capilla de San José), die die Sklaven der Eheleute ursprünglich mit Grasdach und aus Adobe und *argamasa* (Sand, Kalk und dem Blut von Jungstieren) errichteten. Sie musste nach dem Erdbeben von 1942 komplett restauriert werden (geöffnet zur Messe wochentags 17 Uhr, Sa 19 Uhr, So 15 Uhr).

Populär bei Wochenendausflüglern ist ein Besuch des 7 km entfernten, an der Straße nach La Ceja liegenden **Salto de Tequendamita,** eines kleinen Wasserfalls der Quebrada Chuscala, an dessen Fuß ein gutes Restaurant liegt (zu erreichen mit dem Bus oder *colectivo* nach La Ceja oder per Taxi für 2 Euro).

Praktische Informationen

- **Hostal y Restaurante El Gran Chaparral**€€+: Km 2 Vía la Fé, Tel. 5412 451, Pferde- und Forellenzuchtfarm außerhalb des Ortes. Komfortable Zimmer. Pferdevermietung.
- **Hotel La Antigua**€+: Cra. 21 No. 21-49, Tel. 5413 962. Im Zentrum, mit Privatbad, sauber.
- **Restaurante La Silla:** Cra. 20 No. 21-42, Tel. 5410 706, typische *paisa*-Lokalität, liebevoll dekoriert, ortstypische Gerichte.
- **Bar-Restaurante Queareparaenamorarle:** Tel. 5420 011, www.arepamor.com, außerhalb gelegenes kleines Etablissement an der Medellín-El-Retiro-Straße vor dem y-förmigen Abzweig nach El Retiro, der als Partidas de la Fé oder Y de la Fé bekannt ist. Dem Busfahrer Bescheid geben. Beste Gourmet-*paisa*-Küche zu gehobenen Preisen (ca. 12 Euro).
- **Busse** verkehren **zwischen El Retiro und Medellíns Terminal del Sur** halbstündlich (45 Min./2 Euro). Anschluss gibt es auch **nach La Ceja und Rionegro.**

La Ceja del Tambo

XI/D2

- **Bevölkerung:** 25.000
- **Meter über NN:** 2.200
- **Temperatur** (im Durchschnitt): 16°C

41 km südöstlich von Medellín liegt ein weiteres **typisches pueblo paisa,** das mittlerweile städtisch gewordene La Ceja del Tambo (kurz: La Ceja), im 18. Jh. lediglich eine Raststation *(tambo)* am bewachsenen Bergrand *(ceja)* auf dem Weg von Rionegro nach Süden, ab 1855 eigenständige Gemeinde. Man lebt vom **Blumenanbau** (Amaryllis, Chrysanthemen, Gerbera, Tulpen, Orchideen, die zum Großteil in die USA exportiert werden), der Kunsttischlerei, der Rinderzucht und Brombeeren. Im Dezember zieht die Blumenschau zahlreiche Besucher an.

Um die große **Plaza Principal** finden sich vorzügliche Beispiele antioquinischer Holzschnitzkunst an Fenstern und Türen. Sehenswert ist hier auch die kleine **Capilla Nuestra Señora de Chiquinquirá** mit Kunstwerken des Altmeisters *Gregorio Vásquez de Arce y Ceballos.*

La Ceja ist die Geburtsstadt des *Hombre de las 3 G,* des „Mannes mit den 3 Gs", wie man den romantisch-realistischen Poeten **Gregorio Gutiérrez González** (1826–1872) anerkennend nennt. Sein berühmtestes Werk ist das Gedicht „Memoria del Cultivo del Maíz en Antioquia". Er wohnte in der sehenswerten (aber innen nicht zu besichtigenden) **Hacienda El Puesto** 2 km außerhalb des Stadtzentrums (per Taxi 1,50 Euro), die sich in Privatbesitz befindet, und liegt in der Capilla de Chiquinquirá begraben.

Praktische Informationen

- **Hotel del Parque**€+: Cl. 20 No. 20-28, Tel. 5684 863, im Zentrum gelegenes Stadthotel. Zimmer mit Privatbad. Nebenan befindet sich eine Pizzeria.
- **Hotel La Cieja**€+: Cl. 20 No. 22-20, Tel. 5538 848, weitere Option in zentraler Lage.
- **Disco Billar:** Cra. 20 No. 19-26, Tel. 5530 619, beliebtestes Restaurant, am Wochenende Tanz.
- Von der Plaza Principal fahren **Busse bzw. colectivos nach El Retiro** (15 Min./1 Euro), **nach El Carmen de Viboral** (20 Min./1 Euro), **nach Rionegro** (25 Min./1 Euro) und **nach Medellín** (1 Std./2 Euro) zum Terminal del Sur.

El Carmen de Viboral

XI/D2

- **Bevölkerung:** 20.000
- **Meter über NN:** 2.150
- **Temperatur** (im Durchschnitt): 17°C

Im lang gezogenen Bergstädtchen Carmen de Viboral lohnt vor allem der Besuch der **Kunstgewerbeläden, Töpfereien und Keramikwerkstätten,** in denen die Produkte von Hand bemalt werden. In der Calle de la Céramica (Cra. 31) befinden sich viele Familienbetriebe, am Stadtrand größere Fabriken, die besichtigt werden können. Der heutige Ort mit der Denkfabrik Recinto de Quirama, einem überregional bekannten Kongresszentrum, entstand im ausgehenden 18. Jh. um die von Karmelitern mit Sklaven bewirtschaftete Hacienda Carmen. „Viboral" soll sich von den zahlreichen Vipernnestern ableiten, die es in der Talsenke gab.

Praktische Informationen

- **Hospedaje El Carmen**€: Cra. 31 No. 29-70, Tel. 5434 005, im Zentrum direkt in der Calle de la Céramica. Familiäre Atmosphäre. Saubere Zimmer.
- **Restaurante La Frijolera:** Plaza Principal (Cl. 30), Tel. 5433 599, leckere *paisa*-Küche im gleichnamigen Hotel€+, Tel. 5666 109. Um die Plaza befinden sich viele weitere Restaurants.
- **Busse und colectivos** fahren regelmäßig **nach La Ceja** (20 Min/1 Euro) und **nach Rionegro** (15 Min./1 Euro).

Rionegro

XI/D2

Überblick & Geschichte

- **Bevölkerung:** 45.000
- **Meter über NN:** 2.130
- **Temperatur** (im Durchschnitt): 17°C

Der erste Europäer, der das vom Karibenvolk der *Tahamíes* bewohnte Gebiet der heutigen Ciudad Santiago de Arma de Rionegro betrat, war Leutnant *Álvaro de Mendoza,* ein Gefolgsmann des Konquistadors *Jorge Robledo.* 1581 ließ sich hier der illustre **Juan Daza** nieder und ergriff Besitz vom ganzen Tal San Nicolás, indem er sein Schwert in die von fruchtbarer Vulkanasche bedeckte Erde rammte, ein Kreuz aufstellte und einen kleinen *rancho* baute. Sechzig Jahre später war bereits eine Siedlung von Kolonisten und Sklaven entstanden, die in den umliegenden Minen schufteten und das Land bewirtschafteten.

Während der Unabhängigkeit Antioquias ab 1813 arbeitete in Rionegro die **erste Druckerpresse der ganzen Provinz.** Die Stadt entwickelte sich zu einem der gesellschaftlichen Kreuzungspunkte Antioquias und zählt (nach Santa Fé de Antioquia und Medellín) zu den historisch bedeutsamsten Orten im Nordwesten Kolumbiens. Bekanntester Spross der Gemeinde dürfte jedoch niemand anders als Drogenbaron **Pablo Escobar** sein, der Chef des Medellín-Kartells, der 1949 im Weiler El Tablazo zur Welt kam.

Heute lebt die vorwiegend weiße Bevölkerung des authentischen *pueblito paisa* von der Rinderzucht, dem Anbau von Exportschnittblumen, zunehmend aber auch dem Tourismus, liegt doch ganz in der Nähe der **Großflughafen Medellíns (Aeropuerto José María Córdoba).** Wer aus Medellín auszufliegen plant, für den bietet sich Rionegro 45 km ostsüdöstlich der Provinzhauptstadt als angenehmer Ort für eine Zwischenübernachtung an – erst recht am Wochenende, wenn sich das Städtchen zu einer echten *party location* mausert.

Sehenswertes

Casa de la Convención

In dem Ende des 18. Jh. um einen Hof errichteten Flachbau (Cl. 51 No. 47-67, geöffnet Mo bis Sa 9–17 Uhr, Eintritt 1 Euro) tagte 1863 die verfassunggebende Versammlung. Hier wurde die liberale **Verfassung der Vereinigten Staaten von Kolumbien** erarbeitet, deren Initiator Staatspräsident *Tomás Cipriano de Mosquera* (1798–1878) war, der berühmte *Mascachochas* (siehe auch unter Popayán). Heute sind hier Dokumente, Ölgemälde und Fotos illustrer Personen ausgestellt. *José María Córdoba* schiebt wie *Napoleon I.* seine Hand in den Mantelaufschlag.

Catedral de San Nicolás

An der Plaza Principal steht die edle, doppeltürmige Kathedrale, die den Namen der ursprünglichen Siedlung, San Nicolás, trägt. Sie wurde auf Geheiß des Bischofs von Popayán zwischen 1793 und 1804 an der Stelle eines über hundert Jahre alten Gotteshauses errichtet, in welchem die Kirchenmänner bei einer Visite böse Geister zu sehen glaubten, sodass sie sich entschieden, es abreißen zu lassen. Das Vorbild der schneeweißen Kathedrale soll die kurz zuvor erbaute Iglesia de la Candelaria in Medellín gewesen sein. 1814 wurde der Diktator von Antioquia, *Juan del Corral,* in der Krypta beigesetzt. Hinter dem Altar befindet sich ein kleines **Museum für religiöse Kunst.** Zu den Ausstellungsstücken gehören u.a. eine perlenbestickte Madonnenrobe für die *Señora del Rosario de Arma* sowie die Krone aus La Paz, mit der *Simón Bolívar* in Bolivien gekrönt wurde und die er dem General *Córdoba* überantwortete, der sie an die Stadt Rionegro weitergab.

Casa de la Maestranza

An der nördlichen Seite der Plaza Principal steht das einstöckige Haus mit Holzbalkon, in dem *Juan del Corral,* Diktator von Antioquia, und *Francisco José de Caldas,* Militär, Wissenschaftler und Mentor des Generals *Córdoba,* einst logierten. Heute finden sich hier Läden und ein Notariat.

Monumento al General José María Córdoba

Der nach der Schlacht von Boyacá frisch gebackene 20-jährige Gouverneur von Antioquia, *José María Córdoba* (1799–1829), residierte eine Zeit lang in Rionegro, befehligte die Bataillon der „Jäger von Antioquia" und schlug am 12. Februar 1820 gegen die Truppen des Royalisten *Francisco Warleta* die Schlacht von Chorros Blancos, bei der er seine Heimatprovinz endgültig von spanischen Invasoren befreite. Ihm zu Ehren schuf Bildhauer *Rodrigo Arenas Betancur* (1919–1995) auf der Plaza Principal von Rionegro eine **Bronzestatue,** die den jungen General zu Pferde zeigt, wobei er wirkt, als schlage er nach den zahlreichen Tauben, die hier zu jeder Tageszeit gern rasten.

Colina del Cementerio

Auf dem **Friedhofshügel** (per Taxi vom Zentrum 1 Euro) hat man einen Blick über die Stadt. Hier befindet sich das Grab des Generals *José María Córdoba.*

Puente Mejía

Diese mit Ziegeln überdachte, **schmale Holzbrücke,** die sich knarrend über einen Bach krümmt, ist über hundert Jahre alt und historisches Gemeindeerbe (per Taxi).

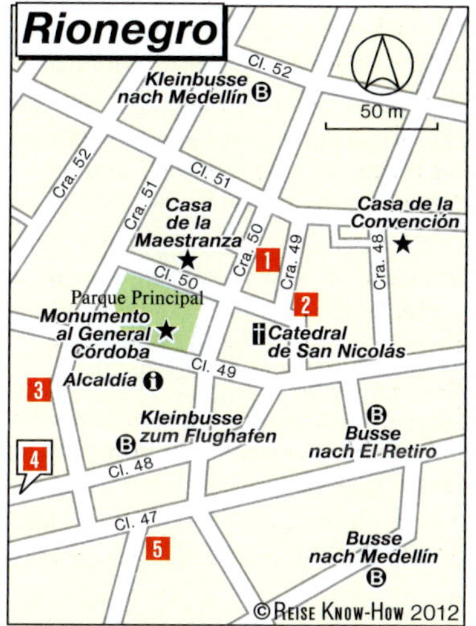

■ **Übernachtung**
1 Hotel Oasis
2 Hotel Gutier
3 Hospedaje Mónaco
4 Hostería Leanogrande
5 Hotel Dorado

Informationen & wichtige Adresse

Touristeninformation

- **Alcaldía Municipal,** Cl. 49 No. 50-05, Tel. 5658 100.

Reisebüro

- **Pura Colombia,** Cra. 47A No. 38C-36, Tel. 5316 081, www.puracolombia.com, von dem Schweizer *Arthur Portmann* geführtes Reisebüro, dass Reisepakete anbietet, z.B. Tauchreisen nach Gorgona und Malpelo, Kletterausflüge auf den Felsen El Peñol (Guatapé) sowie Ökotouren in den Chocó.

Unterkunft

- **Hostería Llanogrande**€€€: Vía Las Palmas, km 7, Cruce Aeropuerto, Tel. 5370 511. Gute Lage außerhalb der Stadt im grasbewachsenen Tal von Llanogrande nahe des Flughafens. Vermietet werden hübsche *cabañas*. In der Gegend haben viele reiche *paisas* ihre Fincas. Nahebei ist das **Centro Comercial El Puerto Bulevar** mit guten Restaurants und in der 3. Etage einer Kunstgalerie.
- **Hotel Oasis**€€: Cra. 50 No. 50-54, Tel. 5629 913, in der Nähe der Plaza Principal. Zimmer mit Privatbad. Restaurantbetrieb.
- **Hotel Dorado**€€: Cra. 50C No. 46-124, Tel. 5312 030, einige Blocks südlich der Plaza. Zimmer mit Privatbad, TV, Minibar.
- **Hotel Gutier**€+: Cra. 49 No. 50-32, Tel. 5610 106. Gute Alternative zu den vorgenannten Hotels. Sauber. Mit Restaurant.
- **Hospedaje Mónaco**€: Cra. 51 No. 48-76, Tel. 5628 783. Schlicht und preiswert.

Verkehrsverbindungen

Die öffentlichen Verkehrsmittel fahren nicht von einem zentralen Busbahnhof ab, sondern es gibt über die Innenstadt verteilt **diverse Bushaltepunkte. Nach Medellín** (50 Min./2,50 Euro) fahren ständig Busse von Cl. 46 und Mikrobusse von Cl. 52. **Zum Aeropuerto** fahren ständige Mikrobusse und *colectivos* von Cl. 48 (10 Min./1,50 Euro). **Nach El Retiro** (30 Min./1,50 Euro) fährt man vom Büro Sotraretiro, Cra. 48 No. 47-50, ab. Verbindungen auch per *colectivo* **nach Marinilla** (25 Min./1,50 Euro) oder **nach Carmen de Viboral** (15 Min./1,50 Euro).

Marinilla

↗ XI/D2

- **Bevölkerung:** 30.000 *marinillos*
- **Meter über NN:** 2.120
- **Temperatur** (im Durchschnitt): 17°C

Eine gute Möglichkeit, das **klassische pueblo paisa** kennen zu lernen, ist ein Besuch des von Medellín aus schnell erreichbaren San José de Marinilla, das sich 45 km östlich der Provinzhauptstadt entlang der nach Bogotá führenden Überlandstraße erstreckt. Man stellt hier exzellente Gitarren her, pflanzt Agaven, melkt Kühe oder arbeitet in der chemischen und Textilindustrie.

Die *marinillos* kämpften mutig Seite an Seite **mit General José María Córdoba gegen die Royalisten.** *Córdoba* sagte stolz: „Marinilla hat der Republik beste Dienste erwiesen! Eher sterbe ich an der Seite der *marinillos* im Kampf, als mich den Spaniern zu ergeben!" Doch als *Córdoba* die *marinillos* 1829 dazu aufrief, mit ihm gegen die von *Bolívar* ausgerufene Diktatur zu kämpfen, weigerten sie sich. Der Pfarrer *Jorge Rámon Posada* sagte zu ihm: „Im Kampf gegen die Spanier stellten wir dir alles, was wir hatten, zur Verfügung: unsere Häuser, unser Hab und Gut, unsere Pferde, unser Geld, und Hunderte unserer Söhne, die mit dir bis nach Peru zogen und für das Vaterland starben. Doch heute, mit Schmerzen in unserer Seele, können wir uns nicht deiner Rebellion gegen den Vater unseres Vaterlandes anschließen. Auch wir mögen die Diktatur nicht, aber wir wollen nicht die sein, die in unserem edlen Land einen Krieg Bruder gegen Bruder entfachen." Bald darauf wurde *Córdoba* getötet.

Interessant sind das **architektonische Ensemble um die Plaza Principal** sowie die weiß getünchte **Capilla de Jesús Nazareno** (Cra. 29 und Cl. 32 Esq. an der Plazoleta de los Mártires), eine 1752–60 mit Hilfe von Geld der *Castañedas* aus El Retiro (siehe dort) erbaute dreischiffige Kapelle aus Stampflehm und Ziegeln, die innen durch Holzbalken abgestützt wird. Zu Ostern finden hier Konzerte statt.

Um die Plaza befinden sich mehrere preiswerte Hotels. Busse fahren halbstündlich **nach Medellín** zum Terminal del Norte (50 Min./2 Euro).

Embalse del Peñol – Guatapé

↗ XI/D2

- **Bevölkerung der um den See liegenden Dörfer:** 20.000
- **Meter über NN:** 2.000
- **Temperatur** (im Durchschnitt): 19°C

In den 1970er Jahren wurde der heute im Besitz der Stadtwerke von Medellín stehende Embalse del Peñol – Guatapé aufgefüllt, um die 50 km westlich gelegene Provinzhauptstadt mit **Energie aus Wasserkraft** (nunmehr 560 Megawatt) versorgen zu können. Es war das ehrgeizigste von zahlreichen Staudammprojekten in der Region. Der **Stausee** bedeckt die zerklüfteten Täler zwischen den Gemeinden El Peñol am Südwestufer und Guatapé am Ostufer und ließ eine künstliche Landschaft entstehen mit vielen **Inseln und Halbinseln,** auf denen wohlhabende Kolumbianer ihr Feriendomizil haben. Segel- und Motorboote, Windsurfer und Wasserskifahrer durchpflügen die frühlingshaft frischen Wasser des *embalse*. Wochenendausflügler kommen von Medellín nach 75 gut ausgebauten Straßenkilometern zum Seeufer.

Das kleine, **neue Dorf El Peñol** mit seiner Kirche, die wie eine Kopie des Zuckerhutes wirkt (die alte Kirchturmspitze ragt aus den Fluten des Stausees auf), erreicht man zuerst; in das traumhaft schöne, doch teilweise nicht mehr authentische, sondern nachgebaute *„paisa*-Spielzeugstädtchen" **Guatapé** mit seinen puppenhaften bunten Häuschen und den typischen ornamental gestalteten Zementsockeln *(zócalos)* in der Calle del Recuerdo kommt man erst nach Passieren der eigentlichen Sehenswürdigkeit: der **Piedra del Peñol,** eines 200 Meter hohen, grauen Granitmonolithen mit den für Inselberge so typischen, weißen Regenwasserabflussrinnen, der vom See aus an den Zuckerhut in Rio de Janeiro erinnert.

In einer Falte des sonst makellos glatten Felsens führen 679 Schwindel erregende **Treppenstufen auf die Bergspitze,** von der man eine Aussicht auf die wie eine Modelleisenbahnplatte wirkende Landschaft hat.

Oben gibt es ein kleines Restaurant. Am Fuße des Felsens und auf dem Weg in Richtung Guatapé haben sich Restaurants und Hotels angesiedelt.

Bürger von Guatapé, die sich mit Einwohnern von El Peñol um Besitzansprüche hinsichtlich ihres „Zuckerhutes" stritten, versuchten vor einigen Jahren in einer Blitzaktion, in großen weißen Lettern das Wort „GUATAPÉ" auf den Felsen zu malern. Kaum dass sie das G und den ersten Strich des U fertig hatten, wurden sie ertappt und der Polizei überantwortet. Noch immer aber sind die Spuren dieses Aktes auf dem Felsen auszumachen.

Berauschend in Guatapé kann die Fahrt mit dem 600 Meter langen **cable vuelo** sein, einem Kabel, an dem man angegurtet eine rasante Fahrt mit 90 km/h über den See hinweg machen kann (geöffnet Do bis So, 7 Euro). Jetski- und Tretbootverleih.

Praktische Informationen

- **Eco Lodge Bahía del Peñón**€€+: Vereda La Piedra Guatapé, www.bahiadelpenon.com, gelegen auf einer schmalen Halbinsel. Für Reservierungen, Sondertarife und Reisepakete sollte man das Büro in Medellín kontaktieren: Cra. 80A No. 34-06, Tel. 2503 388. Angeboten werden Romantik-Nächte für Paare, Bootsausflüge, Massagen.
- **Hostería Los Recuerdos**€€: Zwischen El Peñol und Guatapé, Tel. 8610 650, www.hosterialosrecuerdos. Großes Ferienhotel mit 80 Räumen und zwei Suiten. Swimmingpool, Restaurant, Diskothek.

colo037 Foto: ib

- **Hotel El Portal del Lago**€+: In Guatapé, Cl. 32 No. 22-41, Tel. 8610 985, direkt am Malecón, der Wasserfront. Saubere Zimmer mit Bad.
- **Hotel Florida**€+: In Guatapé, Cl. 30 No. 29-44, Tel. 8610 600, an der Plaza über einer Bar.
- **Busse** der Gesellschaft Sotrapeñol (Tel. 2309 237) pendeln stündlich **zwischen Medellíns Terminal del Norte, Marinilla, El Peñol und Guatapé** (2 Std./4 Euro).

Río Claro

- **Meter über NN:** 350
- **Temperatur** (im Durchschnitt): 26°C

An der Grenze der Gemeinden San Luis, San Francisco, Sonsón und **Puerto Triunfo** fließt der Río Claro und hat sein Flussbett tief in den Karst eingegraben. Er entspringt im Alto del Tigre und Alto de la Osa und vereinigt sich nach 97 km mit dem Río Magdalena. Er gilt als **schönster Fluss Antioquias.**

Etwa 18 km westlich von Doradal, einem zu Puerto Triunfo gehörenden Weiler, befindet sich südlich der Überlandstraße Medellín – Bogotá, die den Fluss kreuzt, das private, 1970 von dem Großgrundbesitzer *Juan Guillermo Garcés* gegründete **Naturreservat Cañón del Río Claro** (www.rioclaroelrefugio.com, Tel. 268 8855, Mobil 311 3540 119). *Garcés* wurde erst auf die in seinem Besitz stehende, unter Einheimischen als „verzaubert" und tabu betrachtete Schlucht des Río Claro aufmerksam, nachdem sich hier ein benachbarter Bauer hineingewagt hatte, der einen Jaguar verfolgte.

Marmorblock im Río Claro

Kommt man mit dem Bus aus Medellín (mehrere Busse der Gesellschaft Transoriente fahren täglich von Medellíns Terminal del Norte über Río Claro nach Puerto Triunfo, 4 Std./6,50 Euro), so steigt man bei Km 152 direkt vor der durch Schießstände des Militärs gesicherten Autobrücke über den Río Claro aus. Man lässt das Restaurant rechts liegen und folgt einer Schotterpiste am Westufer des hier höchstens 20 m breiten Flusses nach Süden.

Nach 1 km erreicht man das **Centro de Información El Refugio,** den Sitz der Naturparkverwaltung am Flusskilometer 40. Hier gibt es die Rezeption, ein Hostal€+ sowie ein Restaurant. Zelten€ ist möglich. Im Refugio kann man Kayak- und Raftingfahrten (Schwierigkeitsgrad 1) sowie Höhlenführungen durch die Caverna de los Guácharos (siehe unten) organisieren. Achtung: Bei starken Regenfällen schwillt der Fluss an und wird schlammig.

Etwas weiter flussaufwärts liegen die offenen, exzellent in die Natur integrierten **Cabañas El Refugio**€€+ (mit Privatbad und fließend Wasser, 30 Euro pro Person/Nacht inkl. Vollpension, 20 Euro ohne Essen) mit Blick auf den brausenden Fluss, die blauschwarzen Morphofalter, die ihn entlang flattern, und die lianenbehangene Felswand des gegenüberliegenden Ufers.

Von hier führt ein schmaler Pfad über Felsen am Fluss entlang durch den Dschungel, vorbei an der Playa

colo023 Foto: ib

Ein Pferd geht von Bord

del Mármol, den Marmorklippen, zum Templo del Tiempo, einer Grotte, dann bis zur **Playa del Manantial** (40 Min.). Dort kann man in dem glasklaren, flaschengrünen Wasser baden und sich flussabwärts treiben lassen. Im Flussbett liegen blauweiß leuchtende, scharfkantige Marmorblöcke, die einen Kontrast bilden zum geheimnisvollen Waldschatten. Am anderen Ufer ergießt sich aus dem Höhlenausgang der **Caverna de los Guácharos** ein Wasserfall. Eine Strickleiter führt in die Höhle hinein, die nur mit Turn- oder Strandschuhen betreten werden sollte. In der Ausrüstung darf eine Taschenlampe nicht fehlen. In der Höhle ist das Fotografieren verboten; Blitzlicht stört die lichtempfindlichen und seltenen Guácharos (Ölvögel)!

Ein beschwerlicher Pfad schlängelt sich von der Playa del Manantial weiter flussaufwärts, vorbei an Kolonien von Riesentausendfüßlern, bis nach **El Salto**, dem Wasserfall des Río Claro (2 Std.).

Puerto Triunfo

↗ XII/A2

Überblick & Geschichte

- **Bevölkerung:** 9.000
- **Meter über NN:** 150
- **Temperatur** (im Durchschnitt): 28 °C

Die noch junge, freundliche Gemeinde Puerto Triunfo im Gebiet des notorisch gewalttätigen **Magdalena Medio** ist heute befriedet. Nördlich des Ortes führt die Überlandstraße Medellín – Bogotá durch das Gemeindeland hindurch und kreuzt über die 1.215 m lange Brücke La Paz den Río Magdalena; das **Militär** hat alle paar Kilometer Schießstände aus Sandsäcken errichtet; Transparente weisen den Reisenden auf die gute Sicherheitssituation hin: „Tú ejército es contigo! - Deine Streitkräfte sind mit dir!"

Beherrscht von **Paramilitärs,** wurde das ohnehin dünn besiedelte Gemeindeland in den 1980er Jahren zum Teil entvölkert. Gleichzeitig siedelten sich im Magdalena Medio viele **Neureiche** an und kauften große Ländereien. Und so gibt es ein seltsames Nebeneinander von Dschungel, Einsamkeit, Viehweiden, Hitze, Ölförderung, Marmorförderung, Zementherstellung, riesigen privaten Haziendas à la Disneyland, Luxusdomizilen mit Swimmingpool, Ruinen aufgegebener Häuser und sehr bescheidenen Unterkünfte von *vaqueros* und *campesinos* aus platt geklopftem Bambus und Lehm.

Sehenswertes

Hacienda Nápoles

Ehemals Trutzburg, Feriendomizil, Privatkönigreich und **Hauptsitz des Drogenbarons Pablo Escobar** (1949–1993), ist die 28 km² große, legendäre Hacienda Nápoles heute eine vom Dschungel überwucherte **Luxusruine in Staatsbesitz,** in der sich das, was vom krankhaften Wahn, immer mehr Reichtum und prestigeträchtige Objekte anzuhäufen, übrig blieb, nun ausgesprochen kläglich und zugleich geisterhaft fremd ausnimmt. Eine prosperierende Flusspferdfamilie von mittlerweile 25 Exemplaren ist alles, was hier von den vielen exotischen Tierarten des einstigen Privatzoos überlebt hat. Die riesigen Betonsaurier des „Jurassic Park" wurden allerdings wieder hergerichtet. Einige Oldtimer aus der Kollektion des extravaganten Volkshelden und Paramilitärs stehen herum. Ein wenig fühlt man sich wie im Roman „Picknick am Wegesrand" der Gebrüder *Strugatzki* beim Anblick von Weltraummüll außerirdischer Kulturen. In den 1980er Jahren aber pflegte hier *Pablo Escobar* mit seinem Privatjet oder dem Helikopter einzufliegen und rauschende Feste zu feiern. Übernachtungsmöglichkeiten für 100 Gäste, etliche Swimmingpools, eine Stierkampfarena, künstliche Seen und erlesene Unterhaltungsprogramme machten dies möglich. Natürlich fanden auch Exzesse statt: Gäste demütigten sich, indem sie sich einer Komplettrasur unterzogen oder nackt um die Wette auf Bäume kletterten, um einen Sportwagen zu gewinnen; Schönheitsköniginnen tanzten nackt; und mangelnde Loyalität gegenüber dem allmächtigen *patrón* endete mit einer Hinrichtung.

Die Gemeinde Puerto Triunfo, zu der die Hazienda gehört, setzt hier seit 2007 Pläne für die **Errichtung eines Vergnügungs- und Erlebnisparks** um. Besuche sind seit geraumer Zeit möglich (Kontakt: Mobil 310 4613 604 / 314 8922 307, www.haciendanapoles.com, Eintritt 12 Euro). Die Hazienda liegt ca. 17 km westlich von Puerto Triunfo bzw. 3 km östlich von Doradal nördlich der Straßenverbindung Bogotá – Medellín (per Taxi von Doradal zur Hazienda 4 Euro; per Bus von Puerto Triunfo oder von Río Claro jeweils 1 Euro).

Aldea Doradal

Der Weiler Doradal nördlich der Straßenverbindung Medellín – Bogotá ca. 20 km westlich von Puerto Triunfo ist in maurischem Stil inmitten wilden Buschlandes gewissermaßen als **Kunstdorf** errichtet: weiß getünchte Häuser, üppige Gärten, eine Plaza wie aus einem mexikanischen Banditenfilm. Man hofft nach Jahren des Niedergangs auf eine Renaissance durch Tourismus. Per Bus von Puerto Triunfo 1 Euro.

Unterkunft

- **Hotel Doradal Mediterraneo**€€€+: Gelegen an einem Nordabzweig von der Straße nach Medellín etwa 3 km westlich von Doradal, Tel. 8342 129, Mobil 314 8925 248, www.hoteldoradalmediterraneo.com. Kleines Luxushotel im arabischen Stil, Zimmer ab 70 Euro, elegante Suite ab 130 Euro. Swimmingpool, Whirlpool.
- **Hotel El Lago**€€: Gegenüber des Eingangs zur Hacienda Nápoles südlich der Straße nach Puerto Triunfo gelegen, knapp 3 km östlich von Doradal, Tel. 8342 126, Mobil 312 2088 010. Großzügige Anlage, Zimmer zu ebener Erde mit Terrasse. Pool. Restaurant.
- **Hotel Santa María**€+: Direkt an der Plaza Principal, Tel. 8352 160. Stadthotel, Zimmer mit Privatbad. Nebenan ist ein Restaurant.

Verkehrsverbindungen

In etwa stündlich fahren **Busse über Doradal** (20 Min./1,50 Euro), **Río Claro** (45 Min./2 Euro) und **Marinilla** (3½ Std./6 Euro) **nach Medellín** zum Terminal del Norte (4½ Std./8 Euro). Verbindungen auch **nach Puerto Boyacá** (40 Min./2 Euro) sowie **Bogotá.** Aufgrund des Transitverkehrs Medellín – Bogotá sind zahlreiche Busse unterwegs (aber nicht alle nehmen unterwegs Passagiere auf).

Departamento Caldas

Überblick & Geschichte

- **Fläche:** 7.888 km²
- **Einwohner:** 1,1 Mio. *caldenses*

Das 1905 geschaffene Departamento Caldas erstreckt sich vom Westufer des Río Magdalena über die Zentralkordillere hinweg bis zum Cauca-Tal. Ursprünglich Antioquia zugehörig und kulturell auch entsprechend geprägt, sollte es zunächst „Departamento del Sur", „Departamento de Los Andes" oder „Departamento Córdoba" (nach *José María Córdoba*) heißen, bevor man sich endgültig auf **Francisco José de Caldas** als würdigen Namensgeber einigte: *Caldas* war jener im Unabhängigkeitskampf füsilierte Wissenschaftler und Mentor, der eine Methode der Höhenbestimmung durch Messung der Siedetemperatur von Wasser entwickelt und den jungen *José María Córdoba* gefördert hatte.

Vom sogenannten „Gran Caldas" oder auch dem „Alten Caldas" sagten sich 1966 die Departamentos Risaralda und Quindío los (siehe unten).

Das Zentrum von Manizales

Die drei flächenmäßig kleinen Departamentos bilden die Achse des kolumbianischen Kaffeeanbaus **(Eje Cafetero).** Allein in Caldas werden 15% der landesweiten Kaffeemenge produziert. Zentrum der Veredelung ist Chinchiná. Überdies kultiviert man in Caldas Zuckerrohr, Mais, Bananen und *yuca* (Kassava) und züchtet Rinder. Es bestehen Keramik-, Glas-, Leder- und Holzindustrien.

Manizales

↗ XV/D1

Überblick & Geschichte

- **Bevölkerung:** 450.000
- **Meter über NN:** 2.150
- **Temperatur** (im Durchschnitt): 18°C

Manizales ist die oft in Nebelschwaden und Regenwolken gehüllte **Hauptstadt des Departamento Caldas.** Sie liegt inmitten zerklüfteter Hügel am Westhang der Zentralkordillere nur etwa 30 km nordwestlich des Vulkans Nevado del Ruiz, der zuletzt 1985 ausbrach. 20 Familien aus Antioquia, die den Krieg im Norden satt hatten, kolonisierten die Gegend ab 1849, darunter die Familie des *Manuel María Grisales,* von dem sich – so ein Mythos – der Name der Stadt ableiten soll. Nach anderer Auffassung sind es die hier so häufigen grauen Granitgesteine, denen Manizales seinen Namen verdankt. Die Bürgerkriegsparteien des 19. Jh. bezeichneten die traditionelle Hochburg der Konservativen Antioquias als *Nido de Águilas* (Adlerhorst). In den 1920ern bestand eine einzigartige Seilbahnverbindung, über die Lasten zwischen Manizales und Mariquita, einer Stadt in der Tiefebene des Magdalena-Tals, transportiert werden konnten. Schwere Erdbeben zerstörten wiederholt Teile von Manizales, zuletzt 1979, sodass nur wenige historische Gebäude erhalten sind.

Orientierung

Die **Cra. 23 (= Av. Santander)** zieht sich in West-Ost-Richtung entlang des schmalen Grates eines Bergsattels, an dessen Hängen das chaotisch-bizarre Stadtzentrum (mit Kathedrale, Goldmuseum und **Plaza Bolívar**) wuchert und tost. Die Straße windet sich in südöstlicher Richtung hinab zur modernen und gepflegten **Zona Rosa,** welche sich um die **Cable Plaza** erstreckt (Av. Santander 6 und Cl. 65). Dort ist ein neues Zentrum mit zahlreichen Restaurants und Klubs entstanden. Die *busetas* (= Stadtbus) mit den Routen „Sultana" oder „Enea" fahren vom alten Zentrum in das neue.

Einen fantastischen Überblick über die Stadt hat man vom nördlich der Altstadt gelegenen **Mirador de Chipre** (Av. 12 de Octubre, zu erreichen per Stadtbus, Route „Chipre", entlang der Av. Santander).

Sehenswertes

Plaza Bolívar

Dies ist der **zentrale Platz** von Manizales (zwischen Cra. 21 und 22 sowie Cl. 22 und 23), der nach den großen Stadtbränden der 1920er Jahre neu gestaltet wurde. Hier steht die bizarre **Statue Bolívar Condor,** ein Spätwerk des Bildhauers *Rodrigo Arenas Betancur* (1985). An der Südflanke der Plaza erhebt sich die neugotische, zwischen 1928 und 1939 aus Zement errichtete **Catedral Basílica de Manizales** mit einem über 100 Meter hohen Hauptturm. An der Nordflanke befindet sich das Gebäude der Provinzregierung aus dem Jahr 1927.

Museo de Oro (Goldmuseum)

Im 2. Stock des Gebäudes der **Banco de la República** (Cra. 23 No. 23-06) befindet sich das Museo de Oro (Goldmuseum), in dem **Gold- und Keramikartefakte** aus vorkolumbischer Zeit ausgestellt sind und kulturelle Veranstaltungen – z.B. Lesungen und Konzerte – stattfinden (geöffnet Mo bis Fr, freier Eintritt).

Plaza Caldas

Dieser Platz sechs Blocks östlich der Plaza Bolívar mit der klassischen Statue des *Francisco José de Caldas,* einem Bambushain, kleinen Cafés und der **Iglesia de la Inmaculada Concepción** aus dem frühen 20. Jh., deren

Inneres ganz aus Holz gebaut ist, ist – anders als die bedrückend abstrakte Plaza Bolívar – ein beliebter Treffpunkt der Städter (zwischen Cra. 22 und 23 sowie Cl. 29 und 30). Etwas östlich folgt das architektonisch interessante **Teatro de los Fundadores** (Cra. 22 mit Cl. 33)

Cable Plaza/Torre de Herveo

Der letzte noch existierende Turm von insgesamt 376, über welche die alte **Seilbahn von Manizales nach Mariquita** verlief, ist keiner der Eisenmasten, die mühsam aus England importiert worden waren, sondern ein in Kolumbien aus Hartholz angefertigter Behelfsturm. Denn ein deutsches U-Boot brachte das Schiff, welches Originalmast 20 geladen hatte, bei der Atlantiküberquerung zum Sinken. 1984 stellte man den Turm, der ursprünglich in Herveo im Departamento Tolima stand, in Manizales als Nationalmonument auf (Av. Santander = Cra. 23 No. 65). Nebenan befinden sich die **Estación El Cable,** die alte Seilbahnstation, in der heute Einrichtungen der Universität untergebracht sind, sowie eine Filiale der Cafékette Juan Valdez. Nahebei erstreckt sich die beliebte **Zona Rosa,** das hippe Ausgehviertel.

Feste & Feiertage

Anfang Januar findet die **Feria de Manizales** mit Prozessionen, Straßenparty, Folkloreshows, Wahl der Kaffeekönigin sowie Stierkämpfen in der Plaza de Toros (Av. Centenario, Ausfahrt nach Chinchiná, Tel. 8837 629) statt.

Ende September folgt das **Festival Internacional de Teatro** – mit zahlreichen Konzerten, auch auf der Plaza Bolívar.

Informationen & wichtige Adressen

Touristeninformation

- **Centro de Información Turística:** Cl. 19 No. 22-44, Tel. 8842 400, direkt an der Nordflanke der Plaza Bolívar im Gebäude der Gobernación de Caldas.
- Wertvolle Infos auch unter **www.culturayturismomanizales.gov.co.**

Geldwechsel

- **Bancolombia:** Cra. 22 und Cl. 21, an der Plaza Bolívar.
- **Citibank:** Cra. 23 No. 53B-20.

Unterkunft

Kaffeefincas außerhalb

- **Hacienda Venecia**€€-€€€€: einige Kilometer außerhalb nahe San Peregrino, Mobil 320 6365 719, www.haciendavenecia.com. Gut funktionierende Kaffeefinca, in der der Herstellungsprozess professionell erklärt wird. Touren für 13 Euro inkl. Transport von Manizales. DZ im Herrenhaus 70–100 Euro, DZ in der Herberge ab 15 Euro/Person.
- **Hostel Monalisa**€/€€: südwestlich von Manizales inmitten der Kaffeeregion gelegene Herberge, Mobil 314 6686 345, www.hostelmonalisa-colombia.com. Vom Terminal in Manizales fahren halbstündlich Busse nach Santagueda (La Rochela) (30 Min./2 Euro), an der Dorfkirche aussteigen. Eine Alternative für Reisende, die sich eine exklusive Kaffeefinca nicht leisten können. Privatraum ca. 20 Euro/Nacht, Schlafsaal 8 Euro/Bett. Nahebei Pferdevermietung. Organisiert Ausflüge zum Nevado del Ruiz.

Im Stadtzentrum

- **Varuna Hotel**€€€€: Cl. 62 No. 23C-18, Tel. 8811 122, www.varunahotel.com. Modernes, exquisites Hotel mit minimalistischem Design, nicht im Stadtzentrum, sondern in der hippen Gegend um die *Zona Rosa* im Südosten. Gutes Restaurant. DZ 100 Euro.

- **Hotel Estelar Las Colinas**€€€: Cra. 22 No. 20-20, Tel. 8842 009, www.hotelestelar.com. Hochhaus zwei Blocks westlich der Kathedrale direkt im Zentrum. Innen modern und sauber. Gepflegtes Restaurant mit erstklassiger Bedienung und gutem Mittagsbuffet (auch für Nichtgäste). Türkisches Bad. DZ ca. 60 Euro inkl. Frühstück. Die Fluggesellschaft Avianca unterhält hier ein Büro.
- **Hotel Fundadores**€€€: Cra. 23 No. 29-54, Tel. 8846 490, www.hotelfundadores.com. Kleines Mittelklassehotel an der Südfront des belebten Parque Caldas im Stadtzentrum. Holzbalkon im Kolonialstil. Geräumige DZ mit Bad für 50 Euro. Gegenüber des Hotels befindet sich ein Internetcafé.
- **Hotel Carretero**€€€: Cra. 23 No. 35A-31, Tel. 8840 255, www.hotelcarretero.com, etwas östlich des Zentrums auf halbem Weg zur *zona rosa*. Modern, sauber, mit Restaurant und Sauna. DZ 50 Euro.
- **Basecamp Hostel**€/€€: Cra. 23 No. 32-20, Tel. 8821 699, www.basecamphostel.com. Neues Globetrotterhostel unweit der neuen Seilbahnstation. Schlafsäle (8 Euro/Bett), Privatzimmer (20 Euro/DZ). Ausblick über die Stadt. Organisiert Spanisch-/Salsaunterricht, abenteuerliche Wanderexkursionen in den Nationalpark Los Nevados, Mountainbike-Touren (www.oxexpeditions.com).
- **Mountain House**€/€+: Cl. 66 No. 23B-137, Cl. Larga de Palermo/Cl. de los Faroles, im Barrio Guayacanes nahe der *zona rosa*, südöstlich des Zentrums und südlich des Stadions Palogrande, Tel. 8874 736, Mobil 300 4397 387, www.mountainhousemanizales.com. Populäres Globetrotterhostel mit Privaträumen und Schlafsälen. Hilfreich bei der Organisation von Ausflügen zum Parque Nacional Los Nevados. Ausgeh-Tipps.

Essen, Trinken, Unterhaltung

- **Pastelería La Suiza:** Cra. 23 No. 26-57, Tel. 8846 823, direkt im Zentrum. Gute Konditorei, gutes Frühstück, guter Kaffee, guter Kuchen. Gepflegt und zurecht sehr beliebt. Eine weitere Filiale hat in der *Zona Rosa* eröffnet: Cra. 23B No. 64-06, Tel. 8850 545.
- **Restaurante El Murál:** Cra. 22 No. 20-20, in der 1. Etage des Hotels Estelar Las Colinas im Stadtzentrum. Kontinentaleuropäisches Mittagsmenü guter Qualität für 7 Euro.
- **Club Manizales:** Cra. 23 und Cl. 26 Esq., Tel. 8841 611, Fischgerichte für den gehobenen Anspruch. Hauptspeise 8 Euro.
- **Valentino's Gourmet:** Av. Santander = Cra. 23 No. 63-128, exzellente Schokolade und guter Kaffee in der *Zona Rosa* südöstlich des Zentrums. Beliebt bei Studenten. Nahebei befinden sich zahlreiche Restaurants.
- **Discoteca Bar C:** 2,5 km östlich der *Zona Rosa* auf einem Hügel (Cerro de Oro) mit Blick auf die Lichter der Stadt, Tel. 8867 103, geöffnet Do bis Sa ab 23 Uhr, gediegen, „Cover Charge".
- **Salsateca Yaré:** Cra. 23 No. 62-57, Mobil 313 7352 420, Do/Fr ab 22 Uhr Salsa in der *zona rosa* (El Cable).

Verkehrsverbindungen

Busse

- Der ultramoderne **Terminal de Transportes** (Busbahnhof), www.terminaldemanizales.com, Cra. 43 und Cl. 66, ist mit dem südöstlichen neuen Stadtzentrum El Cable *(zona rosa)* durch eine Seilbahn verbunden.
- Viertelstündliche **Verbindungen nach Pereira** (80 Min./2,50 Euro) und **Armenia** (2½ Std./3,50 Euro). Mehrere Kleinbusse auch **nach Marsella** (1½ Std./2,50 Euro) über **Chinchiná.** Regelmäßige Busse **nach Bogotá** (8 Std./14 Euro), **Medellín** (5½ Std./8 Euro) und **Cali** (6½ Std./12 Euro).

Flugzeug

- Der **Aeropuerto La Nubia** liegt 7 km südöstlich des Zentrums. Busse fahren vom Zentrum auf der Ruta Enea hierher. Alternativ per Taxi für 4,50 Euro.
- Reguläre **Flugverbindungen** mit Avianca **nach Bogotá.** Aires fliegt **nach Medellín.**

Departamento Risaralda

Überblick & Geschichte

- **Fläche:** 4.140 km²
- **Einwohner:** 1 Mio. *risaraldenses*

Cafetales, Kaffeepflanzungen – nirgendwo sieht man mehr von ihnen als im Mini-Departamento Risaralda, das sich 1966 vom „Alten Caldas" lossagte. Im Herzen des **Eje cafetero,** der kolumbianischen Kaffeeanbauzone, an der Westflanke der Zentralkordillere gelegen, erstreckt sich das geografisch sehr zerklüftete Departamento über das Cauca-Tal hinweg bis hinüber zur dünn besiedelten, an den Chocó grenzenden Westkordillere. Der östliche Teil Risaraldas wird komplett vom **Nationalpark Los Nevados** eingenommen, der westliche Teil soll durch eine geplante Straßenverbindung an den Pazifik besser erschlossen werden.

Die meisten Menschen – kulturell geprägt von den *paisas* – leben im Zentrum entlang der **Nord-Süd-Achse Manizales – Armenia,** wo sich auch die Provinzhauptstadt Pereira befindet. Lebensmittel- und Textilindustrien, Autoteile-, Kohle- und Papierproduktion sowie Geschäftsaktivitäten auf dem tertiären Sektor sind allesamt im Umkreis Pereiras zu finden.

Risaraldas fruchtbare, mineralreiche **Vulkanerde** begünstigt neben dem Kaffee auch den Anbau von Kochbananen, *yuca* (Kassava), Kartoffeln, Mais, Ananas, Kakao und Zuckerrohr.

Interessant ist der Besuch einer Kaffeefinca, eines *paisa*-Städtchens sowie der berühmten Thermalbäder, die zu den besten Kolumbiens gehören.

colo040 Foto: ib

Schlichte Eleganz:
Die Kathedrale von Pereira

Pereira

↗ XV/C,D1

- **Bevölkerung:** 500.000
- **Meter über NN:** 1.410
- **Temperatur** (im Durchschnitt): 21 °C

Die größte der drei Kaffeemetropolen und **Hauptstadt des Departamento Risaralda** sitzt auf einer nach Süden zu ausgerichteten Bergterrasse westlich der Gipfel der Zentralkordillere. Es ist eine geschäftige Stadt, in der hier und jetzt gelebt wird; Sehenswürdigkeiten sind rar.

Die 1863 als Cartago Viejo von Kolonisten aus Antioquia wiedergegründete altspanische Siedlung des Marschalls *Jorge Robledo* trägt heute den Namen des Rechtsanwalts **Francisco Pereira Martinez** (1783–1863), der in der hiesigen Bergregion während des Regimes von *Pablo Morillo* Zuflucht gesucht hatte und davon träumte, eine neue Stadt zu erbauen. Zu Zeiten der *Violencia* strömten etliche Flüchtlinge hierher und sorgten für eine Bevölkerungsexplosion. Mehrere Erdbeben – zuletzt 1995 und 1999 – erschütterten die Stadt und zerstörten viele historische Gebäude.

Herz Pereiras ist die **Plaza Bolívar** (zwischen Cra. 7 und 8 sowie Cl. 19 und 20) mit der **Statue Bolívar Desnudo,** dem zu Pferde voranstürmenden nackten *Bolívar,* einer Arbeit des Künstlers *Rodrigo Arenas Betancur* (1963). An der Westflanke der Plaza steht die innen ganz aus Holz gestaltete, sehr interessante **Catedral de Nuestra Señora de la Pobreza,** die aufgrund der vielen Erdbeben immer wieder neu und anders als zuvor aufgebaut wurde. Die turmlose, neugotische **Iglesia San José** (Cra. 13 und Cl. 15 Esq.) ist ebenfalls bemerkenswert.

Über Jahre war der außerhalb gelegene **Zoo** wichtigster touristischer Anziehungspunkt, denn hier lebte der *ligre* (ein Spross von Löwe, *león,* und Tigerin, *tigre*), der heute sein Gnadenbrot nördlich von Cali fristen muss, wo ihn eine mitleidige Dame betreut.

Termales San Vicente

Pereira ist ein Ausgangspunkt für den Besuch der **Thermalbäder** von San Vicente **im Parque Nacional Los Nevados.** Diese auf 2.400 m über NN in den wilden Bergen des Nationalparks gelegenen Bäder befinden sich in einem pitschnassen Tal, durch das ein von heißen Quellen gespeister Bach fließt. Die Nebelwälder ringsum sind üppig, die Wiesen so gesund und intensiv grün, dass sie fast schon zu leuchten scheinen. Das Militär sorgt für Sicherheit. Mehrere Pools und ein Türkisches Bad befinden sich entlang des Baches. Umkleidekabinen, Duschen, Toiletten, ein Restaurant und mehrere Bungalows sind vorhanden. Verschiedene Reha- und Wellness-Behandlungen werden angeboten (z.B. Psammotherapie).

- **Oficina Termales San Vicente:** Cra. 13 No. 15-62 Esq., Tel. 3336 157, Mobil 315 6617 508. Hier kann man Tagestouren (16 Euro inkl. Mittagessen) oder mehrtägige Aufenthalte bei den Thermalbädern von San Vicente buchen (ca. 110 Euro/*cabaña*/Nacht).

Unterkunft

Kaffeefincas außerhalb

- **Hacienda Hotel San José**€€€€: Entrada 16 cadena El Tigre, Km 4, Vía Pereira – Cerritos, Tel. 3132 615, Mobil 311 3837 8888, www.haciendahotelsanjose.com. Außerhalb der Stadt an der Straße nach Cartago gelegenes Boutique-Hotel in dem 1888 von *Don Francisco Mejía Jaramillo* errichteten Herrenhaus inmitten eines schönen Parks. Antiquitäten. Feudal, mondän, romantisch, modern. Ausritte durch die Kaffee- und Zuckerplantagen und in die Bambushaine der Umgebung sind möglich. DZ ca. 140 Euro mit Frühstück.

colo041 Foto: ib

- **Casa de Inspiración**€€€€: San Joaquín, Vía Morelia, Tel. 3235 492, Mobil 310 8351 768, www.casainspiracion.net. In dieser Kaffeefinca trifft der Lebensstil der *paisas* auf feine süd- und ostasiatische Lebenskunst. Einrichtung im Zen-Stil. Großer Pool. Yoga-Angebote. Restaurant. DZ um 100 Euro.

Im Stadtzentrum

- **Hotel Castilla Real**€€€+: Cl. 15 No. 12B-15, Tel. 3332 192, Fax 3244 950, www.hotelcastillareal.com. Direkt östlich neben der Iglesia San José gelegenes Hotel mit 24 Zimmern. Liebevolle Ausstattung mit Schmiedeeisen und Holz. Konferenzraum. DZ um 75 Euro.
- **Hotel Soratama**€€€: Cra. 7 No. 19-20, Tel. 3358 650, www.hotelsoratama.com, direkt an der Nordflanke der Plaza Bolívar vor dem Bolívar Desnudo im Herzen der Stadt. Zimmer internationalen Standards mit guten Ausblicken. Internetraum. DZ um 50 Euro mit Frühstück.
- **Hotel Abadia Plaza**€€€: Cra. 8 No. 21-67, Tel. 3358 398, www.hotelabadiaplaza.com. Modernes Hotel zwei Blocks westlich der Plaza Bolívar. Türkisches Bad. DZ um 50 Euro.
- **Hotel Mi Casita**€€: Cl. 25 No. 6-20, Tel. 3250 947. Einfaches Hostel mit Restaurant am Parque El Lago. Zimmer ab 16 Euro.
- **Sweet Home Hostel**€+: Cra. 11 No. 44-30, Tel. 3454 453, www.sweethomehostel.com, westlich des Zentrums, etwas abgelegen. Pereiras erste Globetrotterherberge. Klein und familiär. Ab 10 Euro/Bett.

Vom Militär bewacht:
Termales San Vicente

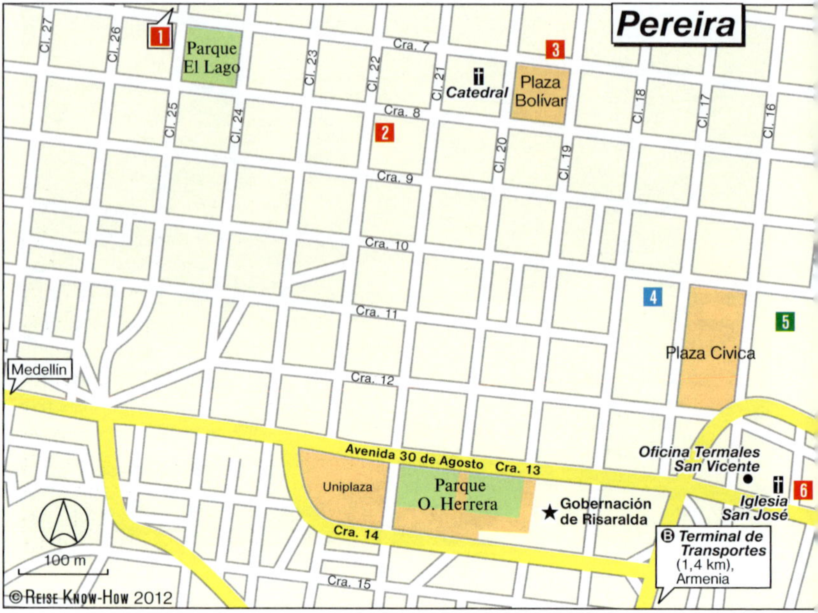

Essen, Trinken, Unterhaltung

- **Restaurante El Mirador Parrilla Show:** Entrada Av. Circunvalar Cl. 4, La Colina, Tel. 3312 141, www.elmiradorparrillashow.com, geöffnet Mo bis Sa 12–24 Uhr. Außerhalb der Stadt auf einem Berg mit Blick über Pereira. Per Taxi. Am Wochenende um 22 Uhr Tangoshow. Reservierung empfohlen. Grillgerichte um 10 Euro.
- **Centro Comercial Victoria:** Cra. 10 und Cl. 17 Esq., Einkaufszentrum westlich der Plaza Civica. Hier befindet sich ein *food court* nach US-amerikanischem Vorbild mit einer Terrasse, von der man einen Weitblick über Pereira hat.
- **Discoteca La Cantera:** Einer von vielen empfehlenswerten Klubs in der umtriebigen *Zona Rosa,* die sich im Barrio La Badea ausgebreitet hat. Geöffnet Fr bis Sa 22–3 Uhr, 3 Euro „Cover Charge", Ausblick auf die Lichter der Stadt.
- **Piano, Ron y Canto:** Av. Circunvalar 6-11, Tel. 3310 841, abends lohnt ein Besuch dieses Tanzlokals mit Live-Musik (Salsa, Vallenato) sowie Restaurant.

Verkehrsverbindungen

Busse

- In Manizales fährt der neu installierte **Megabus** auf ihm vorbehaltenen Fahrbahnen – ein System vergleichbar mit dem des Transmilenio in Bogotá.
- Der **Terminal de Transportes** (Busbahnhof) befindet sich 2 km südlich des Stadtzentrums (Cl. 17 mit Cra. 23), per Taxi dorthin 2 Euro. Es bestehen viertelstündliche **Verbindungen nach Armenia** (1 Std./2,50 Euro)

und **Manizales** (1½ Std./2,50 Euro) und überdies reguläre Busse **nach Bogotá** (9 Std., über Armenia), **Medellín** und **Cali.** Häufig Busse **nach Marsella** (1½ Std./2 Euro).

Flugzeug

- Der **Aeropuerto Matecaña** liegt 5 km westlich des Zentrums. Von hier gehen Maschinen nach Bogotá, Medellín, Cali und sogar nach Miami.

Marsella

↗XV/C1

- **Bevölkerung:** 10.000
- **Meter über NN:** 1.600
- **Temperatur** (im Durchschnitt): 21 °C

30 km nordwestlich von Pereira steht dieses charmante, selten besuchte *pueblo paisa,* das in den 1860ern gegründet wurde. Der zentrale Platz, **El Parque Central,** wurde 1916 teils nach *paisa*-Art, teils im republikanischen Stil konstruiert. Neben der ihn flankierenden doppeltürmigen **Iglesia Inmaculada** sind es vor allem die Häuser mit ihren farbigen Ölsockeln und bunten Holzbalkons, die Bürger zu Pferd, mit Stahlhelm per Mofa oder im verchromten Geländewagen, die für Atmosphäre sorgen. Interessant sind die **Casa de la Cultura,** in der Ausstellungen und viele Aktivitäten stattfinden, der idyllische **Jardín Botánico Alejandro Humboldt** (Eintritt 1 Euro) sowie der ungewöhnliche **Cementerio Jesús María Estrada** aus dem Jahr 1928.

colo042 Foto: ib

Eingang zum Friedhof von Marsella

Praktische Informationen

- **Hotel Carmen**[€+]: Cra. 10 No. 16-34, Tel. 3685 771, Mobil 312 8145 497. Braun gekacheltes Haus ohne Hinweisschild. Familiäre Atmosphäre, sauber und gepflegt. Alles ist gefliest. Zimmer mit Bad ab 8 Euro.
- **Essen, Trinken, Unterhaltung: Um den Parque Central,** oder nahebei **La Fonda Paisa,** Cl. Real No. 10-36, Tel. 3686 109, mit *comida corriente* (2 Euro).
- **Busse** von Lineas Pereiranas oder Cootransmar fahren halbstündlich vom neuen Terminal de Transportes nach Pereira (1½ Std./1,50 Euro), mehrmals täglich auch über Chinchiná nach Manizales (1½ Std./2 Euro).

Departamento Quindío

Überblick & Geschichte

- **Fläche:** 1.845 km²
- **Einwohner:** 560.000 *quindianos*

Der Quindío, das **kleinste Festlands-Departamento Kolumbiens,** ist berühmt für seinen vorzüglichen Kaffee, das milde Frühlingsklima, die fruchtbare Natur mit Bambushainen, Helikonien und Kochbananenpflanzungen, für seine Vogelvielfalt und die Aussichten über das Flusstal des Río Quindío hinweg.

Kulturell prägen **paisas** die Gegend, fleißige, stolze Menschen, oft von Sepharden abstammend, den *carriel,* eine Ledertasche, über der Schulter, die Männer mit Hut, Schnurrbart, *ruana* (Poncho) und Gummistiefeln. Ihre typischen, farbenfrohen Landhäuser unterscheiden sich nicht von denen in Antioquia. Der heute vergleichsweise dicht besiedelte, großteils kultivierte Quindío lebt von der Landwirtschaft (Kaffee, Bananen, Kassava, Kartoffeln, Zitrusfrüchte, Rinder). Außerdem gibt es Textil-, Leder-, Lebensmittel- und Getränkeindustrien. **Ein stark wachsender Bereich ist der Tourismussektor.** Zu Recht: In kaum einem anderen Departamento besteht eine bessere Infrastruktur. Überdies liegt das Departamento zentral zwischen den großen Metropolen Kolumbiens und dabei landschaftlich sehr reizvoll. Lohnend ist vor allem der Besuch des Valle de Cocora mit seinen dünnstieligen Wachspalmen. Unvergesslich kann auch der Aufenthalt in einer traditionellen Kaffeefinca sein (Informationen unter Armenia).

Einst Herzland der indigenen *Quimbaya*-Kultur, dann von den karibischstämmigen *Pijaos* besiedelt, blieb das Gebiet des heutigen Departamento Quindío nach der spanischen Eroberung lange nahezu unbewohnt. Heute leben wenige tausend **Ureinwohner** in einem *resguardo* nahe La Tebaida.

Der nur schwer zugängliche Quindío wurde jahrhundertelang von **silleteros** (Stuhlträgern, die darauf Menschen transportierten) und später **arrieros** (Maultierführern) durchquert – richtige Straßen gab es bis zum 19. Jh. nicht. Siedler, die vor allem aus dem Nordteil der Zentralkordillere hierher kamen, kolonisierten das Gebiet erst ab der zweiten Hälfte des 19. Jh.

Der Quindío gehörte im 20. Jh. zunächst zum Departamento Antioquia und schließlich zum Departamento Caldas, einer von der *Violencia* der 1950er Jahre arg geschüttelten Region, bevor er sich 1966 auf Bestreben von *Ancizar López* als eigenes Departamento abspaltete. 1999 wurden viele Siedlungen im Quindío durch ein heftiges Erdbeben heimgesucht.

Obwohl Heimat der FARC-Chefs *Manuel Marulanda* und *Timoleón Jiménez,* von Drogenboss *Carlos Lehder* und Serienkiller *Luis Garavito,* gilt das Departamento dank seiner vielen freundlichen, hilfsbereiten Bewohner zu den für Reisende **sichersten Zielen Kolumbiens.**

Armenia

↗ XV/C,D1

Überblick & Geschichte

- **Bevölkerung:** 280.000
- **Meter über NN:** 1.500
- **Temperatur** (im Durchschnitt): 21 °C

30 Kolonisten aus Antioquia, an ihrer Spitze *Jesús María Ocampo,* den alle nur *El Tigrero* (Jaguarjäger) nannten, gründeten am 14. Oktober 1889 mit 100 Goldpesos einen *rancho* namens Villa Holguín (zu Ehren des gleichnamigen Staatspräsidenten). Die Nachricht von den schrecklichen, durch die Osmanen verübten Massakern der 1890er Jahre im fernen Armenien sowie der Name einer Finca, die dort war, wo sich heute Cra. 19 und Cl. 30 schneiden, führten dazu, dass sich die Bezeichnung „Armenia" einbürgerte. Zunächst dem Verwaltungsbezirk Salento zugehörig, erhielt der Handelsposten Armenia ab 1903 den Status einer eigenständigen Gemeinde. Rasch entwickelte sie sich zum **regionalen Zentrum des Kaffeehandels** und wurde dann 1966 **Hauptstadt des neuen Departamento Quindío,** welches sich vom „Alten Caldas" abgespalten hatte.

Im Januar 1999 zerstörte ein **Erdbeben** große Teile der Innenstadt. Unermüdlicher Fleiß der Bewohner und Spendengelder auch aus dem Ausland führten zu einem beinahe blitzartigen Wiederaufbau, sodass man Armenia heute buchstäblich als „Ciudad Milagro" (Stadtwunder) bezeichnet. Den schnellen **Wiederaufbau** sieht man ihr an: Provisorisch anmutende, schmucklose, manchmal futuristische Fassaden, riesige Flächen rohen Betons, chaotische *barrios* neben bewachten Reihenhaussiedlungen, ein städtebauliches Konzept, dass auf der einen Seite völlig ideenlos wirkt und auf der anderen Seite das Entstehen von gewagten Gebäudeensembles zuließ, die unter normalen Umständen völlig undenkbar wären. Mein Lieblingsgebäude ist dabei die Iglesia del Sagrado Corazón de Jesús (siehe unten). Ein Besuch der umtriebigen Stadt lohnt vor allem für Architekturinteressierte.

Orientierung

Armenia erstreckt sich längs des nordwestlichen Hochufers des Río Quindío. Herz der Stadt ist die **Plaza Bolívar** (Cra. 13 und 14 mit Cl. 20 und 21). In ihrer Umgebung liegen die besten

Hotels. **Busbahnhof** (Cra. 19 und Cl. 35 Esq.) und **Flughafen** (der Cra. 19 folgend außerhalb in Richtung La Tebaida) befinden sich im Südwesten. Die Nummern der **Carreras** steigen von Südost nach Nordwest an, die Nummern der **Calles** von Nordost nach Südwest.

Am anderen Flussufer liegt die mit Armenia heute nahezu verwachsene Schwesterstadt **Calarcá.**

Sehenswertes

Iglesia Sagrado Corazón de Jesús

Diese größte Kirche Armenias (Cra. 21 zwischen Cl. 19 und 20, Messen täglich zum Sonnenauf- und -untergang) wurde ursprünglich vom italienischen Architekten *Albano Germanetti* entworfen und 1939, großenteils aus Flusssteinen des Río Quindío, erbaut. In der Krypta ruhen die sterblichen Überreste der Stadtgründer. Das Dach ist heute - dem Erdbeben von 1999 geschuldet - ein Provisorium, der Kirchturm ein hohles Gerüst mit Aufsatz, im Souterrain befinden sich moderne Konsumtempel (Kaufhalle, Elektroladen). Die Kirche wirkt ein wenig wie aus Strandgut zusammengezimmert, hat ihren **ureigenen Charakter** und sucht wohl ihresgleichen auf der Welt.

Plaza Bolívar

Die futuristische, von hohen Gebäuden umgebene Plaza (Cra. 13 und 14 mit Cl. 20 und 21) wird vom 20 Meter hohen **Monumento al Esfuerzo** dominiert, einem Werk des Meisters *Rodrigo Arenas Betancur.* An der Südostflanke des Platzes befindet sich die kleine, moderne **Catedral de la Inmaculada Concepción,** deren dreieckige Grundstrukturen an ein granitenes Zelt und die Bergwelt der Anden erinnern (Messen am frühen Morgen, mittags und abends).

Centro Cultural y Museo Quimbaya

Dieses seit 2003 bestehende, mit roten Ziegeln verkleidete Kulturzentrum im nordöstlichen Außenbezirk (Av. Bolívar = Cra. 14, No. 40N-80, Tel. 7498 989, geöffnet Di bis So 10–17 Uhr, Eintritt frei) beherbergt exquisite **Töpferware** sowie etliche **Goldartefakte** des antiken Quimbaya-Volkes, z.B. Helme, Nasenringe und *poporos* (Gefäße zur Kalk-Aufbewahrung für den Koka-Konsum). Per Taxi vom Stadtkern 1,50 Euro. Alternativ nimmt man den nach Circasia gehenden Bus und steigt am Kreisverkehr mit der Dampflokomotive aus.

Estación del Ferrocarril

Die ehemalige **Eisenbahnstation,** ein attraktives historisches Gebäude im republikanischen Stil nicht weit vom Stadtzentrum, beherbergt heute eine **Bibliothek** (Cra. 19 No. 29-30, Tel. 7473 355). Eine Miniaturreplik des Bahnhofes findet sich im Parque Nacional del Café (siehe dort).

Jardín Botánico del Quindío

Hauptattraktion des nahe Armenias Schwesterstadt Calarcá gelegenen Botanischen Gartens (Calarcá, Km 3, Vía

Armenia

Übernachtung
1 Hotel Centenario
3 Hotel Zuldemayda
4 Hotel Alferez
7 Hotel Bolívar Plaza
8 Hotel Quijote Cafetero

Essen, Trinken, Unterhaltung
1 Restaurante Centenario
2 Salón Embajador (Hotel Maitamá)
5 Rincón Vegetariano
6 Café Lucerna

al Valle, Tel. 7427 254, www.jardinbotanicoquindio.org, 10 Min. mit dem Taxi, Eintritt 6 Euro) ist das **Mariposario,** ein 700 m² großes Schmetterlingshaus, das inmitten eines der letzten Altholzbestände des Quindío liegt. In dem schmetterlingsförmigen Glasgebäude leben 100 heimische Schmetterlingsarten.

Informationen & wichtige Adressen

Touristeninformation

- **Fondo Mixto de Promoción del Quindío:** Cra. 13 und Cl. 20 Esq., direkt an der Plaza Bolívar im Untergeschoss des Gebäudes der Gobernación del Quindío, Tel. 7412 991 / 7411 519, geöffnet Mo bis Fr 8–18 Uhr, mittags geschlossen. Hier gibt es touristische Informationen, Karten, Adressen und Kontaktdaten zu Kaffeefincas. Fincas und sonstige Unterkünfte im Quindío sind auch über www.turismoquindio.com abrufbar, Reservierungen über Tel. 7441 567, Mobil 311 6234 929.

Internetcafés

- **Im Zentrum zuhauf,** z.B. Cra. 13 und Cl. 20 Esq. oder Cra. 14 No. 20-25, beide direkt an der Plaza Bolívar.

Geldwechsel

- **Bancolombia:** Cl. 20 No. 15-26.
- **Centro Comercial IBG:** Cra. 14 No. 18-56.
- **Geldautomat auch am Busbahnhof.**

Fluggesellschaft

- **Avianca:** Im Flughafen oder Cl. 21 No. 13-23, Local 4, Tel. 7414 842.

Unterkunft

Außerhalb

- **Hacienda Bambusa**€€€: Km 9,3, Vía El Caimo – Portugalito, 20 Autominuten südlich von Armenia, über El Caimo zu erreichen, Wegbeschreibung auf der Homepage www.haciendabambusa.com. Kostenloser Abholservice vom Flughafen El Edén sowie dem Busbahnhof von Armenia. Elegantes historisches Anwesen inmitten von Bananenpflanzungen und Bambushainen. Pool, Reit- und Wanderausflüge, Golf.
- **Finca El Balso**€€€: Km 5, Vía Armenia – Club Campestre, Tel. 7441 567 / 7494 280, Mobil 311 6234 929, www.fincaelbalso.com. In Armenia folgt man der Cra. 19 nach Süden und gelangt so auf die Straße zum Flughafen. 5 km nach Passieren des Estadio Centenario zweigt rechts ein unbefestigter Weg ab, nach 400 m erreicht man die Finca, deren Hauptgebäude zu den traditionellsten in der Gegend um Armenia zählt. Grandiose *paisa*-Architektur. Rosa und blau bemalte Holzvertäfelungen. Elegant und stilvoll. Der betagte Besitzer, *Julián Morales de la Pava,* führt durch die **Kaffeepflanzung** und erklärt den Veredelungsprozess. Fünf Räume mit Privatbad (ca. 50 Euro pro Zimmer). Pool.
- **Finca La Cabaña**€€€: Km 1, Vía La Bella – Quebrada Negra, nahe der Schwesterstadt Calarcá. Von Kaffeebüschen und Bananenbäumen umschmiegtes, bunt getäfeltes *paisa*-Farmhaus aus dem Jahr 1887, museal mit Antiquitäten eingerichtet. Sieben Räume, DZ ca. 50 Euro inkl. Frühstück.
- **Hacienda Combia**€€+: Calarcá, Km 4, Vía al Valle, Vereda La Bella, Tel. 7468 472, Mobil 310 2509 719, www.combia.com.co, eine weitere Option im Stil einer Ferienanlage, DZ ab 40 Euro.

In der Stadt

- **Armenia Hotel**€€€: Av. Bolívar No. 8N Esq., am Parque de la Vida im Nordosten der Stadt, Tel. 7460 099, Fax 7450 200, www.armeniahotelsa.com. Das möglicherweise beste Stadthotel, wenn auch nicht gerade im Herzen Armenias gelegen. 129 sehr moderne, geschmackvoll eingerichtete Zimmer mit Möbeln aus heimischem Holz und Betten aus Bambus. Pool, Sauna. Gutes Restaurant.

- **Hotel Bolívar Plaza**€€€: Cl. 21 No. 14-17, Tel. 7410 083 / 7443 892, direkt an der zentralen Plaza Bolívar. Sehr modern, kleine, saubere Zimmer mit Ausblick. Gutes Restaurant. Frühstück inklusive.
- **Hotel Zuldemayda**€€+/€€€: Cl. 20 No. 15-38, Tel. 7410 580, sehr zentrale Lage nahe der Plaza Bolívar. Eines der besseren Stadthotels, 45 Zimmer, gute Ausstattung, sauber. Frühstück inklusive. Parkmöglichkeit.
- **Hotel Centenario**€€+: Cl. 21 No. 18-20, Tel. 7443 143, Fax 7411 321, www.hotelcentenario.com. Dies war das erste Hotel, das nach dem Erdbeben in Armenia öffnete. Sauber. Sauna und Fitnessraum. Gutes Restaurant im obersten Geschoss. Frühstück inklusive.
- **Hotel El Quijote Cafetero**€€: Cra. 14 No. 25-08, Tel. 7740 663. Eine der preiswerteren Lösungen.
- **Hotel Alferez**€+: Cra. 17 No. 17-47, Tel. 7443 096. Schlichte, aber sichere Option. Wäscheservice.

Essen, Trinken, Unterhaltung

- **Café Quindío:** Av. Bolívar = Cra. 14, No. 7N Esq., am Parque de la Vida, Tel. 7454 478, Steak in Kaffeesauce und internationale Gourmet-Küche, gehobene Preislage.
- **Restaurante Rancho Argentino:** Av. Bolívar No. 13N-57, Tel. 7495 198, Grillspezialitäten, gute Steaks.
- **Restaurante La Fogata:** Av. Bolívar No. 14N-39, Tel. 7495 980, populäre Fleischgerichte, gehobene Preislage.
- **Restaurante Il Camineto:** Cra. 13 No. 8N-67 Local 102, hinter dem Hotel Armenia, Tel. 7461 186, edle italienische Küche.

colo167 Foto: ib

- **Rincón Vegetariano:** Cl. 18 No. 13-25, Tel. 7445 055, direkt im Zentrum, gute, sehr preiswerte vegetarische Gerichte in luftigen hohen Räumen im 1. Stock. Entspannend.
- **Salón Embajador:** Cl. 21 No. 16-45, Tel. 7449 308, im Hotel Maitamá, internationale Küche.
- **Restaurante Hotel Centenario:** Cl. 21 No. 18-20, Tel. 7443 143, Ext. 114 / 115, gute internationale Küche.
- **Café Lucerna:** Cl. 20 No. 14-37, gute, preiswerte *paisa*-Küche.
- **Restaurante Roma:** Cra. 23 No. 10A-17, Tel. 7466 196, nördlich im Barrio Granada, italienische Küche, serviert auf karierten Tischdecken.

Verkehrsverbindungen

Busse

- Der **Busbahnhof** liegt 2 km südwestlich des Zentrums (Cra. 19 und Cl. 35 Esq.).
- Stündlich fahren **Busse über La Línea,** den Hochpass der Zentralkordillere, **nach Ibagué** (3½ Std./10 Euro) und **nach Bogotá** (8 Std./ 18 Euro). Häufige Verbindungen bestehen auch **nach Cartago, nach Buga** (2½ Std./ 6 Euro), **nach Cali** (4 Std./11 Euro) und **nach Pereira** (1½ Std./3 Euro). Halbstündlich verkehren Busse **nach Filandia** (75 Min./2 Euro), **zum Parque Nacional del Café** (30 Min./ 1,50 Euro) und **nach Salento** (1 Std./1,50 Euro).

Flugzeug

- 17 km südwestlich liegt der **Aeropuerto El Edén,** von dem täglich mehrere **Avianca-Flüge nach Bogotá** und **Medellín** gehen (ca. 100 Euro).

Filandia

⇗ XV/C,D1

- **Bevölkerung:** 6.500
- **Meter über NN:** 1.950
- **Temperatur** (im Durchschnitt): 17°C

Das um 1878 von Kolonisten aus Antioquia gegründete Städtchen (sein Name soll in der Sprache der einst hier ansässigen *Quimbaya*-Indianer „Tochter der Berge" bedeuten) gilt als **schönster Ort des Departamento Quindío** und ist ein **Musterbeispiel vollendeter paisa-Architektur:** Es dominieren weiß getünchte, flache sowie eingeschossige Häuser mit dicken Tondachziegeln und schrill bemalten, getäfelten Türen, Fensterläden und Balustraden, hölzernen Zimmerdecken mit strahlenförmigen Schmuckstreben sowie großzügige blumenbestandene Patios. Man errichtete die Kirche María Inmaculada ursprünglich aus *bahareque* (Holz und Lehm) und stützte sie später mit Metallplatten ab.

Bekannt wurde der Ort durch die hier gedrehte, im kolumbianischen Fernsehen enorm populäre *telenovela* (Seifenoper) **„Café con Aroma de Mujer"** (1994) von *Fernando Gaitán,* Schöpfer des späteren Welterfolges „Yo soy Betty, la Fea". In der bittersüßen *telenovela* „Café" verlieben sich die einfache Erntearbeiterin *Gaviota* und *Sebastián,* der Erbe eines Kaffeeimperiums, ineinander. Eine leidenschaftliche Affäre folgt, doch *Sebastián* heiratet eine andere Frau. *Gaviota* aber kämpft sich als erste Frau im Kaffeebusiness nach oben. Und dann treffen beide wieder aufeinander ...

Filandia, das 26 km nördlich von Armenia liegt, zieht am Wochenende wie magisch etliche Tagesausflügler an. Vom futuristischen **Aussichtsturm Mirador del Quindío** (Eintritt 1,50 Euro) auf dem Cerro El Bizco eröffnen sich grandiose Blicke über die bergige Landschaft bis hinein in die benachbarten Departamentos.

Praktische Informationen

- **La Posada del Compadre**€€+: Cra. 6 No. 8-06, Mobil 313 3359 771, www.laposadadelcompadre.com. 7 gepflegte helle Zimmer mit Privatbad und Balkon. Familiäre Atmosphäre in einem schmucken paisa-Haus.
- **Hostal Tibouchina**€€: Cl. 6 No. 5-05, Tel. 7582 646. *Paisa*-Haus mit angenehmem Ambiente.
- **Busse** fahren im 30-Minuten-Takt **über Circasia nach Armenia** (1½ Std./1,50 Euro).

Parque Nacional del Café

↗ XV/C1

Überblick

Der 1995 eröffnete, 48 ha große und sehr touristische Kaffeepark (Vía Montenegro - Pueblo Tapao, km 6, Tel. 7417 417, www.parquenacionaldelcafe.com, geöffnet 9–16 Uhr, Di geschlossen, Eintritt ca. 15 Euro – abhängig von der Anzahl der „Abenteuer", die der Besucher in Anspruch nehmen will) ist zugleich **Freilichtmuseum, Vergnügungspark und Folkloreshow.** Er liegt an einem wohltemperierten Osthang (Durchschnittstemperatur 21 °C) mit Blick auf die 16 km entfernte Stadt Armenia und die dahinter aufragende Zentralkordillere. Ein Museum, eine Kaffeepflanzung *(cafetal)* sowie Trocknungsmaschinen erklären die Geschichte des Kaffeeanbaus, die Vielfalt der Kaffeesorten und den Produktionsprozess. Lohnend ist der Besuch der hervorragenden **Tanzvorführung „Show del Café"** zu traditionellen *bambuco*-Klängen: Angetan in traditionellen Kostümen flirten die Kaffeebäuerinnen mit den -bauern und fechten, mit ihren Erntemessern klirrend, um die gegenseitige Gunst. Eine Seil-

colo044 Foto: ib

Die Kaffeepflanze blüht weiß und trägt rote Kirschen

bahn führt nahe des Aussichtsturmes über den *cafetal* und einen *guadual* (Bambushain) hinweg hangabwärts zum Rummelplatz und zu mehreren Restaurants (das beste befindet sich im Obergeschoss des Eisenbahnhofs).

Fazit: Empfehlenswert ist der Tagesausflug in erster Linie für Familien mit Kindern (aber nur, sofern das Wetter mitspielt). Wer sich allein für den Kaffeeanbau interessiert, besucht besser eine traditionelle Finca.

Praktische Informationen 

- **Casa de Campo El Delirio**€€€: 800 m südlich von Montenegro östlich der Straße zum Kaffeepark, Tel. 7450 405. Altes Herrenhaus im *paisa*-Stil. Urige und doch elegante Finca. Garten, Ausblick, Pool, Frühstück inklusive. Sechs Räume und zwei Suiten. Zimmer ca. 50 Euro. Wenn das Tor zu ist – einfach hupen, bis jemand öffnet. Besichtigung der Kaffeeplantage möglich.
- **Hostal Veraneras**€+: Im Dorf Pueblo Tapao, 4 km südlich des Kaffeeparks, Av. 30 de Noviembre und Cl. 13 Esq., zweigeschossiges modernes Haus, sauber, mit Restaurantservice, Frühstück inklusive.
- **Verkehrsverbindungen:** Siehe unter Armenia.

Salento

↗ XV/D1

- **Bevölkerung:** 5.000
- **Meter über NN:** 1.900
- **Temperatur** (im Durchschnitt): 17 °C

24 km entfernt vom heutigen Armenia kultivierten ab 1842, nach dem als **Guerra de los Supremos** in die Geschichte eingegangenen Bürgerkrieg, politische Gefangene und Kolonisten aus Cauca, Antioquia und Panama den nordöstlichen Zipfel des jetzigen Departamento Quindío – es war die Geburtsstunde des Ortes Salento: Die bereits zu Kolonialzeiten genutzte Route Bogotá – Popayán über das schwer zugängliche Quindío-Massiv wurde von den Arbeitern ausgebaut; dafür gab ihnen die Regierung Grund und Boden. 1853, nach der Flut des Río Quindío, siedelten die Familien der Sträflinge aus der Colonia de Boquia über in die alte Strafkolonie Barcinales, und genau dort entstand nun die seit 1865 (nach einer Idee des Mitgründers *Ramón Elías Palau*) **Villa de Nueva Salento** genannte Siedlung – in Anlehnung an das von König *Idomeneus* gegründete antike Salento.

Heute ist dieser älteste Ort des Departamento Quindío ein Schmuckkästchen: Insbesondere um die Plaza sowie entlang der Cra. 6 (Calle Real) ziehen sich **attraktive Häuser im farbenfrohen paisa-Stil:** mit bemalten Türen, Fensterläden und Balkons aus Holz, schattigen Innenhöfen und bunten Blumen. Von der Plaza läuft die von Kunstgewerbeläden, Pensionen und Billardsalons gesäumte Calle Real bis zum Fuße des **Alto de la Cruz,** des Kreuzhügels, auf den Treppenstufen hinaufführen. Oben kann man sich auf eine Schaukel setzen und einen grandiosen Blick über die tönernen Dachziegel des vom Templo de Nuestra Señora del Carmen dominierten Städtchens genießen.

An den Wochenenden kommen Kurzurlauber aus Armenia und Pereira nach Salento, das den **Ausgangs-**

punkt für einen Besuch des Valle de Cocora (siehe unten) bildet.

In Salento lassen sich Bergführer für mehrtägige Exkursionen zum **Nevado del Tolima** anheuern (Informationen in der Alcaldía an der Plaza).

Unterkunft

- **Casa Hotel Alto del Coronel€€€**: Cra. 2 No. 1-61 Esq., Tel. 7441 567, Mobil 311 6234 929. Exquisites, freistehendes *paisa*-Landhaus drei Blocks von der Plaza auf einem Hügel. Terrasse mit Ausblick. Schnitzereien und Orientteppiche. Familiäres Ambiente. Zwei urige Suiten für je max. vier Personen. Küche. Parkmöglichkeit.
- **El Portal de Cocora€€€**: Vía Cocora, km 1, außerhalb des Ortes an der Straße nach Cocora gelegen, Tel. 7593 075 / 7457 524, Mobil 315 5478 872, www.elportaldecocora.4t.com. Das Restaurant mit der fantastischen Aussicht vermietet zwei schöne *cabañas* an sieben bzw. drei Personen.
- **Hostal La Posada del Café€€+**: Cra. 6 No. 3-08 (Calle Real), Tel. 7593 012, malenacafe@yahoo.com. Zentrale Lage, typisches *paisa*-Haus, das hufeisenförmig einen blumengeschmückten Garten umschließt, in dem sich Kolibris und *barranqueros (barranquillos)* einfinden und sandfarbene Hunde umhertigern. Geräumige Zimmer mit Privatbad, warmes Wasser. DZ ca. 40 Euro, Frühstück inklusive. Familiäre Atmosphäre für maximal 20 Gäste. Die Besitzerin, *María Helena,* ist hilfsbereit, spricht englisch und vermittelt Touren.
- **Hostería Las Nubes€€+**: Cra. 9 No. 7-31, Tel. 7593 620, www.hosterialasnubes.com. Eine weitere Option im typischen *quindiana*-Stil mit Holzbalustrade und Madonna im Garten. Frühstück inklusive.
- **Posada del Angel€€+**: Cl. 6 No. 7-47, Tel. 7593 507. Drei Räume mit Veranda und Blick über die Berge, guter Service.
- **Hostería Calle Real€€**: Cra. 6 No. 2-20 (Calle Real), Tel. 7593 772, zentrale Lage nahe des Aufstiegs zum Alto de la Cruz. Typisches *paisa*-Haus mit knarrenden Dielen um einen grünen Innenhof. Kleine Zimmer mit kleinem Bad. Frühstück inklusive. Sehr familiär und freundlich.
- **Camping Monteroca€€+**: Km 4, Vía a Salento, Mobil 315 4136 862 / 310 4223 720, www.campingmonteroca.com. Überm Tal des Río Quindío gelegener Zeltplatz mit guter Infrastruktur, Duschen und Gemeinschaftsküche. Extravagante Hütten zu vermieten. *Simón Bolívar* soll hier gerastet haben. Meteoritensammlung und *Serpentario* (Schlangenhaus). Viel Natur.
- **The Plantation House€€+**: Cl. 7 No. 1-04 Alto del Coronel, Tel. 7593 403 / 147, Mobil 316 2852 603, www.theplantationhousesalento.com. Etwas außerhalb, nahe der Estación de Bomberos (Feuerwache) auf einem Hügel gelegene Finca im Besitz des Engländers *Tim Harbour.* Hübscher Garten, Aussicht, fünf Räume. Beliebt unter Globetrottern. Gemeinschaftsküche, Wäscheservice. Preise pro Bett bzw. für Privatraum. Der Besitzer vermittelt Besuche lokaler Kaffeefincas und ist eine unerschöpfliche Quelle wertvoller Informationen.
- **Hotel y Restaurante Descanso y Sazón€+**: Cra. 2 No. 3-29 (Salida al Valle de Cocora), Mobil 316 5280 137, www.hotelyrestaurantedescansoysazon.com. *Norma & Didier* sind freundliche und zuvorkommende Gastgeber. Saubere, helle und geräumige Zimmer.
- **La Floresta Hostal€+**: Cra. 5 No. 10-11, Barrio La Floresta, Mobil 318 2492 104, www.laflorestahostal.com. Der Besitzer *Ernesto Jaramillo* sorgt für entspannt familiäre Atmosphäre. Internet. Zelten möglich. Eine der günstigsten Optionen, abseits vom Globetrottertrubel.

Essen, Trinken, Unterhaltung

- Die meisten Restaurants befinden sich nahe der Plaza. Empfehlenswert sind **La Fonda de los Arrieros,** Cra. 6 und Cl. 6 Esq. (an der Plaza neben dem Comando de Policía), **Café Gourmet Alegra,** Cra. 7 und Cl. 4 Esq., sowie **Restaurante El Fin del Afán,** Cra. 6 No. 3-16 (Calle Real), wo neben Hühnchen vor allem exzellente *trucha* (Forelle) – auf alle mögli-

colo045 Foto: ib

Wachspalmen im Valle de Cocora

chen Zubereitungsarten, z.B. mit Knoblauch oder Krabben - jeweils in Begleitung eines riesigen *patacón* (Kochbananenfladen) angeboten wird.

- Chilenischen Rotwein bei Kerzenschein trinkt man abends im nahen **Café Jésus Martín,** Cra. 6 No. 6-20.

Verkehrsverbindungen

- **Busse** von Cootrancircasia fahren von der Plaza Bolívar halbstündlich **über Circasia nach Armenia** (1 Std./1,50 Euro) und meist 6 sowie 13 Uhr - am Wochenende auch häufiger - **nach Pereira** (1 Std./1,50 Euro).
- Ein **Willys-Jeep** fährt 7.30 Uhr von der Plaza Bolívar (gegenüber der Polizeistation), dem Río Quindío talaufwärts folgend, nach Osten in den Weiler **Cocora (Palestina)** (11 km/30 Min./1,50 Euro). Wenige weitere Jeeps fahren in unregelmäßigen Abständen, häufiger am Wochenende. Von Cocora zurück nach Salento fährt der letzte Jeep meist 17 Uhr. Zu Fuß benötigt man für die landschaftlich schöne Strecke 2–3 Std.

Valle de Cocora ↗XV/D1

Knapp 11 km östlich von Salento befindet sich im Flusstal des Río Quindío der Weiler **Cocora (Palestina):** mehrere Restaurants, ein Laden, eine am Wochenende operierende Pferdevermietung und eine Forellenzucht, dazu zerstreut liegende Fincas. Rechts vom Hauptweg abzweigend, hinunter ins Flusstal, die Forellenzucht (La Truchera) passierend und über die schmale Brücke des Río Quindío hinweg, verläuft ein tief eingekerbter **Reitpfad** zwischen neongrünen Grasmatten wieder talaufwärts. Auf den saftigen, mit Stacheldraht eingezäunten Hängen zu beiden Seiten weiden Milchkühe und Pferde, die von weitem wie gemästete Blattläuse wirken; darüber erheben sich, umwoben von Wolkenschwaden, steile, düstere Gipfel, bewachsen von Nebelwald. Am oberen Rand der Graszone stehen die bis zu 60 Meter hohen **palmas de cera (Wachspalmen),** deren zierliche Krönchen sich vor dem schweren Dunkelgrau der über den Felsgrat quellenden Wolken abzeichnen – ein fantastisches Naturschauspiel. Die Wachspalme *(Ceroxylon quindiuense),* die zu den höchsten Palmenarten der Welt zählt und die sich Kolumbien zum **„Nationalbaum"** auserkoren hat, findet man nirgendwo in größerer Konzentration als hier.

Nach 1 Std. Fußmarsch (ca. 2 km) erreicht man den Saum des Nebelwaldes. Von hier geht es 1,5 Std. (3 km) bergaufwärts, immer entlang des reißenden Quindío-Baches, der sechsmal mittels Hängebrücken überquert werden muss, durch den von Farnen, Bromelien und Flechten ü berzogenen Wald bis zum 200 ha großen **Naturreservat Acaime** (2.900 m über NN, Durchschnittstemperatur 15°C) der Fundación Herencia Verde. Hier kann in *cabañas* übernachtet werden (€+ pro Person). Die indianischen Parkverwalter bieten *chocolate con queso* und Coca-Cola an. Seltene Kolibris und *barranqueros (barranquillos)* finden sich vormittags an der Naturstation zum Fressen ein.

Weitere Wege führen von Acaime zur Estrella de Agua und tief in den **Nationalpark Los Nevados** (alternativ ist der Nationalpark erreichbar, indem der aus Salento nach Cocora führenden Straße in Cocora weiter nach Osten gefolgt wird).

Praktische Informationen 

- **Ausrüstung:** Sonnencreme, Gummistiefel.
- **Unterkunft:** Das **Restaurante Bosques de Cocora,** Don de Juan B, km 11, Valle de Cocora, Tel. 7593 212 / 7496 831, www.bosquesdecocora.com, unweit des Jeep-Haltepunktes, vermietet Zelte und Matratzen. Alternativ kann man in der **Finca San José,** die man auf dem Marsch nach Acaime passiert, oder in Acaime selbst (siehe oben) schlafen.
- **Verkehrsverbindungen:** Siehe unter Salento.

colo12-010 Foto: ib

colo059 Foto: ib

Der karibische Norden

colo12-006 Foto: ib

colo173 Foto: ib

Rikschas sieht man im Departamento Atlántico allerorten

Junge Tänzerinnen am Unabhängigkeitstag

Karibikidylle auf der Isla Providencia

Departamento Bolívar

Überblick & Geschichte

- **Fläche:** 25.978 km²
- **Einwohner:** 1,9 Mio. *bolivarenses*

Kaum ein Departamento führt die Bandbreite kolumbianischer Lebensrealität kontrastreicher vor Augen als das 1857 nach dem *Libertador Simón Bolívar* benannte Kerngebiet der einstigen Provincia de Cartagena. Im Laufe des 20. Jh. spalteten sich die Departamentos Atlántico, San Andrés und Providencia, Córdoba und Sucre von Bolívar ab. Übrig blieb ein **langer, schmaler Landstreifen,** der von der **Karibikküste** um Cartagena de Indias über die Serranía de San Jacinto (= Montes de María) weit nach Süden reicht und dabei die Zebu-Fincas in den Überschwemmungsgebieten zwischen den Flüssen Cauca und Magdalena ebenso umfasst wie die sich daran anschließende rohstoffreiche, wilde Serranía de San Lucas.

Mit den beeindruckenden Kolonialstädten **Cartagena** und **Mompós** verfügt Bolívar über zwei herausragende Stätten des UNESCO-Weltkulturerbes. Cartagena ist zweifellos die von Touristen meistfrequentierte Stadt Kolumbiens. Der Stadtteil Bocagrande erinnert an ein Manhattan Südamerikas, heftig beworben von Immobilienmaklern. Ölabbau in Bolívar hat überdies zum Entstehen einer petrochemischen Industrie geführt. Alles in allem gute ökonomische Perspektiven, könnte man vermuten. Und doch – der überwiegende Teil Bolívars ist unterentwickelt: Hier gibt es keine Infrastruktur, nur provisorisch anmutende Dörfer, unübersichtliche Lagunenlabyrinthe und zerklüftete Berge, in denen die Bewohner Koka kultivieren oder mit dem Meißel Tunnelsysteme in die Berge treiben, um Gold abzubauen. Die **Serranía de San Lucas** ist ein weißer Fleck auf der Landkarte für die meisten Kolumbianer, ein Gebiet ohne zureichende staatliche Präsenz, ohne durchsetzbare Menschen- und Bürgerrechte, ein Tummelplatz für Paramilitärs und Guerillas. AngloGold Ashanti Limited, ein multinationales Bergbauunternehmen, schürft hier nach Erzen; alteingesessene Dörfler wurden kurzerhand vertrieben.

Cartagena de Indias

II/A2

Überblick

- **Bevölkerung:** 1,2 Mio.
- **Meter über NN:** 3
- **Temperatur** (im Durchschnitt): 28°C

Die fünftgrößte Metropole Kolumbiens ist **älter und schöner als alle ihre Schwestern.** Sie ist stets heiß, sinnlich, romantisch, geheimnisvoll, schminkt sich in kräftigen Farben, steckt sich betörende Blüten auf, und sie liebt das ausgelassene Feiern ebenso wie den Atem des Meeres und die magische Stille karibischer Nächte.

Sie weiß, was sie will (sie wusste es schon immer): Geld, Luxus, Glamour, Schönheit, Macht und Freiheit.

Keine andere kolumbianische Stadt empfängt mehr Gäste oder bietet eine so erlesene Auswahl an Möglichkeiten, Geld loszuwerden, wie das legendäre Cartagena de Indias, die **Perle der Karibik,** UNESCO-Weltkulturerbe seit 1984. Hier finden internationale Gipfeltreffen statt, hier rauchen Staatspräsidenten ihre Zigarren, hier kauft jeder Millionär ein Apartment mit Blick auf die See. In den Altstadtgassen riecht es nach Schimmel, Fäulnis, Salzwasser und tropischen Früchten. Jeder Stein hat eine Geschichte zu erzählen. Abends klappern die Pferdekutschen der Touristen mit flackernden Kerzen in den Laternen durch die engen Straßen. Auf den Festungsmauern wachen Soldaten, tuscheln Liebespaare, zählen Gauner ihre Tageseinkünfte.

Ein Besuch der **charmanten und relativ sicheren Stadt** ist für jeden Kolumbien-Fahrer unabdingbare Pflicht. Die schöne Alte bietet für jeden Geldbeutel und jeden Geschmack Kost und Logis. Hochsaison ist Dezember/Januar (dann ist alles teurer). In den Monaten Oktober/November kann es zu sintflutartigen Regenfällen und Überschwemmungen kommen. Romancier *Gabriel García Márquez* setzte der Stadt mit „Die Liebe in den Zeiten der Cholera" (1985) ein literarisches Denkmal.

Geschichte

Auf einer von Mangrovensümpfen und Lagunen umgebenen Küsteninsel mit exzellentem Ankerplatz, auf der Indigene des Volkes der *Calamarí* wohn-

ten, gründete der spanische Konquistador **Pedro de Heredia** 1533 den Ort Cartagena de Indias. Die schöne und stolze **India Catalina,** die als Kind aus ihrer Heimat, dem heutigen Galerazamba, verschleppt und in Santo Domingo erzogen worden war, half ihm als Übersetzerin, heiratete später den Neffen *Heredias,* reiste nach Spanien und soll bis zu ihrem Tod in Sevilla gelebt haben. *Pedro de Heredia* aber blieb, durchkämmte zwanzig Jahre lang auf zahlreichen Raubfahrten das karibische Tiefland und raffte die Goldschätze der hier lebenden indigenen Völker zusammen, bis ihn das Schicksal bei einem Schiffbruch ins Meer hinab zwang.

colo049 Foto: ib

Der große Naturhafen, die gut zu verteidigende strategische Position der Inselstadt sowie der **Canal del Dique,** ein Mitte des 17. Jh. von Sklavenhand geschaffener Verbindungskanal zum Unterlauf des Río Magdalena, der noch heute von Frachtern genutzt wird - all das begünstigte die rasante Etablierung Cartagenas als prächtigste und berühmteste Hafenstadt Spanisch-Amerikas. Cartagena diente als **Verbindungstor zwischen Neugranada und der Alten Welt:** Hier wurden Gold, Silber und Edelsteine der Indianer eingelagert, bevor die kostbare Fracht dann auf Schiffen die Fahrt nach Europa antrat. Hier kamen die Vizekönige an, und von hier reisten sie wieder ab. Hier wurden Pferde, Waffen, Rüstungen entladen. Hier betraten fast alle afrikanischen Sklaven zum ersten mal südamerikanischen Boden - in Ketten.

Der Ruhm war so groß, dass raubgierige Bukanier, Korsaren und Freibeuter nicht ausblieben. *Jean-Francois de La Rocque de Roberval* (genannt *Robert Waal*), *Sir John Hawkins* und viele andere berüchtigte Seeräuber attackierten die Stadt. **Sir Francis Drake** plünderte Cartagena im Jahr 1586, **Jean Baptiste du Casse** 1697.

Dem wollten die Spanier einen Riegel vorschieben. In jahrhundertelanger Schufterei entstanden **monumentale Festungsanlagen,** die bis heute nahezu vollständig erhalten sind und als Musterbeispiele spanischer Militärbaukunst gelten. Eine unterseeische Mauer verschließt seit der zweiten Hälfte des 18. Jh. die Hafeneinfahrt La Boca Grande zwischen der gleichnamigen Nehrung und der Isla Tierrabomba, sodass feindliche Schiffe von nun an die Boca Chica benutzen und

Cartagena, eine charmante und schöne Stadt

sich dabei dem Beschuss zweier hochgerüsteter Forts aussetzen mussten.

Doch im März 1741, als **Vizeadmiral Edward Vernon** (genannt *Old Grog*) Cartagena angriff, waren diese Festungsanlagen noch längst nicht fertig. *Old Grog* glaubte fest an seinen Triumph und durfte dies auch: Er hatte eine Armee von 20.000 Mann bei sich, verteilt auf eine Armada von 186 Schiffen mit insgesamt 2.000 Kanonen. Die Verteidigung der Stadt übernahm der 52-jährige **Admiral Blas de Lezo y Olavarrieta,** den man *Patapalo* oder auch *Mediohombre* nannte, den „halben Mann": Wegen zahlreicher Kriegsverletzungen hatte er nur noch ein Auge, einen Arm und ein Bein. Er kommandierte sechs Fregatten, etwa 3.500 Soldaten und Bogenschützen.

Die Engländer sandten einen Boten aus, um der Heimat vorsorglich schon mal ihren Triumph zu melden. Es existierte sogar bereits eine Gedenkmedaille – auf ihr ein stolzer *Old Grog* und zu seinen Füßen der am Boden zerstörte *Blas de Lezo*. Doch es kam alles ganz anders.

67 Tage dauerten die **zähen Kämpfe.** *Don Blas de Lezo* verschanzte sich auf dem Kastell San Félipe. Tropische Regengüsse, Gelbfieber, Durchfall und Hunger setzten den Engländern mehr und mehr zu. *Old Grog* musste schließlich abrücken; er hatte die Hälfte seiner Leute und 50 Schiffe verloren. *Blas de Lezo* dagegen hatte zwar nun auch sein zweites Bein eingebüßt – aber er ging als Sieger aus der Schlacht um Cartagena hervor. Er starb vier Monate später.

Die **Handelsstadt prosperierte** wieder, und zahlreiche Vizekönige zogen es vor, von hier anstatt vom eisigen Bogotá aus zu regieren. Die Bevölkerung wuchs bis zur Erklärung der Unabhängigkeit am 11. November 1811 auf etwa 30.000 Einwohner an.

Cartagena war eine der ersten Städte, die sich vom spanischen Mutterland lossagten. **Simón Bolívar** verfasste hier 1812 sein berühmtes „Manifest von Cartagena", in dem er die Gründe für die Niederlage der ersten freien Republik Venezuela (1810–12) analysierte und Neugranada beschwor, diese Fehler nicht zu wiederholen, und für ein souveränes und einiges Amerika eintrat.

Doch die politischen Turbulenzen in Europa blieben für Amerika nicht ohne Folgen: *Napoleon* war gescheitert und das spanische Königshaus wieder an der Macht. Erpicht, sein Weltimperium zusammenzuhalten, entsandte es **General Pablo Morillo,** um die Separatisten zu bekämpfen. Die Spanier belagerten Cartagena vier Monate lang und nahmen es schließlich im Dezember 1815 ein. 6.000 Einwohner waren bis dahin verhungert oder an Krankheiten zugrunde gegangen. Viele der überlebenden Patrioten wurden nun füsiliert. Ihre Büsten sind heute am Camellón de Los Mártires aufgestellt. *Bolívar* gab Cartagena später den Ehrentitel „La Heróica" – „Die Heldenhafte".

1821 flohen die letzten Königstreuen aus der **geschundenen Stadt,** die sich nur schwer zu erholen vermochte. Politische Wirren, Handelsbeschrän-

colo050 Foto: ib

Cartagena – Blick von Bocagrande

kungen, das Ende der lukrativen Sklaverei, der Ausbruch der Cholera und die Dampfschifffahrt, die dem am Magdalenenausfluss liegenden Hafen Barranquilla ein goldenes Zeitalter bescherte, waren die Gründe, warum Cartagena erst im frühen 20. Jh. wieder so viele Einwohner zählte wie zu seiner Blütezeit.

Während der letzten hundert Jahre setzte indes ein **rasantes Bevölkerungswachstum** ein. Zahlreiche Einwanderer aus Syrien, Libanon, Palästina oder auch China eröffneten Geschäfte. Die Ausdehnung der Hafenanlagen, die allgemeine Industrialisierung sowie die vielen im Zuge der *Violencia* und durch die Gräuel des bewaffneten Konflikts zwischen Militär, Guerilla und Paramilitär heimatlos gewordenen Binnenflüchtlinge ließen die Bevölkerungszahl von 90.000 (im Jahr 1940) auf 300.000 (1970) steigen. Andauernde Gewalt und Vertreibung auf dem Lande – doch als positiver Impuls auch neue Arbeitsmöglichkeiten in der Tourismusbranche Cartagenas – bewirkten eine neuerliche Verdoppelung der Einwohnerzahl bis 1990.

Heute ist keine andere Stadt für (ausländische) Investoren attraktiver als Cartagena. Die Immobilienpreise sind außergewöhnlich hoch.

Orientierung

Die **Altstadt,** fast komplett von einer begehbaren Stadtmauer umgeben, besteht aus der Inneren Stadt mit den noblen **Vierteln El Centro und San Diego** und der ursprünglich von der Inneren Stadt durch einen Wasserarm getrennten Äußeren Stadt, **Getsemaní.** Der Wasserarm wurde später aufgeschüttet; hier entstand das moderne Viertel **La Matuna.** Nördlich und westlich der Inneren Stadt erstreckt sich das offene Meer. Zum 3 km außerhalb liegenden Flughafen folgt man der Küstenstraße nordostwärts. Zwei weitere Straßen verbinden die Altstadt im Osten mit dem Festland und eine vierte Straße im Südosten mit der geschützt in der Bucht von Cartagena liegenden **Insel Manga.** Auf Manga sowie auf dem Festland dehnen sich neuere Wohngebiete aus. Nach Südosten zu verliert die Stadt ihre Kontur; hier siedeln Flüchtlinge und Heimatlose, und der Glanz der Altstadt scheint sehr viel ferner zu sein als nur die zehn tatsächlichen Kilometer. Direkt östlich der Altstadt liegt das gewaltige **Castillo de San Felipe,** dahinter erhebt sich der Höhenzug des Cerro La Popa. Südlich der Altstadt schließt sich die dem offenen Meer zugewandte L-förmige Sandzunge von **Bocagrande** an – bebaut mit Apartments und Hotels, die den Himmel stürmen.

El Centro

Das aristokratisch geprägte Viertel El Centro im Westen der Altstadt ist das **Filetstück Cartagenas.** Hier sieht man weiße, gelbe und ockerfarbene Paläste mit Arkadengängen, Balkons, palmenbestandenen Innengärten, Kirchen und Klöster, den ehemaligen Sklavenmarkt, Museen, Theater, die Universität, Designerläden und Edelrestaurants, bunt gekleidete Damen aus den *Palenques,* auf dem Kopf Körbe voll tropischer Früchte, man sieht Kutschen mit ausgemergelten Pferdchen (in den Abendstunden für 30 Euro/Std. zu mieten), Scharen von US-amerikanischen und japanischen Kreuzfahrern, und nachts vor der Reiterstatue *Bolívars* wilde, nackte *Mapalé*-Tänzer, die zum Schlag der afrikanischen Trommeln tanzen, bis das Blut überkocht. Die Straßen sind zumindest tagsüber sehr sicher.

Plaza de los Coches

Dieser dreieckige Platz erstreckt sich hinter dem historischen Hauptstadttor, der **Puerta del Reloj,** entlang der Stadtmauer. Hier, auf der sogenannten *feria de negros,* wurden in der Kolonialzeit Tausende und Abertausende afrikanischer Sklaven versteigert und verkauft – es war der **größte Sklavenmarkt Südamerikas,** denn Cartagena besaß das Importmonopol für die menschliche Fracht.

Die Bezeichnung „Platz der Kutschen" erhielt die einstige Plaza de la Yerba erst im 19. Jh., da hier – wie heute wieder – die Mietkutschen parkten. Auf dem Platz steht die **Statue des Stadtgründers Pedro de Heredia,** der Mitte des 16. Jh., nach einer gewaltigen Feuersbrunst, befahl, in

Cartagena nur noch Stein, Zement und Adobe als Baumaterialien einzusetzen.

Unter den Arkaden des **Portal de los Dulces** an der Westfront des Platzes verkaufen Süßwarenhändler ihre regionalen Spezialitäten. Geldwechsler teilweise dubioser Art bieten ihre Dienste an. Die **Touristeninformation** unterhält einen Kiosk.

Plaza de la Aduana

Südwestlich, entlang der an die Stadtmauer gebauten alten **Casa de Aduana,** schließt sich dieser gleichfalls dreieckige, aber noch größere Paradeplatz an, der zu den repräsentativsten kolonialen Plätzen Cartagenas zählt. In dem lang gestreckten, arkadengeschmückten Zollhaus unterhält heute die Stadtverwaltung Büros. An der

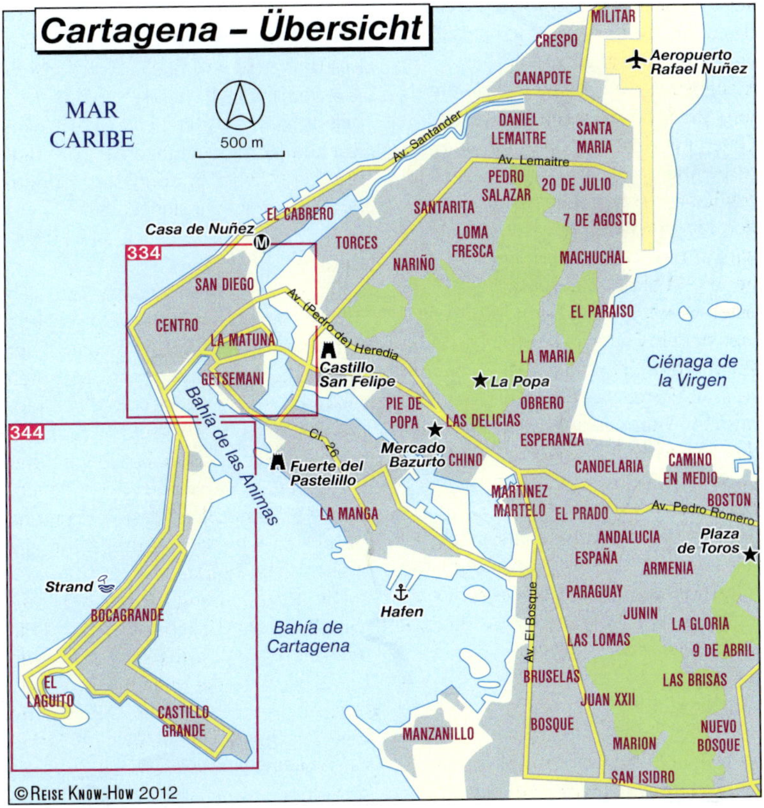

Cartagena – Übersicht

MAR CARIBE
500 m
MILITAR
CRESPO
Aeropuerto Rafael Nuñez
CANAPOTE
Av. Santander
DANIEL LEMAITRE
SANTA MARIA
Av. Lemaitre
PEDRO SALAZAR
20 DE JULIO
SANTARITA
7 DE AGOSTO
EL CABRERO
Casa de Nuñez
TORCES
LOMA FRESCA
NARIÑO
MACHUCHAL
334
SAN DIEGO
Av. (Pedro de) Heredia
EL PARAISO
CENTRO
LA MATUNA
Castillo San Felipe
LA MARIA
GETSEMANI
La Popa
Ciénaga de la Virgen
Bahía de las Animas
PIE DE POPA
OBRERO
LAS DELICIAS
344
Cl. 26
Mercado Bazurto
ESPERANZA
Fuerte del Pastelillo
CHINO
CANDELARIA
CAMINO EN MEDIO
MARTINEZ MARTELO
EL PRADO
BOSTON
Av. Pedro Romero
LA MANGA
ANDALUCIA
Plaza de Toros
ESPAÑA
ARMENIA
Strand
Hafen
PARAGUAY
Av. El Bosque
BOCAGRANDE
JUNIN
LA GLORIA
Bahía de Cartagena
LAS LOMAS
9 DE ABRIL
EL LAGUITO
BRUSELAS
LAS BRISAS
JUAN XXIII
CASTILLO GRANDE
MANZANILLO
BOSQUE
NUEVO BOSQUE
MARION
SAN ISIDRO

Cartagena – Altstadt

MAR CARIBE
Baluarte de Santa Catalina
Baluarte de Santa Clara
Las Bovedas
Convento de Santa Clara
Cl. del Tomo
Cl. de las Bovedas
Cl. del Jardín
Convento de San Diego
Plaza de San Diego
Cl. del Curato
Baluarte de la Merced
Av. Santander
Plaza del Tejadillo
Cl. del Campo
Cl. 39
Iglesia de Santo Toribio de Mangroviejo
SAN DIEGO
Teatro Heredia
Plaza de la Merced
Cra. 5
Cra. 6
Cra. 7
Cra. 8
Cl. Tumbamuerto
Cra. 10
Cl. 38
Cl. de la Merced
Cl. Estanco del Aguardiente
Cl. del Sargento
Plaza Fernandez de Madrid
Cl. del Santisimo
Cl. de los Siete Infantes
Cl. 37
Cl. de la Tablada
Cl. Quero
Cra. 3
Cra. 4
Cl. del Cuartel
Convento de San Augustin
Cl. de la Universidad
CENTRO
Cra. 9
Cl. de la Cruz
Cl. 36
Baluarte de la Cruz
Centro Cultural Español
Cl. de la Moneda
Cra. 10A
Baluarte de Santo Domingo
Cl. Gastelbondo
Cl. de la Mantilla
Cl. la Estrella
Cl. de la Soledad
Cl. San Agustín
Av. Carlos Escallón
Convento de Santo Domingo
Plaza de Santo Domingo
Cl. del Coliseo
Cl. Vic. Garcia
Cl. del Tablón
Cl. 35
Av. Venezuela
LA MATUNA
Av. Santander
Cl. Paseo del Triunfo
Callejón de los Estribos
Cl. Sto. Domingo
Cl. Ayos
Palacio de la Inquisición
Catedral
Cl. 34
Cl. Baloco
Plaza de Bolivar
Cl. Amargura
Cl. Tripita y Media
Baluarte de Santiago Apostol
Cl. de la Inquisición
Palacio de la Proclamación
Plaza de los Coches
Av. Daniel Lemaitre
Av. del Centenario
Cl. de la Magdalena
Cl. 33
Cl. Ladrinal
Cl. de las Damas
Cl. 32
Parque del Centenario
Plaza de la Aduana
San Pedro Claver
Cl. 31
Plaza de San P. Claver
Cl. de la Ronda
Cl. de la Media Luna
Baluarte de San Francisco
Baluarte de San Juan Bautista
Cl. del Guerrero
Baluarte de San Ignacio
Convento de San Francisco
Cl. de la Sierpe
Parque de la Marina
Centro de Convenciones
GETSEMANI
Monumento a los Oceanos
Av. Blas de Lezo
Muelle Turístico de la Bodeguita (Ausflugsboote)
Cl. Larga
Plaza de la Trinidad
Cl. de San Juan
Cl. del Arsenal
Cl. de San Antonio
Iglesia La Trinidad
Monumentos a Santander
Cra. 10
Cra. 11
Cl. 27
Cl. del Pozo
Cl. 26
Cl. 25
Cl. 24
100 m
Bahía Las Animas
Baluarte de Reducto

Westflanke steht die ockerfarbene **Casa del Premio Real** mit ihren ziegelgedeckten Holzbalkons – hier wohnte einst der Vizekönig. Auf dem Platz befindet sich das Kolumbusdenkmal.

San Pedro Claver

Am südwestlichen Schenkel der Plaza de la Aduana führt eine Gasse zur **Plaza de San Pedro Claver** und passiert dabei das **Museo de Arte Moderno,** welches kontrastreich auf seinen bloßgelegten kolonialen Ziegelmauern avantgardistische Gemälde kolumbianischer Künstler ausstellt (Cl. 30 No. 4-08, Tel. 6645 815, geöffnet Mo bis Fr 9–12 und 15–19 Uhr, Sa 10–13 Uhr, Eintritt 1 Euro).

Die trapezförmige Plaza ist benannt nach dem „Apostel der Schwarzen" oder „Sklaven der Sklaven", dem Jesuitenpriester **Pedro Claver** (1580–1654). Der in Mallorca studierte Philosoph half 38 Jahre lang äußerst engagiert, das schwere Los der durch die Überfahrt aus Afrika geschwächten Sklaven zu lindern. Er erbettelte Geld, von dem er Lebensmittel und Medikamente erwarb, und vermittelte den Gedemütigten durch Zuwendung und Gespräch einen Funken Hoffnung. Es heißt, *San Pedro* habe im Laufe seines Lebens 300.000 Menschen zum Christentum bekehrt. Doch seine letzten Jahre war *San Pedro* selbst sehr krank und bettlägerig. *Manuel,* sein afrikanischer Mitarbeiter, kümmerte sich nur unzuverlässig um ihn, doch *San Pedro* segnete ihn trotzdem. 1888 sprach Papst *Leo XIII.* den Jesuitenpater – als ersten Menschen in der Neuen Welt – heilig.

San Pedros sterbliche Überreste befinden sich in einem gläsernen Schrein, welcher in den Marmoraltar der nach ihm benannten Kirche an der Westflanke des Platzes integriert ist, der **Iglesia de San Pedro Claver.** Die Kirche erhielt ihre schöne Kuppel, die heute Cartagenas Silhouette entscheidend prägt, erst im frühen 20. Jh.

Die Kirche sowie der benachbarte **Convento de San Pedro Claver** wurden im 17. Jh. gebaut. Jene Zelle des damals noch Convento de San Ignacio de Loyola genannten Klosters, in der *San Pedro* wohnte, ist der Öffentlichkeit zugänglich, und kein Museumsführer versäumt es zu beschreiben, wie der Geistliche aus seinem winzigen Fenster die Sklavenschiffe in die Bucht der Seelen steuern sah und sich dann sofort rüstete, um an den Hafen zu eilen. Der drei Etagen umfassende Konvent umschließt einen Patio mit Dschungelpflanzen und allerlei tropischem Geflügel (Tel. 6644 991, geöffnet täglich 9–17 Uhr, Eintritt 3 Euro).

Museo Naval del Caribe

Westlich von San Pedro Claver, nahe der Stadtmauer und des ehemaligen Convento de Santa Teresa (heute Hotel Charleston Cartagena), befindet sich das **Marinemuseum** im Gebäude eines alten Jesuitenkollegs und Hospitals. Präsentiert werden Schaukästen mit modellhaften Darstellungen der um Cartagena ausgetragenen Seeschlachten, historische Landkarten, Schiffsminiaturen und Waffen aus der Piratenzeit wie auch neueren Datums (Cl. San Juan de Dios, Tel. 6647 381, geöffnet Di bis So 10–17.30 Uhr, Eintritt 3 Euro).

Bodegón de la Candelaria

In diesem **eleganten Kolonialhaus** mit seinem andalusischen Innenhof auf der südlichen Straßenseite der Cl. de las Damas gibt es heute ein Fischrestaurant. *Fray Alonso de la Cruz Paredes* soll hier im frühen 17. Jh. die heilige Jungfrau erschienen sein.

Parque de Bolívar

Im Jahre 2000 wurde der Platz im Herzen von El Centro neu und sehr exquisit gestaltet. Zwischen Blumen und unter schattigen Bäumen tragen Domino- und Schachspieler ihre Turniere aus und posieren geschmückte *Palenqueras* (afrokolumbianische Obstverkäuferinnen). Bis 1896, als hier die Reiterstatue *Simón Bolívars* aufgestellt wurde, hieß der Platz noch **Plaza de la Inquisición.** Denn ab 1614 fanden hier wie auch an anderen öffentlichen Plätzen die berüchtigten *Autos de Fé* statt, heilige Akte der Ketzeranklage. Die nicht selten zuvor gefolterten Beschuldigten mussten vor allen Menschen ihrem Irrglauben entsagen. Der Inquisition wurde erst durch die Unabhängigkeitsbewegung ein Ende gesetzt. Im ausgehenden 19. Jh. fanden auf der Plaza anlässlich der jährlichen Feierlichkeiten zum 11. November Stierkämpfe statt.

Palacio de la Inquisición

Westlich des Parque de Bolívar steht der trutzige Inquisitionspalast aus dem 18. Jh. mit seinem Barockportal, welches vom spanischen Wappen gekrönt wird. Das **Strafgericht** der Heiligen Inquisition für Neugranada, Venezuela, Nicaragua und Santo Domingo hatte bereits ab 1610 an dieser Stelle seinen Hauptsitz. Hier wurden all jene verfolgt, die vom Katholizismus abwichen, sich indianischen oder afrikanischen Gottheiten und Naturreligionen hingaben oder Magie betrieben. 800 Menschen sollen in Cartagena im Laufe von zwei Jahrhunderten zum Tode verurteilt worden sein. Jedoch urteilte das Tribunal der Inquisition nicht über Indigene. Durch das Fensterchen mit dem Kreuz darüber, welches sich in der Seitenmauer des Gebäudes befindet, flüsterten die Denunzianten. Der Palast mit seinen auf die Plaza hinausgehenden Balkons, dem kleinen historischen Museum, alten Stadtplänen, Folterkammern und Folterinstrumenten kann besichtigt werden, es lohnt sich jedoch nur für sehr Enthusiastische (Tel. 6644 113, geöffnet täglich 9.30–17 Uhr, Eintritt 5 Euro).

Museo del Oro Sinú (Zenú)

An der Ostflanke des Plaza de Bolívar befindet sich das 1982 gegründete, kleine, doch sehr sehenswerte und vorbildlich organisierte Goldmuseum der Banco de la República zur **hydraulischen Kultur der indigenen Sinú,** die einst das Hinterland Cartagenas besiedelten (Tel. 6600 778, geöffnet Di bis Sa 10–17 Uhr, freier Eintritt).

La Catedral

Auf der Nordseite der vom Plaza de Bolívar nach Osten führenden Cl. de la Proclamación erhebt sich die dreischiffige **Kathedrale, eine der ältesten Amerikas.** Ihr Bau an der Stelle der alten Holz-und-Rohr-Kirche zog sich von 1575 bis 1612 hin. Noch ehe die Kathedrale fertig war, ließ *Sir Francis Drake* sie mit seinen Kanonen unter schweren Beschuss nehmen, um die Stadt zur Herausgabe ihrer Schätze zu bewegen. Er zog mit 107.000 Dukaten ab – ein Vermögen!

Palacio de la Proclamación

Gegenüber der Kathedrale, auf der Südseite der Cl. de la Proclamación, befindet sich der **ehemalige Gouverneurssitz,** in dem im November 1811 die Unabhängigkeitserklärung Cartagenas verfasst wurde. *Bolívar* nächtigte hier bei seinem Aufenthalt 1826.

Iglesia y Convento de Santo Domingo

An der Plaza de Santo Domingo steht festungsgleich die älteste Kirche Cartagenas (Grundsteinlegung 1551). Ihre Mauern begannen sich schon frühzeitig zum **Callejón de los Estribos** hin zu neigen, sodass dort Stützen *(estribos)* angebracht werden mussten, welche die danach benannte, zur Stadtmauer nach Westen führende Gasse besonders schmal werden ließen. Einer der Türme fiel der Attacke von *Edward Vernon* 1741 zum Opfer, doch auch der verbliebene ist gerissen – nach allgemeiner Ansicht ein Werk des Teufels. In der Kirche befindet sich eine wundertätige, geschnitzte Christusfigur. Der Fußboden besteht zum Teil aus Grabsteinen.

Casa del Márques de Valdehoyos

Dieses Kolonialhaus mit seinem verzierten Holzbalkon in der Cl. de la Factoría No. 36-57 nahe der nördlichen Stadtmauer war **einst das geräumigste Privathaus der Stadt.** Es gehörte dem *Márques,* der das Privileg genoss, Mehl und Sklaven einführen und handeln zu dürfen und so sein Vermögen machte. 1830, wenige Monate vor seinem Tode, verbrachte hier *Simón Bolívar* einige Nächte.

Teatro Heredia

An der Ostflanke der Plazoleta de la Merced, den Blick hinaus aufs Meer, stehen die Mauern der ehemaligen Iglesia de la Merced, die 1911 zu einem **prunkvollen Opernhaus mit drei Rängen** ausgebaut wurde, das heute zu den schönsten ganz Amerikas gehört (Tel. 6649 631). Der daran angeschlossene ehemalige Convento de la Merced diente zu Zeiten *Pablo Morillos* als Gefängnis und beherbergt heute die private Universität Jorge Tadeo Lozano.

Convento de San Agustín

Im Augustinerkloster aus dem 16. Jh. mit seinem viereckigen maurischen Turm, seinem luftigen Kreuzgang und üppig bewachsenen Patio befindet sich heute die **Universität von Cartagena** (Cl. de la Universidad).

Iglesia de Santo Toribio de Mangroviejo

Nordwestlich der Plazoleta Fernández de Madrid steht diese kleine, maurisch beeinflusste Kirche aus dem späten 17. Jh. Eine von *Edward Vernon* abgeschossene **Kanonenkugel** flog mitten während der Messe in die Kirche hinein und gegen eine der Stützsäulen. Die Kugel wird heute in der Kirche ausgestellt.

San Diego & El Cabrero 

Das nordöstlich von El Centro gelegene **Viertel San Diego** ist ruhiger und gemütlicher, die Häuser weniger prunkvoll, dafür aber sehr charmant, von den Balkons hängen Bougainvilleen, auf den kleinen Plazoletas trinkt man Kaffee und isst karibische Süßigkeiten. Hier wohnten früher reiche Bürger, Händler und Zollbeamte. Einige Häuser sind noch nicht restauriert worden, und die um 1900 errichtete Stierkampfarena **Circo Teatro – Plaza de Toros** an der östlichen Stadtmauer ist sogar schon fast in sich zusammengefallen. Staatsgäste schlafen im ehemaligen **Convento de Santa Clara** an der Cl. del Torno, das saniert und zum edelsten Hotel Cartagenas umgebaut wurde. Es lohnt sich, im alten Kreuzgang unter tukanumflatterten Kronleuchtern zumindest mal einen Drink oder ein Mittagessen (ca. 20 Euro) einzunehmen. Abends lauscht man den Gitarre spielenden Studenten auf der nahen Plaza de San Diego.

Außerhalb der Stadtbefestigung, nur fünf Fußminuten nordöstlich von den Bóvedas von San Diego, im **Stadtteil El Cabrero,** befindet sich das in bri-

Casa de Núñez

tisch-viktorianischem Stil aus tropischen Edelhölzern errichtete luftige Wohnhaus des kolumbianischen Präsidenten *Rafael Núñez,* die **Casa de Núñez** (Cl. Real del Cabrero No. 41-85, Tel. 6645 305, geöffnet Mo bis Sa 9–12 und 14–18 Uhr, Eintritt 2 Euro). *Núñez* war maßgeblich an der Verfassung von 1886 beteiligt und dichtete die Worte der Nationalhymne. Er und seine Frau liegen auf der anderen Straßenseite in der kleinen **Ermita del Cabrero** begraben.

Getsemaní

Dieses Stadtviertel im Südosten der Altstadt war früher durch einen Wasserarm von El Centro und San Diego abgetrennt; hier - entlang schmaler Gassen in niedrigen Häusern - wohnten die kleinen Leute, Zimmermänner, Schneider und Schankwirte, und dort, wo sich seit 1972 der Klotz des **Centro de Convenciónes** erhebt, tobte ein chaotischer und bunter Markt. Getsemaní hat ein ganz eigenes Flair, wirkt wie eine eigene Stadt. Entlang der Cl. del Arsenal befinden sich Discos und Bars mit Blick über die Bucht der Seelen, in der Cl. Larga (= Cl. 25) zahlreiche Geschäfte, ein Mix aus moderner und kolonialer Architektur, sowie das ehemalige Kloster **Convento de San Francisco** aus dem 16. Jh. mit seinem von knorrigen Bäumen beschatteten Innenhof. Manche Nebenstraßen Getsemanís sind beinahe dörflich geprägt,

colo052 Foto: ib

einige komplett verfallen und einsam. Interessant ist die **Plazoleta de la Trinidad** (Cra. 10 und Cl. 29) mit der **Iglesia de la Santísima Trinidad** aus dem 17. Jh.

Getsemaní war zur Zeit des Unabhängigkeitskampfes ein Hort des Patriotismus. In der Cl. del Guerrero lebte *Pedro Romero,* der die Menschen 1811 zur Revolution aufrief. In Getsemaní befinden sich die preiswertesten Unterkünfte - insbesondere für Globetrotter. Nachts sind manche Nebenstraßen nicht ganz sicher.

Stadtmauer & Festungsanlagen

Las Murallas y Las Baluartes

Die **11 km lange, sehr solide Stadtmauer** aus Korallenstein mit ihren Bastionen und runden Wachtürmen ist nahezu vollständig erhalten und **zum Teil begehbar** (ideal zum Sonnenauf- und -untergang). Die Spanier begannen mit der Stadtbefestigung nach dem verheerenden Überfall von *Sir Francis Drake* 1586. Die überwiegend von afrikanischen Sklaven ausgeführten, durch Piratenangriffe immer wieder unterbrochenen Bauarbeiten zogen sich bis zum Ende des 18. Jh. hin. Das unerbittliche und unbestechliche Schicksal wollte es, dass die Spanier selbst diejenigen sein sollten, die nur zwanzig Jahre nach Vollendung ihrer nahezu perfekten Verteidigungsanlage das Bollwerk als Angreifer zu erstürmen haben würden. Denn zu dieser Zeit hatte Cartagena bereits seine Unabhängigkeit erklärt.

Die Stadtmauer beginnt bei der **Puerta del Reloj** (ehemals: Boca del Puente), dem historischen Hauptzugang zur Inneren Stadt vor dem **Muelle de Los Pegasos,** dem Kai der Dichterrösser, von dem Fischerboote, Frachter und vor allem die Ausflugsdampfer ablegen. Früher führte von hier der Caño de San Anastasio nach Nordosten und trennte die Innere von der Äußeren Stadt. Der republikanische **Torre del Reloj** (Uhrenturm) wurde 1888 dem Tor aufgesetzt.

Die Stadtmauer verläuft am historischen Hafenbecken entlang nach Südwesten, überblickt die **Bahía de las Animas,** die Bucht der Seelen, durch die die Schiffe ausfahren, wendet sich am Baluarte de San Ignacio nach Westen und dann am Baluarte de San Francisco nach Norden.

Besonders beeindruckend ist der pfeilförmig nach Westen auf das offene Meer deutende, kanonenbewehrte **Baluarte de Santo Domingo.** Von hier blickt man auf die Skyline des modernen Bocagrande. Zum Sonnenuntergang öffnet auf der Bastion das Café del Mar, und es lassen sich hier ganz wunderbar ein paar Mojitos genießen, während die Flut einläuft.

Die Stadtmauer geht nun sehr geradlinig nach Nordosten am offenen Meer entlang bis zu ihrem nördlichsten Punkt mit dem **Fuerte de Las Tenazas.** Auf der Innenseite der hier 15 Meter dicken Mauer, der Stadt zugewandt, befinden sich die 23 Arkaden der **Bóvedas.** In diesen Gewölben, die man zwischen 1792 und 1796 errichtete, lagerte das royalistische Militär

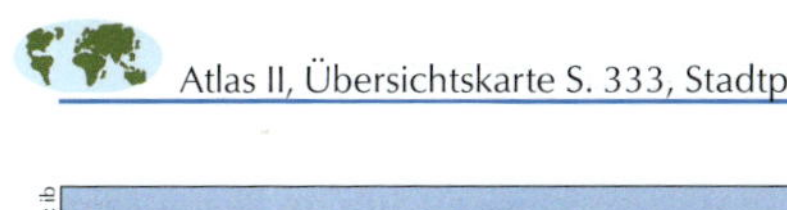

colo051 Foto: ib

Munition und Vorräte. Nach der Unabhängigkeit zum Gefängnis umgebaut, dienen sie heute als Souvenirläden, und am Abend erklingen hier oft die archaischen Schläge der *tamboras* und die zum Tanz anfeuernden Rufe der Mädchen.

Die Mauer führt jetzt nach Süden bis zum **Monumento á la India Catalina,** dem Denkmal aus dem Jahr 1974, das der indianischen Gehilfin des Stadtgründers *Pedro de Heredia* geweiht ist. Ab hier erstreckt sich das konturlose Viertel La Matuna mit seinem Exito-Markt und seinen Straßenhändlern. Die Stadtmauer wurde in diesem Abschnitt Mitte des 20. Jh. entfernt. Weiter südlich, zwischen der **Laguna de San Lázaro** und dem Viertel Getsemaní, steht sie immer noch und endet am südlichsten Punkt der Äußeren Stadt beim **Puente de Román,** dem Brückenübergang nach Manga.

Castillo de San Felipe de Barajas

Dieses 40 Meter hoch aufragende monumentale spanische Kastell umschließt 20 Fußminuten östlich der Altstadt den Hügel San Lázaro. Es ist das **größte Fort, das die Spanier** während ihrer Jahrhunderte währenden Herrschaft **auf dem amerikanischen Kontinent errichteten** (Av. Arévalo und Av. Pedro de Heredia, Tel. 6560 590,

Stau am Castillo de San Felipe de Barajas

geöffnet täglich 8–18 Uhr, Eintritt 6 Euro). Man erreicht es von der Altstadt, indem man sich auf der Cl. de la Media Luna nach Osten wendet.

Das ursprünglich unspektakuläre Fort wurde 1637–57 unter holländischer Anleitung gebaut und war nicht stark genug, um 1697 dem Korsaren **Jean-Bernard de Pointis** zu widerstehen. **Edward Vernon** indes hatte 1741 weniger Erfolg. **Blas de Lezo,** dessen Statue heute unten vor der Rampe steht, die auf das Kastell führt, vermochte ihm standzuhalten. Ab 1762 dirigierte Militärbaumeister **Antonio de Arévalo** jene umfangreichen Erweiterungsarbeiten, denen das Kastell seine jetzige imposante Gestalt verdankt. Bis auf die heutigen Touristen ist es denn auch niemanden je wieder gelungen, das Bauwerk einzunehmen. Über die Rampe gelangt man auf mehrere Plattformen und Bastionen, in labyrinthartige Gänge und Pulverdepots. Exquisit ist der Blick über die Stadt.

Fuerte San Sebastián del Pastelillo

Dieses halb versunken anmutende spanische Fort an der Nordwestspitze der **Isla Manga** unweit der Brücke nach Getsemaní überwachte mit bis zu 31 Kanonen seit Mitte des 16. Jh. die Hafeneinfahrt in die Bahía de las Animas. Seine heutige Struktur erhielt es 1743, nachdem sein Vorgänger, das Fuerte del Boquerón, durch *Edward Vernon* zerstört worden war. Vom Wasser aus wirken die von Flechten überzogenen und von Seegras bewachsenen Steine des verwitterten Bollwerkes verwunschen. Heute sitzt hier der exklusive **Club de Pesca** samt Yachthafen und unterhält ein exzellentes Restaurant (Tel. 6605 863, www.clubdepesca.com, geöffnet täglich 12–23 Uhr, Hauptgerichte 20 Euro).

Fuerte Santa Cruz de Castillogrande & Fuerte San José de Manzanillo

Das Fuerte Santa Cruz de Castillogrande (heute mit einem Leuchtturm bebaut und Sitz des Club Naval) ist weitgehend zerstört. Es lag auf der Südostspitze der L-förmigen Nehrung Bocagrande und kontrollierte gemeinsam mit dem gegenüber auf dem Festland errichteten Fuerte San José de Manzanillo die **Einfahrt in die innere Bucht von Cartagena.** San José de Manzanillo dient heute als Gästehaus der Regierung (Casa de los Huéspedes Ilustres).

Fuerte San Fernando & Fuerte Batería de San José

Das von Kokospalmen umkränzte Fuerte San Fernando de Bocachica, an dessen düsteren Kasemattenwänden noch heute Kohlegraffitis von *Antonio Nariño* und anderen Gefangenen zu sehen sind, sitzt auf der Südspitze der **Isla Tierrabomba** und schützte gemeinsam mit dem südlich auf **El Varadero** (einer kleinen, der Isla Barú vorgelagerten Insel) errichteten, 21 Kanonen starken Fuerte Batería de San José die **Meerenge Bocachica,** die alle Hochseeschiffe passieren müssen, um in die Bahía de Cartagena, die äußere Bucht von Cartagena, hineinzugelangen. Einst hing quer über die Bocachica eine zwischen beiden Verteidigungsanlagen gespannte schwere Kette, um die Durchfahrt von Piraten zu verhindern.

Nachdem *Edward Vernon* das alte Fort auf Tierrabomba zerstört hatte, wurde es zwischen 1751 und 1760 in heutiger Gestalt wieder aufgebaut.

Beide Forts sind der Öffentlichkeit zugänglich. **Ausflugsboote** fahren allmorgendlich zwischen 8 und 10 Uhr von Cartagenas Muelle Turístico de la Bodeguita in das nahe der Festung gelegene Fischerdorf Bocachica bzw. direkt zum Fuerte San Fernando (Tagesausflug hin und zurück z.B. mit der „Alcatraz" für ca. 12 Euro). Alternativ fahren von der Muelle Turístico de la Bodeguita auch **Wasser-Sammeltaxis** (2,50 Euro pro Fahrt), die je nach Bedarf der Passagiere alle vier Ortschaften auf Tierrabomba ansteuern. Bei der Ankunft in Bocachica wird man von Dörflern, die Muschelketten verkaufen oder ihre Dienste als Führer anbieten, geradezu überrannt. Westlich des Fuerte San Fernando befindet sich ein Badestrand, an dem man auch zu Mittag essen kann.

Cerro La Popa

Dieser 150 Meter hohe, bewaldete Hügel östlich der Altstadt und direkt westlich der Ciénaga de La Virgen ist die größte Erhebung im ansonsten überwiegend sumpfigen Küstentiefland. Seine Form erinnerte die Menschen an das Heck eines Schiffes, daher tauften sie ihn *La Popa* (= Achterschiff). Von oben hat man den **besten Ausblick über die Stadt und die sie umgebenden Lagunen.**

Fray Alonso de La Cruz Paredes wandelte im frühen 17. Jh. durch die Ödnis von Ráquira (heute Departamento Boyacá) und erhielt dort den göttlichen Auftrag, auf dem Cartagena am nächsten gelegenen Berg einen Augustinerkonvent zu gründen. Gesagt, getan: 1606 rief er den **Convento de Nuestra Señora de La Candelaria** ins Leben. Später kamen ein Gasthaus für Pilger hinzu und sogar eine Befestigungsanlage zur Piratenabwehr. In der Kapelle, die Papst *Johannes Paul II.* am 6. Juli 1986 besuchte, befindet sich ein Bildnis der Schutzpatronin Cartagenas, der *Virgen de La Candelaria*. Der Ehrentag der Jungfrau ist der 2. Februar. Schon während der *Novenas,* der neun Tage zuvor, pilgern Gläubige den Serpentinenweg hinauf zum Kloster, zu Fuß, zu Pferd oder mit dem Auto. Am 2. Februar dann schlängelt sich ein von Tausenden Kerzen erleuchteter Prozessionszug den Weg entlang.

Das Kloster, sein Blumengarten und das angeschlossene Museum sind täglich 8–17.30 Uhr geöffnet, Eintritt 3 Euro. Man erreicht die Bergstraße über die von der Av. Pedro de Heredia abgehende Cra. 21. Zu Fuß dauert der Aufstieg 30 Min.; aus Sicherheitsgründen besser per Taxi (hin und zurück von der Altstadt mit Wartezeit am Kloster 5–8 Euro).

Península Bocagrande

Die sich südlich der Altstadt zwischen der geschützten Bahía de Cartagena

und der offenen See ausstreckende Sandzunge Bocagrande ist bedeckt von bleistiftschlanken Wolkenkratzern, Apartmentblocks, Hotels, Glaspalästen, schicken Designerläden und Restaurants. Sportwagen, Hummer und Kutschen fahren die drei parallel zueinander verlaufenen Straßen auf und ab. **Miami lässt grüßen!** Am Strand kann man kilometerweit spazieren,

Liegestühle mieten und mit (leider zum Teil penetranten) Strandverkäufern handeln. Per Taxi von der Altstadt 2,50 Euro.

Der Strand des Club Nautico an der **Südwestspitze,** gegenüber der Isla Tierrabomba, ist zum Baden nicht so geeignet. Boote fahren nahe des Hilton-Hotels hinüber zur Playa de Punta Arena auf der Tierrabomba-Insel.

Manga

An der Südspitze des Viertels Getsemaní führt der **Puente Román** hinüber auf die Laguneninsel Manga, die im ausgehenden 19. Jh. der Stadt einverleibt wurde. Hier befinden sich Hafenanlagen, das **Fuerte San Sebastián de Pastelillo** (siehe dort) sowie edle Häuser unterschiedlichster Stilrichtungen, manche von ihnen geprägt durch Einwanderer aus dem Nahen Osten, so die arabeskenverzierte **Casa Romána** (Cl. Real = Cl. 25). Interessant ist ein Besuch des alten **Cementerio de la Cruz** mit seinen Grüften und Engelsfiguren (Av. Campoalegre).

Das Viertel Manga spielt eine Rolle in dem Roman „Die Liebe in den Zeiten der Cholera" von *Gabriel García Márquez.*

Feiertage & Feste

In der ersten Januarwoche findet die **Fiesta Taurina** mit Stierkämpfen in der neuen Plaza de Toros außerhalb des Zentrums an der Av. Pedro de Heredia (Tel. 6698 225) statt.

Seit 2004 wird jährlich Ende Januar das literarische **Hay Festival** begangen (www.hayfestival.com).

Ende Januar, Anfang Februar feiern die Cartagener zu Ehren ihrer Schutzheiligen ihre **Fiesta de Nuestra Señora de La Candelaria** (siehe oben unter Cerro La Popa).

Ende März folgt das **Festival de Música del Caribe,** bei dem Reggae-, Ska-, Calypso-, Soca-, Salsa- und Merengue-Gruppen internationalen Kalibers auftreten.

Im März/April ist Zeit für das traditionsreiche und extravagante **Festival Internacional del Cine,** das 2013 bereits zum 53. Mal ausgetragen wird: Gezeigt werden vor allem lateinamerikanische Filme, und als Preis gibt es die „India Catalina" in Oscarformat (Büro im Baluarte San Francisco, westliches Ende der Cl. 31 = Cl. San Juan de Dios, Tel. 6601 702, www.festicine-cartagena.org).

Ein weiterer Höhepunkt ist das **Cartagena Festival Internacional de Música** mit Konzerten klassischer Musik im Teatro Heredia, den Conventos Santa Teresa und Santa Clara, die beide als Luxushotels umgebaut wurden, sowie auf öffentlichen Plätzen in der Altstadt (Informationen zu Veranstaltungen unter www.cartagenamusicfestival.com).

Doch die wohl bedeutendsten lokalen Festlichkeiten finden jährlich um den Unabhängigkeitstag, den 11. November, statt, mit dem **Carnaval de Cartagena,** großen und spontanen Straßenfesten, und nicht zuletzt dem **Reinado de Belleza,** der Wahl der

Miss Colombia (www.carnavalcartagena.com).

Unterm Dezembermond erklingt Jazzmusik anlässlich des **Festival de Jazz Bajo la Luna.**

Informationen & wichtige Adressen

Touristeninformation

- **Stände mit Informationsmaterial und Stadtplänen** öffnen täglich am Muelle Turístico de Los Pegasos (Tel. 6550 277 / 6550 211) sowie auf der Plaza de los Coches. In der Casa del Marqués del Premio Real an der Plaza de la Aduana gibt es ein **Informationsbüro.**
- Einen Überblick verschaffen die **Webseiten** www.turismocartagena.com sowie www.cartagenacaribe.com. Die trendigsten Clubs findet man unter **http://cartagena.vive.in.**

Internetcafés

Internetcafés sind überreichlich vorhanden, z.B. im Viertel El Centro **Caribenet,** Cl. Santo Domingo No. 3-19, Tel. 6642 326, und in Bocagrande **Internet Café Colombiano,** Av. San Martín No. 4-134, Tel. 6654 240.

Post & Telefonieren

- Zahlreiche **Telefonbüros,** z.B. nahe des Monumento a la India Catalina (La Matuna), oder entlang der Av. Daniel Lemaitre (= Cl. 32) in La Matuna.
- Die **Post** hat in La Matuna ebenfalls Büros, z.B. **4-72** (Adpostal) im Centro Comercial Galerías (Cl. 34 und Av. Luis Carlos López Esq.) – für Briefmarken; oder **Deprisa,** Cl. 33 No. 8-20, im Edificio Citibank.

Geldwechsel

- An der Plaza de la Aduana gibt es mehrere **Banken mit Geldautomaten,** darunter Bancolombia und Banco Santander (No. 30-25, Tel. 6643 302). Weitere Banken haben sich im Umkreis der Av. Venezuela in La Matuna angesiedelt, darunter z.B. Citibank Colombia (Cl. 35 und Cra. 9 Esq., Tel. 6642 169). Alternativ finden sich auch in Bocagrande entlang der Av. San Martín Bankfilialen.
- Um die Plaza de los Coches gibt es einige **Wechselstuben (casa de cambio).** Alternativ bei Cambiamos in Bocagrande, Cra. 2 No. 1-100, Edificio Seguros Bolívar, Tel. 6651 600.

Achtung: Die Dienste mobiler Geldtauscher sollte man nicht in Anspruch nehmen.

Bibliotheken, Bücher, Landkarten

- **Biblioteca Bartolome Calvo** (Stadtbibliothek): Cl. de la Inquisición, Tel. 6600 778, geöffnet Mo bis Fr 8.30–18 Uhr, Sa 9–13 Uhr.
- **Café Ábaco** (Buchladen): Cl. de la Iglesia und Cl. de la Mantilla Esq., Tel. 6648 338, www.abacolibros.com, gemütliches, familiäres Café mit der besten Auswahl an Büchern über Cartagena und Kolumbien.
- **Librería Nacional** (Buchladen): Cl. Segunda de Badillo (= Cra. 7) No. 36-27, Tel. 6641 448.
- **Instituto Geográfico Agustín Codazzi:** Cl. 34 No. 3-37, Edificio Inurbe, Verkauf guter Landkarten.

Diplomatische Vertretungen

- **Honorarkonsulat Deutschlands:** Cra. 2 No. 67-143, Crepo, Tel. 6566 080 / 6561 027, Fax 6566 073.
- **Honorarkonsulat Österreichs:** Edificio Chambacu Business Center, Piso 6, Tel. 6647 450, Fax 6601 244.
- **Konsulat Venezuelas:** Cra. 3 No. 8-129 Oficina 802, Edificio Centro Ejecutivo, Bocagrande, Tel. 6650 382.

Immigrationsbehörde

- **D.A.S.:** Den Aufenthaltsstatus klärt man hinter dem Castillo de San Felipe im Stadtteil Pie de la Popa, Plaza de la Ermita, Cra. 20B No. 29-18, Tel. 6563 007.

Spanisch- & Tanzunterricht

- **Nueva Lengua:** Getsemaní, Cl. del Pozo No. 25-95, nahe der Plazoleta de La Trinidad, www.nuevalengua.com, Kontakt über *Jesús Pedraza.*

Krankenhäuser

Empfohlen sind z.B. **Hospital Bocagrande,** Cra. 6 und Cl. 5 Esq., Tel. 6655 270, sowie **Hospital Naval de Bocagrande,** Cra. 2 No. 14-210, Base Naval, Tel. 6655 361, Letzteres verfügt über eine Dekompressionskammer für Tauchunfälle.

Fluggesellschaften

- **Avianca** unterhält mehrere Büros: z.B. am Flughafen, Tel. 6661 175; im Exito-Markt von San Diego, Cl. 38 No. 10-85, Tel. 6643 160; in El Centro, Cl. del Arzobispado No. 34-52, Tel. 6647 376; in Bocagrande, Cra. 4 No. 5A-47 Local 1, Tel. 6665 007.
- **Aires:** Am Flughafen, Tel. 6664 539.
- **Aerorepública:** Bocagrande, Cra. 3 No. 8-116, Tel. 6658 495.
- **Copa:** El Centro, Cl. Gastelbondo (= Cl. 36) No. 2-107, Tel. 6641 018.

Autovermietung

- **Hertz:** Bocagrande, Cl. 10 No. 2-30, Edificio Torre Molinos, Local 4, Tel. 6652 852.
- **Trans Car Rental:** Bocagrande, Av. San Martin (= Cra. 2) No. 11-67, Edificio Turipaná, Local 5, Tel. 6652 427.

Einkaufen

Einkaufszentren und Supermärkte

- Das größte und modernste Einkaufszentrum ist das 2008 eröffnete **Caribe Plaza Centro Comercial** (Pie de la Popa, Cl. 29D No. 22-108).
- Im **Exito-Supermarkt** (San Diego, Cl. 38 No. 10-85) gibt es die größte Auswahl an Lebensmitteln sowie ein Avianca-Ticketbüro.

Mode

Im Viertel El Centro haben sich einige Modedesigner niedergelassen, darunter z.B. **Amelia Toro** (Cl. de las Damas und Cl. San Pedro Claver Esq.) mit ihrem Faible für zarte Kleider, die Handtaschenkünstlerin **Gabi Arenas** (Plaza de Bolívar No. 04-11; auch in Bocagrande, Av. San Martín No. 7-47), der tropisch-explosive **Hernán Zajar** (Cl. San Juan de Dios No. 3-25) und elegant figurbetont **Ketty Tinoco** (Cl. Baloco, Edificio Piñeres, oder Hotel Santa Clara, Local 5).

Kunstgewerbe

Souvenirs und Kunsthandwerk in großer Auswahl gibt es in den Pulverkammern von **La Bóvedas** (= Nordspitze von San Diego) oder um die Plaza Bolívar (dort z.B. **Galería Cano,** Cl. 33 No. 4-11, Tel. 6647 078).

Schmuck

Smaragde zu nicht unbedingt günstigen Preisen gibt es z.B. im **Museo de Esmeraldas** (nahe der Plaza Bolívar in der Cl. Santos de Piedra No. 34-29, Tel. 6646 274) oder bei **Colombian Mines Emeralds** (Cl. San Pedro Clever = Cra. 4 No. 31-07, Tel. 6602 736). Mehrere Schmuckläden befinden sich im **Parque Comercial Pierino Gallo** in El Laguito (= Südspitze von Bocagrande).

Märkte

Der Osten von **La Matuna** südlich der India Catalina ist ein offener Straßenmarkt. Doch der beste Markt Cartagenas ist der große **Mercado Bazurto** (südöstlich der Altstadt per Bazurto-Bus zu erreichen, Av. Pedro de Heredia/La Popa).

Unterkunft

In El Centro

- **Hotel Charleston Cartagena**€€€€: Cra. 3 No. 31-23, Plaza de Santa Teresa, Tel. 6649 494, www.hotelcharlestonsantateresa.com. Sehr stilvolles Hotel im ehemaligen Convento Santa Teresa. Drei Restaurants. Pool auf dem Dach. Blumengeschmückte Innenhöfe. Zimmer ab ca. 160 Euro.
- **Hotel Casa de los Condes Pestagua**€€€€: Cra. 3 No. 33-63, Cl. de Santo Domingo, Tel. 6649 510, www.casapestagua.net. Boutique-Hotel in exquisitem Kolonialhaus, das einst *Don Andrés de Madariaga y Morales* gehörte, dem 1769 König *Karl III.* den Titel eines Grafen von Pestagua verlieh. Königspalmen, Pool, Sonnenterrasse, barocker Konferenzsalon.
- **Hotel Boutique El Marqués**€€€€: Cra. 3 No. 33-41, Cl. Nuestra Señora del Carmen,

Tel. 6644 438 / 6647 800, www.elmarques-hotelboutique.com. Schönes Kolonialhaus aus dem 17. Jh., das die Condes de Pestagua besaßen. Acht geschmackvolle Unterkünfte, in denen sich Geschichte und ultramodernes Design verbinden. Hier feierten schon *John Lennon* und *Yoko Ono, Greta Garbo, Robert de Niro* oder die *Kennedys*. Restaurant, Bar. Innenhof. Pool. Palmen. Ideal für Hochzeitspaare und Romantiker. Zimmer ab 150 Euro.

• **Hotel la Passion**€€€€: Cra. 5 No. 35-81, Cl. Estanco del Tabaco, Tel. 6648 605, www.lapassionhotel.com. Mondänes Kolonialhaus, renoviert in republikanischem Stil. Maurische Einflüsse. Viel Liebe zum Detail. Hohe Decken. Moderne Ausstattung. Dachterrasse mit Pool. Zimmer ab 150 Euro.

• **Hotel Casa La Fé**€€€€: Cra. 7 No. 36-125, Parque Fernández de Madrid und Cl. Segunda de Badillo, Tel. 6640 306, www.casalafe.com. Sauberes und geschmackvolles Boutique-Hotel mit elf Unterkünften. Sonnenterrasse. Pool. Zimmer ab 100 Euro.

• **Hostal Santo Domingo**€€+: Cra. 3 No. 33-46, Cl. Santo Domingo, Tel. 6642 268, westlich der Plaza Bolívar. DZ mit Bad und Ventilator ca. 30 Euro, mit Klimaanlage ca. 40 Euro.

In San Diego

• **Hotel Sofitel Santa Clara**€€€€: Cra. 8 No. 39-29, Plaza San Diego und Cl. del Torno, Tel. 6648 040, www.hotelsantaclara.com. Das wohl renommierteste und dabei sehr stilvolle Hotel im umgebauten Convento Santa Clara aus dem 17. Jh. In den 119 Räumen und 17 Suiten residieren die Mächtigen und Reichen, zu deren Schutz schon mal ein Panzerwagen auf der Plaza San Diego auffahren mag. Zwei gute Restaurants, in denen auch *Bill Clinton* speiste. Kreuzgang. Garten. Großer Pool. Zimmer ab ca. 200 Euro.

• **Hotel Casa del Curato**€€€€: Cra. 7 No. 38-89, Cl. del Curato, Tel. 6643 648, www.casacurato.com. Kolonialhaus aus dem 18. Jh., elf Zimmer, einige mit Balkon, Innenhof, kleiner Pool, geschmackvolle Einrichtung. Zimmer ab 80 Euro.

• **Hotel Las Tres Banderas**€€€: Cra. 8 No. 38-66, Cl. Cochera del Hobo, Tel. 6600 160, www.hotel3banderas.com. Gute Mittelklasseoption, Innenhof, Dachterrasse, einige Zimmer mit Balkon, ab 50 Euro.

• **Hotel Boutique Cochera de Hobo**€€€: Cra. 8 No. 38-55, Cl. Cochera del Hobo, Tel. 6643 384, www.hotelboutiquecocheradehobo.com. Nur vier Zimmer in griechischem Stil, zwei Dachterrassen, auf denen man nach dem Sonmnenbad duschen kann. Familiäre Atmosphäre. Der fürsorgliche Manager *Fabio López* bekocht seine Gäste eigenhändig. DZ ab 50 Euro.

• **Hostal San Diego**€€€: Cra. 9 No. 39-120, Cl. de Las Bóvedas, Tel. 6600 986. Sicheres Mittelklasse-Hotel an einer sehr ruhigen Gasse am Nordende von San Diego. Empfehlenswert ist Zimmer Nr. 201 mit kleinem Balkon zur Straße. Ab 50 Euro.

• **The Chill House Backpackers Hostel**€+: Cl. 37 No. 7-12, in der Cl. de la Tablada nahe der Plaza Fernandez de Madrid, www.northstarbackpackershostel.com. Privatzimmer und Schlafsäle (bis zu 8 Pers.). Küche, Waschservice, Internet, Gepäckaufbewahrung.

In Getsemaní

• **Hotel Monterrey**€€€€: Cra. 8B No. 25-103, Tel. 6648 560. Verziertes republikanisches Gebäude am südöstlichen Ende des Paseo de Los Mártires mit Blick auf die Puerta del Reloj. Zimmer um 100 Euro. Pool, Restaurant.

• **Hostal Baluarte**€€€: Cl. 30 No. 10-81, Cl. de la Media Luna, Tel. 6642 208, Kolonialhaus gegenüber der Capilla San Roque. 24 Zimmer, familiäre Atmosphäre. Patio mit Mangobaum. Wäscheservice. Organisiert Fahrten auf die Islas del Rosario.

• **Hotel Villa Colonial**€€: Cra. 10C No. 30-60, Cl. de Las Maravillas, Tel. 6644 996, www.hotelvillacolonial.com, am westlichen Altstadtrand. Familiär, sauber, luftig. Innenhof, Terrasse, Waschservice.

• **Casa Mara Hostal**€€: Cl. del Espíritu Santo No. 29-139, Tel. 6645 480, www.casamarahostalcartagena.com. Schicke Herberge mit kolonialem, tropisch-üppigem Patio und Pool. 35 Euro/DZ, Frühstück inklusive.

• **Hostal La Casona**€+/€€: Cra. 10 No. 31-32, Cl. Tripita y Media, Tel. 6641 301. Innenhof, Zimmer mit Privatbad, zum Teil mit Ventilator, zum Teil mit Klimaanlage.

•**Hotel Marlin**€/€+: Cl. 30 No. 10-35, Cl. de la Media Luna, Tel. 6643 507, www.hotelmarlincartagena.com. Globetrotterunterkunft, Waschmaschine, Küche, Informationen.

•**Hotel Holiday**€: Cl. 30 No. 10-47, Cl. de la Media Luna, Tel. 6640 948, www.hosteltrail.com/hotelholiday/. Innenhof mit Pflanzen, von dem die Zimmer abgehen. Einige mit Privatbad. Sehr freundlich und hilfsbereit. Küche. Informationen.

•**Hostal Casa Viena**€: Cra. 10 No. 30-53, Cl. San Andrés (nahe der Cl. de la Media Luna), Tel. 6646 242, www.casaviena.com. Der Globetrotter-Klassiker schlechthin, österreichischer Besitzer *(Hans)*. Sehr freundlich und hilfsbereit. Viele Tipps und Informationen. Waschmaschine, poste restante, kostenloses Internet. Hilft bei der Suche nach einem Boot nach Panama. Schlafsäle und Privatzimmer.

Auf der Halbinsel Bocagrande

•**Hotel Caribe**€€€€: Cra. 1 No. 2-87, Tel. 6653 855. Riesiger, mit Königspalmen geschmückter Hotelkomplex am Südende von Bocagrande, Swimmingpool, großer Garten, exquisites Restaurant. Zimmer ab 150 Euro.

•**Hotel Cartagena Hilton**€€€€: El Laguito, Av. Almirante Brion, Tel. 6650 660. Edles Beachfronthotel mit 341 Räumen direkt an der Südspitze von Bocagrande, auf drei Seiten von Wasser umgeben. Garten, Pools, Restaurants und Bars, Privatstrand, Fitnessräume. Austragungsort der Wahl der Miss Colombia. Zimmer ab 150 Euro.

•**Hotel Almirante Cartagena Estelar**€€€€: Cra. 2 und Cl. 6 Esq., Av. San Martín, Tel. 665 8811, www.hotelesestelar.com. Schneeweißes Hochhaus mit Glasfassade und modernstem Design, fünf Sterne, Zimmer je nach Saison ca. 130–200 Euro mit Frühstücksbuffet.

•**Hotel Capilla del Mar**€€€€: Cra. 1 No. 8-12, Tel. 6653 866. Hochhaus am Strand, Meerblick, Pool, drei Restaurants und die üblichen Annehmlichkeiten eines Luxushotels, Zimmer ab 120 Euro.

•**Hotel Charlotte**€€€€: Cra. 2 No. 7-126, Av. San Martín, Tel. 6659 298, www.hotelescharlotte.com. Kleines, schlichtes und elegantes Hotel in Strandnähe, Zimmer je nach Saison 70–120 Euro.

•**Hotel Playa Club**€€€: Cra. 2 No. 4-87, Av. San Martín, Tel. 6650 552, www.hotelplayaclubcartagena.com. Strandnähe, Pool. Organisiert Ausflüge. 80 gepflegte und durchlüftete Zimmer um 60 Euro.

•**Hostal Leonela**€€: Cra. 3 No. 7-142, Tel. 6654 761 / 6658 595, www.hostaleonela.com. Gemütliches Hotel aus den 1970ern im karibischen Stil. 18 Zimmer. Wäscheservice. Cafetería. Klimaanlage.

•**Hostal Mary**€€: Cra. 3 No. 6-53, Av. Sucre, Tel. 6652 833. Freundlich, einfach, sauber, Klimaanlage.

Langzeitaufenthalte

•**Hotel Bellavista**€-€€€: Av. Santander No. 46-50, Marbella (zwischen Flughafen und Altstadt), Tel. 6566 291, www.htbellavista.com, nahe des Stadtstrandes von Marbella. Weitläufiger Flachbau mit mehreren begrünten Patios und langen Gängen. Verschiedene Preiskategorien. Langzeitaufenthalt ab 200 Euro/Person/Monat. Beliebt bei Künstlern. Ein Teil der Crew von *Marlon Brando* soll hier ebenfalls übernachtet haben.

Essen & Trinken

In El Centro

•**Panadería y Pastelería Mila:** Cra. 4 = Cl. Iglesia, Kaffee, Kuchen, gefüllte Teigtaschen mit Früchten oder Käse, exzellente Option fürs Frühstück.

•**El Bistro:** Cl. 35 No. 4-46, Cl. de Ayos und Cl. del Arzobispado Esq., Tel. 6641 799, www.el-bistro.com, sehr gutes europäisches Brot, Baguette, Salat, Café-Atmosphäre. Zu jeder Tageszeit zu empfehlen. Geöffnet Mo bis Sa 8–22 Uhr. Deutsche Führung.

•**La Esquína del Pan de Bono:** Cra. 6 und Cl. 36 Esq., Cl. San Agustín und Cl. del Porvenir, authentische Backstube, karibische Teigtaschen, Fruchtsäfte, Kaffee zum Frühstück an Stehtischen. Sehr preiswert.

•**Lonchería Bolívar:** Cl. Ladrinal und Cl. Vélez Daníes Esq., südlich des Parque Bolívar, Mobil 300 2404 354, *sancocho* und *comida corriente,* sehr gute Fruchtsäfte. Eines der preiswertesten Lokale, in dem nur Einheimische anzutreffen sind. Hauptspeise 2 Euro.

•**Café Juan Valdez:** Cra. 6 und Cl. 36 Esq., Cl. San Agustín und Cl. de la Universidad, eine der berühmten Kaffeehausfilialen. Exzellente Kaffeeauswahl, diverse Kuchensorten. Direkt gegenüber von Pan de Bono.
•**Restaurante Donde Olano:** Cra. 3 No. 33-08, Cl. Santo Domingo und Cl. de la Inquisición Esq., Tel. 6647 099, www.dondeolano.com, französische und kreolische Kost, leckerer Fisch, sehr guter *ceviche* (Meeresfrüchte-Cocktail). Preiswert und gut. Hauptgericht ca. 7 Euro.
•**Restaurante El Burlador de Sevilla:** Cra. 3 No. 33-88, Cl. Santo Domingo, Tel. 6600 866, spanische Küche, Paella, Tapas. Hauptgericht 10–15 Euro.
•**Restaurante El Portón del Estanco:** Cra. 5 No. 35-70, Cl. del Estanco del Tabaco, Tel. 6643 341, einfacher Mittagstisch, *comida corriente,* Fisch, Steaks. Beliebt bei kolumbianischen Touristen. Hauptgericht ca. 6 Euro.
•**Crepes y Waffles:** Cl. Baloco, Edificio Piñeres, Tel. 6646 062, www.crepesywaffles.com, Süßes, Feines und Deftiges. Sehr beliebt bei den Damen. Shrimps im ausgehöhlten Weißbrot für 8 Euro. Salate. Eisauswahl.
•**Restaurante San Pedro:** Plaza San Pedro Claver No. 30-11, Tel. 6645 121, ost- und südostasiatische, kreolische und Fusion-Küche, z.B. der *Petronas Tower* aus aufgestapeltem Qualitätsrind für 12 Euro.
•**Restaurante Portón de San Sebastián:** Cl. 35 No. 3-63, Cl. Santo Domingo, Tel. 6601 672, sehr kleines, familiäres Restaurant gehobener Preislage, italienischer Stil, Kerzen, gute Weine, Fisch, Spaghetti al dente, Hauptgericht 10–15 Euro.
•**El Baluarte Tasca-Bar:** Baluarte San Francisco Javier, am westlichen Ende der Cl. 31 (= Cl. San Juan de Dios) in der Bastion, Grillspezialitäten, abends Live-Musik.
•**Restaurante La Bruschetta:** Cra. 7 No. 38-135, Cl. de Curato, Tel. 6645 591, www.labruschetta.com, italienische Spezialitäten unter argentinischer Führung, guter Wein. Hauptspeisen um 14 Euro.
•**Restaurante „8-18":** Cl. 36 No. 2-124, Cl. Gastelbondo, Tel. 6646 122, mediterrane Kost und Ochsenschwanz serviert in minimalistisch-edlem Ambiente, Hauptgericht um 10 Euro.

In San Diego

Wer das ganz Besondere sucht, speist im **Hotel Sofitel Santa Clara** (Hauptgericht ab 15 Euro). Die meisten Restaurants im Boheme-Viertel San Diego sind sehr experimentierfreudig und lecker und befinden sich an der kleinen Plaza San Diego, z.B.:

•**Teriyaki:** gute Sushi-Bar an der Südflanke der Plaza San Diego No. 8-28, Hauptgericht ca. 10 Euro.
•**Restaurante Zebra:** Plaza San Diego No. 8-34, Tel. 6642 177, Kaffee, Kakao, Tee, afrikanische Fusion-Küche, Pasta, Sandwiches, Hauptgericht ca. 8 Euro.

In Getsemaní

•**El Gato Negro:** Cra. 10 No. 30-39, Cl. San Andrés, www.gatonegrocartagena.com, kleines Frühstückscafé unweit des Hostal Casa Viena. Ideal auch für Vegetarier. Salate, Sandwiches, Schwarzbrot. Um 3 Euro.
•**Restaurante Coroncoro:** Cra. 10 No. 31-28, Cl. Tripita y Media, mittags preiswerte *comida corriente* ab 3 Euro. Beliebt bei Einheimischen.
•**Restaurante La Casa de Socorro:** Cl. 25 No. 8B-112, Cl. Larga, Tel. 6644 658, www.restaurantelacasadesocorro.com, Langusten, Krabben, *ceviche,* Fisch, aber auch klassische *gallina* – alles karibisch-exzellent zubereitet. Insbesondere mittags sehr populär! Mittlere Preislage.

Auf der Halbinsel Bocagrande

•**Café Juan Valdez:** Cra. 2 No. 7-17, Av. San Martín, Tel. 6551 156, öffnet ab 8 Uhr morgens, exzellenter Kaffee, Sandwiches, diverse Kuchensorten.
•**La Dulcería:** Cra. 2 No. 6-53, Av. San Martín, Tel. 6550 281, selbst gemachte Süßigkeiten aus dem nahen Osten, Suppen, *empanadas,* Säfte, Tee. Ideal für den kleinen Hunger.
•**Crepes y Waffles:** Cra. 4 No. 4-76, Tel. 6657 258, www.crepesywaffles.com, geöffnet 12–24 Uhr, eine weitere Filiale des Süßen, Feinen und Deftigen (siehe oben).
•**Restaurante Arabe:** Cra. 3 No. 8-83, Tel. 6653 632, orientalisches Traditionslokal in Bocagrande. Fleisch, Fisch und Vegetarisches

am Springbrunnen im Garten, Fr und Sa Bauchtänzerinnen. Hauptgericht ca. 15 Euro.

- **Kiosko El Bony:** Cra. 1 - El Laguito, Strandkiosk seitlich der Inspección de Policía, Tel. 6653 198, im Besitz von Boxlegende *Bonifacio Ávila.* Exzellente Fischgerichte für Hemingway-Verschnitte.

Bars, Tanzen & Feiern

In El Centro

- **Café del Mar:** Baluarte de Santo Domingo, Tel. 6646 513 / 6646 515, täglich geöffnet. Direkt auf der westlichsten Bastion der Stadtmauer sitzt man nach Sonnenuntergang und bis nach Mitternacht unter freiem Himmel an den verwitterten Kanonen und schlürft Cocktails (à 5 Euro), im Gesicht die karibische Brise. Blick über die Skyline von Bocagrande. Fischgerichte (10 Euro).
- **Taberna La Quemada:** Cra. 4 und Cl. 32 Esq., Cl. Amargura und Cl. Ladrinal. Hier wurden 1968 Szenen des Films „Queimada - Insel des Schreckens (Burn!)" mit *Marlon Brando* gedreht. Traditionsreiche Bar. Oft Live-Musik.
- **Donde Fidel:** Paseo de los Dulces - Plaza de los Coches, Tel. 6643 127, kubanische Tanzbar mit Salsa und Son unter den gütigen Augen *Fidel Lotteaus,* seit 40 Jahren Barbetreiber, der es in Cartagena zum Legendenstatus gebracht hat. Preiswertes Bier. Auch vor Mitternacht schon gute Stimmung.
- **Tu Candela Bar:** Paseo de los Dulces No. 32-25, Tel. 6648 787, geöffnet ab 20 Uhr, oben wird zu Crossover getanzt, unten trinkt man Bier.

In Getsemaní

Das Nachtleben Cartagenas tobt in der **Calle del Arsenal,** der Straße, die die Bahía de las Animas säumt. Hier befinden sich die meisten Discos, Clubs und Bars. Ab Mitternacht geht es richtig los.

- **Mister Babilla:** Cl. 24 No. 8B-137, Cl. del Arsenal, Tel. 6647 005, teure, doch extrem beliebte Disco im karibischen Stil. Große Bar. Salsa. Gestyltes Publikum. Klimaanlage. Jeden Tag ab 22 Uhr, Eintritt 5 Euro, 1 Bier kostet 6 Euro.
- **León de Baviera:** Cl. 24 No. 10B-65, Cl. del Arsenal, Tel. 6644 412, geöffnet Di bis Sa, deutsche Bar, Rockmusik, manchmal Livebands.
- **La Casa de la Cerveza:** Ganz am Ende der Cl. 24 (= Cl. del Arsenal) auf dem Baluarte San Lorenzo del Reducto, Tel. 6600 811, Live-Musik, Weitblick auf die Lagunen und La Popa, abends aber oft Stechmücken.
- **Café Havana:** Cl. 30 (= Cl. de la Media Luna) und Cl. del Guerrero Esq., Mobil 310 6102 324, www.cafehavanacartagena.com, sehr atmosphärische Salsa-Bar, oft Live-Musik, kubanisches Essen und kubanischer Rum. 1 Bier kostet 2 Euro.
- **Café Galería Quiebra Canto:** Cra. 8B No. 25-110, Piso 2, Local 201, Edificio Puerta del Sol, Tel. 6641 372, nahe des Hotels Monterrey an der Cl. de la Media Luna. Salsa. Freier Eintritt.
- **Bazurto Social Club:** Av. del Centenario, Cra. 9 No. 30-42, Tel. 6643 124, Do bis So ab 19 Uhr. Diese Bar pflegt afrokolumbianische Traditionen. Live-Bands spielen Champeta, Cumbia, Reggae.

Auf der Halbinsel Bocagrande

- **Rezak Bar Club:** Cra. 2 No. 6-155, Av. San Martín, Tel. 6654 000, informelle Disco Fr und Sa, Salsa, Rock, Fusion.
- **La Escollera Bar Disco:** Cra. 1 und Cl. 5 Esq., Centro Comercial El Pueblito, Tel. 6652 982, empfohlener Nachtklub.

Rumba en Chiva

Eine außergewöhnliche Art zu feiern ist die Rumba en Chiva, die **spätabendliche Fahrt im bunt bemalten traditionellen Partybus,** mit *aguardiente* und Musikgruppe an Bord und diversen Discobesuchen inklusive. Jeder kolumbianische Cartagena-Besucher liebt es! Sehr zu empfehlen! 20–24 Uhr/ca. 14 Euro. Wird von vielen Hotels angeboten. Oder kann in **Reisebüros** gebucht werden, z.B. Excursiónes Rafael Pérez y Cia. Ltda., Bocagrande, Cra. 1 No. 6-130, Edificio Hipocampo Local 1, Tel. 6550 089, Mobil 300 8147 314, www.excursionesrafaelperez.com; Mary

colo053 Foto: ib

Die dunklen Geheimnisse der Altstadtgassen von Cartagena

Jedes Haus und jede Gasse im alten Cartagena hat eine eigene Geschichte und eigene Mythen, wovon die vielen, oft sehr merkwürdigen Straßennamen Zeugnis ablegen. So soll es in der **Cl. Antonio Ricaurte** spuken (General *Tomás Cipriano de Mosquera* verbrachte hier jedenfalls schlaflose Nächte). Und die **Cl. Tumbamuerto** heißt so, da die Leichenträger, welche die zahlreichen Opfer der Grippeepidemie von 1876 abtransportierten, hier aufgrund eines bösen Zaubers (oder des schlechten Zustandes der Straße) immer stolperten und ihnen die Leichname dann auf die Straße rollten. Die **Cl. de Don Sancho** erhielt ihren Namen, da in ihr *Sancho Jimeno* wohnte, jener illustre spanische General, der das Castillo de Bocachica gegen den Piratenangriff von Baron *Jean-Bernard de Pointis* verteidigte.

Der König von Spanien, so erzählt man sich, hatte die Lügenmärchen seiner Vizekönige satt und wollte sich ein eigenes Bild von den ach so teuren Stadtbefestigungen Cartagenas machen, und da es ihm nicht gelang, mit seinem Fernrohr von Spanien aus die Perle der Karibik zu erblicken, reiste er inkognito – als Dame verkleidet und mit zahlreichen weiteren „Damen" als Gefolge – über den Ozean und bezog in jener Straße, die später **Cl. de las Damas** genannt wurde, Quartier. Keinem gelang es, die Identität der geheimnisvollen Damen festzustellen, die ebenso plötzlich wieder abreisten wie sie gekommen waren.

In der Straße, die heute **Cl. de la Mantilla** heißt, wohnte die schöne Jungfrau *María de Encarnación* mit ihrem Vater, einem hohen Staatsbeamten. 1658 wurde *Juan Pérez de Guzmán* Kommandant von Cartagena und verlobte sich mit *María*. Doch noch vor der Heirat verschwand er auf einer Galeone nach Puerto Rico, wo er den Gouverneursposten annahm, ohne zuvor die Familie informiert zu haben. In ihrem Schmerz erhängte sich *María* an ihrer Seidenmantille.

Am Caño Anastasio, der einst San Diego von Getsemaní trennte, hatte vor über 200 Jahren eine Fischerfamilie ihre Kate. Die Tochter pflegte die Innereien (= *tripa*) der für den Verkauf bestimmten Fische auf der Straße zu entfernen und handelte sich bald schon den Spitznamen *La Tripita* (= Bäuchlein) ein. Anlässlich eines Festes machte sich *La Tripita* richtig schön, zog sich feine Strümpfchen (= *medias*) an, die sie von ihrer Taufpatin geschenkt bekommen hatte, und stolzierte darin durch die Gassen. Von da an entstand die Redensart: „Schau mal, da vorne kommt La Tripita y Media!", und bald schon bezeichneten die Leute die Gasse, in der das beeindruckende Mädchen wohnte, als **Calle Tripita y Media** – ein Name, der sich bis heute erhalten hat.

In der **Cl. de Quero** lebte einst der durch ein Erbe zu Reichtum gekommene *Miguel Cuero,* der sich seines Namens (*cuero* = Leder) schämte, da man schon seine alte Mutter mit Ausdrücken wie „du gegerbtes Katzenleder" beschimpft hatte. Darum benannte er sich um in *Miguel Quero.* Eines Nachts hörte er ein Geräusch wie von einem Einbrecher und begab sich rasch zu seiner Truhe, um sein Geld nachzuzählen. Da traf ihn der Schlag, und es war aus mit ihm. Verwesungsgeruch alarmierte Tage später die Nachbarn. Sie brachen die Tür zu *Miguel Queros* Haus auf und fanden den durch die eifrige Tätigkeit der Würmer aufgeblähten Körper *Queros* – und von da an gab es kein Halten mehr: Die Legenden um das Spukhaus trieben reiche Blüten, und kaum einer wagte es je, nachts hier noch vorbeizugehen. Ein ganz Mutiger steckte sich zur Nervenberuhigung eine Zigarre an, da fragte jemand vom Balkon aus nach Feuer, und als der Raucher aufblickte, sah er einen langen Knochenarm mit spinnbeindünnen Fingern, die rissen ihm die Zigarre aus dem Mund. Der Mann auf der Straße wurde auf der Stelle ohnmächtig. Ein aus Antioquia angereister Geisterjäger logierte einmal in *Queros* Haus, um dem Spuk ein Ende zu bereiten. Kaum dass ein Schatten sein Bett streifte, feuerte er sechs Kugeln darauf ab, doch eine Gespensterstimme hauchte ihn an: „Deine Kugeln haben mir nichts an; ich gebe sie dir zurück, hier hast du sie!" Und die sechs Kugeln fielen wie heiße Tropfen hinab auf des *paisa* Laken. Der Mann aus Antioquia beendete seine Tage im Irrenhaus ...

colo054 Foto: ib

Tours, Tel. 6663 685 / 6665 265, Mobil 315 7496 032; Isla del Encanto, Bocagrande, Cra. 2 No. 5-52, Av. San Martín, Centro Comercial Michel Center, Local 4, Tel. 6658 315 / 6655 454; Ocean und Land, Bocagrande, Cra. 2 No. 4-15, Av. San Martín, Local 6, Tel. 6657 772.

Verkehrsverbindungen

Busse

- Der **Terminal de Transportes** (Busbahnhof) liegt weit außerhalb des Zentrums, Cra. La Cordialidad, Diagonal 57 No. 54-236, Tel. 6630 317 / 6630 454. Er verfügt über Restaurants, Gepäckaufbewahrung und eine Touristeninformation. Ins Zentrum fahren Busse („Metrocar"/1,50 Euro) und Taxis für 5 Euro.
- Nahezu im Stundentakt fahren von hier **Busse nach Barranquilla** (2 Std./6 Euro), **Santa Marta** (4 Std./11 Euro), **Bucaramanga** (14 Std./35 Euro), **Medellín** (15 Std./48 Euro), **Bogotá** (25 Std./66 Euro). Mehrere Busse auch **nach Riohacha** (6 Std./17 Euro), **Maicao** (7 Std./20 Euro), **Sincelejo** (3 Std./8 Euro; von dort weiter **nach Tolú**) und **Magangué** (5 Std./11 Euro; von dort weiter **nach Mompós**). Auch ein Direktbus fährt früh um 7 Uhr nach Mompós (7 Std./15 Euro). Etliche weitere Ziele, auch kleinere Ortschaften, werden angefahren.
- Nur wenig teurer, aber einfacher ist es, den **Haustürservice von Transportes MarSol** (Büro im Barrio Crespo, Cl. 70 No. 6A-120, Tel. 6560 302 / 6564 270, Mobil 300 8083 151, Anruf von der Hotellobby genügt) zu nutzen. Die **Minibusse** dieser Gesellschaft holen ihre Fahrgäste ab und fahren mehrmals täglich **nach Barranquilla** (2 Std./7 Euro) und **Santa Marta** (4 Std./15 Euro).

Flugzeug

Der **Aeropuerto Internacional Rafael Núñez** liegt nur wenige Kilometer nordöstlich der Altstadt im Viertel Crespo (per Taxi 3–5 Euro, mit dem Bus ca. 0,75 Euro). Geldautomaten und Touristeninfo sind vorhanden. Mehrmals täglich **Flüge nach Bogotá und Medellín,** auch **San Andrés, Capurganá, Panama und Miami** werden angeflogen.

Per Schiff nach Panama

- **Ein regulärer Fährbetrieb nach Panama existiert nicht.**
- **Frachtschiffe** fahren unregelmäßig (z.B. Maritrans Ltda., Av. Venezuela, Edificio Caja Agraria, Piso 3, Tel. 6640 071, Fax 6640 069; Hermann Schwyn y Cia. SA., Edificio Chambacu Business Center, Piso 6, Tel. 6603 610, www.schwyn.com, verschifft Motorräder).
- Im **Club Nautico** in Manga, Av. Miramar, Tel. 6605 582, www.clubnauticocartagena.com, kann man versuchen, auf einer Yacht anzuheuern.
- Zuverlässige Informationen über **Boote zu den San-Blas-Inseln** erhält man im Hostal Casa Viena (www.casaviena.com/sailing-cartagena-panama-SanBlas.htm) sowie im Reisebüro Aventure Colombia, San Diego, Cl. del Santísimo No. 8-55, Tel. 6648 500, Mobil 314 5882 378, www.aventurecolombia.com.

Vorsicht bei Angeboten auf der Straße von Unbekannten – hier kann es sich um Betrüger handeln!

La Boquilla

↗ II/A2

Das kleine **Fischerdorf** La Boquilla befindet sich 8 km nordöstlich von Cartagena auf einer Schwemmlandnase zwischen dem Ozean auf der einen und der Ciénaga de Tesca auf der anderen Seite. Die Fischer paddeln in schmalen Booten in den Lagunen umher und werfen ihre *atarrayas* (Rundnetze) aus. Sie freuen sich darüber, Besuchern die Mangrovenwälder von **La Caimanera** sowie die Lagunenfauna zu zeigen (Paddeltour mit Führer ca. 5 Euro/Person). Die nahe La Boquilla gelegene **Playa El Paraíso** wird zum Wochenende hin voll; in den Strandkiosken braten die Frauen frischen Fisch und bieten ihn günstig feil. Man tanzt und trinkt Bier. Übernachten kann man im schlichten und familiären Hospedaje Marlene€ (Mobil 300 8315 704). Busse fahren von Cartagenas Monumento a la India Catalina nach La Boquilla (30 Min./1 Euro), alternativ per Taxi (5 Euro).

Isla de Barú

↗ II/A3

Die Insel Barú 20 km südsüdwestlich der Stadt Cartagena, vom Festland getrennt durch den **Canal del Dique,** einen im 17. Jh. von Sklavenhand geschaffenen Verbindungskanal vom Río Magdalena zum Meer, ragt als schmale Landzunge etwa 25 km weit hinaus in die offene See. Die sehr bescheidenen **Inseldörfer Santa Ana, Ararca und Barú,** bewohnt von insgesamt etwa 4.000 afrikanischstämmigen Fischern, Papaya- und Kokosbauern, verbindet ein Fahrweg, der sich über Sandzungen und vorbei an mangrovenbestandenen Lagunen beinahe bis zur äußersten Inselspitze zieht.

Die attraktive, lange Zeit vergessene Isla Barú mit ihren exzellenten **weißen Korallenstränden** hat man indes endgültig aus ihrem Dornröschenschlaf gerissen: Hier sind Hotelanlagen großen Stils im Bau. Die Fischer kämpfen seit den 1970ern um Landtitel bzw. Kompensationen und sahen sich in der Vergangenheit des Öfteren Drohgebärden des städtischen Establishments ausgesetzt, das die Alteingesessenen zum Verkauf zwang oder zwingen will.

Der beste Strand des gesamten Departamento Bolívar befindet sich auf

Barú: Es ist die korallengesäumte **Playa Blanca.**

• **Ausrüstung:** Trinkwasser, Sonnenschutz, Insektenschutz gegen Sandfliegen, Taucherbrille, Schnorchel.

Unterkunft & Essen

An der **Playa Blanca** grillen Einheimische und europäische Auswanderer Fisch für die mit Booten aus Cartagena anreisenden Tagesausflügler und vermieten Hängemattenplätze (4 Euro/Nacht), einfache *cabañas* (10 Euro/Nacht) sowie schlichte Unterkünfte (z.B. **Mama Root**€ oder **Paraíso**€). Zelten ist möglich. Weiter südwestlich, im Dorf **Barú,** managen die Fischerfrauen das **Ecohotel Casa Azúl**€€€, das gute Annäherungsmöglichkeiten an die Welt der Barú-Bewohner bietet.

Einige wesentlich teurere Luxusunterkünfte gibt es ebenfalls auf der Insel, z.B.:

• **Isla del Encanto**€€€€: Buchungsbüro in Cartagena, Bocagrande, Cra. 2 No. 5-52, Av. San Martín, Centro Comercial Michel Center, Local 4, Tel. 6658 315 / 6655 454, Transport, drei Mahlzeiten und eine Nacht im Hotel an der Südwestspitze der Isla de Barú für ca. 100 Euro/Person.

• **Playa Scondida**€€€€: Buchungsbüro in Cartagena, Getsemaní, Cl. 25 No. 8B-55, Cl. Larga, Tel. 6642 923, www.playascondida.com. Kleines Hotel nahe der Playa Blanca sowie mehrere *cabañas* am Strand, drei Mahlzeiten und eine Nacht kosten ca. 100 Euro/Paar.

Anfahrt von Cartagena

• **Touranbieter** wie Isla del Encanto (Buchungsbüro in Bocagrande, Cra. 2 No. 5-52, Av. San Martín, Centro Comercial Michel Center, Local 4, Tel. 6658 315 / 6655 454), Ocean und Land (Buchungsbüro in Bocagrande, Cra. 2 No. 4-15, Av. San Martín, Local 6, Tel. 6657 772) oder Aventure Colombia (Buchungsbüro in San Diego, Cl. del Santísimo No. 8-55, Tel. 6648 500, Mobil 314 5882 378, www.aventurecolombia.com) bieten **Tagesausflüge** per Schiff zur Playa Blanca auf Barú an; Abfahrt von Cartagenas **Muelle Túristico de la Bodeguita** täglich 7 Uhr (22 Euro/Person hin und zurück inkl. Mittagessen). Direkt an der Muelle Túristico sind diverse Barú-Unterkünfte buchbar.

• Von Cartagenas **Muelle de Mercado Bazurto** (Av. Pedro de Heredia/La Popa) fahren wochentags 7–9 Uhr **Frachtkähne** ab (9 Euro/Person pro Strecke).

• Alternativ nimmt man vom Mercado Bazurto den **Bus nach Pasacaballos** (ein Dorf am Canal del Dique), dort dann das Fährboot über den Kanal (1 Euro) und schließlich den Colectivo nach Santa Ana, wo die Straße schlechter wird und man trampen muss.

Islas del Rosario ↗ II/A3

Etwa 40 km südwestlich von Cartagena befindet sich vor der Außenküste der Isla Barú der Korallenarchipel Islas del Rosario, der **27 ausgestreute Eilande** umfasst, einige sumpfig und von Mangroven, Meertraubenbäumen und Kokospalmen bestanden, manche zusätzlich mit einer Binnenlagune (so die Isla Grande und die Isla del Rosario), viele indes nichts als schmale Sandbänke, auf denen nur ein einzelnes Haus und wenige Palmen Platz finden. Fast alle Eilande sind Privateigentum Prominenter aus Politik, Wirtschaft und Fernsehen. Warme Meeresströmungen haben die einst so prächtigen Korallenbänke großenteils absterben lassen, doch wurde das ganze Meeresgebiet einschließlich eines Teils der Isla de Barú und der südlich gelegenen Islas de San Bernardo zum Naturschutzgebiet erklärt. Die Verwaltung des **Nationalparks Corales del Rosario** befindet sich auf der Isla de San

Martín de Pajarales, wo Tagesausflügler das sehenswerte **Oceanario** (Eintritt 5 Euro) besuchen. Hier finden Delfinshows statt und lassen sich Pelikane, Fregattvögel, Zwergreiher, Meeresschildkröten, Rochen, Haie und viele andere Meeresbewohner naturnah erleben.

Unterkunft & Essen

- **Ecohotel Cultura del Mar**€€€€: Buchungsbüro in Cartagena, Getsemaní, Cl. del Pozo No. 25-95, Tel. 6649 312, Mobil 311 4030 506, z.B. Zwei-Tages-Touren zur Isla Grande, wo man naturnah übernachtet, von einheimischen Familien bekocht wird und schnorcheln oder tauchen kann (alles inklusive ca. 300 Euro).
- **Hotel San Pedro de Majagua**€€€€: Buchungsbüro in Cartagena, San Diego, Hotel Sofitel Santa Clara, Tel. 6646 070, www.hotelmajagua.com, edle naturnahe Unterkünfte auf der 200 ha großen Isla Grande, ca. 200 Euro/Nacht inklusive exzellenter Mahlzeiten, darunter auch Langusten.
- **Hotel Isla del Pirata**€€€€: Zu buchen über Excursiónes Roberto Lemaitre, Cartagena, Bocagrande, Cl. 6 No. 2-26, Edificio Granada, Local 2, Tel. 6652 952, www.hotelislapirata.com. Unterkünfte auf der 2.100 m² kleinen Isla del Pirata für 100–150 Euro/Nacht inklusive Mahlzeiten.

Tauchen

- **Cultura del Mar:** Büro in Cartagena, Getsemaní, Cl. del Pozo No. 25-95, Tel. 6649 312, Mobil 311 4030 506, Schnorchel- und Tauchexkursionen unter ökologischen Aspekten, unterstützt die Gemeinde, unterhält ein Resort auf Isla Grande.
- **Caribe Dive-Shop:** Büro im Hotel Caribe in Cartagena, El Laguito, Tel. 6653 517 / 6650 155, Mobil 310 7289 491, www.caribediveshop.com, Tauchgänge für Anfänger und Fortgeschrittene sowie PADI-Tauchkurse, zwei Tauchgänge kosten ca. 100 Euro.
- **La Tortuga Dive School:** Büro in Cartagena, El Laguito, Cl. 1 No. 2-23, Av. del Retorno, Edificio Marina del Rey, Local 4, Tel. 6656 994, www.tortugadive.com, Tauchkurse vor Barú und den Islas del Rosario.

Tagesausflüge & Transport zu den Inseln

Fast alle Besucher kommen von Cartagena als **Tagesausflügler.** Große, schwerfällige **Dampfer** wie die „Alcatraz", aber auch kleinere **Schnellboote** legen zwischen 7 und 9 Uhr vom **Muelle Turístico de Los Pegasos** ab, fahren durch die Bahía de las Animas und dann durch die Boca Chica hinaus aufs offene Meer, halten an der Isla de San Martín de Pajarales, damit interessierte Gäste das *oceanario* (siehe oben) besuchen können, und fahren schließlich zum Mittagessen und Baden zur Isla de Barú. Gegen 17 Uhr laufen die Boote wieder im Heimathafen ein. Gesamtkosten ca. 30 Euro (inkl. Nationalparkeintritt und Mittagessen).

Man kann derartige Fahrten direkt am Hafen buchen. Viele **Hotels** organisieren Exkursionen (auch mit Übernachtung), z.B. das Hotel Caribe und das Hotel Sofitel Santa Clara (beide unterhalten Resorts auf der Isla Grande). Globetrotterherbergen wie das Hostal Casa Viena vermitteln ebenfalls Tagesexkursionen. Oder man wendet sich an ein **Reisebüro,** z.B. Isla del Encanto, Aventure Colombia, Ocean und Land (Adressen siehe unter Isla de Barú) und bucht dort für den nächsten Tag. Fakultativ kann man im Rahmen des Tagesausfluges einen Tauchgang absolvieren (ca. 50 Euro extra).

Schlammbad im Krater des Volcán de Lodo El Totumo

Volcán de Lodo El Totumo

↗ II/B2

52 km nordöstlich von Cartagena, auf halber Strecke nach Barranquilla und genau auf der Grenzlinie zwischen den Departamentos Bolívar und Atlántico, steht nahe des Westufers der Ciénaga Totumo der **20 Meter hohe Kegel eines Schlammvulkans.** Eine schmale Stiege führt hinauf bis an den Kraterrand. Von hier überblickt man die weite Lagunenlandschaft mit ihren Mangroveninseln, Wasserhyazinthenteppichen und den weißen Schlangenhalsvögeln.

Der Krater misst ca. fünf Meter im Durchmesser und ist gefüllt mit **warmem Schlamm** aus feinsten Partikeln; ab und an durchbrechen kleine Eruptionen glucksend die ansonsten unbewegte, geschmeidig-weiche Oberfläche. Doch keine Angst, im Gegenteil:

colo12-002 Foto: ib

Der Vulkan bietet Haut- und Rheumakranken wunderbare Linderung! Schwimmen ist zwar unmöglich, auch wird man unter den Füßen keinen Grund spüren (der Schlot soll 500 Meter hinab ins Erdinnere reichen). Aber dennoch: Sofort steht man sicher wie ein Korken; und wenn man sich flach hinlegt, treibt man auf der Oberfläche wie auf dem Toten Meer.

Lokale Vulkananwohner helfen gegen geringe Gebühr den Badegästen beim Einsteigen und massieren ihnen den wundertätigen Schlamm porentief ein (2 Euro). Nach 30 Min. entsteigt man grau wie ein Teufel dem Bade, läuft hinab zur **Süßwasserlagune** und lässt sich von den Vulkanfrauen säubern, die anschließend eine kleine Entlohnung erhalten (2 Euro).

Einst, so sagen die Einheimischen, habe ihr Schlammvulkan Feuer und Schwefel gespien, denn *Luzifer* wohnte darin; da kam ein Priester und besprenkelte den Vulkan mit Weihwasser, bis seine Glut erlosch und der Leibhaftige im Schlamm erstickt war, welcher seitdem nichts als Heil bringend hervorsprudelt ...

Der Schlammvulkan von Totumo ist bei weitem nicht der einzige seiner Art an der kolumbianischen Karibikküste, doch vielleicht der optisch schönste. Weltweit existieren derzeit mehrere tausend – und zwar in potenziellen Erdbebenzonen sowie in der Umgebung von Erdölabbaugebieten. **Ein Schlammvulkan besteht,** so lange aufgeschlämmtes tonreiches Sedimentgestein, das aufgrund seiner geringen Dichte und der Quellfähigkeit der Tonminerale in der Erdkruste aufsteigt, sich einen Weg durch den Vulkanschlot nach draußen zu bahnen vermag.

Nahezu täglich kommen Badegäste aus Cartagena nach El Totumo. Aufgrund des touristischen Potenzials ist der Vulkan zum Zankapfel zwischen den Departamentos Bolívar und Atlántico geworden.

Verkehrsverbindungen

- **Busse** fahren stündlich von Cartagenas Terminal de Transporte (Busbahnhof) nach Galerazamba. Vulkanbesucher steigen indes bereits unterwegs, an der Tankstelle von **Lomita Arena,** aus (bis hierher ca. 1½ Std./3 Euro) und folgen zu Fuß der nach Barranquilla führenden Hauptstraße. Nach 2,5 km führt rechts ein ausgeschilderter unbefestigter Fahrweg ab, der nach 1 km direkt am Vulkan endet. Eintritt 2 Euro.
- Einfacher und bequemer, wenn auch etwas teurer, ist ein **in Cartagena organisierter Tagesausflug** (Kosten ca. 17 Euro inkl. Mittagessen am Strand von La Boquilla zzgl. Trinkgelder für die Vulkanbetreuer). Viele Hotels vermitteln diese Exkursionen, z.B. das Hostal Casa Viena. Oder man wendet sich an ein Reisebüro, z.B. Isla del Encanto oder Aventure Colombia (Adressen siehe unter Isla de Barú) oder Excursiones Rafael Pérez, Bocagrande, Cra. 1 No. 6-130, Edificio Hipocampo, Local 1, Tel. 6550 089, Mobil 300 8147 314, www.excursionesrafaelperez.com.

Jardín Botánico Guillermo Piñeres

II/A2

- **Meter über NN:** 130
- **Temperatur** (im Durchschnitt): 28°C

15 km südöstlich von Cartagena, an einem links von der Straße nach Turbaco abzweigenden Fahrweg, befindet sich der 9 ha große Botanische Garten, den *Doña María Jiménez de Piñeres* 1978 mit Hilfe der Banco de la República gegründet hat (Tel. 6731 474, Mobil 312 6192 248, jardinbotanico@comfenalco.com, geöffnet Di bis So 9–16 Uhr, Eintritt 4 Euro). An der Kasse ist eine Broschüre mit den ca. **250 Pflanzenarten** erhältlich, die es im Garten gibt. Leider ist der Garten derzeit nicht in bestem Zustand; ein Halbtagesausflug von Cartagena hierher lohnt daher nur für speziell an Botanik Interessierte oder all jene Reisenden, die nicht die Möglichkeit haben, ländliche Regionen in Kolumbien zu besuchen, in denen man die meisten hier vertretenen Pflanzen zwar nicht so kompakt, aber sehr wohl zu Gesicht bekommt.

Verkehrsverbindungen

Am Castillo de San Felipe de Barajas in Cartagena fahren **Busse** nach Turbaco ab; dem Fahrer Bescheid geben, damit er Gartenbesucher unterwegs aussteigen lässt (30 Min./1,50 Euro). Von der Hauptstraße läuft man ca. 2 km den nach Osten führenden Fahrweg entlang bis zum Garteneingang. Alternativ per Taxi von Cartagena (ca. 25 Euro).

Palenque de San Basilio

Überblick

- **Bevölkerung:** 4.000
- **Meter über NN:** 110
- **Temperatur** (im Durchschnitt): 29°C

60 Straßenkilometer südöstlich von Cartagena schmiegt sich in den Saum der nördlichen Falten der **Montes de Maria** (= Serranía de San Jacinto) das zur Gemeinde Mahates gehörende alte Wehrdorf mit dem offiziellen Namen Palenque de San Basilio, das die meisten Alteingesessenen jedoch **San Basilio de Palenque** nennen.

Cimarrónes, d.h. **entlaufene Sklaven,** die aus dem heutigen Kongo, aus Senegal oder Liberia stammten, gründeten unter Leitung von *Benkos Biohó* diesen zwischen Dschungel und Morast gut verborgenen Zufluchtsort im frühen 17. Jh. und versahen ihn mit hölzernen Befestigungsanlagen, um ihn vor spanischen Sklavenjägern zu schützen. Hier lebten die *cimarrónes* – als freie Menschen – ihre afrikanischen Traditionen und entwickelten ihre ureigene, heute einmalige, stark **afrikanisch geprägte Kultur, Musik, Lebensweise und Mentalität** und beeinflussten das Entstehen der modernen *champeta*-Bewegung. Ihre Sprache, das **Palenquero,** wird nur hier gesprochen (siehe Exkurs). Das Dorf fristete über Jahrhunderte ein nahezu vollständig isoliertes Dasein – bis 1967 gab es nicht einmal eine Straßenverbindung zur Außenwelt. Auch heute

Palenquero – Ein sprachliches Meisterwerk

Palenque de San Basilio, das letzte noch bestehende von einstmals wohl einem Dutzend Wehrdörfern, die entflohene afrikanische Sklaven im Hinterland von Cartagena de Indias und bis hinab zur Serranía de San Lucas zu Kolonialzeiten gegründet hatten, um ein freies und menschenwürdiges Leben führen zu können, gilt unter Linguisten als **Sprachinsel.** Denn in dem von kaum 4.000 Seelen bewohnten Ort kommuniziert man in einer Sprache, die sonst nirgendwo auf der Welt gesprochen wird – dem *Palenquero*. Es enthält Elemente aus kongolesischen Bantu-Sprachen, dem Spanischen und dem Altportugiesisch der Sklavenfahrer und gehört seit 2005 zu den UNESCO-Meisterwerken des mündlichen und immateriellen Erbes der Menschheit.

Noch vor einer Generation schämten sich manche der älteren Bewohner des Palenque, ihren Kindern *Palenquero* beizubringen, denn sie fürchteten, von der überwiegend spanischsprachigen Mestizenbevölkerung Kolumbiens belächelt und diskriminiert zu werden. Doch heute wird es von den Dorflehrern an der Schule ganz offiziell unterrichtet.

Möge sich der Leser zurücklehnen, wo auch immer er sich gerade befindet, in der Hängematte, im Sessel, an der Bushaltestelle wartend oder auf dem Pferdesattel, und, auch wenn er Atheist sein sollte, in einem Moment kontemplativer Ruhe das **Vaterunser** rezitieren, auf Deutsch, *auf Spanisch* und **... auf Palenquero:**

Vater unser im Himmel,
Padre nuestro que estás en el Cielo,
Tatá suto lo ke ta riba sielo,

Geheiligt werde Dein Name.
Santificado sea tu nombre.
Santifikaro sendá nombre si.

Dein Reich komme,
Venga a nosotros tu Reino,
Miní a reino sí,

Dein Wille geschehe,
Hágase tu voluntad,
Asé ño bolunta sí,

Wie im Himmel so auf Erden.
En la Tierra como en el Cielo.
Aí tiela kumo a sielo.

Unser täglich Brot gib uns heute.
Danos hoy nuestro pan de cada día,
Nda suto agué pan ri to ma ría,

Und vergib uns unsere Schuld,
Y perdona nuestras ofensas,
Peddona ma fata suto,

Wie auch wir vergeben
unseren Schuldigen.
Como también nosotros
perdonamos a los que nos ofenden.
Asina kumo suto a se pedonná
lo ke se fatá suto.

Und führe uns nicht in Versuchung,
No nos dejes caer en tentación,
Nu rejá sujo kaí andí tentación nu,

Sondern erlöse uns von dem Bösen.
Y libranos del mal.
Librá suto ri má.

Amen.
Amén.
Amén.

wohnen hier – im Gegensatz zu den umliegenden, von Mestizen bevölkerten Orten – ausschließlich Afro-Kolumbianer. International bekanntester Bürger des heutigen San Basilio ist *Antonio Cervantes* alias *Kid Pambelé,* Boxweltmeister im Weltergewicht 1972.

Geschichte

Freiheitsheld **Benkos Biohó** (auch *Domingo Bioho* genannt) genießt große Verehrung. Eine Sturm-und-Drang-Statue, die einen seine Ketten sprengenden *Benkos* darstellt, dominiert denn auch den Dorfplatz. Der 1596 aus der Region Biohó (heute Guinea-Bissau) verschleppte Afrikaner musste zunächst Zwangsdienst als Rudersklave auf dem Magdalena leisten. Nach vergeblichen Versuchen gelang ihm 1603 endgültig die Flucht. In den Montes de María gründete er eine **Guerillabewegung,** deren Anhänger sich über große Distanzen mittels „sprechender Trommeln" verständigen konnten, und half vielen anderen Sklaven in sein „befreites Territorium" hinüber. Man nannte ihn „El Rey del Arcabuco" („König des Dschungels"). Ab 1605 traten die Spanier in einen Friedensdialog mit den *cimarrones* und gestanden ihnen Autonomie zu. König *Benkos* erhielt sogar das Recht, sich wie ein spanischer *hidalgo* gekleidet und bewaffnet in Cartagena zu bewegen. Der Frieden währte allerdings nur kurz. 1619 wurde *Benkos* gefangen genommen, zwei Jahre später hängten und vierteilten ihn die Spanier. Doch die *palenques* blieben frei; dafür sorgte nicht zuletzt *Benkos'* Nachfolger, *Domingo Padilla.* 1713 erklärte der spanische König den Palenque de San Basilio sogar offiziell zum **Pueblo Libre de América,** zum „Freien Dorf Amerikas".

Feiertage & Feste

Musik ist das Herzblut der Bewohner. Um den 14. Juni feiern sie die dreitägige **Fiesta de San Basilio y Santa Catalina;** dann erklingen Trommeln, Kerzen brennen nachts in der Kirche und in den Händen der Gläubigen, welche die schwarzbärtige Statue des *Basilius* durch die Straßen tragen.

Seit 1981 findet jedes Jahr um den 12. Oktober das mehrtägige **Festival de Tambores** statt (Informationen: Corporación Festival de Tambores de San Basilio de Palenque, Cartagena de Indias, Cra. 10A No. 35-53, Plazoleta de Telecom, Edificio Comodoro, Oficina 408), ein faszinierendes Ereignis mit Märchenerzählern (auf *Palenquero*), traditionellem Essen, Tanz und Musikdarbietungen. Hier hört man die lokalen Musikrichtungen wie Bullerengue, Son de negritos, Chalupa, Chalusonga, Champeta und Son de sexteto. Die Musikanten benutzen verschiedene *tambores* (Trommeln) – darunter den *pechiche,* den *bongó,* den *llamador,* den *alegre,* die *timba* und die *tambora* – und zudem *maracas* (Rumbarasseln), die *guaracha* (ein Reibinstrument), die *clave* (runde Holzstäbchen) und die *marimbula* (ein Holzresonanzkasten mit Metalllamellen, die an der Vorderseite abstehen und geschlagen oder gezupft werden können).

Verkehrsverbindungen

Reisebüros in Cartagena (Kontakt z.B. über palenketour@gmail.com, junchetour@colombia.com, Mobil 311 4204 173, 312 6405 951) bieten von Zeit zu Zeit organisierte Tagesausflüge an. Auf eigene Faust erreicht man Palenque de San Basilio wochentags von Cartagenas Mercado Bazurto (südöstlich der Altstadt, Av. Pedro de Heredia/La Popa) per **Jeep** (1,5 Std./4 Euro). Alternativ fährt man vom Terminal de Transporte in Cartagena mit dem **Bus** bis nach **Malagana** (ca. 1 Std./3–6 Euro je nach Verhandlungsgeschick), ein Ort an der Route nach Sincelejo, und steigt dort am Abzweig nach Palenque de San Basilio aus. Von hier weiter per *colectivo* oder Taxi.

Achtung: Ein Ortsbesuch ist nichts für Sozialromantiker. Fremdenführer drängen sich auf, deren Gage, wenn nicht zuvor bis ins Detail ausgehandelt, ins Unermessliche steigen kann und am Ende auch mit allen Mitteln verlangt wird.

Mompós (Mompox)

↗ V/C1

Überblick

- **Bevölkerung:** 24.000
- **Meter über NN:** 33
- **Temperatur** (im Durchschnitt): 29°C

Isoliert und still, inmitten einer von seichten Flüssen und *ciénagas* (Lagunen) umgebenen aquatischen Landschaft am südwestlichen Ufer des sedimentreichen Brazo Mompós, eines Seitenarmes des Río Magdalena, liegt der von **Paramilitärs** beeinflusste, doch für Reisende als sicher geltende, selten besuchte Ort Mompós – vormals eine der wichtigsten Handelsniederlassungen Nueva Granadas, seit 1995 als solitäres **Juwel kolonialer Baukunst** UNESCO-Weltkulturerbe.

Der Baustil zeigt maurische und indigene Elemente, ist aber von ganz eigener Art. Teil der **arquitectura momposina** sind gewaltige Torbögen, tropisch-explosiv zugewachsene Patios mit Springbrunnen, enorm hohe Zimmerdecken, prominente Fenstersimse und geschmiedete Ziergitter vor mit Ziegeln überdachten Fenstern, die christliche Symboliken enthalten.

Fischfang (z.B. *bocachico, bagre*), Wasserbüffelzucht, die **Fertigung fein gearbeiteter Holzmöbel** *(muebles momposinos)* – insbesondere von Schaukelstühlen – sowie traditionelle Gold- und Silberschmiedekunst (z.B. die Herstellung filigraner Schmetterlinge, Kreuze und Gliederfischchen aus verlöteten Drähten) bilden für viele *momposinos* weiterhin eine Lebensgrundlage. Im Umland werden Mais, Tabak, Kassava, Zuckerrohr, Orangen und Bananen angebaut.

Bekannt ist die Stadt nicht nur als „lebendes Museum“, sondern als Kulisse für die Literaturverfilmung „Chronik eines angekündigten Todes“ (1987, mit *Ornella Muti*) und Geburtsort der Musikerin *Totó la Momposina* („La Candela Viva“, 1993) sowie vieler ihrer Bandmitglieder.

Geschichte

Gegründet um 1537 im Stammesgebiet der *Quimbaya*-Indianer von *Alfonso de Heredia* (dem Bruder des Gründers von Cartagena), erlangte **Santa Cruz de Mompox** (benannt nach Car-

colo025 Foto: ib

tagenas Governeur *Juan de Santa Cruz* sowie *Mompoj,* dem Kaziken der Ureinwohner) während der Kolonialzeit Wohlstand als Umschlagplatz für den Handel zwischen Karibikküste und Binnenland, der fast ausschließlich über den Fluss abgewickelt wurde. Nicht zuletzt infolge florierenden Schmuggels über Santa Marta mit den Inseln Curaçao und Jamaika entwickelte sich die Stadt schnell zu Cartagenas ernst zu nehmender Rivalin und wirkte als Magnet für eine **kreolische Aristokratie,** die sich mit europäischem Luxus umgab, den schönen Künsten und der klassischen Philosophie huldigte.

Mit dem **Colegio Universidad de San Pedro Apóstol** (heute nach dem Gründer als Colegio Pinillos bezeichnet) entstand Ende des 18. Jh. die älteste Universität der Küstenregion, in der Medizin, Jura, Latein, Theologie, Malerei unterrichtet wurden.

Die Türme der sechs erlesenen, von Augustinern, Dominikanern, Franziskanern oder Jesuiten erbauten Kirchen sowie die weiß getünchten Häuser mit ihren roten Ziegeldächern kündigten dem vom Anblick des ewigen Dschungels ermatteten Flussfahrer schon von weitem die Stadt an.

Teppich aus der Kolonialzeit

Alexander von Humboldt, der sich vom 25. April bis 5. Mai 1801 in den „mit Granit, Gneis, Glimmerschiefer voll goldhaltigen Schwefelkieses" gepflasterten Straßen des damals prächtig erblühten, bereits 14.000 Einwohner zählenden Mompós aufhielt, notierte: „Mompós ist einer der heißesten Orte in Amerika. Dazu der Krokodilgeruch! Wenn abends, von sieben, acht Uhr an, die Mädchen Wasser schöpfen und die Krokodile, das Menschenfleisch riechend, sich der Mole nähern, glaubt man oft, es sei eins im nächsten Zimmer, so heftig ist der Moschusgestank. Trotz der Hitze und der Moskitos (sie stechen durch vier baumwollene Beinkleider hindurch,

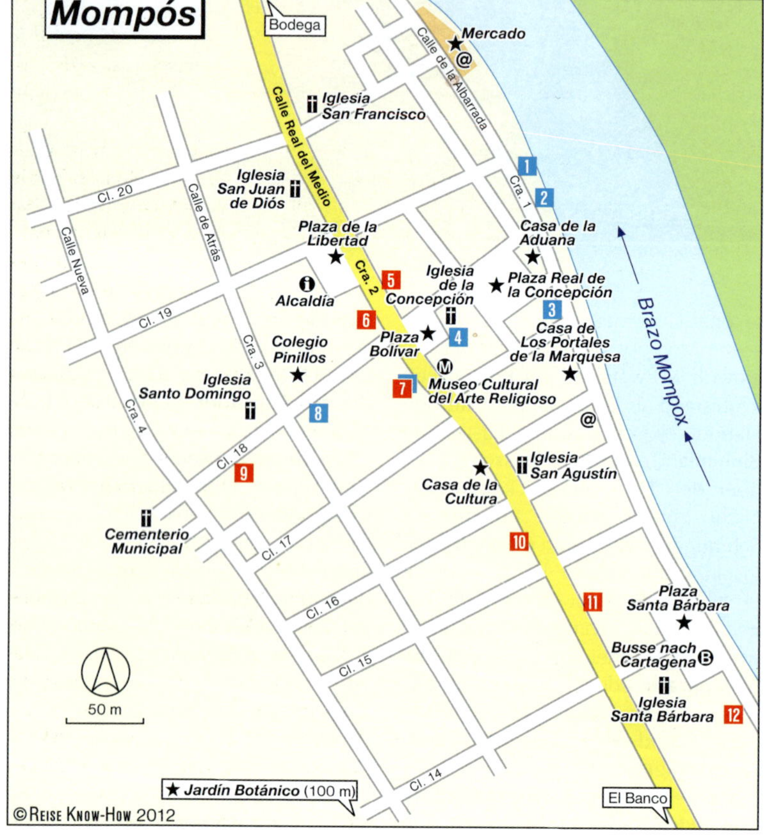

ich machte die Probe) habe ich in Mompós viel gearbeitet, über ein Dutzend junge Krokodile zerschnitten, ihre Anatomie gezeichnet und besonders sehr sorgfältige Versuche über die Atmung der Krokodile angestellt."

Am 6. August 1810 schallte der Ruf „Ser libres o morir – Frei sein oder sterben!" durch die drei parallel zum Fluss verlaufenden Straßen des Ortes: Es war der Schrei nach **Unabhängigkeit** – der erste, der in Neu-Granada laut wurde. Seitdem wird jeder 6. August feierlich begangen. Zwar eroberten die Royalisten Mompós nach kurzer Zeit zurück, doch nicht für lange: **Simón Bolívar** gelang es nämlich, in Mompós 400 Einwohner zu mobilisieren, Kämpfer, die er bitter nötig hatte. Bald darauf, von Sieg zu Sieg eilend, seufzte der in Caracas geborene *Libertador* erleichtert: „Caracas hat mir das Leben geschenkt, Mompós meinen Ruhm." Diese Worte sind auf dem Sockel des vor der Alcaldía stehenden Bolívar-Denkmals verewigt. Mompós führt seit jener Zeit den Titel „Ciudad Valerosa" (etwa: Stadt des Mutes).

Übernachtung
- 5 Hotel La Casona
- 6 Hotel San Andrés
- 7 Hostal Doña Manuela
- 9 Residencias Unión
- 10 Residencias Aurora
- 11 Residencias Villa de Mompox
- 12 La Casa Amarilla

Essen, Trinken, Unterhaltung
- 1 Comedor Costeño
- 2 Restaurante Islandes (Fahrten nach Pijiño)
- 3 Luna de Mompox
- 4 Restaurante Fuafus
- 7 Restaurante Doña Manuela
- 8 Restaurante Deli Bross

Der Schriftsteller *Gabriel García Márquez* legte seinem literarischen *Bolívar,* der im Mai 1830, resigniert und ruhmlos unterwegs auf seiner letzten Reise, nochmals in der Sumpfstadt Rast machte, die Worte in den Mund: „Mompox gibt es nicht, zuweilen träumen wir von dieser Stadt, aber es gibt sie nicht."

Nun ja, ob sie nun Traum ist oder Wirklichkeit – wahr ist: **Hier steht die Zeit still,** die Geschichte ist tot, hat aufgehört, weiter geschrieben zu werden, das Leben scheint ein einziger langer Tag ohne Gestern und Morgen zu sein. So ist es seit Ende des 19. Jh., als der Handel zwischen Hochland und Küste vornehmlich per Dampfer abgewickelt wurde und dafür der abseits gelegene, besser zu befahrende Brazo de Loba genutzt wurde, nicht aber mehr der Brazo de Mompós.

Orientierung

Mompós' Lage auf einer Sumpfinsel – noch – ohne Brücke inmitten des weiten Schwemmlandes der Flüsse Magdalena, Cauca und San Jorge, das viele Monate im Jahr zumindest teilweise geflutet ist (Vorsicht: Malaria!), macht die Anreise zeitaufwendig. Der Ort selbst streckt sich entlang des Flusses, er ist klein genug, um alle seine Straßen zu Fuß abzulaufen. Die **Uferpromenade Cl. de la Albarrada** (Cra. 1) sowie die senkrecht darauf stoßende **Cl. 18** mit der Iglesia de la Inmaculada Concepción, der 1541 gegründeten ältesten und größten Kirche, können als Orientierungsachsen genutzt werden.

Sehenswertes

Casa de la Cultura

In dem altehrwürdigen Kolonialhaus (Cl. Real del Medio gegenüber der Iglesia San Agustín, mittags geschlossen) befindet sich das größte **Museum** der Stadt mit Exponaten zur Stadtgeschichte. Hier finden sich auch die Historische Akademie, die Musikschule, ein Archiv und eine Bibliothek.

Museo Cultural del Arte Religioso

Dieses kleine, vormittags geöffnete Museum in der Cl. Real del Medio ist in jenem auch als **Casa Bolivariana** bezeichneten Kolonialhaus untergebracht, das einst der Familie des Unabhängigkeitshelden *Don Vicente Celedonio Gutiérrez de Piñeres* gehörte. Hier wohnte *Bolívar* während fünf seiner insgesamt acht Aufenthalte in Mompós. Im Museum befinden sich religiöse Kunstgegenstände aus Momposiner Familienbesitz sowie einige Reliquien, die mit *Bolívar* in Verbindung gebracht werden.

Cementerio Municipal

Der **Städtische Friedhof** (am südwestlichen Ende der Cl. 18), wurde erst 1831 fertiggestellt, nachdem die Toten über Jahrhunderte in den Kirchhöfen und Klöstern bestattet worden waren. Die Kapelle sowie die Mausoleen und mit Carrara-Marmor reich geschmückten Grabmäler leuchten schneeweiß. Hier ruhen auch der Vorreiter der *Poesía Negra,* **Candelario Obeso** (1849–1884), der die unsterblichen „Cantos populares de mi tierra" (1877) schuf, jedoch durch einen unglücklichen Pistolenschuss seinen Tod herbeiführte, und der berühmte General **Hermógenes Maza** (1792–1847), Opfer einer Durchfallerkrankung, über den man sich viele peinliche und schlüpfrige Geschichten erzählt. Am Eingang befindet sich die gebräuchliche Inschrift: „Aquí confina la vida con la eternidad" – „Hier stößt das Leben an die Ewigkeit".

Jardín Botánico El Cuchubo

Der nach einem bekannten Kaziken benannte, heute recht verwilderte Botanische Garten (Cl. 14) wurde von *Carlos Pontón Rangel* (1918–1991) gegründet und beherbergt um die **370 Pflanzenarten** (darunter zwei der drei Kokaarten). Ein Besuch lohnt, denn der alte sympathische Mann, der in der Hütte am Garten wohnt und Heilkräuter züchtet, ist eine wahre Schatzgrube an Informationen (und freut sich über eine kleine Spende).

Mompós, ein echtes Juwel kolonialer Architektur

Árbol de Suán

Dieser Baum gilt als der älteste der Stadt. An ihn - so die Legende - habe *Bolívar* 1812, bevor er die *momposinos* in seine großen Pläne einweihte, sein feuriges Pferd festgebunden.

Casa de Los Portales de la Marquesa

Die *Marquesa de Torre-Hoyos* hatte Geschmack: Sie bewohnte eines der wohl beeindruckendsten Kolonialanwesen der Stadt direkt an der Wasserfront (Cl. de la Albarrada). Nebenan residierte der *Marqués de Santa Coa*. Die ursprünglich zwei Häuser zeichnen sich durch riesige Torbögen und luftige hohe Zimmer aus.

Iglesia San Agustín

Das für Mompós wohl wichtigste Gotteshaus ist die 1606 erbaute kleine Iglesia San Agustín (Cl. Real del Medio) mit der heiligen **Christusfigur Santo Cristo Crucificado,** um die sich folgende **Legende** rankt: Im 17. Jh. kamen drei Fremde nach Mompós. Jeder von ihnen hatte eine geheimnisvolle, sargähnliche Kiste bei sich. Die Fremden verschwanden spurlos, die Kisten aber blieben. Der Gastwirt und seine Nachbarn öffneten sie - und fanden zu ihrer Überraschung in jeder eine lebensecht geschnitzte Christusstatue. Bei ihnen lag jeweils ein Schild, das auf ihren Bestimmungsort verwies: Mompós, San Benito de Abad (Sucre)

colo176 Foto: ib

colo175 Foto: ib

Schaukelstühle werden in Mompós in hervorragender Qualität gefertigt

und La Villa de Zaragoza (Antioquia). Die für Mompós bestimmte Figur wurde in die Iglesia San Agustín gebracht, die beiden anderen in die genannten Orte verschifft.

Mit den Jahren begannen die Gläubigen, den Statuen Wunderkräfte zuzuschreiben. Es existiert jedoch das Gerücht, die Schilder für Mompós und La Villa de Zaragoza seien verwechselt worden, sodass beide Städte sogar über einen Tausch der Christusfiguren in Verhandlung traten – aber sie konnten sich nicht dazu durchringen. San Benito de Abad nutzte den Zwist mit der Behauptung, nur der ihre sei der tatsächlich wundertätige Christus. Seitdem **Pilgerscharen** insbesondere während der Karwoche in alle drei Orte strömen, herrscht Friede. Während der Osterprozession wird der in der Iglesia San Agustín gleichfalls aufbewahrte goldgeschmückte *Santo Sepulcro,* der Heilige Sarg, durch die Straßen getragen.

Iglesia Santa Bárbara

1613 in einzigartigem Barockstil nahe des Flussufers erbaut (Plaza de Sta. Barbara/Cl. 14), ist dies wohl die **schönste Kirche von Mompós.** Ihr ockerfarbener, maurisch anmutender achteckiger Glockenturm mit seinen Simsen, seinen steinernen Blumen und Löwen und seinem überdachten Balkon gilt als Wahrzeichen von Mompós. Seitlich des Altars findet sich die Figur einer triumphierenden Kalifentochter, die der **Legende** nach einst ihr Herz an einen Christen verlor und konvertierte – sehr zum Ärger ihres Vaters *Dióscoro,* der sein Mädchen in den Turm einschloss und von Löwen hüten ließ. Man zwang sie, auf dem Balkon die muslimischen Riten zu verfolgen, die auf der Plaza abgehalten wurden. Das Mädchen aber weigerte sich. Da wollte der grausame *Dióscoro* sie öffentlich zur Rechenschaft ziehen, doch *Santa Bárbara* erflehte in ihrer Not den Schutz Gottes, worauf ein leuchtender Strahl auf den Kalifen herabfuhr und ihn vernichtete.

Iglesia San Francisco

Den Grundstein dieser rot-weißen Kirche (Cl. Real de Medio/Cl. 20) legte im Jahr 1580 *Fray Francisco Gonzaga,* der einige Jahre zuvor mit einer Mission von zwanzig Franziskanermönchen aus Europa gekommen war. Das Innere der Kirche, insbesondere die **hölzerne Kanzel,** ist bemerkenswert.

Ciénaga Pijiño

Flussabwärts, einem rechtsseitig einmündenden *caño* (Wasserarm) folgend, erreicht man per bongo-Boot die **seichte Lagune** Pijiño, an der der Hauptort der gleichnamigen Nachbargemeinde von Mompós liegt. Unterwegs sind in überhängenden Büschen *iguanas* (Leguane) zu sehen; man begegnet Fischern in winzigen Einbäumen, winkenden Kuhhirten und zahlreichem Geflügel (Adlern, Reihern, Eisvögeln und Wasserhühnchen – *gallitos de ciénaga*). Eine lohnende Exkursion – im Restaurante Islandes Tour oder in der Casa Amarilla nachfragen!

Feiertage & Feste

Die Feiern zur **Semana Santa** (Karwoche) gehören zu den prächtigsten Südamerikas. Unverwechselbar ist der rhythmische, *paso robado* genannte nächtliche Marsch, der seinen Ursprung im historischen Konflikt der ansässigen Kirchenorden hat. Wöchentliche Freitagsprozessionen beginnen bereits nach Abschluss des Karnevals.

Die **Fiesta de la Virgen del Carmen,** das Fest der Schutzheiligen von Mompós, erreicht am 16. Juli seinen Höhepunkt, wenn die *chaluperos* mit ihren Booten eine schwimmende Prozession bilden und die *choferes* in ihren Autos die Prozession auf der Straße fortsetzen bis zur Iglesia de la Inmaculada Concepción, wo der Abschlussgottesdienst stattfindet.

Zu den traditionell ausgetragenen **Wettkampfspielen** gehören *puerca pelá* (das Einfangen eines rasierten, in Fett gebadeten Schweines mit bloßen Händen), *ollas mágicas* (die Magischen Tontöpfe, die, gefüllt mit Preisen bzw. mit Dreck, Kröten oder Ameisen, an einer Leine aufgehängt und anschließend von den Teilnehmern mit verbundenen Augen heruntergeschlagen werden) sowie *vara de premio* (das Erklimmen eines sieben Meter hohen eingeölten Pfahles, an dessen Spitze die Fahne eingeholt werden muss). Alle diese Zerstreuungen bieten vor allem den Zuschauenden Spaß.

In der **Vorweihnachtszeit** ist das Fußballspielen mit benzingetränkten und angezündeten Lumpenbällen eine beliebte, von Kindern praktizierte Tradition.

Informationen & wichtige Adressen

Touristeninformation

- **In der Alcaldía** (dem Bürgermeisteramt) an der Plaza de la Libertad, dem Platz der Freiheit, wo einst die versammelten Bürger der Stadt ihre Unabhängigkeit von Spanien erklärten (geöffnet Mo bis Fr 8–18 Uhr mit Siesta, Tel. 6855 738).

Post, Telefonieren & Internet

- **Telefongesellschaft: Telecom,** Plaza de Bolívar (Plaza de Tamarindo).
- **4-72 (Post):** Cl. de Atrás (Cra. 3), nahe der Kreuzung mit Cl. 13.
- **Internetcafés:** Cl. de la Albarrada (Cra. 1) und Cl. 17 Esq.

Unterkunft

- **Hostal Doña Manuela**€€+: Cl. Real del Medio No. 17-41, Tel. 6855 307, mabe@hotmail.com. Stilvolles Kolonialhaus mit Patio, Pool (dem einzigen der Stadt), gutem Restaurant, großen Zimmern. Einst gehörte das Haus *Don Pedro Martínez de Pinillos* (1748–1809), dem Gründer der Momposiner Universität, und seiner Gattin *Doña Manuela Tomasa de Nájera,* nach der das Etablissement benannt ist. Die Einheimischen bezeichnen das Haus als Casa del Te Deum – wegen der lateinischen Inschrift am Portal: „Te Deum Laudamus Te Dominum". Der im Patio wachsende Riesenficus stammt aus Indien und ist 180 Jahre alt. Das Doña Manuela unterhält außerhalb der Stadt die **Hacienda San Ignacio**€€, wo man nicht nur übernachten, sondern auch Reitausflüge unternehmen kann.
- **Hotel San Andrés**€€: Cl. Real del Medio No. 18-23. Sittiche im Patio, Wäscheservice.
- **Hotel La Casona**€+: Cl. Real del Medio No. 18-58, Tel. 6855 307, www.hotelmompos.com. Koloniale Atmosphäre, Wäscheservice, luftige Zimmer mit Ventilator oder Klimaanlage. Blumen.
- **Residencias Aurora**€+: Cl. Real del Medio No. 18-23, Tel. 6855 886, www.hotelsanandresmompox.com. Charmantes Kolonialhaus, tropische Vögel im begrünten Patio, Wäscheservice.
- **Residencias Villa de Mompox**€+: Cl. Real del Medio No. 14-108, Tel. 6855 208. Freundlicher Familienbetrieb.
- **La Casa Amarilla**€-€€: Cl. 13 No. 1-05, Tel. 6856 326, www.lacasaamarillamompos.com. Globetrotterherberge in einem Kolonialhaus mit Patio nahe der Iglesia Santa Bárbara an der Wasserfront. 6 luxuriöse Privatzimmer und ein Schlafsaal. Geführt von dem britischen Reisejournalisten *Richard McColl.* Freundlich und hilfreich. Organisiert Bootsausflüge nach Pijiño.
- **Residencias Unión**€: Cl. 18 No. 3-43, Tel. 685-5723. Kleine Räume in schmucklosem Gebäude.

Essen, Trinken, Unterhaltung

- **Restaurante Doña Manuela:** Im gleichnamigen Hostal, Cl. Real del Medio No. 17-41, stilvoll, in Betrieb seit 1977. Eines der besten, aber auch teuersten Restaurants der Stadt. Hauptgericht 7 Euro.
- **Restaurante Fuafus:** Plaza de Bolívar, gute Atmosphäre, Blick auf das Straßenleben im Schatten knorriger Bäume.
- Die meisten Restaurants, Bars und Straßenstände befinden sich an der Cl. de la Albarrada (Cra. 1) an der Uferfront *(zona rosa),* z.B. **El Comedor Costeño** (Fisch für 4 Euro) und nebenan **Restaurante Islandes Tour** (gute

und vor allem sehr große Fruchtsäfte; Terrasse überm Magdalena; vermittelt Bootsausflüge zur Laguna Pijiño).

- An der Cl. 18 gibt es ebenfalls mehrere Restaurants, darunter das sehr gute und doch preiswerte klimatisierte **Restaurante Deli Bross** (Huhn mit Champignons, Rindfleisch mit momposiner Letschosauce).
- Zu empfehlen ist die **Bar Luna de Mompox** mit Blick über den Fluss.
- Flussabwärts der Plaza Real de la Concepción erstreckt sich am Ufer der **Markt,** wo man frisches Obst und Gemüse kaufen kann.

Verkehrsverbindungen

- **Von Santa Marta:** Bus nach Valledupar (mehrere am Tag), aber bereits in Bosconia (César) umsteigen, dann nach Santa Ana (Magdalena), wo ein Lastkahn Fahrzeuge übersetzt, dann weiter per *colectivo.*
- **Von Cartagena:** Täglich Direktbus (9 Std./ 15 Euro), Abfahrt 6 Uhr morgens vom Terminal. Alternativ Bus vom Terminal nach Magangué (5 Std./12 Euro), weiter per *chalupa* (Schnellboot) nach Bodega (2,50 Euro) und per *colectivo* (2,50 Euro) bis Mompós.
- **Von Sincelejo:** *Colectivo* nach Magangué (2 Std./5 Euro), dann wie oben.
- **Von Bucaramanga:** Bus nach El Banco (7 Std./14 Euro), von dort per *chalupa* direkt (1,5 Std./11 Euro) oder per Fähre und *colectivo* (3 Std./11 Euro). Es bestehen Pläne für einen Brückenbau in El Banco - ob sie realisiert werden, bleibt abzuwarten.
- **Nach Cartagena:** Täglich Direktbus (9 Std./ 15 Euro), Abfahrt bei der Plaza de Santa Bárbara.
- **Nach La Bodega und El Banco:** Häufig *colectivos* an Cl. 18 nahe Plaza Bolívar bzw. bei der Plaza Mayor, von wo auch andere Orte der Umgebung bedient werden.

Departamento Atlántico

Überblick & Geschichte

- **Fläche:** 3.388 km²
- **Einwohner:** 2,2 Mio. *atlanticenses*

Zur Zeit der Konquista siedelten Völker der Kariben und Arawak im Gebiet des heutigen Departamento Atlántico. Die **Mocaná** leben nunmehr - seit 1991 verfassungsrechtlich garantiert - in ihren Dörfern in den Munizipien Galapa, Baranoa, Malambo, Usiacurí und Tubará. Mit der nahe des westlichen Ufers des Río Magdalena gelegenen **Provinzhauptstadt Barranquilla** verfügt das 1905/1910 gegründete Departamento über die größte und ökonomisch wichtigste karibische Küstenstadt Kolumbiens, seinen bedeutendsten Seehafen, chemische, pharmazeutische, Lebensmittel- und Papierindustrien. Hier findet einer der weltweit besten Karnevals statt (Carnaval de Barranquilla). **Kulinarische Spezialitäten** im agrarisch geprägten Atlántico sind *butifarras soledeñas,* runde Fleischwürste aus dem alten Dorf Soledad, sowie *sancocho de guandú* (Suppe mit Straucherbsen). Rinderfarmen, Sesam-, Baumwoll- und Zuckerpflanzungen dominieren die Wirtschaft auf dem Lande.

Barranquilla

↗ II/B1

Überblick

- **Bevölkerung:** 1,6 Mio. *curramberos*
- **Meter über NN:** 12
- **Temperatur** (im Durchschnitt): 28 °C

Die **viertgrößte kolumbianische Metropole** – im Volksmund silbenverdreht *Curramba* (Partystadt) oder *La Arenosa* (die Sandige) bzw. auch galant *La Bella* (die Schöne) genannt – ist keine Schönheit. In ihr wird geliebt, gearbeitet, gekämpft, gefeiert und gelitten. Die Sorge um das Überleben in der Gegenwart, aber auch die Lebenslust, die ihrerseits nur in der Gegenwart zu existieren vermag, haben die Erinnerung an die Vergangenheit und zu viele Gedanken an die Zukunft weitgehend ausgeblendet. Bunt gescheckt, staubig, bald überschäumend agil, bald desolat, siech und doch immer wieder optimistisch und frisch – eine **Boulevardmischung voller Kontraste,** das ist Barranquilla.

Die Stadt breitet sich am Westufer des Río Magdalena unweit der Einmündung in die Karibische See aus. Direkt am Fluss erstrecken sich Industriegebiete und Hafenanlagen. Der lange Zeit heruntergekommene **historische Stadtkern am Paseo Bolívar** (Cl. 34) aus dem frühen 20. Jh., der Art-déco-geprägten Blütezeit der Stadt, wird zum Glück doch noch zumindest teilweise saniert. Von hier bis hinab zur parallel des Caño Auyama (eines Nebenarmes des Magdalena) verlaufenden Ringstraße Vía Cuarenta quirlt das wilde afrikanisch-karibische Marktleben der **Zona Negra,** wo *alles* erhältlich ist (auch Schmuggelgut aus Übersee). Nordwestlich des alten Herzens der Stadt liegt der reichere und gepflegte, von den *turcos* (= Arabern und Türken) beeinflusste Bezirk **El Prado,** wohin sich das moderne Zentrum verlagert hat.

Ein Besuch des mit Sehenswürdigkeiten nicht übermäßig gesegneten Barranquilla empfiehlt sich vor allem zur Karnevalszeit. Der seit über hundert Jahren begangene, berühmte **Karneval von Barranquilla,** seit 2003 ein offizielles UNESCO-Meisterwerk des mündlichen und immateriellen Erbes der Menschheit, gehört zu den weltweit größten, besten und ausschweifendsten Feierlichkeiten, ist noch nicht so sehr kommerzialisiert und steht den Karnevals von Rio de Janeiro und Port of Spain in nichts nach.

Geschichte

Sandgarnelenfänger vom Volke der *Camacho* lebten zuerst hier; später befand sich ein knapp 25 km² großes Gebiet in den Händen eines spanischen *encomendero*. Ab 1629 entwickelte sich auf der *estancia* San Nicolás de Tolentino der kleine Weiler **Barranca de San Nicolás.** Doch erst zu Zeiten der Unabhängigkeitsbewegung fing der Ort an zu blühen. Der Präsident des Unabhängigen und Frei-

Barranquilla ist keine Schönheit

en Staates Cartagena de Indias, *Manuel Rodríguez Torices,* verlieh der Siedlung am 7. April 1813 Stadtrechte. Dies wurde in der heute noch stehenden **Casa Lacorazza** an der Plaza San Nicolás (Cra. 41 und Cl. 34) besiegelt. *Torices* fiel drei Jahre später in Bogotá den Kugeln eines royalistischen Erschießungskommandos zum Opfer. Und in Barranquilla wurde gekämpft. Doch mit den **Dampfschiffen** kam Mitte des 19. Jh. der Fortschritt. Barranquilla genoss aufgrund seiner Lage am Magdalenenausfluss gegenüber etablierten Hafenstädten wie Cartagena und Santa Marta deutliche Standortvorteile, obwohl die Sandbänke direkt an der Mündung für arge Navigationsschwierigkeiten sorgten.

In Barranquilla entstand um 1870 die erste kolumbianische Eisenbahnlinie (Barranquilla - Salgar), hier wurden 1885 die ersten kolumbianischen Telefonleitungen verlegt, hier unterhielt die erste kolumbianische Fluggesellschaft Scadta (Sociedad Colombo Alemana de Transporte Aéreo) ab 1919 ihre Büros. Mit dem Bau des **Hochseehafens Puerto Colombia** entwickelte sich Barranquilla zur wichtigsten Hafenstadt des Landes. Die Kämpfe von 1885, an denen Revolutionsgeneral *Obeso,* General *Collante* und General *Urueta* beteiligt waren, oder von 1909 zwischen General *Valencia* und General *Holguin* hielten Zehntausende **Einwanderer** aus Italien, Deutschland und dem Nahen

colo060 Foto: ib

Osten nicht davon ab, sich hier anzusiedeln. Sie brachten Energie, Hoffnung, Ideen, Geld und eigene religiöse Traditionen mit sich und verwandelten den Ort rasch in eine pulsierende Metropole mit katholischen und evangelischen Kirchen, Moscheen und Synagogen.

Die heute berühmteste Tochter der Stadt ist die libanesischstämmige Pop-Ikone **Shakira** („Laundry Service", „Fijación Oral Vol. 1"), deren überlebensgroße Statue im Parque Metropolitano steht (im Süden der Stadt beim Stadion Roberto Meléndez, Av. Murillo und Av. Circunvalar Esq.).

Orientierung

Eine **Ringstraße** umschließt Barranquilla. Sie heißt in Flussnähe **Vía 40,** südlich des Zentrums **Av. Boyacá** (Cl. 30) und westlich der Stadt **Av. Circunvalar.** Südlich der Stadt führt die lange Autobrücke Puente Alfonso López Pumarejo über den mächtigen Río Magdalena mit seinen Wasserhyazinthenteppichen hinweg.

Parallel zum Westufer des Flusses verläuft der **Paseo Bolívar (Cl. 34),** wo sich an der Plaza San Nicolás (Cra. 41 und Cl. 34) die Gründung der Stadt vollzog. Hier und die *barranca* (Uferneigung) hinab zum Fluss tobt der Straßenbasar.

Das **Stadtzentrum** reicht von der Cra. 35 nach Norden hinauf bis zur Cra. 46 und von der Cl. 30 (= Av. Boyacá) nach Westen bis zur Cl. 46. Die Cl. 45 (= Av. Murillo) ist eine belebte Einkaufsstraße.

Der Cra. 45 oder der Cra. 46 nach Westen folgend, erreicht man nach etwa 3 km den höher gelegenen, feineren **Stadtteil El Prado** mit maurischen und republikanischen Gebäuden (zwischen Cra. 46 und 58 sowie Cl. 53 und 76). Interessant ist hier ein Spaziergang um die Cra. 54, wo viele Villen der aus dem Nahen Osten stammenden, zu Wohlstand gelangten Händler zu sehen sind. Die Cl. 72 zählt zu den beliebtesten Shoppingmeilen der Stadt.

Der **Busbahnhof** befindet sich ca. 7 km, der **Flughafen** etwa 10 km südlich des Zentrums in der Vorstadt Soledad. Um die chronischen Staus in Barranquilla zu entschärfen, wurde vor einiger Zeit das moderne Bustransportsystem **Transmetro** (nach dem Vorbild des Transmilenio in Bogotá) eingerichtet. **Taxipreise** sind vor Fahrtantritt auszuhandeln (innerstädtische Fahrten kosten ca. 2 Euro). Preiswert, schnell und nicht selten chaotisch sind Fahrten mit dem **Mototaxi** made in India.

Sehenswertes

Iglesia de San Nicolás

Direkt am Basar, an der Ostflanke des Paseo Bolívar, steht diese **ehemalige Kathedrale Barranquillas** (Cra. 42 No. 33-45), ein doppeltürmiges, neugotisches Gotteshaus, das seine heutige Gestalt im ausgehenden 19. Jh. erhielt (So und Mo 7 und 18 Uhr Messe, Tel. 3402 247). Am 9. April 1948, als Barranquilla Kunde vom Mord an *Gaitán* erhielt, zündete der wütende Mob die Kirche an. Konservative Studenten des Colegio de San José riskierten ihr Leben, um die geweihten Hostien zu retten.

Parque Cultural del Caribe

Dieser ultramoderne Kulturkomplex im Norden des alten Stadtzentrums enthält eine Mediothek, Veranstaltungssäle, ein Freilichttheater sowie das 2009 eröffnete **Museo del Caribe,** in dem historische, soziokulturelle und ökologische Aspekte der Karibik dokumentiert sind (Cl. 36 No. 46-66, Tel. 3720 581 / 3720 582 / 3720 583, www.culturacaribe.org, geöffnet täglich außer Mo 8.30–17 Uhr).

Antiguo Edificio de la Aduana

Nordwestlich des Parque Cultural steht das **klassizistische Zollhaus** des englischen Architekten *Leslie Arbouin* aus dem Jahr 1919, in dem heute die renommierte Biblioteca Piloto del Caribe und das historische Archiv des Departamento Atlántico untergebracht sind (Vía 40 und Cl. 39). Nahebei befindet sich ein Obelisk, der an **Johann Bernhard Elbers** erinnert, der vom Rhein an den Magdalena kam, hier die Dampfschifffahrt einführte und ab 1823 sogar die Monopolstellung einnahm.

Catedral Metropolitana María Reina

Die **futuristische, indianisch beeinflusste Kathedrale** von Barranquilla wurde zwischen 1955 und 1982 direkt zwischen dem historischen Stadtzentrum und dem Viertel El Prado errichtet (Cra. 54 No. 53-140, Tel. 3491 347, Messen So und Mo 7 und 18 Uhr). Bemerkenswert sind die aus 400.000 deutschen Glasstücken gearbeiteten Mosaike mit Darstellungen der *María Reina* und des *San José,* die bunten Glasfenster sowie - über dem Altar - die **Escultura Cristo Libertador Latinoamericano,** eine 16 Tonnen schwere Bronzestatue aus der Ideenwelt des Meisters *Rodrigo Arenas Betancur.*

Teatro Amira de la Rosa

Das 1982 von Präsident *Turbay* eingeweihte, sehr moderne Stadttheater mit dem von Meister *Alejandro Obregón* gestalteten psychedelischen Vorhang befindet sich drei Straßenblöcke nördlich der Kathedrale (Cra. 54 No.

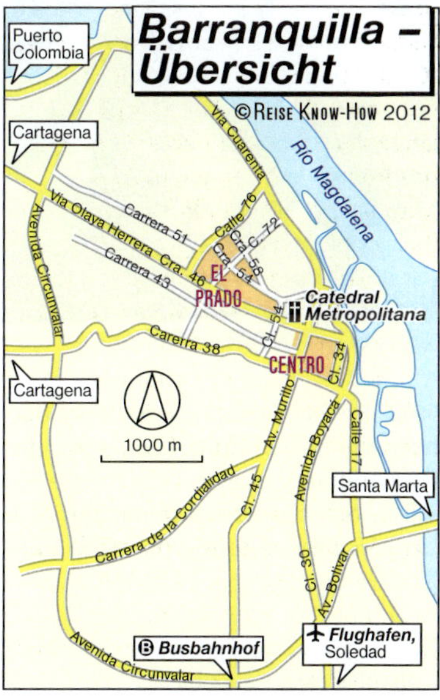

colo174 Foto: ib

52-258, Tel. 3491 117). Es trägt den Namen der berühmten Dichterin der Hymne Barranquillas. Das Theater ist Veranstaltungsort des jährlichen Musikevents **Barranquijazz** (Mitte September, www.barranquijazz.com). Außerdem finden hier klassische und karibische Konzerte, Kunst- und Fotoausstellungen oder auch Ballettvorführungen statt.

Karneval in Barranquilla:
die größte Party Kolumbiens

Museo Romántico

Diese republikanische Villa in El Prado ist heute das **historische Museum**

Barranquillas, das sowohl über den vielfältigen ethnischen Hintergrund der Stadtbewohner als auch über die Geschichte des Karnevals informiert (Cra. 54 No. 59-199, Tel. 3444 591, geöffnet Mo bis Fr 9–17 Uhr und Sa 9–15 Uhr, Eintritt 2 Euro). Zu sehen ist überdies die Schreibmaschine des Nobelpreisträgers *Gabriel García Márquez,* auf der er mit 19 Jahren seinen „Laubsturm" tippte. Sieben Jahre sollte er brauchen, um einen Verlag für seinen Erstlingsroman zu finden ...

Museo Antropológico y Etnológico

Das anthropologische Museum in der Kunstfakultät der Universidad del Atlántico, einem republikanischen Gebäude in El Prado, zeigt **indigene Keramiken** aus der Zeit vor der spanischen Eroberung (Cl. 68 No. 53-45, Tel. 3605 922, geöffnet Mo bis Fr 8–17 Uhr, freier Eintritt).

Jardín Zoológico

Der nördlich von El Prado gelegene Zoo beherbergt eine bemerkenswerte Vielfalt an Tieren, deren **winzige Gehege** jedoch sehr zu wünschen übrig lassen (Cl. 77 No. 68-40, Tel. 3530 313, geöffnet täglich 9–18 Uhr, Eintritt 3 Euro). Zu sehen sind z.B. Harpyien und *liger* (Sprösslinge einer Kreuzung zwischen Löwe und Tigerin).

Municipio Soledad

Südlich der Ringstraße erstreckt sich am westlichen Magdalenenufer die **Vorstadt Soledad,** in der sich der Flughafen sowie der zentrale Busbahnhof Barranquillas befinden. Der Ort Soledad ist wesentlich älter als die Metropole, die ihn heute völlig verschluckt hat. Er entwickelte sich aus einem Schweinestall, den acht Indianer unter Befehl von *Capitán Antonio Moreno Estupiñan* 1598 errichtet hatten. Hier kauft man noch heute die legendären *butifarras* (Würstchen) und tanzt zu *merecumbé*-Klängen (im Juni gibt es ein Festival), und man kann nahe der Kirche die **Casa Bolívar** besuchen, in welcher der todkranke *Libertador* vom 4. Oktober bis 7. November 1830 sein Haupt bettete.

Carnaval de Barranquilla

Der Hauptgrund für einen Besuch Barranquillas ist und bleibt der **einzigartige, explosive Karneval,** die größte, bunteste und wichtigste Party Kolumbiens mit ca. 1,5 Mio. Teilnehmern (Informationen: Oficina de Carnaval, Cra. 54 No. 49B-39, Tel. 3796 621, www.carnavaldebarranquilla.org). Er wird an den vier Tagen vor Aschermittwoch begangen, doch die Stadt bereitet sich monatelang darauf vor. Die Feiern beginnen sonnabends auf der Vía 40 mit der **Batalla de Flores,** einem von der Karnevalskönigin beherrschten Blumenumzug. Cumbia- und Vallenatoklänge erhitzen die geschmückten Körper der Tänzer bis zur Ekstase. Am Straßenrand fließt der *aguardiente*. Die „Blumenschlacht" wurde 1903 von General *Emiliano Vengoechea* eingeführt, um das Ende des Krieges der Tausend Tage gebührend zu zelebrieren. Die ganze Nacht wird durchgefeiert, überall in der Stadt spielen Bands und wird getanzt, bis die Beine zittern. Sonntags findet die kostümierte **Gran Parada** auf der Vía 40 statt, ein wilder folkloristischer Umzug zu afrikanischen Trommeln. Überall sind die klassischen hölzernen Stierköpfe zu sehen, das Karnevalssymbol. Montags schließt sich das **Festival de Orquestas** an, ein 24-Stunden-Marathon-Konzertereignis im Estadio Romelio Martínez (Cra. 46 und Cl. 72), bei dem der begehrte *Congo de Oro* verliehen wird. Außerdem zieht die farbenfrohe **Parada de Fantasía** die Vía 40 entlang: Weiß geschminkte Schwarze, schwarz gefärbte Weiße, Nonnen, Huren, lüsterne Krokodilmänner, abgehobene Stelzengänger. Dienstags folgt das **Begräbnis des Joselito Carnaval,** das möglicherweise auf die Geschichte eines Mannes zurückgeht, der den Karneval betrunken verschlief und von seinen Freunden zum Spaß auf den Friedhof getragen wurde, wo ihm dann ein Licht aufging.

Tickets für Zuschauertribünen werden in guten Hotels, Restaurants und Bars verkauft.

Achtung: Wer zur Karnevalszeit Barranquilla besucht, muss **rechtzeitig vorher ein Hotel reservieren!**

Informationen & wichtige Adressen

Touristeninformation

- **Oficina de Promoción Turística:** Vía 40 und Cl. 39, Tel. 3303 862, im Antiguo Edificio de la Aduana nördlich des Stadtzentrums. Alternativ: Parque Cultural del Caribe, Cl. 36 No. 46-66, Tel. 3720 581 / 3720 582 / 3720 583; Hotel El Prado, Cra. 54 No. 70-10.

Reisebüro

- **Aviatur:** Im Hotel El Prado, Cra. 54 No. 70-10, bietet Ausflüge zum Schlammvulkan El Totumo sowie zum Nationalpark Tayrona an.

Internetcafés

- **Im Stadtzentrum und in El Prado** weit verbreitet, z.B. **Chatnet,** Cra. 54 No. 72-111, oder auch **im Hotel El Prado.**

Geldwechsel

- **In vielen Banken,** u.a. Banco de Bogotá, Cra. 53 No. 75-29, Tel. 3454 629; Banco Santander, Cra. 51B No. 85-74, Tel. 3781 410; Citibank, Cra. 53 No. 74-16, Tel. 3604 489; Bancolombia, Cra. 44 No. 37-19, Tel. 3618 800; Banco de Occidente: Cra. 56 und Cl. 76, akzeptiert AmEx-Reiseschecks.
- Reisescheck- und Bargeldwechsel sowie Western-Union-Aufträge bei **Giros y Finanzas,** Cra. 54 No. 72-80, Local 23 und 24.

Immigrationsbehörde

- **D.A.S.:** Cl. 54 No. 41-133, Tel. 3717 500.

Krankenhaus

- **Clinica El Prado:** Cl. 59 No. 50-10, Tel. 3684 153.

Diplomatische Vertretungen

- **Honorarkonsulat Deutschlands:** Cl. 77B No. 57-141, Oficina 309, Centro Empresarial de las Américas, Tel./Fax 3685 384.
- **Honorarkonsulat Österreichs:** Vía 40 No. 64-198, Zona Industrial, Loma No. 3, Apartado Aéreo 1317 Barranquilla, Tel. 3682 050 / 3601 883, Fax 3440 300 / 3442 787.

Fluggesellschaften

- **Avianca:** Am Flughafen, Tel. 3348 690, oder im Stadtteil El Prado, Cl. 72 No. 57-49, Tel. 3534 691, sowie im Exito-Markt, Cra. 51B No. 87-50, Tel. 3735 749.
- **Aerorepública:** Cl. 72 No. 54-49, Tel. 3608 239.

Einkaufen

- Die größten **Einkaufszentren** sind das **Centro Comercial Buenavista** (Cra. 53 und Cl. 98 Esq., mit Buchladen und Kinos) sowie das **Centro Comercial Villa Country** (Cl. 78 No. 53-70).
- Der **Mercado San Andresito** (Vía 40) ist ein wilder Basar, in dem auch Unverzolltes feilgeboten wird.
- **Kunsthandwerk und Souvenirs** gibt es z.B. in der Cra. 46 und Cl. 72 Esq. oder bei der **Asociación de Artesanos del Atlántico,** Cra. 44 No. 76-48, Tel. 3587 505.

Unterkunft

Die edleren Unterkünfte sind in El Prado. Die Preise verdoppeln sich in der Karnevalszeit.

In und um El Prado

- **Hotel El Prado**€€€€: Cra. 54 No. 70-10, Tel. 3697 777, www.hotelelprado.com.co. Empfehlenswertes Traditionshotel und Nationalmonument – ein von dem Architekten *Burdette Higgins* in den 1930ern konstruierter republikanischer Bau mit 200 Räumen. Palmengarten, schöner und großer Pool. Gutes Restaurant. Tennisplatz. Präsidentensuite ab 300 Euro, Standard-DZ um 120 Euro.
- **Hotel Barranquilla Plaza**€€€€: Cra. 51B No. 79-246, Tel. 3610 000, www.hbp.com.co. 26-stöckiger Wolkenkratzer in El Prado mit Restaurant in luftigen Höhen und Rundumblick auf die Stadt. DZ 100 Euro.
- **Hotel Puerta del Sol**€€€€: Cl. 75 No. 41D-79, Tel. 3301 000, www.puertadelsol.com.co. Sehr modernes Luxushotel mit geräumigen Zimmern um 100 Euro. Pool, Restaurant.
- **Hotel Majestic**€€€: Cra. 53 No. 54-41, Tel. 3491 010, www.hotelmajesticcolombia.com. Flachbau republikanisch-maurischer Architektur nahe des Teatro Amira de la Rosa, Pool, Restaurant Imperial königlichen Stils, 49 Zimmer ab 60 Euro.
- **Hotel Sima**€€+: Cra. 49 No. 72-31, Tel. 3588 285. Mit ca. 30 Euro/Nacht eine der preiswertesten Optionen in El Prado.
- **Hotel Mezzaluna**€€+: Cra. 53 No. 59-28, Tel. 3684 092, nahe des Centro Comerical Portales del Prado. Zimmer mit Klimaanlage ca. 25 Euro.

Im historischen Stadtzentrum

- **Hotel Girasol**€€: Cl. 44 No. 44-103, Tel. 3793 191, www.elhotelgirasol.com. Sauberes kleines Hotel in weißer Villa, Zimmer mit Klimaanlage ca. 20 Euro.
- **Hotel Colonial Inn**€€: Cl. 42 No. 43-131, Tel. 3790 241. Alte Villa mitten im Stadtzentrum, schöner Innenhof, Zimmer mit Bad und Ventilator ca. 15 Euro.
- **Hotel Villa Girón**€+: Cra. 38 No. 41-31, Tel. 3514 250. Freundlich und sauber, man fühlt sich aber ein bisschen wie in einer Anstalt. Restaurant. Zimmer mit Ventilator 10 Euro.

●**Hotel del Mar€+:** Cl. 42 No. 35-57, Tel. 3413 707. Hell und freundlich, preiswertes Restaurant. Zimmer um 10 Euro.
●**Hotel Victoria€:** Cl. 35 No. 43-140, Tel. 3701 242. Antiquiert und charmant, preiswert. Restaurant mit Frühstück und *comida corriente.*
●**Hotel Horizonte€:** Cra. 44 No. 44-35, Tel. 3417 925, Zimmer für 6 Euro.

Essen, Trinken, Unterhaltung

●**Pepe Anca Steakhouse und Bar:** Cra. 49C No. 76-164, Tel. 3564 637, geöffnet Mo bis Sa mittags und abends bis 22 Uhr. Steaks vom Angus-Rind aus Argentinien und dem Brahman-Rind der karibischen Küste. Preise um 10 Euro.
●**Restaurante El Merendero:** Cra. 43 No. 70-46, Fleisch vom Holzfeuergrill, sehr reichlich portioniert.
●**Restaurante Los Helechos:** Cra. 52 No. 70-70, Tel. 3567 493, populäre Küche aus Antioquia.
●**Restaurante La Malagueta:** Cra. 51B No. 82-100, Centro Comercial Palmas, Local 11, Tel. 3785 307, geöffnet Di bis So ab 12 Uhr, spanische Küche, Parilla, Tapas.
●**Restaurante Árabe Internacional:** Cl. 93 No. 47-73, Tel. 3782 803, für Barranquilla typische, gute orientalische Küche. Geführt von *turcos* (= Immigranten aus dem Nahen Osten).
●**Restaurante Jardines de Confucio:** Cra. 54 No. 75-44, Tel. 3532 733, http://jardinesdeconfucio.com, täglich geöffnet ab 11 Uhr, sehr gute chinesische Küche, Hauptgericht ca. 8 Euro.
●**Crepes y Waffles:** Cra. 51 No. 76-47, Tel. 3582 810, leichte Gerichte, Meeresfrüchte, Eiscreme.
●**Restaurante Archie's Pizza:** Cra. 53 No. 79-128, www.archiespizza.com, Filiale der populären Pizzeria-Kette.
●**Pastelería Dulcerna:** Cra. 53 No. 75-46, Tel. 3488 847, Sandwiches, Kaffee und Kuchen.
●**Pescadero del Centro:** Cra. 44 No. 41-23, Tel. 3720 118, gute lokale Fischgerichte.

Tanzen & Feiern

●**La Cueva:** Cra. 43 No. 59-03, Tel. 3792 886, www.fundacionlacueva.org, in den 1950ern Spelunke mit Huren und gescheiterten Existenzen, aber auch eine der Lieblingskneipen von *Gabriel García Márquez* und seinen Kumpanen. *Enrique Grau* und *Fernando Botero* kamen hierher, und *Alejandro Obregón* ritt auf einem Elefanten ein, um den Besitzer zum Öffnen der Bar zu zwingen. Heute ist die Bar restauriertes Kulturerbe der Stadt. Gute karibische Küche, gute Drinks, karibische Musik und Jazz. Viele kulturelle Events. Das Einschussloch in einem der Bilder ist eine Mahnung, lieber nicht in die Getränke anderer Leute zu pissen ...
●**Frogg Leggs:** Cl. 93 No. 43-122, Tel. 3590 709, Disco und Bar im hohen Norden, entspannte Atmosphäre, gehobene Preislage, schicke Leute.
●**Moy's:** Cra. 52 No. 74-107, in Alto Prado, karibische Küche, Rumba und Disco in diesem 2008 eröffneten karnevalsartig (mit Fruchtbarkeitsstatue) dekorierten Club, in dem öfters bekannte Lokalgrößen aufspielen. Geöffnet Mi bis Sa.
●**La Provincia Disco Bar:** Cl. 93 No. 51-45, Tel. 3785 007, Traditionsladen mit karibischen Rhythmen, Terrasse, Live-Musik, Cocktails, Fr und Sa ab 21 Uhr. „Cover Charge" 7 Euro.

Verkehrsverbindungen

Busse

●Der **Terminal de Transportes Terrestre** (Busbahnhof) befindet sich südlich der Ringstraße weit entfernt vom Zentrum. Man erreicht ihn über die Cl. 45 (= Av. Murillo) ca. 1,5 km nach Passieren der Av. Circunvalar, per Taxi ca. 4 Euro. Er ist gut organisiert und verfügt über Informationsschalter, Geldautomaten, Toiletten, Gepäckaufbewahrung, Restaurants. Stadtbusse fahren vor dem Terminal ins Zentrum und in das Viertel El Prado (ca. 1 Std./1,50 Euro).
●Mindestens halbstündlich fahren **Busse nach Cartagena** (2 Std./6 Euro) und **Santa Marta** (2 Std./6 Euro). Häufige Verbindungen **nach Valledupar** (6 Std./12 Euro), **Rio-**

hacha (5 Std./12 Euro), **Maicao** (ca. 6 Std.). Täglich mehrere Busse **nach Medellín** (15 Std./38 Euro), **Bucaramanga** (10 Std./26 Euro), **Bogotá** (24 Std./55 Euro) und sogar **nach Maracaibo/Venezuela** (8 Std./43 Euro).

- Nur wenig teurer, aber einfacher ist es, den **Haustürservice von Transportes MarSol** (Büro Cra. 55 No. 74-169, Local D, Tel. 3690 999 / 3683 272, Mobil 300 8083 147, oder Büro Cl. 93 No. 47-13, Local 4, Tel. 3736 425, Anruf von der Hotellobby genügt) zu nutzen. Die **Minibusse** dieser Gesellschaft holen ihre Fahrgäste ab und fahren mehrmals täglich **nach Santa Marta** (2 Std./7 Euro) und **Cartagena** (2 Std./7 Euro).

Flugzeug

- Der **Aeropuerto Ernesto Cortissoz** befindet sich noch weiter südlich als der Busbahnhof, etwa 10 km vom Zentrum entfernt in der Vorstadt Soledad (per Bus vom Zentrum/ Cl. 30 ca. 1,50 Euro, per Taxi ca. 8 Euro).
- Täglich werden **Bogotá, Medellín, Cali, San Andrés** (je um 130 Euro) sowie **Cartagena, Valledupar** und **Maicao** (je um 70 Euro) angeflogen. Internationale Flüge gehen **nach Panama** und **Aruba** (je um 250 Euro).

Puerto Colombia

↗ II/B1

- **Bevölkerung:** 27.000 *porteños*
- **Meter über NN:** 4
- **Temperatur** (im Durchschnitt): 28 °C

19 km nordwestlich der Provinzhauptstadt befindet sich dieser alte Hochseehafen Barranquillas mit seinen heute extrem beliebten, sehr chaotischen **Badestränden,** Surfern, Fisch-Grillkiosken, Wochenendstrandpartys und – der Ruine des einzigartigen **Muelle de Puerto Colombia,** einer 2 km weit in die Karibik hinausragenden steinernen Pier, die vom kubanischen Ingenieur *Francisco Javier Cisneros* geplant und nach fünfjähriger Bauzeit 1893 fertiggestellt wurde. Eisenbahnschienen führten damals auf der Pier entlang, die in den vier folgenden Jahrzehnten der für Ozeanriesen wichtigste Anlaufpunkt in Kolumbien sein sollte. *Cisneros* schlug seinerzeit vor, den Hafen Puerto Núñez zu nennen, doch der damalige Präsident *Rafael Núñez* lehnte ab und machte seinerseits den Vorschlag, dem Hafen den Namen Puerto Cisneros zu geben – daraufhin einigten sich die bescheidenen Herren auf ein unverfängliches „Puerto Colombia“. Nachdem 1936 direkt im Stadt-

colo138 Foto: ib

Riesenfarn

gebiet von Barranquilla der Hochseehafen Bocas de Ceniza eröffnete, war es aus mit Puerto Colombia - Stadt und Pier begannen zu verfallen. Lange Jahre noch konnte die Pier betreten werden; derzeit ist ihr Zustand aufgrund der Witterungseinflüsse aber so schlecht, dass der Bürgermeister sie komplett schließen ließ.

Wenige Kilometer östlich des Ortes (per Taxi ca. 2 Euro) steht am Meeresufer das rostrote, verwitterte **Castillo de San Antonio de Salgar,** ein Fort aus spanischer Zeit und später ein Zollhaus, um den an der Magdalenenmündung so emsigen Schmuggelaktivitäten Einhalt zu gebieten. Bis hierhin führte 1870 die von Barranquilla ausgehende erste Eisenbahnlinie Kolumbiens. Seit einigen Jahren dient das lange Zeit vernachlässigte Zollgebäude als Veranstaltungsort der Caja de Compensación Familiar Cajacopi.

Praktische Informationen

- **Hotel Prado Mar**€€+: Cl. 2 No. 22-65, Tel. 3096 011 / 3095 250, Mobil 311 4018 580. Traditionsreichstes Hotel, nahe der an Brücken-Wochenenden explosiv-wilden Playa Climandiaro. Privatzimmer sowie gepflegte *cabañas,* Restaurant, Bar.
- **Restaurants** gibt es etliche, z.B. Mi Viejo Muelle, Donde Nono oder Doña Aquilina, die vor allem Fisch anbieten.
- Bei der Iglesia San Nicolás im Zentrum von Barranquilla (Cra. 41 und Cl. 34 Esq./Paseo Bolívar) fahren etwa halbstündlich **Busse** nach Puerto Colombia ab.

Departamento Magdalena

Überblick & Geschichte

- **Fläche:** 23.188 km²
- **Einwohner:** 1,2 Mio. *magdalenenses*

Die Grenze des Departamento Magdalena mit seinen westlichen Nachbarprovinzen Atlántico und Bolívar wird vom großen **Río Magdalena** gebildet, jenem fast mythischen Fluss, der durch die Geschichte und Gegenwart der nationalen Psyche Kolumbiens mäandert und als kulturelle und wirtschaftliche Aorta das Land vom äußersten Süden her bis in den äußersten Norden durchblutet. Der Magdalenenstrom, welcher sich nordöstlich von Barranquilla in die Karibische See ergießt, ist Namensgeber des Departamento Magdalena. Als erster Europäer wurde **Rodrigo de Bastidas** der Flussmündung ansichtig - im Jahre 1501. Er benannte seine Entdeckung nach der biblischen *María Magdalena.* So schön, kontrastreich und komplex wie diese Sünderin und Jüngerin Jesu ist auch das Departamento - es gilt als eines der für Reisende reizvollsten überhaupt: Aus den westlichen Flussauen, stacheldrahtumzäunten Zebuweiden, Reis- und Tabakfeldern sowie den Lagunen und Sümpfen mit ihren Schlangenhalsvögeln und Reihern steigen nach Osten zu die nebelwaldbedeckten Hänge der **Sierra Nevada de Santa Marta** auf, des höchsten Küstengebirges der Welt: gewitterverdüsterte Schluchten, schneebedeckte Kuppen, Heimat der *Arhuaco* und *Kogi*. Hier befindet sich die antike Ruinenstadt Ciudad Perdida. Die Karibikküste wird zum Teil von mangrovenbewachsenem Marschland, zum Teil aber auch von feinem, mit Felsnasen durchbrochenem Sandstrand und Kokoshainen gebildet.

Die **Küste** an der fischreichen Ciénaga Grande gehört zu den ökonomisch ärmsten Regionen Kolumbiens: Die Regenzeit spült den Bewohnern Krabben, Fische, aber auch Kot und Müll in ihre Behausungen; die unbefestigten Straßen stehen knietief unter Wasser; auf der entlang der Deichkrone verlaufenden Hauptstraße verkehren Fahrradrikschas. In den 1920er Jahren bescherte ein **Bananenboom** der United Fruit Company (1899–1970) bombastischen Reichtum; die Region vermochte davon jedoch nicht zu profitieren, und in den folgenden Jahrzehnten wurden etliche Plantagen wieder aufgelöst. Eines der dunkelsten Kapitel der modernen kolumbianischen Geschichte berichtet über das an streikenden Bananenarbeitern verübte Massaker von 1928, das der wohl berühmteste Sohn des Departamento, *Gabriel García Márquez,* in seinem Werk „Hundert Jahre Einsamkeit" literarisch verarbeitet hat.

Die **Provinzhauptstadt Santa Marta** mit ihrem heute kleinen Containerhafen, über den jahrzehntelang vornehmlich Bananen und Kohle das Land verließen, gilt als älteste noch bestehende Stadtgründung der spanischen Konquistadoren auf dem Gebiet des heutigen Kolumbien. Auch hier sind Industrien wenig entwickelt, es dominiert der Tourismussektor. Doch noch operieren im Hinterland Paramilitärs und ELN-Guerilleros.

Santa Marta

↗ III/C1

Überblick

- **Bevölkerung:** 420.000 *samarios*
- **Meter über NN:** 3
- **Temperatur** (im Durchschnitt): 28°C

Santa Marta – Hafen der Konquistadoren, Stadt der Schmuggler und Grabräuber? Ja! Und doch: Viel ist davon heute nicht zu spüren. Die **Avenida Rodrigo de Bastidas (Cra. 1),** für Autos nur noch einspurig, wurde jüngst als **attraktive Uferpromenade** ausgebaut: Kokospalmen, der Stadtstrand, eine frische Abendbrise, der Blick auf wie Weihnachtsbäume illuminierte Frachter und das Leuchtfeuer des vorgelagerten Felsenriffs El Morro, dazu vallenato-Klänge des Stadtsohnes *Carlos Vives* und Bier oder Mojitos in einem der in den Hotelplattenbauten untergebrachten Lokale – das ist das Beste, was die weitläufige, im Hinterland von Mangogärten beschattete, alles in allem recht gemütliche Provinzhauptstadt des Departamento Magdalena dem Besucher zu bieten hat. Die vier Blocks landeinwärts verlaufende **Avenida Campo Serrano (Cra. 5)** ist die unruhige Hauptgeschäftsstraße, in der man Verzolltes und Unverzolltes gleichermaßen erhandeln kann.

Doch Santa Martas **Altstadt** hat das Pech, von ihren kleineren Rivalinnen, dem modernen Stadtteil El Rodadero im Süden und dem Fischerort Taganga im Nordosten, ausgestochen worden zu sein: Besser betuchte Kolumbianer verschlägt es in das von Hotelanlagen und Resorts dominierte, exklusive **El Rodadero;** Hippies, Lebenskünstler und solche, die sich dafür halten, drängt es in das Dorf **Taganga.** Für Santa Martas Altstadt, die sich viel von einem Touristenboom erhofft und ihr koloniales Erbe zu restaurieren sucht, bleiben bisher eher klägliche Reste vom Kuchen.

Vorbei sind auch die trügerischen Glanzzeiten der **Bonanza Marimbera** während der 1970er, als im Hinterland von Santa Marta der Marihuanaanbau (*Santa Marta Red* und *Blue Sky Blonde*) florierte und der Stoff – meist von der Guajira aus – in die USA ausgeflogen wurde; zahlreiche Luxusvillen entstanden in jenen Jahren.

Besucher kommen heute nach Santa Marta, um der Quinta de San Pedro Alejandrino, dem **Sterbeort Simón Bolívars,** ihren Tribut zu zollen, oder benutzen die Stadt als kurzen Zwischenstopp auf ihrer Reise in den Nationalpark Tayrona. Überdies ist Santa Marta Ausgangspunkt für eine Exkursion zur Ciudad Perdida.

Geschichte

Rodrigo de Bastidas, der ein Vierteljahrhundert zuvor als erster Europäer die kolumbianische Karibikküste befahren hatte und gemeinhin als „Edelmütigster aller Konquistadoren" gilt (soweit man bei Konquistadoren überhaupt von Edelmut sprechen kann), weil er den *Taganga, Tairona (Tayronaca), Buritaca, Dorsino* sowie anderen in der Umgegend ansässigen Ureinwohnern freundlich gesinnt war, gründete am 29. Juli, dem Namenstag der Heiligen Martha (= la Santa Marta), des Jahres 1525 den gleichnamigen Küstenstützpunkt als **erste dauerhafte spanische Ansiedlung im Gebiet des heutigen Kolumbien.** Gouverneur *Bastidas* liebte das Gold und die Macht; dies aber tat auch sein Gegenspieler, *Teniente Juan Villafuerte,* der schon bald eine Verschwörung anzettelte, bei der *Bastidas* meuchlings fünf Messerstiche zugefügt wurden, denen er auf dem mühseligen, durch einen Sturm in Kuba unterbrochenen Weg zur Heilbehandlung in Santo Domingo erliegen sollte.

Santa Marta aber entwickelte sich rasant: Von hier aus starteten nicht nur die Raubzüge gegen die *Tairona,* deren Goldartefakte in den kommenden Jahrzehnten nahezu vollständig geplündert, eingeschmolzen und nach Spanien verschifft wurden, sondern desgleichen die meisten **Eroberungszüge ins Hochland,** auch der des *Gonzalo Jiménez de Quesada,* der zwei Jahre später, 1538, zur Gründung von Bogotá führte.

Die *samarios* (Bewohner von Santa Marta) aber, bis zuletzt treue Verfechter des Royalismus, lebten nie ohne **Angst:** Aus dem Hinterland drohten Überfälle der Indigenen, vom Meer die Piraten, darunter *Sir John Hawkins* und *Sir Francis Drake*. Bald schon wurde die Stadt ökonomisch überflügelt von ihrer Konkurrentin, Cartagena de Indias, und der Moderhauch der Provinzialität begann durch die Gassen Santa Martas zu wehen. Er wehte auch, als sich der flüchtige Vizekönig *Sámano* hier versteckt hielt, um auf Verstärkung aus Spanien zu warten (vergebliche Müh!), und blies noch stärker zehn Jahre später bei Ankunft **Simón Bolívars,** der sich nach Europa einschiffen wollte. Gevatter Tod war schneller und ereilte den *Libertador,* bevor er an Bord klettern konnte, im Himmelbett einer (damals noch vor den Stadttoren gelegenen) Hazienda.

Orientierung

Santa Marta liegt, im Norden und Süden begrenzt von hohen, dornsträucherbestandenen Felsen, hinter einer flachen Strandzunge, die die Sicht frei gibt auf einen exzellenten, nach Westen geöffneten Naturhafen. Das **Zentrum** (zwischen Cra. 1 und Cra. 5) ist schachbrettförmig aufgebaut, wobei die Carreras parallel zur Küste verlaufen und die Calles, von Norden nach Süden aufsteigend nummeriert, zum Strand führen. Der **Busbahnhof** befindet sich 6 km südöstlich des Stadtzentrums nahe der Quinta de San Pedro Alejandrino, der **Flughafen** 16 km südlich an der Straße nach Barranquilla.

Sehenswertes

Catedral de Santa Marta

Die schneeweiße Kathedrale (Cra. 4 und Cl. 17 Esq.) soll die **älteste des ganzen Landes** sein. Das mag hinsichtlich ihrer Grundsteinlegung zutreffen; vollendet wurde sie jedoch erst 1766. In ihr steht die Urne von Stadtvater *Rodrigo de Bastidas* (linker Hand nahe des Haupteingangs). Nach *Simón Bolívars* Tod 1830 wurden seine sterblichen Überreste hier ebenfalls bestattet, 1842 aber verbrachte man sie nach Caracas, seinen Geburtsort.

Casa de la Aduana

Das weiß getünchte, im Obergeschoss von einer Holzgalerie eingefasste **ehemalige Zollhaus** direkt an

colo061 Foto: ib

In diesem Bett starb Bolívar (Quinta San Pedro Alejandrino)

Der karibische Norden

der Plaza Bolívar (Cl. 14 No. 2-07) gehört zu den letzten, rar gewordenen **Perlen der Kolonialarchitektur** Santa Martas. Es wurde 1530 als Gouverneurssitz gebaut, 1544 vom Piraten *Robert Waal* (eigentlich: *Jean-François de la Rocque de Roberval*) und seinen 1.000 wilden Spießgesellen geplündert, diente dann als Handelskammer und war am 1. Dezember 1830 erster Anlaufpunkt des in Santa Marta nie sehr beliebten *Simón Bolívar,* bevor man ihn in der Quinta de San Pedro Alejandrino aufnahm. Nach dem Tode des *Libertador* wurde dessen Leichnam im Obergeschoss drei Tage lang aufgebahrt und dann am 20. Dezember 1830 in der Kathedrale beigesetzt.

In dem Haus ist heute das **Museo Arqueológico** (Tel. 4210 953, geöffnet Mo bis Fr 8–11.45 und 14–17.45 Uhr, Eintritt frei) untergebracht, in welchem Gold- und Keramikartefakte des *Tairona*-Volkes ausgestellt werden und die Welt der jetzigen Bewohner der Sierra Nevada de Santa Marta, der *Kogi-* und *Arhuaco*-Indianer, veranschaulicht wird. Interessant ist die Miniaturnachbildung der antiken Dschungelstadt Ciudad Perdida.

Quinta de San Pedro Alejandrino

In dieser Hazienda starb Simón Bolívar. Sie befindet sich im Barrio Mamatoco 4 km südöstlich des Stadtzentrums nicht weit vom Busbahnhof. Von der Avenida Rodrigo de Bastidas (Cra. 1) nimmt man einen Bus mit der Aufschrift „Mamatoco" (15 Min./0,60 Euro) oder ein Taxi (2,50 Euro). Die Hazienda (Tel. 4330 589 / 4331 021) ist täglich von 9.30–16.30 Uhr geöffnet (Eintritt 5 Euro).

Die Quinta wurde 1608 vom Chorherrn der Kathedrale, *Francisco de Godoy,* gegründet und produzierte Rum, *panela* und Honig. Sie besaß ihren eigenen *trapiche* (eine Zuckerrohrmühle) und eine gute Schnapsbrennerei. Über die Jahrhunderte wechselte sie sehr oft den Besitzer; zur Zeit der Unabhängigkeit gehörte sie der Familie *de Mier.* Der Geschäftsmann **Joaquín de Mier Benítez,** ein Bewunderer *Bolívars,* war es, der den an Schwindsucht leidenden, todkranken und von fast allen seinen Anhängern verlassenen *Libertador* in sein Haus aufnahm, als dieser am 6. Dezember 1830 eintraf, um sich nach Jamaika und dann Europa einzuschiffen (oder, nach anderer Auffassung, um von hier aus das separatistische Riohacha zurückzuerobern). Noch heute stehen im Garten vor dem Herrenhaus außer mächtigen Samanbäumen, in denen Leguanfamilien herumklettern, jene beiden dicken Tamarinden, zwischen denen *Bolívars* Hängematte aufgespannt wurde, damit sich der Feldherr erholen möge. Doch am Mittag des 17. Dezember 1830 starb *Bolívar;* die achteckige Uhr zeigte auf sieben Minuten nach Eins.

Joaquín de Mier setzte seine Geschäfte fort und vererbte die Quinta 1861 seinem Sohn, der in Rechtsstreitigkeiten mit den Dörflern aus Mamatoco verwickelt wurde und gerade noch knapp einem Hinterhalt entgehen konnte, weil sein Pferd im rechten Augenblick scheute und mit ihm durchging. Von da an vernachlässigte

Santa Marta

Bahía de Santa Marta
50 m
Avenida del Ferrocarril
Cl. 10C
Cl. 11
Cl. 12
Cl. 13
Cl. 14
Cl. 15
Cl. 16
Cl. 17
Cl. 18
Cl. 19
Cl. 20
Cl. 21
Cl. 22
Iglesia San Francisco
Plaza de San Francisco
Casa de la Aduana
Monumento a Rodrigo de Bastidas
Avenida Rodrigo de Bastidas
Plaza Bolívar
Avenida Campo Serrano
Plaza de la Catedral
Catedral de Santa Marta
Etursa
Plaza Santander
Cra. 1C
Cra. 2
Cra. 2A
Cra. 3
Cra. 4
Cra. 5
Cra. 6
Avenida Santa Rita

Übernachtung
1 Hotel Miramar
3 Casa Familiar
5 Hotel Nueva Granada
12 Sun City
13 Hotel Panamerican
15 Park Hotel
17 Aluna Hostel

Essen, Trinken, Unterhaltung
4 Restaurante Ricky's
9 Lulo Café Bar
13 Restaurante Panamerican
14 Restaurante Punta Betín
15 Ben y Josep's Bar

Tanzen & Feiern
10 Disco Plaza de Madrid
11 Disco La Puerta

Sonstiges
2 Atlantic Divers
6 Avianca (Fluggesellschaft)
7 Aviatur
8 Magictour
16 Turcol

er die Hazienda, die 1890 an die Provinz Magdalena verkauft und in der Folge als Museum zum Gedenken an *Bolívar* ausgebaut wurde.

Heute hat die Quinta wenig vom ursprünglichen Reiz eines kolonialen Landhauses bewahrt; sie ist ein patriotisches Monument, dessen Herz der **Panteón de la Patria** bildet: In einem Marmormausoleum thront der *Libertador,* drapiert mit Damen in Tuniken. Die Erinnerungskultur zeigt deutliche Parallelen sowohl zu antiken als auch sowjetischen Ehrenmälern.

Monumento Carlos Valderrama

Vor dem Eduardo-Santos-Stadion ist die **Fußballlegende** *Carlos Alberto Valderrama Palacio,* genannt „El Pibe" (= der Junge), sieben Meter hoch und in Bronze gegossen verewigt: Die rechte Hand greift zum Himmel, der wilde, orangengelb gefärbte Stocklockenkopf blickt auf den Ball zu seinen Füßen. Der Stadtsohn Santa Martas (geboren 1961) gilt als bester kolumbianischer Spieler aller Zeiten. Er war Kapitän der Nationalmannschaft bei den Weltmeisterschaften 1990, 1994 und 1998, und wäre er nicht gewesen, so wäre es *Freddy Rincón* 1990 nicht gelungen, Sekunden vor Abpfiff durch die Beine des deutschen Torwarts *Bodo Illgner* hindurch das 1:1 zu erzielen, welches Kolumbien zum ersten Mal in seiner Geschichte eine Runde weiter brachte.

Feiertage & Feste

Las Fiestas del Mar, die Meeresfeste, finden Ende Juni, Anfang Juli statt – mit prächtigen Umzügen, Schönheitswettbewerben, Konzerten und feuchtfröhlichem Tanz auf den Straßen der Stadt.

Informationen & wichtige Adressen

Touristeninformation

- **Etursa (Empresa de Turismo de Santa Marta):** Cra. 4 und Cl. 17 Esq., Tel. 4214 357 / 4211 295, geöffnet Mo bis Fr 8–12 und 14–18 Uhr. Informationsmaterial, Karten und Adressen, Empfehlungen bzgl. eines Besuches der Ciudad Perdida. Dieses Touristenbüro ist in der **Casa de Madame Augustine** untergebracht, dem 1745 errichteten, geschmackvollen Haus einer eleganten Französin, die mit dem Arzt *Alejandro Próspero Reverand,* welcher *Simón Bolívar* während der letzten 17 Tage seines Lebens (falsch) behandelte, allerlei Liebesabenteuer bestanden haben soll. Daher stammt folgendes altes Liedchen: „Pío, pío, gavilán, Madame Augustine y Mesié Reverand ...".

Reisebüros

- **Turcol (Turismo Colombiano):** Cra. 1 No. 20-15, Tel. 4212 256, Mobil 310 6401 875, www.buritaca2000.com. Der Experte, was Exkursionen zur **Ciudad Perdida** angeht. Alternativ wendet man sich den Anbieter **Baquianos** im Hotel Miramar (siehe dort).
- **Magictour:** Cl. 16 No. 4-41, Tel. 4215 820, www.magictourtaganga.com. Dieses Reisebüro bietet Wanderungen im Parque Nacional Tayrona und Exkursionen in die Guajira an, auch sechstägige Touren zur Ciudad Perdida (ca. 190 Euro/Person).
- **Aviatur:** Cl. 15 No. 3-20, www.aviatur.com, organisiert landesweit Reisen, auch Übernachtungen in den Ecohabs im Parque Nacional Tayrona (siehe dort).

Tauchschule

- **Atlantic Divers:** Cl. 10C No. 2-08, Tel. 4214 883, Tauchschule, die auch Nachttauchgänge anbietet.

Post, Telefonieren & Internet

- **4-72 (Post):** Cl. 15 No. 5-30.
- **Telecom:** Cl. 13 No. 5-19, Tel. 4211 977.
- **Internetcafés:** z.B. Cra. 3 und Cl. 13 Esq.; Cra. 3 und Cl. 15 Esq.

Geldwechsel

- Die meisten **Banken (mit Geldautomaten)** befinden sich östlich der Plaza Bolívar (Cl. 14 und 15), darunter Banco de Santander (Cra. 3 und Cl. 14 Esq.) und Bancolombia (Cra. 3 No. 14-20, Tel. 4210 185; wechselt Travellerschecks).
- **Casas de cambio (Wechselstuben)** befinden sich ebenfalls in der Cl. 14 (zwischen Cra. 3 und 5).

Fluggesellschaften

- **Avianca:** Cra. 2B und Cl. 14 Esq., Tel. 2144 018, östlich des Parque Bolívar.
- **Aerorepública:** Cra. 3 No. 17-27, Local 102, Tel. 4210 120, im Centro Comercial Rex.

Unterkunft

- **Park Hotel**€€€: Cra. 1 No. 18-67, Tel. 4212 785, www.parkhotel.com.co, zentral, am Strandboulevard. Zur Meerseite ausgerichtete, allen Gästen zugängliche Balkons, gepflegte Zimmer mit Klimaanlage und Privatbad (DZ 40 Euro/Nacht), guter Service. Nebenan liegen Restaurants und Bars.
- **Hotel Panamerican**€€+/€€€: Cra. 1 No. 18-23, Tel. 4211 238, zentrale Lage direkt am Strandboulevard. Zimmer mit Balkon. Der 40-jährige Plattenbau ist innen wie außen vom Zahn der Zeit nicht unberührt geblieben. Das angeschlossene Restaurant gehört aber zu den besten der Stadt.
- **Hotel Nueva Granada**€€: Cl. 12 No. 3-17, Tel. 4211 337, www.hotelnuevagranada.com. Historisches Gebäude drei Blocks von der Bahia. Schöner Innenhof mit Blumen. Kleiner Pool. Gepflegte Zimmer mit Klimaanlage und Privatbad. Eines der besten unter den preiswerteren Hotels.
- **Sun City**€/€€: Cl. 18 No. 3-28. Familiäre Atmosphäre, freundlich, sauber, Zimmer mit Privatbad. Für magere Geldbeutel gibt es den Schlafsaal.
- **Aluna Hostel**€/€€: Cl. 21 No. 5-72, www.alunahostel.com. Moderne Globetrotterherberge mit Privatzimmern und Schlafsaal. Innenhof, Dachterrasse.
- **Casa Familiar**€: Cl. 10C No. 2-14, Tel. 4211 697, www.hospederiacasafamiliar.freeservers.com. Beliebt bei Globetrottern, freundlich, Zimmer mit Bad oder Schlafsaal, Dachterrasse mit Ausblick, Frühstück, Informationen über Exkursionen nach Tayrona und in die Ciudad Perdida.
- **Hotel Miramar**€: Cl. 10C No. 1-59, Tel. 4233 276. Legendärer Hippie-Treff. Sehr einfach; wenn voll, können Schlafgäste ihre Hängematten im Patio aufspannen. Café und Restaurant mit preiswertem Essen. Der im Hotel ansässige **Touranbieter Baquianos** vermittelt Führer nach Tayrona und zur Ciudad Perdida.

Essen, Trinken, Unterhaltung

Am Strandboulevard (Cra. 1) verkaufen Händler unter Kokospalmen frisch gepresste Fruchtsäfte, Fleischspieße und eisgekühlte Getränke. Die besten Restaurants und Bars befinden sich an der Wasserfront:

- **Lulo Café Bar:** Cra. 3 No. 16-34, Tel. 4232 725, www.lulocafebar.com. Sehr gemütliches Gourmet-Café. Frühstück, Fruchtsäfte, Cocktails, kleine Speisen.
- **Pescadería Manuel:** Cra. 1 No. 26A-167, Bellavista, Tel. 4231 449, im Südabschnitt Santa Martas. Teuer, aber sehr gut. Fisch und Meeresfrüchte in gediegener Atmosphäre.
- **Restaurante Panamerican:** Cra. 1 No. 18-23, geöffnet ab 18 Uhr. Kellner alter Schule in Brokatweste servieren gute Steaks und Fischgerichte. Gepflegtes Ambiente.
- **Restaurante Ricky's:** Cra. 1 No. 17-05, Tel. 4211 564, weißer Pavillon im Kurortstil, mediterrane Kost, Meeresfrüchte.
- **Punta Betín:** Cra. 1 No. 18-10, Frühstück, *comida corriente*.
- **Ben y Josep's Bar:** Cra. 1 No. 18-67, Mobil 3177 2805 039, unter dem Park Hotel, nur abends geöffnet, Tische auf der Straße, Mojitos, gute Steaks.

Tanzen & Feiern

Die besten **Discos und Bars** sind das große **Plaza de Madrid,** Cl. 17 No. 3-70, Tel. 4212 159, und das in einem historischen Gebäude untergebrachte **La Puerta,** Cl. 17 No. 2-29, beide im Stadtzentrum, sowie außerhalb **Jarana,** Cl. 30 No. 80-66 Carretera Troncal, Tel. 4331 718 (per Taxi).

Verkehrsverbindungen

Busse

- **Nach Taganga** fahren **Stadtbusse** von der Cra. 5 (15 Min./1,50 Euro), alternativ per Taxi (3,50 Euro); **nach El Rodadero** von der Cra. 1 (15 Min./1,50 Euro).
- Der **Busbahnhof** befindet sich am südöstlichen Stadtrand 5 km vom Zentrum. Von hier fahren halbstündlich Busse **nach Riohacha** (3 Std./8 Euro) und **nach Barranquilla** (2 Std./5 Euro). Stündliche Verbindungen bestehen **nach Cartagena** (4–5 Std./11 Euro). Mehrere Busse fahren **über Bosconia** (Mompós-Besucher steigen dort um) **nach Valledupar** (5 Std./11 Euro). Das Unternehmen Expreso Brasilia bedient mehrmals täglich **Bucaramanga** (9 Std./30 Euro) und **Bogotá** (16 Std./43 Euro). Es existieren auch Direktverbindungen **nach Maracaibo/Venezuela** (8 Std./30 Euro).
- Nur wenig teurer, aber einfacher ist es, den **Haustürservice von Transportes MarSol** (Büro Cl. 22 No. 6-103, Local 12, Tel. 4212 121 / 4316 139, Mobil 311 6656 950, Anruf von der Hotellobby genügt) zu nutzen. Die **Minibusse** dieser Gesellschaft holen ihre Fahrgäste ab und fahren mehrmals täglich **nach Barranquilla** (2 Std./7 Euro) und **Cartagena** (4 Std./15 Euro).

Flugzeug

- Der **Aeropuerto Simón Bolívar** befindet sich an der Küstenstraße nach Ciénaga 16 km südlich von Santa Marta. Stadtbusse mit der Aufschrift „El Rodadero Aeropuerto" fahren von der Cra. 1 (45 Min./2,50 Euro).

colo062 Foto: ib

- Die Gesellschaften Avianca und Aerorepública fliegen **nach Bogotá** (täglich) und **nach Medellín** (je ca. 100 Euro one way).

Taganga

↗ III/C1

- **Bevölkerung:** 3.000
- **Meter über NN:** 2
- **Temperatur** (im Durchschnitt): 28°C

Auf der anderen Seite des kakteenbewachsenen, staubigen Felskaps nordöstlich der Strandzunge von Santa Marta erstreckt sich die hufeisenförmige, geschützte Bucht des Fischerdorfes Taganga. Der von Fischabfällen, zerrissenen Netzen und Zivilisationsmüll buntscheckige Sandstrand ist kokospalmengesäumt und voller Fischerboote. Unter den Palmen befinden sich dicht an dicht Bambusbuden, die als Bar, Disco oder Restaurant dienen. Dahinter verläuft ein schmaler *paseo,* an dem Krishna-Verehrer, Strandrastas, Blumenkinder etc., die gleichermaßen aus Kolumbien wie auch aus *gringolandia* stammen, ihre selbst hergestellten Lederarmbänder feilbieten. Die Atmosphäre ist relaxt; es riecht nach Rum, Tabak und Marihuana. Boote fahren Gäste in die hinter einer Felsnase gelegene nördliche Strandbucht **Playa Grande** (5 Min./0,50 Euro), die gepflegter ist und wo in großen Palmunterständen frischer Fisch gegrillt wird (z.B. *mojarras,* Zweibindenbrassen, und *pargo rojos,* Rotbrassen). Zur Playa Grande kann man auch wandern: Ein Trampelpfad verläuft über die öden Felsen hinweg von Bucht zu Bucht. Der Playa Grande folgen weitere Strände, darunter die schöne **Playa Granate.** Einige Boote fahren von Taganga bis nach Cabo San Juan de la Guía (1 Std./18 Euro).

Die Bucht von Taganga

Unterkunft, Essen, Trinken, Unterhaltung

- **Hotel Ballena Azul**€€€: Cra. 1 und Cl. 18, Tel. 4219 121, www.hotelballenaazul.com. Schickste Option, 27 Zimmer und vier Suiten, Meerblick, exzellentes Restaurant mit Meeresfrüchten.
- **Hotel Bahía Taganga**€€+: Cl. 8A No. 1-07 Camino Playa Grande, Tel. 4219 049, www.hotelbahiataganga.com. Am Pfad zur Playa Grande gelegen, Blick über die Bucht, 20 Zimmer, Restaurant.
- **Casa Holanda**€+: Cl. 14 No. 1B-75, Tel. 4219 390, www.micasaholanda.com. Brandneu, zehn Zimmer, Bed & Breakfast unter holländischer Führung, organisiert Salsa- und Spanisch-Sprachkurse sowie Ausflüge zur Ciudad Perdida.
- **Hostal La Casa de Felipe**€+: Cra. 5A No. 19-13, Tel. 421 9120, Mobil 316 3189 158, www.lacasadefelipe.com. Vier Mehrbettzimmer und drei Apartments mit Küche, geführt vom Franzosen *Jean-Philippe.* Frühstück, Internetservice, Waschservice, Gepäckaufbewahrung. Wenige Blocks von der Bahia hinter dem Fußballplatz, dank der Hügellage mit Meerblick. Beliebt bei Globetrottern.
- **Casa Blanca**€+: Cra. 1 No. 18-61, Tel. 4219 232, barbus85@latinmail.com. Direkt am Wasser, zehn Räume mit Privatbad und Balkon, Blick über die Bahia, Benutzung der Waschmaschine und Küche. Oft voll; Reservierung empfohlen.
- **Hostal Pelikan**€: Cra. 2 No. 17-04, Tel. 4219 057. Schlichte Option in Strandnähe, freundlich, Privatbad.
- **Bayview Hostel**€: Cra. 4 No. 17B-57, am Fußballplatz. Privatzimmer und Schlafsäle.

● Es empfiehlt sich ein Besuch der **Strandbar El Garaje** am Nordende des Dorfes (Tel. 4219 003, Mi bis Sa), wo ab Mitternacht der Bär zu Salsa, Reggaetón und Hip Hop steppt.

Tauchschulen & Reisebüros

Taganga ist ein Zentrum des **scuba diving.** Hier finden sich zahlreiche Tauchschulen, die günstige PADI-Lehrgänge (6 Tauchgänge/ca. 200 Euro) und abenteuerliche Tauchexkursionen (2 Tauchgänge/ca. 50 Euro) anbieten. Empfohlen sind z.B.:

● **Centro de Buceo Poseidon:** Cl. 18 No. 1-69, Tel. 4219 224, www.poseidondivecenter.com, Ausbildung auch in deutscher Sprache, Wracktauchen, Nachttauchen.
● **Aquantis Dive Center:** Cl. 18 No. 1-39, Mobil 316 8184 285, www.aquantisdivecenter.com, bietet sowohl Unterkunft als auch Kurse, belgische Leitung.
● **Calipso Dive Center:** Cl. 12 No. 1-40, Tel. 4219 146, www.calipsodivecenter.com, mehrtägige Exkursionen auch in entlegene Gebiete des Nationalparks Tayrona, Übernachtung auf dem Boot oder am Strand.
● **Magictour:** Cl. 14 No. 1B-50, Tel. 4219 429, www.magictourtaganga.com. Dieses Reisebüro bietet Wanderungen im Parque Nacional Tayrona und Exkursionen in die Guajira an, auch sechstägige Touren zur Ciudad Perdida (ca. 190 Euro/Person).

Verkehrsverbindungen

Stadtbusse pendeln mindestens halbstündlich **zwischen Taganga und Santa Marta** (15 Min./1,50 Euro). Ein Taxi kostet nicht mehr als 3,50 Euro.

El Rodadero

⇗ III/C1

● **Meter über NN:** 3
● **Temperatur** (im Durchschnitt): 28°C

El Rodadero einige Kilometer südlich des Zentrums von Santa Marta ist der **touristisch am meisten entwickelte Bezirk der Provinzhauptstadt.** Bereits 1954 wurde auf Initiative des Brigadegenerals *Rafael Hernández Pardo* und mit Unterstützung von Diktator *Gustavo Rojas Pinilla* mit dem Bau eines ersten Musterhotels – des Hotels Tamacá (Cra. 2 No. 11A-98, Tel. 4227 015, sehr luxuriös) – begonnen. Heute schießen weiße Bettenburgen zum Himmel, die insgesamt 30.000 Gästen auf einmal Unterkunft gewähren könnten. In der Tat ist El Rodadero bei betuchteren Kolumbianern äußerst populär; viele Großstädter verbringen hier ihre *puentes* (langen Wochenenden), einige sind stolze Besitzer von Ferienapartments. Die Preise sind wesentlich höher als anderswo (eine Hotelübernachtung kostet durchschnittlich 60 Euro/DZ), aber der Strand, die Hotels und Restaurants sind dafür gepflegter. Zur Ferienzeit – insbesondere im Dezember – ist El Rodadero ein guter Partyort; in den Strandbars tanzt man zu Cumbia, Vallenato und Salsa.

Doch auch **Drogengangster und Para-Bosse** ankern hier ihre Yachten und feiern mit ihren Gefolgsleuten und den Strandnixen pompöse Fiestas. So blieben denn auch in der Vergangenheit Schießereien nicht aus: Im Juli 2007 mordete man ein 13-jähriges Mädchen, das zufällig Zeugin der Hinrichtung eines Taxifahrers wurde; im September 2007 eröffneten Bewaffnete auf die Insassen des renommierten Fischrestaurants *Donde Chucho* (Cra. 3 und Cl. 6 Esq., Tel. 4221 752) das Feuer, weil sie unter den Gästen einen Narco-Konkurrenten vermuteten (der aber schon kurz vorher seine Mahlzeit beendet hatte). Acht Menschen wurden verletzt.

Touristeninformation

- **Fondo de Promoción Turística de Santa Marta:** Cl. 10 No. 3-10, Tel. 4227 548.

Unterkunft

- **Hotel Arhuaco**€€€€: Cra. 2 No. 6-49, Tel. 4227 166. Neues, komfortables Luxushotel mit 60 Zimmern, Pool, Bars und Restaurants.
- **Hotel y Suites Sorrento**€€€€: Cra. 3 No. 6-54, Tel. 4220 385, www.sorrentohoteles.com. Luxuriöses Haus mit 42 Zimmern. Pool und Restaurant.
- **Hotel El Rodadero**€€€: Cl. 11 No. 1-29, Tel. 4228 295, www.hotelelrodadero.com. Sehr modern, direkt am Strand. Mit Frühstück.
- **Hotel La Sierra**€€€: Cra. 1 No. 9-47, Tel. 4227 960. Exquisites Hotel mit schöner Terrasse am Strand.

Essen & Trinken

- **Restaurante Karey:** Cl. 9 No. 1-19, Tel. 4227 250, internationale Küche.
- **Restaurante Pez Caribe:** Cra. 4 No. 11-35, Tel. 4227 001 / 4220 966, exzellentes Fischrestaurant, Meeresfrüchte.
- **Punta Aguja Parrilla Bar:** Cra. 1 No. 6-05, Tel. 4225 030, gute Steaks, gutes Bier.

Tanzen & Feiern

Empfehlenswert sind die riesige **Disco La Escollera,** Cra. 4 No. 4-107, Tel. 4229 590, Mobil 310 6402 505, www.la-escollera.com, und das **Restaurante Latino Café,** Cra. 1 und Cl. 10 Esq., Tel. 4227 089, Mobil 300 6531 181.

Verkehrsverbindungen

- Mindestens halbstündlich pendeln **Stadtbusse zwischen Santa Marta** (Cra. 1) **und El Rodadero** (15 Min./1,50 Euro); per Taxi ca. 3,50 Euro.
- Um **nach Barranquilla oder Cartagena** zu fahren, muss man nicht zum Terminal von Santa Marta, sondern kann sich von der **Busgesellschaft Transportes MarSol** (siehe unter Santa Marta) direkt vom Hotel abholen lassen. Alle Busse, die zwischen Santa Marta und Barranquilla verkehren, passieren zuerst den Stadtteil El Rodadero.

Minca

↗ III/C1

- **Bevölkerung:** 600
- **Meter über NN:** 650
- **Temperatur** (im Durchschnitt): 22°C

20 km südöstlich der Provinzhauptstadt schmiegt sich zwischen die Falten der Sierra Nevada de Santa Marta das charmante (Lebens-)Künstlerdorf Minca. Die Gefechte mit FARC und Paramilitärs sind Vergangenheit. Die Natur gehört wieder Tukan, Pirol, Grasmücke, Bekarde, Kolibri & Co. Besucher dürfen sich auf entspannte (aber sandfliegenverseuchte) **Ausflüge und Ausritte** durch *guaduales* (Bambusdickichte), Begoniengärten, Mangohaine, Helikonienwälder und Dschungel freuen:

1.) Von Santa Marta kommend stößt man in der Ortsmitte von Minca auf eine T-Kreuzung und wendet sich hier

colo063 Foto: ib

nach rechts in Richtung La Tagua. Man folgt dem Fahrweg rechts des Río Arimaca bergauf und erreicht nach 45 Min. den **Arimaca-Fall** mit einem natürlichen Pool, an dem die *Kogi* von Zeit zu Zeit Zeremonien durchführen. Der Ton im Poolbett ist eine gute Schlammpackung. Mit Glück findet man eine alte indianische Keramikscherbe. (Dies ist der westliche Ausgangspunkt für eine Exkursion zur Ciudad Perdida.)

2.) Ein weiterer schöner Ausflug führt in 20 Min. nach **Las Piedras.** Wiederum wendet man sich von Santa Marta kommend in Mincas Ortsmitte nach rechts, passiert dann die Kirche und das Restaurant der *Doña Ana* und erreicht nach 500 m die Einmündung des warmen Río Arimaca in den kälteren Río Gaira. Bizarre Felsen wirbeln das Wasser herum und erzeugen viele natürliche Whirlpools, die sich zum Baden eignen.

3.) Wer den heiligen **Pozo Azul** besuchen will, wendet sich hingegen an der T-Kreuzung in der Ortsmitte nach links und wandert 50 Min. am linken Ufer des Río Gaira den nach San Lorenzo gehenden Fahrweg die Schlucht hinauf. Im Pozo Azul, einem natürlichen Wasserbecken unterhalb eines kleinen Wasserfalls, fanden früher Reinigungsrituale der *Kogi* statt, die noch heute manchmal hierher herabsteigen, um zu baden.

Unterkunft und Essen

- **Hotel Sierra's Sound**€€+: An der Hauptstraße, Tel. 4219 963, Mobil 321 5221 292, www.mincahotelsierrasound.com. Veranda über dem Bach, Zimmer mit Privatbad. Der Besitzer organisiert Wanderungen und Vogelbeobachtungen.
- **La Casa Santander**€€: Tel. 4219 955, www.casasantander.info. Eine in Florida residierende kolumbianische Familie vermietet ein Haus mit vier Schlafzimmern und zwei Bädern. Geeignet für Gruppen bis 14 Personen.
- **Finca Sans Souci**€/€+: Tel. 4219 968, Mobil 313 5909 213, sanssouciminca@yahoo.com. 700 m außerhalb des Dorfkerns in Richtung Pozo Azul. Der deutsche Besitzer vermietet Räume im Haus und *cabañas* im Garten. Zelten möglich. Fußballfeld. Küchennutzung. Pool. Atemberaubende Blicke hinab ins Tal.
- **Casa Loma Minca**€+: Rustikale hölzerne Herberge auf einem Hügel mit unglaublichem Weitblick, Mobil 313 8086 134, www.hosteltrail.com/casaloma, zu erreichen über die Stufen, die zwischen Dorfkirche und Pizzeria bergauf führen, und weiter hinter den Sportplatz. Nur 4 Zimmer. DZ 20 Euro. Hängemattenplatz 4 Euro. Zelten im Garten ist möglich (3 Euro). Geführt von einem Pärchen aus London.
- **Finca La Semilla**€: Mobil 310 2112 314 / 313 8722 434, www.fincalasemilla.blogspot.com, www.semillatours.com, außerhalb gelegen, rustikal, ideal für Naturfreunde. Zu erreichen per *mototaxi* bis zu den Cascadas de Marinka (15 Min.), dann noch 1 km zu Fuß. Hängemattenplatz 3 Euro, Schlafsaal 8 Euro/Bett. Zelten möglich. Vollverpflegung 12 Euro/Tag. Geführt von einem kolumbianisch-schweizerischen Paar. Organisiert Touren in die Umgebung, zu Indianerdörfern und der Ciudad Perdida.
- In Minca gibt es eine zunehmende Zahl an **Restaurants,** darunter **Doña Ana** (Tel. 4219 977, *tamales tolimenses, sancocho de gallina*), **Ei Mox Muica** (Mobil 311 6996 718, Pasta, Fisch, Crêpes) oder **Piqueteadero Liliana** (Tel. 4219 911, *arepas,* Fruchtsäfte).

In der Sierra Nevada de Santa Marta bei Minca

Verkehrsverbindungen

Von Santa Marta fahren regelmäßig Busse von Cra. 11 und Cl. 11 (1 Std./2 Euro) bis zur T-Kreuzung in Mincas Ortsmitte, von wo sie wieder zurückfahren. Alternativ fährt man vom Terminal de Transportes in Santa Marta oder vom Markt in Santa Marta mit dem **colectivo** nach Minca. Eine **Taxifahrt** kostet ca. 10 Euro.

Parque Nacional Tayrona

↗ III/C1

Überblick

Nordöstlich von Taganga erstreckt sich bis zur Mündung des Río Piedras **das verlorene Paradies auf Erden:** Eine türkisfarbene Korallensee brandet an feinsandige Palmenstrände und abgerundete Monolithe, die vor Urzeiten die Hänge der dschungelbedeckten Sierra Nevada de Santa Marta herabgerollt zu sein scheinen. Pelikane schnellen im Sturzflug ins Wasser, Iguanas sonnen sich auf bizarren Felsnasen, Affen schwingen im Geäst, Schlangen zischeln durchs Unterholz.

Diese Küste, einst Heimat der *Tairona*-Indianer, ist heute ein 120 km² großes Naturschutzgebiet, das touristisch von Aviatur vermarktet wird. Es ist einer der ältesten Nationalparks Kolumbiens (gegründet 1969) und mit Abstand der beliebteste (sowohl bei Einheimischen als auch bei internationalen Besuchern). In abgelegenen Gebieten werden immer noch Marihuana und Koka angebaut.

El Zaíno – der Haupteingang

Der Hauptzugang in den Park befindet sich im Dorf **El Zaíno** (ca. 30 km östlich von Santa Marta und etwa 4 km von der Küste entfernt direkt an der nach Riohacha führenden Fernstraße), wo Besucher eine **Eintrittsgebühr von 15 Euro** entrichten, sich vom Militär nach Waffen und Drogen durchsuchen lassen und Parkführer anheuern können.

● **Posada Ecoturística San Rafael**€€+: Am km 29 an der Hauptstraße, 500 m vor dem Parkeingang El Zaíno, Mobil 317 7307 407, www.posadasturisticasdecolombia.com. Rustikale, naturnahe Unterkünfte inmitten einer gartenartigen Landschaft, in der einst Koka angebaut wurde. Auf Wunsch kocht der Besitzer und organisiert Ausflüge und Ausritte durch den Regenwald, vogelkundliche Wanderungen und Besuche eines *Kogi*-Dorfes.

● **Eco Hostal Yuluka**€€: 1 km vom Parkeingang El Zaíno entfernte *cabañas* inmitten eines tropischen Gartens, www.hostal-yuluka.minihostels.com. Pool, Restaurantservice, Ausflugsangebote z.B. zur Cascada Valencia. Ab 16 Euro/Bett. Geeignet für alle, die sich die teureren Unterkünfte im Nationalpark selbst nicht leisten können.

● **Finca Barlovento**€€€: Im Sektor Los Naranjos außerhalb des Parks an der Mündung des Río Piedras in die See, 5 Autominuten von El Zaíno in Richtung Palomino, Übernachtung und Vollpension ca. 50 Euro; buchbar über das Reisebüro Aventure Colombia in Cartagena (Büro in San Diego, Cl. del Santísimo No. 8-55, Tel. 6648 500, Mobil 314 5882 378, www.aventurecolombia.com). Spektakulär gelegen auf einer bizarren Felsnase mit Blick auf die Karibik.

● Zwischen Santa Martas Markt (Cra. 11 und Cl. 11) und dem östlich des Nationalparks Tayrona liegenden Ort **Palomino** verkehren halbstündliche **Minibusse** (2 Euro); man sagt dem Fahrer Bescheid, dass man in El Zaíno aussteigen möchte (bzw. in Los Naranjos, falls man zur Finca Barlovento will).

Castilletes – Natur pur

Von El Zaíno verläuft in nördlicher Richtung eine asphaltierte Nebenstraße 4 km nach Castilletes, wo sich ein

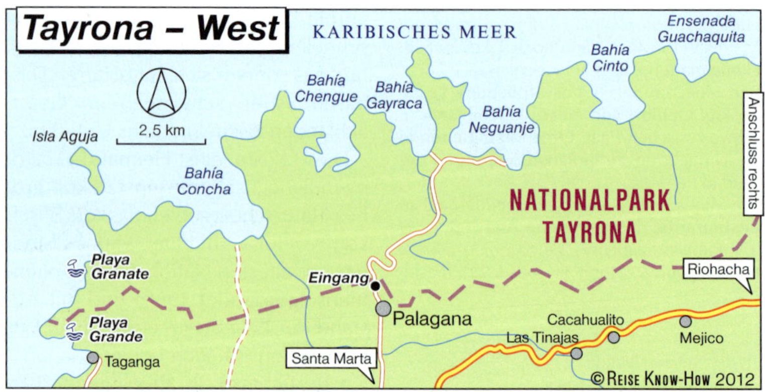

kilometerlanger, **wilder Naturstrand** befindet, an den nachts Meeresschildkröten zur Eiablage kommen. Früher hatte hier ein Drogenboss sein Anwesen. Aufgrund von Strömungen ist das Schwimmen nicht ungefährlich.

●**Informationen** unter: www.campingtayrona.com

Cañaveral – man liebt es mondän

1 km westlich von Castilletes endet die von El Zaíno ausgehende asphaltierte Straße in Cañaveral, wo sich das **Besucherinformationszentrum** des Nationalparks sowie ein kleines **Museum** mit Artefakten der *Tairona*-Kultur befinden. Vor Cañaveral erstrecken sich schöne, schattenlose Strände, unterbrochen von riesigen, runden Gesteinsbrocken; doch Vorsicht: Strömungen können für Schwimmer gefährlich werden, jedes Jahr ist ein Todesopfer zu beklagen. Hier operiert Aviatur, jenes Unternehmen, das eine staatliche Konzession zur Vermarktung des Nationalparks besitzt. In Strandnähe gibt es ein gutes Restaurant. Man kann Pferde mieten, um nach Westen zu reiten – nach Arrecifes.

●**Ecohabs**€€€€: www.concesionesparquesnaturales.com, geführt von Aviatur und vorab buchbar von den Aviatur-Büros in Bogotá oder Santa Marta (Adressen siehe dort). Sehr luxuriöse *cabañas* (mit je zwei bis vier Betten) im Stil indigener Rundhütten an den Hängen üppig bewaldeter Hügel überm Meer. Eine 2-Bett-*cabaña* kostet ca. 200 Euro pro Nacht (inkl. Frühstück und Abendessen), mehr in der Haupturlaubszeit; ein Flitterwochenpaket (vier Tage und drei Nächte mit Vollpension und einigen Extras für zwei Personen) ca. 900 Euro.

Wer von einer Schlange gebissen wird, erhält in den Ecohabs ein Serum.

●Von El Zaíno erreicht man Cañaveral nach einstündigem **Fußmarsch** oder per **colectivo** (1 Euro). Vom Hotel Miramar in Santa Marta fährt täglich 10 Uhr ein **Touristenbus** nach Cañaveral; dort bricht er 13 Uhr wieder auf (4 Euro eine Strecke, 6 Euro hin und zurück).

Arrecifes – La Piscina – Cabo San Juan de la Guía

Von Cañaveral folgt man einem unbefestigten Weg 3 km nach Westen bis **Arrecifes:** Kokospalmen, feiner Strand, dazwischen ausgestreute Felsbrocken. Aber Achtung: Auch hier gibt es gefährliche Strömungen. Von Arrecifes wandert man in nordwestlicher Richtung an der Küste weiter und steht nach 1 km vor **La Piscina,** einer von den *Kogi* geweihten, stillen und tiefen Bucht (gut zum Schwimmen und Schnorcheln!). 1 km weiter erreicht man **El Cabo San Juan de la Guía** (kurz: „El Cabo"), ein Felsenkap mit sehr populären, gut zum Baden geeigneten Stränden, Partyatmosphäre und beliebtem Zeltplatz (8 Euro/Person mit eigenem Zelt, 11 Euro/Person im gemieteten Zelt, 22 Euro/Person in der *cabaña*).

- Arrecifes bietet Restaurants und schlichte, aufgrund der hohen Nachfrage nicht mehr ganz billige Unterkünfte, z.B. **Finca Paraíso Bukarú**€+/€€, vermietet *cabañas,* Zelte sowie Hängematten in Strandnähe; vorab buchbar im Büro in Santa Marta, Cra. 19C No. 23-41, Tel. 4206 624, Mobil 313 5717 420.

Pueblito Chairama

Von El Cabo San Juan de la Guía geht ein anstrengender Dschungelpfad landeinwärts. Man folgt einem Bergbach, klettert über große, nach Regenfällen glitschige Steine und erreicht nach 1½ Std. Pueblito Chairama (kurz: Pueblito), eine **Ruinenstadt der Tairona-Indianer.** Steintreppen und von Felsbrocken eingefasste Hausfundamente sind noch zu sehen, ebenso einige ansässige *Kogi*-Indianer, langhaarig und weiß gekleidet.

Der Pfad setzt sich in südwestlicher Richtung fort; nach 2 Std. ist man in **Calabozo,** einem Dorf an der Fernstraße von Santa Marta nach Riohacha, wo man einen Bus heranwinken kann. Alternativ wendet man sich kurz nach Passieren von Pueblito nach Nordwesten; ein schmaler Weg führt bis zur **Playa Brava,** wo man zelten kann.

Westliche Buchten

Der westliche Teil des Nationalparks ist trockener und nicht so üppig bewachsen. Tiefe, ruhige Buchten und spitze Felsenkaps wechseln einander ab. Hier befinden sich **exzellente Tauchgründe,** die von den in Taganga ansässigen Tauchschulen per Boot angefahren werden. Ausflugsboote in Taganga steuern die **Playa Granate** oder die schöne **Bahía Concha** an. Über Land erreicht man die Bahía Concha sowie die **Bahía Neguange** über Nebenstraßen, die von der Fernstraße Santa Marta – Riohacha nach Norden abzweigen (per Taxi).

Sierra Nevada de Santa Marta

Überblick

Das Universum ist ein Ei. Unterirdisch, in einer spiegelbildlichen Fortsetzung der oberen Welthälfte, schickt die schwarze Sonne ihre düsteren Strahlen aus. Beide Hälften trennt jener Bereich, in dem die Menschen wohnen: die Erdoberfläche. In der Ausstülpung der Sierra Nevada schlägt das kosmische Herz. Nahebei wohnen die privilegierten „Großen Brüder", also die Indianer, und weiter entfernt, in den peripheren Sümpfen der sogenannten „Zivilisation", die „Kleinen Brüder", d.h. die unwissenden, zerstörerisch veranlagten Weißen, wurzellosen Mestizen und Schwarzen.

Durch das Ei verläuft die unsichtbare Spindel der Großen Mutter bzw. des Großen Vaters, die Achse des Universums. Um sie herum spinnt die Sonne den Faden des Lebens, die Menschen säen und ernten und wandern auf und ab, und mit jedem Schritt weben sie ein Stück im Tuch ihres eigenen Lebens und spinnen das Garn für die nächste Generation. So in etwa sieht die **Welt der Kogi und der Arhuaco (Ika)** aus, jener zusammen 20.000 Menschen umfassenden indigenen Chibcha-Völker, die niemals erobert und versklavt wurden, sondern bis heute stolz die Hänge des höchsten Küstengebirges der Erde bewohnen und sich zu Recht als Nachkommen der legendären *Tairona* betrachten.

In der Zahlenwelt der westlichen Wissenschaft ist die Sierra Nevada de Santa Marta ein isoliert stehender, herzförmiger Gebirgszug mit den Granitgipfeln **Pico Bolívar** und **Pico Cristóbal Colón** (beide ca. 5.770 m über NN), ein 17.000 km² umfassender Andenableger, aus dem 36 Flüsse entspringen. Die beiden genannten Gipfel – mit Abstand die höchsten Berge ganz Kolumbiens – ragen nur 45 km von der Karibikküste entfernt auf. Nirgendwo sonst auf der Erde gibt es derart hohe Berge so nahe am Meer.

In der Sierra mit ihrer enormen Vielfalt endemischer Arten sind sämtliche denkbaren **Klimazonen** vertreten: Zu ihren Füßen, in den Mangrovensümpfen der Ciénaga Grande, herrscht stickiges, tropisch-heißes Klima; weiter oben, in den verschlungenen Nebelwäldern, wird es mit jedem Höhenmeter frischer; im Hochmoor des *páramo* (ab 3.300 m über NN) fröstelt es, ganz oben aber (ab 4.800 m über NN) liegt permanent Schnee. Die Gletscher, die in den 1950ern noch eine Fläche von 100 km² einnahmen, tauen ob des globalen Klimawandels rapide ab. Jaguare und Kondore sind sehr selten geworden. Die **Ureinwohner** hatten über Jahrhunderte reichlich Gelegenheit dazu, gegenüber Fremden ein begründetes Misstrauen zu nähren und erlauben ausländischen Bergsteigern nicht, auf die heiligen Gipfel der Sierra zu klettern oder die heiligen Lagunen zu besuchen, in denen Gottheiten residieren.

Die **Kogi** leben in ihrem 3.700 km² großen *resguardo* an den Nordhängen, die **Arhuaco** in ihrem etwa 2.000 km² großen *resguardo* an den Südhängen. Kleinere Völker wie die *Wiwa* und die *Kankuamos* wohnen im Norden und Osten. Sie pflanzen auf unterschiedlichen Höhenlagen Mais, Kassava, Baumwolle, Zuckerrohr, Agaven *(fique)* und Koka an. Sie weben aus den Fasern der Agaven und aus Baumwolle exquisite *mochilas* (Umhängetaschen), Sinnbilder der Weiblichkeit, in denen sie ihre Habe, ihre Kokablätter bzw. ihren *poporo* aufbewahren. Der **poporo** ist ein Kürbiskanister voll pulverisierten Kalks, welcher aus den von der Küste eingetauschten Muscheln gebrannt wird und beim Kokakauen die Alkaloide löst. Der *poporo* repräsentiert das weibliche Element, der in seine Öffnung fahrende lange Kalkspatel das männliche; das Kokakauen unter Zusetzung des Kalks ist ein spiritueller (den Männern vorbehaltener) Akt. Als geistige Lokalautorität fungiert der **mamo** (Schamane), erzogen in nächtlicher Finsternis und in Enthaltsamkeit, geschult in Medizin und Philosophie. Er wacht über die kosmische Balance, die untrennbar verknüpft ist mit dem Verhalten und den Geschicken seines Volkes, und vermittelt zwischen dem oberen und dem unteren Universum.

Da die Konquistadoren nie in das unwegsame Gebirge vordrangen (wohl aber die von ihnen eingeschleppten Krankheiten), wurde es zum (vermeintlich sicheren) Zufluchtsort der ursprünglich in flacheren Gefilden heimischen Indianer. Das änderte sich indes seit dem frühen 20. Jh. Denn nun begannen neue Kämpfe: gegen Kolonisation, Kaffeeanbau, Missionierung durch Kapuziner und Evangelikale und respektlose staatliche Straßenbauprojekte. In den 1970ern bauten Kolonisten in der Sierra **Marihuana** in großem Stil an, um es in die USA zu exportieren, später wechselten sie zum lukrativeren **Kokaanbau.** Damit nicht genug: **Guerillas und Paramilitärs** trugen den Krieg in die Berge und kontrollieren bis heute Teile der Sierra. Der 1964 gegründete, 3.830 km² große Parque Nacional Natural Sierra Nevada de Santa Marta existiert insofern – trotz bereits verwirklichter sehr guter Ansätze – z.T. nur auf dem Papier.

Ciudad Perdida

↗ III/C1

Etwa 40 km Luftlinie südwestlich von Santa Marta befindet sich die Ciudad Perdida (= **Teyuna/Buritaca 200**), die **„Verlorene Stadt" der Tairona- oder Tayronaca-Indianer** (geografische Lage: 11°13′ N / 74°08′ W). Sie breitet sich terrassiert unter dichtem Waldbaldachin über die Flanke des Cerro Corea oberhalb des Hochtals des Río Buritaca auf einer Höhe von 900 bis 1.250 m über NN aus. Steile, mit flachen Steinen ausgelegte Pfade verbinden etwa 200 eiförmige und runde, künstliche, jeweils 3 bis 12 Meter lange **Plateaus** miteinander, Fundamente, auf denen einst – jeweils paarweise für Mann und Frau – runde, reetgedeckte Behausungen standen. Der Höhenunterschied zwischen den einzel-

Üppiger Wald in der Sierra Nevada

nen, durch moosbewachsene Mauern abgestützten Plateaus beträgt nicht selten 12 Meter. Nur die oberen, auf denen sich **Zeremonienstätten** befunden haben sollen, sind vom Dschungel freigehackt und aus der Luft sichtbar. Eine wohl durchdachte Entwässerungsanlage leitet die immensen Regenmassen ab.

Die Stadt wurde zwischen 700 und 1600 n.Chr. von bis zu 4.000 Einwohnern aus dem **Volk der Tairona** besiedelt. Die chibchasprachigen *Tairona* lebten an der Nordflanke der Sierra Nevada, wo Archäologen bis heute Reste von etwa 400, einst untereinander mit Handelswegen verbundenen Siedlungen ausgegraben haben. La Ciudad Perdida war mit einer Fläche von 3 km² die größte Siedlung und möglicherweise die Hauptstadt. Die spanischen Konquistadoren mieden die Sierra weitgehend, erschlugen aber während ihrer Feldzüge fast alle *Tairona*. Nur wenige Überlebende vermochten sich tief in der unzugänglichen Bergwelt zu behaupten.

Lange Zeit geriet die Ciudad Perdida vollständig in Vergessenheit und wurde erst **1975** von *Florentino Sepúlveda* aus Guachaca und seinen Söhnen *Julio César* und *Jacobo,* armen *guaqueros* (Grabräubern und Schatzjägern), **zufällig entdeckt.** Ihre Erzählungen weckten bald schon die Gier anderer *guaqueros*. Es entspannen sich Bandenkriege unter den Plünderern, denen auch *Julio César* zum Op-

colo137 Foto: ib

fer fiel. Das Militär erstürmte die Fundstellen 1976 und sucht sie seitdem vor *guaqueros* zu schützen.

Praktische Informationen

Der Zugang zur Sierra ist kompliziert. Es existiert keine nennenswerte Infrastruktur. Die indigenen Völker verwehren ohne Erlaubnis ihrer Autoritäten Fremden den Zutritt. In manchen Gebieten herrscht die Drogenmafia, in anderen marodieren versprengte Guerilleros und Paramilitärs. Dennoch ist es möglich, einige Gebiete zu besuchen:

1.) Die vom Militär gut bewachte **Ciudad Perdida** erreicht man nur im Rahmen einer organisierten, insgesamt (inklusive Rückweg) **sechstägigen Dschungelexkursion** mit einem der 40 registrierten *guias* (ab 4 Personen/ca. 180 Euro pro Person alles inklusive: einfache Mahlzeiten, Übernachtung in Hängematten mit Moskitonetz in Camps in der Nähe von Badestellen). Eine Route führt über Minca und La Tagua von Nordosten aus, eine zweite über Guachaca und El Mamey von Nordwesten. Täglich legt man bis zu 8 km zurück. Oft müssen schlammige Stellen und hüfttiefe Flüsse durchwatet werden. Manchmal trifft man auf Koka kauende *Kogi* in ihren weißen Baumwolltrachten. Am Ende müssen 1280 Treppenstufen zur Stadt hinaufgestiegen werden.

Lange Zeit war Turcol in Santa Marta der einzige Anbieter. Nachdem 2008 das Militär die paramilitärische Vorherrschaft zerschlagen hat, sind weitere **Reiseveranstalter** hinzugetreten, z.B. Magic Tours mit Sitz in Taganga und Santa Marta oder Baquianos in Assoziation mit dem Hotel Miramar in Santa Marta. Zu den Adressen dieser Anbieter siehe unter Santa Marta und Taganga.

2.) Von Valledupar (Departamento César) verkehren **Jeeps nach Pueblo Bello,** einen von *colonos* (Kolonisten) bewohnten Ort, und weiter ins 25 km nördlich gelegene **Nabusimake,** das archaische Zeremonienzentrum der *Arhuacos*, das Fremden zugänglich ist.

Beste Reisezeit sind die Monate Dezember bis März und Juni/Juli, wenn es weniger als sonst regnet.

Als **Ausrüstung** empfehlen sich Wasserentkeimungstabletten, Wasserflasche, Insekten-, Sonnen- und Regenschutz, Taschenlampe, Gummistiefel, schnell trocknende Kunststoffsandalen mit Klettverschluss oder Strandschuhe aus Neopren.

Departamento San Andrés y Providencia

Überblick

- **Fläche:** ca. 53 km²
- **Einwohner:** 75.000 *isleños*
- **Temperatur** (im Durchschnitt): 28°C

Die besiedelten Hauptinseln des 1991 geschaffenen ozeanischen Departamento **200 km östlich der nicaraguanischen Moskitoküste** sind San Andrés, Providencia und Santa Catalina, zu denen jeweils mehrere winzige, ihnen vorgelagerte Eilande gehören. Täglich steuert eine Kleinarmada von Flugzeugen das mehr als 800 km nordwestlich des übrigen Kolumbien gelegene San Andrés an; von dort starten zwei bis drei Maschinen nach Providencia. Die Gangway runterzuklettern lohnt: Sowohl Robinson-Crusoe- und Gauguin-Nacheiferer als auch Duty-Free-Shopping-Touristen, Beach Rastas sowie Froschmänner und -frauen finden auf San Andrés und Providencia ein relaxtes, karibisches Tropenparadies. Die touristische Hochsaison geht von Weihnachten bis Ende Januar und von Juli bis August – dann steigen die Preise. Während der Regenzeit (Mai, Oktober, November) hat man viele Strände für sich allein.

Das Departamento Archipiélago San Andrés, Providencia y Santa Catalina (so der offizielle Name) umfasst neben den **drei Hauptinseln** auch **acht sehr einsame, abgesunkene Atolle,** die über ein riesiges, von Korallenbänken durchwirktes Meeresgebiet von 350.000 km² Fläche wie ausgeschüttete Perlenketten verstreut liegen: Alice Shoal (Banco Alicia), Bajo Nuevo Bank (Low Cay), Serranilla Bank (West Breaker), Quita Sueño Bank, Serrana Bank, Roncador Bank, Cayos del Este Sudeste (Courtown Cays/Cayos de E.S.E./ Cayo Bolívar) und Cayos de Albuquerque (Southwest Cays).

Die genannten **Riffe sind nahezu unbewohnt;** nur wenige Meeresschildkrötenfänger residieren permanent auf einigen von ihnen, doch jamaikanischen und kolumbianischen Langustenfischern, internationalen Drogenschmugglern und Waffenschiebern sowie Piraten aller Art vermag man durchaus öfter zu begegnen.

Manche Atolle stehen schon komplett unter Wasser (Alice Shoal, der nördlichste Punkt Kolumbiens, mindestens sechs Meter) oder sind bestenfalls bei Ebbe sichtbar (so die Quita Sueño Bank), andere wiederum sind immerhin mit kargen Gräsern bewachsen sowie von Treibholz und Guano bedeckt (z.B. die schlangenförmigen Riffinseln des Doppelatolls Bajo Nuevo), wenige sogar bis zu zwei Meter über NN hoch, von Büschen und Palmen bestanden und von Mangroven umsäumt (z.B. die Cayos de E.S.E.). Das vom kolumbianischen Militär genutzte Roncador erreicht eine imposante Höhe von vier Metern über NN.

Tausende Schiffswracks bieten Fischen und Krustentieren eine Heimstatt (allein in der Umgebung der Serranilla Bank liegen über hundert Wracks). 1985 verschwand eine zwölfköpfige US-amerikanische Expedition, die bei Bajo Nuevo nach Schätzen suchte, mitsamt ihrer Yacht spurlos. Weithin sichtbar ist dagegen die 1991 an der Südspitze von Roncador auf Grund gelaufene „MV Pamir Sound" (Panama).

Es gibt zahlreiche **Leuchttürme,** so auf Cayo Bolívar, Low Cay, Serranilla, Quita Sueño, Serrana und Roncador, auf den wenigsten Inseln aber **feste Häuser** (nur auf Cayo Bolívar, Roncador sowie auf Beacon Cay, einem Eiland der Serranilla Bank). Auf Serranilla, Serrana und Roncador verwittern die **Reste von Militärcamps,** die die USA während der Kubakrise zu Beginn der 1960er Jahre auf den damals noch unter ihrer politischen Verwaltung stehenden Riffen führten.

Sämtliche Atolle bieten eine **spektakuläre Unterwasserwelt** und sind ausschließlich in Privatbooten erreichbar. Lediglich Tauchschulen auf San Andrés veranstalten von Zeit zu Zeit Expeditionen zu den etwas weniger abseits gelegenen Cayos de Albuquerque und Cayos de E.S.E.

Im Jahr 2000 stellte die UNESCO das gesamte Meeresgebiet unter Schutz: Es wurde zum **Biosphärenreservat Seaflower** (verwaltet von CORALINA, www.coralina.gov.co).

colo145 Foto: ib

Karibische Köstlichkeiten

Geschichte

In alten Zeiten suchten Indianer der Moskitoküste und aus Jamaika die Eilande auf, um hier zu fischen, Schildkröten zu fangen, Vogeleier und Guano zu sammeln. Schon vor dem Jahr 1600 wohnten möglicherweise holländische Kolonisten auf **Providencia,** weil es dort Quellwasser gab. Kaum 30 Jahre später ging die „Seaflower" (ein Schwesterschiff der berühmten „Mayflower") vor Anker, und dies läutete die Besiedlung durch **englische und schottische Puritaner** ein, welche mit Hilfe importierter afrikanischer Sklaven aus Jamaika, Tortuga und Barbados erst hier und später auf San Andrés (damals: Henrietta Island) Baumwolle und Tabak pflanzten. In der englischsprachigen Handelswelt begann man das heutige Providencia in Unterscheidung zu Providence (Rhode Island) und New Providence auf den Bahamas als Old Providence Island zu bezeichnen.

Nach und nach gelang es spanischen Invasoren, etliche der Siedler zu deportieren; doch auch die Spanier vermochten sich nie länger als mehrere Jahre am Stück zu halten. Denn rasch hatten bis an die Zähne bewaffnete internationale **Piraten,** Korsaren, Zee-Rover und Freibeuter die Eilande für sich entdeckt und nutzten sie als Rastplätze, Verstecke und Stützpunkte. Ob *John Glover, Edward Mansvelt* oder *Sir Henry Morgan* – alle kreuzten sie durch die hiesigen Gewässer, kaperten spanische Schiffe oder planten von hier aus ihre Beutezüge zu den spanischen Siedlungen in Mittel- und Südamerika.

Mansvelt, Anführer der „Brethren of the Coast" und überhaupt einer der feinsten Bukanier, die die Welt je gesehen hat, besiegte 1666 das kleine, auf der Isla Santa Catalina installierte spanische Kastell und setzte sich dort fest. Sein Protegé, der berüchtigte Waliser **Henry Morgan** (um 1635–1688), führte *Mansvelts* Vermächtnis fort, entriss Santa Catalina und Providencia den vorrückenden Spaniern nochmals und überfiel in den Folgejahren Santa Marta, Maracaibo und Panama, wo er reiche Beute machte. Ihm verdankten seine Gefolgsleute den sogenannten **Piratencodex,** ein Gesetzeswerk, dass ihnen Mitsprachrechte, Beuteanteile und im Falle einer Verwundung großzügigen Schadensersatz zusicherte. Doch *Morgan* verfiel der Trunksucht, die ihm in Port Royal den unzeitigen Tod brachte. Auf San Andrés, Providencia und Santa Catalina aber suchen bis heute Schatzjäger nach den hier von *Morgan* angeblich versteckten Reichtümern.

Im 18. Jh. lebten vor allem unter englischem Einfluss stehende Nachfahren jamaikanischer Sklaven auf den Inseln, die nun dauerhaft unter spanische Verwaltung gerieten. Der 30-jährige französische Korsar **Louis Michel Aury,** dem es zwei Jahre zuvor gelungen war, die spanische Blockade Cartagenas zu durchbrechen und ausgehungerte Flüchtlinge nach Haiti zu bringen, eroberte 1818 Providencia, welches er eigenmächtig den befreiten Provinzen von Neugranada zusprach, führte hier einen lukrativen Handel mit von den Spaniern geraubtem Beutegut und suchte vergebens seine zerrütteten Beziehungen zu *Simón Bolívar* wiederherzustellen. Ob er tatsächlich 1821 auf Santa Catalina starb, weil sein Pferd ihn abgeworfen hatte, oder sein Leben erst 24 Jahre später in Havanna beendete, liegt im Dunkel der Geschichte verborgen. Im Jahr nach dem Pferdeunfall jedenfalls wehte erstmals offiziell die großkolumbianische Flagge im Passat, und von *Aury* sprach kaum jemand mehr.

Bald schon bekräftigte **Nicaragua,** das sich übergangen fühlte, seinen Rechtsanspruch auf San Andrés und Providencia, aber weil Kolumbien im Gegenzug die Moskitoküste für sich verlangte, verzichtete Nicaragua 1928 zähneknirschend auf die Inseln. Ein schwerer Fehler, wie die Sandinisten 1980 erkannten! Denn die riesigen, um die Inseln liegenden Seegebiete sind nicht nur strategisch bedeutsam, sondern vorzügliche Fischereigründe, und am Meeresgrund wittert man wertvolle Bodenschätze. 2007 entschied der internationale Gerichtshof in Den Haag zugunsten Kolumbiens.

Trotz all der Kämpfe, ob geführt mit Enterhaken und Kanonen oder mit Diplomatenkoffer und Telefon: Die längste Zeit lebten die Einwohner von San Andrés und Providencia – die **afrikanischstämmigen raizales** (*raiz* = Wurzel) – ihr Leben in Beschaulichkeit und Frieden. Sie besuchten ihre Baptistenkirche, trieben schwarze oder weiße Magie *(obeah),* tranken ihren *Five o'clock tea,* kümmerten sich um ihre Kühe, pflanzten Kokospalmen und harpunierten Fische, und zwischendurch tanzten sie Foxtrott, Schottische, Mazurka oder später gar Calypso. 1870 betrug die Zahl der *raizales* immerhin 3.500 und 1950 sogar 5.000. Sie sprachen kein Spanisch, sondern kreolisches Englisch, das **Wendé,** welches dem Englisch in Bluefields an der Moskitoküste ähnlich ist.

Erst 1953, unter Diktator *Gustavo Rojas Pinilla,* trat eine wirkliche und sehr drastische Änderung auf den bis dahin so isolierten Inseln ein: **San An-**

drés wurde zur viel angeflogenen **Freihandelszone,** und auf diese Weise lockte der Staat nun Kommerz, Tourismus und Zehntausende Festlandkolumbianer an, die sich hier niederließen und mit viel Trara die lateinamerikanische Kultur auf die anglo-karibisch geprägten Inseln importierten. Zu den erfolgreichsten Geschäftsleuten zählen bis heute die *turcos,* Einwanderer aus dem Nahen Osten, die viele der Läden auf San Andrés besitzen, in denen zollfreie Markenwaren angeboten werden. Die *raizales* hingegen emanzipierten sich spät, und zwar Jahrzehnte, nachdem sie in ihrer eigenen Heimat zu einer ethnischen Minderheit, einer kuriosen Randerscheinung und einem bloßen kulturellen Ornament degradiert worden waren: Die Verfassung von 1991 aber garantiert ihnen endlich besondere (Vor-)Rechte, und Gouverneur muss ein *raizal* sein. Heute wohnen ca. 25.000 *raizales* im Departamento (30% der Einwohner), und fast alle sprechen Spanisch zumindest als Zweitsprache.

Isla San Andrés

Überblick

- **Fläche:** 26,5 km²
- **Meter über NN:** 0–85
- **Bevölkerung:** 69.000

San Andrés, die **bevölkerungsreiche Hauptinsel des Archipels,** wölbt sich in Nord-Süd-Ausrichtung seepferdchenförmig aus der blau und türkis schillernden Karibik. Die Insel ist vulkanischen Ursprungs, 11 km lang und 1–3 km breit und besteht aus Korallengestein, das schichtartig den bis zu 85 Meter über NN aufsteigenden zentralen Hügelrücken umschließt. Der Primärwald wurde schon vor Jahrhunderten abgeholzt. Üppige Obstgärten, Kokospalmhaine, Rinderweiden, rote Latherit- und weiße Tonböden, scharfe Felsspitzen, der Mangrovensumpf von Old Point, mehrere weiße Korallenstrände und die östlich vorgelagerten, zum großen Teil noch intakten Korallenbänke machen den Reiz der Insel aus und ermöglichen zumindest in der Nebensaison Freizeit-Robinsonaden. Eine **30 km lange Ringstraße sowie mehrere Nebenstraßen,** die das Inselinnere erschließen, erlauben es Besuchern, die kleine Welt von San Andrés unkompliziert zu erforschen. Leguane und Geckos sieht man allerorten, die *swanka* (eine Sumpfschildkröte) oder den Kaiman selten.

El Centro/North End

Überblick

Das Nordende – gewissermaßen Scheitel und Schnauze des Seepferdchens – ist **komplett verstädtert;** hier befindet sich El Centro/North End, das seit den 1950er Jahren rasant entwickelte **administrative und wirtschaftliche Zentrum** des Departamento – mit Port, Flughafen, verstopften Straßen, Geschäften, zahlreichen Hotels und Restaurants – ein wahrer Betondschungel, ein „concrete jungle“, so würde *Bob Marley* singen, dessen Mu-

Stadtplan S. 408

San Andrés

1 km

North End
Johnny Cay
Sprat Bight
Town Beach
Flughafen
El Centro
El Cliff
Bark Road
Bahía de San Andrés
Cotton Cay
Karibisches Meer
Old Point
Bahía Honda
Baptist Church
La Loma
Cayo El Acuario
Haynes Cay
Big Pond
Old Tree
Rocky Cay
Cocoplum Beach
Morgan's Cave
Duppy Gully
Karibisches Meer
Evans Point
El Cove
San Luis
Cove Bay
Sound Bay Beach
Cove Rd.
Sound Bay
Four Corner Rd.
La Piscinita, Pox Hole
T. Hooker Rd.
Tana Road
South Channel
Blow Hole, Hoyo Soplador
South End

Übernachtung
- 2 Hotel Decameron Los Delfínes
- 3 Casa Harb
- 7 Cocoplum Hotel
- 8 Katty's Paradise
- 10 Decameron San Luis
- 12 Sunset Hotel

Essen, Trinken, Unterhaltung
- 1 Fisherman Place
- 4 El Rincón de la Langosta
- 6 Rasta's Bar
- 9 West View Restaurant
- 11 Kella's Beach Bar

Wassersport
- 5 San Andrés Divers
- 12 Sharky Dive Shop

sik man auf den Inseln sehr gern hört, oder, wie die alteingesessenen *raizales* sagen, „ein bisschen *chaka-chaka*" (chaotisch). Ob Sonnenbrillen, Markenklamotten, Fernsehapparate, Whisky oder Parfüms – alles kriegt man in El Centro zollfrei, was jährlich Hunderttausende Händler ausnutzen, die hier heuschreckengleich vom Festland einfliegen, um dann daheim ein paar gute Deals zu landen. Nicht umsonst heißen die populärsten Märkte Kolumbiens – z.B. in Bogotá und Barranquilla – Mercados San Andresito. *Sí Señor,* El Centro – das ist Lateinamerika! Doch der Rest der Insel hat sich zumindest teilweise die entspannten anglo-karibischen Züge bewahren können.

Man tut El Centro Unrecht, wollte man es als Mini-Moloch abstempeln. Um die Stadt führt eine Ziegelsteinpromenade (Av. Colombia/Av. Newball), gern besucht von abendlichen Müßiggängern und Liebespaaren, die auf der Nordseite den 500 Meter langen, lebhaften **Town Beach** von Sprat Bight (Bahía Sardina) und das „siebenfarbige" Wasser bis hinüber nach Johnny Cay im Blick haben. Man kann in El Centro – je nach Gusto – einen entspannten Drink genießen, in die Disco, zum Konzert ins Old Coliseum (Av. Aeropuerto und Cra. 5), die Moschee besuchen, guten lokalen Fisch oder Langusten essen, Hahnenkampfwetten abschließen oder von hier

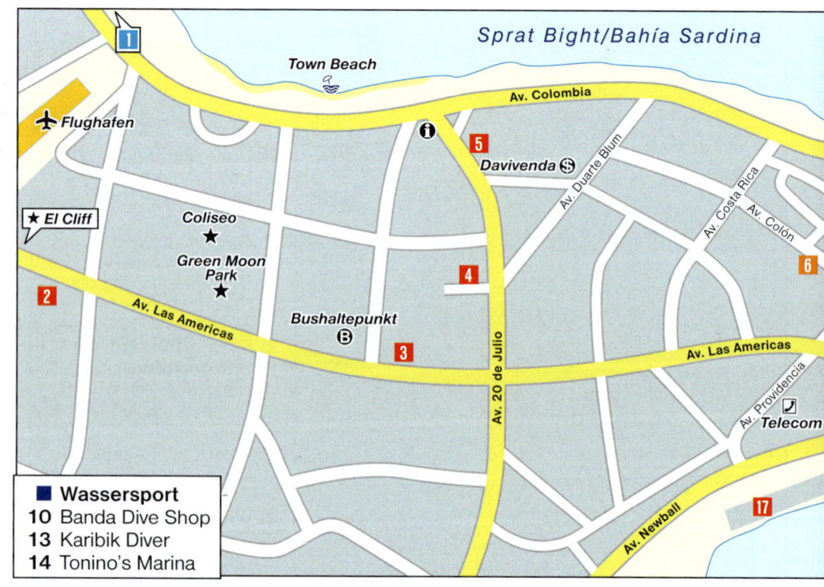

Tauch-, Schnorchel- und Badefahrten organisieren. Von **El Cliff,** einem Berg südlich des Flughafengebäudes, den man über einen von der Bark Road abgehenden Weg erreicht, überschaut man den ganzen Inselnorden.

Feiertage & Feste

Jährlich im April findet das schon legendäre **Green Moon Festival** statt, bei welchem die *raizal*-Kultur auflebt und Musiker auch aus anderen Regionen der Karibik Reggae, Dancehall, Reggaetón, Calypso und Soca spielen. Im Mai folgt ein internationaler Triathlon. Um den 20. Juli feiern die Insulaner die Unabhängigkeit Kolumbiens – mit Straßenumzügen, Musik, Rum. Ende November wird die Kokoskönigin gekürt *(Reinado de Coco).*

Informationen & wichtige Adressen

- **Secretaría de Turismo:** Av. Colombia und Av. 20 de Julio Esq., im Norden von El Centro direkt hinter dem Town Beach westlich des Hotel Portbelo, oder alternativ Av. Newball beim Restaurante La Regatta, Tel. 5125 058, www.sanandres.gov.co, geöffnet Mo bis Fr 8–12 und 14–18 Uhr, Infomaterial, Adressen, Landkarten. Man kann sich auch an die Rezeption der großen Hotels wenden, z.B. im Beach Hotel Sunrise, Av. Newball, oder an den Infoschalter im Flughafengebäude.
- **Internetcafés: In den Einkaufszentren,** z.B. Centro Comercial San Andrés, Av. Costa Rica, und in **vielen Hotels,** z.B. Hotel Hernando Henry, Av. Las Américas (Cl. 4) und Cra. 5 Esq.

Übernachtung
2 Posada Doña Rosa
3 Hotel Hernando Henry
4 Hotel Mary May Inn
5 Hotel Portobelo
10 Hotel Lord Pierre
11 Hotel Decameron Los Delfines
17 Beach Hotel Sunrise

Essen, Trinken, Unterhaltung
1 Fisherman Place
8 La Fonda Antíoqueña
9 Margherita Carbonara
12 Restaurante La Bruja
15 La Regatta Restaurante

Sonstiges
7 Coonative Brothers
(Cooperación de Lancheros)

Tanzen & Feiern
6 Éxtasis
16 Blue Deep

- **Geldautomaten:** Banco de Bogotá, Av. Colón No. 2-86, mittags geschlossen. In den Läden der *turcos* kann man oft US-Dollars und Euros zu gutem Kurs tauschen.
- **Deprisa (Post):** Am Flughafen sowie Av. Colón und Cl. 2 Esq., Edificio Salazar, sonntags und zur Siesta geschlossen.
- **Honorarkonsulat Österreichs:** „La Bombonier", Av. Juan XXIII, Tel. 5123 430 / 5126 081 / 5124 330, Fax 5123 107; Postadresse: Apartado Aéreo 35, San Andrés.

Tauchen & Bootfahren

- **Karibik Diver:** Av. Newball No. 1-248, Edificio Galeon (gegenüber der Casa de Cultura nahe Tonino's Marina), Tel. 5120 101, www.karibikdiver.com, PADI-Tauschule, geleitet von dem Deutschen *Werner Köster.* Driftdives, Nachttauchen, Steilwände, Wracks, Grotten und Überhänge - *Werner* kennt vorzügliche Tauchgründe. Bietet in San Luis preiswerte Unterkünfte an (Katty's Paradise, ab 15 Euro/Nacht).
- **Banda Dive Shop:** Hotel Lord Pierre, Av. Colombia No. 1B-106, L-104, Tel. 5131 080, www.bandadiveshop.com, PADI-Kurse ca. 250 Euro, Tauchgänge 50 Euro. Guter Service, englischsprachig.

Unterkunft

- **Casa Harb**€€€€: Cl. 11 No. 10-83 La Rocosa, Fax 5126 348, www.casaharb.com. Die wohl luxuriöseste und extravaganteste Unterkunft des Archipels, zwar in Stadtnähe, doch schon außerhalb von El Centro an der Westküste (ca. 3 km nördlich der Cueva de Morgan). Charmantes Boutique-Hotel auf einem alten Landgut, fünf individuell eingerichtete Suiten. Pool. Exzellentes Essen. Ab 300 Euro.
- **Hotel Lord Pierre**€€€€: Av. Colombia No. 1B-106, Tel. 5127 853, www.lordpierre.com. Ins Meer hineinragendes, zentrales Stadthotel mit Blick auf Johnny Cay, DZ ab 160 Euro.
- **Hotel Decameron Los Delfines**€€€€: Av. Colombia No. 1B-86, Tel. 5124 083, www.decameron.com. 4-Sterne-Boutique-Hotel mit 35 Zimmern östlich des Town Beach, modern, minimalistisch und schick, Restaurant überm türkisgrünen Meer, Pool, DZ ca. 150 Euro. Vier weitere Luxushotels auf der Insel, darunter das Hotel Decameron San Luis (siehe unter San Luis) gehören zur Decameron-Kette.
- **Hotel Portobelo**€€€: Av. Colombia No. 5A-69, Tel. 5127 008, www.portobelohotel.com.

colo12-003 Foto: ib

Kokospalmen am Stadtstrand von San Andrés

Mehrere eher unscheinbare Betongebäude nahe des Stadtstrandes. Saubere DZ mit Klimaanlage und Frühstück inklusive immerhin schon ab 60 Euro.

● **Hotel Hernando Henry**€€+: Av. Las Américas No. 4-84, Tel. 5123 416, zentrales Stadthotel unweit des Flughafens und direkt am Busbahnhof. Wenig Atmosphäre. Internetcafé. Zimmer mit Privatbad und Ventilator ca. 20 Euro, teurer mit Klimaanlage.

● **Hotel Mary May Inn**€€: Av. 20 de Julio No. 3-74, Tel. 5125 669. Neun einfache Zimmer mit Ventilator und Privatbad, freundliche Atmosphäre, zwei Blocks zum Strand, 18 Euro.

● **Posada Doña Rosa**€+: Av. Las Américas/ Aeropuerto, Tel. 5123 649. Acht schlichte Zimmer mit Ventilator und Privatbad, 2 Min. zum Flughafen, in Strandnähe, 13 Euro.

Essen, Trinken, Unterhaltung

● **Fisherman Place:** Av. Colombia, Tel. 5122 774, offenes Strandrestaurant am Nordwestende des Town Beach nahe der Einflugschneise zum Flughafen. Lokale Fischer versorgen die Küche mit bestem Meeresgetier. Gutes *rundown/rondón* - die lokale Spezialsuppe. Ob Red Snapper oder Barrakuda - die Gerichte sind vergleichsweise preiswert.

- **Restaurante La Bruja:** Av. Colombia No. 1-19, am Ende eines über das Meer hinausgebauten Stegs im Komplex des Hotels Decameron Aquarium, Fisch und Meeresfrüchte gehobener Preislage.
- **Margherita Carbonara:** Av. Colombia No. 1-93, gegenüber des Hotels Lord Pierre. Der italienische Koch bereitet gute Pizzas zu.
- **La Fonda Antioqueña:** Av. Colombia No. 1A-16, Tel. 5124 185, preiswerte *paisa*-Küche, zu genießen mit Passat in der Nase.
- **La Regatta Restaurante/Sailors Bar:** Av. Newball, Club Nautico, Tel. 5120 437, exzellente, nicht billige Fischgerichte mit Blick nach Süden auf Cotton Cay; Cocktails und guter Whisky auf dem Außendeck.

Tanzen & Feiern

- **Casa de la Cultura:** Av. Newball, Tel. 5123 405, karibische Küche, gute *crab pattis,* Rum Punch, Freitagnacht Konzerte und Tanz zu bassschweren karibischen Beats.
- **Blue Deep:** Im Beach Hotel Sunrise, Av. Newball No. 4-169, die größte Disco der Insel, geöffnet Do bis Sa ab 22 Uhr, Eintritt 4 Euro.
- **La Bodega:** Av. Colombia No. 1-90, Salsa ab 23 Uhr.
- **Éxtasis:** Im Hotel Sol Caribe, Av. Colón No. 2-77, beliebte Disco (täglich außer So ab 22 Uhr), Eintritt 7 Euro.

Verkehrsverbindungen

Zu Lande:

- Busse fahren von der Av. Las Américas und Cra. 5 Esq., nahe des Hotels Hernando Henry, ab. Der **San-Luis-Bus** fährt die Ostküste hinunter bis Hoyo Soplador an der Südspitze der Insel, während der **El-Cove-Bus** die über La Loma führende Straße im Inselinneren nimmt (ca. 1 Euro pro Fahrt).
- Eine zweistündige **Inselrundfahrt per Taxi** sollte nicht mehr als 20 Euro kosten.
- Man kann sich aber auch ein **Moped,** einen Golf Cart oder ein Fahrrad ausleihen (in den großen Hotels, z.B. Hotel Los Delfines, Av. Colombia, oder entlang der Av. Newball). Ein **Fahrrad** kostet 7 Euro pro Tag.
- Auch **zu Fuß** kann man weite Teile der Insel erkunden.

Zu Wasser:

- **Frachter** wie die „Doña Isabel" und die „Doña Olga" verkehren dreimal wöchentlich von San Andrés **nach Providencia** (Abfahrt 22 Uhr, Ankunft 5 Uhr morgens, 20 Euro, vorher mit dem Kapitän sprechen, Informationen: Av. Newball 2-40). Manche Frachter nehmen auch Passagiere zum Festland mit.
- Tauchschulen und Touranbieter organisieren z.B. von Tonino's Marina aus **Bootsfahrten zu den Cayos de Albuquerque** und den **Cayos de E.S.E.** Für Bootsfahrten nach Johnny Cay, Haynes Cay und Acuario siehe dort.

In der Luft:

- Der **Aeropuerto Internacional Sesquicentenario Gustavo Rojas Pinilla** liegt 10 Min. zu Fuß von El Centro entfernt (Eingang des Terminals am nordwestlichen Ende der Av. Las Américas; per Taxi 3 Euro). Es bestehen täglich **Direktverbindungen nach Bogotá, Cali, Medellín, Barranquilla und Cartagena** (ca. 130 Euro pro Strecke) sowie **nach Panama** (mit Copa ca. 300 Euro one way, Büro im Centro Comercial San Andrés, Av. Costa Rica No. 1-41). Sowohl Avianca (Av. Colón, Edificio Onaissi) als auch Aerorepública (Centro Comercial San Andrés) operieren zwischen San Andrés und dem Festland.
- Satena sowie Searca (Büros im Flughafengebäude) fliegen mehrmals täglich die **Isla Providencia** an (ca. 140 Euro hin und zurück).
- Wer vom Festland das Departamento besuchen möchte, kauft bereits vor Abflug die obligatorische **Touristenkarte** (10 Euro).

Blick auf Johnny Cay (Islote Sucre)

Johnny Cay (Islote Sucre)

Kaum eine Meile nördlich von El Centro liegt Johnny Cay, eine 4 ha große **Koralleninsel** mit weißem Strand, Kokospalmen und Leguanen - der Karibiktraum schlechthin. Die Coonative Brothers fahren von El Centros Town Beach (westlich des Hotels Los Delfines) ständig hinüber zu dem Eiland (5 Euro hin und zurück), das als **populärstes Ausflugsziel des gesamten Archipels** am Wochenende und zur Ferienzeit stets überfüllt ist. Auf Johnny Cay kann man zu Mittag essen und Kokosmilch trinken, sonntags ist hier Strandparty (gute *piña coladas*). 1968 soll hier schon *Marlon Brando* sein Wesen getrieben haben, als er sich von den Dreharbeiten zu „Queimada - Insel des Schreckens (Burn!)" erholte.

Weitere küstennahe Eilande

Vier Eilande liegen vor der Ostküste von San Andrés.

Am beliebtesten ist der winzige, von Korallen eingefasste und von Fischen umschwärmte schattenlose **Cayo El Acuario** mit seinem kristallklaren, seichten und ruhigen Wasser, das in allen Blau- und Grünschattierungen leuchtet. Ideal für Schnorchler (Leihstation vor Ort), doch oft überfüllt. Die

colo12-007 Foto: ib

Der karibische Norden

Coonative Brothers fahren von El Centros Town Beach (westlich des Hotels Los Delfines) hierher (20 Min./7 Euro hin und zurück).

Von El Acuario nach Süden durch das hier nur hüfttiefe Wasser watend kommt man zum palmenbestandenen **Haynes Cay,** auf dem man in der Hängematte schaukeln und in Bibi's Place, einem Beach-Restaurant, Fisch, Langusten oder Krabben essen kann. *Jaime Restrepo* organisiert von Tonino's Marina nahe der Ostspitze El Centros (Av. Newball) Bootsausflüge und lädt seine Gäste zum Schwimmen mit den Rochen vor Haynes Cay ein (3 Std./20 Euro). Biwakieren ist auf Haynes Cay möglich (bei Bibi's Place nachfragen).

Die genannten Eilande sowie den unmittelbar vor der Cocoplum Bay liegenden, felsigen **Rocky Cay** und den nur wenig größeren **Cotton Cay** südlich des Sunrise Beach Hotel im Hafenbecken von El Centro kann man auch per Seekajak erreichen (auszuleihen z.B. bei Chamay, Vía San Luis, km 4, Tel. 5132 077).

San Luis

An der Ostküste von San Andrés, südlich des **Cocoplum Beach,** schließt sich der lang gestreckte Ort San Luis an, den schöne weiße Strände säumen. Im Schutz des Barriereriffs ankerten früher Schiffe, die Kokos ausfuhren. Der endlose **Sound Bay Beach** ist manchmal etwas rau, dafür aber alles andere als überlaufen. Bunte Holzhäuser, Restaurants mit inseltypischem Essen, Ruhe. Von El Centro (Av. Las Américas und Cra. 5 Esq.) fährt der San-Luis-Bus in 10 Min. direkt hierher.

- **Hotel Decameron San Luis**€€€€: Km 20 No. 20-47, Tel. 5130 300, www.decameron.com. Großes 3-Sterne-Resort am Sound Bay Beach, Zimmer um 100 Euro.
- **Cocoplum Hotel**€€€: Vía San Luis No. 43-39, Tel. 5132 121 / 5132 421, www.cocoplumhotel.com, direkt am Cocoplum Beach gegenüber von Rocky Cay, zu dem man hinwaten kann. 42 Zimmer mit Balkon (ab 50 Euro) inmitten eines Kokoshaines. Pool, Restaurant. Eine der schönsten Ecken der Insel!
- **Katty's Paradise**€+: Gästezimmer und Dachstudio 50 m vom Strand, üppiger Garten. Kontakt über *Werner Köster* von der Tauchschule Karibik Diver in El Centro (siehe dort). Übernachtung ab 15 Euro.
- **Kella's Bar:** Beliebte Reggaebar gegenüber dem Hotel Decameron San Luis; legendär ist der Drink *coco loco*.

La Loma/The Hill

Abseits der kommerzialisierten Strände, im Zentrum der Insel, ist die **raizal-Kultur am lebendigsten** und Kolumbien am weitesten entfernt. Der kleine traditionelle Ort La Loma auf dem Rückgrat von San Andrés 85 Meter über NN bietet Blicke über die ganze Insel hinweg auf die Mangroven von Old Point und das leuchtende Meer hinaus, üppige Gärten mit Palmen und Mangobäumen, *clapboard houses* typisch anglo-karibischer Art, die alte, von Schiffen als Landmarke genutzte **Baptistenkirche** aus dem Jahr 1847 (erneuert 1896 mit Pinienholz aus Alabama; So 10–13 Uhr Predigt/Gospelmusik) und die Möglichkeit, Pferde auszuleihen. Am 12. Oktober feiert man in La Loma El Día de la Raza, ein Kulturfest.

Nahebei liegt **Big Pond (La Laguna),** der größte mehrerer naturbelassener Seen, 200 Meter lang, 70 Meter breit und 20 Meter tief, der sich aus Regenwasser speist und von der Westküste durch den Bergrücken von Lynval getrennt ist. Hier leben Reiher und Brillenkaimane *(babillas)*. An Vollmond entzünden die *raizales* am Ufer vor Rasta's Bar ein Lagerfeuer. Südwestlich der Lagune steht der älteste, heute hohle Baum der Insel, der Energie spenden soll, wenn man ihn umarmt.

Von El Centro (Av. La Américas und Cra. 5 Esq.) erreicht man La Loma mit dem El-Cove-Bus.

•**Posada Nativa Opal**€€: Kontakt über *Opal Luisa Downs Mitchel,* Tel. 5132 926, Mobil 300 7854 896, www.posadasturisticasdecolombia.com, die in diesem alten, atmosphärischen Holzhaus wohnt und zwei Zimmer vermietet. Ein guter Platz ohne viel Komfort, um der *raizal*-Kultur näher zu kommen.

•**Posada Nativa Licy**€€: La Loma Flowers Hill 39-19, ca. 1 km südlich von El Centro, eine weitere traditionelle Option im Privathaus mit vier Gästezimmern. Kontakt über *Reolicia Duke Santana,* Tel. 5133 3972, Mobil 314 4889 890, www.posadasturisticasdecolombia.com.

Cueva de Morgan

Etwa 2 km südwestlich von La Loma befindet sich diese 120 Meter lange, mit Seewasser gespeiste **Höhle,** in der Piratenkapitän *Henry Morgan* einen Teil seiner Schätze versteckt haben soll. Nebenan steht ein **kleines Museum** mit Kokosprodukten sowie Strandgut und Utensilien, die aus Schiffswracks geborgen wurden (Eintritt 2 Euro). *Mento*-Tänzer schütteln vor Touristengruppen ihre Hüften, Souvenirhändler verkaufen Kunsthandwerk aus Kokosnüssen und -fasern.

•**San Andrés Divers:** Carretera Circunvalar Km 8,5, www.sanandresdivers.com, südlich der Höhle an der Westküste, PADI-Tauchkurse für 220 Euro, guter Service.

•**Restaurante El Rincón de la Langosta:** Carretera Circunvalar Km 7, Sector Schooner Bight, Tel. 5132 707, www.rincondelalangosta.com, 10 Min. zu Fuß nördlich der Höhle an der Westküste, Langustengerichte, zum Sonnenuntergang vorbestellen.

El Cove

1,5 km südlich der Cueva de Morgan und 1,5 km westlich von San Luis (die Cove Road überquert hier auf kürzestem Weg die Insel) liegt an der Westküste der Ort El Cove mit dem tiefsten Ankerplatz von ganz San Andrés. Von El Centro fährt der El-Cove-Bus über La Loma direkt hierher.

•**Restaurante West View:** Carretera Circunvalar km 11, Tel. 5130 341, exzellente Fischgerichte.

La Piscinita (Pox Hole)

1 km südlich von El Cove schließt sich La Piscinita an, ein guter Ort zum **Schnorcheln** mit Fischen, die einem aus der Hand fressen (Eintritt 1,50 Euro inkl. Fischfutter). Schon in Küstennähe ist hier das Wasser stellenweise ungewöhnlich tief (ca. 10 m). Schnorchelausleihstation, Restaurant.

•**Sharky Dive Shop:** Carretera Circunvalar Km 13, Tel. 5130 433, www.sharkydiveshop.com, neben dem Sunset Hotel, PADI-Tauchkurse, gute Ausrüstung, englischsprachig.

- **Sunset Hotel**€€€: Carretera Circunvalar Km 13, Tel. 5130 141, www.ecohotelsunset.com. 16 luftige Zimmer mit Klimaanlage und Kühlschrank, ideal für Ruhesuchende und Taucher, Salzwasserpool, Restaurant, für Familien geeignet, Zimmer ab 50 Euro.

Hoyo Soplador

Der San-Luis-Bus fährt bis an die Südspitze der Insel, wo die Brandung durch ein *blow hole* geysirartig 15 Meter in die Höhe schießt.

Isla Providencia & Isla Santa Catalina

Überblick

- **Fläche:** Isla Providencia 17 km², Isla Santa Catalina 1 km²
- **Meter über NN:** 0–363
- **Bevölkerung:** 6.000

80 km nordnordöstlich von San Andrés liegt seine kleine charmante Schwester: das englischsprachige **Providencia (Old Providence Island),** die zweitwichtigste Insel des Archipels, 5 km lang und 3,5 km breit, mit hohen, von üppigem Sekundärwald bedeckten Hügeln aus Vulkangestein, Süßwasserbächen und einsamen Korallenstränden. Ein 32 km langes, intaktes Barriereriff erstreckt sich, der Inselostküste folgend, bis weit nach Norden und fällt steil in die blaue Tiefe der Karibik ab.

Zwischen April und Juni wandern nachts die **Schwarzen Krabben** aus den Wäldern hinab an die Strände der Westküste, um in der Brandung ihre Eier zu legen. Dort schlüpft die nächste Generation und marschiert zurück ins Inselinnere. Während der Krabbenwanderung wird die Straße, die um Providencia führt, oft für den Verkehr gesperrt.

In winzigen **Dörfern aus farbenfrohen Holzhäusern** *(clapboard houses),* die sich entlang des Küstensaumes ziehen, wohnen überwiegend afrikanischstämmige *raizales.* Gewaltige *conch*-Schneckenhäuser bilden die Zäune für ihre Blumen- und Brotfruchtgärten. Abends sind nur der Wind und die Dominosteine zu hören, die die *bushie* (selbst gebrannten Rum) trinkenden Spieler auf den Tisch knallen. Die – im Vergleich zu San Andrés – wenigen Touristen (pro Jahr nur 15.000, wobei die meisten nur zwei Tage bleiben) verteilen sich auf die kleinen Dörfer Aguadulce/Freshwater und Bahía Suroeste/Southwest Bay. Im Norden der Insel liegt **Santa Isabel,** das größte Dorf, von dem man über eine schwimmende „Liebesbrücke" über den Canal Aury die nahe Isla Santa Catalina erreicht.

Auf **Santa Catalina (Saint Catherine)** gibt es nur winzige, während der Flut nahezu überspülte Strände. Ein Felsenkap an der Inselwestseite, unter dem eine Höhle liegt, ist unter dem Namen **Morgan's Head** bekannt und erinnert so an die Piratenzeit. Nahebei verwittern die kanonenbewehrten Ruinen des alten Fort Warwick, das die spanischen Eroberer in Fuerte de la Libertad umbenannten. Unterhalb des Forts liegt die höhlenumsäumte Playa del Fuerte.

Die **Strände Providencias** sind schmal und von überhängenden Kokospalmen beschattet. Zu den schönsten zählen die bebaute Playa Aguadulce, die (sonnabends manchmal von Pferderennen umgepflügte) Playa Suroeste, der kleine Almond Beach zwischen San Felipe und Puebloviejo sowie der naturbelassene Playa Manzanillo/Manchineel Beach im Süden.

Östlich der Landebahn des Flughafens schmatzen **Mangrovensümpfe,** die zu der unter Naturschutz stehenden McBean Lagoon ausdünnen. Vom **Iron Wood Hill** (150 m über NN) südöstlich der Flugpiste überblickt man die vorgelagerten Cayos Tres Hermanos (Three Brothers), auf denen Fregattvögel nisten, und den Cayo Cangrejo (Crab Cay).

Die Dörfer San Felipe/Lazy Hill im Westen bzw. Casabaja/Bottom House im Süden Providencias sind Ausgangspunkte für Wanderungen auf den 363 Meter hohen **El Pico/Big Hill** im Inselinneren (mind. 1,5 Std. bis oben). Unterwegs begegnet man farbenprächtigen Echsen und ist Moskitoschwärmen und den Bissen angriffslustiger Ameisen ausgesetzt. Ein Bergführer kostet 10 Euro pro Person. Man sollte zeitig aufbrechen und Trinkwasser mitnehmen. Auf eigene Faust beginnt man den Aufstieg vorzugsweise in Casabaja/Bottom House. Von der Inselrundstraße biegt man an der Verkehrsinsel mit dem blau gefließten Leguan in die Richtung Inselinneres führende Seitenstraße, folgt dem von ihr abgehenden schmalen Betonsteig bis hinter das letzte Haus und quert den Bach. Der unbefestigte Pfad gabelt sich vor einer Ruine; hier wendet man sich nach rechts. Der Weg geht durch von Stacheldraht gesäumtes Weideland, wendet sich nach links und führt über einen Bach an einen großen Mangobaum, hinter dem der Wald beginnt. Man muss direkt hinter dem Baum durch den Stacheldraht kriechen und sich nach links wenden. Der Pfad verläuft nun durch ein Bachtal steil bergauf; mehrmals wird der Bach gekreuzt. Linker Hand stürzt ein Wasserfall über die Felsen. Man gelangt auf einen

Bergsattel; dort geht es nach rechts zu einem kleinen, als Mairmaid Hole bezeichneten Tümpel, nach links aber zum Peak.

Feiertage & Feste

Zu den größten Festivitäten gehört der **Karneval** Ende Juni – mit Paraden, inseltypischer Musik, Tanz.

Informationen & wichtige Adressen

Touristeninformation

- **Im Flughafengebäude sowie in Santa Isabel** an der Brücke über den Canal Aury.
- **Im Internet:** www.oldprovidence.com.co.

Geldwechsel

- Besser, man hat sich schon vor Ankunft auf Providencia mit genügend Bargeld versorgt. Neben privaten Geldwechslern gibt es nur **zwei Banken,** die Banco de Bogotá sowie die Banco Agrario, beide in Santa Isabel. **Ein Geldautomat** befindet sich an der Brücke nach Santa Catalina.

Internet

- **In den Hotels oder in Santa Isabel.**

Tauchen, Bootfahren & Reiten

Die **meisten Hotels** bieten Exkursionen an, z.B. Fahrten um die Insel mit Stopps an den wichtigsten Stränden sowie auf Crab Cay (10 Euro/Person).

- **Body Contact Travel Agency:** Aguadulce, Tel. 5148 283, Mobil 311 6050 750, unter Leitung von *Jennifer Archbold,* die einer alteingesessenen Familie von Baumwollpflanzern entstammt. Reitausflüge werden organisiert, Wanderungen ins Inselinnere, Kajakfahrten, Bootsfahrten rund um die Insel mit Stopps am Cayo Cangrejo (jeweils ca. 15 Euro/Person), Unterkünfte. Verleih von Schnorchelausrüstungen und Fahrrädern (6 Euro/Tag), Flugreservierung, Wechselstube.
- In Bahía Suroeste besteht die Möglichkeit, Pferde zu leihen, z.B. bei **Hawkins und Sons,** Tel. 5148 626, die auch Reitausflüge begleiten (5 Euro/Std.).
- **Lanchas Valentina:** Pueblo Viejo/Old Town, Tel. 5148 548, Captain „Hippie" organisiert Bootsausflüge an das Barriereriff und zum Cayo Cangrejo, wo man gut schnorcheln kann (15 Euro). Einen ganzen Tag sein Boot zu chartern kostet 100 Euro.
- **Felipe Diving:** Aguadulce, Tel. 5148 775, www.felipediving.com, Tauchkurse und -gänge unter Leitung von *Felipe Cabeza* am spektakulären Barriereriff. Minikurse ab 60 Euro.
- **Sirius Dive Center:** Bahía Suroeste, Tel. 5148 213, www.siriusdivecenter.com, PADI-Tauchkurse ab 180 Euro, Einzeltauchgänge schon ab 35 Euro.

Unterkunft

- **Cabañas Miss Elma**€€€: Aguadulce, Kontakt über *Elma Huffington,* Tel. 5148 229, Mobil 315 3034 208, direkt am Strand. Landhausstil, Garten, Restaurant. DZ für 60 Euro.
- **Posada del Mar**€€€: Aguadulce, Tel. 5148 168. *Clapboard house* in Rosa-violett, Garten am Strand, Balkons mit Hängematten, DZ für 50 Euro.
- **Hotel El Pirata Morgan**€€€: Aguadulce, Tel. 5148 232, www.elpiratamorganhotel.com, zentrale Lage. Großes Betonhaus im Bungalowstil mit Garten. EZ 30 Euro, DZ 50 Euro.
- **Cabañas Miss Mary**€€€: Bahía Suroeste, Tel. 5148 454. Sieben Zimmer am Strand, Terrasse, Hängematten, heißes Wasser. DZ inkl. Frühstück 45 Euro. Restaurantservice, z.B. Languste für 15 Euro, Krabbengericht für 7 Euro.
- **Hotel Sirius**€€€: Bahía Suroeste, Tel. 5148 213, www.siriushotel.net. Schweizer Leitung, farbenfrohes Haus, viel Atmosphäre, Tauchschule und Restaurant. DZ ca. 50 Euro.
- **Hotel Flaming Trees**€€: Santa Isabel, Tel. 5148 049. Neun große, saubere Zimmer mit Klimaanlage um 22 Euro.

●**Hotel Old Providence**€€: Santa Isabel, Tel. 5148 691, direkt überm Supermarkt Erika in zentraler Lage. Einfache Zimmer mit Klimaanlage, EZ 15 Euro, DZ 20 Euro.

●**Posada Mr. Mac**€+: Aguadulce, Tel. 5148 366, unter Leitung des sehr betagten *Mr. Mac*. Große Räume ab 10 Euro.

Essen, Trinken, Unterhaltung

●**Restaurante Donde Martin/Caribbean Place:** Aguadulce, Tel. 5148 698, unter Leitung von *Martín Quintero* aus Bogotá, der schon seit 1989 auf Providencia lebt. Exzellente Inselspezialitäten, darunter die Schwarze Krabbe, Langusten und Ingwereis. Mittags und abends geöffnet. Gehobene Preislage, Hauptgericht ab 10 Euro.

●**Café Arts & Crafts:** Aguadulce, Tel. 5148 297, ein Franzose stellt hier Marmeladen her und verkauft Tamarindenwein. Gut für einen Nachmittags-Espresso.

●**Restaurante Rosa del Viento:** Aguadulce, hinter dem Hotel El Pirata Morgan. Frühstück, mittags Fisch und Kokosnussreis.

●**Pizza's Place:** Aguadulce, Tel. 5148 924, Pizzas ab 6 Euro und Sandwiches ab 2 Euro, doch auch lokale Gerichte, abends geöffnet.

●**Restaurante Divino Niño:** Bahía Suroeste, Fisch- und Langustengerichte, mittlere Preislage.

●**Richard & Alonso:** Bahía Suroeste, zünftige Strandbar vor der Creekmündung, bunte Lichterketten, Roots Reggae, Bier 1 Euro, Cocktails 3 Euro.

●**Café Studio:** Bahía Suroeste, Tel. 5149 076, bei Touristen sehr beliebt, liebevolle Fisch- und *conch*-Schnecken-Gerichte. Kaffee und Kuchen. Hauptgericht ca. 10 Euro. Bis 22 Uhr geöffnet.

●**Roland's Bar:** Bahía Manzanillo, Tel. 5148 417, legendäre und atmosphärische Reggae Beach Bar unter Leitung des Rasta *Roland Brian*. *Coco loco* direkt aus der Nuss, Fischgerichte.

Verkehrsverbindungen

Auf der Insel

Die **Inselrundstraße** misst 20 Straßenkilometer. Hier verkehren selten **colectivos** (2,50 Euro pauschal pro regulärer Fahrt). Es gibt nur wenige Autos auf der Insel, aber man kann gut **trampen.** Die meisten Einheimischen knattern auf Mopeds umher. Es ist möglich, Mopeds auszuleihen (in den Hotels nachfragen). Am Flughafen warten als Taxi operierende private **Pick-ups,** die 6 Euro nach Aguadulce verlangen und es als ihre Pflicht betrachten, jeden Inselgast an seinem Abflugtag auch wieder zum Flughafen zu bringen (für den gleichen Preis).

Nach San Andrés

●Der **Aeropuerto El Embrujo** im Nordwesten Providencias empfängt täglich mindestens zwei **Flüge** aus San Andrés der Gesellschaften Satena und Searca. Der Flug dauert 20 Min. und ist in San Andrés zu buchen (ca. 140 Euro hin und zurück). Der Rückflug muss rechtzeitig rückbestätigt werden.

●Es bestehen **Frachtschiffsverbindungen** nach San Andrés (siehe unter El Centro/North End).

●Der **Katamaran „Sensation Boat"** fährt Mo, Mi und Fr 15 Uhr von Santa Isabels Pier nach San Andrés. Von der Isla San Andrés startet er an den genannten Tagen 8 Uhr morgens nach Providencia (3–4 Std.). Einfache Fahrt ca. 30 Euro.

colo097 Foto: ib

Morgan's Head

Der Süd-westen

colo147 Foto: ib

colo148 Foto: ib

La Laguna Verde –
Der Kratersee des Volcán El Azufral

Im Valle de los Fantasmas (Tatacoa-Wüste)

Belebte Straße in San Agustín

Departamento Tolima

Überblick & Geschichte

- **Fläche:** 23.562 km²
- **Einwohner:** 1,4 Mio. *tolimenses*

Nahezu **im Zentrum Kolumbiens** erstreckt sich das nach der von den Spaniern gefolterten *Pijao*-Kazikin *Dulima* benannte Departamento Tolima mit seinen fruchtbaren Hängen, die von der vulkangespickten Zentralkordillere nach Osten hinunter bis in die heißen Täler der Ríos Saldaña und Magdalena abfallen.

Hier lebte einst jenes **mysteriöse indigene Volk,** das in neuer Zeit den Namen der Provinz Tolima erhielt. Die vor 2.000 Jahren wieder verschwundenen *Tolima* schmiedeten symmetrisch geformte Brustplatten aus Gold - in Gestalt abstrakter Wesen: zweidimensionale Menschen in allen Stadien der Transformation zu Fledermäusen oder Raubkatzen. Was die Spanier nicht einschmolzen, ruht heute im Goldmuseum von Bogotá.

Die heutigen *tolimenses* betreiben Viehzucht (Rinder, Geflügel), bauen Reis, Baumwolle, Kaffee, Sorghum und Obst an, produzieren Zement und Textilien. Wegen seiner strategisch günstigen Lage im Dreieck zwischen den Metropolen Bogotá, Cali und Medellín und einer wachsenden Infrastruktur gilt Tolima als **Erfolg versprechender Wirtschaftsraum.**

In den Municipios Ortega, Coyaima und Natagaima existieren die letzten - in *resguardos* organisierten - Gemeinden der einstmals so wehrhaften indigenen Völker von Tolima. Die während der Konquista hier lebenden **Pijaos,** sogenannte *inconquistables* (d.h. „Uneroberbare"), führten bis ins 17. Jh. hinein Kriege gegen die vorrückende Kolonisierung, indem sie spanische Siedlungen – darunter die Stadt Ibagué – einem regelmäßigen Beschuss mit Brandpfeilen aussetzten. Sie verschwanden im 18. Jh. beinahe ganz, denn die Frauen zogen es vor, ihren Nachwuchs zu töten, anstatt ihn spanischer Willkür preiszugeben.

Auf ihren **Willen zur unbedingten Freiheit** sind die *tolimenses* besonders stolz. Er zieht sich durch ihre Geschichte wie ein roter Faden. Bereits 1814 bestand für kurze Zeit eine *República Mariquita* unter dem selbst ernannten Präsidenten *José León Armero.* Von 1861 bis 1886 existierte als Teil der neun Vereinigten Staaten von Kolumbien ein *Estado Soberano del Tolima,* ein souveräner Staat Tolima. 1908 folgte die Gründung des heutigen Departamento. *Manuel Quintín Lame Chantre* (geboren 1880 nahe Popayán, gestorben 1967 in Ortega, Tolima), der legendäre Indio-Führer vom Volke der *Nasa,* dem man 1915 vorwarf, eine *República de los Indígenas* (d.h. einen Indianerstaat) in den Departamentos Tolima, Huila, Cauca und Valle del Cauca ausrufen zu wollen, musste viele Jahre seines Lebens im Gefängnis verbringen, doch blieb er bis zu seinem Tode dem Ziel, die unterdrückten und bedrohten Indigenen-Gemeinden zu stärken, verpflichtet. In den frühen 1960ern schlossen sich aufständische Bauern – Opfer der jahrzehntelangen *Violencia* – nach dem Beispiel der Pariser Kommune im unzugänglichen Süden Tolimas zur selbstverwalteten, von Regierungsseite als *República Independiente Marquetalia* bezeichneten Gemeinde zusammen, gewissermaßen ein „Staat im Staate", den 1964 das kolumbianische Militär bombardierte und zerschlug. Marquetalia im Municipio Planadas aber wurde zur Wiege der **FARC.**

Bis 2007 konnte sich eine Gruppe von Dissidenten des ELN, das *Ejército Revolucionario del Pueblo* (kurz: **ERP,** das Revolutionäre Volksheer), eine 1997 gegründete, kleine Guerillaorganisation gemäßigt marxistischer Ausrichtung, gegen das kolumbianische Militär behaupten, ist jedoch heute in Bedeutungslosigkeit verschwunden.

Fiestas de San Juan y San Pedro

Unzählige Volkslieder drücken das **Lebensgefühl** der *tolimenses* aus, z.B. dieses: „No hay burra como mi burra / ni mujer como la Juana / ni tierra como la mía / ni viejas como mi mama – Es gibt keine Eselin wie meine Eselin / noch ein Weib wie die Johanna / noch Land wie das meine / noch alte Frauen wie meine Mama."

In der offiziellen **Hymne** von Tolima, der *bunde tolimense,* heißt es: „Baila, baila, baila / sus bambucos mi Tolima / y el aguardiente / es más valiente y leal – Tanze, tanze, tanze / deine Bambucos (Tänze) mein Tolima / und der Aguardiente (Rohrschnaps) wird stark und treu."

Tolimas wichtigste Fiestas finden um die **Namenstage von San Juan (24. Juni) und San Pedro (29. Juni)** statt. In der Morgendämmerung des 24. Juni beginnen die Feierlichkeiten mit einem erfrischenden Bad im Fluss. Nun starten Straßenumzüge, Hahnen- und Stierkämpfe. Fröhlich tanzt man *los rajaleñas* oder *el sanjuanero*. Und bei nicht enden wollenden *comilonas* (Fressorgien) leckt man sich die Finger nach *tamales* (in Bananenblätter gehüllter Maisteig, der vermischt oder gefüllt ist mit Fleisch, Zwiebeln, Kartoffeln und vielem mehr), *viudo de capaz* (Fischsuppe mit Kochbanane und Kassava), oder *lechona* (einem mit weißem Reis, Zwiebeln und Kartoffeln ausgestopften Ferkel). Auch der Hahn muss, während alle Welt die wilden *bambuco*-Tänze vollführt, dran glauben und stirbt – als ein Höhepunkt der Fiesta –, denn einst, ehe er nur zweimal krähte, hatte da Petrus seinen Herrn nicht dreimal verleugnet? Zum Ausklang der Feiern füllt man sich mit *sancocho de gallina* ab (Hühnersuppe für Grippekranke, Übermüdete und Verkaterte). Empfohlen ist die Teilnahme an der Fiesta insbesondere in Ibagué und im von dort stündlich per Bus erreichbaren Ort El Espinal, aber auch in El Guamo oder Natagaima.

colo030 Foto: ib

Keramik von La Chamba

Kunsthandwerk

Von faszinierender Schlichtheit sind jene aus schwarzem und rotem Ton gefertigten bauchigen **Krüge,** Geschirre und **Töpfe,** die wie Designerware anmuten und von 300 Familien in La Chamba (nahe dem Río Magdalena im Municipio Guamo) gefertigt werden – nach der Tradition der *Pijao-* und *Quimbaya*-Indianer.

Hüte aus den Blättern der *palma de iraca,* hergestellt in Purificación, sowie geflochtene **Körbe** aus dem Municipio Coyaima sind landesweit begehrt.

Mythen

El Mohán

El Mohán (auch *El Muán*) ist eine **dämonische Erscheinung** aus den Tiefen des Magdalena. Dickes schwarzes Haupthaar und ein üppiger Bart fallen ihm lang über seinen schwarz gebrannten sehnigen Indianerkörper. Er trägt die Nägel ungeschnitten und spitz zulaufend wie Krebsscheren, seine gierigen Augen haben einen rötlichen Glanz, sein fletschendes Grinsen offenbart Zähne aus Gold. Nichtsdestotrotz: Mit den hübschen Wäscherinnen am Flussufer weiß er umzugehen. Verspielt flirtend, verliebt schmeichelnd (und teilweise mit veränderter, attraktiver Gestalt) – so nähert er sich vorzugsweise den bereits Verheirateten unter ihnen oder auch den ganz jungen, die kaum ihre erste Menstruation hinter sich haben ... Auf Nimmerwiedersehen verschleppt er Erstere, aus Letzteren macht er Mütter.

Der stets mit einer glimmenden Zigarre auftauchende *Mohán* treibt seine **grausamen Späße** auch mit den Flussfischern: plündert ihre Netze, klaut ihnen die Köder, zieht sie hinab auf den Grund, ja verursacht sogar Überschwemmungen. In Sturmnächten sitzt er rauchend und brüllend vor Lachen am Ufer und angelt ... Um seine Launen abzumildern, lassen ihm manche *campesinos* Tabak und Salz an den Klippen zurück.

Der Sänger des folgenden Tolimenser Volksliedchens berichtet, wie im Ort Purificación der Liebesseufzer ausstoßende *Mohán* erspäht wurde und er – der Sänger – der schönen Brünette zuruft, als sie zum Fluss geht, dass er nicht übel Lust hätte, ihr mal den Mohán zu machen: „Allá en Purificación / a orillas del Magdalena / han visto el Mohán con su quena / cantando penas de amor. Morena que vas al río / en la mañana de San Juan / al mirarte tan bonita / me dan ganas de ser Mohán."

Der Ursprung des Wortes „Mohán" ist tief in der Geschichte verwurzelt: So bezeichneten im 16. Jh. spanische Konquistadoren indigene Schamanen.

El Sombrerón

El Sombrerón ist eine **Spukgestalt,** schwarz gekleidet und mit einem Hut, der ihm hinabreicht bis zur Wade. Trifft man ihn des Nachts auf einem Feldweg, zischt es unterm Hut hervor: „Wenn ich dich kriege, dann geb' ich's dir!" Die Bauern empfehlen, ruhig den Weg fortzusetzen und auf keinen Fall das Wort an den Fremden zu richten – falls einem das Leben teuer ist.

La Madre de Agua

La Madre de Agua, die „Mutter des Wassers", erscheint als blonde oder rubinrote **Frau mit blauen Augen,** aus denen sie durch Mark und Bein gehende **hypnotisierende Blicke** wirft, welchen niemand widerstehen kann. Sie lebt im Waldgebirge mit seinen Bächen, Vögeln und Schmetterlingen, und es gelingt ihr, mit zartsüßer Stimme Kinder zu verzaubern oder ins unergründliche Wasser zu locken.

La Muelona

La Muelona ist ein **Geist,** der sich zunächst als verlockende Frau präsentiert und auf arglistige Weise Männer verführt. In abgelegenen Verstecken verzehrt die Muelona lüstern ihre Opfer. Nachts in den Wäldern kann man hören, wie sie schmatzt und mit ihren riesigen Zähnen Knochen zermahlt ...

Ibagué

↗ XV/D2, XVI/A1

Überblick

- **Bevölkerung:** 420.000 *ibagereños*
- **Meter über NN:** 1.280
- **Temperatur** (im Durchschnitt): 23 °C

Am Osthang der Zentralkordillere erstreckt sich in Ost-West-Richtung Ibagué, die *Ciudad Musical de Colombia,* die **„Musikalische Hauptstadt Kolumbiens"**, eine junge, moderne und angenehme Stadt, das demografische und wirtschaftliche Zentrum des Departamento Tolima mit guten Anbindungen an die drei Metropolen des Landes. Obwohl unter *ibagereños* die Arbeitslosenquote hoch ist, sind sie angesichts wachsender Investitionen optimistisch. Ihren Ruf als „musikalischste Stadt" hat Ibagué seit der Veröffentlichung eines lobenden Artikels des Franzosen *Conde de Gabriac* im Jahre 1886 geschickt ausgebaut. 1893 wurde eine Musikschule gegründet, der Vorläufer des späteren berühmten Conservatorio del Tolima. Zahlreiche musikalische Veranstaltungen – so z.B. das im November stattfindende Festival Nacional de Coros, vor allem aber das Festival Folclórico Colombiano in der letzten Juniwoche – ziehen viele Gäste in die an Sehenswürdigkeiten arme Stadt.

Ibagué ist eine gute Basis für die Erkundung der Bergwelt im südlichen Teil des **Nationalparks Los Nevados** (zeitig am Morgen fahren *camionetas* vom Markt die 28 km hinauf nach Juntas und weiter nach El Silencio, dem Südzugang zum vereisten Gipfel Nevado del Tolima).

Geschichte

La Villa de San Bonifacio de Ibagué del Valle de las Lanzas wurde 1550 von **Andrés López de Galarza** im Stammesland der *Pijao*-Indianer im Gebiet der heutigen Gemeinde Cajamarca gegründet. Mit 95 Soldaten und vielen indianischen *cargueros* (Trägern) war der nach Goldlagerstätten und einer kürzeren Wegverbindung nach Popayán suchende spanische *capitán* am 25. Juli aus Bogotá aufgebrochen. Die Guerilleros der *Natagaima*- und *Coyaima*-Indianer hatten ihm unterwegs bereits schwer zu schaffen gemacht, doch im Valle de las Lanzas – dem Tal der Lanzen – fanden die stärksten Gefechte statt: mit den lanzenbewehrten *Pijaos*. Der 28-jährige Konquistador musste sich auf jene Hochebene zurückziehen, über die **Kazike Ibagué** – genannt „Haus des Blutes" – herrschte. Dieser gewährte den Spaniern Gastfreundschaft und kurierte ihre Wunden. Am 14. Oktober erfolgte die rituelle Gründung von Ibagué: *López de Galarza* durchschritt im Beisein seiner Männer und der dort lebenden Ureinwohner das Terrain, hieb um sich, bis alles Dickicht verschwunden und gerodetes Land zu seinen Füßen lag, zog herausfordernd das Schwert und rief den Namen der zukünftigen Stadt aus. Zuletzt teilte er das Gebiet in *encomiendas* (Wirtschaftseinheiten) auf, die er seinen überlebenden Kameraden zuwies.

Doch über die nächsten zwei Jahrzehnte (während der Stadtgründer als Bürgermeister von Bogotá fungierte und schließlich sein Leben der Landwirtschaft und Textilherstellung in Tunja widmete, wo er 1573 starb) führten die Indianer in der Nachbarschaft ihre Angriffe auf Ibagué fort und zwangen die ansässigen Spanier schließlich, den entlegenen Ort aufzugeben und **an die Ufer des Río Combeima** zu verlegen, wo er sich heute befindet. Doch auch hier waren die Spanier nicht vor den *Pijaos* sicher, und ihre Siedlung fristete ein ärmliches Dasein, sodass noch *Alexander von Humboldt* 1801 notierte: „Ibagué ist ein elendes Städtchen, in dem gewiss kaum tausend Menschen leben."

1854, während einer Zeit politischer Wirrnis im Lande, wurde Ibagué – ob seiner isolierten Lage abseits des Chaos – **kurzzeitig Hauptstadt Kolumbiens.** Aber erst ab den 1930er Jahren wuchs der Ort zu einer wirklichen Stadt. In den Jahren der *Violencia,* die in Tolima besonders grausam wütete, flüchteten Tausende Menschen aus ländlichen Regionen nach Ibagué, das aus seinen Nähten zu platzen drohte. Die Vulkankatastrophe von Armero 1985 sowie das Erdbeben von Armenia 1999 ließen die Bevölkerungszahl weiter ansteigen.

Orientierung

Das Stadtzentrum liegt im Westen der lang gestreckten Stadt. Die **Fußgängerzone** der Cra. 3, genannt **La Tercera,** die wie eine Open-Air-Einkaufspassage wirkt, führt bis zur Plaza Bolívar hinauf, wo jeden Abend Tausende *periquitos* (Sittiche) einfliegen, um nach einem harten Tag in den wilden Bergen in den Parkbäumen die Nacht zu verbringen.

Informationen & wichtige Adressen

Touristeninformation

- **Oficina Departamental de Turismo:** Cra. 3 No. 10-50, geöffnet Mo bis Fr 9–12 und 14–18 Uhr, vermittelt auch Bergführer zum Nevado del Tolima.

Internetcafés

- Mehrere in der **Cra. 3** sowie in **Cl. 13** zwischen Cra. 3 und 4.

Geldwechsel

- **Banco de Bogotá,** Cra. 3 No. 12-51.

Fluggesellschaft

- **Avianca:** Am Flughafen Los Perales, Tel. 2712 550, oder an der Plaza de Bolívar, Cra. 3 No. 9-55, Tel. 2615 122.

Unterkunft

- **Hotel Ambalá**€€€: Cl. 11 No. 2-60, Tel. 2614 444 / 2614 333, www.hotelambala.com. Pool, Sauna, Fitnessraum.
- **Nelson's Inn Hotel**€€+: Cl. 13 No. 2-94, Tel. 2611 810, Fax 2611 819. Zentrale Lage, beliebt bei Geschäftsleuten und Ausländern, Waschservice, Parkmöglichkeit.
- **Hotel Lusitania**€€: Cra. 2 No. 15-55, Tel. 2619 658, Fax 2619 260, www.hotellusitania.com. Zimmer mit Kabel-TV und Minibar, begrünter Innenhof mit Pool, Waschservice, Parkmöglichkeit, Restaurant, Museum.
- **Hotel Suiza**€+: Cl. 17 No. 3-19, Tel. 2619 220 / 2614 404. Riesige Flure, große Zimmer mit großen Betten, Brokatvorhänge an den Fenstern, Bad mit warmem Wasser, Kühlschrank mit Hausbar, Kabel-TV, Restaurant.

● Sehr einfache, schlichte und preiswerte Optionen sind **Hotel Pacandé**€, Cra. 3 No. 11-60, Tel. 2610 010, Fax 2610 602, sowie **Hotel Vaticano**€, Cl. 16 No. 3-106, Tel. 2611 524.

Essen, Trinken, Unterhaltung

Restaurants befinden sich überwiegend entlang des Fußgängerboulevards Cra. 3 zwischen Cl. 10 und 15 sowie an der Cra. 2, z.B.:

● **Restaurante Chamaco:** Cl. 13 No. 2-60, Tel. 2612 774, Tolimenser Gerichte.
● **Rincón Típico Restaurante:** Cra. 2 No. 15-55, Tel. 2619 658, Tolimenser Küche im Hotel Lusitania.
● **Florida Tradicional:** Cra. 3 No. 12-43, Tel. 2630 523, *comida rápida*.

Tanzen & Feiern

● **Bars, Klubs, Tanzsäle** häufen sich in der Cl. 13 zwischen Cra. 3 und 4, z.B. **El Balcón de Ayer** (Salsa im 1. Stock), **La Posada del Arriero,** Cl. 12 No. 3-12, Tel. 2625 922. Einige Einkaufszentren bieten ebenfalls Möglichkeiten, z.B. **La Baranda Coffe Bar,** Centro Comercial Combeima, Cra. 3 No. 12-54. Der traditionelle Schnaps des Mannes auf der Straße ist *mistela* (aguardiente mit Kräutern, Limone und panela).
● **Teatro Tolima:** 1911 als Teatro Torres gegründetes **Kulturzentrum** (Cra. 3 und Cl. 11 Esq.), in dem Theater- und Konzertaufführungen stattfinden, darunter im März der Concurso Nacional de Duetos, ein Wettkampf der großartigsten Sänger Kolumbiens.

Verkehrsverbindungen

Nach Bogotá (5 Std./11 Euro), **Armenia** (2½ Std./5 Euro), **Mariquita** (über **Armero-Guayabal,** 2 Std./5 Euro), **El Espinal** (1½ Std./ 3,50 Euro) fahren ständig **Busse bzw. colectivos vom zentralen Terminal de Transportes** (Cra. 1 No. 19-92, Tel. 2618 122). Häufiger auch Verbindungen **nach Neiva** und **Ambalema,** selten **nach Juntas.**

El Espinal

↗ XVI/A2

● **Bevölkerung:** 55.000 *espinalunos*
● **Meter über NN:** 320
● **Temperatur** (im Durchschnitt): 28°C

Die liebenswerten *espinalunos,* die sich selbst wegen ihrer landwirtschaftlichen Tradition scherzhaft als *los pelachivas* (etwa: „Ziegenprügler") bezeichnen, bauen im breiten, brettflachen Magdalenental Reis an und züchten Rinder und Schweine. Die heute zweitgrößte Stadt Tolimas wird von stillgelegten Eisenbahnschienen sowie der betriebsamen Durchgangsstraße zwischen Bogotá, Ibagué und Neiva durchschnitten - der **Cra. 4** mit ihren Hotels, Restaurants und Marktständen. Abends treffen sich die Einwohner im **Parque Castañeda** hinter der Kathedrale oder im **Parque Mitológico** bei den Märchenfiguren zu Bier und Tanz.

In der **Kolonialzeit** befand sich dort, wo heute ausgedehnte, von Bäumen beschattete *barrios* (Wohngebiete) liegen, die im Militärbesitz stehende riesige Hacienda El Llano Grande del Espinal. 1783 verlegte man aus strategischen Gründen das Magdalenendorf Upito nach Espinal, und von da an begann die eigentliche Besiedlung und der wirtschaftliche Aufstieg des Ortes.

Zwei Gründe führen den Reisenden hierher: Erstens der Wunsch, **lechona tolimense** zu essen, das mit Reis, Kartoffeln und Innereien gefüllte Ferkel, ein Gericht, für welches Espinal in ganz Kolumbien bekannt ist (empfehlenswert z.B. im Restaurant Lechonería La Maxima, Vereda Patio Bonito, Vía Espinal – Girardot, geleitet von *Jairo Sánchez* und *Aracely Vargas*); der zweite Grund sind die **Fiestas del San Juan y San Pedro,** traditionelle Feierlichkeiten in der letzten Juniwoche, die exzessiv begangen werden.

Unterkunft

- **Hotel Yuma**€€€: Km 1 Vía Espinal – Girardot, Tel. 2480 362 / 2487 548, Fax 2485 763, hotelyuma@operacionylogistica.com. Großer Pool, Restaurant, Parkplatz, Tennis, beliebt bei Geschäftsleuten und Familien, ländliche Atmosphäre.
- **Hotel Pacande**€+: Cra. 4 No. 10-34, Tel. 2483 129. Zentrale Lage an der Durchgangsstraße Cra. 4 gegenüber einer Disco, großer Pool, angenehmes Ambiente.
- **La Pension**€: An der Cra. 4, eine der preiswertesten und schlichtesten Optionen.

Verkehrsverbindungen

- **Nach Bogotá** (3 Std./6 Euro)**, Ibagué** (1½ Std./3,50 Euro)**, El Guamo:** Ständig **Busse** vom Markt an der Cra. 4.
- Per **Taxi** (6 Euro) **nach La Chamba** und **nach Caimanera** (3,50 Euro), einer netten, jedoch nachmittags von *jejénes* (Stechfliegen) aufgesuchten Badestelle am Río Magdalena mit Möglichkeiten, eine Hängematte aufzuspannen oder zu zelten.

Armero-Guayabal

↗ XII/A3

- **Bevölkerung:** 13.000
- **Meter über NN:** 350
- **Temperatur** (im Durchschnitt): 26°C

Knapp 10 km südlich des heutigen modernen Kurortes Armero-Guayabal an der Straße zwischen Mariquita und Ibagué befanden sich auf der Flussaue des Río Lagunilla bereits um 1840 zwei hoffnungsfrohe Tabakdörfchen namens Tasajeras und San Lorenzo.

Man sagt, die Hoffnung sterbe zuletzt. Genau dies geschah: **Gaseruptionen** im Krater Arenas del Nevado del Ruiz verursachten am 19. Februar 1845 eine gewaltige Schneeschmelze im Hochgebirge. Ungeheure Mengen Schlamm sammelten sich und rollten als riesige Lawinenzunge das Flusstal des Río Lagunilla hinab. Alles, was ihr im Weg war, löschte die Flutwelle aus, begrub sie oder riss sie mit sich. Auch die beiden Dörfer.

Man sagt allerdings auch, in Wahrheit sterbe die Hoffnung niemals, solange es noch Leben gibt auf der Welt. Und darum wurden die Dörfer bald darauf – jetzt unter dem Namen **San Lorenzo** – wieder aufgebaut. Der Nevado del Ruiz hatte aufgehört zu grollen. Er schwieg fast 140 Jahre lang unter einer wachsenden Eiskappe ...

Unten, auf der Aue, entstand San Lorenzo neu, ein schmucker Ort, oft als **la Ciudad Blanca** – die Weiße Stadt – bezeichnet wegen seiner getünchten Mauern und der Farbe der hier angebauten hochwertigen Baumwolle, die per Eisenbahn über Mariquita nach Honda transportiert wurde. Ab 1930 änderte San Lorenzo seinen Namen um in **Armero** – zum Andenken an den mariquiteño *José León Armero,* der 115 Jahre zuvor erster und einziger Präsident der freien Republik Mariquita gewesen war. Bis Mitte der 1980er Jahre hinein entwickelte sich Armero, das damals 31.000 Einwohner zählte, zu einer der bedeutendsten Städte von Tolima.

1985 begann der **Nevado del Ruiz** wieder zu rumoren. Wissenschaftler warnten vor einem neuerlichen **Ausbruch.** Doch die Politiker spielten die Gefahr herunter. Man blockierte vorsichtshalber immerhin den Río Lagunilla, um das schlammige Schmelzwasser, das seit geraumer Zeit verstärkt ins Tal strömte, aufzuhalten. Aber dann, in der Nacht des 13. November 1985, explodierte der Vulkan. Der Pilot eines Flugzeuges, das am folgenden Morgen über die Stadt flog, vermeldete per Funk: „Dios mio, Armero ha sido borrada del mapa! – Mein Gott, Armero hat es von der Landkarte gewischt!" Die Schneemassen in der Gipfelregion des Vulkans waren des Nachts fast komplett abgeschmolzen, und es hatte sich das Szenario von einst wiederholt – nur in größerem Ausmaß: Ein gigantischer heißer Strom, bestehend aus Schmelzwasser, Lavaasche, Sand und Geröll, gespeist vom angestauten Río Lagunilla, hatte sich rasend schnell den Weg ins Tal gebahnt und Armero verschluckt. Das Bild der 13-jährigen Schülerin *Omayra Sánchez,* die bis zum Hals im zähen Schlamm steckend 60 Stunden ausharrte, bevor sie starb, ging um die Welt.

Bis heute liegt der ehemalige Ort bedeckt von einer Schicht aus eingetrocknetem Schlamm. Papst *Johannes Paul II.* hat hier gebetet. Die Regierung hat die Stelle, wo sich die Stadt befand, zum Friedhof, zur nationalen Gedenkstätte, zum **Parque a la Vida** erklärt, dem „Park des Lebens". Leben hat sich tatsächlich wieder ausgebreitet: Die Natur gedeiht in ausschweifender Üppigkeit, das Unglück überdeckt sie jedoch nicht; zwar wurde Armero nach der Katastrophe nicht wieder aufgebaut und das zuvor unbedeutende Guayabal erhielt den Doppelnamen **Armero-Guayabal** und wurde neuer Sitz des Municipio Armero und begann zu erblühen. Doch am Jahrestag des Untergangs ihrer Heimatstadt versammeln sich überlebende *armeritos* stets im alten Armero. Sie kommen aus Armero-Guayabal, Lérida, Mariquita, dem Süden Bogotás, wo sie sich nach der Tragödie angesiedelt haben. Sie legen Blumen ab auf den symbolischen Grabmonumenten, die heute die Stellen markieren, an denen einst ihre Häuser standen, und gedenken ihrer 23.000 Toten. Auch das moderne **Centro de Interpretación de la Memoria y la Tragedia de Armero (CIMTA)** dient der Erinnerung: Dutzende Informationstafeln lassen die untergegangene Stadt und ihre Bewohner vor dem geistigen Auge der Besucher einen Wimpernschlag lang wieder lebendig erscheinen.

Praktische Informationen

- **Hotel Complejo Turístico El Laguito de Armero**€€€: Cl. 10 No. 9-20, Tel. 2531 190 / 2530 225. Zehn gepflegte Zimmer, Garten, Sauna, Thermalbad (Balneario).
- **Hotel Dinastía**€+: Cra. 9 No. 12-149, Tel. 2530 069. 10 Zimmer mit TV und Bad. Pool.
- Mindestens stündlich fahren **Busse von und nach Ibagué und Mariquita.** Mehrere Busse **nach Ambalema.** Busfahrer halten für Besucher des Parque a la Vida in Antiguo Armero, 10 km von Armero-Guayabal entfernt.

Ambalema

↗ XVI/B1

- **Bevölkerung:** 6.500 *ambalemunos*
- **Meter über NN:** 240
- **Temperatur** (im Durchschnitt): 27 °C

Ambalema - gegründet am 15. August 1627 von *Lesmes de Espinosa y Saravia* im Gebiet der *Panches* und *Lucenas* am Westufer des Río Magdalena - nennt sich stolz **Ciudad de las 1101 Columnas,** „Stadt der 1101 Säulen"; der Grund: Die Tonziegeldächer der Häuser werden von mit Ölfarbe lackierten Baumstämmen getragen, sodass Schatten Suchende wie in Säulengängen durch das **denkmalgeschützte Städtchen** zu wandeln vermögen. Dieser architektonische Stil kommt nur hier vor.

Die Bewohner der Gemeinde betreiben überwiegend Landwirtschaft; sie pflanzen Baumwolle und Obstbäume, bauen Reis, Sorghum, aber auch Kochbananen und Maniok an. Fischerei und Viehzucht spielen ebenfalls eine Rolle. Früher dominierte der **Tabakanbau,** ihm allein verdankt der Ort seine heutige Existenz. Nach einem Großbrand wurde er direkt bei der Tabakfabrik wieder aufgebaut.

Bereits zu Kolonialzeiten arbeiteten Indianer und afrikanische Sklaven in Ambalemas Tabakindustrie. **José Antonio Galán,** Anführer der Revolución de los Comuneros, des Aufstandes der Tabakmanufakturarbeiter von Socorro, hielt hier 1781 seinen Einzug und plünderte - mit Unterstützung der *ambalemunos* - die Tabakfabrik und die Verwaltung der *aguardiente*-Brennerei.

Sehenswert ist die ehemalige Tabakmanufaktur **Factoría La Patria** (Cl. 2 und Cl. 7 Esq.) aus dem Jahr 1917, in der die alte Tabakpresse aufbewahrt wird. Das Gebäude dient derzeit als Schule „María Auxiliadora". Die **Casa Inglesa** (Cra. 5 und Cl. 7 Esq.), heute als Schule „San Pedro Claver" genutzt, war einst Verwaltungsgebäude der Tabakfabrik. Die erste Bank Ambalemas öffnete in **La Casona** (Cl. 7). Der Tabak wurde nahe des Flusses in der **Estación del Ferrocarril,** der heute verlassenen Eisenbahnstation, verladen.

Praktische Informationen

- **Hotel San Gabriel**€€+: Cl. 2A No. 8-50, Tel. 2856 240. Pool, Restaurant, Klimaanlage, geeignet für Familien, beliebt bei Wochenendausflüglern aus Bogotá.
- **Hotel Los Ríos**€+: Cra. 6 No. 10-21, Tel. 2856 169. Pool, Klimaanlage/Ventilator.
- **Hotel Barcelona**€: Cra. 2 No. 8A-08, Tel. 2856 170. Schlicht und preiswert.
- Stündlich **Busse** der Gesellschaft Rápido Tolima **nach Ibagué** (1,5 Std./3 Euro), mehrere Busse **nach Bogotá, Mariquita, colectivos nach Armero**.

Mariquita

↗ XII/A3

Überblick

- **Bevölkerung:** 29.000 *mariquiteños*
- **Meter über NN:** 500
- **Temperatur** (im Durchschnitt): 27 °C

San Sebastián de Mariquita mit seinen überwiegend flachen Gebäuden am Südufer des von Truthahngeiern umflogenen Río Gualí und Ostufer der Quebrada El Peñon hat zwei Gesich-

colo150 Foto: ib

ter: Sie ist zum einen die nach dem Untergang von Armero schnell angewachsene moderne und geschäftige Stadt mit viel Transitverkehr, zum anderen ein verträumter, **historisch sehr bedeutsamer Ort.** In den von *onoto*-Bäumen gesäumten Nebenstraßen finden sich unerwartet architektonische Schätze, z.B. die steinerne **Casa de los Virreyes** (Cl. 2 und Cra. 3 Esq., in Privatbesitz), in der sich einstmals Vizekönige sowie hohe Regierungsbeamte während des Sommers aufhielten. In dem als „Stadt des Obstbaus" gerühmten Mariquita sollte der Reisende unbedingt die vorzüglichen *mangos mariquiteños* probieren.

Iglesia La Ermita (erbaut um 1600)

Geschichte

Die spanische Niederlassung Mariquita wurde von *Francisco Nuñez Pedrozo* 1551 im Gebiet der *Mariquitanes, Hondas, Gualíes, Calamoimas, Chapaimas* und anderer Indianer vom Volke der *Panches* gegründet. Der Ort erblühte prächtig wegen der Gold- und Silbervorkommen in der Umgegend, auf die es die Spanier abgesehen hatten. Hier starb der Bogotá-Gründer, der vom spanischen König *Karl V.* eingesetzte Alcalde (Bürgermeister) und Herr von Mariquita, der rechtsgelehrte Konquistador **Gonzalo Jiménez de Quesada,** am 16. Februar 1579.

Der Name „Mariquita" geht natürlich nicht auf die spanische Bezeichnung für Marienkäfer zurück, sondern ist aller Wahrscheinlichkeit nach vom Namen des sagenumwobenen Kaziken **Malchita** (oder *Marequetá*) abgeleitet, des Liebhabers der indianischen Prinzessin *Luchima,* die von den Spaniern gefangen gehalten wurde.

Bekannt wurde Mariquita im ausgehenden 18. Jh. als Hort der Wissenschaften während der **Expedición Botánica von Don José Celestino Mutis,** genannt *El Sabio,* „Der Weise". Er und seine Schüler durchkämmten jahrelang Berge und Wälder, immer auf der Suche nach noch unbekannten Pflanzen.

Legendär aber machte den Ort der hier 1775 geborene **José León Armero,** welcher ab 1812 in Honda als Gouverneur der Provincia de Mariquita regierte. Im Zuge der Unabhängigkeitsbestrebungen rief er selbstbewusst eine eigene **souveräne Republik Mariquita** aus, deren Präsident er wurde und deren Staatswappen im Andenken an jene kurze, ruhmreiche Zeit heute das Departamento Tolima für sich benutzt. *Armero,* der sogar eine Verfassung für seinen Staat ausgearbeitet hatte, wurde am 1. November 1816 auf dem Platz vor Hondas Catedral de Nuestra Señora del Rosario standrechtlich erschossen.

Mariquita bildete bis 1961 den Endpunkt der **Cable Aéreo,** der Seilbahn, die jahrzehntelang (bis zur Fertigstellung der Straße) die einzige Transportverbindung von Manizales zum Río Magdalena darstellte und mit 72 km die längste der Welt war.

Orientierung

Aus Honda kommend erreicht der Reisende Mariquita über die Cl. 7, aus Armero oder Ibagué über die Cra. 4, aus Fresno oder Manizales über die Cra. 7. Die beiden letztgenannten Straßen stoßen auf die **Cl. 7,** die meistbefahrene Straße der Stadt. Hier halten die öffentlichen Verkehrsmittel, hier liegen Restaurants und Hotels, hier bauen fliegende Obsthändler, die die berühmte *mangostino* anbieten, ihre Stände auf oder fahren klingelnd mit ihren Karren umher. Von hier kann man, der **Cra. 4** in nordwestlicher Richtung folgend, das **Stadtzentrum** mit seinen Geschäften, dem Markt, der Alcaldía, der interessanten Iglesia San Sebastían, bei der die Statue des liegenden Konquistadors *Jiménez de Qesada* ruht, sowie die meisten anderen Sehenswürdigkeiten erkunden.

Sehenswertes in Mariquita & Umgebung

Iglesia La Ermita

Der betagte Konquistador *Jiménez de Quesada* erhielt am Spanischen Hof von einer Tochter *Philipp II.* eine Statue des von klaffenden Wunden zermarterten, ans Kreuz genagelten Christus. Er sandte diese sogleich nach Mariquita, seinen Alterssitz. Dort stand sie einige Zeit am Kreuzweg, bis die Königstochter die Errichtung der dreiglockigen Steinkapelle La Ermita verfügte (erbaut um 1600), in der sich die Statue bis zum heutigen Tag befindet. Die als **Cristo de los Caminantes** verehrte Manifestation Jesu galt fortan als Schutzpatron der Reisenden, welche zwischen ihren langen Märschen durch unwegsame Regionen und finstere Täler hier rasteten, um sicheres Geleit zu erbitten. Drüben in Europa hatte die Statue von Mariquita bereits Unglaubliches hinter sich: Ruhige Zeiten im Franziskanerkloster von Barcelona, turbulente Zeiten am Mastbaum eines Kreuzfahrers ins Heilige Land, vor allem aber Zeiten des Triumphes: Am Mast einer spanischen Galeone befestigt erlebte sie die **Seeschlacht von Lepanto** und den Sieg der Christen über die Flotte der Osmanen am 7. Oktober 1571, weshalb man der Figur bis heute wundertätige Kraft zuschreibt.

Die Ermita (Cl. 2 zwischen Cra. 5 und 6) ist jeden Sonntagmorgen sowie täglich am späten Nachmittag zur Messe geöffnet.

Casa de la Moneda

In der kolonialen „Münzstätte" (Cl. 2 und Cra. 5 Esq.), wo einst die Ausbeute aus den umliegenden Gold- und Silberminen zu Barren verarbeitet wurde – nicht aber zu Münzen, wie der Name des Gebäudes fälschlicherweise suggeriert –, befindet sich heute ein **kleines, staubiges Museum** (Eintritt 1 Euro) mit indigenen Keramiken, Fossilien, verrosteten altspanischen Waffen, ausgestopften Tieren und überhaupt allerlei Kuriositäten aus Europa und der Neuen Welt, die zu einer seltsam spukhaften Einheit verschmelzen. Über den verwilderten, in dumpfer Schwüle stehenden Innenhof, in welchem sich manchmal ein gutmütiger „Kampfhund" versteckt, erreicht man zwei im Fundament des Hauses befindliche **Höhleneingänge.** Sie münden gemäß einer allgemein für wahr befundenen Legende in Stollen, die mit Luftlöchern versehen von den Malpaso-Minen („La Ciudad Perdida", Municipio Falan) bis hierher und weiter nach Honda reichen und angeblich in alten Zeiten (statt einer Straße) geheimen Goldtransporten gedient haben sollen. Tatsächlich führen die Gänge in Richtung des ehemaligen, durch das Erdbeben von 1805 zerstörten Franziskanerkonvents. Nachts, so heißt es, sei noch immer das Rasseln der Sklavenketten in ihnen zu hören.

Casa de la Fundación II. Expedición Botánica

Dieses durch die Caja de Crédito Agrario erworbene, von mächtigen Mauern umgebene und von Mango- und Kautschukbäumen beschattete Grundstück befindet sich inmitten des heutigen Stadtzentrums (Cl. 3 No. 3-41 nahe des Marktes). Einst war hier die Real Expedición Botánica del Nuevo Reino de Granada stationiert: Denn unter Leitung von **José Celestino Mutis** änderte das vom spanischen König *Karl III.* finanzierte botanische Forschungsprojekt seine ursprüngliche Ausrichtung von einer beweglichen Expedition mehr und mehr hin zu einer festen Einrichtung, die immerhin

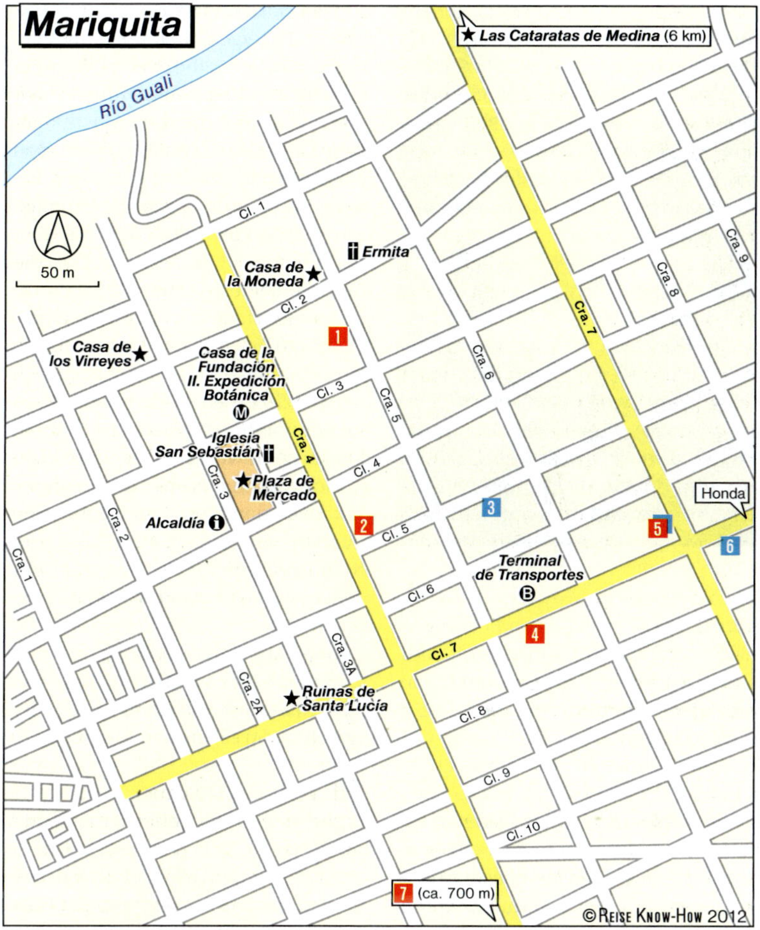
Mariquita
Río Guali
Las Cataratas de Medina (6 km)
50 m
Cl. 1
Cl. 2
Cl. 3
Cl. 4
Cl. 5
Cl. 6
Cl. 7
Cl. 8
Cl. 9
Cl. 10
Cra. 1
Cra. 2
Cra. 2A
Cra. 3
Cra. 3A
Cra. 4
Cra. 5
Cra. 6
Cra. 7
Cra. 8
Cra. 9
Ermita
Casa de la Moneda
Casa de los Virreyes
Casa de la Fundación II. Expedición Botánica
Iglesia San Sebastián
Plaza de Mercado
Alcaldía
Terminal de Transportes
Ruinas de Santa Lucía
Honda
1
2
3
4
5
6
7 (ca. 700 m)
©Reise Know-How 2012

Übernachtung

1 Hotel La Posada de la Ermita
2 Hotel La Rosa
4 Hotel El Terminal
5 Hotel La Flor del Tolima
7 Hotel Las Acacias

Essen, Trinken, Unterhaltung

3 Restaurante Los Guaduales
5 Restaurante La Flor del Tolima
6 Restaurante La Embajada

colo151 Foto: ib

von 1783 bis 1808 Bestand hatte. Der als Leibarzt des Vizekönigs *Pedro Messía de la Cerda* aus Spanien nach Amerika gereiste *Mutis* (geboren 1732 in Cádiz, gestorben 1808 in Bogotá) widmete sich neben der Medizin auch der Chemie, Physik und Astronomie. Sein größtes Können aber bewies er als Botaniker, und einvernehmlich gilt er als weltweit bedeutendster Pflanzenkundler seiner Zeit. Acht Jahre wirkte er in Mariquita, bevor er nach Bogotá zog. Er stellte eine Tausende Spezies umfassende Pflanzenkollektion zusammen mit dem Anspruch, die vom Universum in der Natur eingerichtete Harmonie aufzeigen zu können, und verbreitete eine frische, freiheitliche Einstellung zur Wissenschaft, die sich nun erstmals keiner irdischen Macht mehr verpflichtet sah, sondern allein dem Naturgesetz. Mit dem alten *Carl von Linné* stand er in regem Briefkontakt, und der junge *Alexander von Humboldt* war im Juni 1801 zu Gast bei ihm. Zu seinen Schülern zählten der bekannte *Francisco José de Caldas* (1771–1816), der als Märtyrer für die Unabhängigkeit sterben sollte, sowie *Jorge Tadeo Lozano,* dem das Schicksal bestimmte, 1811 sogar kurzzeitig Präsident zu werden. Der Großteil der Forschungsergebnisse der Expedición Botánica, darunter etwa 6.000 Zeichnungen, wurde nach *Mutis'* Tod nach Madrid geschafft.

Zum 200-jährigen Jubiläum initiierte Staatspräsident *Betancur* 1982 die Segunda Expedición Botánica mit dem Ziel, die Wissenschaften in Kolumbien sowie das Bewusstsein für den Naturreichtum der Heimat zu fördern.

Cataratas de Medina:
Hier kann man gut baden

Ruinas de Santa Lucía

Die stehen gebliebene Mauer der am 3. Januar 1805 durch ein Erdbeben zerstörten Kolonialkirche Santa Lucía (in der heutigen *Zona Rosa,* Cl. 7 und Cra. 3 Esq.) soll als Erschießungsstätte während des Krieges der Tausend Tage (1899–1902) gedient haben.

Cataratas de Medina (Balneario)

6 km nördlich der Stadt (vorzugsweise per Taxi für 8 Euro erreichbar) brausen die dreistufigen **Wasserfälle**

von Medina. Sie bilden vom überhängenden Wald beschattete natürliche Becken im Bach, in denen trotz beachtlicher Strömung gut zu baden ist. Eintritt 1 Euro. In der nahen Finca kann man zu Mittag essen.

Um die Cataratas von Mariquita aus **zu Fuß** zu **erkunden,** folgt man der Cra. 7 in Richtung Fresno (nach Nordwesten gewandt) am Friedhof und Schlachthaus vorbei über den Río Gualí hinweg und biegt alsdann nach rechts auf die Landstraße nach Victoria im Departamento Caldas ein. Linker Hand taucht nach einstündigem Marsch, der an Obstpflanzungen und Kuhweiden vorbeiführt, ein Schild auf, das in einen Waldweg weist. Von hier an wird man unter die Fittiche einer Familie genommen, die auf die Fälle aufpasst.

Feste & Feiertage

Die Fiesta zu Ehren des Stadtpatrons **San Sebastián** wird am 20. Januar begangen.

Im Mai findet die zehntägige **Fiesta del Milagroso Señor de la Ermita** statt, begleitet von allmorgendlichen Prozessionen (ab 6 Uhr) an den ersten neun Tagen, während derer die Statue des Cristo de Mariquita jeweils bis in unterschiedliche *barrios* (Wohngebiete) getragen wird. Am zehnten und letzten Tag – es ist der Himmelfahrtstag – liest für gewöhnlich der Bischof der Diözese Líbano-Honda (zurzeit *Monseñor José Miguel Gómez*) die Messe – vor Tausenden von Pilgern aus ganz Kolumbien.

Im August feiern die *mariquiteños* ihr **Stadtjubiläum** als großes Volksfest mit Musik und Feuerwerk.

Unterkunft

- **Hotel Las Acacias**€€+: Cra. 4 und Cl. 15 Esq., Tel. 2522 016 / 2526 096, Fax 2526 098, Mobil 315 3247 005, außerhalb an der Straße nach Armero gelegen. 35 Zimmer mit TV. Palmengarten, drei Pools, Sportanlagen, Parkmöglichkeit, für Familien geeignet.
- **Hotel La Posada de la Ermita**€€+: Cra. 5 No. 2-68 (einen Katzensprung von La Ermita), Tel. 2525 490, Fax 2525 495, Mobil 310 7645 792. 25 saubere, ruhige Zimmer. Restaurant und Pool.
- **Hotel La Rosa**€: Cra. 4 und Cl. 5 Esq., zentrale Lage nahe des Marktplatzes.
- **Hotel La Flor del Tolima**€: Cra. 7 No. 6-25, Tel. 2522 290. 29 gepflegte Zimmer mit Ventilator und Bad. Restaurant.
- **Hotel El Terminal**€: Cl. 7 No. 5-26. Verkehrsgünstige Lage nahe der Bushaltestellen, preiswert.

Essen, Trinken, Unterhaltung

- **Restaurante La Flor del Tolima:** Cra. 7 No. 6-25 Regionales (beim gleichnamigen Hotel).
- **Asadero y Restaurante la Embajada:** Cl. 7 No. 7-94, Tel. 2523 340, Gegrilltes aus Tolima.
- **Restaurante Los Guaduales:** Cl. 5 No. 5-23, Tel. 2523 534, *comida corriente*, Fisch.

Verkehrsverbindungen

Die Busunternehmen haben ihre Büros an der Ausfallstraße Cl. 7 zwischen Cra. 5 und 6. Von hier fahren sämtliche **Busse** ab: **nach Bogotá** (über Honda, stündlich, 4 Std./10 Euro), **nach Manizales** (über Fresno, stündlich, 3 Std./7 Euro), **nach Ibagué** (über Armero, halbstündlich, 2 Std./5 Euro). **Colectivos** fahren **nach Honda** (1,50 Euro), **nach Fresno** (dem Herz der hiesigen Kaffeeproduktion) und **nach Armero-Guayabal.**

Honda

⇗ XII/A3

Überblick

- **Bevölkerung:** 28.000
- **Meter über NN:** 225
- **Temperatur** (im Durchschnitt): 28°C

La Villa de San Bartolomé de Honda – so der vollständige Name der Stadt – bildet geografisch den Besiedlungsmittelpunkt Kolumbiens. Hier kreuzen sich die zentralen Verkehrswege von Osten, Westen, Norden und Süden. Die **Altstadt,** welche – noch! – eine Vielzahl exquisiter Gebäudeensembles kolonialen Ursprungs und Gässchen mit Originalpflaster aufweist, schmiegt sich zwischen abgestuften Sandsteinkuppen in einem engen und heißen Talkessel an den Einmündungen von Río Gualí und Quebrada Seca in den Río Magdalena. Bereits lange vor der goldenen Zeit der Dampfschifffahrt (1850–1910) florierte Honda als bedeutendster **Binnenhafen** Kolumbiens. Sämtliche zwischen Bogotá und der Küste transportierte Güter sowie nahezu alle Reisenden passierten den am westlichen Magdalenenufer wachsenden Ort.

Heute ist Honda nur mehr ein **verwittertes Provinznest.** Kein einziges Schiff liegt angetäut. Rinderzucht und Fischfang bilden die wirtschaftlichen Standbeine der Region. Von manchen altehrwürdigen Gebäuden existiert lediglich noch die Fassade. Ratten und Katzen jagen sich gegenseitig durch die von Schlingpflanzen gewürgten Ruinen. Der Alcalde erhofft eine Renaissance durch den Lokaltourismus. Und er beweist Gespür: Honda hat Potenzial und vermarktet sich zu Recht als *La Ciudad de los Puentes, los Peces y la Paz* – „Die Stadt der Brücken, der Fische und des Friedens". Brücken gibt es in der Tat genug. Deren älteste, die 1894–99 errichtete erste Magdalenenbrücke überhaupt, der **Puente Navarro,** ist ein faszinierendes Baudenkmal. Und Hondas koloniale Gassen – insbesondere die **Calle de las Trampas** – dürften als (leider vernachlässigte und halb vergessene) Kleinode gelten. „Stadt des Friedens" aber nennt sich Honda, weil sie das Glück hatte, von der insbesondere in den 1950er Jahren ausufernden *Violencia* weitgehend verschont geblieben zu sein.

Geschichte

Schon seit Jahrtausenden ist die Gegend um Honda besiedelt. Davon geben nicht zuletzt die bedeutenden **Petroglyphen** (Felszeichnungen) im **Abrigo de Perico** ein beeindruckendes Zeugnis. Logenartig dehnt sich eine dschungelüberwucherte Felswand um ein vom Weideland der Finca San Antonio eingenommenes Tal (geografische Lage: 5°15′39″ N, 74°45′00″ W, Meter über NN: 350). Am Hang befinden sich auf einer Länge von 14 Metern und einer Höhe von drei Metern geometrische Darstellungen tier- und menschenähnlicher Gestalten, darunter eulenartiger Vögel und rechteckiger Wesen mit vier Beinen.

Als die **Spanier** in die Region kamen, lebten hier *Ondaimas, Hondas* und *Gualies* (vom Volke der *Panches*). Spanisch-Honda wurde um 1539 gegründet – wahrscheinlich vom Konquistador und Bogotá-Gründer *Gonzalo Jiménez de Quesada*. Die strategische Lage des Ortes am Río Magdalena, der wichtigsten und lange Zeit nahezu einzigen Verkehrsader des Landes, trug zu jahrhundertelanger Blütezeit bei.

Alexander von Humboldt erreichte die Stadt im Juni 1801. Die Einwohner, notierte er, seien „sonderbar bleich, haben viele Geschwüre, Wunden – und Kröpfe. Nicht nur sonder Zahl (gewiss sind unter 100 Menschen 80 Kröpfe), sondern auch ungestalt groß. Bald eine große, angespannte, vorn oder seitwärts herabhängende Kugel von 8 bis 10 Zoll Durchmesser, bald zwei in angenehmer Symmetrie, bald eine wurstförmige Wulst, bald eine Menge traubenartiger Knoten auf der großen Kugel. Die Verunstaltung wird noch unangenehmer, weil im Land der Kröpfe ein Kropf fast eine Zierde ist und man den Kropfsack mit goldenen Ketten und Heiligenbildern behängt. Man hat nicht unwitzig gesagt, die Einwohner von Honda könnten im Wasser nicht untersinken, weil sie alle eine äußere Schwimmblase haben."

Orientierung

Hondas verkehrsgünstige Lage im Herzen Kolumbiens gestaltet die Anreise leicht und unbeschwerlich. Sämtliche Verkehrsmittel halten am Fuße der über den Magdalena gehenden Autobrücke **Puente Luís Ignacio Andrade** gegenüber der Iglesia de Nuestra Señora del Carmen. Von hier ist es nur ein Katzensprung, um eine Unterkunft zu erreichen.

Die Stadt zergliedert sich in **drei Siedlungsteile,** allesamt am linken Ufer des Río Magdalena gelegen (am rechten Ufer gegenüber Honda befindet sich Puerto Bogotá): Nördlich der Autobrücke erstrecken sich neue Wohngebiete; südlich der Brücke bis zum Río Gualí folgt ein älterer Stadtteil, in dem der Kommerz dominiert; und ganz im Süden, auf der anderen Seite des Río Gualí, befindet sich das koloniale Viertel mit den meisten Sehenswürdigkeiten.

Sehenswertes

El Mercado Municipal

Der morgendliche Trubel in der 1917 in republikanischem Stil erbauten, grün-weiß verzierten Markthalle am Südufer des Río Gualí (nahe dem Puente López unterhalb der gleichfalls sehenswerten **Catedral de Nuestra Señora del Rosario**) gehört zum Besten, was Honda zu bieten hat. Unter den edlen Säulen – aus abgeschabten hölzernen Marktständen und groben Säcken heraus – werden Tolimenser Delikatessen, Lebendvieh, Fische, Lederwaren, Obst und Gemüse verkauft.

El Museo del Río

Das in einer Kaserne aus Kolonialzeiten untergebrachte Flussmuseum (Cra. 10 No. 10 Esq., zur Siesta geschlossen) erläutert die **Geschichte der Navigation auf dem Magdalena.**

Ausgestellt sind Bootsmodelle, Fotos, Fossilien und Gegenstände aus der Kolonialzeit.

El Museo de López Pumarejo

Dieses Museum (Cl. 13 No. 11-65, täglich geöffnet) befindet sich im Geburtshaus des Liberalenführers und Reformators *Alfonso López Pumarejo* (1886–1959), der zweimal kolumbianischer Staatspräsident war (1934–38 sowie 1942–45). Sein Sohn *Alfonso López Michelsen* konnte 30 Jahre später ebenfalls die Präsidentschaft erringen (1974–78).

Feiertage & Feste

Außer dem Weihnachtsfest und der Semana Santa (Karwoche) gibt es weitere festliche Anlässe:

Jeden Februar feiern Fischer den **Carnaval de la Subienda.** Es ist die Zeit der Fischwanderungen und des Wasserpegelanstiegs. Die Fische haben ihre flussabwärts gelegenen *ciénagas* (Lagunen) verlassen und kämpfen sich den Magdalena hinauf in ihre angestammten Laichgründe. Menschen aus der ganzen Region strömen in Honda zusammen; Angelwettbewerbe finden ebenso statt wie eine Misswahl.

Bemerkenswert ist überdies die um den 29. Juni gefeierte **Fiesta El San Pedrito** zum Namenstag des Heiligen Petrus, des Schutzpatrons der Fischer.

Jeden Oktober lassen die Bewohner ihre Traditionen aufleben, wenn es beim folkloristischen **Festival Nacional del Río** hoch hergeht.

Informationen & wichtige Adressen

Touristeninformation

- **Casa de los Conquistadores** (in der Altstadt, zwei Blocks von der Puente Agudelo neben dem Sitz der Handelskammer): Unregelmäßige Öffnungszeiten, Siesta zwischen 12 und 14 Uhr.

Internetcafé

- **Comunicaciónes Hablenet:** Cl. El Palomar No. 12-53, Tel. 2513 409.

Bank

- **Banco de Bogotá:** Cl. 12A No. 11A-09.

Unterkunft

- **Hotel América**€€€: Cra. 12 No. 15-58, Tel. 2513 222. Komfortable Zimmer mit Klimaanlage, TV, Bad. Restaurant und Pool.
- **Hotel Casa Belle Epoque**€€+: Cl. 12 No. 12A-21, Cuesta de San Francisco, Centro Histórico, Tel. 2511 176, www.casabelleepoque.com. Gepflegtes Kolonialambiente, Terrasse, kleiner Pool, gutes Frühstück. Organisiert Angel- und Reitausflüge.
- **Hotel Club Piscina**€€+: Cra. 12 No. 19-139, Tel. 2514 864. Zimmer mit Klimaanlage. Restaurant und Pool.
- **Hotel Calle Real**€+: Cra. 11 No. 14-40 (gegenüber dem alten Teatro Honda), Tel. 2514 721 / 2517 737, Mobil 310 2417 286. Ventilator/Klimaanlage, TV, Restaurant, Pool auf dem Dach.
- **Hotel Los Puentes**€: Cra. 12 No. 17-128, Tel. 2513 070. Sauber, durchlüftet, freundlich, ruhig, viele Blumen, Dachterrasse. 22 Zimmer mit Bad, TV.
- **Hotel Royal Plaza**€: Cra. 11 No. 16-38, Tel. 2513 326. Sehr einfach.

Die Markthalle von Honda

• **Residencias Magdalena**€: Cl. 14 No. 12-61, Tel. 2514 287. Altstadtnähe, Terrasse mit Blick auf den Río Gualí, Ventilator, sehr preiswert.

Essen, Trinken, Unterhaltung

• **Restaurante Brisas del Magdalena:** Cra. 9a No. 18A-40 und Av. Pacho Mario, Tel. 2512 039, Mobil 338 8325. Frischer Fisch *(capaz, nicuro, bocachico, bagre, mojarra)* und Extrawünsche, zu „genießen" abends in Plastikschalenstühlen auf einem Podest direkt am insektengeplagten Flussufer.
• **Restaurante Don Agustín:** Cl. 5 No. 2-02, Tel. 2514 368, Spezialitäten aus Tolima.
• **El Mercado Municipal:** An der Westflanke der Markthalle befinden sich Garküchen, in denen morgens deliziöse Fischsuppe *(viudo de pescado)* mit *yuca* und *plátano* zubereitet wird (wenn auch nicht mehr auf die gleiche Art wie früher, nämlich eingegraben im Sand mit einem Feuer überm Topfdeckel). Im Markt selbst gibt es bis zum Mittag lokale Köstlichkeiten zu kaufen, darunter *tamales tolimenses, avena, chicha.*
• **Billard:** Unter den vielen Billardsälen besonders stilvoll erscheint das Etablissement Cra. 11a (Callejón de la Broma) No. 12-42.
• **Bars und Tanzsäle** befinden sich in der modernen **Zona Rosa,** zu erreichen per Taxi.

Verkehrsverbindungen

Nach Bogotá (über Guaduas), **Manizales** (4 Std./10 Euro), **Ibagué** (beide über Mariquita), **Medellín** (7 Std.), **La Dorada** (1 Std.), **Puerto Boyacá** (3 Std.): Ständig fahren **Busse** unweit des Rondells Monumento al Boga de la Libertad an der Magdalenenbrücke Puente Luís Ignacio Andrade ab, wo sämtliche Busgesellschaften ihre Büros haben. **Colectivos** (Sammeltaxen) fahren von hier **nach Guaduas und Mariquita.**

colo152 Foto: ib

Departamento Huila

Überblick & Geschichte

- **Fläche:** 19.890 km²
- **Einwohner:** 1 Mio. *huilenses*

Im äußersten Südwesten des Departamento Huila, in dem von kalten *páramos* (Hochebenen) durchzogenen Gebirgsmassiv **Macizo Colombiano,** entspringen die wichtigsten Flüsse des Landes: Magdalena, Cauca, Caquetá. Hier trennen sich auch die Bergkämme der Zentral- und Ostkordillere, bilden einen Halbkreis und laufen dann zu beiden Seiten des sich nach Norden erweiternden Magdalenentals auseinander, wobei sie festungsgleich Huila von der Außenwelt abschirmen.

Die heiße, dornige **Tatacoa-Wüste** nördlich der Hauptstadt Neiva steht in Kontrast zum fruchtbaren Tal des oberen Magdalena mit seinen Reis-, Zuckerrohr-, Obst- und Gemüsekulturen.

Erdöl- und Erdgasvorkommen werden zunehmend erschlossen; im Übrigen ist Huila nur schwach industrialisiert. Die infrastrukturell unterentwickelten Grenzregionen des Departamento, das zum traditionellen **Herzland der FARC** zählt, befinden sich nicht komplett in staatlicher Hand; Guerillaaktivitäten sind in Randgebieten noch immer an der Tagesordnung.

Neben mehreren exquisiten Nationalparks existiert in Huila eine der wichtigsten archäologischen Stätten Kolumbiens: **San Agustín.** Monumentale Grabstätten mit einer Vielzahl von steinernen Skulpturen zeugen von einer Hochkultur, die bereits 500 Jahre vor *Kolumbus* ihre Blütezeit überschritten hatte und deren Ursprünge noch nicht vollständig geklärt sind.

Sebastián de Belalcázar gelangte mit 300 spanischen Soldaten und 1.000 *Yanacona*-Indianern 1538 von Südwesten in das Gebiet von Huila; *Gonzalo Jiménez de Quesada* schlug sich von Norden her durch, wobei nicht verbürgt ist, dass er tatsächlich bis hierher kam. Den Kolonisationsabsichten beider Konquistadoren stellten sich die Ureinwohner – darunter Angehörige der *Panches, Pijaos, Andaquíes* und *Yalcones* – kampfentschlossen in den Weg, um ihre *Huila,* ihre „Lebenden Berge", zu verteidigen. Unerwartet große Verluste auf spanischer Seite infolge indianischen Widerstandes, klimatischer Unbill und Mangelernährung brachten der Region den zweifelhaften Namen **Valle de las Tristezas** („Tal der Trauer") ein. Die indigenen Völker konnten letztendlich den Spaniern nicht standhalten, die in der Folgezeit große Rinderfarmen im Magdalenental gründeten und die Indianer in unwegsame Bergregionen trieben.

Zunächst Gran Tolima zugehörig, wurde das heutige Departamento Huila 1905/10 gegründet. Doch erst in den folgenden Jahrzehnten befreite sich der zuvor nur über Maultierpfade, Karrenwege sowie per *champán* oder Einbaum auf dem Magdalena erreichbare Bezirk von seiner Isolation: Neiva erhielt einen Eisenbahnanschluss.

Alte & neue Mythen im Departamento Huila

La Patasola

La Patasola, **die Einbeinige,** ist eine Göttin des Waldes und Vampirprinzessin, von der die Bauern nicht nur in Huila, sondern auch in Antioquia erzählen. Mit ihren Medusenhaaren, ihren Feueraugen, Katzenzähnen und nur einer einzigen Brustwarze ist sie schon schrecklich genug anzusehen; hinzu kommt jedoch, dass ihr Körper sich zu einem einzigen Bein verjüngt, das rund wie ein Baumstamm geformt ist und zu einem Huf (oder einer nach hinten gedrehten Bärentatze) ausläuft, auf dem sie sich rasend schnell durch den Urwald bewegt. *Patasola* raubt Kinder und trinkt ihr Blut, aber sie ist auch eine Beschützerin der Wildtiere. Jäger täuscht sie, indem sie mit ihrem Huf Fährten der Beutetiere auslöscht und falsche, rückwärts gewandte Spuren erzeugt, die in die Irre führen. Sie kann sich in ein schönes, weinendes Mädchen verwandeln, um Männer anzulocken. Über den Ursprung der Legende heißt es, *Patasola* sei einst eine Mutter gewesen, die ihr Kind umbrachte und darum verdammt wurde, für immer durch die Wildnis zu streifen. Nach anderer Version war sie eine untreue, sadistisch veranlagte Frau, der die gekränkten Männer zur Strafe ein Bein abhieben. Schließlich erzählt man, sie habe mit dem *patrón* ihres Gatten eine Affäre gehabt, worauf dieser seinem Herrn mit der Machete den Kopf und seiner Frau ein Bein abschlug. Die Frau hüpfte in das Dickicht hinterm Dorf, wo sie verblutete, ihr Geist jedoch wurde eins mit dem finstren Wald.

La Llorona

La Llorona, **die Weinende,** ist auch in Antioquia und Nariño sehr bekannt. Sie ist spindeldürr unter ihrer zerrissenen, schmutzigen Tunika. Ihre Brüste kann sie sich über die Schultern legen. Oft wird sie dargestellt mit einem toten Kind im Arm. In Vollmondnächten trifft man sie am Fluss, wo sie herzzerreißend klagt und schreit: „Hier hab' ich ihn hineingeworfen, hier hab' ich ihn hineingeworfen! Wo werde ich ihn wiedersehen?" Einst, als sie noch keine Spukgestalt, sondern ein Mädchen war, ging sie fort in die Stadt, wo sie sich bessere Möglichkeiten erhoffte, und verdingte sich als Magd. Der Sohn ihrer Herrschaft schwängerte sie und warf sie aus dem Dienst. Zerlumpt kehrte sie zu ihren streng religiösen Eltern zurück, die ihr bittere Vorwürfe machten, sodass sie in ihrer Verzweiflung das Neugeborene ins Wasser warf. Irgendwann, sagt der Mythos, wird der Herrgott ihre Klagen erhören und ihr Kind zum Leben erwecken, und es wird heranwachsen zu einem großen Held und Revolutionär.

La Guerrillera Sonia

La Guerrillera Sonia, so ihr Kampfname, wurde 1967 in der Gemeinde Palestina im Süden des Departamento Huila geboren. Ihr richtiger Name lautet wohl **Anayibe Rojas Valderrama.** Doch unter ihrem *nom de guerre Sonia* ist sie heute in Huila und Caquetá längst Legende. In die Faszination, die von ihr ausgeht, mischt sich bei vielen Menschen Scheu. Leute auf dem Lande erzählen immer wieder: „Sie war die grausamste von allen." Die Tochter armer Bauern besuchte nur zwei Jahre eine Schule, besaß mit 14 ihr erstes Paar Schuhe und schloss sich in früher Jugend FARC-Rebellen an, da sie – wie sie später sagte – „keine Möglichkeiten der Veränderung über einen legalen Weg" sah. So begann sie ihren „Kampf gegen den gewalttätigen, antidemokratischen und inhumanen Staat" und stieg schnell auf zu einer der wichtigsten FARC-Kommandantinnen überhaupt. Am 10. Februar 2004 nahm ein US-finanziertes kolumbianisches Dschungelbataillon *Sonia* in Peñas Coloradas in der Gemeinde Cartagena de Chairá (Departamento Caquetá), wo sie in der etwa 300 Guerilleros umfassenden 14. Front des *bloque sur* operierte, gefangen. Später an die USA ausgeliefert, wurde sie dort wegen Drogenhandels zu 17 Jahren Haft verurteilt.

Neiva

↗ XIX/D1

Überblick

- **Bevölkerung:** 350.000 *neivanos*
- **Meter über NN:** 440
- **Temperatur** (im Durchschnitt): 28°C

Im **Valle del Alto Magdalena,** dem heißen Tal des oberen Magdalenenstromes, an einer Klimascheide zwischen den nördlich der Stadt gelegenen wüstenhaften Trockenzonen und den südlichen dampfenden Dschungelgärten, haben die *neivanos* ihr Zuhause: in Neiva, dem **Hauptort des Departamento Huila.** Neben Erdölförderung, Rinderzucht und dem Anbau von Kakao, Kochbananen, Kaffee, Reis und Sorghum in der Umgegend ist in der modernen und weitläufigen Stadt am Ostufer des Río Magdalena der Kommerz erblüht. Für Reisende lohnt der Besuch, um das Lebensgefühl der *opitas* (Bewohner von Huila) kennen zu lernen und am wilden Bambuco-Festival Ende Juni teilzunehmen. Überdies ist Neiva eine gute Basis für den Besuch der Tatacoa-Wüste.

Geschichte

Der spanische **Capitán Juan de Cabrera** gründete auf Befehl des Konquistadors *Sebastián de Belalcázar* 1539 während seiner Suche nach dem sagenumwobenen El Dorado La Villa de la Limpia Concepción del Valle de Neiva an einer Stelle 5 km südlich des heutigen Campoalegre, die unter dem Namen Las Tapias oder Neivaviejo bekannt ist. Schon im folgenden Jahr, als *Cabrera* die Siedlung verließ, um seinen von Indianern belagerten Landsleuten in Timaná zu Hilfe zu eilen, zerstreuten sich die *neivanos* wieder, und ihr Ort zerfiel. Der zweite Anlauf der Kolonisten, dauerhaft eine Stadt am oberen Río Magdalena zu etablieren, endete ebenso kläglich: **Capitán Juan Alonso** versuchte es 1550 dort, wo sich heute Villavieja befindet, und nannte sein Projekt San Juan de Neiva. 19 Jahre später zerstörten die *Pijaos, Otás* und *Totoyóes* die Siedlung komplett, um *Timanco* zu rächen, den Sohn der legendären Kazikin *Gaitana.*

colo153 Foto: ib

Hinab in die Canyons von El Cuzco in der Tatacoa-Wüste

Erst 1612 verlegte Gouverneur **Diego de Ospina y Medinilla** den kränkelnden Ort flussaufwärts, dorthin, wo er sich langsam, doch nunmehr prächtig entfaltet hat: zwischen die kleinen Magdalenenzuflüsse Las Ceibas und El Oro.

Der **indianische Widerstand** setzte sich bis in die Mitte des 18. Jh. fort, dann gaben die letzten *Andaquíes* auf und verschwanden in den Wäldern des Caquetá jenseits der Ostkordillere.

Während der Bewegung der Kommunarden (Vorläufern der Unabhängigkeit) spielte Neiva eine aktive Rolle. Am 19. Juni 1789 ritt Kommunardenchef **Toribio Zapata** ein und tötete den Provinzgouverneur *Policarpo Sánchez,* dessen *Capitán Pedro López* dann im Gegenzug den Kommunarden umbrachte.

Unordnung, Gewalt, Armut hielten an und bewirkten, dass - wie beinahe überall in Kolumbien - auch in Neiva die Entwicklung zur Großstadt erst spät einsetzte - dann aber, ausgelöst durch die vornehmlich in den Dörfern wütende *Violencia,* um so drastischer. Noch 1810 lebten hier nur 1.600 Menschen, 1912 zählte man 9.600, 1950 schon 33.000 *neivanos,* und heute sind es mehr als das Zehnfache.

Orientierung

Das **Herz von Neiva** ist der schattige **Parque Santander,** ein ehemaliger Marktplatz (zwischen Cra. 4 und 5 sowie Cl. 7 und 8). Hier befinden sich die im gothischen Stil erbaute Kathedrale der Unbefleckten Empfängnis (1957 fertiggestellt), Regierungsgebäude, Banken, Hotels, Imbissstände und Eiscafés. Der **Busbahnhof** liegt südlich, der **Flughafen** nördlich, der Río Magdalena westlich von hier.

Sehenswertes

Architektonisch interessant sind die 1915 errichtete ehemalige Eisenbahnstation, in der jetzt kulturelle Veranstaltungen stattfinden (**Estación del Ferrocarril,** Cl. 9 mit Cra. 14) sowie das 1933 in maurischem Stil erbaute Post- und Telegrafenamt (**Edificio Nacional de Correos y Telégrafos,** Cl. 7 No. 6-36). Meister *Arenas Betancur* hat der Stadt einige ungewöhnliche Denkmäler hinterlassen, darunter das Monumento a la Cacica Gaitana (direkt am Río Magdalena an der Av. Circunvalar zwischen Cl. 3 und 4) und das dem Schriftsteller *José Eustasio Rivera* gewidmete Monumento a los Potros.

Feiertage & Feste

Am 24. Mai feiert die Stadt ihren Geburtstag mit kulturellen Höhepunkten in der Concha Acústica Jorge Villamil Cordovez.

Die ganze letzte Juniwoche hindurch finden zu Ehren von *San Juan* (24. Juni) und *San Pedro* (29. Juni) das **Festival Folclórico** und der **Reinado Nacional del Bambuco** statt, die größten und berühmtesten Feierlichkeiten von Huila mit Prozessionen zu Wasser und an Land, mit traditionellen und weniger traditionellen Tänzen, nicht enden wollenden Gelagen, Pferdeumzügen mit betrunkenen Reitern und betrunkenen (halb nackten) Reiterinnen. Die beste *sanjuanero*-Tänzerin wird gekrönt. Man trinkt *aguardiente doble anís* oder *mistelas* (Aguardiente mit eingelegten Kräutern) und genießt die reichen kulinarischen Delikatessen Huilas, z.B. *asado huilense* (in saurer Orangensauce und Knoblauch drei Tage lang eingelegtes, dann im Steinofen geschmortes Schwein), *bizcochos de achira* (traditionelles Gebäck aus dem Mehl einer *yuca*-verwandten Wurzel) oder die allgegenwärtigen *tamales*.

Informationen & wichtige Adressen

Touristeninformation

•**Secretaria de Cultura y Turismo del Huila:** Cra. 5 No. 21-81, Tel. 8753 042 / 8752 195.

Internetcafé

•**Conectate y Comunicate.com:** Cl. 10 No. 3-50, Tel. 8712 392.

Banken

•**Banco de Bogotá:** Cl. 6A No. 5A-22.
•**Banco Popular:** Cra. 4 No. 7-13.

Fluggesellschaften

•**Avianca:** Am Flughafen, Tel. 8748 000; im Zentrum Cl. 6 No. 5-95, Tel. 8717 852; oder im Exito-Markt San Pedro, Av. 26 und Cl. 39, Tel. 8662 018.
•**Easyfly:** Billigfluglinie, Tel. 8746 246. Flüge sind nur über Internet buchbar unter www.easyfly.com.co.

Unterkunft

•**Hotel Neiva Plaza**€€€+: Cl. 7 No. 4-62, Tel. 8710 806, direkt am Parque Santander. Bekanntestes Hotel der Stadt mit Pool, Restaurant, Disco, komfortablen Zimmern.
•**Hotel Pacandé**€€€: Cl. 10 No. 4-39, Tel. 8711 766, Mobil 311 2362 656 / 315 8037 199, Fax 8712 022, www.hotelpacande.com, sanjuan@telecom.com.co. Edler Flachbau in kolonialem Stil, Innenhof, Pool, sehr guter Service.
•**Hostería Matamundo**€€€: Cra. 5A Vía San Agustín, Tel. 8730 217, Mobil 310 2323 270, Fax 8730 216, www.hosteriamatamundo.com. Historische Hazienda im Süden außerhalb des Stadtzentrums, die im Krieg der Tausend Tage als Zufluchtsort diente. Garten, Pool, Restaurant, Internetzugang, Parkmöglichkeiten, große Räume, Klimaanlage.
•**Hotel Luna Verde**€€: Cra. 3 No. 9-59 (Pasaje), Tel. 8711 924 / 8712 002, Fax 8715 447. Von *Faddoul Youssef* geführt, sicher, sauber, große Zimmer mit Bad, Ventilator/Klimaanlage und TV.
•**Hotel Tayrona**€+: Cl. 8 No. 3-46, Tel. 8712 371, einfach, sauber, mit Privatbad.
•**Residencia El Descanso del Viajero**€: Cl. 5 No. 1E-52, Tel. 8720 915. Schlichte Option nahe des Flusses. DZ 10 Euro/Nacht.

Essen, Trinken, Unterhaltung

•**Restaurante Barbacoa (Casa de Banquetes):** Cra. 4 No. 9-53, Tel. 8711 648, Mobil 310 8576 056, angenehme Atmosphäre, mit Patio, Küche aus Huila, Grillspezialitäten, *viudo de pescado* (Fischsuppe), aber auch Spaghetti.
•**Restaurante Avenida:** Cra. 5 No. 25-32, Tel. 8750 584, Fischgerichte.
•**Parrillada Palo Verde:** Cra. 8 No. 20-13, Tel. 8742 919, Grillspezialitäten.
•**Discoteca Sakkarah Club:** Cl. 4 No. 4-75.

Verkehrsverbindungen

Busse/Colectivos

•Der **Terminal de Transportes** (Busbahnhof) befindet sich südlich des Stadtzentrums und ist am besten per Taxi zu erreichen.
•**Nach Bogotá:** Stündlich Verbindungen z.B. mit Cootranshuila, Flota Magdalena (7 Std./ 16 Euro).

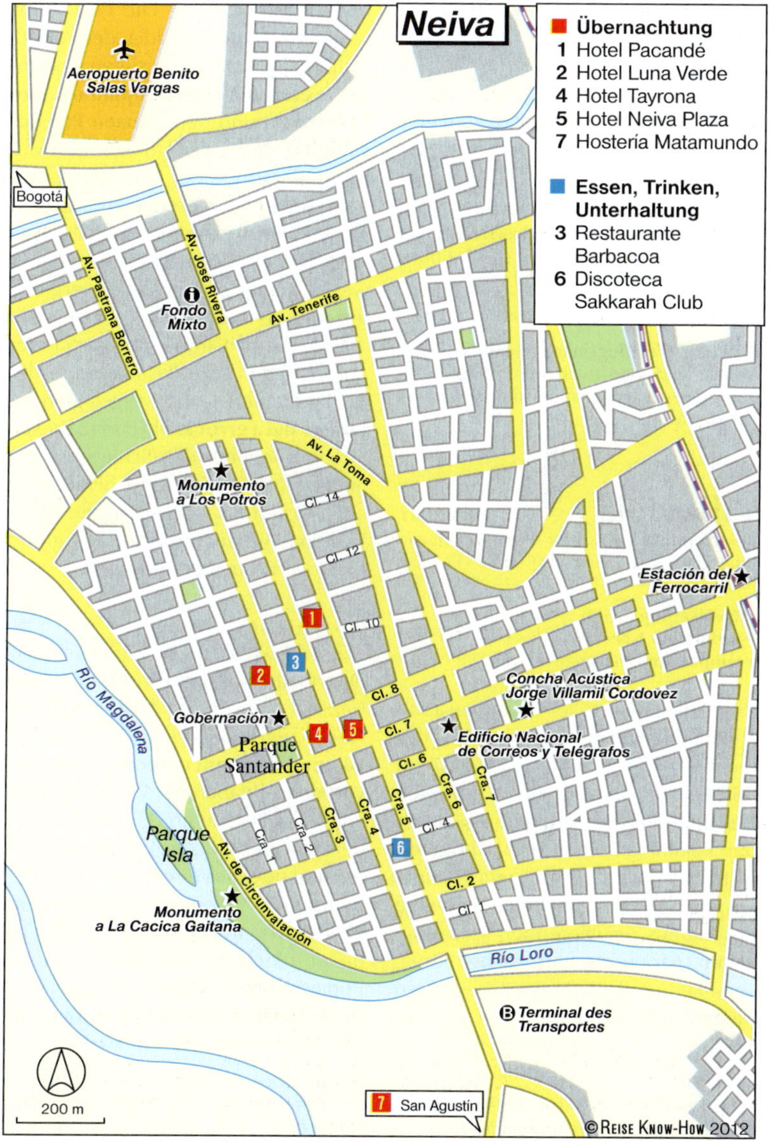

Neiva

Übernachtung
1 Hotel Pacandé
2 Hotel Luna Verde
4 Hotel Tayrona
5 Hotel Neiva Plaza
7 Hostería Matamundo

Essen, Trinken, Unterhaltung
3 Restaurante Barbacoa
6 Discoteca Sakkarah Club

Aeropuerto Benito Salas Vargas
Bogotá
Av. Pastrana Borrero
Av. José Rivera
Fondo Mixto
Av. Tenerife
Av. La Toma
Monumento a Los Potros
Cl. 14
Cl. 12
Cl. 10
Cl. 8
Cl. 7
Cl. 6
Cl. 4
Cl. 2
Cl. 1
Estación del Ferrocarril
Concha Acústica Jorge Villamil Cordovez
Edificio Nacional de Correos y Telégrafos
Gobernación
Parque Santander
Río Magdalena
Parque Isla
Cra. 1
Cra. 2
Cra. 3
Cra. 4
Cra. 5
Cra. 6
Cra. 7
Av. de Circunvalación
Monumento a La Cacica Gaitana
Río Loro
Terminal des Transportes
200 m
7 San Agustín

- **Nach Ibagué:** Mehrere Busse täglich z.B. von Coomotor (3½ Std./12 Euro).
- **Nach Villavieja:** Busse von Flota Huila fahren ab 5.30 Uhr morgens jede Stunde (1½ Std./2,50 Euro).
- **Nach Rivera** fahren ständig *colectivos* (30 Min./1,50 Euro).
- **Nach La Plata** (4 Std./6 Euro, von dort regelmäßige Verbindungen nach **Tierradentro**), **nach Garzón, Timaná** (3½ Std./6 Euro), **Pitalito** (4½ Std./7 Euro) und teilweise sogar direkt bis **San Agustín** fahren pro Tag mehrere **Kleinbusse** von Cootranshuila.

Flugzeug

- Täglich **Direktflüge nach Bogotá** mit Aires, Avianca und Satena vom nördlich des Zentrums gelegenen **Aeropuerto Benito Salas Vargas** (Tel. 8757 051 / 8756 445).

Villavieja

XIX/D1

Überblick

- **Bevölkerung:** 6.500
- **Meter über NN:** 430
- **Temperatur** (im Durchschnitt): 27°C

Villavieja ist ein stilles Savannenstädtchen am Rande der Galeriewälder des rechten Magdalenenufers etwa 37 km nördlich von Neiva. Einen gewissen Bekanntheitsgrad erlangte es durch den kolumbianischen Film „Ahora mis pistolas hablan“ (1982) von *Rómulo Delgado.* Wegen zunehmender **Dürre** und daraus resultierender Schwierigkeiten, Landwirtschaft zu betreiben, verlassen große Teile der arbeitslosen jungen Generation den Ort auf der Suche nach besseren Perspektiven.

Zentrum von Villavieja bildet die wie eine Oase anmutende Plaza mit der Monumentalstatue eines *Megatheriums* (Riesenfaultier). Die Plaza wird gesäumt von der Alcaldía, der Polizeistation, der 1748 von Jesuiten geweihten, weiß getünchten **Capilla de Santa Bárbara** und dem **Museo Paleontológico,** dem Paläontologischen Museum, das ein in der Umgebung ausgegrabenes Primatenskelett aus dem späten Miozän zur Schau stellt. Wissenschaftlern ist Villavieja ein Begriff wegen seiner ungewöhnlich ergiebigen Fossilienfundstätten.

Eine Asphaltstraße führt von der nordöstlichen Ecke des Platzes an der 1927 erbauten, längst stillgelegten **Estación del Ferrocarril** (Eisenbahnstation) vorbei über den Schienenstrang hinweg eine Hügelkette hinauf und nach Osten zu – hinein in die heiße **Tatacoa-Wüste,** die der Hauptgrund für einen Besuch des Ortes ist.

Geschichte

Das heutige Villavieja wurde 1550 von *Capitán Juan Alonso* als San Juan de Neiva gegründet. Hier siedelten sich **14 spanische encomenderos** an, die von den Abgaben der 2.480 als „leibeigen“ betrachteten, Gold waschenden Indianer aus der Umgebung lebten und überdies einen strategisch bedeutsamen Außenposten auf der unsicheren, von indianischen Guerillaeinheiten blockierten Strecke Santafé – Popayán bilden sollten. *Rodrigo Alonso,* der reichste der *encomenderos,* besaß 335 Tributpflichtige, *Francisco Bermúdez,* der „Ärmste“, 59. Aufgrund des unfruchtbaren Bodens war Landwirtschaft kaum möglich; stattdessen hielten die Spanier Rinder und Schafe - und wurden immer wieder angegriffen, und zwar nicht nur von Ureinwohnern. So überfiel 1553 der Konquistador und Rebell *Alvaro de Oyón* mit seinen Soldaten den Ort, nachdem er bereits La Plata geplündert hatte.

Und dann, am 14. November 1569, kamen die *Pijaos* und *Totoyóes* und löschten das Dorf ganz aus. Einer Legende nach geschah es aus Rache am Mord des Sohnes der Kazikin *Gaitana*. Eine andere Legende berichtet, *Juan Alonsos* Leutnant, der *teniente* **Juan de Horta,** habe die indianische Prinzessin *Tocayá* entehrt, die Tochter des Kaziken *Totoyó* und der Kazikin *Botca*. Daraufhin griffen die Indianer den Ort an. In der Schlacht um San Juan de Neiva durchbohrten die Lanzen der Spanier *Ventura Vargas* und *Pedro Vega* die Körper des Kazikenpaares. Prinzessin *Tocayá* klagte bitter über ihre toten Eltern, da packte *Juan de Horta* sie und ritt mit ihr in die Wälder, wo er fortan lebte und einen hohen Rang unter den Indianern einnahm.

Auf der erkalteten Asche des verbrannten Ortes siedelten sich im 17. Jh. Jesuiten an und gründeten die **Hacienda de los Aposentos de Villavieja,** um auf 25.000 ha Land Rinder für den Fleischbedarf der Hauptstadt zu züchten, Indianer und vaterlose Mestizen des oberen Magdalenentales zu christianisieren sowie Reisende mit Essen und einer sicheren Unterkunft zu versorgen. Die Inventur von 1767 - es war die Zeit der Jesuiten-Vertreibung - kam zu folgendem Ergebnis: Auf der Hazienda lebten 96 schwarze Sklaven (darunter 34 Kinder), 10.251 Rinder, 82 Stück Wollvieh, 151 Maultiere, 2.477 Pferde, 100 Esel, 220 Ziegen.

Ende des 18. Jh. zerfiel die Hazienda in 19 unabhängige **Hatos,** die zwar ihrerseits durch Verkäufe und Zwangsversteigerungen zersplitterten, jedoch letztlich in der Hand weniger einflussreicher Familien verblieben. An den Flussauen begann lukrativer **Kakaoanbau.** Geschäfte wurden überdies mit Chinarinde gemacht. Doch auch nachdem sich das Gebiet längst vom Krieg der Tausend Tage erholt hatte und der Bau der Eisenbahnstrecke von Tolima nach Neiva zwischen 1926 und 1938 durch das Unternehmen Norton Griffiths endlich abgeschlossen war, blieb Villavieja, was es schon immer - auch für den rastlosen *Simón Bolívar* - gewesen war: eine Zwischenstation.

Praktische Informationen 

- **Touristeninformation: Secretaría de Cultura y Turismo:** Tel. 8797 744 Ext. 110.
- **Führer in die Tatacoa-Wüste** sind autorisiert und weisen sich als *guia* aus; empfehlenswert sind z.B. *Ñeco Narvaez* (Mobil 311 4992 512), *Pedro Pablo Amaya* (Mobil 314 2066 048) oder *José Zapata* (Mobil 312 5339 685). Die Kosten belaufen sich auf ca. 10 Euro/Tag zzgl. Fahrzeug (10–15 Euro), sofern gewünscht. Auf der Plaza, in der Alcaldía sowie am Museum kann Kontakt zu Führern aufgenommen werden. Ein Aufbruch zu Fuß in die Tatacoa empfiehlt sich möglichst schon vor Sonnenaufgang.
- **Hotel La Casona**€+: Cl. 3 No. 3-60, Tel. 8797 636, mit Restaurant. In diesem klosterähnlichen Gemäuer mit seinem schattigen Hof nächtigte auch *Simón Bolívar.*
- **Busse** von Flota Huila fahren ab Sonnenaufgang jede Stunde von der Plaza **nach Neiva** (1½ Std./2 Euro).

colo154 Foto: ib

Desierto de la Tatacoa

Überblick

Östlich des Río Magdalena erstreckt sich 39 km nördlich von Neiva El Desierto de la Tatacoa, die **Tatacoa-Wüste.** Die Indigenen nannten die etwa 330 km² große Trockensavanne Yaracará oder Tatacoa (= „Klapperschlange"). Das Gebiet ist ungewöhnlich arid (Regen fällt vereinzelt im April, Mai, Oktober und November) und besteht aus welligem, rot, ocker und grau gefärbtem Land, in das die Erosion bizarre, bis zu 20 Meter tiefe Canyons gefressen hat. Seltsam anmutende Felskegel und -nadeln, Erosionsfalten, die an niedergeworfene griechische Gewänder erinnern, sowie zu Fabelwesen verformte Sandsteinkliffs gaukeln in der **bis über 45 °C** heißen Mittagsglut dem Auge eine fremde, geisterhafte Welt vor.

Sternwarte in der Tatacoa-Wüste

Die Landschaft wurde aus **Sedimenten im Miozän** gebildet. Damals stand hier ein Sumpfwald, der ein ehemaliges Meer überwucherte. Funde fossiler *Goupioxylon*-Baumstämme zeugen ebenso davon wie eine Vielzahl von versteinerten Überresten von Tieren aus dem Miozän und frühen Pliozän (die mindestens fünf Millionen Jahre alt sind), darunter Skelettteile von Schildkröten, Kaimanen, Riesengürteltieren, Riesenfaultieren, *Toxodonta* und *Astrapotheria* (ausgestorbenen südamerikanischen Huftieren) sowie Neuweltprimaten *(Stirtonia tatacoensis).*

Bereits in den 1930er Jahren stießen Expeditionen, die eigentlich nach Erdöllagerstätten suchten, auf Fossilien. Einer der ersten Paläontologen, der fündig wurde, war *Robert Stirton* aus den USA, der die Feuersbrunst und den Untergang seines Schiffes bei Acapulco überlebte und ab 1944 Grabungen in der Tatacoa durchführte.

Der Weg in die Tatacoa

Observatorio Astronómico

Die 2001 errichtete **Sternwarte** (Mobil 311 5082 679 / 310 7810 172) ist über eine asphaltierte Straße erreichbar, die etwa 7 km weit von **Villavieja** aus östlich in die Wüste hineinführt. Sie kreuzt die von Galeriewald eingefasste **Quebrada Las Lajas** und verläuft durch einen als **El Cardón** bezeichneten Kakteenhain, in dem sich die hohen, kerzenhalterartigen *candelabo*-Kakteen mit *arepo*-Kakteen und Melonenkakteen abwechseln. Der Melonenkaktus wird von Einheimischen *cabeza negra* oder *cabeza india* genannt. Seine knallroten, schotenartigen Früchte duften nach Parfüm und sind essbar.

Auf einem terrassenförmigen Hügel befinden sich das Observatorium, Schulungsräume, Waschgelegenheiten, ein Laden sowie eine Küche, in der für Besucher gekocht wird. Eine **Übernachtung in Zelten oder Hängematten** (die zur Not in der Sternwarte gegen eine Spende ausleihbar sind) ist möglich und trotz vereinzelter Skorpione und Spinnen sehr empfehlenswert, um den **grandiosen Sternenhimmel** zu beobachten. Der in Villavieja ansässige Astronom *Javier Rúa* (Tel. 8797 584, Mobil 310 4656 765, www.tatacoa-astronomia.com) schläft oft im Observatorium und erklärt Gästen sämtliche Himmelserscheinungen.

Unterhalb der Sternwarte liegen die **Canyons von El Cuzco,** bizarre rotorange Felsformationen, bewachsen von *cardón*- und *cabeza-negra*-Kakteen sowie der *mosquero*-Pflanze, aus der Besen hergestellt werden. Hier lässt sich der kleine rote Kardinal beobachten.

Los Hoyos

Eine Piste führt vom Observatorium weiter nach Osten. Nach ca. 6 km erreicht man **La Venta,** eine Mondlandschaft, in der die roten, eisenhaltigen Sedimente in weißgraue Staubdünen übergehen. Hier wurden die meisten Fossilien gefunden.

Nach weiteren 4 km taucht **Los Hoyos** auf, ein Haltepunkt mit Laden und der Hütte€+ von *Doña Orfanda Soto,* in der übernachtet werden kann (Mobil 311 5365 027). Es ist möglich, dort geröstetes Ziegenfleisch zu kaufen und in einem kleinen Pool zu baden (Entgelt 1 Euro), der sich inmitten einer einsamen, surreal wirkenden Schlucht 100 Meter entfernt befindet.

Unterhalb der Schlucht liegt das **Valle de los Fantasmas,** ein Wadi gesäumt von hellgrauen geisterhaften Felsgebilden. Hier wächst der *chicható*-Baum mit stachelbeerartigen, zuckersüßen Früchten.

Praktische Informationen

- **Führer:** siehe unter Villavieja.
- **Ausrüstung:** Trinkwasser, Sonnenschutz, Sonnenbrille.

Rivera

↗ XIX/D2

- **Bevölkerung:** 12.000 *riverenses*
- **Meter über NN:** 500
- **Temperatur** (im Durchschnitt): 24°C

20 km südlich von Neiva, im Einzugsgebiet der FARC-Guerilla am Westabhang der Ostkordillere, liegt das wegen seines angenehmen Klimas und beliebter **Heilquellen** als Kurstadt *(ciudad medicinal)* gerühmte, freundliche Rivera. Gegründet 1888 von *Vicente Poveda* unter dem Namen San Mateo, wurde das Dorf später im Andenken an **José Eustasio Rivera** umbenannt. Umstritten bleibt, ob Rivera tatsächlich als Geburtsstätte des Schriftstellers gelten darf, der wohl gleich, nachdem er am 19. Februar 1888 im Hause *Don Demetrios* nahe Aguas Calientes das Licht der Welt erblickte, mit seiner Mutter per Hängematte nach Neiva transportiert wurde, das offiziell immer noch als sein Geburtsort gilt.

Die Gegend um Rivera ist eine schiefe Ebene, abgesenkt in Richtung Río Magdalena, geprägt von einer üppigen Pflanzenwelt, Bambushainen, Kakao- und Obstpflanzungen sowie Bergbächen. Aus der grünen *cholupa*-Frucht stellen die *riverenses* schmackhaften Saft her.

Die östlich an der Plaza die Berge hinaufführende Straße geht nach **Aguas Calientes,** wo sich zwei von Gärten umgebene Thermalbäder befinden (per Taxi 2 Euro, Eintritt 5 Euro).

In der Nähe ist das hübsche **Centro Vacacional y Recreacional Los Gabrieles**€€, wo stilvoll übernachtet werden kann (Tel. 8387 178). Im Los Gabrieles wurden am 27. Februar 2006 acht der insgesamt elf *concejales* (Gemeinderäte) des Municipio Rivera während einer Sitzung ermordet.

Ständig fahren *colectivos* von der Plaza **nach Neiva** (30 Min./1 Euro).

Timaná

↗ XIX/C3

Überblick

- **Bevölkerung:** 24.000
- **Meter über NN:** 1.100
- **Temperatur** (im Durchschnitt): 22°C

Timaná ist ein alter, stiller Ort um eine **riesige, weit ausladende Ceiba,** welche die ganze Plaza einnimmt. Im Schatten des Baumes steht das **Monumento a la Gaitana:** Die Frauenstatue hält in einer Hand ein Beil und in der anderen den Kopf von *Pedro de Añazco* (siehe unten). An der Plaza befinden sich auch der **Templo San Calixto** (die älteste Kathedrale Huilas), der Bushaltepunkt, Restaurants und Geschäfte (*bizcochuelos de achira* sowie *gelatina de pata* gehören zu den ortstypischen kulinarischen Spezialitäten). Am 14. Oktober findet die Fiesta de San Calixto statt. Nordöstlich von Timaná liegt der sehenswerte verwitterte **Templo de Naranjal.**

Geschichte

Sebastián de Belalcázars **Capitán Pedro de Añazco** gründete am 18. Dezember 1538 La Villa de San Calixto de Timaná, die heute älteste Stadt des Departamento Huila. Um für die unwilligen Ureinwohner ein Exempel zu statuieren, ließ er den Sohn der verwitweten **Anayaco-Kazikin Gaitana** vor ihren Augen auf dem Scheiterhaufen verbrennen. Das Herz der Mutter schrie nach Vergeltung, und sie ruhte nicht, bevor sie eine Allianz mit benachbarten Stämmen gebildet und eine Armee von 20.000 Kriegern aufgestellt hatte, die unermüdlich gegen die spanischen Eindringlinge vorging. Bald schon fiel *Añazco* in die Hände der Indianer, die ihn vor die Kazikin schleppten. In ihrem großen Schmerz schnitt sie ihm die Augen aus, wand ein Seil durch seinen bärtigen Unterkiefer und schleifte ihn über die Erde, bis er starb. Doch das Herz der *Gaitana* gesundete nicht mehr, und so setzte sie ihren Rachezug fort: 1568 zerstörten die Indianer Timaná komplett, 1569 Neiva, 1577 La Plata und weitere spanische Stützpunkte. Die Geschichte der *Gaitana* aber ist als die berühmteste von allen in Huilas kulturelles Erbe eingegangen.

Praktische Informationen

- **Touristeninformation: Alcaldía Municipal,** Cra. 4 No. 9-76, Tel. 8374 130.
- **Internetcafé: Citynet Internet,** Cl. 8 No. 3-50, direkt an der Plaza neben der Kathedrale.
- **Banco Agrario de Colombia:** Cra. 4a.
- **Hotel Ritz**€: Cra. 4ª No. 6-68, Parque Principal, Tel. 8374 162, Mobil 316 8280 980, direkt an der Plaza. Einfache, hellhörige Zimmer mit Nasszelle.
- Stündlich fahren **Busse, busetas und colectivos** von der Plaza **nach Neiva** (3½ Std./5 Euro) und **Pitalito** (1 Std./2 Euro, von dort regelmäßige Verbindungen nach **San Agustín,** mehrere Busse nach **Isnos** und **Popayán). Nach La Plata** (3 Std./5 Euro, von dort Verbindungen nach **Tierradentro**) mit Cootransplateña (besser direkt von Pitalito). **Nach Naranjal** starten vormittags von der Plaza in unregelmäßigen Abständen **Jeeps** (30 Min./2 Euro).

San Agustín

↗ XVIII/B3

Überblick

- **Bevölkerung:** 20.000 *agustinianos*
- **Meter über NN:** 1.700
- **Temperatur** (im Durchschnitt): 19°C

Das Gemeindeland von San Agustín, Isnos und Saladoblanco, als **Region San Agustín** bezeichnet und seit 1995 **UNESCO-Weltkulturerbe,** ist **eine der bedeutendsten und zugleich geheimnisvollsten archäologischen Fundstätten des Kontinents.** An fruchtbaren, sich über mehrere Klimazonen erstreckenden Hängen leuchtend grüner Hügel zwischen den *páramos* des Macizo Colombiano und den Schlünden des oberen Río Magdalena sowie den Flüssen Sombrerillos und Naranjos bestand in vorkolumbischer

Zeit eine indigene Zivilisation, die San Agustín als Zeremonienstätte nutzte und mindestens 300 teilweise riesige **aus Lavastein und Basalt gehauene Statuen sowie Grabanlagen und Erdwälle** schuf.

Die heutige indianische **Landbevölkerung** baut – oft auf fast vertikal ausgerichteten Feldern, welche wie Flickenteppiche ganze Hügel überziehen – Kochbananen *(plátanos),* Mais, Maniok *(yuca), achira* (eine *yuca*-ähnliche Wurzel) sowie Zuckerrohr für die *panela*-Produktion an. In den Bergbächen fangen die Menschen *pescado negro* (einen Speisefisch). Auf Rinderweiden an Flussauen stehen in Inseln hohe Bambushaine *(guaduales).* Charakteristisch als Grundstücksbegrenzung ist die agavenartige *fique* mit ihren gestachelten Blattkanten, eine Pflanze, deren Fasern traditionell zur Textilherstellung dienen. Die gesamte Gegend ist notorisch verregnet – am trockensten ist die Zeit von Dezember bis Februar.

Obwohl die Region San Agustín über Jahre von Reisenden gemieden wurde aufgrund anhaltender Guerillapräsenz, hat sich nunmehr eine gewisse touristische Infrastruktur herausgebildet, die vor allem den lokalen Markt bedient: Während der *puentes* (durch Brückentage verlängerte Wochenenden) kommen mehr und mehr Großstädter zu Besuch. Die *agustinianos* erkennen den kommerziellen Wert des **Tourismus** – auch Ausländer dürfen sich darum wohl und sicher fühlen. Einige europäische Auswanderer haben sich um San Agustín angesiedelt.

Geschichte

Die Geschichte der Besiedlung San Agustíns unterteilt sich in drei Perioden. In der **Frühen Periode (1.100 v.Chr. bis 200 v.Chr.)** bauten die *agustinianos* Mais und Bohnen an, sammelten Nüsse und Schnecken, stellten rote und schwarze Keramiken, Holzsarkophage sowie Urnen für rituelle Feuerbestattungen her. Während der **Klassischen Periode (200 v.Chr. bis 700 n.Chr.)** weitete sich die Bevölkerung und mit ihr die Landwirtschaft aus: Kartoffeln, *yuca* sowie *coca* ergänzten den Speiseplan. Man schuf Bewässerungsanlagen, betrieb Terrassenfeldbau, handelte mit den Stämmen auf der anderen Seite der Berge, benutzte Obsidianwerkzeuge, ging auf Jagd nach Hirschen, Hasen und Ratten. Die **Schamanen** („Jaguarmenschen") standen in der Hierarchie ganz oben. Die größten Grabhügel und -rampen, steinerne Sarkophage, feine Goldschmiedearbeiten, wenige Zoll große, aber auch mächtige, bis zu sieben Meter hohe anthropomorphe und zoomorphe Wächterstatuen (Götter, Dämonen, Ahnen, Jaguarmenschen, Adler, Kaimane, Ratten und Frösche) – meist mit überdimensioniertem, furchteinflößenden Antlitz – wurden in dieser Zeit gebaut. Der kulturelle Niedergang folgte in der **Spä-**

Fundstätte El Purutal:
Hier sind noch Farbreste zu erkennen

colo155 Foto: ib

ten Periode (700–1550). Die Macht über das nunmehr dicht besiedelte Land lag in den Händen von Kaziken. Man jagte Tapire und Bären, fischte mit Netzen Barsche, führte Kriege gegen eindringende Völker (zum Teil aus dem Amazonasbecken). Schädeldeformationen und **kannibalistische Riten** kennzeichnen die Epoche.

Zur Zeit der Konquista (die ersten Siedler waren wahrscheinlich Angehörige des Augustinerordens) lebten in

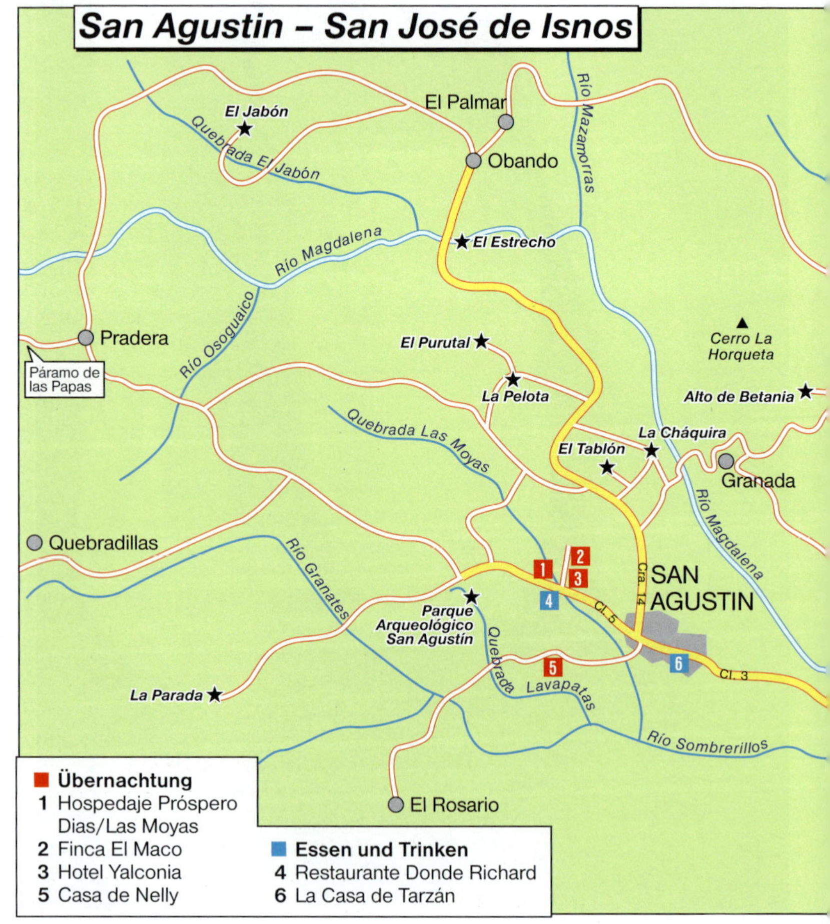

der Gegend *Andaquies.* Dickicht überwucherte die alten Gräber. *Fray Juan de Santa Gertrudis* beschrieb 1756 erstmalig einige Statuen. Erst 1790 gelang die **dauerhafte Gründung** des heutigen Ortes San Agustín durch *Lucas de Herazo y Mendigaña* und andere. Raubbau an Tropenholzbeständen, Brandrodung für Agrarflächen sowie die Ausbeutung von Chinarinde zerstörten die umliegenden Wälder nahezu komplett. Zu Beginn des 20. Jh. gerieten die Grabanlagen wieder in das öffentliche Interesse. Ab den 1930er Jahren kümmerte sich die Regierung um Ausgrabungsarbeiten und die Einrichtung eines archäologischen Parks.

Orientierung

Geografisches und zugleich wohl auch mythologisch-kosmologisches Zentrum der Region von San Agustín ist der eigentümliche Sattel des **Cerro La Horqueta;** auf ihm selbst wurden zwar keine Statuen gefunden, sämtliche Fundstätten aber befinden sich sternförmig im Umkreis dieses Hügels.

Den geeignetsten **Ausgangspunkt** für einen Besuch der Fundstätten bildet die **freundliche Kleinstadt San Agustín.** Die asphaltierte **Cl. 5** führt nach Westen aus dem Ort hinaus und erreicht nach 2,5 km den Eingang des Parque Arqueológico. Die **Cl. 3** verlässt den Ort nach Osten in Richtung Pitalito. Die **Cra. 14** führt nach Norden über die Schlucht des Magdalena bei El Estrecho hinweg nach Obando. Zu Pferd folgt man der Cra. 14 aus San Agustín hinaus und biegt dann ab in ausgeschilderte Reitwege, die nach La Chaquira bzw. nach La Pelota und El Purutal gehen.

Alternativ ist auch ein Besuch der Region von **San José de Isnos** aus möglich. Von dort lassen sich zu Pferd die herausragenden Fundstätten Alto de los Ídolos und Alto de las Piedras erreichen.

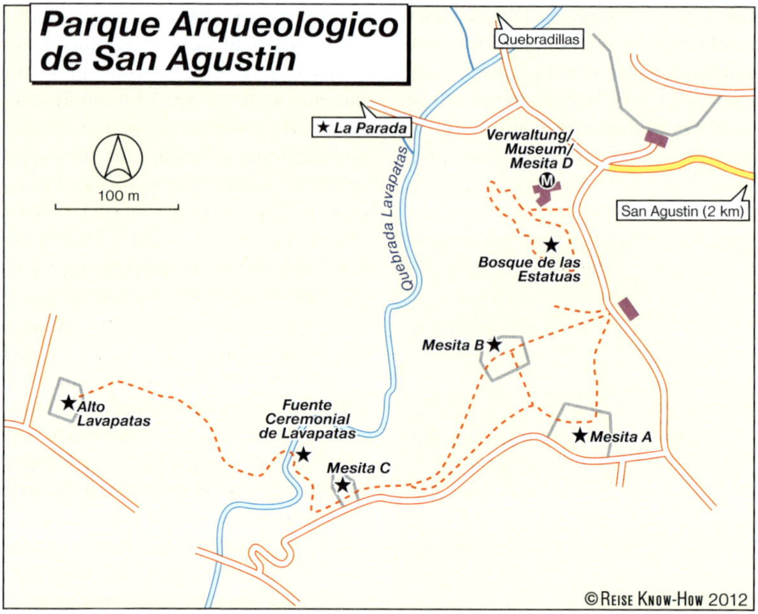

Mindestens zwei bis drei Tage sollte der Reisende für die Besichtigung von San Agustín einplanen.

Sehenswertes in San Agustín & Umgebung

Parque Arqueológico de San Agustín

Der 78 ha große, 1935 gegründete Archäologische Park (Eintritt 3 Euro, geöffnet täglich 8–17 Uhr, 2,5 km westlich von San Agustín, zu Fuß, per Taxi oder Bus erreichbar, Parkrundgang ca. 4 Std.) zeigt das **Herz der geheimnisvollen San-Agustín-Kultur.**

Am Parkeingang auf der künstlichen Aufschüttung **Mesita D** befinden sich die Administration und ein **Museum.** Dahinter verläuft ein 600 Meter langer Rundweg durch den **Bosque de las Estatuas,** den Skulpturenhain mit 39 künstlich arrangierten Statuen, die aus verschiedenen Fundorten stammen.

Durch dichten Sekundärwald führen schmale gepflasterte Fußpfade zu den Mesitas A und B, die einst von einer längst zugewachsenen Lagune getrennt waren. Auf **Mesita A** sieht man zwei, auf **Mesita B** drei Grabhügel *(montículos),* gesäumt von Statuen und aufgerichteten Steinplatten. Der östliche Grabhügel der Mesita A ist in Nord-Süd-Richtung aufgeschüttet, der westliche Grabhügel von Mesita B in Ost-West-Richtung. Ihre Schreine beinhalten sitzende Jaguarschamanen, jeweils links und rechts beschützt von einer Wächterstatue. Jaguarschaman A schaut nach Norden, die rituellen Waffen seiner Wächter deuten nach Osten bzw. Westen. Schaman B schaut nach Osten, die Gegenstände seiner Wächter deuten nach Norden bzw. Süden. Aus diesen Positionen erkennen Wissenschaftler ein besonderes kosmologisches Empfinden der *agustinianos*.

Auf der beeindruckenden Mesita B befinden sich überdies ein freiliegender dreieckiger, nach Osten blickender Kopf (vielleicht eine Sonnengottheit), die riesige Skulptur *El Obispo* (Bischof), ein Adler oder Uhu, der eine Schlange umkrallt (ein Machtsymbol?) sowie eine Frau mit Baby.

Hinter der **Mesita C** windet sich der Weg durch knarrenden Bambus in ein Tal zur **Fuente Ceremonial de Lavapatas,** der vielleicht merkwürdigsten Stätte des Parks. Das felsige Flussbett der Quebrada Lavapatas verbreitert sich hier und bildet eine an eine Landkarte erinnernde terrassierte Reliefplatte, in deren Granit die *agustinianos* vor Zeiten drei Badewannen sowie ein komplex strukturiertes Labyrinth aus mäandernden Rinnen, Abbildungen von Amphibien, Schnecken, Salamandern und Schlangenknäueln eingemeißelt haben. Der Parkwächter kann das Wasser an- und abstellen: Es ist beeindruckend zu verfolgen, wie es durch die Vertiefungen strömt, die Wannen ausfüllt, in kleinen Wehren hinabstürzt, Strudel bildet, sich verzweigt und zusammenfließt und so die ganze Felsplatte mit Leben und Bewegung erfüllt. Der während der Klassischen Periode entstandene, für rituelle Bäder der Jaguarschamanen und zu Ehren von Wassergottheiten angelegte Zeremonienquell, welcher sich einst aus drei Mündern ergoss, wurde erst 1937 von den Archäologen *Gregorio Hernández de Alba* und *José Pérez de Barradas* wiederentdeckt.

colo156 Foto: ib

Der Uhu frisst die Schlange

Der Weg führt nunmehr steil auf den Hügel **Alto Lavapatas** (1.750 m über NN), der ältesten archäologischen Stätte mit sieben Statuen, unter denen sich ein *Doble Yo,* der möglicherweise einen Kinderfriedhof bewachte, und eine *Cabeza de felino,* ein Jaguarkopf, befinden.

Zu Pferd erreichbare untergeordnete Fundstätten

Vom Ort San Agustín folgt der Reiter der Cra. 14 bergauf nach Norden und biegt nach ca. 1 km rechts in einen Feldweg, an dem die 1913/14 von Professor *Konrad Theodor Preuss* (1869–1938) wiederentdeckte Stätte **El Tablón** mit heute fünf Statuen sowie einem kleinen ethnologischen Museum (Eintritt 1 Euro) liegt.

700 m weiter erreicht man den Ausläufer eines Grates, welcher Schwindel erregend auf die Schlucht des Río Magdalena zuläuft. Hier befindet sich die Gänsehaut hervorrufende, geisterhaft wirkende Stätte **La Cháquira:** drei anthropomorphe, *in situ* in rohe Steinbrocken gemeißelte Reliefs: Der Mann mit Federkrone schaut nach Norden, der Jaguarschaman nach Osten, die Frau blickt nach Süden. Es handelt sich möglicherweise um die Darstellung eines Sonnenkultes.

Von La Chaquira führt ein Weg entlang Fincas auf die Landstraße nach El Estrecho, der man nach rechts folgt. Nach kurzer Zeit zweigt links ein Feldweg ab nach **La Pelota** (ca. 5 km von San Agustín entfernt), wo sich u.a. die Statue eines Schlangen vertilgenden Uhus oder Adlers befindet.

Nahebei auf von *campesinos* (Bauern) abgezäuntem Gelände liegt **El Purutal.** Diese Stätte wurde erst in den 1980er Jahren offiziell entdeckt. An ihren Statuen haften noch rote, gelbe, weiße und schwarze alt-agustinianische Farbreste. Hinter der Grabanlage befindet sich ein Wäldchen mit Bäumen, deren rote und gelbe Harze einstmals als Farben gedient haben mögen. Von El Purutal nach Süden reitend, stößt man nach etwa 4 km auf die von San Agustín zum Parque Arqueológico führende Cl. 5.

Von San Agustín entferntere Ziele

Um San Agustín existiert eine Vielzahl von kleineren interessanten Fundstätten, darunter Alto de Betania, Morelia, La Parada, Quinchana, El Jabón.

Per Jeep von San Agustín aus über die verlängerte Cra. 14 ist **El Estrecho** erreichbar, eine Flussbettverengung des Río Magdalena auf 2,20 Meter Breite. Die Straße überquert den Fluss und führt zum Dorf **Obando,** in dem Schachtgräber zu besichtigen sind, die an Tierradentro erinnern.

Ebenfalls von San Agustín per Jeep oder aber ausgehend von San José de Isnos zu Pferd erkundet man die im Folgenden genannten weiteren Fundstätten sowie die Wasserfälle Salto de Bordones (9 km von Isnos, 220 m hoch) und Salto del Mortiño (10 km von Isnos, 180 m hoch). Der Ort **San José de Isnos** liegt 24 Straßenkilome-

Fuente Ceremonial de Lavapatas

ter von San Agustín entfernt (Unterkunft preiswert und schlicht im Hospedaje Doña Tere€, Cl. 5 No. 4-36, Tel. 8328 145; *comida corriente* im Restaurante El Turista an der Plaza).

Sehr sehenswert ist der 20 ha große archäologische Park **Alto de los Ídolos** (Eintritt 2 Euro, geöffnet täglich 8–17 Uhr, gelegen nahe dem Cerro La Horqueta, 5 km südöstlich von Isnos, 9 km nordwestlich von San Agustín). Zwei grasbewachsene Mesitas, verbunden durch einen künstlich angelegten Wall, bilden 1.800 m über NN einen nach Südosten geöffneten Halbmond. In dieser Nekropolis sind von Steinplatten gesäumte und überdachte Grabhügel zu sehen, außerdem steinerne Sarkophage, die z.T. wie Krokodile gestaltet sind, zoomorphe Statuen, darunter der schmale, spitz zulaufende *El Ratón* (die Maus) mit himmelwärts gereckter Schnauze, sowie etliche anthropomorphe Figuren, die z.T. Fische, phallusschwänzige Affen, Kinder, Zeremonienmesser oder Schlangen im Arm halten bzw. Huckepack tragen. Im Zentrum der die Mesitas verbindenden Rampe steht die größte Statue der San-Agustín-Kultur: Sie blickt nach Osten, ihr Mund ist das Maul einer Raubkatze.

Knapp 7 km nordöstlich von San José de Isnos befindet sich der 10 ha große archäologische Park **Alto de las Piedras** (Eintritt frei, geöffnet täglich 8–17 Uhr), den *Konrad Theodor Preuss* 1914 von Grabräubern geschändet

colo038 Foto: ib

wiederentdeckte. Hier befindet sich das höchste *Doble Yo* (eine zweigesichtige Doppelskulptur).

Informationen & wichtige Adressen

Touristeninformation/ Reisebüros/Führer/Touren

- **Secretaria de Turísmo, Cultura y Deporte** (in der Alcaldía Municipal): Cl. 3 und Cra. 12 Esq., Tel. 8373 062, Ext. 15, geöffnet Mo bis Fr, Siesta 12–14 Uhr.
- **Viajes Patrimonio Mundial:** Cl. 3 No. 10-84, Mobil 311 8675 665 / 311 2924 241, Fax 8373 940. Dieses *Fabio Burbano* gehörende Büro verfügt über Lagepläne, Informationen zu Unterkünften und Verkehrsverbindungen, Kontakte zu ortskundigen Führern und Pferdevermietern und verkauft ganztägige Jeepfahrten in die Umgebung (z.B. nach Obando, Isnos, Alto de los Ídolos, Alto de las Piedras, Salto de Bordones: 10 Euro/Person).
- Oben genannte Informationsbüros vermitteln **Führer.** Am Straßenrand in Richtung Parque Arqueológico stehen *campesinos,* die **Pferde** vermieten (2 Euro/Std. oder 10 Euro/Tag, falls gewünscht mit Begleitung: 2 Euro/Std. extra). Pferde hat z.B. *Próspero Días,* Tel. 8373 774. Die meisten Hotels helfen bei der Organisation von Reitausflügen. Viele Fundstätten um San Agustín lassen sich nur hoch zu Ross erreichen. Die für europäische Verhältnisse zierlichen Pferde kennen die Pfade genau und sind meist auch von Ungeübten zu bändigen. Ein empfehlenswerter Führer ist z.B. *Hildefonso Bolaños,* Mobil 311 4595 753. Vor mehrtägigen Exkursionen in entferntere Gegenden – so an die Quelle des Río Magdalena – sollte die Lage in Bezug auf **Guerillaaktivitäten** abgeklärt werden!
- Die **Asociación de Caballistas Los Yalcones,** Cra. 18 No. 5-08, Tel. 8379 865, sowie **Caballos La Chaquira,** Cra. 15 No. 3-72, Tel. 8373 966, bieten Ausritte nach La Chaquira, La Pelota und El Purutal.
- **Magdalena Rafting:** Cra. 11 No. 3-23, Mobil 311 2715 333, www.magdalenarafting.com. Wildwassertouren durch die Magdalenenschlucht für Anfänger und Geübte.
- **Iván Hoyos Servicios Turísticos:** In dem Ort Pitalito, Cra. 13 No. 2-22, Mobil 312 5841 183. Umfassendes Informationsmaterial. *Iván Hoyos* lässt sich für Ausflüge in den Süden Huilas (auch mit Expeditionscharakter) als Führer anwerben.

Post, Telefonieren & Internet

- **Telecom:** Cra. 12 und Cl. 2 Esq., Tel. 8373 100.
- **4-72 (Post):** Cra. 13 zwischen Cl. 3 und 4.
- **Internet Galería Café:** Cl. 3 No. 12-16, Tel. 8379 475, nahe der Alcaldía. Oft überfüllt mit Schülern, die am Computer spielen.

colo157 Foto: ib

Im Archäologischen Park von San Agustín

Geldwechsel

- **Banco Agrario:** Cl. 4 und Cra. 13 Esq.
- **Banco Ultrahuilca:** Cl. 3 No. 12-73, mit Geldautomat.

Unterkunft

- **Hotel Yalconia€€€:** Vía al Parque Arqueológico, Tel. 8373 013, ca. 1 km außerhalb des Ortes an der Straße zum Parque Arqueológico. Pool, Garten, moderne Zimmer.
- **Hotel Anacaona€€+:** Vía al Estrecho, Vereda El Tablón, Tel. 8379 390, Mobil 311 2317 128, ca. 2 km außerhalb des Ortes gelegene Hazienda nahe der Magdalenenschlucht.
- **Finca El Maco€+:** Ca. 1 km außerhalb des Ortes an einem hinter dem Hotel Yalconia von der Straße zum Parque Arqueológico nach Norden hin abzweigenden Weg auf einem Hügel, Tel. 8373 437, Mobil 311 2714 802, www.elmaco.ch. Der Schweizer Auswanderer *René Suter* vermietet Tipis, *cabañas* und Chalets. Kochgelegenheit, Wäscheservice, Internet, Restaurant (siehe unten).
- **Finca El Cielo€+:** Km 3, Vía al Estrecho, Mobil 313 4937 446, nahe der Magdalenenschlucht. Große Räume, schöner Garten. Reit- und Jeeptouren werden organisiert.
- **Casa del Sol Naciente€/€+:** Ca. 1 km außerhalb des Ortes, zu erreichen über die nach Norden bergauf führende Cra. 13, Mobil 311 5876 464, www.refugioecologicocasadelsolnaciente.com. Der Besitzer zahlt das Taxi. Rustikale *cabañas* direkt an der Magdalenenschlucht, ideal für Naturliebhaber.
- **Hotel La Casa de Francois€+:** Ca. 500 m außerhalb über dem Ort gelegen, der Cra. 13 nach Norden bergauf folgend Tel. 8373 847, Mobil 314 3582 930, www.lacasadefrancois.com. Ein Franzose führt diesen beliebten Globetrottertreff mit Bambus-*cabañas* und schönem Garten und bäckt sein Brot selber.
- **Casa de Nelly€+:** Ca. 1 km westlich des Ortes an einem Abzweig vom unbefestigten Weg nach La Estrella, Tel. 8373 221. Altes Haus, sehr hübscher Garten. Beliebt bei Globetrottern. Pizza und Pasta.
- **Hospedaje Próspero Días/Las Moyas€:** Vía al Parque Arqueológico, Tel. 8373 774, ca. 1 km außerhalb des Ortes. Familienpension, früh warmes Wasser. Auf Wunsch Frühstück. Pferdeverleih.
- **Hotel Colonial€:** Cl. 3 No. 11-25, Tel. 8373 159, im Ortszentrum nahe des Bushaltepunktes. Einfach, preiswert, beliebt bei Geschäftsleuten, Restaurantbetrieb.
- **Residencias El Jardín€:** Cra. 11 No. 4-10, Tel. 8373 455, im Ortszentrum. Sauber. Im Patio hängen Volieren mit Singvögeln und dekorative Schlangenhäute.
- **Residencias Menezu€:** Cra. 15 No. 4-74, im Ortszentrum. Saubere Unterkunft.
- **Camping San Agustín€:** Cra. 25 No. 5-126, Vía al Parque Arqueológico, Tel. 8373 804, Mobil 312 4457 164. Die preiswerteste Variante (nahe des Hotels Yalconia).

Essen, Trinken, Unterhaltung

San Agustín verfügt über viele Restaurants, die *comida corriente* anbieten. Außerdem gibt es z.B.:

- **Restaurante Donde Richard:** Cl. 5 No. 23-45, Vía al Parque Arqueológico, Tel. 8379 692, Mobil 311 8093 180, gegenüber vom Hotel Yalconia, ca. 1 km außerhalb des Ortes an der Straße zum Park. Gediegene *ranchero*-Atmosphäre, exzellente gegrillte Fleischspezialitäten, frische Säfte. Eines der besten Restaurants von San Agustín.
- **Restaurante Brahama:** Cl. 5 No. 15-11, direkt am Ortsausgang in Richtung Parque Arqueológico. Freundlich und preiswert: frische Obstsalate, vegetarische und leichte Kost, Sandwiches, Milchprodukte. Eine kulinarische Abwechslung im Einerlei der *comida corriente*.
- **Finca El Maco:** Sehr gute schweizerische und italienische Kost aus ökologischem Landbau (siehe „Unterkunft").
- **Panadería y Cafetería La Ricura:** Cra. 14 und Cl. 4 Esq., Tel. 8373 851. Fruchtsäfte, Sandwiches.
- **Restaurante Surabhi:** Cl. 5 No. 14-09, Tel. 8373 336, sehr preiswerte regionale Küche.
- **El Rancho Pizzería:** Cl. 5 No. 17-27, Tel. 8373 515.
- **Pizza Manía:** Cra. 3 No. 3-43.

- **Territorio Libre:** Cl. 5 No. 14-32, beliebte Diskothek, die die Jugend bis aus Isnos anzieht.
- **La Casa de Tarzán:** Cl. 2 No. 8-04, Tel. 8370 457, Mobil 310 7818 797, originelle Bambusbar auf zwei Etagen mit Feuerwehrstange zum schnellen Erreichen der Toilette.

Verkehrsverbindungen

- Der **Bushaltepunkt und die Büros der Verkehrsgesellschaften** (Cootranstur, Coomotor, Cootranshuila, Cootranslaboyana) befinden sich in der Cl. 3 nahe der Kreuzung mit Cra. 11.
- **Nach Bogotá** (12 Std./20 Euro) und **Neiva** (5 Std./8 Euro) fahren täglich mehrere **Busse** ab Sonnenaufgang. Die teureren **Kleinbusse** von Taxis Verdes schaffen die Strecke nach Bogotá in 10 Std.
- **Nach Isnos** (1 Std./2,50 Euro) und **Pitalito** (40 Min./2 Euro): Stündlich **Busse und colectivos.** Von Pitalitos großem Terminal bestehen regelmäßige Verbindungen nach Isnos, **Timaná** (1 Std./2,50 Euro) sowie nach **La Plata** (4 Std./8 Euro, von dort Verbindungen nach **Tierradentro**).
- **Nach Popayán** (7–8 Std./10 Euro) fahren unregelmäßig **Busse,** zumeist schon ab 6 Uhr morgens; Reservierung ist empfohlen. Einfacher ist die Reise in Pitalito organisierbar, von wo mehrere Busse pro Tag abgehen. Die Fahrt über teils unbefestigte Karrenwege und Gebirgspisten führt durch den pitschnassen Hochnebelwald des Puracé, verminte Gebiete sowie Gegenden, in denen Guerillaeinheiten operieren, bevor sich der Blick auf Hochebenen mit *frailejónes* öffnet und das Dorf Puracé (Coconuco) erreicht ist. Überfälle auf Busse sind im Dickicht des Nebelwaldes möglich. **Die aktuelle Sicherheitssituation sollte im Vorfeld abgeklärt werden!**

Departamento Valle del Cauca

Überblick & Geschichte

- **Fläche:** 22.140 km²
- **Einwohner:** 4,4 Mio. *vallecaucanos*

Das Departamento Valle del Cauca (kurz: El Valle) breitet sich von der am Stillen Ozean gelegenen Hafenstadt Buenaventura und dem dicht bewaldeten Pazifikflachland über den Rücken der menschenleeren, für die Papierindustrie bereits z.T. entwaldeten Westkordillere ostwärts aus, reicht hinab in das heiße **Tal des Río Cauca** und stößt an der Gipfelkette der Zentralkordillere auf die Grenze zum Departamento Tolima.

Das Cauca-Tal – der Namensgeber des Departamento – ist **dicht besiedelt** und nahezu vollständig kultiviert. Hier liegt die **Provinzhauptstadt Cali,** welche neben Bogotá, Medellín und Barranquilla zu den wirtschaftlichen und kulturellen Metropolen Kolumbiens zählt und als Wiege des Salsa gilt. Das Gebiet von Yumbo (nördlich von Cali) ist stark industrialisiert (Papier- und Zementproduktion).

Entlang des ca. 30 km breiten Cauca-Tals, das von zahlreichen Bächen aus beiden Kordilleren mit Wasser versorgt wird, dominiert seit alters der **Anbau von Zuckerrohr.** Schon im 17. Jh. erstreckten sich hier riesige Plantagen, auf denen afrikanische Sklaven schufteten. Kultiviert werden heute auch Baumwolle, Tabak, Mais, Weizen, Kochbananen, Ananas, Soya und Sorghum. Lohnend ist der Besuch kolonialer, hochherrschaftlicher Haziendas (siehe unten). Ganz im Norden des Departamento, um Cartago, gedeiht exzellenter Kaffee.

Bereits Jahrhunderte vor der Ankunft der Spanier hatten sich im Gebiet des heutigen Departamento Valle del Cauca indigene **cacicazgos** (Kazikentümer) herausgebildet, in denen die Menschen Nutzpflanzen wie Kassava, Mais, *arracacha* (eine sellerieähnliche Erdfrucht) und Annatto (Lieferant eines roten Farbstoffes) anbauten und die Goldschmiedekunst hoch entwickelt war. Konquistadoren unter Leitung von *Sebastián de Belalcázar, Jorge Robledo* und *Pascual de Andagoya* fielen zwischen 1536 und 1540 von Süden bzw. Norden im Cauca-Tal ein. 1910 erfolgte die Gründung des heutigen Departamento.

Die **Guerillaorganisation FARC-EP** besteht – als Grundvoraussetzung für einen Dialog mit der Regierung – auf einen vollständigen Abzug des Militärs aus den Gemeindebezirken Pradera und Florida im Südosten der Provinz. Hier – und bis hinauf in die Zentralkordillere – befinden sich noch immer Hochburgen der Bewegung. Zur Bekräftigung ihrer Forderung entführten die FARC am 12. April 2002 zwölf Politiker aus Cali, von denen sie später, wie am 28. Juni 2007 verlautbart wurde, elf erschossen. Nach Regierungsangaben mussten die Geiseln sterben, weil das verantwortliche FARC-Kommando eintreffende Kollegen versehentlich für konkurrierende ELN-Guerilleros hielt und in Panik verfiel. Obwohl die Hauptstraßen des Departamento – insbesondere zwischen Cali und Popayán – durch Militärposten und Panzerwagen abgesichert sind, verdeutlicht obige Geschichte, dass die **Sicherheitssituation gerade in ländlichen Randgebieten zu wünschen übrig lässt.**

Cali

↗ XIV/B3

Überblick

- **Bevölkerung:** 3 Mio. *caleños*
- **Meter über NN:** 1.000
- **Temperatur** (im Durchschnitt): 24°C

Cali – das heißt heiße Rhythmen und heiße Frauen, tropische Farben, sinnliche Lebensfreude, impulsive Vitalität, herzliche Menschen. Santiago de Cali, heute **zweitgrößte Stadt Kolumbiens** und selbsternannte Salsa-Weltmetropole, ist jedoch auch ein Moloch aus Armut und Gewalt, immer in Bewegung, blutend, sterbend und gebärend. Insbesondere im Süden und Osten der Stadt ist die Polizei nicht immer da, wo sie gebraucht wird. Das überschaubare Zentrum aber ist sehr gut zu Fuß zu erkunden. Die zumeist afrikanischstämmigen *caleños* sind aufgeschlossen, lieben es, bis in die Nacht hinein ausgelassen zu feiern (vor allem im Bezirk Juanchito) und unterscheiden sich – natürlich geschuldet dem sommerlichen Klima – auch durch ihre modische Freizügigkeit von den eher steifen, strengen und schlichten Hochlandkolumbianern.

Hohe Landflucht aufgrund der *Violencia* sowie eine enorm vorteilhafte strategische Lage auf der Achse Ecuador - Karibik und am Knotenpunkt zum Pazifikhafen Buenaventura bewirkten eine rasche Industrialisierung der Stadt, die heute als Kolumbiens „Hauptstadt des Südens" betitelt wird.

Geschichte

Sebastián de Belalcázar gründete Santiago de Cali am 26. Juli 1536 auf seinem von Peru nach Norden führenden Eroberungszug, nachdem er die mutigen **Kaziken Jamundí** und **Petecuy** besiegt hatte. Beide waren Angehörige der zur Chibcha-Sprachgruppe zählenden *Gorrones*. Das Haus des kannibalisch lebenden *Petecuy,* so berichteten die Europäer, sei ausgeschmückt gewesen mit den Köpfen und Häuten seiner getöteten Feinde.

Die neue Stadt wurde kurz darauf vom Río Lili (nahe der heutigen Ciudad Universitaria) nach **La Merced** verlegt, wo die Spanier eine erste Kirche errichteten. Das Umland teilten die Konquistadoren in *encomiendas* auf. Obwohl prosperierend aufgrund der hier vorbeiführenden Handelswege und der auf brutaler Sklaverei basierenden Plantagenkultur, verblieb die Zuckerrohrstadt Cali jahrhundertelang im Schatten Popayáns.

Miguel Tacón y Rosique, königstreuer Gouverneur von Popayán, versuchte bis 1811, die aufständischen Patrioten in Cali und ihre Junta niederzukämpfen, doch die Royalisten konnten den Truppen der den Patrioten zu Hilfe eilenden jungen Unabhängigkeitsoffiziere *Antonio Baraya* und *Atanasio Giradot* nicht standhalten. Aber während in den folgenden Jahren *Baraya* und *Giradot* getötet wurden, triumphierte *Tacón* als Gouverneur auf Kuba und Senator in Madrid und genoss ein langes, erfülltes Leben.

In den 1840ern herrschten in Cali und dem Cauca-Tal Kriegswirren: **José María Obando,** welcher sich einst gegen *Simón Bolívar* verschworen hatte und als Drahtzieher im Mordkomplott gegen *Antonio José de Sucre* gilt, schürte eine Sklavenrebellion, um das Gebiet zu destabilisieren, und formierte eine Guerillabewegung. Chinarinde, Tabak, Gold und Kaffee bescherten der verwüsteten Zuckerrohrregion ab den 1850ern einen Aufschwung, doch der geplante Weg hinab zum Pazifik wurde aufgrund neuer Unruhen nicht fertiggestellt: *Bandoleros* (Banditen) nahmen die Stadt zu Heiligabend 1876 ein, und Heuschrecken verwüsteten die Felder.

Erst im 20. Jh. begann Calis **Aufstieg zur Metropole.** 1930 entstand die Straßenverbindung nach Bogotá, 1945 stellte man die Verbindung nach Buenaventura fertig. 1956 starben weit über 1.000 Bewohner bei einer fahrlässig verursachten Explosion von Munition, die mitten durch die Stadt für das Militär transportiert werden sollte.

Seit den 1970ern entwickelte sich ein **Drogenkartell in Cali,** das nach *Pablo Escobars* Tod in Medellín 1993 landesweit zur führenden Mafiaorga-

colo158 Foto: ib

Das Zentrum von Cali

nisation avancierte. Zahlreiche elegante Paläste der stets im Verborgenen operierenden „Gentlemen" zeugen in Cali von dieser Ära, die mit der Verhaftung der führenden Köpfe des Cali-Kartells 1995 endete. Doch auch wenn das Kartell als solches zerstört wurde - Cali ist weiterhin berüchtigtes Drogenhandelszentrum.

Orientierung

Cali schmiegt sich in Nord-Süd-Ausrichtung an den Fuß der zum Cauca-Tal hin abstürzenden Westkordillere. Der relativ **kleine Stadtkern** liegt im Nordwesten der Stadt und wird von dem nach Nordosten zum Río Cauca hin abfließenden Bergflüsschen **Río Cali** in zwei Hälften geteilt. Direkt am Südufer ist der Altstadtkern mit den meisten Sehenswürdigkeiten, nördlich befinden sich modernere, wohlhabende Viertel mit der *Zona Rosa* und exquisiten Restaurants um die **Av. Sexta** (= Av. 6N). Seit 2009 operiert als schnelles öffentliches Verkehrsmittel der **MIO,** ein Bus auf gesonderten, ihm vorbehaltenen Straßenspuren (mit dem Transmilenio-Bussystem von Bogotá vergleichbar). Eine Alternative dazu bieten Funktaxis (z.B. Tel. 4444 444 oder 4430 000).

Sehenswertes

Iglesia La Ermita

Die Ermita Vieja, eine alte Kirche am Südufer des Río Cali, die der *Señora de la Soledad* und dem *Señor de la Caña* geweiht war, brach bei einem Erdbeben in sich zusammen. 1926–42 konstruierte man an dieser Stelle das heutige, architektonisch sehr fantasievolle **Miniaturgotteshaus** – der Kathedrale von Ulm nachempfunden – in gotischem Stil (Av. Columbia und Cl. 13 Esq.). Es beherbergt ein altes, wundertätiges Gemälde des Herrn des Zuckerrohrs. Die Kirche mit ihrem taubenblauen, von weißen Schnörkeln eingefassten Äußeren gilt als **Wahrzeichen Calis.**

Nahebei erklingt das Schreibmaschinentippen der **professionellen Briefschreiber,** die unter ihren Sonnenschirmen einen nicht abreißenden Kundenstrom bedienen.

Einen schönen Blick auf die Kirche hat man vom 42. Stock des etwas flussabwärts gelegenen Hotels **Torre de Cali** (Av. de las Américas No. 18N-26).

Iglesia San Francisco

An der westlichen Ecke des großen Platzes, an dem das wuchtige Gebäude der Provinzregierung steht, befinden sich die Kirche des Heiligen Franziskus aus dem 18. Jh. (Cra. 6 und Cl. 10, Tel. 8842 474), die **Capilla de la Inmaculada,** das Kloster des *San Joaquín* sowie ein Glockenturm, die **Torre Mudéjar** (Cra. 6 und Cl. 9 Esq.), welche als bestes Beispiel maurischer Architektur in ganz Kolumbien gilt.

Iglesia La Merced

Dies ist die **älteste Kirche Calis** (Cra. 4 und Cl. 7 Esq., Tel. 8804 737). Sie erhebt sich an der Stelle, wo Kaplan *Santos de Añasco* (nach der Verlegung der 1536 gegründeten Stadt hierher) eine erste Messe hielt. Außen gekalkt und trutzig, bietet die niedrige altspanische Kirche innen mit ihrem goldenen Barockaltar ein gegenläufiges Bild. Doch ein größerer und beklemmenderer Kontrast zu der Kirche als die in ihrer östlichen Nachbarschaft stehenden Wolkenkratzer ist kaum vorstellbar.

Neben der Kirche, im ehemaligen Konvent, sind zwei Museen untergebracht. Das **Museo Arqueológico La Merced** (Cra. 4 No. 6-59, Tel. 8813 229, geöffnet Mo bis Sa 10–13 und 14–16 Uhr, Eintritt 3 Euro) beherbergt altindianische Töpferkunst der Quimbaya, Tolima und Calima. Ein Herzstück des Museums ist die sitzende Mumie aus dem Gebiet des heutigen Departamento Norte de Santander. Interessant ist auch das **Museo de Arte Religioso** (das den Kirchenraum selbst sowie mehrere Ausstellungsräume mit Gemälden umfasst).

Auf der anderen Straßenseite steht die **Casa Arzobispal** (Cra. 4 No. 6-76), in der *Simón Bolívar* 1822 logierte.

Museo Calima/Museo de Oro

Das Goldmuseum im Gebäude der Banco de República, ganz in der Nähe der Iglesia la Merced, zeigt eine kleine, doch schöne Kollektion indigener Goldartefakte und Keramiken jener Urvölker, die einst in der Gegend des

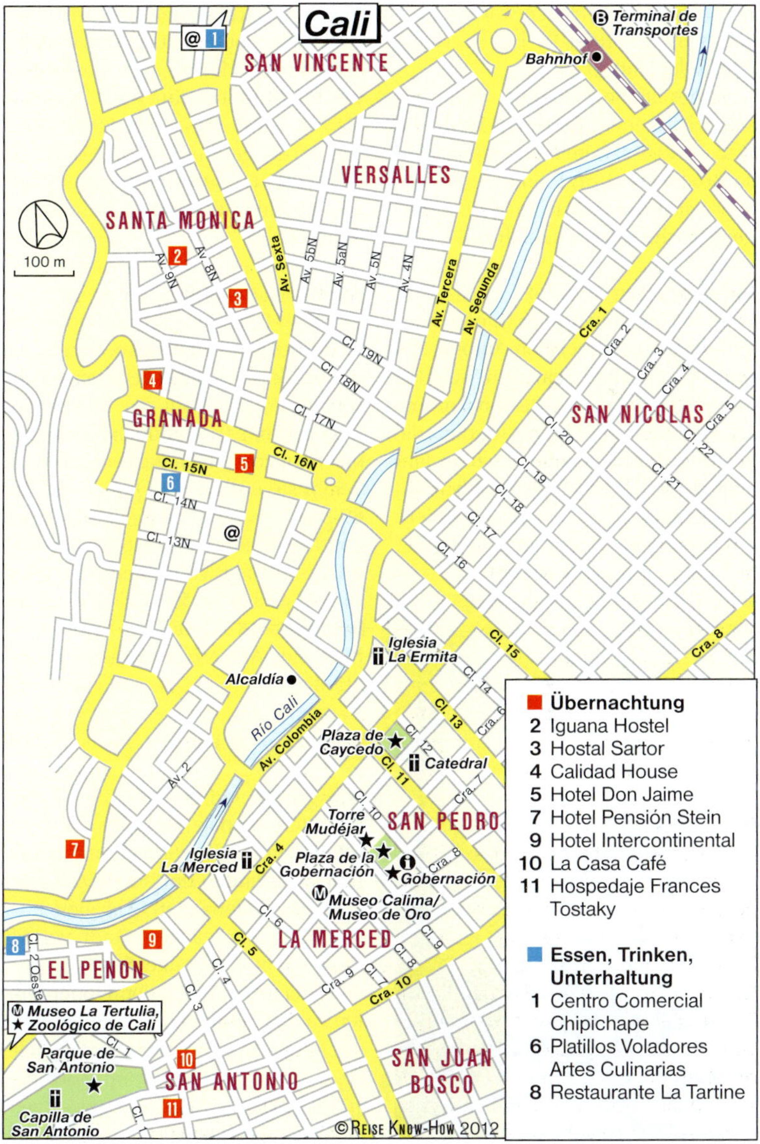
Cali
San Vincente
Terminal de Transportes
Bahnhof
Versalles
Santa Monica
100 m
Av. 9N
Av. 8N
Av. Sexta
Av. 5bN
Av. 5aN
Av. 5N
Av. 4N
Av. Tercera
Av. Segunda
Cl. 19N
Cl. 18N
Cl. 17N
Cl. 16N
Cl. 15N
Cl. 14N
Cl. 13N
Granada
San Nicolas
Cra. 1
Cra. 2
Cra. 3
Cra. 4
Cra. 5
Cl. 20
Cl. 19
Cl. 18
Cl. 17
Cl. 16
Cl. 15
Cl. 14
Cl. 13
Cl. 12
Cl. 11
Cl. 10
Cl. 21
Cl. 22
Cra. 6
Cra. 7
Cra. 8
Iglesia La Ermita
Alcaldía
Río Cali
Av. Colombia
Plaza de Caycedo
Catedral
Av. 2
Torre Mudéjar
San Pedro
Iglesia La Merced
Cra. 4
Plaza de la Gobernación
Gobernación
Museo Calima/ Museo de Oro
Cl. 6
Cl. 5
La Merced
Cl. 9
Cl. 8
Cl. 7
Cra. 9
Cra. 10
Cl. 4
Cl. 3
Cl. 2 Oeste
El Penon
Museo La Tertulia, Zoológico de Cali
Cl. 1
Parque de San Antonio
Capilla de San Antonio
San Antonio
San Juan Bosco
©Reise Know-How 2012
Übernachtung
2 Iguana Hostel
3 Hostal Sartor
4 Calidad House
5 Hotel Don Jaime
7 Hotel Pensión Stein
9 Hotel Intercontinental
10 La Casa Café
11 Hospedaje Frances Tostaky
Essen, Trinken, Unterhaltung
1 Centro Comercial Chipichape
6 Platillos Voladores Artes Culinarias
8 Restaurante La Tartine

heutigen Cali zu Hause waren (Cl. 7 No. 4-69, geöffnet Di bis Sa 10–17 Uhr, freier Eintritt).

An der Straßenecke gegenüber des klassizistischen **Teatro Municipal** (Cra. 5 No. 6-64) befindet sich die **Casa Pro Artes** (Cra. 5 und Cl. 7 Esq.). Hier werden am Wochenende avantgardistische Filme aufgeführt.

Capilla de San Antonio

10 Fußminuten weiter, hinter dem gemütlichen Stadtteil San Antonio mit seinen schmalen Gässchen, schließt im Westen die Colina de San Antonio an, ein begrünter Hügel, auf dem die kleine **Antoniuskapelle** aus dem Jahr 1747 steht. Ein schöner Ausblick auf das Zentrum ist von hieraus garantiert!

colo159 Foto: ib

Iglesia La Ermita – Das Wahrzeichen von Cali

Museo de Arte Moderno la Tertulia

Westlich der Colina de San Antonio, am Ufer des Flusses, steht des **Museum für Moderne Kunst** (Av. Colombia No. 5-105 Oeste, Tel. 8932 941 / 8932 942, geöffnet Di bis So 10–18 Uhr, Eintritt 3 Euro) mit Expositionen kolumbianischer und ausländischer Künstler.

Zoológico de Cali

Wer wissen will, wie sich der Balztanz eines Schmetterlings anhört (nämlich so, als ob ein Haar verbrennt) oder wie der Paarungsruf der Landschildkröten klingt (wie Taubengurren), ist hier richtig: im 10 ha großen Zoo (Cra. 2A Oeste und Cl. 14 Oeste Esq., Tel. 8927 474, www.zoologicodecali.com.co, täglich geöffnet 9–18 Uhr, Eintritt 5 Euro). Er liegt vom Zentrum 2,5 km stromaufwärts am Río Cali und gilt als **bester Zoo Kolumbiens** (zu Fuß vom Museo de Arte Moderno la Tertulia ca. 20 Min.).

Feiertage & Feste

Das größte und beste Fest in Cali ist die internationale **Feria de Cali** zwischen dem 25. Dezember und dem 3. Januar. Es finden um die Plaza Cañaveralejo, entlang der Cl. 5 und ausufernd in der ganzen Stadt verteilt Prozessionen, Umzüge, Straßenpartys und -gelage statt. Zu den Höhepunkten zählen Salsa- und Schönheitswettbewerbe sowie Stierkämpfe in der Plaza de Toros (ca. 5 km außerhalb des Zentrums).

Informationen & wichtige Adressen

Touristeninformation

- **Secretaría de Cultura y Turismo:** Cra. 7 zwischen Cl. 9 und 10 im 1. Stock des Gebäudes der Gobernación del Valle del Cauca, Tel. 8860 000 Ext. 2400, geöffnet Mo bis Fr 8–12.30 und 14.30–18 Uhr. Informationsbroschüren zu touristischen Aktivitäten im Cauca-Tal.
- Über das, was in Cali kulturell gerade „in" ist, informiert **http://cali.vive.in**.

Internetcafés

- Mehrere an der Av. 6 Norte, z.B. **Cyancopias,** Av. 6 Norte No. 13N-23, oder **Sala de Internet,** Av. 6 Norte No. 13N-66.

Reisebüros

- **Aviatur:** Cra. 5 No. 8-12, Tel. 8893 121, www.aviatur.com, organisiert Reisen zur Isla Gorgona.
- **Panturismo:** Cl. 18N No. 8-27, Tel. 6682 255, bietet Reisen zur Isla Gorgona an.

Geldwechsel

- **Banken entlang der Av. 6 Norte sowie um die Plaza Caycedo,** so z.B. Bancolombia, Av. 8 Norte und Cl. 15 Norte Esq., sowie Banco Unión Colombiano, Cra. 3 No. 11-03.
- **Wechselstuben:** Casa de Cambio Giros y Finanzas, Cra. 4 No. 10-12 (Western-Union-Agent); Casa de Cambio Titán Intercontinental, Cl. 11 No. 4-48.

Post

- **Deprisa:** Cl. 12N No. 2-37 und Cl. 9 No. 4-45.

Krankenhäuser

- **Clínica Fundación Valle del Lili:** Cra. 98 No. 18-49, Tel. 3317 474 / 3319 090.
- **Hospital Universitario del Valle:** Cl. 5 No. 36-08, Tel. 5586 355.
- **Clínica de Occidente:** Cl. 18 Norte No. 5N-34, Tel. 6603 000.

Konsulate

- **Honorarkonsulat Deutschlands:** Cl. 1B No. 66B-29, Tel. 3234 435 / 3238 402, Fax 3233 784.
- **Honorarkonsulat Österreichs:** Cl. 24A Norte No. 8N-05, Barrio Santa Monica Norte, Tel. 6601 096 / 8834 951, Fax 6601 096.
- **Konsulat der Schweiz:** c/o Hotel Pensión Stein, Av. 4 Norte No. 3-33, Tel./Fax 6534 793.

Immigrationsbehörde

- **D.A.S.:** Av. 3AN No. 50-20, Tel. 6643 809.

Fluggesellschaften

- **Avianca:** Am Flughafen, Tel. 6663 028; im Centro Comercial Chipichape, Cl. 38 No. 6AN-35, Local 8134-4, Tel. 4860 025; im Hotel Intercontinental, Av. Colombia No. 2-70, Tel. 8920 448; oder in den Exito-Märkten.
- **Aerorepública:** Cl. 26N No. 6N-16, Tel. 6601 212.
- **Satena:** Cl. 8 No. 5-19, Tel. 8857 709.
- **Tame:** Cra. 4 No. 12-41, Edificio Seguros Bolívar, Tel. 8839 359.

Unterkunft

Um die Av. Sexta (im Norden)

- **Hotel Casa de Alférez**€€€€: Av. 9 Norte No. 9-24, Tel. 6618 111, zentrale und doch ruhige Lage an einer Allee nördlich des Río Cali. Edles 5-Sterne-Hotel, exquisite Zimmer mit riesigen Fenstern und Balkon.
- **Hotel Don Jaime**€€€: Av. 6N No. 15N-25, Tel. 6672 828, direkt an der Nachtklubmeile Av. 6N in der *zona rosa*. Einige Zimmer mit Balkon. Restaurant.
- **Hotel Pensión Stein**€€€: Av. 4N No. 3-33, Tel. 6614 999 / 6614 927, Fax 6675 346, www.hotelstein.com.co. Feudal anmutendes Anwesen stilvoll in Hanglage, Terrasse mit Blick auf den Garten, 25 gemütliche Zimmer, Pool, gutes Restaurant, Wäscheservice, Park-

möglichkeit. Vorzügliches Frühstück inbegriffen. Schweizer Führung. Schweizer Konsulat. Reservierung empfohlen.

- **Hotel J.J.**€€: Av. 8N No. 14-47, Tel. 6612 964, nahe der *zona rosa* im Norden. Mit Restaurant.
- **Pelican Larry Hostel**€+/€€: Cl. 20N No. 6A Norte 44B, Granada, Tel. 3921 407, www.pelicanlarrycali.com. Neue Globetrotterherberge, große Betten in Schlafsälen bzw. Privatzimmern. Organisiert Spanischunterricht.
- **Hostal Sartor**€+: Av. 8N No. 20-50, Tel. 6686 482 / 6687 443, Fax 6615 037, in direkter Nähe zu Designerrestaurants sowie der Nachtklubmeile Av. 6N. Sicher. Klinisch saubere Zimmer mit Bad, Ventilator, Neonlicht, Matratzen hoher Härtegrade. Auf Wunsch TV. Der italienische Besitzer kocht Spaghetti.
- **Iguana Hostel**€+: Av. 9N No. 22N-22, Tel. 6608 937, Mobil 313 7686 024, www.iguana.com.co. Ruhige Lage im modernen Norden nahe der *zona rosa*. Große Räume, auch Mehrbettzimmer, beliebt bei Globetrottern, Wäscheservice, Internet, Küchenbenutzung. Informationen über Salsa-Unterricht. Schweizer Führung. Reservierung empfohlen.
- **Hostal Kaffee Erde**€: Av. 7N No. 42-30, Mobil 301 4000 914, www.kaffeeerde.com. Kleine, familiäre Globetrotterpension, freundlich, Quelle wertvoller Infos. Im Mehrbettzimmer 7 Euro/Bett, Privatzimmer 15 Euro.
- **Calidad House**€: Cl. 17N No. 9 A Norte-39, Tel. 6612 338, www.calidadhouse.com, auf einem Hügel am Nordende der Cl. 17N. Parkmöglichkeit für Motorräder. Winzige Mehrbettzimmer, Gemeinschaftsbad. Wäscheservice. Etwas chaotischer Globetrottertreff mit vielen Gästen aus Nordamerika. Reservierung empfohlen.

Im Stadtzentrum

- **Hotel InterContinental Cali**€€€€: Av. Colombia No. 2-72, Tel. 8823 225, Fax 8861 000, www.intercontinental.com. Das teuerste Hotel Calis, gelegen südlich des Zentrums, Aussicht über den Río Cali, Päsidentensuite, Kasino, großer Pool, Tennisplatz. Am Wochenende billiger.
- **Hotel Dann Cali**€€€€: Av. Colombia No. 1-40, Tel. 8862 000, Hochhaus gegenüber dem InterContinental.
- **Hotel Aristi**€€€: Cra. 9 No. 10-04, Tel. 8822 521, direkt im Zentrum nahe der Plaza de Gobernación. Gebäude im Art-déco-Stil, etwas antiquiert, Türkisches Bad, Pool auf dem Dach.
- **Hotel La Merced**€€€: Cl. 7 No. 1-65, Tel. 8824 053, direkt in der Altstadt. Restaurant und Pool.
- **Hotel Royal Plaza**€€+: Cra. 4 No. 11-69, Tel. 8839 243, an der Plaza de Caycedo gegenüber der Kathedrale gelegen. Moderne Ausstattung, Ventilator, guter Ausblick von den oberen Etagen auf den wachspalmenbestandenen Park.
- **Hotel Astoria**€€: Cl. 11 No. 5-16, Tel. 8833 253, zentrale Lage an der Plaza Caycedo.
- **Hotel del Puente**€€: Cl. 5 No. 4-36, Tel. 8938 484, Fax 8938 385. Klein, zentral und sauber.
- **Hotel San Antonio Plaza**€€: Cl. 5 No. 5-25, Tel. 6670 426, Fax 8811 748, am Rand der Altstadt.
- **Hospedaje y Café Frances Tostaky**€+: Cra. 10 No. 1-76, Tel. 8930 651, Mobil 300 3551 650, www.cafetostaky.blogspot.com, am Nordende des Parque San Antonio südlich des Zentrums. Kleine, gemütliche Globetrotterabsteige unter französisch-kolumbianischer Führung. Gemeinschaftsbad. Luftige helle Zimmer.
- **La Casa Café**€+: Cra. 6 No. 2-13 San Antonio, Tel. 8937 011, Mobil 316 5217 388, www.lacasacafecali.blogspot.com. Schlicht, aber atmosphärisch, im Café Live-Musik, Theater und Lesungen. Internet.

Essen, Trinken, Unterhaltung

Entlang der **Av. 6 Norte** im Norden der Stadt sowie den nördlich davon gelegenen Vierteln findet sich eine beachtliche Vielfalt von gehobener internationaler Küche und Fusion-Küche bis hin zu luxuriösen Designer-Restaurants. Eine rustikalere Alternative hierzu bieten die modernen Einkaufszentren Calis, die *food courts* nach US-amerikanischem Vorbild besitzen. Im Stadtzentrum dominieren einfache *comida-corriente*-Lokale mit preiswerten regionalen Gerichten – bis auf den südlich angrenzenden Stadtteil **San Antonio,** in dem sich eine extravagante Café-Szene durchsetzt.

Um die Sexta

- **Restaurante La Flor de Canela:** Av. 6Bis N No. 27-50, Santa Monica, Tel. 6676 160, peruanische Küche gehobener Preislage, viele Fischgerichte, eleganter Stil.
- **Restaurante Las Dos Parrillas:** Av. 6N Cl. 35 Esq., Tel. 6670 436 / 6684 646, Fisch und Fleisch vom Grill, sehr gute Steaks.
- **Restaurante Los Girasoles:** Av. 6N Cl. 35 Esq., Tel. 6670 436 / 6684 646, Meeresfrüchte und Fisch zum Weißwein in guter Atmosphäre.
- **Restaurante Balocco:** Av. 6N No. 14N-04, italienische und kolumbianische Küche direkt an der Nachtklubmeile; klein, beliebt, sehr preiswert.
- **Restaurante Granada Faro:** Av. 9N No. 15AN-02, Tel. 6674 625, kreolische und mediterrane Kost unter modernen Gemälden. Gute Salate. Obere Preisklasse.
- **Galería Kafé:** Av. 9AN No. 10N-50, Tel. 6618 806, Galeriecafé mit Gerichten, die afrikanische und asiatische Einflüsse verarbeiten.
- **Restaurante Frango Do Brasil:** Cl. 18N No. 9N-07, Tel. 6675 873, brasilianische Küche.
- **Restaurante Taisú:** Cl. 16 No. 8N-74, Granada, Tel. 6612 281, moderne Sushi-Bar, Gerichte um 10 Euro.
- **Restaurante Carambolo:** Cl. 14N No. 9N-18, Tel. 6675 656 / 6681 806, geöffnet 12–15 und 17–24 Uhr, mediterrane Speisen auf zwei Etagen, mittlere Preislage, hipper Stil, gute Bar.
- **Platillos Voladores Artes Culinarias:** Cl. 14N No. 9N-32, Tel. 6827 011, Fax 6687 588, geöffnet 12–15 und 19–23 Uhr, exotisches *designer food* der Küchenchefin *Vicky Acosta* mit kolumbianischen und internationalen Einflüssen, Spezialsaucen, obere Preislage (ca. 15 Euro).
- **Passion Restaurante:** Cl. 14 No. 9N-04, Tel. 6608 877 / 6608 954, www.passionrestaurante.com, geöffnet 11–15 und 18–23 Uhr, eigene Kreationen mit Fisch, Fleisch, Früchten, obere Preislage.
- **Restaurante Matiz:** Cl. 10 No. 9N-22, gute vegetarische Gerichte, obere Preislage.
- **Centro Comercial Chipichape:** Cl. 38N No. 6N-35, modernes und beliebtes Einkaufszentrum am nördlichen Ende der Av. 6 Norte. Fast Food, Bars, Snackbars, Cafés, teilweise unter freiem Himmel. Idealer vorabendlicher Treffpunkt für Kino- und Nachtklubbesucher. Das hier ansässige **Restaurante Leños y Carbón** (Tel. 6592 043) ist bekannt für seine vorzüglichen Steaks.

In San Antonio und darüber hinaus

- **Restaurante El Escudo de Quijote:** Cl. 4 Oeste No. 3-46, Tel. 8932 917, nahe des Parque El Peñón, erlesene Küche der Chefin *María Claudia Zarama,* Gerichte ca. 10 Euro.
- **Restaurante La Tartine:** Cl. 3 Oeste No. 1-74, Tel. 8936 617, klassisch französische Küche gehobenen Anspruchs, gute Weine.
- **Maki – Sushi Bar:** Cl. 3 Oeste No. 3A-10, Terraza El Peñón, Tel. 6811 950, japanische Küche.
- **Restaurante El Jabalí:** Cl. 3 Oeste No. 27-80, San Fernando, Tel. 6807 184, kalifornische und *cajun*-Küche, spezialisiert auf BBQ, *spare rips* etc.
- **Restaurante Anttonia's:** Cra. 2 Oeste No. 1-07, Tel. 8938 898, geöffnet Mo bis Sa 10–20 Uhr, Caféatmosphäre, leichte französische und italienische Speisen.
- **Restaurante Pan Pa Ya!:** Av. 4 Oeste No. 1-146, Local 5, Tel. 8925 252, mittags Pizza, Pasta, frisch gepressten Saft mit Blick auf die Katzen am Río Cali. Pizza 3 Euro.
- **Luna Lounge:** Cl. 16 No. 103-58, Tel. 3322 457, chinesische Spezialitäten in gepflegtem Ambiente.

Tanzen & Feiern

Kein Besuch der „Hauptstadt des Salsa" ist komplett, ohne die Hüften auf einer *rumba,* d.h. einer hitzigen Party, in den **Nachtklubs und Tanzlokalen an der Av. 6 Norte (Av. Sexta)** oder in den *salsatecas* im nahen Ort **Juanchito (Municipio Candelaria)** gedreht zu haben. Salsa ist hier mehr als nur Musik, es ist der Lebenspuls der ausgelassenen *caleños.* Die besten *rumba*-Tage sind Donnerstag bis Sonntag.

Wer das **Tanzen** erst noch **lernen** will, schaut auf die Aushänge in Globetrotterabsteigen oder wendet sich an die Academia El Manicero (Cl. 5 No. 39-71, Mobil 315 4550 232).

●**Las Brisas de la Sexta** (Av. 6 Norte No. 15N-94, Tel. 6612 996) und **Las Cascadas de la Sexta** (Av. 6 Norte No. 16-22, Tel. 6617 619) sowie die etwas abseits gelegene **Zaperoco Bar** (Av. 5 Norte No. 16N-46, Tel. 6612 040, www.zaperocobar.com) gehören zu den beliebtesten Discos im Norden. Außerdem angesagt: **Kukaramakara** (Cl. 28N No. 2Bis-97, Tel. 6535 389, www.kukaramakara.com, Do bis Sa, mit Salsa-Bands, aber auch Elektro) sowie **Blues Brothers** (Av. 6AN No. 21N-40, Tel. 6613 412, Live Rock, Jazz) und **El Saloon** (Av. 9N No. 13N-01, Piso 2, Tel. 6614 116, www.elsaloon.com).

●Gut ist auch **Grill La Bodega Cubana** (Cra. 40 No. 9B-93, Tel. 5130 441, per Taxi).

●**Tin Tin Deo** (Cl. 5 No. 38-71, Tel. 5141 537) ist vielleicht die berühmteste *salsateca* im südlichen Stradtzentrum, besucht vor allem von Studenten. An der Cl. 5 befinden sich auch die Klubs **Baco** (Cl. 5 No. 13-23), **Rumba Club Discoteca** (Cl. 5 No. 63-35) und **Candilejas** (Cl. 5 No. 66-84).

●Der kleine Ort **Juanchito** am anderen Ufer des Río Cauca (ca. 12 km östlich von Calis Zentrum, erreichbar per Taxi) wird mehrheitlich von Afro-Kolumbianern bewohnt und gilt als legendärer, manchmal aber chaotischer und unberechenbarer **Mittelpunkt der Salsa-Nachtkultur.** Um 2 Uhr morgens beginnen die Tanzdielen zu brennen, und das Blut der Feierwütigen erreicht den Siedepunkt. Das Feuer lodert bis 5 Uhr. Mittlerweile berühmt sind die *salsatecas* **Changó** (km 3 Vía a Cavasa, Tel. 6629 701 / 4359 045), **Agapito** (nebenan, So schon ab 14 Uhr für die älteren Semester), **Don José** (Tel. 6629 701), **Citron** (Tel. 6630 023) und **Parador** (alle nahebei), wo viele professionelle Tänzer ihr Können zeigen.

●Über das Hotel InterContinental Cali (Av. Colombia No. 2-72) lässt sich an Wochenenden eine **Nachtklubtour** per Party-Chiva organisieren (Anbieter: Viajes Oganesoff, Tel. 8920 656 / 8924 389).

●Männer, die auf Männer stehen, gehen zunächst zum Essen und Chill-out in die **Casa del Arte** (Cl. 44 No. 4-31, La Flora, Tel. 6828 181, www.cafecasadelarte.com) und feiern anschließend in der Großraumdisco **Lulú Latino** (km 2 Vía Yumbo, Mobil 314 6887 364, www.luludisco.com; elektronische Musik).

Theater & Kino

●**Teatro Municipal Enrique Buenaventura:** Cra. 5 No. 6-64, Tel. 6843 578 Ext. 106, www.teatromunicipal.net, im französischen Neoklassizismus errichtet, 1927 eingeweiht, Platz für 1200 Besucher. Theaterdarbietungen, Konzerte, Ballett.

●**Teatro Jorge Isaacs:** Cra. 3 No. 12-28, Tel. 8899 322 / 8890 320, www.teatrojorgeisaacs.com, 1931 von *Herman Bohmer* errichtetes, mit vorzüglicher Akustik ausgestattetes Theater.

●**Teatro Experimental de Cali (TEC):** Cl. 7 No. 8-61, Tel. 8843 820, avantgardistische Prägung, gegründet 1962 von dem durch *Bertholt Brecht* beeinflussten „Vater des kolumbianischen Theaters" *Enrique Buenaventura* (1925–2003), der auf dem Theatergelände unter einem Mangobaum begraben liegt.

●**Cinemateca La Tertulia:** Av. Colombia No. 5-105 Oeste, Tel. 8932 939, Teil des Museo de Arte Moderno La Tertulia, experimentelles Kino, Autorenfilme.

●**Centro Comercial Chipichape:** Cl. 38 Norte No. 6N-35, internationalen Standards entsprechendes Mainstreamkino, US-amerikanische und (seltener) kolumbianische Filme zu Popcorn und Hot Dog.

Verkehrsverbindungen

Busse

●Der moderne **Terminal de Transportes** (Busbahnhof, Cl. 30N No. 2AN-29, www.terminalcali.com, mit Restaurants, Wechselstube, Geldautomaten, Hotelreservierung, Gepäckaufbewahrung) liegt im Nordosten der Stadt an der Av. 2 Norte, etwa 30 Min. zu Fuß vom Stadtzentrum (der Av. 2N folgend am Río Cali entlang), besser per Taxi.

- **Nach Bogotá** (10 Std./27 Euro) fahren stündlich Überlandbusse z.B. der Gesellschaften Expreso Bolivariano, Velotax, Flota Magdalena und Expreso Palmira. Regelmäßige Verbindungen auch **nach Popayán** (3 Std./5 Euro), **Pasto** (9 Std./17 Euro), **Ipiales** (11 Std./24 Euro), **Buenaventura** (mit Expreso Palmira 3 Std./8 Euro), **Palmira** (1 Std./2 Euro), **Buga** (1,5 Std./3,50 Euro), **Cartago** (4 Std./10 Euro), **Armenia** (4 Std./10 Euro), **Medellín** (10 Std./24 Euro).

Flugzeug

- Der internationale **Aeropuerto Alfonso Bonilla Aragón** (auch Aeropuerto Palmaseca genannt) befindet sich ca. 18 km nordöstlich der Stadt auf dem Weg nach Palmira. Etwa alle 15 Min. pendeln Minibusse zwischen dem Busbahnhof in Cali und dem Airport (40 Min./3 Euro). Ein Taxi kostet etwa 20 Euro.
- Es gibt **Flüge nach Bogotá, Medellín und Cartagena,** aber auch **nach Guapi** (mit Satena) und **nach Quito** (mit Tame).

Haciendas El Paraíso & Piedechinche

↗ XV/C3

Ca. 40 km nordöstlich von Cali befinden sich **zwei Musterbeispiele feudaler Lebenskunst** im Cauca-Tal des 19. Jh., zwei **Zuckerplantagen,** deren Besuch einen interessanten Tagesausflug ergibt.

Hacienda El Paraíso

Von der Terrasse des 1828 erbauten Herrenhauses der Hacienda El Paraíso blickt man zwischen knorrigen Samanbäumen und den Säulen der Königspalmen hindurch in die blaue Ferne des Cauca-Tals, welches sich mit seinen Zuckerrohrfeldern bis in die Unendlichkeit zu dehnen scheint. Das auch **Casa de la Sierra** genannte Gebäude steht am Fuße der menschenleeren und wilden Zentralkordillere inmitten eines von kleinen Wasserläufen durchwirkten Blumengartens mit Rosen und Helikonien. Es gehörte zwischen 1855 und 1858 den Eltern des Soldaten, Schriftstellers, Poeten und liberalen Politikers **Jorge Isaacs** (1837–1895), der 1867 mit dem teilweise autobiografischen **Roman „María"** das ein Jahrhundert lang bekannteste Buch Lateinamerikas verfassen sollte: das tragische Liebesdrama um Großgrundbesitzersohn *Efraín* und seine elternlose Cousine *María,* eine Geschichte, die Generationen junger Kolumbianer und sogar ganze Schulklassen synchron zu Tränen gerührt hat. *Efraín* muss nach Europa, um seine Bildung zu vervollkommnen. *María* bleibt im Hause der Eltern *Efraíns* zurück. Sie wird sterbenskrank, und noch bevor *Efraín* zurückkehrt, ist sie tot. Vor dem Grundstück befindet sich der Felsen,

colo160 Foto: ib

Hacienda El Paraíso

bei dem sich *Efraín* und *María* ihre gegenseitige Liebe versicherten. Im Haus lebt die Atmosphäre des 19. Jh. fort; der Wind streicht durch den Baldachin der Betten; an der Wand hängen Gewehre und Kupferstiche. Geöffnet Di bis So 9–16.30 Uhr, Eintritt 2 Euro, Tel. 2562 378 / 5583 466.

Hacienda Piedechinche (Museo de la Caña de Azúcar)

Im Herzen der von ausgedehnten Zuckerpflanzungen bedeckten Ebene des Cauca-Tals befindet sich das Anwesen Piedechinche. Man erreicht es über eine baumgesäumte Einfahrt, die kein Ende nehmen will. Das von dicken Adobemauern eingefasste einstöckige Kolonialhaus stammt aus dem 18. Jh. Nahebei steht die *trapiche* – die Zuckermühle. An die Casona schließt sich ein **weitläufiger Park von erlesener Schönheit** an, mit Blumen und Bäumen aus unterschiedlichen Regionen Kolumbiens. Bei einem Gartenrundgang erhält der Besucher Informationen über die **Geschichte des Zuckerrohranbaus,** Techniken der Saftgewinnung und des traditionellen Hausbaus. Geöffnet Di bis So 9–16 Uhr, Eintritt 3 Euro, Tel. 6670 196, Fax 5506 076 / 5506 034, museodelacana @ingprovidencia.com.

Verkehrsverbindungen

- **Von der Cra. 17 in Buga** fahren **Busse über Amaime nach Palmira; vom Busterminal in Cali** fährt das Unternehmen Codetrans Palmira (Tel. 6681 704) **nach Amaime** (1,5 Std./ 2,50 Euro). Alternativ reist man von Cali mit einem über Palmira nach Buga gehenden Bus oder *colectivo* und bittet den Fahrer, in Amaime zu halten, oder man fährt erst nach Palmira, wohin ständige Verbindungen bestehen (1 Std./2 Euro), und steigt dort um in Richtung Amaime.
- **In Amaime** warten an dem nach Osten durch Zuckerrohrfelder und Weingüter führenden Abzweig *colectivos,* die El Paraíso (12 km) bzw. Piedechinche (5,5 km) ansteuern. Ein Taxi kostet ca. 8 Euro. Es ist möglich, an der wenig befahrenen Landstraße zwischen Amaime und den Haziendas zu trampen. Nach ca. 2,5 km gabelt sich die Landstraße; geradeaus geht es nach El Paraíso, rechts nach Piedechinche.

Buga

↗ XV/C2

Überblick

- **Bevölkerung:** 100.000 *bugueños*
- **Meter über NN:** 970
- **Temperatur** (im Durchschnitt): 23 °C

4 km östlich des Río Cauca liegt der hübsche **Wallfahrtsort** Buga, welchen man in der fruchtbaren Ebene des Cauca-Tals schon von weitem an den rötlichen Doppeltürmen der Basilika und den Millionen gebrannten Dachziegeln der vielen flachen Kolonialhäuser erkennt. Typische, **gut erhaltene Kolonialbauten** sind die weitläufige, nach außen fast fensterlose Casona de la Familia Salcedo Materón (Cra. 15 und Cl. 5 Esq.) sowie die vieltürige Casona Molina (Cra. 15 und Cl. 4) mit ihren Reliquienhändlern.

Die voll erblühte, gemütliche Stadt wird von hellhäutigen Kreolen bewohnt, denen es aufgrund jährlicher Pilgerscharen sowie exzellenter Verkehrsanbindungen nach Cali, Buenaventura sowie in die Kaffeeprovinzen ökonomisch gut geht. Im Umland dominieren Rinderzucht, Zuckerrohr- und Baumwollfelder, Kochbananen- und Kakaoplantagen. Buga ist ein guter **Ausgangspunkt für den Besuch der Laguna de Sonso** und des Nationalparks Las Hermosas.

Geschichte

Viermal, so heißt es, wurde die Stadt Buga gegründet (zuerst von *Capitán Giraldo Gil Estupiñán,* der bald einer Attacke der *Pijaos* zum Opfer fiel), und mehrmals im Laufe der Geschichte zogen ihre Bewohner um in andere Gegenden, bis sie sich dauerhaft am heutigen Standort ansiedelten. In ihrer Anfangszeit, östlich in den Bergen der Zentralkordillere, **wechselte die** Siedlung ihren **Namen,** hieß 1555 Nueva Jérez de los Caballeros und 1570 Guadalajara de Nuestra Señora de la Victoria; ihren aktuellen Namen bekam sie dann 1573: Guadalajara de Buga.

Die **Bugas,** Indigene karibischer Herkunft, lebten zur Zeit der Konquista in der Region und verteidigten sich mutig, aber erfolglos gegen die spanischen Eindringlinge.

Als prominentester *bugueño* gilt **General José María Cabal,** der im Unabhängigkeitskrieg an *Antonio Nariños* Südfeldzug teilnahm, Popayán von den Königstreuen eroberte, aber später von diesen gefangen genommen und 1816 hingerichtet wurde. Die üppig bewachsene Plaza, das Herz von Buga, ist nach ihm benannt. Ganz in der Nähe logierte am 11. Januar 1822 *Simón Bolívar;* daran erinnert eine Plakette am Haus neben der Catedral de San Pedro.

1908 war Buga Hauptstadt des **Departamento de Buga,** das bald darauf mit dem Departamento de Cali vereinigt und zum heutigen Departamento Valle del Cauca umgeformt wurde.

Orientierung

Bugas **Altstadt** sieht von oben aus wie ein Schachbrett mit acht mal sieben von rechtwinkligen Straßen getrennten quadratischen Blocks. Im Süden ist sie durch den Río Guadalajara begrenzt, im Westen durch Eisenbahnschienen. Einen Orientierungspunkt bildet die schattige **Plaza José María Cabal** (Cra. 14 und 15 mit Cl. 6 und 7) ebenso wie die **Basílica del Señor de los Milagros** mit der auf sie zuführenden Cl. 4. Wichtigste Geschäftsstraße ist die Cra. 14.

Sehenswertes

Basílica del Señor de los Milagros

Dieses 1907 eröffnete zweitürmige Gotteshaus (Cra. 14 No. 3-62, Tel. 2282 823, Fax 2271 021) ist der Grund für jährlich eine Million und mehr **internationale Pilger,** insbesondere während der zweiten Septemberwoche Buga zu besuchen. Die 33 Meter hohe Kirche ersetzte nach 19 Jahren Bauzeit, welche sich durch den Krieg der Tausend Tage und fortwährendes Chaos drastisch verlängert hatte, ihre marode Vorgängerin.

Die **Legende** berichtet, wie um 1580 in einer Strohhütte am Ufer des Río Guadalajara eine alte Indianerin lebte, die die Kleider anderer Leute wusch und sich ihr Geld vom Munde absparte, um ein vom Priester geweihtes Kruzifix kaufen zu können. Als sie schließlich die 70 Reales zusammen hatte, ging sie zum Priester, doch unterwegs traf sie einen todunglücklichen Mann: Es war ein Familienvater, der aufgrund einer Schuld von exakt 70 Reales in

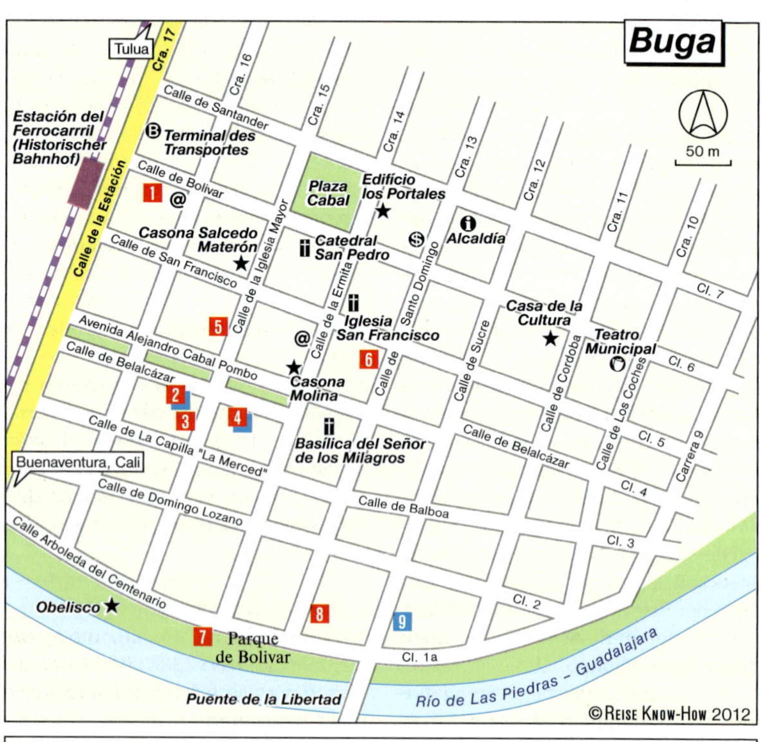

Übernachtung
1 Hotel El Turista
2 Hotel Meson España
3 Hotel Piaza
4 Hotel Casa del Peregrino
5 Hotel Los Faroles
6 Buga Hostel
7 Hotel Guadalajara
8 Hostal del Regidor

Essen, Trinken, Unterhaltung
2 Restaurante Meson España
4 Restaurante el Peregrino
9 Castillo Feudal

den Kerker sollte. Die gutherzige Alte tilgte seine Schuld, worauf er sie segnete. Als sie Tage später wieder bei der Wäsche am Fluss saß, trieb die Strömung ihr ein kleines Kruzifix in die Hände – ihr Wunsch war endlich in Erfüllung gegangen. In der Folge ereigneten sich viele wundersame Begebenheiten – so schwoll das Kruzifix über Nacht auf seine heutige Größe an, dann wieder schwitzte es Heil bringenden Balsam aus ... Mehr und mehr Pilger kamen in die Hütte der Wäscherin; später wurde eine Kapelle zur Aufbewahrung der Christusfigur errichtet.

Und so befindet sie sich heute in der Basilika: die dunkelbraune, goldumwirkte **Statue des gekreuzigten Christus,** vor der die Wallfahrer ihre Bitten und Dankesgebete sprechen. Jeden Tag gibt es mehrere Messen, jeden 14. Tag des Monats wird ein besonderes Gebet an den *Señor de los Milagros,* den Herrn der Wunder, gerichtet.

Edificio los Portales

Das lang gestreckte, architektonisch interessante Gebäude mit seinen 23 Frontarkaden nimmt die östliche Stirn der Plaza Cabal ein (Cra. 14 und Cl. 7). Unten befinden sich Läden, oben großzügige Wohnungen. Es wurde 1897 von dem Deutschen **Joseph Binder,** dem berühmten *Hermano Silvestre,* für die Salazar-Familie an der Stelle errichtet, wo sich einst das Haus von *Don Rodrigo Diez de Fuenmayor* befand. *Fuenmayor* hatte 1573 Teile seiner Ländereien zur Verfügung gestellt, damit die Stadt Buga hierher verlegt werden konnte. *Binder,* der „Wilde Bruder“, errichtete in Buga auch das Gebäude des heutigen **Hostal del Regidor** (Cl. 1 No. 12-74) sowie den **Puente de la Libertad** über den Río Guadalajara (Cra. 12 und Cl. 1).

Catedral de San Pedro Apóstol (Iglesia Mayor)

An der Plaza Cabal (Cra. 15 und Cl. 6 Esq.) befindet sich die **älteste und wohl schönste Kirche Bugas,** die Peterskathedrale, deren Fundament noch aus dem 16. Jh. stammt. Nach dem Erdbeben von 1766 wurde der altspanische Turm mit den drei freihängenden Glocken wieder aufgebaut. Der mit Gold und Silber verzierte Altar ist eine Arbeit des *payanés Sebastián Usiña.* Messen finden montags und täglich nach Sonnenuntergang statt.

Iglesia de San Francisco de Asís

Der Bau dieser **Kapelle** (Cra. 14 und Cl. 5 Esq.) im Jahre 1745 wird dem deutschen Jesuiten *Simon Schönherr* zugeschrieben. Nach Vertreibung der Jesuiten zogen Franziskaner ein, die bis 1970 blieben.

Teatro Municipal

Das im frühen 20. Jh. erbaute Stadttheater „Ernesto Salcedo Ospina“ (Cra. 10 und Cl. 6 Esq) wird bereits seit Jahren restauriert.

Obelisco Faro Monumento Cabal Pombo

Am Ufer des steinigen Río Guadalajara, inmitten eines Haines (Cl. 1 zwischen Cra. 14 und 15), ragt ein **Leuchtturm** empor, der eigentlich keiner ist:

Das begehbare und nachts illuminierte Denkmal soll symbolisch bis zum Stillen Ozean hinunter strahlen; es wurde in den 1950ern zu Ehren von **Dr. Alejándro Cabal Pombo** (1897–1949) aufgestellt, des Juristen, Politikers, Modernisierers, Geschäftsführers des Hotels Guadalajara und vor allem Vorkämpfers für den Bau der wichtigen Pazifikstraße Buga - Madroñal - Buenaventura. Eine Inschrift fordert Reisende zur Erinnerung auf: „Viajero: Detente y recuerda que Alejándro Cabal Pombo avecindó media republica al Mar."

Informationen & wichtige Adressen

Touristeninformation

- **Alcaldía (Palacio Municipal),** Cra. 13 No. 6-50, Tel. 2280 360 / 2285 750, geöffnet Mo bis Fr 8–12 und 14–17.30 Uhr.

Internetcafés

- Z.B. Cl. 6 No. 16-21 oder Cra. 15 No. 5-59.

Geldwechsel

- **Banken nahe der Plaza Cabal,** z.B. Bancolombia, Cra. 13 No. 6-67; Banco de Bogotá, Cl. 6 No. 13-32; Banco de Occidente, Cl. 6 No. 13-39; Banco Popular, Cl. 6 No. 13-65.

Unterkunft

- **Hotel Guadalajara**€€€+: Cl. 1 No. 13-33, Tel. 2361 111, www.hotelguadalajara.com.co, in einem schönen Garten am Río Guadalajara drei Blocks von der Basilika. Kalifornischer Baustil. 4-Sterne-Hotel mit Parkmöglichkeit, Pool, Sauna, gutem Restaurant, Bar, Disco. Geeignet für Familien. Man kann das traditionelle *sapo* spielen. Oft Spezialtarife.
- **Hostal del Regidor**€€+: Cl. 1 No. 12-74, Tel. 2274 000. Einstöckiges Schmuckkästchen, errichtet 1910–15 von *Joseph Binder.* Nach Restaurierung seit 1988 Hotel. Großer Patio, 23 komfortable Zimmer.
- **Hotel Casa del Peregrino**€€: Cl. 4 No. 14-45, Tel. 2280 308, Fax 2278 146. Großes Hotel für gut situierte Pilger in der Fußgängerzone nahe der Basilika, mit geräumigem Restaurant, Parkmöglichkeit, Zimmer mit Balkon zum Boulevard.
- **Hotel Los Faroles**€€: Cra. 15 No. 4-16, Tel. 2274 990, flaches Stadthaus im Kolonialstil einen Block von der Basilika an der Fußgängerzone. Gepflegtes Ambiente, gemütlicher Patio.
- **Hotel Meson España**€+: Cl. 4 No. 15-56, Tel. 2271 883, Fax 2280 069. Pilgerhotel in der Fußgängerzone, Pool, Parkmöglichkeit, Restaurant.
- **Hotel Ilama**€+: Cl. 4 No. 16-48, Tel. 2275 941. Großer Innenhof mit Blumentöpfen, sauber.
- **Hotel Piaza**€+: Cra. 15 No. 3-31, Tel. 2273 333 / 2279 721. Klein, freundlich, gepflegt und ruhig, familiäre Atmosphäre, viele Pflanzen, einige Singvögel, Zimmer mit Bad.
- **Buga Hostel**€: Cra. 13 No. 4-83, Tel. 2367 752, http://bugahostel.com. *Stefan Schnur* führt diese einfache, saubere Herberge mit Gemeinschaftsküche und -bad. Dachterrasse. Der Besitzer braut eigenes Bier und bäckt Sauerteigpizza.
- **Hotel El Turista**€: Cl. 6 No. 16-47, Tel. 2273 975. Nahe der Eisenbahnstation, sauber.

Essen, Trinken, Unterhaltung

- Die meisten **Restaurants** sind auf Pilgerströme sowie auf Wochenendausflügler aus Cali ausgerichtet; sie bieten zu Mittag rustikales *ranchero*-Ambiente entlang des auf die Basilika stoßenden Fußgängerboulevards **Cl. 4**, so z.B. die **Restaurants El Peregrino** sowie **Meson España,** die jeweils gute *bandeja paisa* zubereiten.
- An der **Plaza Cabal** (Cra. 14 und 15 mit Cl. 6 und 7) finden sich authentische Broilerstuben, eine Billardhalle und abends fliegende Imbissverkäufer mit Grillfleisch. Hier trifft man auf müßige *bugueños,* auf herumziehende Schausteller, Magier und Scharlatane.

•Manchmal öffnet das **Restaurant im Castillo Feudal** (Cra. 12 und Cl. 1 Esq), einer 1918 für *Doña Cristina Rivera Escobar,* der Witwe von *Don Absalón Fernández de Soto Torneros* und von *Don Braulio Delgado Solarte* sowie dritten Frau des Gouverneurs des Departamento de Buga, *Dr. Don Luis Felipe Campo Zapata,* errichteten, ziemlich kitschigen schlossähnlichen Villa.

Verkehrsverbindungen

•Westlich des Stadtzentrums verläuft der Eisenbahnschienenstrang Palmira – Tuluá. Parallel dazu braust die **Panamericana** (**Cra. 17** = Cl. de la Estación). Direkt von dieser Durchgangsstraße fahren nahe der Eisenbahnstation die Fernbusse ab.

•**Nach Cali** (1½ Std./3,50 Euro), **nach Tuluá** (30 Min./2 Euro) sowie in andere Städte des Cauca-Tals fahren ganztägig ständig **Busse.** Regelmäßige Verbindungen bestehen z.B. **nach Palmira** (über **Amaime**), **Cartago, Armenia, Buenaventura.**

•Das Unternehmen Lineas Panorama, gern genutzt von Geschäftsleuten, unterhält moderne klimatisierte **Kleinbusse;** z.B. Direktverbindung **nach Cali** (4 Euro) und **Armenia** (5 Euro) – ein wenig teurer als üblich. Bushaltepunkt: Cra. 17 und Cl. 4 Esq. (am anderen Ende des zur Basilika führenden Boulevards), etwas südlich der Eisenbahnstation.

Laguna de Sonso

•**Meter über NN:** 940
•**Temperatur** (im Durchschnitt): 23°C

Am Ostufer des **Río Cauca,** südlich der Cauca-Brücke, die Buga mit Yotoco verbindet, liegt **Puerto Bertín,** eine Ansammlung von Fischerkaten und Hirtenhütten, die aus Zivilisationsabfällen, Bierkisten, Bambus und Adobe bestehen. Eine vor der Brücke abgehende Fahrspur verläuft durch diese Siedlung und führt nach Süden in eine **Auenlandschaft** mit *chamburo*-Bauminseln, in deren Schatten Zebu-Rinder wiederkäuen – in steter Begleitung ihrer Kameraden, weißer Zwergreiher. Nach 2 km erreicht der Deichweg den Waldrand; hier befindet sich die Station der Corporación Autonoma Regional del Valle del Cauca (CVC), die für das **Naturreservat** Laguna de Sonso verantwortlich ist und über lokale Fauna und Flora informiert. Entlang toter Flussmäander *(madreviejas)* schlängelt sich ein Anglerpfad durch den üppiger werdenden, von der begehrten Katzenkralle *(uña de gato)* umklammerten **Sumpfwald** immer weiter nach Süden und endet an einer Überschwemmungswiese, die konturlos in die **weite, seichte Lagune** übergeht. Auf der Wiese erhebt sich ein Aussichtsturm.

Das seit 1978 geschützte Feuchtgebiet – nach umfassenden landwirtschaftlichen Entwässerungsprojekten im 20. Jh. nunmehr das letzte seiner Art im ganzen Cauca-Tal – umfasst 20,45 km², davon 7,45 km² Wasser. **162 Vogelarten** wurden gezählt, darunter Mangrovenreiher, Schlangenhalsvogel, Meerrabe (Kormoran), Eisvogel, Schwarzer Ibis. Die Fischer fangen in der Lagune Silberwelse, *bocachicos* und *bagresapos.*

Praktische Informationen

•**Unterkunft:** In der Station des CVC-Naturwarts (südlich von Puerto Bertín) können Hängematten aufgespannt werden; auf dem Hof ist Biwakieren im eigenen Zelt möglich.

• **Verkehrsverbindungen:** Buga nach Osten in Richtung Buenaventura verlassend, zweigt bereits nach 4 km direkt vor der Brücke über den Río Cauca eine Fahrspur nach links ab. Ist man mit dem von Buga nach Yotoco fahrenden Bus gekommen, steigt man hier aus; manche Taxen (bis hierher ca. 3,50 Euro) fahren gegen Aufpreis weiter zum Naturwart.

Departamento Cauca

Überblick & Geschichte

• **Fläche:** 29.308 km²
• **Einwohner:** 1,3 Mio. *caucanos*

Die Pazifikinseln Gorgona und Malpelo, eine sumpfige Mangrovenküste, dichter, dampfender Küstendschungel, die zerklüftete Bergwelt der Westkordillere, das fruchtbare Tal des oberen Río Cauca und die majestätischen schneebedeckten Vulkane Puracé und Pan de Azúcar in der Zentralkordillere zeichnen im Departamento Cauca das Bild einer **Landschaft, wie sie kontrastreicher kaum vorstellbar ist.**

Doch auch kulturell gehört Cauca zu den vielseitigsten Regionen Kolumbiens: Während im Cauca-Tal **Mestizen und Weiße** Rinder züchten oder Gemüse anbauen und mit Popayán eine Perle kolonialer Baukunst geschaffen haben, bevölkern vor allem **Nachfahren** ehemaliger **afrikanischer Sklaven** das insgesamt dünn besiedelte Flachland am Stillen Ozean, wo sie Subsistenzwirtschaft betreiben, sich von Fischfang, Kochbananen, Zuckerrohr und Maniok *(yuca)* ernähren und ihre Traditionen pflegen. Die **Guambianos** und die **Nasa (Paez),** zwei der größten indigenen Völker in Kolumbien, leben nach uralten Stammesgesetzen in Dorfgemeinschaften im Osten des Departamento, an den Hängen der Zentralkordillere. Sie kultivieren Kartoffeln, Mais, Kaffee, Zwiebeln, Bohnen und Tomaten.

Im geheimnisumwobenen **Tierradentro,** einer zum UNESCO-Kulturerbe der Menschheit gehörenden archäologischen Region, befinden sich einzigartige, mit Petroglyphen verzierte Schachtgräber aus vorspanischer Zeit, deren Besuch unvergesslich ist.

Der beinahe unzugängliche, in die Amazonastiefebene hineinragende Südosten des Departamento (genannt **La Bota Caucana**) verfügt über Erdöllagerstätten. Dieses Gebiet entzieht sich – wie andere abgelegene Teile des Departamento Cauca – noch immer staatlicher Einflussnahme.

Jener berühmte spanische Konquistador **Sebastián de Belalcázar,** welcher einer Überlieferung zufolge als junger Mann sein Mutterland nur deshalb verließ, weil er dort einen im Schlamm stecken gebliebenen Esel zu Tode geprügelt hatte und als armer Bauernsohn harte Bestrafung für diese Tat fürchten musste, unterwarf auf der Suche nach El Dorado das Gebiet des

Campesinos in der Zentralkordillere

oberen Cauca ab 1536, nachdem er sich in den Jahrzehnten zuvor um die Eroberung Nicaraguas und Perus bemüht hatte.

Cauca spielte eine wichtige Rolle während des zwischen herrschenden zentralistisch-konservativen Kräften auf der einen Seite und liberalen Rebellen unter *Tomás Cipriano de Mosquera* auf der anderen Seite ausgetragenen Bürgerkrieges von 1860–1862, der mit dem Sieg der Liberalen und der Gründung der Vereinigten Staaten von Kolumbien endete: Direkter Auslöser des Krieges war die provokante Unabhängigkeitserklärung des **Estado Cauca** vom Rest der Nation, der damaligen Confederación Granadina, am 8. Mai 1860.

Im Nordosten des Departamento, einer traditionellen **FARC-Hochburg,** trug sich eine der düstersten Episoden in der langen und verwickelten Geschichte der Guerillabewegung zu: Der wegen Drangsalierung der Bauern ohnehin schon berüchtigte *José Fedor Rey* alias *Javier Delgado,* der später nur noch **„El monstruo de los Andes – das Monster der Anden"** genannt werden sollte, spaltete sich 1983 von den FARC ab und kämpfte mit seinen Leuten im *Comando Ricardo Franco Frente-Sur* (Kommando Ricardo Franco Südfront) auf eigene Rechnung weiter. Zur Jahreswende 1985/86 ließ der Dissident aus Gründen, die bis heute im Dunkel liegen, fast alle seiner Mitstreiter umbringen. Später wurden

colo043 Foto: ib

mehrere Massengräber entdeckt, die auf sein Konto gingen, darunter eines nahe Tacueyó (Municipio Toribío) mit allein schon 164 Leichnamen.

Das Departamento Cauca war ab 1984 auch Hauptoperationsgebiet der neu gegründeten **indianischen Guerillabewegung Quintín Lame** (benannt nach jenem berühmten Indio-Führer, der 1915 mit 6.000 aufständischen Indigenen für die Wiedererlangung alter Landrechte eintrat). 1990 kehrte die Guerillagruppe in die Legalität zurück und entsandte einen Repräsentanten in die Verfassunggebende Versammlung.

Popayán

↗ XVIII/B2

Überblick

- **Bevölkerung:** 250.000 *payanéses/patojos*
- **Meter über NN:** 1.740
- **Temperatur** (im Durchschnitt): 19 °C

Popayán gilt – neben Cartagena und Mompós – als wohl beeindruckendste Kolonialstadt Kolumbiens. Die wegen ihrer streng konturierten zweigeschossigen, meist schneeweiß getünchten Fassaden **„Ciudad blanca"** genannte **Hauptstadt des Departamento Cauca** liegt im Tal des Río Pubenza am Fuße des Westhanges der Zentralkordillere innerhalb eines Ringes aus noch nicht gänzlich unter staatlicher Kontrolle befindlichen Gebieten. Reisende dürfen sich in der Stadt jedoch generell sicher fühlen.

Altehrwürdige religiöse Bräuche, Relikte kolonialer Pracht sowie ein unkonventionelles, modernes Künstler- und Studentenmilieu prägen das Flair Popayáns. Keine andere Stadt hat mehr Intellektuelle, Revolutionäre, Bischöfe und Präsidenten hervorgebracht als das bezaubernde kleine Popayán, sodass sich die aus dem 19. Jh. stammende Redensart **„Todo el mundo es Popayán – Die ganze Welt ist Popayán"** noch immer gewisser Popularität erfreut, da man überall im Land auf illustre Söhne und Töchter der Universitätsstadt trifft.

Geschichte

Der **Stadtname** leitet sich möglicherweise vom Kaziken *Payán* ab, der zu präkolonialen Zeiten als Häuptling der Indianer des Cerro de la Eme herrschte. Oder aber das Wort „Popayán" stammt aus einem vergessenen Dialekt und bedeutet „Zwei Strohweiler". Offiziell 1537 durch *Sebastián de Belalcázar* gegründet, bewirkte die strategische Positionierung der Stadt auf halber Strecke der Route Bogotá – Quito sowie im Einzugsgebiet der Pazifikregion mit seinen Goldlagerstätten einen **schnellen Aufschwung:** Spanische Rinder- und Zuckerbarone, Minenbosse, Kirchenorden und Gelehrte siedelten sich gleichermaßen im ewigen Frühling Popayáns an. Am 31. März 1983 erschütterte ein 18 Sekunden dauerndes **Erdbeben** die „Weiße Stadt" und tötete 250 ihrer Bewohner. Der liebevolle Wiederaufbau dauerte fast zwei Jahrzehnte.

Orientierung

Die wie ein Schachbrett angelegte **Altstadt** mit zehn mal zehn von rechtwinkligen Straßen getrennten Blocks *(bloques/cuadras),* die fast sämtliche Sehenswürdigkeiten beherbergt, liegt südwestlich des kleinen Río Molino, welcher in den einige Kilometer nördlich fließenden Río Cauca einmündet. Das Zentrum der Stadt ist der **Parque Caldas. Flughafen** und **Busbahnhof** befinden sich nördlich der Altstadt (Cra. 11). Die Cra. 9 führt nach Nordosten über den Río Cauca hinweg in die Neustadt.

Sehenswertes

Parque Caldas

Der Parque Caldas, ein einstiger Marktplatz (zwischen Cra. 6 und 7 sowie Cl. 4 und 5), auf dem *Belalcázar* sein Schwert schwang und die erste Messe abhalten ließ, ist das **historische Herz der Stadt.** Er wird gesäumt von Gebäuden kolonialen Ursprungs, in denen Banken und die Regierung des Departamento Cauca ihren Sitz haben. In der Mitte des Platzes, wo heute das Denkmal von *Francisco José de Caldas* steht, fanden bis 1766 Hinrichtungen statt. Einer der vielen hier Enthaupteten war der berüchtigte Rebell *Alvaro de Oyón* (ein Plünderer des alten San Juan de Neiva).

Die Südwestflanke des von hohen Palmen bestandenen Platzes nimmt die imposante schneeweiße Kathedrale **Basílica Metropolitana Nuestra Señora de la Asunción** (Tel. 8241 710) ein. Erdbeben zerstörten ihre drei Vorläufer. Die Kuppel des von 1856–1906 wiederaufgebauten neoklassizistischen Gotteshauses stürzte beim Erdbeben von 1983 ein, wurde aber erneuert.

An der Kreuzung Cra. 7 und Cl. 5 steht die viereckige, 1673–1682 aus 96.000 Ziegeln errichtete **Torre del Reloj,** der Uhrenturm, ein Symbol Popayáns, mit seiner 1737 aus London gebrachten Uhr, die nur einen einzigen Zeiger hat. Zwei Bleigewichte, welche den Mechanismus des Uhrwerks antrieben, ließ *Antonio Nariño* während des Unabhängigkeitskrieges zu Munition umschmelzen. Der Poet *Guillermo Valencia* nannte den Uhrenturm „La Nariz de Popayán – Die Nase von Popayán".

Die Brücken von Popayán

Die berühmteste Brücke ist der kleine, aus Ziegeln gebaute und mit Katzenköpfen gepflasterte **Puente de la Custodia,** welcher ein paar Schritte westlich der Cra. 6, fast versteckt unter überhängenden Zweigen, in engem Halbbogen den Río Molino überspannt. 1713 für Priester konstruiert, erlaubte er diesen, die Elenden nördlich der Stadt aufzusuchen, ihnen Trost zu spenden und Gottes Wort zu Gehör zu bringen. Auch *Bolívar* ritt über die Brücke.

Direkt daneben, in Fortsetzung der nach Norden aus der Altstadt führenden Cra. 6, befindet sich der gleichfalls über den Río Molino gehende **Puente del Humilladero,** erbaut 1873 aus mit *calicanto* (einem Gemisch von Kalk,

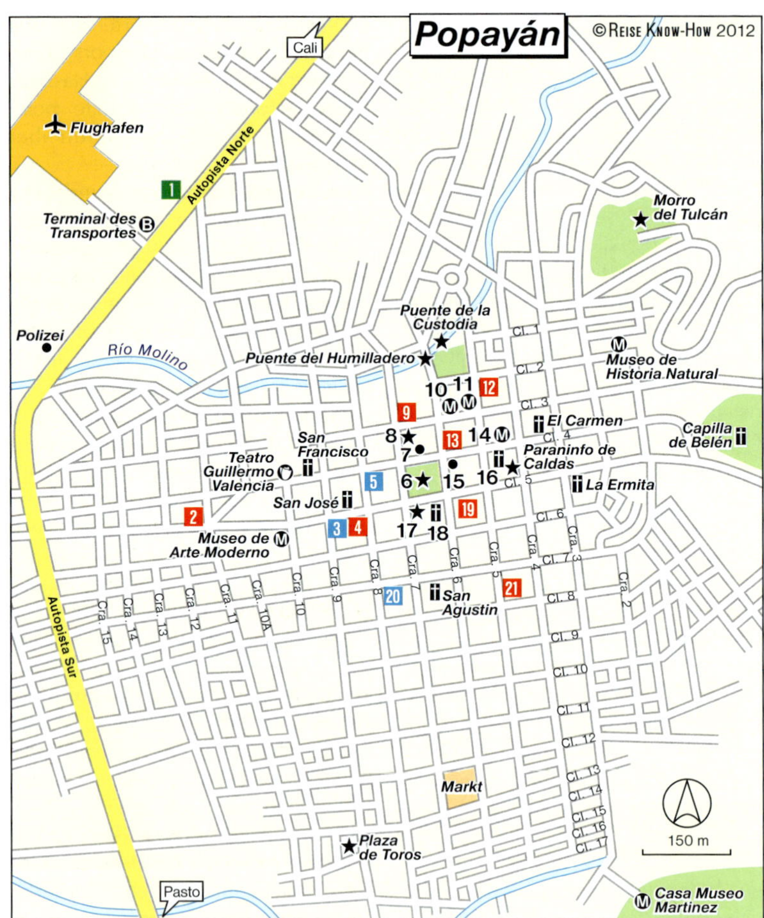

Salz und Ochsenblut) vermörtelten Ziegeln als Hauptzugang zur Stadt. Er ist 5,50 Meter breit, etwa 200 Meter lang und hat elf Bögen. Sein Name rührt vielleicht von einem religiösen Bildnis her, das sich einst am Eingang zur Stadt befunden haben soll und zunächst der Flussböschung die Bezeichnung Barranco del Humilladero eintrug, eine Bezeichnung, welche sich dann nach dem Bau der Brücke auf diese übertrug. Möglich ist auch eine Ableitung des Namens aus dem Umstand, dass über Jahrhunderte jeder

■ **Übernachtung**
2 Hostel Trail Guesthouse
4 Hotel La Plazuela
9 Hotel Los Balcones
12 Casa Familiar Turistica
13 Hotel Casona del Virrey
19 Hotel Camino Real
21 Hotel Capital

■ **Essen, Trinken, Unterhaltung**
3 La Fresa
5 Loncheria La Viña
20 Restaurante Vegetariano

■ **Einkaufen**
1 Exito Supermarkt

★ 6 Parque Caldas
● 7 Gobernación
★ 8 Panteon de los Proceres
Ⓜ 10 Museo Guillermo Valencia
Ⓜ 11 Casa Museo Mosquera
Ⓜ 14 Museo de Arte Religioso
● 15 Alcaldía
ⅱ 16 Santo Domingo
★ 17 Torre del Reloj
ⅱ 18 La Catedral

fast auf Knien rutschen musste, um das Steilufer zu erklimmen.

Die Stadthügel von Popayán

Der Cra. 2 nach Norden folgend erreicht man **El Morro del Tulcán,** einen pyramidenartig aufstrebenden, grasbewachsenen Hügel. Während der Epoche der späten Kazikengesellschaften (um 500 bis 1600 n.Chr.) von Indianern als Friedhof angelegt, thront auf ihm seit 1937 das mächtige **Reiterstandbild des Stadtgründers Sebastián de Belalcázar.** Von hier bieten sich Panoramablicke auf die Altstadt.

Die Cl. 5 führt nach Osten zu einem waldbewachsenen Hügel, auf den sich ein Kreuzweg zur **Capilla de Belén** (Tel. 8240 596) mit seiner berühmten Darstellung des Ecce-Homo windet.

Der Weg auf beide Hügel kann einsam sein – **Vorsicht vor Räubern!**

Casa Mosquera

In diesem schönen Kolonialbau mit Patio aus dem frühen 18. Jh. (Cl. 3 No. 5-14, Tel. 8240 683, geöffnet täglich 8–12 und 14–17 Uhr, Eintritt 1 Euro) schlief **Simón Bolívar** in den Nächten zwischen dem 23. Januar und 12. Februar 1829. Denn er war Gast der berühmten Mosquera-Familie, die hier residierte. Zu besichtigen sind Antiquitäten aus der Kolonialzeit, darunter aus dem Privatbesitz des Stammhalters **José María Mosquera y Figueroa** (den *Bolívar* als Vaterfigur betrachtete und als „el mejor hombre del mundo" bezeichnete: den „besten Mann der Welt") und seines Sohnes, des Bürgerkriegsgenerals und lang gedienten Ex-Präsidenten **Tomás Cipriano de Mosquera** (1798–1878), der bei einem Kampf 1824 derartige Gesichtsverletzungen davontrug, dass er gezwungen war, fortan eine Prothese zu tragen und sich von Kritikern mit dem Namen *Mascachochas* („Murmelmuschi") ver-

colo161 Foto: ib

El Puente de la Custodia –
Die berühmteste Brücke Popayáns

höhnen zu lassen, dennoch aber im Laufe seines Lebens etliche Liebschaften unterhielt, aus denen viele Kinder hervorgingen (das letzte 1878 nach dem Tod des 80-jährigen Haudegens).

Museo Arquidiocesano de Arte Religioso

Dieses Kolonialhaus aus dem 18. Jh., einst im Besitz der Arboleda-Familie, beherbergt seit 1979 eine Sammlung religiöser Kunst insbesondere der **escuela quiteña** (Quito-Schule) (Cl. 4 No. 4-56, Tel. 8242 759, geöffnet wochentags 9–12.30 und 14–18 Uhr, Sa 9–14 Uhr, So geschlossen, Eintritt 1 Euro). Zu sehen sind Ölgemälde, Altarbilder, silberne und goldene Monstranzen, Kelche, Mondsichelmadonnen und Heiligendarstellungen.

Museo Nacional Guillermo Valencia

In dem zwei Etagen umfassenden Bau aus dem 18. Jh. (Cra. 6 No. 2-69, Tel. 8206 160, geöffnet Di bis So 10–12 und 14–17 Uhr, Eintritt 1,50 Euro) lebte Popayáns berühmtester Poet **Guillermo Valencia** (1873–1943), ein Anhänger des Modernismus und zweimaliger Präsidentschaftskandidat, dessen Sohn 1962–66 tatsächlich Staatspräsident wurde. Zu sehen sind Möbel und Erinnerungsstücke aus dem Familienbesitz.

Teatro Municipal Guillermo Valencia

An der Ecke Cl. 3 und Cra. 7 befindet sich das 1927 eingeweihte, nach dem Erdbeben von 1983 restaurierte Guillermo-Valencia-Theater mit einer riesigen Lampe aus Tschechien.

Panteón de los Próceres

Hier, in der Cra. 7 No. 3-55, stehen die Urnen illustrer Söhne des Cauca, so die des Botanikers und revolutionären Märtyrers **Francisco José de Caldas**, der auch *El Sabio Caldas* (d.h. Caldas der Weise) genannt wird (geboren um 1768, 1816 in Bogotá füsiliert durch Schüsse in den Rücken), die Asche der Ex-Präsidenten *José Hilario López* (1798–1869), *José María Obando* (1795–1861), *Julio Arboleda Pombo* (1817–1862) und *Tomás Cipriano de Mosquera* (1798–1878).

Museo de Historia Natural

Das Naturgeschichtliche Museum (Cl. 2 No. 1ª-25, Tel. 8209 861, geöffnet außer Mo 8–12 und 14–17 Uhr, Eintritt 1,50 Euro) enthält eine sehr umfangreiche **Sammlung ausgestopfter Vögel.**

Paraninfo Francisco José de Caldas

In der edlen Aula Máxima der Universidad del Cauca (Zugang über Cl. 5 No. 4-70) befindet sich das monumentale, neun Meter lange und sechs Meter hohe, 1940 geweihte Ölgemälde **„La Apoteosis de Popayán"** des *payanés Efraín Martínez* (1898–1956), das die Historie Popayáns romantisch verklärt visualisiert: Eine thronende Dame symbolisiert die Stadt, der ein buntes Volksgemisch – darunter Konquistadoren, Unabhängigkeitsgeneräle, geistliche Würdenträger, Poeten, nackte Ureinwohner, gebügelte Präsidenten und afrikanische Sklaven – gottgleiche Verehrung zuteil werden lässt.

Casa Museo Efraín Martínez

Hier wurde der Maler der **„Apoteosis de Popáyan"** geboren, hier lebte und hier starb er: in einer im Familienbesitz stehenden Finca südlich der Altstadt (Cra. 3 Vía Sur Oriente, Tel. 8317 832 / 8223 364, unregelmäßige Öffnungszeiten, per Taxi 2 Euro). Zu sehen sind Entwürfe zu seinem Meisterwerk.

Museo Negret e Iberoamericano de Arte Moderno

In dem Haus, in welchem der Künstler **Edgar Negret** (geboren 1920) seine Kindheit verbrachte, liegen und hängen seine grau-rot lackierten, an Flugzeugteile erinnernden **Aluminiumobjekte,** die seinen Ruhm bis New York, Caracas und São Paulo trugen (Cl. 5 No. 10-23, Tel. 8244 546, geöffnet Mo bis Fr 9–12 und 14–18 Uhr, Eintritt 2,50 Euro).

Die Kirchen von Popayán

Die älteste ist die 1546 erbaute **La Ermita** (Cl. 5 und Cra. 2 Esq., Tel. 8209 725) mit Fresken, die nach dem Erdbeben von 1983 wiederentdeckt wurden.

Die Fassade der **Iglesia San Francisco** (Cl. 4 und Cra. 9 Esq., Tel. 8240 160) gilt als vorzüglichstes Beispiel neugranadischen Barocks überhaupt.

Erlesene Kunstwerke und prächtig geschnitzte Altäre aus der *escuela quiteña* (Quito-Schule) sind zu sehen in der vom Mudéjar-Stil beeinflussten **Iglesia El Carmen** (Cl. 4 und Cra. 9) und den ebenfalls aus der Kolonialzeit stammenden Kirchen **San José** (Cl. 5 und Cra. 8 Esq.), **San Agustín** (Cra. 6 No. 7-54, Tel. 8240 658) und **Santo Domingo** (Cl. 4 No. 4-15, Tel. 8240 533), deren klassizistische Kanzel von *Caldas dem Weisen* entworfen wurde.

Feiertage & Feste

Die **Feierlichkeiten zur Semana Santa** (Karwoche) zählen zu den traditionsreichsten (sie finden seit 1556 jährlich statt), meistbesuchten und prächtigsten der gesamten westlichen Hemisphäre. An den nächtlichen Prozessionen am Gründonnerstag und Karfreitag nehmen über 20.000 Menschen teil. Es herrscht unter den *payanéses* die Tradition, im Vorfeld ihre Hausfassaden frisch zu weißen.

Während der Osterzeit findet auch das **Festival de Música Religiosa** mit Kirchenkonzerten kolumbianischer und ausländischer Musiker statt.

Informationen & wichtige Adressen

Touristeninformation

- **Oficina de Turismo de la Policia:** Cl. 4 und Cra. 7, Edificio de la Gobernación del Cauca, 1. Stock, Tel. 8220 916, an der Nordostfront der Plaza Caldas. Stadtpläne, Informationen.
- **Parques Nacionales Naturales de Colombia:** Cra. 9 No. 25N-6, Tel. 8231 212. Informationsbüro zu den Nationalparks.

Reisebüro

- **Aviatur:** Cl. 4 No. 8-69, Tel. 8208 674, www.aviatur.com, bietet Reisen nach Gorgona und Malpelo an.

Internetcafés

- Es gibt jede Menge, z.B. **Cafeto,** Cra. 9 No. 5-42; Cl. 6 No. 8-31; Cl. 4 No. 5-06; Cl. 10 No. 8-42.

Geldwechsel

- **Bancolombia,** Cra. 6 No. 4-49, nimmt auch Reiseschecks an.
- **Banco Santander:** Cra. 6 No. 5-52, nimmt ebenfalls Reiseschecks an.
- **Unidas:** Cra. 6 No. 5-44, wechselt US-Dollar und Euro.

Post

- **Deprisa:** Cra. 7 No. 5-77.

Fluggesellschaften

- **Avianca:** Am Flughafen, Tel. 8319 009, oder Cra. 5 No. 3-85, Tel. 8244 505.
- **Satena:** Cra. 9 No. 4-14, Tel. 8220 217.

Unterkunft

- **Hotel Dann Monasterio**€€€+: Cl. 4 No. 10-14, Tel. 8242 191. Stilvolles Übernachten in eleganten Räumen des nach einem Erdbeben wiederaufgebauten ehemaligen Franziskanerkonvents aus dem Jahr 1574 neben der Iglesia San Francisco. Restaurant, Garten, Swimmingpool.
- **Hotel Camino Real**€€€: Cl. 5 No. 5-59, Tel. 8243 595 / 8240 685 / 8241 254, Fax 8240 816, www.hotelcaminoreal.com.co. Exquisites Kolonialhaus, erlesene Einrichtung, Restaurant mit kulinarischen Delikatessen. Das Gebäude aus dem späten 16. Jh. war einst Teil einer Nonnenschule.
- **Hotel La Plazuela**€€€: Cl. 5 No. 8-13, Tel. 8241 084, Fax 8240 912. Hotel mit 27 Zimmern in getünchtem Kolonialhaus um einen schönen Garten, gutes Restaurant.
- **Hotel Los Balcones**€€+: Cl. 3 No. 6-80, Tel. 8242 030. Kolonialhaus, alte Möbel. Einige Zimmer sind sehr groß.

• **Hotel La Herrería**€€+: Cra. 5 No. 2-208, Tel. 8392 740. Modern, klein, mit Restaurant.
• **La Casona del Virrey**€€: Cl. 4 No. 5-78, Tel. 8240 836. Große Zimmer mit knarzigem Parkett, teilweise mit Bad, in einem ehrwürdigen Kolonialhaus um einen Patio.
• **Casa Familiar El Descanso**€: Cra. 5 No. 2-41, Tel. 8240 019. Klein und familiär, einfach, beliebt bei Globetrottern, heißes Wasser.
• **Casa Familiar Turística**€: Cra. 5 No. 2-07, Tel. 8244 853. Einfache Unterkünfte mit hohen Decken zum Patio, beliebt bei Ausländern, Wäscheservice, Küche, Gemeinschaftsbad mit heißem Wasser.
• **Hostel Trail Guesthouse**€: Cra. 11 No. 4-16, Tel. 8317 871, www.hosteltrail.com. Sauber, hilfsbereit. Gemeinschaftsbäder. Der Besitzer organisiert Spanisch-Unterricht.
• **Residencia Lider**€: Cra. 6 No. 4N-70, Tel. 8230 915. Preiswert, sauber.
• **Hotel Capital**€: Cra. 5 No. 7-11, Tel. 8388 363. Ruhig, zentral, sicher. Kolonialhaus mit zwei weitläufigen, begrünten Innenhöfen, auf die sich die Flügeltüren der getünchten klosterzellenartigen Unterkünfte öffnen. Zimmer teils mit TV und Bad. Sonst Gemeinschaftsbad mit heißem Wasser.

Essen, Trinken, Unterhaltung

• **La Fresa:** Cl. 5 No. 8-89, geöffnet 8–18 Uhr, sehr preiswerter Eck-Imbiss, beliebt bei Jung und Alt. Es gibt nur ein Gericht: *empanadas de pipián,* das sind winzige gefüllte und frittierte Teigtaschen, die man – zusammen mit Erdnusssauce – gleich im Dutzend bestellt und sich vor seinen Augen zubereiten lässt. Dazu trinkt man *Gaseosita La Reina,* Brause aus Popayán.
• **Tienda de Carmelita:** Cl. 5 No. 9-47, kleiner Imbiss mit *empanadas de pipián.*
• **Restaurante Vegetariano Naturaleza y Vida:** Cra. 8 No. 7-19, Tel. 8221 118, geöffnet 7.30–18 Uhr, sehr preiswerte, vielseitige, frisch zubereitete vegetarische Gerichte, mittags beliebt bei Studenten und betagten Intellektuellen.
• **Restaurante del Camino Real:** Cl. 5 No. 5-59, Tel. 8243 595, Fax 8240 816, mit Antiquitäten edel eingerichteter Speiseraum sowie aufmerksame, livrierte Bedienung im gleichnamigen Hotel. Spezialität ist das *steak a la pimienta.* Besonders empfehlenswert sind die zwei französischen 6-Gänge-Menüs zu je 16 Euro.
• **Lonchería La Viña:** Cl. 4 No. 7-80, Tel. 8240 602, preiswert, gute Steaks, geöffnet mindestens bis Mitternacht.
• **Pizzería Zalermo:** Cra. 8 No. 5-100, Grillhähnchen und Pizza unter Neon.
• **Markt** zwischen Cra. 6 und 7 sowie Cl. 12 und 13: Früchte, Imbisse, Spezialitäten aus Cauca.
• **Restaurante El Quijote:** Nicht in der Altstadt, sondern im modernen Nordosten (per Taxi), Cl. 10N No. 8-14, Tel. 8234 104, Freiluftrestaurant, exzellente Grillgerichte, Salate. Hauptspeise 7 Euro.
• **Café Juan Valdez:** Cra. 7 No. 4-40, Filiale der berühmten Café-Kette mit der üblichen großen Kaffeeauswahl, hier in kolonialem Innenhof.
• **Viejoteca Ritmo 60:** Cl. 4 No. 9-07, Tel. 8396 660, für die älteren Semester.
• **La Iguana Bar:** Cl. 4 No. 9-64, am Wochenende Tanz zu Salsa und Son.
• **El Sotareño Bar:** Cl. 6 No. 8-05, Tango- und Bolero-Bar, die schon seit den 1960er Jahren besteht.
• **El Muro Bar:** Cra. 8 No. 4-11, beliebter Studententreff, leichte Mittagskost, Salate, Pizza.
• **Taberna Vino Griego:** Cl. 6 No. 8-80, um was trinken zu gehen.
• **Discoteca Tropical Club:** Cra. 9 No. 63N-110, Tel. 8246 635, heiße Rhythmen in der nordöstlichen Neustadt.

Verkehrsverbindungen

Busse

• Den **Busbahnhof** erreicht man zu Fuß über die Cra. 11 vom südlich gelegenen Zentrum.
• **Nach Bogotá:** stündlich (13 Std./30 Euro), **nach Cali:** ständig **Busse und colectivos** (3 Std./5 Euro), **nach Pasto:** vormittags alle ein bis zwei Stunden (6 Std./10 Euro).
• Morgens fahren unregelmäßig **Busetas** z.B. von der Gesellschaft Taxis Belalcázar direkt **nach Ipiales** (8 Std./12 Euro).

• **Nach Silvia** verkehren **Minibusse und colectivos** fast stündlich (1½ Std./2,50 Euro).
• Wenige **Morgenbusse** befahren die unbefestigten Straßen **nach Pitalito** und **San Agustín** (7–8 Std./10 Euro). Die Regierung hat nicht immer volle Kontrolle über das, was auf diesen Wegen geschieht. Gleiches gilt für die Verbindung **nach La Plata/San Andrés de Pisimbala (Tierradentro),** die über den *páramo* durch Guerillagebiet führt (6 Std./8 Euro).

Flugzeug

• Täglich **Direktflüge** z.B. mit Avianca und Satena **nach Bogotá** sowie Flüge **nach Ipiales** und **Guapi** von dem 15 Gehminuten nördlich der Altstadt hinterm Busbahnhof gelegenen **Aeropuerto Guillermo León Valencia** (Cra. 11, Tel. 8201 530).

Silvia

↗ XVIII/B2

• **Bevölkerung:** 6.500
• **Meter über NN:** 2.600
• **Temperatur** (im Durchschnitt): 15°C

55 km nordöstlich von Popayán liegt in einem von Weideland umgebenen Bergtal der Ort Silvia, das **Zentrum der Guambiano-Indianer.** Deren Name leitet sich von der *guambía* ab, einer Tasche, in welche die als vorzügliche Weberinnen geltenden Frauen Wolle und Spindel verstauen. Die Indigenen bewohnen grasgedeckte Lehmhütten in umliegenden bäuerlichen Gemeinden. Obwohl ein enger Kontakt zur westlichen Zivilisation besteht, hütet das 21.000 Menschen zählende indigene Volk seine Identität und Bräuche wie Augäpfel und spricht außer Spanisch nach wie vor seine traditionelle Sprache. Die *Guambianos* leben beinahe autark auf und von ihrer Heimaterde. Teilweise in Terrassenfeldbau werden – meist in Gemeinschaftsarbeit – *ollucos* (Knollenbasellen, eine kartoffelähnliche Knolle und altindianisches Grundnahrungsmittel, das auch bei den Inkas verbreitet war), *frijoles* (Bohnen), Kartoffeln, Kohlköpfe oder Mais angebaut. Ein wichtiger Ausdruck der ethnischen Zugehörigkeit ist für *Guambianos* die weitgehend **einheitliche Kleidung:** Männer tragen Filzhüte, kurze blaue Röcke und dunkle *ruanas* (Ponchos), Frauen weite schwarze Röcke, einfarbige Blusen, blaue Tücher über den Schultern sowie imposante *chaquíra*-Perlenketten. Oberste Autorität der Indianer ist ihr *Cabildo Mayor de Guambía,* der Große Rat, mit Sitz in Silvia.

Dienstag ist Markt: Dann reisen *Guambianos* sowie ecuadorianische *Otavalos* zu Pferd oder per *chiva* an, handeln und schachern, und der oft so stille Ort mit seinen flachen, ziegelgedeckten Häusern, der sich bei erster Betrachtung nicht von anderen kolumbianischen Dörfern unterscheidet, verwandelt sich in den frühen Morgenstunden (bis ca. 9 Uhr) in einen quirligen, farbenprächtigen Basar. Das **Museo de Artesanías** (Cra. 2 No. 14-22) zeigt typische Webkunst. Von der **Colina de Belén** bieten sich Weitblicke über Silvia und die Umgebung. Am Viehmarkt werden Mietpferde angeboten (4 Euro/Std.), auf denen man in die traditionellen *Guambiano-resguardos* reiten kann, z.B. nach **La Campana** (zu Fuß 2 Std. bergaufwärts).

Unterkunft

Unterkünfte sind in Silvia preiswert und reichlich vorhanden, so das einfache, saubere **Hotel La Parrilla**€, Cra. 3 No. 10-128, Tel. 8251 026, mit angeschlossenem Restaurant, oder als Option das **Hotel Comfandi**€, Cl. 10 No. 1-18, Tel. 8251 253 / 8251 254.

Verkehrsverbindungen

Verkehrsverbindungen existieren regulär vom Marktplatz aus **nach Popayán** (per Minibus oder *colectivo* nahezu stündlich, 1½ Std./ 2,50 Euro). Seltenere Verbindungen bestehen **nach Cali.** Es ist – zumindest an Markttagen – möglich, per Bus oder *chiva* **nach Totoró** zu kommen, das südlich von Silvia an der Popayán-Inzá-Strecke liegt. Von Totoró lässt sich **Tierradentro** erreichen.

Die Umgebung von Silvia ist Guerillagebiet, sodass im Vorfeld die aktuelle Sicherheitslage geklärt werden sollte!

Tierradentro

XIX/C2

Überblick & Geschichte

- **Bevölkerung:** 900
- **Meter über NN:** 1.750
- **Temperatur** (im Durchschnitt): 19°C

Im saftig grünen, stark zerklüfteten Gemeindeland der Municipios Inzá und Páez (Belalcázar), unmittelbar südlich des von *Nasa*-Indianern (siehe Exkurs) bewohnten Dorfes San Andrés de Pisimbalá, befinden sich die **bedeutenden archäologischen Fundstätten** von Tierradentro, seit 1995 auf der Liste des UNESCO-Weltkulturerbes.

Trotz Guerilla-Präsenz in der Umgebung gilt die unmittelbare Region Tierradentro als weitgehend befriedet. Im März blühen überall in den von Bambusbrücken überspannten, bewaldeten Tälern die großen *cachingo*-Bäume orange, die *guamo*-Bäume weiß. Im April setzt die bis Juni dauernde **Regenperiode** ein und hüllt die Berge in dampfende Nebel. Auch im Oktober und November herrscht überwiegend feuchtes Wetter, was den Besuch der Fundstätten beeinträchtigen mag.

Nachts mit Vorhängeschloss gesicherte Holzklappen öffnen schmale Einstiegslöcher, durch die man über ausgemeißelte, hohe Stufen senkrecht hinabklettert ins Erdinnere. In zwei bis neun Metern Tiefe läuft jeder der vertikalen Schächte in eine niedrige Seitenkammer aus. Die mühevoll aus dem Vulkangestein ausgeschabten Totenkammern messen 2 bis 7 Meter im Durchmesser und selten mehr als 2 Meter Höhe. Menschen einer prähispanischen Kultur betteten in diesen **für Amerika einzigartigen Schachtgräbern (hipogeos)** zwischen 500 und 900 n.Chr. die ausgegrabenen Knochen ihrer verstorbenen Stammesmitglieder zur letzten Ruhe. Auf den steil aufragenden Rücken der Bergfalten um den Gebirgsbach Quebrada San Andrés entdeckte man bisher etwa hundert solcher unterirdischen Sammelgräber. Die schönsten Fundorte sind nunmehr durch Strohdächer von Witterungseinflüssen geschützt und werden von Parkwächtern instand gehalten.

Die **Totenkammern** besitzen eine Kuppel sowie oft mehrere, durch viereckige Pfeiler oder Säulen unterteilte

Ausbuchtungen. Im Licht der unbedingt mitzubringenden Taschenlampe zeigen sich ihre geweißten Wände als komplett überzogen von schwarzen und roten Streifen oder Linien, welche zu komplexen, streng konturierten Strukturen verlaufen, die an gewebte Netz- oder Zopfmuster erinnern. Zu entdecken sind Zeichnungen von Mauereidechsen (Männlichkeitssymbol) und Riesentausendfüßlern (Weiblichkeitssymbol). Anstelle von Kapitellen blicken in den Fels gezeichnete stilisierte Köpfe auf den Besucher herab **(Achtung: Fotoblitzlicht schadet der Malerei!).**

Weit verteilt über die Bergflanken von Tierradentro fristeten die einstigen Grabkünstler ihr **bescheidenes Dasein** in Rohrbehausungen auf eigens angelegten Plattformen, die noch heute deutlich sichtbar sind. Ihre Verstorbenen beerdigten sie zunächst in flachen Gruben zusammen mit Grabbeigaben wie Schmuck, Keramikgeschirr und Waffen, bevor sie die Knochen in die Schachtgräber überführten. Beispiele ihrer in den Grabkammern gefundenen **Keramikurnen** werden im Archäologischen Museum 2 km südlich des Dorfes San Andrés aufbewahrt. Auf den Urnen finden sich Darstellungen von Fröschen und Echsen (Fruchtbarkeitssymbole), von Jaguaren, die die Macht, Schlangen, die das Leben, und Vögeln, die den Himmel und die Intelligenz repräsentieren. Bevor die Spanier Tierradentro erreichten, war die Kultur von Tierradentro bereits erloschen.

Orientierung

Auf der Strecke La Plata - Popayán passiert man die **Straßenkreuzung El Cruce de San Andrés.** Hier führt in Richtung Nordnordwest ein Abzweig nach **San Andrés de Pisimbalá.** Bereits ca. 2 km von der Kreuzung erreicht man den Eingang des Archäologischen Parks mit den beiden Museen, nach zwei weiteren Kilometern das Dorf. Hinter den links und rechts der Straße gelegenen Museen steigen zu Fuß oder zu Pferd bezwingbare Bergfalten auf, in denen sich die Gräber befinden. Für den Besuch der **Museen** und **fünf Fundstätten** sind zwei Tage notwendig. Vom Museum über Segovia und El Duende führt ein Weg bis San Andrés (ca. 4 Std. zu Fuß), ebenso vom Museum über El Aguacate (4 Std.).

Sehenswertes

Dorfkirche von San Andrés de Pisimbalá

Die **reetgedeckte Kirche** mit weiß getünchten *bahareque*-Wänden (aus Lehm und Bambus) datiert auf das 18. Jh. In den umliegenden Ortschaften - z.B. in Santa Rosa - stehen ebenfalls derart archaisch anmutende Gotteshäuser.

Archäologisches und Ethnografisches Museum/Parkeingang

Die 8-17 Uhr geöffneten Museen an der Straße nach San Andrés enthalten Fundstücke und Informationen über die untergegangene Kultur von Tierradentro sowie der *Paez*-Indianer. Die **Eintrittskarten** (4 Euro) sind zwei Tage gültig und berechtigen zum Besuch sämtlicher Fundstätten. Nach Absprache mit den Museumswärtern können hier Pferde gemietet werden - ideal, um z.B. Segovia und El Duende zu besuchen oder sogar bis ins Dorf Santa Rosa zu reiten (3 Euro/Std.).

Alto de Segovia

Östlich der Quebrada de San Andrés, 20 Min. zu Fuß vom Museum entfernt, auf einem grasbedeckten Rücken 1.800 m über NN, befinden sich 30 zugängliche Schachtgräber, darunter die **größten und tiefsten, aber auch am schönsten dekorierten Grabkammern von Tierradentro.** In einigen gibt es elektrisches Licht.

Alto del Duende

Auf einer Höhe von 1.850 m über NN, oberhalb von Segovia und etwa 15 Min. zu Fuß von dort entfernt, sind **vier hipogeos** zu besuchen, deren Malereien recht verwittert sind. Linker Hand führt ein schmaler Reitpfad seitlich des Berghanges weiter hinauf bis zur Straßenverbindung Santa Rosa - San Andrés.

El Tablón

Die elf unter ein gemeinsames Strohdach zusammengetragenen, stark verwitterten **anthropomorphen Statuen** stammen von verschiedenen Fundorten und erinnern an die Statuen von San Agustín. El Tablón ist erreichbar über einen Pfad, der östlich von der Straße zwischen den Museen und San

Das indigene Volk der Nasa (Paez)

Zur Zeit der spanischen Konquistadoren, die im 16. Jh. in den Nordosten des heutigen Departamento Cauca einfielen, lebte hier bereits das wehrhafte indigene Volk der *Paez* (heute korrekt *Nasa* genannt), welches jeglichen Bezug zu den einstigen Bewohnern von Tierradentro, den Erbauern der rätselhaften Schachtgräber, leugnet. Die *Nasa* kämpften gegen ihre Nachbarn im Norden, die *Pijaos,* und ihre Nachbarn im Süden, die *Yalcones* und *Timanaes.* Um die Spanier zu vertreiben, bildeten die verfeindeten Indianer eine Allianz. Doch nach einem Jahrhundert des ausweglosen, mit Lanzen, Pfeilen und Knüppeln geführten Krieges waren die *Nasa* die einzigen Ureinwohner in der Region, die die spanische Invasion überlebt hatten.

Bereits seit den ersten Kontakten mit Europäern, verstärkt aber auch durch die *Violencia* im Allgemeinen und durch Aktivitäten von Guerilleros, Großgrundbesitzern und Kokabauern im Besonderen, entwickelten die *Nasa* **Formen kulturellen Widerstandes,** der es ihnen bis heute erlaubt, von außen kommende Einflüsse für sich zu nutzen und dabei dennoch ihre eigene Identität zu bewahren. Einen Schlüssel dafür bildet das politische Vermächtnis des legendären Häuptlings *Juan Tama:* „Das Land gehört den *Nasa,* ausschließlich den *Nasa,* und ist für die *Nasa*. Die *Nasa* vermischen ihr Blut nicht mit dem Blut Fremder." Bei strikter Beachtung dieses Gesetzes, so *Juan Tama,* „werden die *Nasa* unbesiegbar sein!"

Der Legende nach ist **Don Juan Tama** ein Abgesandter des K'pish (einer hohen Gottheit, die auch *El Trueno* – der Donner – genannt wird) und Sohn der Sterne, die ihn um Mitternacht, eins geworden mit dem Donner eines wütenden Gewittersturmes, das Licht der Welt erblicken ließen. Sie vertrauten ihn den Wellen des Río Lucero an, der im Páramo de Moras entspringt. Schamanen fanden das Kind, erzogen es und machten *Don Juan* zu einem großen Führer. Am Ende seiner glorreichen Tage verschwand der Häuptling an seinem Geburtsort, in der Lagune des Río Lucero (südlich des Dorfes Mosoco) und kehrte so in den Schoß der Sterne zurück. Von da an herrschte in den *Nasa*-Gemeinden der geheiligte Brauch, jährlich ihre autonomen *cabildos* – also ihre Gemeinderäte – zur Laguna del Lucero, dem Wohnort des K'pish, zu schicken, auf dass sie dort ihre Amtsinsignie, den Szepter aus *chontaduro*-Holz *(vara del mando),* badeten und dadurch in ihrer Amtsausübung Weihe und Läuterung erführen. Opfer in Form von Silbermünzen wurden für K'pish in der Lagune versenkt. Die *Nasa* gaben die Tradition erst auf, nachdem drei Jahre in Folge so starke Regenfälle über den Bergen und Hochebenen niedergingen, dass niemand die Lagune zu erreichen vermochte. Jetzt glaubten die *Nasa* zu verstehen, dass sie nach dem Willen von *Juan Tama* nicht zurückkehren sollten an den Opferplatz.

Über Jahrhunderte ausgeübte missionarische Aktivitäten förderten den Katholizismus, doch auch im **religiösen Bereich** verstanden die *Nasa,* ihre Ansichten nicht aufzugeben: So gilt der Heilige Thomas – ähnlich wie *Juan Tama* – als Abgesandter des K'pish.

Noch heute gibt es *Nasa,* die **auf archaische Weise leben:** in Häusern mit 5 m x 3 m oder 7 m x 5 m messenden rechteckigen Grundflächen, Wänden und Türen aus Maisstämmen, die an Gerüsten aus Bambus befestigt sind, und Dächern aus Gras. Zumeist sind die Wände heute aber aus *bahareque* (Lehm und Bambus) gefertigt.

In die **resguardos** (autonome Dorfgemeinschaften) der insgesamt ca. 140.000 Nasa kann man wegen ihrer abgeschiedenen, infrastrukturell kaum erschlossenen Lage im zerklüfteten Bergland der Municipios Inzá, Páez (Belalcázar), Silvia, Totoró und Toribío oft nur per pedes oder zu Pferd gelangen. Aufgrund der *Violencia* werden vor allem hoch gelegene und schwierig zu bewirtschaftende Regionen 2.000 bis 3.000 m über NN besiedelt.

Man baut wie ehedem an den Steilhängen Mais, *yuca* (Kassava), *arracacha,* Bohnen, Kartoffeln und Koka an, spricht neben dem *Castellano* auch die **eigene, Nasa Yuwe genannte Sprache** und geht zunächst die *amañe* ein, jene ein Jahr währende „Vorehe", die einer dauerhaften Bindung vorgeschaltet ist.

Von den Vereinten Nationen gelobt wird das zunehmende Bestreben der *Nasa,* in ihren eigenen Reihen sogenannte „Wächter" aufzustellen, die – lediglich mit drei Fuß langen Zeremonienstäben und -keulen ausgerüstet – schwer bewaffnete FARC-Guerilleros und Paramilitärs gleichermaßen aus ihrem Territorium verjagen, zwischen deren Fronten sie immer wieder unschuldig geraten, indem sie von einer Seite der Kollaboration mit der anderen Seite beschuldigt werden. Seit 2001 haben sich etwa 7.000 Wächter und Wächterinnen in der **Guardia Indígena** organisiert. Ihr Erfolg begründet sich auf der Geschlossenheit ihres Auftretens: Sie suchen zu Hunderten einen Entführten, und zwar so lange, bis sie ihn haben, und beschützen mit ebenso großem Aufgebot Protestaktionen, was deren Medienwirksamkeit beträchtlich erhöht.

colo168 Foto: ib

Andrés durch Bambushaine auf ein lichtes Vorplateau in 2.000 m Höhe über NN führt. Die Abzweigung befindet sich nur etwa 400 Meter vor Erreichen des Dorfes.

Alto de San Andrés

Unterhalb des Dorfes, vor dem Abzweig nach El Tablón, führt ein schmaler Pfad hinab zur Ruine der alten Mühle. Eine Bambusbrücke überspannt die Quebrada de San Andrés; am anderen Ufer steigt der Pfad an und führt auf das Vorplateau von San Andrés. Hier befinden sich auf 1.850 m über NN **sechs exzellent erhaltene Schachtgräber mit erlesenen geometrischen Wandmalereien sowie Stützsäulen.**

Alto del Aguacate

Hinter dem Ethnologischen Museum führt nach Westen zu ein steiler und wegen der häufigen Regenfälle oft rutschiger Bergpfad auf den von hüfthoch wogendem Gras bewachsenen Rücken des Aguacate. Auf dem künstlich abgeflachten Grat dieser 2.100 m hohen Bergfalte *(cuchilla),* die parallel zur Straße nach San Andrés verläuft, befinden sich mindestens 70 teils verfallene und von Schatzjägern *(guaqueros)* geplünderte Gräber. In einigen sind Wandmalereien erhalten. Westlich öffnet sich der Blick in das Tal von Inzá mit dem Río Ullucos, nach Osten zu liegt das Tal von Tierradentro. Den Grat entlangwandernd erreicht man einen Pfad, der sich durch Bananen- und Knollenbasellengärten hinabwindet nach Alto de San Andrés

colo162 Foto: ib

(nahe dem Dorf San Andrés de Pisimbalá). Vier bis fünf Stunden sollten für die **lohnende Wanderung** veranschlagt werden. Zu Pferd ist der Weg schwierig.

Unterkunft & Essen

- **Hotel El Refugio**€€: Etwa 400 m oberhalb der Museen an der Straße nach San Andrés de Pisimbalá gelegen, ca. 1,6 km entfernt von diesem Ort (Kontakt über Popayán, dort Cl. 2 No. 3-75, Tel. 8240 220). Rustikale Räume, Pool, Garten, Restaurant.
- **Los Lagos de Tierradentro**€: Direkt im Dorf San Andrés de Pisimbalá, familiäre Atmosphäre, Restaurantbetrieb, warmes Wasser, Pferdeverleih.

Grabkammer in Tierradentro

- **Hospedaje Pisimbalá**€: Etwa 200 m oberhalb der Museen an der Straße nach San Andrés de Pisimbalá gelegen. Restaurant mit Frühstück, Säften und *comida corriente* (1 Euro). Kleine Zimmer, Parkmöglichkeiten, Camping im Hof.
- **Hospedaje Lucerna**€: Direkt oberhalb der Museen an der Straße nach San Andrés de Pisimbalá gelegen, ca. 2 km entfernt von diesem Ort. Die Herberge wird von einem betagten Ehepaar geführt. Schöner Innenhof mit Blumen, darunter gehörnte *torito*-Orchideen, helle, saubere und durchlüftete Zimmer, Gemeinschaftsbad früh mit warmem Wasser; Möglichkeit, Kleidung auf einem alten Waschstein zu schrubben. Der Laden auf der anderen Straßenseite verkauft frisch gepresste Säfte.

Verkehrsverbindungen

- **Nach Popayán (über Totoró)** fahren vom Zentrum des Ortes San Andrés de Pisimbalá täglich drei **Busse** (5 Std./7 Euro), welche unterwegs Guerillagebiet durchqueren.

- **Nach La Plata** (2 Std./3,50 Euro) gehen mehrere reguläre **Busse und colectivos** ab. Diese Busse kommen auch an den Museen vorbei. In La Plata gibt es Anschlussverbindungen z.B. **nach Neiva** (4 Std./6 Euro) und **Pitalito** (4 Std./8 Euro, von dort weiter nach **San Agustín**).
- Busse auf der Strecke Popayán – La Plata passieren **El Cruce de San Andrés,** eine Straßenkreuzung, von der in nördlicher Richtung die unbefestigte Straße zum archäologischen Museum (ca. 2 km) sowie nach San Andrés de Pisimbalá (ca. 4 km) abgeht, und nehmen dort Passagiere auf.

Die Pazifikinseln Gorgona & Malpelo

Isla Gorgona

- **Fläche:** 26 km²
- **Meter über NN:** 0-338
- **Temperatur** (im Durchschnitt): 28°C

35 km nördlich der Mangrovensümpfe von Sanquianga und knapp 60 km nordwestlich von **Guapi** erheben sich der üppig bewaldete Vulkansteinrücken der regenreichen ozeanischen Insel Gorgona – 10 km lang und 2,4 km breit – sowie die Felsen ihrer vier kleinen Nebeninseln. Mindestens zwei Dutzend Frischwasserquellen bahnen sich ihren Weg durch die archaische Natur an den Hängen des Cerro de la Trinidad hinab in das gurgelnde Meer. An den **Stränden** – z.B. der Playa Blanca im Südosten und der Playa Pizarro im Nordosten – legen **Meeresschildkröten** ihre Eier ab. **Von Juli bis November kann man um Gorgona Buckelwale beobachten.** In der Lagune Ayatuna leben Brillenkaimane *(babillas)*. In den seichen Gebieten im Norden und Süden Gorgonas sieht man Fregattvögel, Pelikane und Blaufußtölpel. Im Dschungel turnen Weißkopfäffchen und jagen zahlreiche Fledermäuse. **Die intakten Korallenriffe um die Insel eignen sich zum Schnorcheln und Tauchen.**

In alten Zeiten lebten Indianer auf Gorgona. **Mystische Petroglyphen,** die an peruanische Felsmalerei erinnern, und der alte Zeremonienplatz El Templete sind ihre letzten Spuren. Der Konquistador **Francisco Pizarro** erreichte Gorgona 1527. Als seine Leute Frischwasser auffüllten, wurden mehrere von den zahlreich vorkommenden Schlangen gebissen. Dies veranlasste *Pizarro,* das Eiland „Gorgona" zu taufen – in Anlehnung an die schlangenhaarigen Gorgonen der griechischen Mythologie, bei deren Anblick man zu Stein erstarrt.

Das Eiland blieb nach *Pizarros* Besuch unbewohnt, doch die meisten Schiffe, die zwischen Panama und Peru verkehrten, machten hier Halt, um Wasser aufzunehmen. Im 19. Jh. unterhielten *Federico D'Croz,* ein Günstling *Bolívars,* und seine Nachfahren eine Finca auf Gorgona; der Krieg der Tausend Tage beendete diese Epoche.

Zwischen 1959 und 1984 diente die Insel – genau wie ihre Namensvetterin in Italien – als **Gefängnis.** 2.000 Schwerverbrecher saßen hier ein – bewacht von den „Dschungelgorgonen".

Heute ist Gorgona **Naturschutzgebiet,** kommerziell genutzt von der **Rei-**

seagentur Aviatur, die einige der Gefängnisbauten als Unterkünfte für Besucher sowie als Restaurant nutzt. Überdies wurden vor kurzem zwölf neue *cabañas* fertiggestellt. Neben Aviatur gibt es auch andere Reiseanbieter - vornehmlich Tauchschulen -, die Gorgona ansteuern; ihre Gäste schlafen an Bord der Ausflugsboote.

Es ist **verboten,** Alkohol, Kerosin, Früchte und Angelausrüstungen auf die Insel mitzubringen. **Wandern** ist nur in Begleitung eines Führers gestattet, der von Aviatur gestellt wird.

colo139 Foto: ib

Praktische Informationen

Reisebüros/Touren

- **Aviatur:** www.aviatur.com, unterhält landesweit Filialen, z.B. in Bogotá, Popayán und Cali - Adressen siehe dort. Bei Aviatur kann man viertägige Reisen nach Gorgona (inkl. Flug nach Guapi und von dort Weiterfahrt per Boot, Unterkunft, Vollpension, Führer) buchen, der Preis beträgt ca. 300 Euro. Da nur geringe Besucherkapazitäten bestehen, muss man schon frühzeitig reservieren.

  Es ist allerdings auch möglich, bei Aviatur nur die obligatorische **Nationalparkgebühr von 10 Euro** zu entrichten und die Unterkünfte zu buchen (10 Euro/Bett im Schlafsaal), die Anreise indes auf eigene Faust zu organisieren. Wer nicht im Restaurant essen will (ca. 10 Euro/Vollpension pro Tag), muss seinen Proviant selbst mitbringen.
- **Embarcaciones Asturias:** In Buenaventura, Muelle Turístico, Tel. 2404 048, bietet viertägige Fahrten von Buenaventura nach Gorgona an, wobei an Bord geschlafen wird; 300 Euro inkl. Vollpension und mehrere Tauchgänge.

Verkehrsverbindungen

- Beinahe täglich pendeln **Aviatur-Schnellboote zwischen Guapi und Gorgona** (35 Euro/2 Std.).
- Mit **Embarcaciones Asturias** kann man sich **von Buenaventura nach Gorgona** bringen lassen (40 Euro/11 Std.).
- **Frachter,** die regelmäßig vom Muelle El Piñal in Buenaventura in See stechen, nehmen oft Passagiere nach Gorgona mit.

Echse auf der Isla Gorgona

Isla Malpelo

- **Fläche:** 3,5 km²
- **Temperatur** (im Durchschnitt): 28°C

Unwirklich, wie in einem Science-Fiction-Roman von *Jules Verne,* steigen die schroffen, lebensfeindlich erscheinenden Klippen der ozeanischen Vulkaninsel Malpelo aus dem Pazifik auf. Malpelo liegt fernab vom nächsten Festland zwischen Costa Rica, Panama und Kolumbien. Neben den hier brütenden Seevogelkolonien ist es vor allem das **fantastische aquamarine Leben,** welche die UNESCO bewog, das Eiland als Weltnaturerbe einzustufen. Kaum irgendwo sonst sind derart viele Hammerhaie zu beobachten wie an den unterseeischen Kliffs und Höhlen vor Malpelo.

- **Aviatur** (www.aviatur.com), **Pura Colombia** (www.puracolombia.com) sowie **Embarcaciones Asturias** (siehe oben) organisieren von Buenaventura ausgehende **Tauchexpeditionen** (ca. 1.700 Euro/9 Tage).

Departamento Nariño

Überblick & Geschichte

- **Fläche:** 33.268 km²
- **Einwohner:** 1,7 Mio. *nariñenses*

Im äußersten Südwesten Kolumbiens, zwischen dem Pazifischen Ozean und dem Amazonastiefland, liegt an der ecuadorianischen Grenze das nach dem Freiheitshelden *Antonio Nariño* benannte Departamento.

Die flache **Pazifikregion,** welche beinahe die Hälfte von Nariño einnimmt, ist sehr regenreich und weitgehend bedeckt mit Küstendschungeln. Um die Zeitenwende von den mythischen *Tumaco*-Indianern, Meistern der Goldschmiedekunst, bevölkert, wohnen hier seit der Kolonialära vor allem **Nachfahren afrikanischer Sklaven,** die zum Teil noch wie einst mit der Pfanne in den Bächen Gold schürfen (so in der Umgebung des Dorfes Barbacoas), während andere in der Palmölproduktion tätig sind (so um Tumaco). Viele Bewohner Westnariños aber überleben weiterhin ausschließlich durch Subsistenzwirtschaft, darunter die Indigenen vom Volk der *Awá*.

Paramilitärische „Säuberungsaktionen“ mit dem Ziel, Raum für immer neue Ölpalmmonokulturen zu schaffen, haben zu Vertreibungen Tausender Familien geführt, die in die Städte ziehen mussten. Die transandine Petroleumpipeline von Orito (Departamento Putumayo) nach Tumaco bietet **FARC-Guerilleros** ein beliebtes Sabotageziel. Leidtragend ist dabei natürlich wie immer auch hier Mutter Erde.

Bis auf die asphaltierte Straße zwischen der Hauptstadt Pasto und dem Pazifikhafen Tumaco bilden Flusslabyrinthe die einzigen Verkehrsadern im dünn besiedelten, nahezu infrastrukturlosen Küstenland. Das von staatlicher Seite nur schwer kontrollierbare Terrain gilt heute als berüchtigtes **Sammelbecken der narcos,** hypermodern ausgestatteter und hervorragend

colo163 Foto: ib

Wie ein Teppich breitet sich das uralte Kulturland des Departamento Nariño aus

organisierter Drogenproduzenten und -händler, die Ende der 1990er aus den kriegsgeschüttelten Departamentos Guaviare, Caquetá und Putumayo gekommen sind, um geostrategische Standortvorteile Westnariños auszunutzen. Hier werden bis zu 50 Tonnen **Kokain** pro Jahr hergestellt und verschifft. Dies geschieht zum Teil sogar in U-Booten, die in Dschungelverstecken (mit dem Know-how von Sowjetveteranen) konstruiert werden und in der Lage sind, 10 m tief zu tauchen und mit bis zu sechs Besatzungsmit-

gliedern in acht Tagen Mexiko zu erreichen.

Zu einem erheblichen Teil durch **Antipersonenminen** kontaminiert, ist das Gebiet gegenwärtig in **Einflusssphären der Guerilleros und Paramilitärs** aufgeteilt, welche die Kokainlabors – oft für private Auftraggeber und Handelsorganisationen aus den Großstädten – gegen Gebühr überwachen und beschützen.

Trotz der im Zuge des *Plan Colombia* erfolgenden Flugzeugaktionen, bei denen viele Anbauflächen bereits durch hoch giftiges Glyphosat zerstört wurden, findet sich nach wie vor auf Zehntausenden Hektar gerodeten Dschungellandes **Kokaanbau:** Neue, immune Kokaarten widerstehen den Herbizidattacken. Die Besprühungsaktionen wurden oft von dem US-Unternehmen DynCorp, einem privaten militärischen Dienstleister, durchgeführt, und standen damit im Zeichen eines in Kolumbien generell zunehmenden „Outsourcings" im militärischen Bereich, der sich dadurch teilweise staatlicher Kontrolle und Verantwortung zu entziehen vermag.

Schwere **Menschenrechtsverletzungen** gehören in Westnariño zum Alltag. Ein am Río Telembi von den FARC Anfang Februar 2009 verübtes Massaker an 18 Awá-Indianern, denen die Guerilleros Zusammenarbeit mit dem Militär vorwarfen, zeigt beispielhaft, wie die Zivilbevölkerung zwischen die Fronten gerät.

Der östliche und südliche Teil Nariños erstreckt sich quer über vergleichsweise bevölkerungsreiche Hochplateaus sowie über den Gipfelzug der Anden, welcher sich hier bereits in die West- und die Zentralkordillere aufzuspalten beginnt, und grenzt im Südosten, am Andenabstieg zur Amazonasebene, an das Departamento Putumayo. Über die Anden und durch die Hauptstadt Pasto hindurch verläuft die zumindest **tagsüber sichere Paname-**

ricana. Die wirtschaftlichen Aktivitäten der großenteils aus *mestizos* bestehenden Bevölkerung beschränken sich weitgehend auf den Landbau (Weizen, Mais, Kartoffeln, Futterpflanzen, Viehzucht von derzeit ca. 350.000 Rindern), die Möbel- und Lederindustrie sowie Kunsthandwerk.

Francisco Pizarro gehörte zu den ersten Europäern, die die Bucht von Tumaco passierten. Die **Konquistadoren** *Juan de Ampudia* (der sich aufgrund seiner Brutalität den Namen „Attila von Cauca" eintrug) und *Pedro de Añazco* (den später die legendäre *Gaitana* tötete; siehe dazu unter Timaná) erforschten 1535 die kargen Bergregionen des heutigen Nariño, welches damals von *Awá, Pastos, Eperara* und anderen indigenen Völkern bewohnt war. Über Jahrhunderte der Gerichtsbarkeit von Quito unterstellt, wurde das Gebiet nach der Unabhängigkeit Teil des Departamento Cauca. Seit 1904 bildet Nariño eine eigene Verwaltungseinheit. Gouverneur ist derzeit der einstige M-19-Guerillero, Überlebende eines Bombenanschlags und Nachfolger des 1990 ermordeten *Carlos Pizarro Leongómez* im Parteivorsitz der *Alianza Democrática M-19:* der *pastuso Antonio Navarro Wolff.*

Pasto

↗ XXI/C3

Überblick & Geschichte

- **Bevölkerung:** 450.000 *pastusos*
- **Meter über NN:** 2.530
- **Temperatur** (im Durchschnitt): 14°C

Ursprünglich 1537 an der Stelle des heutigen Yacuanquer gegründet, wurde schon zwei Jahre darauf die von *Lorenzo de Aldana* nach den in der Umgegend ansässigen *Los Pastos*-Indianern benannte Siedlung an ihren jetzigen Ort verlagert: San Juan de Pasto, heute **Hauptstadt des Departamento Nariño,** befindet sich im Hochtal Valle de Atriz, ganze 7,5 km östlich des meist hinter Wolken verborgenen Kraters des **Volcán Galeras** (4.276 m über NN), der schon oft Unheil über die *pastusos* brachte. 1993 wurden sechs Wissenschaftler getötet, die im Krater Messungen durchführten, darunter der britische Geologe *Geoffrey Brown.* In jüngster Zeit sorgten immer wieder Eruptionen für Schlagzeilen, zuletzt im Januar 2010. Infolge häufiger Erdbeben sind nur wenige alte Gebäude und Kirchen in der modernen, pastellfarbenen Stadt erhalten, die durch die fahle Höhensonne oft seltsam transparent wirkt. Ursprünglich nur Zentrum der Weidewirtschaft, hat Pasto durch den (auch illegalen) Handel mit Ecuador sowie als „Vorratsspeicher" für die im Tiefland von Nariño und Putumayo operierenden Kokapflanzer und Guerilleros einen ökonomischen Schub erfahren.

Als der zentralistische **General Antonio Nariño** (1765–1823), in seiner Jugend Fahnenträger der *Comuneros,* später Steuereintreiber, aber wegen Betrugs sowie der Übersetzung der Erklärung der Menschen- und Bürgerrechte im spanischen Cádiz inhaftiert, dann Flüchtiger, Zeitungsgründer und Vorreiter der Unabhängigkeit, schließlich avanciert zum prominentesten Staatsfeind der Kolonialregierung – als dieser vom Leben gezeichnete, eigentlich auf alles vorbereitete General *Nariño* 1813 mit seiner knapp 2.000 Mann starken Armee seinen Südfeldzug *(la campaña del sur)* begann, da dürfte er wohl kaum geahnt haben, was ihm auf den Schlachtfeldern vor Pasto bevorstehen würde: Nach der Einnahme Popayáns gelangte er, abgeschnitten vom Nachschub und stark geschwächt durch royalistische Guerillas, in die Region, die jetzt seinen Namen trägt. Hier erlitt er im Kampf gegen königstreue *pastusos,* denen er Krieg bis zum Tod erklärt hatte, eine Verwundung. Doch das war nicht das Schlimme: Im allgemeinen Chaos verbreitete sich rasend schnell das von einem Rivalen erfundene Gerücht seines Todes; die demoralisierten Männer verließen ihn daraufhin und zerstreuten sich wie Spreu im Wind. Allein gelassen, versuchte *Nariño* sich zu verstecken, musste sich aber doch am 14. Mai 1814 royalistischen Spähern ergeben, die ihn nach Pasto verschleppten. Sechs Jahre sollte *Nariño* im Gefängnis von Cádiz verbringen müssen (das er schon nur zu gut kannte), bevor ihm die Rückkehr gelingen und er gegen *Simón Bolívar* für die Präsidentschaft des nun unabhängigen Gran Colombia kandidieren würde ...

Die friedliebenden und meist eher stillen *pastusos* gelten bei ihren Landsleuten zu Unrecht als **hinterwäldlerisch.** Dies hängt vielleicht damit zusammen, dass sich Pasto in der Zeit der Unabhängigkeitskämpfe auf die Seite der spanischen Royalisten schlug, und auch damit, weil es später eher Anschluss an Ecuador statt Kolumbien suchte.

Einen Besuch lohnt vor allem der legendäre **Carnaval de Blancos y Negros** (siehe unten). Überdies sind in Pasto **Lederwaren** extrem günstig zu kaufen (z.B. Gürtel und Taschen im Markt auf der Plaza de Bomboná, Cl. 14 zwischen Cra. 28 und 30; Reitstiefel bei Don Juan, Cra. 25 No. 14-12). Eine besondere kunsthandwerkliche Spezialität sind mit *barniz* (siehe unten) dekorierte Holzgegenstände.

Pasto ist **Ausgangspunkt für die Fahrt zur Laguna de la Cocha** sowie den Andenabstieg zum Departamento Putumayo.

Orientierung

Zentrum der Stadt ist die Plaza Nariño (Cl. 18 und 19 sowie Cra. 24 und 25) mit Banken, Büros und der ältesten Kirche **Iglesia de San Juan Bautista.** Die an der Plaza vorbei von Südsüdost nach Nordnordwest verlaufende **Cl. 18,** welche auch die **Plaza de Carnaval** (Cl. 18 und Cra. 20) berührt, ist die attraktivste Geschäftsstraße und zugleich Orientierungsachse.

Sehenswertes

Museo Taminango de Artes y Tradiciones

Die **Casona Taminango,** ein koloniales Adobeanwesen aus dem Jahr 1623, errichtet mit einem in Tierblut gekneteten Lehm- und Strohgemisch, gilt als ältestes noch existierendes Haus der Stadt (Cl. 13 No. 27-67, Tel. 7235 539, geöffnet Mo bis Fr 8–12 und 14–18 Uhr, Sa 8–12 Uhr, Eintritt 1,50 Euro). Besuchern werden **handwerkliche Traditionen** wie Web- und Schmiedetechniken nahegebracht. Zu sehen ist außerdem ein Mix aus regionalen Antiquitäten.

Museo del Oro Nariño

Untergebracht im **Kulturzentrum Leopoldo López Álvarez** in der Banco de la República, zeigt das **Goldmuseum** eine kleine erlesene Auswahl präkolumbischer Goldartefakte des *Tumaco*-Volkes am Pazifik sowie indigene Keramiken und Muschelschmuck (Cl. 19 No. 21-22, Tel. 7219 108, geöffnet Mo bis Fr 9–19 Uhr, Sa 9–13 Uhr, Eintritt frei). Im Museum befinden sich auch eine ethnografische Abteilung, eine Wanderexposition sowie eine Bibliothek.

Casa del Barniz de Pasto

In diesem gut organisierten **Laden** (Cl. 13 No. 24-92) werden Holzgegenstände, vor allem Teller, Tabletts, Schachteln, Tierfiguren und Masken, die allesamt mit dem typischen farbenfrohen *barniz*-Dekor veredelt wurden, günstig feilgeboten.

Barniz wird aus dem Pflanzensaft des Mopa-Mopa-Strauches *(Elavagia pastoensis Mora)* extrahiert, der im Departamento Putumayo gedeiht. Blätter und Früchte werden eingeweicht, gekocht und ausgepresst; das so gewonnene Harz schlägt und kaut der *barniz*-Künstler, bis es ganz geschmeidig ist, färbt es dann und weitet es schließlich zu einem dünnen Lackfilm, welcher schon durch die bloße Handwärme auf der Oberfläche des zu dekorierenden Gegenstandes anklebt. Mit Spezialwerkzeug werden fantasievolle Formen aus der Lackmembran geschnitten. Teilweise wird transparenter *barniz*-Lack mit Gold- und Silberfolien kombiniert, dadurch entstehen besonders prächtige Verzierungen.

Die *barniz*-Technik wurde bereits von den *Pastos*-Indianern vor der Ankunft der Spanier angewandt.

Carnaval de Blancos y Negros

Der archaische Carnaval de Blancos y Negros, Nationales Kulturerbe Kolumbiens, gilt – nach dem Karneval von Baranquilla – als zweitwichtigster des Landes. Er wird in Pasto und anderen Gemeinden Nariños vom 4. bis 6. Januar gefeiert und lockt jedes Jahr Tausende Besucher in die sonst so friedliche und eher lethargische Stadt. Bereits im Vorfeld der eigentlichen Feierlichkeiten, am 28. Dezember, dem **Día de los Santos Innocentes,** necken sich die *pastusos,* indem sie ihre Mitbürger in einem nicht enden wollenden Katz-und-Maus-Spiel mit Wasser zu bespritzen suchen. Von Balkons und aus Fenstern ergießt sich Wasser auf unachtsame Passanten, die im Übrigen an diesem Tag selbst vor Feuerwehrschläuchen nicht sicher sind. Am 3. Januar feiern die Kinder den **Carnavalito.**

Der 4. Januar ist **„Tag der Ankunft der Familie Castañeda“:** Der Überlieferung nach reiste diese Großfamilie einst aus Antioquia kommend durch Pasto, um im noch menschenleeren Putumayo zu siedeln. Mit ihrem vielen Gepäck – das Kochtöpfe, Matratzen und Hutschachteln einschloss – erregten die *Castañedas* im gelangweilten und etwas weltfernen Pasto enorme Aufmerksamkeit. Ihre Ankunft wird

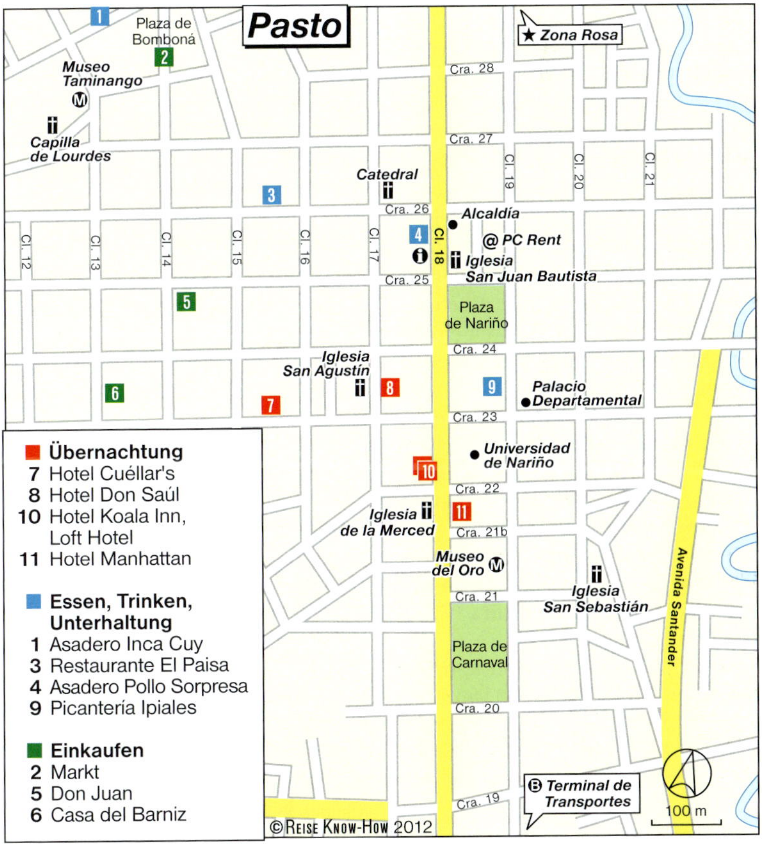

Pasto

Übernachtung
- 7 Hotel Cuéllar's
- 8 Hotel Don Saúl
- 10 Hotel Koala Inn, Loft Hotel
- 11 Hotel Manhattan

Essen, Trinken, Unterhaltung
- 1 Asadero Inca Cuy
- 3 Restaurante El Paisa
- 4 Asadero Pollo Sorpresa
- 9 Picantería Ipiales

Einkaufen
- 2 Markt
- 5 Don Juan
- 6 Casa del Barniz

jährlich in einem kuriosen Umzug nachgespielt, bei dem z.B. eine extravagante Großmutter ebenso auftritt wie eine hoch schwangere, in ein Brautkleid gehüllte Tochter und zig unartige Kinder, die ihrer Amme die Hölle heiß machen.

Am 5. Januar, dem **„Día de Negros – Tag der Schwarzen“,** herrscht Ausnahmezustand. Die Menschen versammeln sich auf den Straßen, um sich gegenseitig mit schwarzer Farbe und schwarzem Fett einzureiben. Früher hatten die afrikanischen Sklaven an diesem Tag arbeitsfrei, und ihre weißen Herren schwärzten sich die Gesichter mit Ruß: Ethnische Herkunft und gesellschaftliche Position des Einzelnen lösten sich beim Feiern in Schall und Rauch auf.

Am 6. Januar, dem **„Día de Blancos – Tag der Weißen“** verkehrt sich das Bild: Man bewirft sich mit weißem Puder, Mehl oder Schaum und bemalt die Gesichter weiß.

Um etwas Ordnung in das traditionelle, manchmal in einen Gewaltrausch ausartende Chaos während des Karnevals zu bringen, finden die wildesten Farbschlachten auf den schiefen Ebenen und Terrassen der 2004 eingeweihten, ultramodernen **Plaza de Carnaval y Cultura** (Cl. 18 und Cra. 20) statt.

Am 6. Januar schließt der Karneval mit einem farbenprächtigen Umzug.

Informationen & wichtige Adressen

Touristeninformation/Führer

- **Oficina Departamental de Turismo de Nariño:** Cl. 18 No. 25-25, Tel. 7234 962, geöffnet Mo bis Fr 8–12 und 14–18 Uhr, Stadtpläne und Informationen.
- **Guias Profesionales** (ortskundige Führer): Cl. 17 No. 26-09, Piso 2, Tel. 7231 330.

Internetcafés

- **Ciber Café PC Rent:** Cl. 18A No. 25-51, und viele weitere.

Geldwechsel

- **Banken und Wechselstuben** befinden sich allesamt an der Plaza Nariño (Cl. 18 und 19 sowie Cra. 24 und 25). Die hiesige Banco de Bogotá wechselt Reiseschecks.

Immigrationsbehörde

- **D.A.S.:** Cl. 17 No. 29-70, Tel. 7223 710, stempelt Pässe für Ecuador-Reisende.

Fluggesellschaften

- **Avianca:** Am Flughafen, Tel. 7328 064, oder im Exito-Markt, Cra. 22B No. 2-57, Tel. 7237 595.
- **Satena:** Cl. 19 No. 27-05, Cosmocentro 2000, Local 208, Tel. 7290 442.

Unterkunft

- **Hotel Agualongo**€€€: Cra. 25 No. 17-83, Tel. 7230 604 / 7235 216, Hochhaus direkt an der Plaza Nariño im Herzen der Stadt. Komfortable Zimmer, Restaurant. Benannt nach dem royalistischen Guerillero *Agustín Agualongo* (1780–1824), dessen sterbliche Überreste M-19-Guerilleros 1987 aus der Iglesia de San Juan Bautista stahlen.
- **Hotel Don Saúl**€€+: Cl. 17 No. 23-52, Tel. 7224 480 / 7230 622. Freundlicher jordanischer Besitzer, Zimmer mit Bad, TV, Telefon, Minibar. Restaurantbetrieb. Beliebt bei Geschäftsleuten.

- **Loft Hotel**€€+: Cl. 18 No. 22-23 Centro, Tel. 7226 737, www.lofthotelpasto.com. Gepflegte und moderne Option im Stadtzentrum.
- **Hotel Cuéllar's**€€: Cra. 23 No. 15-50, Tel. 7232 879. Kleine komfortable Zimmer.
- **Hotel Concorde**€€: Cl. 19 No. 29A-09, Tel. 7310 658, im Ausgehviertel *Zona Rosa* im Norden. Ruhige Zimmer mit Bad, TV, Telefon.
- **Hotel Rey del Sur**€: Cra. 9 No. 15A-10, Tel. 7207 909, neues Hotel nahe des Busterminals. Saubere Zimmer mit Bad, TV. Ideal für in der Nacht gestrandete Transitreisende.
- **Hotel Marsella**€: Cl. 18 No. 19-123, Tel. 7210 953 / 7211 553, nahe der Plaza de Carnaval y Cultura.
- **Hotel Manhattan**€: Cl. 18 No. 21B-14, im Stadtzentrum. Stilvolles altes Gebäude mit überdachtem Innenhof.
- **Hotel Koala Inn**€: Cl. 18 No. 22-37, Tel. 7221 101, im Stadtzentrum. Sehr große luftige Räume auf drei Holzgalerien um den überdachten Patio. Gemeinschaftsbad mit heißem Wasser. Wäscheservice. Touristische Informationen. Beliebt bei Globetrottern.

Essen, Trinken, Unterhaltung

- **Asadero Pollo Sorpresa:** Cl. 18 No. 26A-60, Tel. 7237 710, Fast Food: Grillhähnchen mit Kartoffeln.
- **Picantería Ipiales:** Cl. 19 No. 23-37, Tel. 7230 393, geöffnet 9–21 Uhr, frische Pfannkuchen aus Kartoffeln und Käse sowie *comida corriente*.
- **El Chalet Suizo:** Cl. 20 No. 41-80, Tel. 7234 419, gute schweizerische Küche.
- **Restaurante El Paisa:** Cra. 26 No. 15-37, im Hotel Casa Madrigal, Tel. 7234 592, Fleischspezialitäten.
- **Asadero Inca Cuy:** Cra. 29 No. 13-67, Tel. 7238 050, hinter der Plaza de Bomboná, gegrilltes Meerschweinchen *(cuy)* frisch vom Spieß mit Kartoffeln oder *yuca*. Reservieren!
- **Restaurante Cuyes Pinzón:** Cra. 40 No. 19B-76, im Barrio Palermo, Tel. 7313 228, klassisches Meerschweinchen.
- **Aberdeen Angus Parillada Argentina:** Av. Panamericana No. 19A-34, Beef für den Abend.

Tanzen & Feiern

Das Wochenendausgehviertel **Zona Rosa** mit Bars und Discos hat sich zwischen Cl. 19 und 20 sowie Cra. 31C und 32 im Barrio Las Cuadras entwickelt. *Night spots* befinden sich überdies an der Cl. 19 zwischen Cra. 26 und 28. Darunter z.B.: **Solo Recuerdos,** Cl. 19 No. 31C-47, Tel. 7311 950, sowie **Arkanos,** Cl. 19 No. 27-105, Tel. 7224 451, und **La Piazzeta,** Cl. 18 No. 28-06, Tel. 7234 533. Gute Bars sind **Mestizo Peña Bar,** Cl. 18 No. 27-67, Tel. 7293 395, sowie auch **La Tienda de Pacho Bar,** Av. Panamericana No. 19-76, Tel. 7234 181.

Verkehrsverbindungen

Busse/Colectivos

- Der **Terminal de Transportes** (Busbahnhof, Cra. 6 No. 16D-50) liegt 2 km südlich des Stadtzentrums.
- **Nach Cali** (9 Std./16 Euro) bzw. **nach Popayán** (6 Std./11 Euro) und **Ipiales** (2 Std./3,50 Euro) fahren ständig Busse; stündliche Verbindungen auch direkt **nach Bogotá** (22 Std./36 Euro). **Nach Túquerres** (2 Std./5 Euro) mehrmals täglich Busse, *busetas* sowie *colectivos*.
- **Zur Laguna de la Cocha** gibt es zwei Möglichkeiten: *Colectivos* fahren vom Halteplatz Cl. 22 und Cra. 7 Esq. (gegenüber der Iglesia Santo Sepulcro am Hospital Departamental, nördlich des Busterminals) direkt an die Lagune nach El Puerto (30 Min./2 Euro). Alternativ halten alle vom Busterminal in Richtung Sibundoy und Mocoa abgehenden Busse im Dorf **El Encano,** von wo man zu Fuß oder per Taxi die Lagune erreichen kann (2 km nach El Puerto).

Flugzeug

- Täglich **Flüge nach Bogotá und Cali** mit Avianca und Satena sowie Flüge **nach Tumaco** vom 35 km nördlich der Stadt an der Straße nach Cali gelegenen **Aeropuerto Antonio Nariño** (Tel. 7328 013 / 7328 191), der per *colectivo* (30 Min./3,50 Euro) vom Haltepunkt Cl. 18 und Cra. 25 zu erreichen ist.

Laguna de la Cocha

↗ XXI/C,D3

Der Wasserspiegel der 59 km² großen und 75 Meter tiefen glasklaren Laguna de la Cocha liegt auf 2.780 m über NN. Die Durchschnittslufttemperatur beträgt 13 °C, die Wassertemperatur 9–11 °C. Von Pasto bis zum Nordufer des auch Lago Guamués genannten andinen Bergsees sind es nur 25 km. Es ist über das 2 km oberhalb liegende Zwiebeldorf **El Encano** erreichbar. Entlang des sich durch Binsensümpfe mäandernden Lagunenzuflusses Encano befindet sich die an eine Schnur mit aufgezogenen Streichholzschachteln erinnernde Kette der Pfahlhäuser von **El Puerto.** Mit seinen Schweizer Balkons, Blumengirlanden, Kaminen, bunt bemalten Schnitzereien und knarrenden Holzbrücken ist dieser Fischereihafen ein beliebtes Wochenendausflugsziel für *pastusos,* welche in den vielen kleinen Restaurants und Privatküchen (darunter z.B. die Restaurantes Reflejos del Lago, Colombia und Villa del Lago) **frische Regenbogenforellen** auf alle nur erdenklichen Zubereitungsarten sowie *dulces con queso* (Fruchtkompott) genießen und sich anschließend in motorisierten Langbooten der Asociación de Lancheros Asotransguamués übersetzen lassen auf das nahe gelegene Eiland La Corota (8 Euro pro Boot à zehn Passagiere für Hin- und Rückfahrt sowie eine Stunde Inselaufenthalt). Die 8 ha

cdo164 Foto: ib

große **Isla de la Corota** ist ein Naturreservat (Eintritt 1 Euro), bedeckt von Primärnebelwald mit Moosen, Flechten, Bromelien und Anturien. 500 Pflanzenarten sowie 31 Vogelarten wurden gezählt, darunter Kolibris und Schwarzamseln.

Unterkunft

- **Hotel Sindamanoy**€€+/€€€: Ca. 1 km östlich von El Puerto auf dem Steilufer mit Blick auf die Isla de la Corota gelegenes mondänes Anwesen im Schweizer Stil, Tel. 7218 222 / 7237 279, www.hotelsindamanoy.com. Kamin, Restaurantbetrieb, Gruppentarife.
- An den Ufern der Laguna de la Cocha existieren elf private Naturschutzgebiete, in denen z.T. übernachtet werden kann (**Informationen:** Asociación de la Red de las Reservas, Pasto, Cl. 10 No. 36-28, Tel. 7231 022).

Achtung: Im schwer zugänglichen Süden, in der Nähe des Lagunenabflusses Río Guamués, operieren **Guerillaeinheiten!**

Verkehrsverbindungen

- **Von Pasto zur Lagune:** siehe unter Pasto.
- **Busse** zwischen Mocoa/Sibundoy und Pasto passieren **El Encano;** viele nehmen hier Fahrgäste auf. **Colectivos** fahren am Wochenende von El Puerto über El Encano **nach Pasto** (30 Min./2 Euro).

An der Laguna de la Cocha

Túquerres

↗ XXI/C3

- **Bevölkerung:** 35.000 *túquerreños*
- **Meter über NN:** 3.100
- **Temperatur** (im Durchschnitt): 12°C

Túquerres, erbaut auf einer vulkangesäumten, äußerst fruchtbaren Hochebene nahe der Absturzkante zu den dampfenden Dschungeln des Pazifiktieflandes, zählt zu den höchsten und dabei dichtbesiedeltsten Gemeinden Kolumbiens. Quadratische, oft von Steinmauern oder Hecken umfriedete Viehweiden, Weizen-, Gerste- und Kartoffelfelder, Gärten mit Karotten, Saubohnen und Meerschweinchengehegen, rußgeschwärzte Ziegeleien und regenfeuchte Hauswände, windgepeitschte Ebenen, stille, kleinwüchsige und arbeitsame Menschen charakterisieren die **Sabana de Túquerres** genannte Umgegend.

La Villa de Túquerres wurde um das Jahr 1541 gegründet, wahrscheinlich von *Miguel Muñoz*. 1936 erschütterte ein Erdbeben die Region, verschlang einen Großteil der Stadt und tötete mindestens 1.000 Menschen. Die Erde barst förmlich: Eine hohe Felswand, von der ein Wasserfall hinunterstürzt, wuchs urplötzlich inmitten der heute spukhaft anmutenden Landschaft **La Chorrera** aus dem Boden und hinterließ zu ihren Füßen eine rote, von Schlingpflanzen umwobene Lagune, in der Forellen zappeln. Um die Lagune befindet sich ein topografisches Chaos aus zäh überwachsenen Aufschüttungen, die die frühere menschliche Besiedlung nur noch erahnen lassen (Achtung: Schlangen!). **Schatzjäger** erscheinen jährlich in der Nacht des 12. Mai in dem 8 km vom jetzigen Stadtzentrum entfernten, über einen Feldweg in Richtung des Dorfes Ospina zu erreichenden La Chorrera und hoffen auf ein „blaues Licht", das ihnen den Weg zu untergegangenen Reichtümern zeigen soll. Der Romancier *Guillermo Cifuentes López* hat das Ereignis literarisch verarbeitet; sein Buch ist im Eisenwarenladen der (wenn auch an anderer Stelle, so doch wieder neu errichteten) Stadt Túquerres erhältlich.

Der Ort, in dem vom 4. bis 6. Januar der **Carnaval de Blancos y Negros** begangen wird (siehe dazu unter Pasto), ist ein guter **Ausgangspunkt für den Besuch des Volcán El Azufral** (siehe unten). Viele Kolumbianer pilgern zur Iglesia de San Francisco an der oberen Ecke der Plaza Bolívar (Cra. 14), um den **Milagroso Señor** zu sehen, eine Jesusfigur mit ganz besonderer Aura. Donnerstags ist Markttag (gute *ruanas* im Angebot).

Achtung: Die Stadt gilt als sicher und in fester Hand der Regierung, ist aber halb von **Guerillaeinheiten** umstellt.

Informationen & wichtige Adressen

Touristeninformation/Führer

- In der **Alcaldía Municipal** direkt an der Plaza Bolívar, Cra. 14 und Cl. 16 Esq., Tel. 7280 986, geöffnet Mo bis Fr 8–12 und 14–18 Uhr. Hier auch Vermittlung von ortskundigen Führern nach La Chorrera und auf den Azufral-Vulkan (20 Euro plus 10 Euro für den Transport per Auto zur *cabaña* des Naturwarts, wo der eigentliche Aufstieg beginnt).
- **Ortskundiger Führer:** Empfehlenswert ist z.B. **Alexander Estrella,** Damenschuhmacher, Cra. 12 No. 12-70, Barrio Golgota, Mobil 317 2477 770.

Unterkunft & Essen

- **Inti Ande Hotel**€+: Cra. 13 No. 20-56, Tel. 7281 165 / 7281 581, Fax 7280 036, nahe des Bushaltepunktes zwei Blocks unterhalb der Plaza Bolívar gelegen. Geräumige saubere Zimmer, häufige Gäste sind Soldaten, die hier Zwischenstopp auf dem Weg in die Guerillagebiete der Pazifikregion einlegen.
- Unterhalb der Plaza und der Banco Agrario befindet sich das kleine **Restaurante Deli Express,** Cra. 14 No. 20-57, in dem für 1 Euro eine einfache *bandeja trucha* (Forelle) angeboten wird. Eine Alternative ist das **Restaurante Real Danesa,** Cl. 20 und Cra. 13, Tel. 7280 853.

Verkehrsverbindungen

Busse, busetas, colectivos und Taxis halten und fahren ab von Cra. 13 und Cl. 20, einen Block unterhalb der Plaza Bolívar. **Nach Pasto** bestehen ganztags ständige Verbindungen; je nach Verkehrsmittel, Komfort und Schnelligkeit unterschiedliche Preise (per Bus 2 Std./5 Euro). Häufig Busse auch **nach Ipiales** (1½ Std./3,50 Euro). **Nach La Chorrera:** Per Taxi, verhandelbar, ca. 5 Euro. **Nach El Espino:** Alle Busse nach Tumaco, die aus Ipiales, Pasto oder Túquerres kommen, halten dort bei Bedarf.

Volcán El Azufral

Überblick

Die höchste Erhebung des Azufral- oder Schwefelvulkans, eine von meterdicken Moosdecken überwachsene, **El Salto** genannte Felsspitze nahe des Kraterrandes, steigt **4.070 m über NN** 12 km westlich der Stadt Túquerres auf. Es herrschen 10°C Lufttemperatur. Im etwa 200 Meter tiefen Kraterbereich liegen drei Bergseen, die Lagunas Verde, Negra sowie Blanca, die ihre Namen von den charakteristischen, sehr unterschiedlichen Farben ihres Wassers ableiten. Die **Laguna Verde** ist mit 1,5 km Länge der größte und schönste der Seen, halbkreisförmig direkt unterhalb des Randes der Caldera, leuchtend grün aufgrund des hohen Schwefelgehaltes, 8°C kalt, mit einem schneeweißen Strand. Wolkenschwaden ziehen über die schweigende Wasserfläche; ein solitärer Kurikinga erscheint wie ein Geistervogel. Am Lagunenabfluss, zwischen Moosen und Flechten, dampfen heiße Quellen, die sich für ein Fußbad eignen.

Einer **Legende** nach verlor der ehrwürdige Kazike *Tacurres* seine drei Töchter: Die Tränen, die er um sein an Liebeskummer verstorbenes Mädchen verschüttete, formten die Laguna Blanca, kristallin wie die Unschuld; die Tränen für die zweite, hinterrücks ermordete Tochter bilden heute die Laguna Negra; die dritte Tochter aber verschwand spurlos, und der Kazike weinte smaragdene Tränen zwischen Hoffnung und Verzweiflung, die nie versiegten, sodass die Laguna Verde heute besonders große Ausmaße annimmt.

Die kleine runde Hügelkuppe neben dem Abfluss der Laguna Verde ist der eigentliche Azufral-Vulkan: **Dutzende faustgroße Löcher stoßen heiße, giftige Schwefeldämpfe aus.** Eine dicke Schwefelkruste überzieht das von jeglichem Bewuchs gemiedene Gestein.

In der Gegend um den Vulkan – einem **Naturreservat** von insgesamt 60 km² Größe – wuchert jedoch ein Teppich aus Hunderten verschiedener Pflanzenarten, die eines gemeinsam haben: Sie können riesige Wassermengen in sich speichern. 70 Bäche entspringen an den Berghängen.

Der Aufstieg

Der an sich keine besonderen Kenntnisse abverlangende Aufstieg zur Caldera ist **pitschnass und rutschig;** man bewegt sich zwischen den an Hirnkorallen erinnernden Mooskissen wie in einer Unterwasserwelt. Indianer überqueren, Hohlwege durchreitend, regelmäßig den Vulkan, um die daheim in ihrem Caserío La Oscurana selbst abgebaute Kohle bis zum Markt von Túquerres zu bringen und gegen Kartoffeln zu tauschen. Die trockenste, wolkenärmste und für den Besuch des Azufral am besten geeignete Zeit ist von Dezember bis Februar sowie im – allerdings recht kalten – August.

In **Túquerres** biegt man einen Block oberhalb der Plaza Bolívar nach links und folgt der nach Olaya führenden

colo165 Foto: ib

Calle aus der Stadt hinaus bis zu einer Rechtskurve. Ein großes Hinweisschild zum Azufral weist in den geradeaus abgehenden Schotterfahrweg, der gemächlich und sich stetig verschlechternd bergauf führt bis zur 2007 errichteten *cabaña* des Naturwarts. Bis hierhin fahren Mietfahrzeuge; zu Fuß aber sind es 3 Std. Der Aufstieg von der *cabaña* zur Caldera dauert weitere 1½ Std.

Alternativ ist der Vulkan in einem nur 1½-stündigen Gewaltmarsch vom Dorf **El Espino** aus zu bezwingen.

- **Informationen, ortskundige Führer und Verkehrsverbindungen:** siehe Túquerres.
- **Ausrüstung:** Regenschutz, Gummistiefel.
- **Zelten/Biwakieren:** Am weiten Strand der Laguna Verde.

Ipiales

↗ XXI/C3

Überblick & Geschichte

- **Bevölkerung:** 85.000 *ipialeños*
- **Meter über NN:** 2.900
- **Temperatur** (im Durchschnitt): 12 °C

Ipiales, das ist die **„Stadt der grünen Wolken"** – als solche jedenfalls beschrieb sie der exilierte ecuadorianische Dichter *Juan Montalvo* (1832–1889), weil er den Himmel hier abends manchmal dunkelgrün eingefärbt fand. Sie liegt lang gestreckt auf dem nullten Breitengrad Nord nur 3 km entfernt von der Grenze nach Ecuador inmitten einer grasumwogten Hochebene. Die pastellfarbenen, viereckigen Häuser von Ipiales sind flach, ihre Dächer scheinen trotzdem den Himmel zu berühren. Zeitig am Sonnabend strömen die Bauern aus der Umgegend auf den Samstagsmarkt (Cra. 8 und Cl. 7), um ihre Geschäfte zu tätigen. Ansonsten sind es vor allem der umtriebige Transitverkehr sowie die Textil- und Schuhindustrie, welche dem vor über 400 Jahren von Missionaren gegründeten Ort heute zu etwas Kommerz verhelfen.

Ein Besuch lohnt allein für Liebhaber gut gegrillter Meerschweinchen, Wallfahrer nach Las Lajas und als Zwischenstopp für Bergsteiger, die den Volcán Nevado de Chiles (4.718 m über NN) bezwingen möchten. Grenzgänger von und nach Ecuador finden gute Übernachtungsmöglichkeiten.

Auf dem Gipfel des Volcán El Azufral (El Salto)

Orientierung

Die Nummern der Carreras von Ipiales steigen von Nordost nach Südwest auf, die Nummern der Calles von Südost nach Nordwest. **Zentrale Geschäftsstraße ist die Cra. 6,** die von Südost nach Nordwest verläuft und beide Hauptplätze der Stadt, die **Plaza de la Independencia** (zwischen Cl. 8 und 9) und die **Plaza la Pola** (zwischen Cl. 13 und 14) tangiert. Zum **Flughafen** folgt man der Cra. 6 7 km nach Nordwesten; El Charco und Las Lajas liegen 2 bzw. 7 km südöstlich. Von Pasto kommend erreicht man über die **Cl. 18** von Norden her die Stadt; in Richtung Rumichaca (Grenzübergang nach Ecuador, 3 km) verlässt man sie über die **Cl. 17** nach Südwesten. Um zum **Busbahnhof** (ca. 700 m von der Cra. 6 gelegen) zu gelangen, wendet man sich auf der Cl. 7 nach Nordosten.

Wichtige Adressen

- **Internetcafé:** Cl. 16 No. 6-51.
- **Geldwechsel: Casas de Cambio (Wechselstuben),** die auch ecuadorianische Sucres tauschen, sowie **Banken mit Geldautomaten** befinden sich an oder nahe der Plaza la Pola, so Bancolombia, Cl. 14 No. 5-32, und Banco de Bogotá, Cra. 6 und Cl. 15 Esq. Am Grenzübergang Rumichaca gibt es eine Vielzahl von Geldwechslern mit besserem Kurs als in Ipiales.
- **Fluggesellsschaft: Satena,** Cra. 7 No. 15-67, Tel. 7732 957 / 7733 860.

Unterkunft

- **Hotel Mayasquer**€€+: Km 3 Vía Puente Internacional Rumichaca, außerhalb von Ipiales nahe der Grenze, Tel. 7734 062, Fax 7734 034. Moderne Anlage mit 31 geschmackvollen Zimmern, für Familien geeignet, mit Restaurant.
- **Hotel Los Andes**€€: Cra. 5 No. 14-44, Tel. 7734 338, Fax 7733 255. Etabliertes Stadthotels, zentrale Lage, dabei ruhig, sauber, komfortabel, modern. Mit gutem Restaurant.

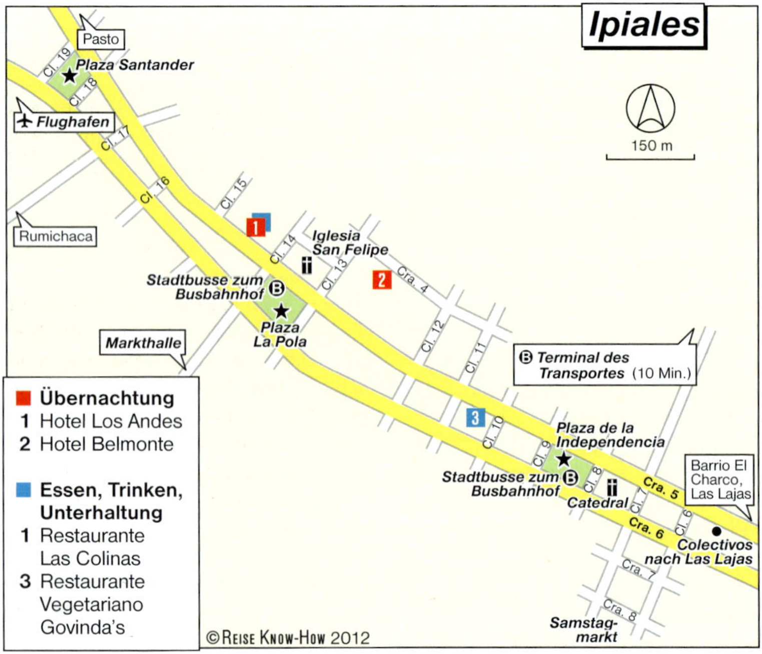

Ipiales

150 m

Pasto
Plaza Santander
Flughafen
Rumichaca
Cl. 19
Cl. 18
Cl. 17
Cl. 16
Cl. 15
Cl. 14
Cl. 13
Cl. 12
Cl. 11
Cl. 10
Cl. 9
Cl. 8
Cl. 7
Cl. 6
Iglesia San Felipe
Cra. 4
Stadtbusse zum Busbahnhof
Plaza La Pola
Markthalle
Terminal des Transportes (10 Min.)
Plaza de la Independencia
Stadtbusse zum Busbahnhof
Catedral
Cra. 5
Cra. 6
Cra. 7
Cra. 8
Barrio El Charco, Las Lajas
Colectivos nach Las Lajas
Samstagmarkt

Übernachtung
1 Hotel Los Andes
2 Hotel Belmonte

Essen, Trinken, Unterhaltung
1 Restaurante Las Colinas
3 Restaurante Vegetariano Govinda's

- **Hotel Metropól**€+: Cra. 2A No. 6-10, Tel. 7737 976, in der Nähe des Busbahnhofs. Neu, Zimmer mit Bad.
- **Hotel Belmonte**€: Cra. 4 No. 12-111, Tel. 7732 771. Kleiner, freundlicher Familienbetrieb, Zimmer mit TV, Gemeinschaftsbad auf dem Flur, heißes Wasser, sauber, ruhig. Beliebt bei Globetrottern.
- Nahebei gibt es einige sehr schlichte und sehr preiswerte Unterkünfte für Gestrandete, z.B. **Hotel Bahamas**€, Cl. 13 No. 4-17, Tel. 7732 884, neben der Iglesia de San Felipe; **Residencias Paris**€, Cl. 13 No. 4-13; **Residencias New York**€, Cl. 13 und Cra. 4 Esq.

Essen, Trinken, Unterhaltung

- Im **Barrio El Charco** (2 km südöstlich des Stadtzentrums nahe des über die Cra. 6 zu erreichenden Kreisverkehrs; per Taxi 1 Euro) gibt es mehrere Grillstuben *(asaderos)*, die abends geröstetes **Meerschweinchen (cuy)** mit Kassava- oder Kartoffelbeilage servieren – eine lokale Köstlichkeit, die an Kaninchenfleisch erinnert und auch in Ecuador verbreitet ist. Gut ist z.B. das **Restaurante El Charco** (Casa de los Cristales): Die Besitzerin *Zoila Yépez de Guerrero* hat sich auf die Zubereitung des *plato típico nariñense* spezialisiert; Tel. 7732 088 / 7254 396, Mobil 315 3133 090 (Vorbestellung zu empfehlen); pro *cuy* vom Spieß sind 9 Euro zu veranschlagen.
- Eine Alternative ist das **Restaurante Vegetariano Govinda's,** Cra. 5 No. 10-63, Tel. 7738 576, im Stadtzentrum, indische Küche, ausschließlich vegetarische Kost.
- Zum Hotel Los Andes gehört das **Restaurante Las Colinas,** Cra. 5 No. 14-42, internationale Küche mit Anspruch.

Verkehrsverbindungen

Busse/colectivos

- Der neu errichtete **Terminal de transportes** (Busbahnhof) befindet sich 1 km nordöstlich des Zentrums. **Stadtbusse zum Busbahnhof** fahren von der Plaza la Pola gegenüber der Iglesia de San Felipe (Cra. 5 zwischen Cl. 13 und 14) sowie von der Plaza de la Independencia (Cra. 6 und Cl. 8 Esq.) ab. Zu Fuß folgt man der Cl. 7 nach Nordosten. Per Taxi 1,50 Euro.
- **Nach Pasto:** Ständig Busse, *busetas* und *colectivos* (2 Std./3,50 Euro). Die Fahrt folgt der Panamericana und bietet spektakuläre Blicke über die Abgründe der Schlucht des Río Guáitara. **Nach Túquerres:** Mehrere Busse täglich (1½ Std./3,50 Euro). Regelmäßig Überlandbusse auch **nach Popayán** (8 Std./ 13 Euro), **Cali** (11 Std./17 Euro) und **Bogotá** (25 Std./37 Euro).
- **Nach Rumichaca (Grenzübergang zu Ecuador):** *Colectivos* starten vom Busbahnhof (15 Min./1 Euro). Alternativ fahren *colectivos* auch vor der Markthalle im Stadtzentrum ab (Cra. 10 und Cl. 14).
- **Nach Las Lajas:** *Colectivos* fahren nicht vom Busbahnhof, sondern vom Haltepunkt Cra. 6 und Cl. 4 Esq. (7 km, 15 Min./1 Euro). Alternativ per Taxi für 3,50 Euro.

Flugzeug

Der **Flughafen** von Ipiales liegt 7 km nordwestlich der Stadt (Taxi 6 Euro). Satena bietet **Flüge nach Bogotá** sowie **nach Puerto Asis** (Departamento Putumayo). Vom ecuadorianischen Tulcán (der Flughafen befindet sich 4 km von Rumichaca entfernt) gibt es Flüge nach Quito.

Grenze zu Ecuador

Der **Grenzübergang Rumichaca** liegt 3 km südwestlich von Ipiales. Auf beiden Seiten der Autobrücke, die nahe der Naturbrücke Rumichaca („Brücke aus Stein" in der Quechua-Sprache) über den Grenzfluss Río Carchi geht und Ipiales mit der ecuadorianischen Grenzstadt Tulcán verbindet, befinden sich Immigrationsposten, wo täglich 6–21 Uhr die Pässe aus- bzw. eingestempelt werden – worauf unbedingt zu achten ist. Geldwechsler bieten an der Grenze ihre Dienste an.

colo166 Foto: ib

Für die **Einreise** nach Ecuador und Kolumbien benötigen Deutsche, Österreicher und Schweizer kein Visum. Im Zweifel sollten vorab das ecuadorianische Konsulat in Ipiales (Cra. 7 No. 14-10, Tel. 7732 292) bzw. das kolumbianische Konsulat in Tulcán (Bolívar 3-68 und Junín, Tel. 06 980 559) aufgesucht werden.

• **Verkehrsverbindungen:** Von Ipiales zur Grenze siehe oben. Von Rumichaca nach Ipiales verkehren *colectivos* (3 km/1 Euro). Auf der ecuadorianischen Seite fahren *colectivos* die 6 km nach Tulcán. Es werden jeweils beide Währungen akzeptiert.

Santuario de las Lajas

↗ XXI/C3

• **Meter über NN:** 2.750
• **Temperatur** (im Durchschnitt): 12°C

Wie der Mythos berichtet, wurde am 16. September 1754 die indianische Dienstmagd *Juana Mueses de Quiñonez* zusammen mit ihrer taubstummen Tochter *Rosa* in der Schlucht des Río Guáitara von einem schweren Gewitter überrascht. Zwischen Blitz und Donner erhob *Rosa* plötzlich ihr Stimmchen: „La mestiza me llama! – Die Mestizin ruft nach mir!", und deutete auf einen Fels, auf dem sich deutlich die Gestalt der Jungfrau Maria abhob. Danach konnte *Rosa* wieder hören und sprechen.

An dem Ort der wunderbaren Begegnung wurde 1803 eine erste Kapelle und dann zwischen 1916 und 1949 die heutige Kirche in neugotischem Stil errichtet, das **Santuario de Nuestra Señora del Rosario de Las Lajas.** Direkt aus der Flanke des beinahe vertikalen Felsens, auf dem sich einst die Jungfrau dem Mädchen gezeigt haben soll, schiebt sich die Basilika seitlich über den engen Canyon hinaus, gestützt auf Pfeiler einer Steinbrücke, die in 45 Meter Höhe den wild rauschenden Guáitara überspannt. Der Felsen ist heute Altarwand; auf ihm befindet sich die feine Zeichnung der Jungfrau in Begleitung von *Santo Domingo* und *San Francisco.*

Jedes Jahr – besonders in der ersten Septemberhälfte – pilgern Scharen von Menschen aus ganz Kolumbien und Ecuador hierher, viele von ihnen barfuß oder auf Knien, um Heilung zu erbitten durch ihre liebevoll als „la mestiza" bezeichnete Himmelskönigin oder um dieser zu danken: Unzählige Votivtafeln am Berghang künden von bereits vollbrachten Wundern.

Oberhalb der Basilika befindet sich der kleine **Wallfahrtsort Las Lajas.** Hier parken die *colectivos* und Taxis aus dem 7 km entfernten Ipiales (Verkehrsverbindungen siehe dort); hier gibt es Hunderte Souvenirläden, ein Dutzend einfache Hotels und Herbergen (z.B. die Hotels Dorado, Las Lajas, Mary, Danny, Praga) sowie Restaurants, welche Forelle oder Meerschwein anbieten.

colo12-008 Foto: ib

Der wilde Osten

colo074 Foto: ib

colo075 Foto: ib

In den Llanos Orientales

Die Indigenen gewinnen Farbpigmente aus dem Harz von Bäumen

Paradiesvogelblume im Amazonasdschungel

Überblick

Die riesige Region östlich der Ostkordillere unterteilt sich in **Orinoquia,** ein Savannengebiet mit zahlreichen Flüssen, die in den Río Orinoco abfließen, und – südlich daran anschließend – in **Amazonia,** ein von dichtem Regenwald bedecktes Terrain, dessen Flüsse in den Río Amazonas münden. Die gesamte Region macht **mehr als die Hälfte der Fläche Kolumbiens** aus, doch wohnt hier nur ein winziger Bruchteil der Kolumbianer. Die Naturschönheit Ostkolumbiens ist einzigartig. Aber die Unübersichtlichkeit und der Mangel an staatlicher Präsenz haben auch ihre Schattenseite: Hierhin haben sich zahlreiche Akteure des internen bewaffneten Konflikts zurückgezogen, und manche Gebiete sind schon seit vielen Jahren **Kriegsschauplatz.** Zu empfehlen ist ausschließlich ein Besuch des friedlichen *trapecio amazónico colombiano,* jenes trapezförmigen südöstlichsten Zipfels des Landes, der bis an das Ufer des großen Amazonas reicht.

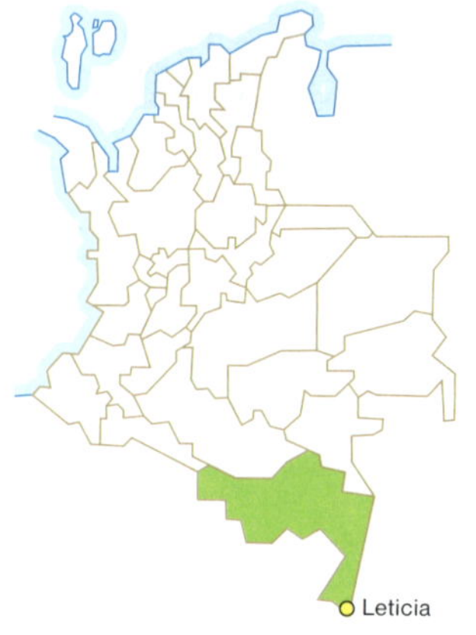

Leticia

- **Bevölkerung:** 39.000
- **Meter über NN:** 95
- **Temperatur** (im Durchschnitt): 29°C

Leticia, die **Hauptstadt des Departamento Amazonas,** das allein schon flächenmäßig größer ist als die ehemalige DDR, aber kaum 75.000 Einwohner zählt, liegt am linken Ufer des Río Amazonas im unmittelbaren Grenzbereich zu Peru (Santa Rosa) und Brasilien (Tabatinga). Vom Zentrum kann man über die Av. Internacional in wenigen Minuten zur Schwesterstadt Tabatinga hinüberspazieren, ohne sich irgendwelchen Grenzformalitäten aussetzen zu müssen. Beide Städte, die überwiegend von Kolonisten aus anderen Landesteilen, kaum aber von Indigenen bewohnt sind, zusammengenommen bilden den größten Ballungsraum menschlicher Besiedlung im Umkreis von Hunderten von Kilometern. Holzeinschlag, Fischfang, Grenzverkehr und Tourismus sind die wirtschaftlichen Grundpfeiler Leticias.

Der Ort wurde 1867 von peruanischen Siedlern als San Antonio gegründet, erlebte eine zweifelhafte Glanzzeit zu Zeiten des ausbeuterischen Kautschukbooms und fiel 1922 unter kolumbianische Verwaltung. Der Grenzkrieg zwischen Peru und Kolumbien 1932/33 endete zugunsten Kolumbiens, dessen Flagge hier seitdem beständig weht. Lange Zeit von Drogengangstern frequentiert, gilt Leticia

heute dank seiner starken militärischen Garnison als befriedet und sehr sicher. Die **strategische Position im Dreiländereck,** die gute Fluganbindung nach Bogotá, die Nähe zu Naturschönheiten wie dem Nationalpark Amacayacu sowie zu indianischen Siedlungen haben aus Leticia einen Anziehungspunkt für Öko- und Abenteuertouristen gemacht.

Wie ich eine Hängematte aufspanne

Wenn man eine Hängematte *(hamaca)* kauft, sollte man die dazugehörigen Seile nicht vergessen. Praktisch sind **Kunstfaserseile,** da sie schnell trocknen und hygienischer sind. Es gibt sie in jeder lokalen Eisenwarenhandlung und bei jedem Krämer. Man benötigt zwei Stücke, deren Länge man unkompliziert von der linken Schulter bis zu den Fingerspitzen am waagerecht ausgestreckten rechten Arm abmisst. Eine Seillänge von je mindestens 1 m bis max. 1,50 m ist ideal.

Damit die Seile nicht ausfransen, bringt man die Enden mit einer Kerze zum Schmelzen und knetet sie mit den angefeuchteten Fingern, bis die Fasern miteinander verkleben. An beiden **Seilenden** macht man anschließend enge Knoten, die nicht mehr gelöst werden.

Das fachgerechte **Aufspannen** einer Hängematte ist eine Kunst für sich: Es soll schnell gehen, Korrekturen der Höhe müssen einfach vorzunehmen sein, die Hängematte soll sicher hängen, ohne abzustürzen, und am Ende soll sie sehr schnell und ohne aufwendiges Entknoten wieder gelöst werden.

Die Indianer in den Tiefen der Orinocowälder haben mir eine sehr einfache und wirkungsvolle Methode beigebracht, die die Illustration rechts zeigt.

Nirgendwo ist Leticia lebendiger und interessanter als auf dem **Markt** direkt an der Wasserfront, wo auch zahlreiche Indianer ihre Geschäfte machen. Wer sich für die untergehende Kultur der Indigenen interessiert, besucht das **Museo del Hombre Amazónico** (Cra. 11 No. 9-47, geöffnet Mo bis Fr, mittags Siesta, freier Eintritt), das eine gute Kollektion von rituellen, Schmuck- und Gebrauchsgegenständen der *Tikuna* und *Huitoto* enthält.

Informationen & wichtige Adressen

Reisebüros

- **Anaconda Tours** (im Hotel Anaconda), **Omshanty** (Mobil 311 4898 985, www.omshanty.com) sowie **Palmarí Jungle Lodge**

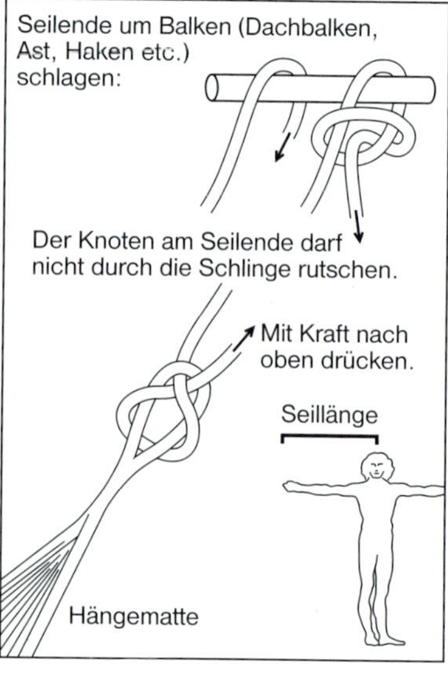

(Mobil 310 5690 203, www.palmari.org) organisieren mehrtägige Exkursionen in den Dschungel und Begegnungen mit Indianern.
- **Selvaventura:** Cra. 9 No. 6-85, Tel. 5923 977, www.selvaventuramazonas.com, empfehlenswerte, persönlich zugeschnittene Exkursionen.

Geldwechsel

- **Banken mit Geldautomaten** befinden sich in Cl. 8 sowie Cl. 7 hinter der Plaza Orellana.
- **Wechselstuben (casa de cambios)** um den Markt herum tauschen peruanische Soles und brasilianische Reais.

Immigrationsbehörde

- **D.A.S.:** Das Büro im Flughafen stempelt den Pass bei der Ein- und Ausreise auch über Land; das Büro Cl. 9 No. 9-62, Tel. 5927 189, ist zuständig für Aufenthaltsverlängerungen. Wer lediglich Tabatinga besuchen will, benötigt keinen Stempel. Brasilien-Reisende wenden sich an die brasilianische *policia federal* in Tabatinga, um dort ihren Pass zu stempeln, Peru-Reisende erledigen die Formalitäten in Santa Rosa, wo jedes Boot hält.

Fluggesellschaften

- **Aerorepública:** Cl. 7 No. 10-36.
- **Satena:** Cl. 11 No. 5-70.

Unterkunft

- **Hotel Anaconda**€€€: Cra. 11 No. 7-34, Tel. 5927 119, www.hotelanaconda.com.co. Plattenbaufeeling an der Ostflanke des Parque Orellana, die Zimmer (viele mit Blick über den Fluss) sind großzügig ausgestattet mit Bad, Klimaanlage, Balkon. DZ ab 70 Euro/Nacht. Das Hotel verfügt über Konferenzräume, Bar, Restaurant, Pool. Hier nächtigte schon *Pablo Escobar.* Das Reisebüro Anaconda Tours bietet Dschungelexkursionen an.
- **Hotel Yurupary**€€+: Cl. 8 No. 7-26, Tel. 5924 743, www.hotelyurupary.col.nu. Moderne, geräumige Zimmer mit Bad und heißem Wasser. Begrünter Pool im Innenhof. DZ 30 Euro/Nacht.
- **Hospedaje Los Delfínes**€€: Cra. 11 No. 12-84, Tel. 5927 488. Kleines familiäres Hotel etwas abseits, umgeben von schönen Blumen, zwischen denen man in der Hängematte schaukeln kann. DZ 22 Euro.
- **Mahatu Jungle Guesthouse**€: Cra. 7 No. 9-69, Mobil 311 5391 265, www.mahatu.com. Von *Gustavo René Alvarado* geführtes, sehr beliebtes Globetrotterhostel, das gut organisiert und sauber ist. Küche und Bad werden geteilt.

Essen, Trinken, Unterhaltung

- **Restaurante Tierras Amazónicas:** Cl. 8 No. 7-50, Tel. 5924 748, touristisches Ambiente, sehr gute Fischgerichte, abends oft Live-Musik.
- **Restaurante El Sabor:** Cl. 8 No. 9-20, Tel. 5924 774, rustikale Atmosphäre, Fisch und Fleisch vom Grill. Eines der ältesten Etablissements der Stadt.
- **Restaurante Cozinha de Fazenda:** Cra. 9 No. 7-52, ideal zum Frühstück, Sandwiches, Salate, Fruchtsäfte.
- **Mercado (Markt):** Am Ufer des Flusses gibt es zahlreiche Imbissstände mit frisch gegrilltem Fisch.

Verkehrsverbindungen

- **Boote** fahren von Leticia **nach Puerto Nariñe** (2 Std./8 Euro), dem Tor zum Nationalpark Amacayacu. Regelmäßige Schnellbootverbindungen **nach Iquitos (Peru)** (10 Std./50 Euro) und Fährverbindungen **nach Manaus (Brasilien)** (4 Tage/60 Euro, Hängemattenplatz) bestehen von Leticias Schwesterstadt Tabatinga aus.
- Von Tabatinga gibt es **Flüge nach Manaus** (ca. 200 Euro). Der Flughafen von Leticia, **Aeropuerto Internacional Alfredo Vásquez,** liegt 1,5 km nördlich (per *mototaxi* 1 Euro). Es bestehen tägliche **Verbindungen nach Bogotá.**

colo130 Foto: ib

Anhang

colo12-011 Foto: ib

colo12-012 Foto: ib

Koloniale Straße in Santa Fé de Antioquia

In den seichten Lagunen fischt es sich gut

Karibikidylle

Reisegesundheits-Informationen des CRM (Centrum für Reisemedizin)

Stand: März 2012 / © Inhalte: Centrum für Reisemedizin CRM 2012

Die nachstehenden Informationen wurden uns freundlicherweise vom Centrum für Reisemedizin zur Verfügung gestellt. Auf der Homepage **www.crm.de** (CRM/Reiseländer) werden diese Informationen stetig aktualisiert. Es lohnt sich, dort noch einmal nachzuschauen. Eine Gewähr oder Haftung für die nachstehenden Angaben kann nicht übernommen werden.

Klima

Tropisches, wechselfeuchtes Klima mit geringen jahreszeitlichen Schwankungen; die Jahresmitteltemperatur nimmt mit der Höhe ab (unterhalb 1000 m: 25–30°C; Bogotá, 2550 ü.M.: 14°C); im Norden und Westen Regenzeit von April bis November mit ausgiebigen Niederschlägen, sonst von März bis Juli und von September bis Dezember.

Einreise-Impfvorschriften

Für die Einreise besteht zurzeit keine Impfpflicht. Neben den in Deutschland empfohlenen Impfungen können jedoch weitere Impfungen sinnvoll sein.

Bei Reisen in den Süden des Landes kann es an den Straßen zu Kontrollen eines Gelbfieber-Impfnachweises kommen.

Empfohlener Impfschutz

- **Generell: Standardimpfungen nach dem deutschen Impfkalender,** speziell **Tetanus, Diphtherie,** außerdem **Hepatitis A** und **Gelbfieber** (bei Reisen in bestimmte Departamentos, siehe dazu die Auflistung unter www.crm.de).

- **Bei Reisen durch das Landesinnere unter einfachen Bedingungen** (Rucksack-/Trekking-/Individualreise) mit einfachen Quartieren/Hotels, bei Camping-Reisen und Langzeitaufenthalten, bei einer praktischen Tätigkeit im Gesundheits- oder Sozialwesen, bei engem Kontakt zur einheimischen Bevölkerung sind außerdem zu erwägen: **Typhus, Hepatitis B** (bei Langzeitaufenthalten und engerem Kontakt mit der einheimischen Bevölkerung), **Tollwut** (bei vorhersehbarem Umgang mit Tieren).

Wichtiger Hinweis:

Welche Impfungen letztendlich vorzunehmen sind, ist abhängig vom aktuellen Infektionsrisiko vor Ort, von der Art und Dauer der geplanten Reise, vom Gesundheitszustand sowie dem eventuell noch vorhandenen Impfschutz des Reisenden.

Da im Einzelfall unterschiedlichste Aspekte zu berücksichtigen sind, empfiehlt es sich immer, rechtzeitig (vier bis sechs Wochen) vor der Reise eine **persönliche Reise-Gesundheits-Beratung** bei einem reisemedizinisch erfahrenen Arzt oder Apotheker in Anspruch zu nehmen.

Malaria: ganzjähriges Risiko

- **Mittleres Risiko** in ländlichen Gebieten unterhalb 1600 m mit höherem Anteil von *P. falciparum* in tiefer gelegenen Regenwaldgebieten folgender Regionen:
  - Amazonien: südliche Llanos-Gebiete (Tiefland östlich der Cordillera Oriental), v.a. in den Departamentos Amazonas, Arauca, Guainia, Guaviare, Meta, Putumayo, Vichada;
  - Pacífico: Küstenabschnitte in den Departamentos Nariño, Valle del Cauca und Choco mit Grenzgebiet zu Panama;
  - Karibik (Urabá-Bajo Cauca): Gebiete im Departamento Córdoba, nördliche Teile von Antioquia.
- **Geringes bzw. kein Risiko** in Städten, Höhenlagen und in den nördlichen Landesteilen.
- **Malariafrei** sind die Inseln San Andrés und Providencia.

Vorbeugung:

Ein konsequenter **Mückenschutz** in den Abend- und Nachtstunden verringert das Malariarisiko erheblich (Expositionsprophylaxe). Die wichtigsten Maßnahmen sind: In der Dämmerung und nachts Aufenthalt in mückengeschützten Räumen (Räume mit Air Condition, Mücken fliegen nicht vom Warmen ins Kalte); beim Aufenthalt im Freien in Malariagebieten abends und nachts weitgehend körperbedeckende Kleidung (lange Ärmel, lange Hosen); Anwendung von insektenabwehrenden Mitteln an unbedeckten Hautstellen (Wade, Handgelenke, Nacken; Wirkungsdauer 2–4 Std.); im Wohnbereich Anwendung von insektenabtötenden Mitteln in Form von Aerosolen, Verdampfern, Kerzen, Räucherspiralen; Schlafen unter dem Moskitonetz (vor allem in Hochrisikogebieten).

Ergänzend ist die Einnahme von **Anti-Malaria-Medikamenten** (Chemoprophylaxe) evtl. zu empfehlen. Zu Art und Dauer der Chemoprophylaxe fragen Sie Ihren Arzt oder Apotheker, bzw. informieren Sie sich in einer qualifizierten reisemedizinischen Beratungsstelle. Malariamittel sind verschreibungspflichtig.

Reiseapotheke

Denken Sie daran, eine Reiseapotheke mitzunehmen, damit sie für **leichtere Erkrankungen und kleinere Notfälle** gerüstet sind.

Folgendes sollten Sie auf Reisen immer dabeihaben: Medikamente gegen Durchfall, Reisekrankheit, Fieber, Schmerzen sowie Wunddesinfektionsmittel, Insekten- und Sonnenschutzmittel, Salbe bei Insektenstichen oder anderen Hautreizungen, Fieberthermometer und Verbandmaterial.

Je nach Reiseland und -ziel können weitere Medikamente (z.B. zur Malariavorsorge) oder Hilfsmittel (z.B. Spritzen) sinnvoll sein.

Nicht vergessen: Medikamente, die Sie ständig einnehmen müssen!

Aktuelle Meldungen

- **Im März 2012** lagen aktuelle Meldungen zu **Darminfektionen** (Risiko für Durchfallerkrankungen landesweit, Hygiene beachten), **Dengue** (über 40 Tote im Jahr 2011), **Masern** (evtl. Nachweis einer entsprechenden Impfung bei Einreise über die Karibikstädte) und **Gelbfieber** (Übertragungsrisiko landesweit, Impfung bei Reisen ins Landesinnere dringend empfohlen, obwohl bei der Einreise nicht vorgeschrieben) vor.
- **Gesundheitszeugnis/HIV-Test:** Für Langzeitaufenthalte werden ein Gesundheitszeugnis *(Health Certificate)* sowie ein HIV-Test in spanischer Sprache verlangt.

Literaturtipps

Ánjel, Memo: Das meschuggene Jahr, Rotpunktverlag, Zürich 2005. Warmherziger Roman über die Wirren des Alltagslebens in Prado, dem sephardisch geprägten Viertel der Großstadt Medellín.

Betancourt, Íngrid: Kein Schweigen, das nicht endet: Sechs Jahre in der Gewalt der Guerilla, Knaur Taschenbuch Verlag, München 2012. Auf über 700 Seiten berichtet die kolumbianische Politikerin eindrucksvoll über ihre schreckliche Zeit als Geisel der FARC.

Bowden, Mark: Killing Pablo – Die Jagd auf Pablo Escobar, Berlin Verlag, Berlin 2001. Spannender und fundierter Hintergrundbericht über Leben und Tod des gefürchteten, gehassten, aber auch geliebten Drogenbarons aus Antioquia.

Bruce, Victoria: Vulkan des Todes – Die wahre Geschichte der Katastrophen von Galeras und Nevado del Ruíz, Malik-Verlag, München 2002. Detaillierter Recherchebericht über eine wissenschaftliche Expedition mit tödlichem Ende.

Bruckner, Ingolf (Hg.): Kolumbien fürs Handgepäck, Geschichten und Berichte – Ein Kulturkompass, Unionsverlag, Zürich 2011. Eine vielstimmige Anthologie, die den Blick des Reisenden für das, was unter der Oberfläche liegt, öffnen hilft.

Cadavid, Rafael: Kolumbien unzensiert, Europäischer Hochschulverlag, Bremen 2010. Analyse der Verstrickungen zwischen Drogenkartellen, Politik, Paramilitär und Guerilla.

Davis, Wade: One River – Explorations and Discoveries in the Amazon Rain Forest, Simon & Schuster, New York 1996. Für alle Leser mit Leidenschaft für abgelegene Regionen sowie Ethnobotanik, Kokain, Yagé und Kautschuk. Exzellente Hintergrundinformationen über Leben und Denkweise diverser Indianervölker. Bericht über das Leben des „Vaters der Ethnobotanik“ *Richard Evans Schultes*. (In englischer Sprache)

Erazo Heufelder, Jeannette: Der Smaragdkönig – Victor Carranza und das grüne Gold der Anden, Malik-Verlag, München 2006. Ausführliche Beschreibung der Geschichte des Smaragdabbaus in Boyacá, den Smaragd-Krieg der 1980er und seiner Akteure.

García Márquez, Gabriel: Die Liebe in den Zeiten der Cholera, Hundert Jahre Einsamkeit, Chronik eines angekündigten Todes, Der General in seinem Labyrinth – das sind nur einige der zahlreichen Romane und Geschichten des Meisters des Magischen Realismus, die sich in jedem Buchladen stapeln. Standardlektüre für alle Kolumbien-Reisenden.

González, Tomás: Die versandete Zeit, Edition 8, Zürich 2010. Ein komplexer Liebesroman und zugleich eine Geschichte vom „Versanden der Erinnerung" des neuen Großmeisters der kolumbianischen Literatur.

Hiltry, Steven L. & Brown, William L.: Birds of Colombia, Princeton University Press 1986. Vogelkundliches Standardwerk. (In englischer Sprache)

Hörtner, Werner: Kolumbien Verstehen – Geschichte und Gegenwart eines zerrissenen Landes, Rotpunktverlag, Zürich 2006. Der Autor, ein exzellenter Kenner und kritischer Beobachter der politischen und gesellschaftlichen Realität des Landes, stellt facettenreich insbesondere aktuelle Entwicklungen dar und analysiert detailliert die drohende Paramilitarisierung.

Humboldt, Alexander von: Gesammelte Werke, Studienausgabe (7 Bände), herausgegeben von *Hanno Beck,* Wissenschaftliche Buchgesellschaft, Darmstadt 1987–1997. *Humboldt* erforschte auf seiner Amerikareise 1799–1804 auch Gebiete des heutigen Kolumbien.

Isaacs, Jorge: María, Sonrrie Verlag, Norderstedt 2003. Ein klassischer lateinamerikanischer Liebesroman aus dem 19. Jh. mit tragischem Ende, der dem Autor unsterblichen Ruhm einbrachte. Zum Inhalt siehe Kapitelabschnitt „Hacienda Paraíso".

Kehlmann, Daniel: Die Vermessung der Welt, Rowohlt-Verlag, Reinbek 2005. Witziger, ironisch entzaubernder Roman über die Wissenschaftsikonen *Alexander von Humboldt* und *Carl Friedrich Gauß,* in dem auch die Abenteuer *Humboldts* in Südamerika zur Sprache kommen.

König, Hans-Joachim: Kleine Geschichte Kolumbiens, Verlag C.H. Beck, München 2008. Der Autor ist Fachmann und zeigt neben der historischen Entwicklung auch gegenwärtige politische, wirtschaftliche und soziale Zusammenhänge auf.

Molano, Alfredo: Aguas Arriba – Entre la Coca y el Oro, El Ancona Editores, Bogotá 1990. Erzählungen aus dem Pionierdasein der Kolonisten, Goldsucher und Huren des Departamento Guainía. Dies ist nur einer von zahlreichen sehr interessanten Recherchebänden des 1944 geborenen Soziologieprofessors aus Bogotá. (In spanischer Sprache)

Mutis, Álvaro: Die Abenteuer und Irrfahrten des Gaviero Maqroll (Sieben Romane), Unionsverlag, Zürich 2006. Der literarische Klassiker in Kolumbien. Ein philosophischer Seefahrer sucht, irrt und entdeckt – sich selbst. Spannend und vielschichtig.

Restrepo, Laura: Die dunkle Braut, Europa Verlag, Hamburg 2003. Der tragische Roman handelt von den drei Ps: *putas, plata y petróleo* – Huren, Geld und Öl; er spielt im Rotlichtmilieu einer Ölarbeiterstadt und beschreibt Elend und Opulenz im Leben ihrer Bewohner.

Rivera, José Eustasio: La Vorágine, Ediciones Catedra, Madrid 1990. Ein kolumbianischer Klassiker aus dem frühen 20. Jh., der den Kautschukboom, den Regenwald und die Abgründe der menschlichen Seele beschreibt. (In spanischer Sprache)

Vallejo, Fernando: Der Abgrund, Suhrkamp Verlag, Frankfurt am Main 2004. Moderner autobiografischer Roman über den AIDS-Tod des homosexuellen Bruders, über zerbrochene Hoffnungen, Verbitterung, überschäumende Gewalt und eine zügellose Wut im Herzen.

Weisman, Alan: Gaviotas – Ein Dorf erfindet die Welt neu, Piper Verlag, München 2012. Die Geschichte des autarken „Wissenschaftsdorfes" Las Gaviotas in den Llanos, das trotz Guerillapräsenz seit den 1970ern eine praktische Utopie lebt: Unter Einsatz erneuerbarer Energien erfolgt eine umweltgerechte Bewirtschaftung im Einklang mit der Natur.

Zelik, Raul: Die kolumbianischen Paramilitärs – „Regieren ohne Staat" oder terroristische Formen der Inneren Sicherheit, Verlag Westfälisches Dampfboot, Münster 2009. Über das moderne Outsourcing staatlicher Gewalt und die gewaltsame Erschließung ländlicher Regionen für den Weltmarkt.

Glossar

- **Adobe:** traditionelle Bauweise, ungebrannte Ziegel aus tonhaltiger Erde und Gras, charakteristische gelbliche Färbung
- **Aguardiente:** Schnaps aus Zuckerrohr
- **Alcalde:** Bürgermeister
- **Alcaldía:** Bürgermeisteramt, Rathaus, Bürgeramt
- **Argamasa:** Baumaterial – ein Gemisch aus Kalk, Sand und dem Blut von Jungstieren
- **Asadero:** Grillrestaurant
- **Atarraya:** Rundnetz zum Fischen
- **Autodefensas:** rechte paramilitärische Gruppierungen
- **Bahareque:** traditionelle Bauweise, Wand aus Lehm und Bambusgeflecht
- **Balneario:** Schwimmbad, auch: natürliche Badestelle
- **Bambuco:** traditionelle Musikrichtung in den Departamentos Tolima und Huila
- **Barrio subnormal:** Wohngebiet der Unterprivilegierten, Elendsquartier, wild gewachsenes Stadtviertel
- **Bongo:** Holzboot
- **Burundanga:** geschmacks- und geruchloses Gift aus der Rinde des *borrachero*-Baumes, das – Snacks beigemischt – zur völligen Willenlosigkeit des Opfers führt
- **Cacique:** Häuptling (Kazike), traditionelles Oberhaupt eines Indianervolkes
- **Cambur:** Banane
- **Campesino:** Landbewohner, Bauer
- **Casabe:** Fladenbrot aus Maniok
- **Caserio:** Weiler, Ansammlung mehrerer Hütten in ländlichen Gegenden
- **Catire:** Blonder
- **Ceiba:** Kapokbaum
- **Chalupa:** schnelles Boot mit Außenbordmotor
- **Chicha:** traditionelles indigenes Getränk aus fermentiertem Mais
- **Chinchorro:** netzartige Hängematte aus Baumwoll- bzw. Palmfasern
- **Chino:** Nachkomme von Einwanderern aus China
- **Chiva:** traditioneller Bus, meist bunt bemalt, mit hölzernem Fahrgastraum
- **Colectivo:** Sammeltaxi
- **Conuco:** indigene Pflanzung

- **Costeño:** Küstenbewohner
- **Criollo:** Kreole, d.h. europäischstämmiger Einheimischer; aber auch: Bezeichnung für einheimische Produkte in Abgrenzung zu Importprodukten
- **Curare:** Pfeilgift
- **Curiara:** Kanu/Einbaum
- **Gaseosa:** kohlensäurehaltiges Erfrischungsgetränk, Limonade
- **Guadua:** Bambus
- **Guaquero:** Schatzjäger, Grabräuber
- **Guayuco:** Lendenschurz
- **Indígena:** politisch korrekte Bezeichnung für eine/n lateinamerikanische/n Ureinwohner/in
- **Jején:** Sandfliege
- **Maloka:** indianisches Gemeinschaftshaus
- **Morrocota:** altspanische Goldmünzen
- **Orden público:** die „öffentliche Ordnung"; sie besteht überall dort, wo der interne bewaffnete Konflikt nicht ausgetragen wird, sondern die Staatsgewalt volle Kontrolle hat
- **Paisa:** Bewohner des Departamento Antioquia
- **Parada:** Bushaltepunkt
- **Poporo:** indianischer Kanister für den Kalk, der zum Koka-Kauen benötigt wird
- **Puente:** eigentlich: Brücke, aber auch: langes Wochenende (3 Tage)
- **Rancho:** einfache Hütte auf dem Land
- **Ruana:** Poncho/Wollumhang
- **Rumba:** Party
- **Tejo:** traditionelle Sportart
- **Tinterillo:** (spöttisch) professioneller Briefschreiber, der auf öffentlichen Plätzen sitzend mit seiner Schreibmaschine den Bürgern gegen Geld hilft, sich im Dickicht der Bürokratie zurechtzufinden
- **Trapiche:** Zuckermühle
- **Turco:** Nachkomme von Einwanderern aus Syrien und Libanon
- **Ulluco:** Knollenbaselle, ein Grundnahrungsmittel der Inka

HILFE!

Dieser Reiseführer ist gespickt mit unzähligen Adressen, Preisen, Tipps und Infos. Nur vor Ort kann überprüft werden, was noch stimmt, was sich verändert hat, ob Preise gestiegen oder gefallen sind, ob ein Hotel, ein Restaurant immer noch empfehlenswert ist oder nicht mehr, ob ein Ziel noch oder jetzt erreichbar ist, ob es eine lohnende Alternative gibt usw.

Unsere Autoren sind zwar stetig unterwegs und versuchen, alle zwei Jahre eine komplette Aktualisierung zu erstellen, aber auf die Mithilfe von Reisenden können sie nicht verzichten.

Darum: Schreiben Sie uns, was sich geändert hat, was besser sein könnte, was gestrichen bzw. ergänzt werden soll. Nur so bleibt dieses Buch immer aktuell und zuverlässig. Wenn sich die Infos direkt auf das Buch beziehen, würde die Seitenangabe uns die Arbeit sehr erleichtern. Gut verwertbare Informationen belohnt der Verlag mit einem Sprechführer Ihrer Wahl aus der über 220 Bände umfassenden Reihe „Kauderwelsch".

Bitte schreiben Sie an:

Reise Know-How Verlag Peter Rump GmbH, Postfach 140666, D-33626 Bielefeld, oder per E-Mail an: info@reise-know-how.de

Danke!

www.reise-know-how.de

Unser Kundenservice auf einen Blick:

- Vielfältige Suchoptionen, einfache Bedienung
- Alle Neuerscheinungen auf einen Blick
- Schnelle Info über Erscheinungstermine
- Zusatzinfos und Latest News nach Redaktionsschluss
- Buch-Voransichten, Blättern, Probehören
- Shop: immer die aktuellste Auflage direkt ins Haus
- Versandkostenfrei ab 10 Euro (in D), schneller Versand
- Downloads von Büchern, Landkarten und Sprach-CDs
- Newsletter abonnieren, News-Archiv

Die Informations-Plattform für aktive Reisende

REISE KNOW-HOW online

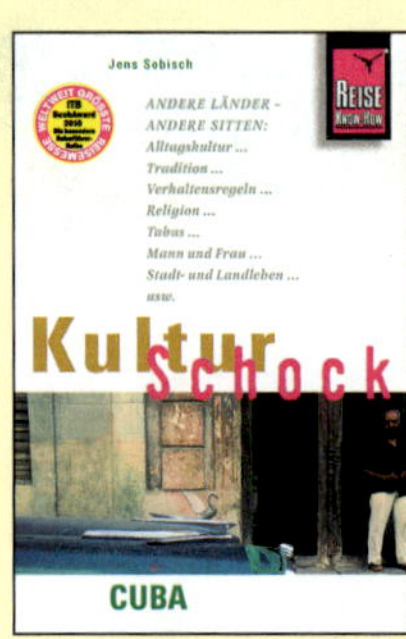
Jens Sobisch
REISE KNOW-HOW
ANDERE LÄNDER - ANDERE SITTEN:
Alltagskultur ...
Tradition ...
Verhaltensregeln ...
Religion ...
Tabus ...
Mann und Frau ...
Stadt- und Landleben ...
usw.
KulturSchock
CUBA

Julia Paffenholz, Raúl Jarrin
REISE KNOW-HOW
ANDERE LÄNDER - ANDERE SITTEN:
Alltagskultur ...
Tradition ...
Verhaltensregeln ...
Religion ...
Tabus ...
Mann und Frau ...
Stadt- und Landleben ...
usw.
KulturSchock
ECUADOR

Oliver Schmidt
REISE KNOW-HOW
ANDERE LÄNDER - ANDERE SITTEN:
Alltagskultur ...
Tradition ...
Verhaltensregeln ...
Religion ...
Tabus ...
Mann und Frau ...
Stadt- und Landleben ...
usw.
KulturSchock
KOLUMBIEN

jovenTOUR
Lateinamerika für junge
und aktive Reisende

The Colombian Way
KOLUMBIEN
Vielseitig, unvergesslich, einzigartig
Tel: +41 44 508 7129
www.thecolombianway.com

Musik im
Reise Know-How Verlag

East Africa | Northern Africa | South Africa | The Andes | Argentina

Australia | The Balkans | Baltic States | Barbados | Oriental Belly Dance

Northeast Brazil | Canada | Chile | China | Colombia

Cuba | Finland | Iceland | India | Ireland

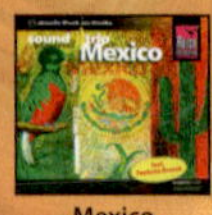

Israel | Japan | Mexico | New Zealand | Norway

Russia, St. Petersburg | Scotland | Switzerland | Turkey | Uruguay

Die Compilations der CD-Reihe **sound))) trip** stellen aktuelle, typische Musik eines Landes oder einer Region vor.

Im Buchhandel erhältlich | Unverbindl. Preisempf.: **EURO 15,90 [D]**

Kostenlose **Hörprobe** im Internet.

www.reise-know-how.de

Register

Der Autor

Ingolf Bruckner, Jurist, Herausgeber, Buchautor, lebte in seiner Jugend unter südamerikanischen Fischern, Jägern und Sammlern. Er arbeitete auf Benzinbooten und mit Gold- und Diamantengräbern und befuhr zahlreiche Dschungelflüsse. Zuletzt erschien seine Anthologie „Kolumbien fürs Handgepäck“ (Unionsverlag, Zürich 2011). Das Foto auf Seite 554 zeigt ihn in seiner alten Wahlheimat Güaritica.

Er dankt dem Allmächtigen Schöpfer sowie seiner Familie für Liebe, Kraft und Zuversicht. Herzlicher Dank geht an das Volk der Kolumbianer, unter ihnen insbesondere *Oscar Ortega* und Familie, *Ignacio Novoa, Alexa Montenegro, Helena Borrero, Leider Barreto, Jairo Vega, Armando Gómez, Augusto Pinzón, Germán Escobar, Efren Plata, Helber Turmeque.*

In die Fiebergrube

Ein Auszug aus dem Guyana-Buchprojekt „Im Banne des Kumaka-Dschungels“ von Ingolf Bruckner

Verdammt, ich muss weg von hier, ich kann nicht zulassen, dass der Maschi-schi-kiri Carolina schändet, ich will aufstehen, ich will zu ihr, doch in meiner Lunge bohrt die Rippe, gebrochen und zersplittert, und mir wird schwarz vor Augen; in meine Arme, in meine Beine, sogar in meinen Unterleib hinein kriecht es und sticht wie mit Nadeln, in meinem Ohr schmatzt der Schweinerüssel, mein Körper trocknet aus, kein Zweifel, ein Mann kauert vor mir und raucht, es ist Fillmore, er gibt mir seine Zigarette, stößt einen Rauchring aus, bleckt seine Zähne, als lache er, dann deutet er auf den Wina-Kakaralli, und er sagt: „Joao look lak he dead o wha, sieht aus, als ob's vorbei ist mit ihm." Fillmore steht auf, und ich erkenne jetzt, dass er nicht Fillmore ist: Der Mann vor mir trägt einen weißen Kaftan und einen Turban, sein Name ist Sadam, und er spricht: „In Indien, mein lieber Freund, erwartet man dich schon lange! Schau dir deinen alten Herrn an! Als Junge verlor er seinen Arm beim Fischen. Er brachte ihn mit nach Hause und weinte, und seine Mutter vergrub ihn unter weißviolettem Madar. Fünfzig Jahre später grub dein Vater seinen Arm wieder aus, und er staunte, dass die schmalen makellosen Kinderknochen, die er fand, einst zu ihm gehört hatten: Sein verbliebener Arm, mit dem er den Burnt Bush Backdam kultiviert hatte und seine Frau zu züchtigen pflegte, war doppelt so groß, stark und alt und zerschunden, seine Hand eine Pranke wie die eines Riesen verglichen mit dem knöchernen zierlichen Kinderhändchen. Da weinte dein Vater wie damals, nur noch hundertmal bitterer, und er höhlte und schnitzte mit viel Mühe und unter Tränen eine Flöte aus der Elle und spielte eine Melodie zu meinen Ehren, und dann, in der Nacht, reiste er zu mir ..." Er spricht weiter, doch den Rest der Worte übertönen die Schweinerüssel.

Weitere, längere Vorabdrucke von Auszügen sind in der schweizerischen Zeitschrift für Kulturkritik „Schritte ins Offene" (Heft 05/07) bzw. im deutschen Monatsmagazin „Lateinamerika Nachrichten" unter den Titeln „Gehärtete Sonnentränen" (Heft 409/410) und „Standortverschiebung an das Ende der Welt" (Heft 417) erschienen und im Internet nachzulesen unter www.lateinamerikanachrichten.de.

Der Autor

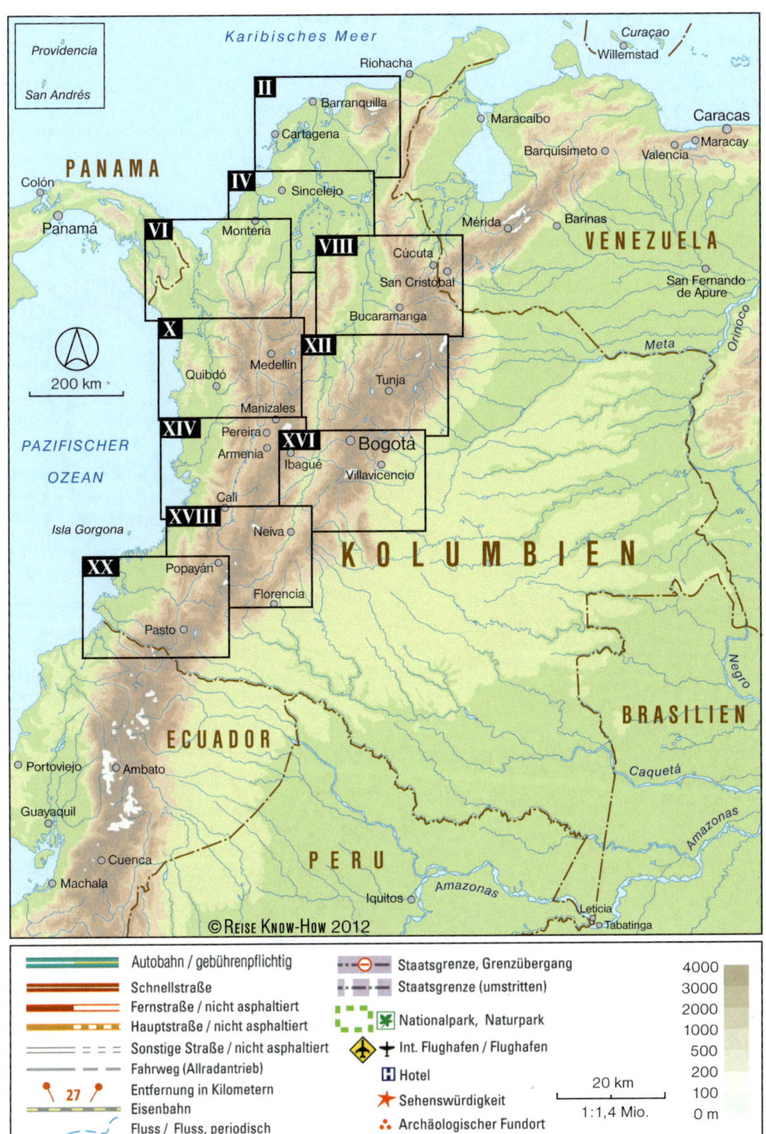
Karibisches Meer
Providencia
San Andrés
Curaçao
Willemstad
Riohacha
Barranquilla
Cartagena
Maracaibo
Caracas
Maracay
Barquisimeto
Valencia
PANAMA
Colón
Sincelejo
Panamá
Montería
Mérida
Barinas
VENEZUELA
Cúcuta
San Cristóbal
San Fernando de Apure
Bucaramanga
Orinoco
Meta
Medellín
Quibdó
Tunja
200 km
Manizales
Pereira
Armenia
Bogotá
PAZIFISCHER OZEAN
Ibagué
Villavicencio
Cali
Isla Gorgona
Neiva
KOLUMBIEN
Popayán
Florencia
Pasto
Negro
BRASILIEN
ECUADOR
Portoviejo
Ambato
Caquetá
Guayaquil
Amazonas
Cuenca
PERU
Machala
Iquitos
Amazonas
Leticia
Tabatinga
©Reise Know-How 2012
II
IV
VI
VIII
X
XII
XIV
XVI
XVIII
XX
Autobahn / gebührenpflichtig
Schnellstraße
Fernstraße / nicht asphaltiert
Hauptstraße / nicht asphaltiert
Sonstige Straße / nicht asphaltiert
Fahrweg (Allradantrieb)
27
Entfernung in Kilometern
Eisenbahn
Fluss / Fluss, periodisch
Staatsgrenze, Grenzübergang
Staatsgrenze (umstritten)
Nationalpark, Naturpark
Int. Flughafen / Flughafen
H Hotel
Sehenswürdigkeit
Archäologischer Fundort
20 km
1:1,4 Mio.
4000
3000
2000
1000
500
200
100
0 m

Die folgenden Karten sind Ausschnitte aus der Kolumbien-Karte des **world mapping project** von Reise Know-How (Maßstab 1:1,4 Mio.).

Anschluss Karte IV

Anschluss Karte V

Anschluss Karte II

Anschluss Karte VII

Anschluss Karte III

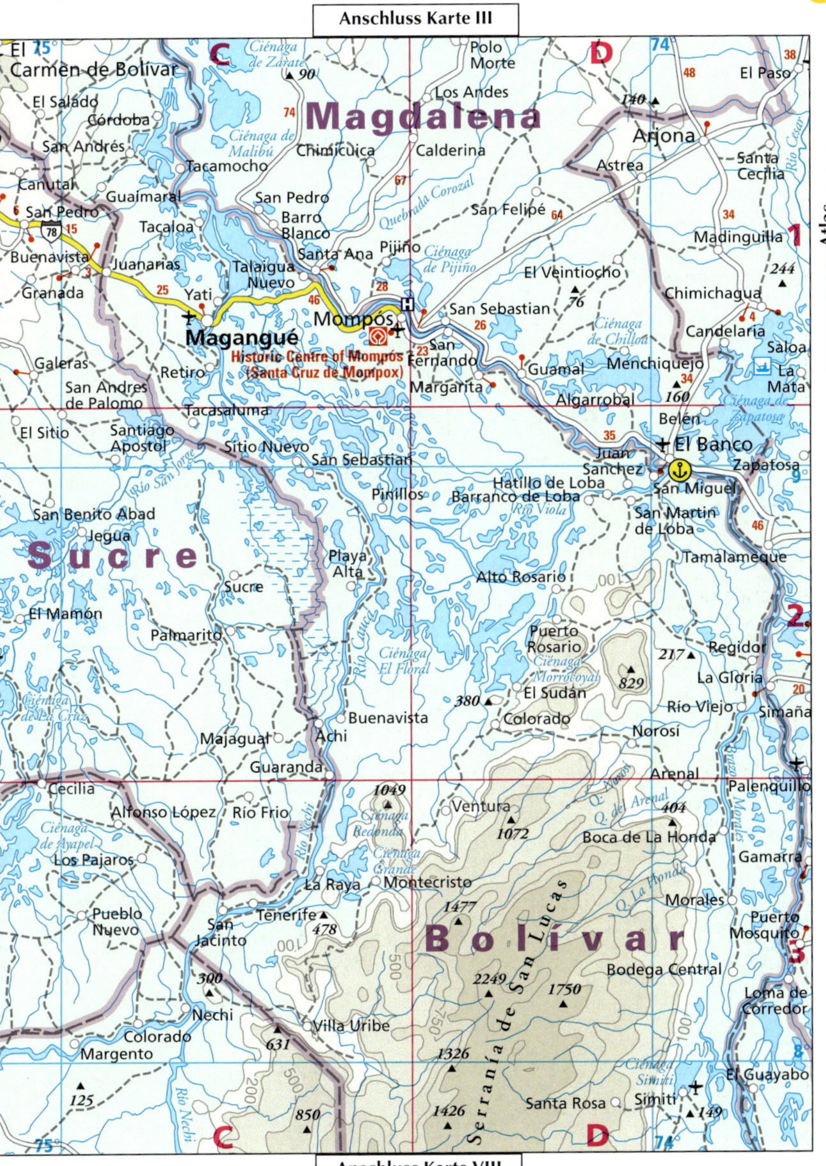

Anschluss Karte VIII

Anschluss Karte X

Anschluss Karte IV

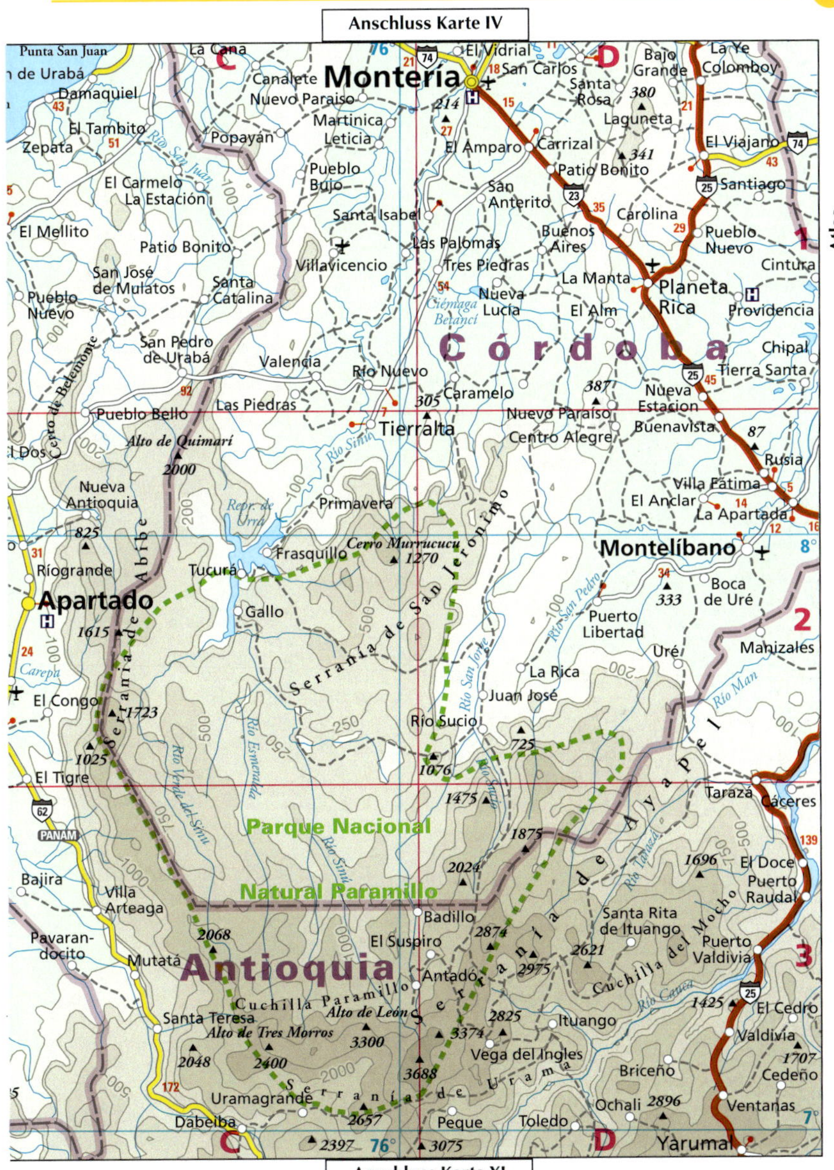

Anschluss Karte XI

Atlas

Anschluss Karte V

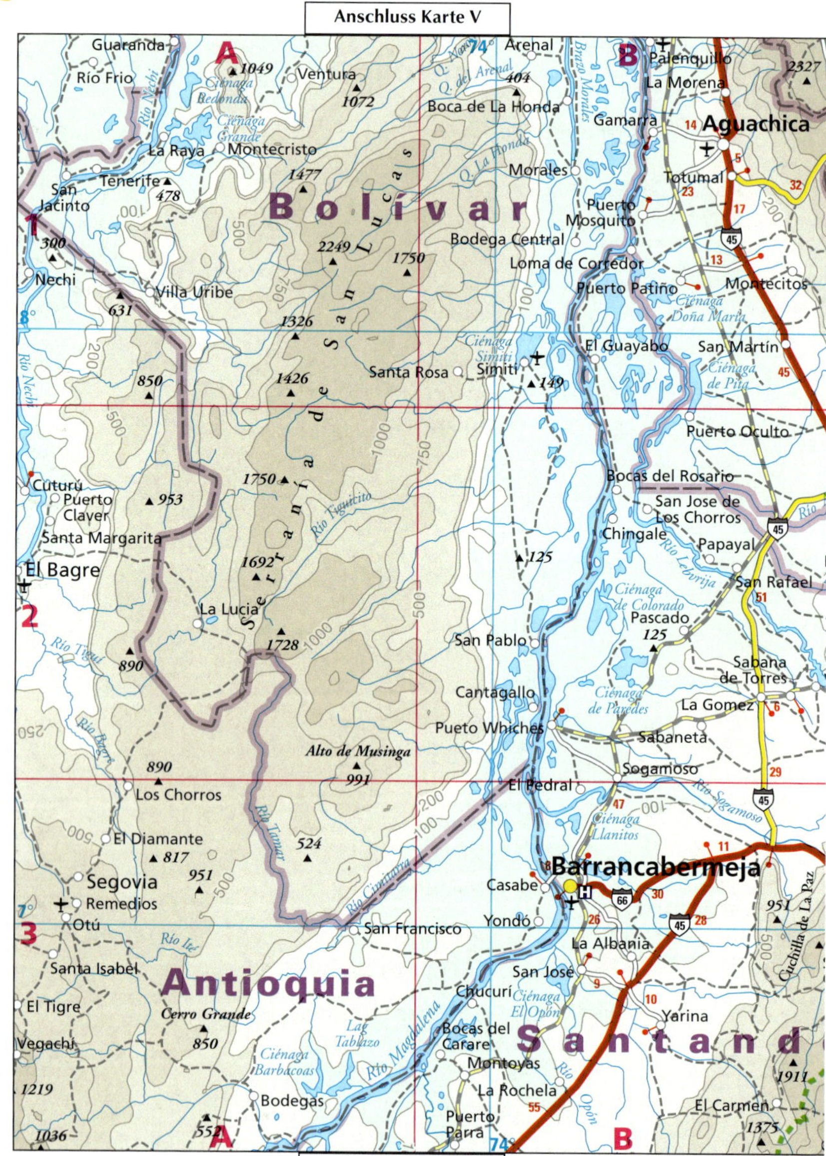

Anschluss Karte XII

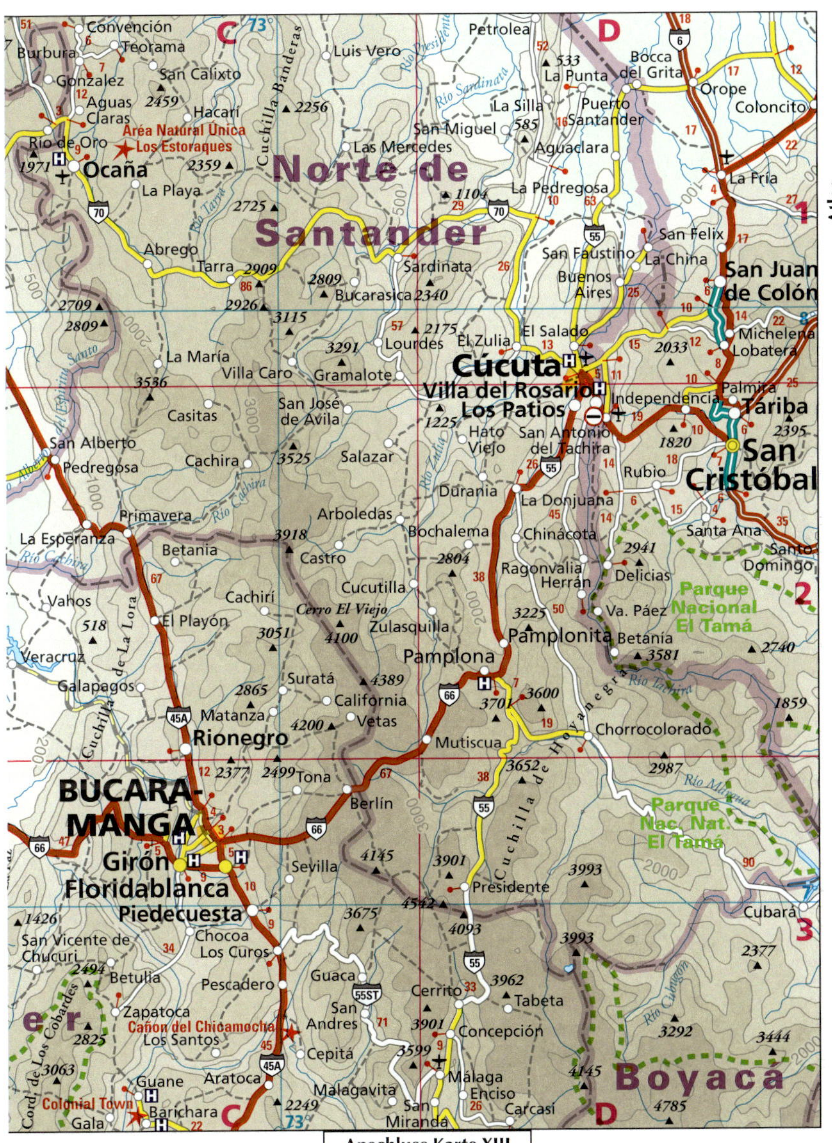
Norte de Santander
Boyacá
Cúcuta
Villa del Rosario
Los Patios
San Cristóbal
San Juan de Colón
Tariba
BUCARAMANGA
Girón
Floridablanca
Piedecuesta
Rionegro
Pamplona
Ocaña
Área Natural Única Los Estoraques
Parque Nacional El Tamá
Parque Nac. Nat. El Tamá
Cañon del Chicamocha
Colonial Town
Barichara
Convención
Teorama
San Calixto
Hacarí
Abrego
Sardinata
Lourdes
El Zulia
Chinácota
Pamplonita
Mutiscua
Berlín
Tona
California
Vetas
Suratá
Matanza
Presidente
Cerrito
Concepción
Málaga
Enciso
Carcasí
Anschluss Karte XIII

Anschluss Karte VI

Anschluss Karte XIV

Anschluss Karte VII

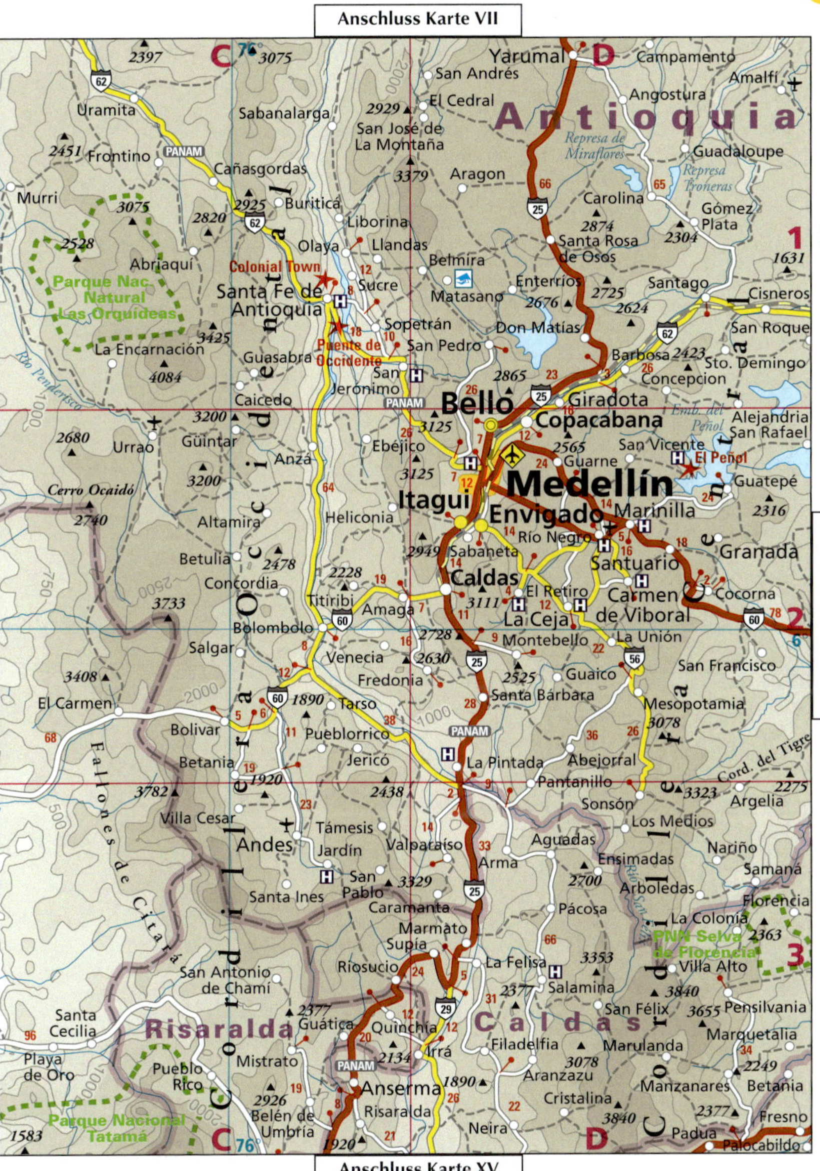

Anschluss Karte XII

Anschluss Karte XV

Atlas

Anschluss Karte VIII

Anschluss Karte XI

Anschluss Karte XVI

Anschluss Karte IX

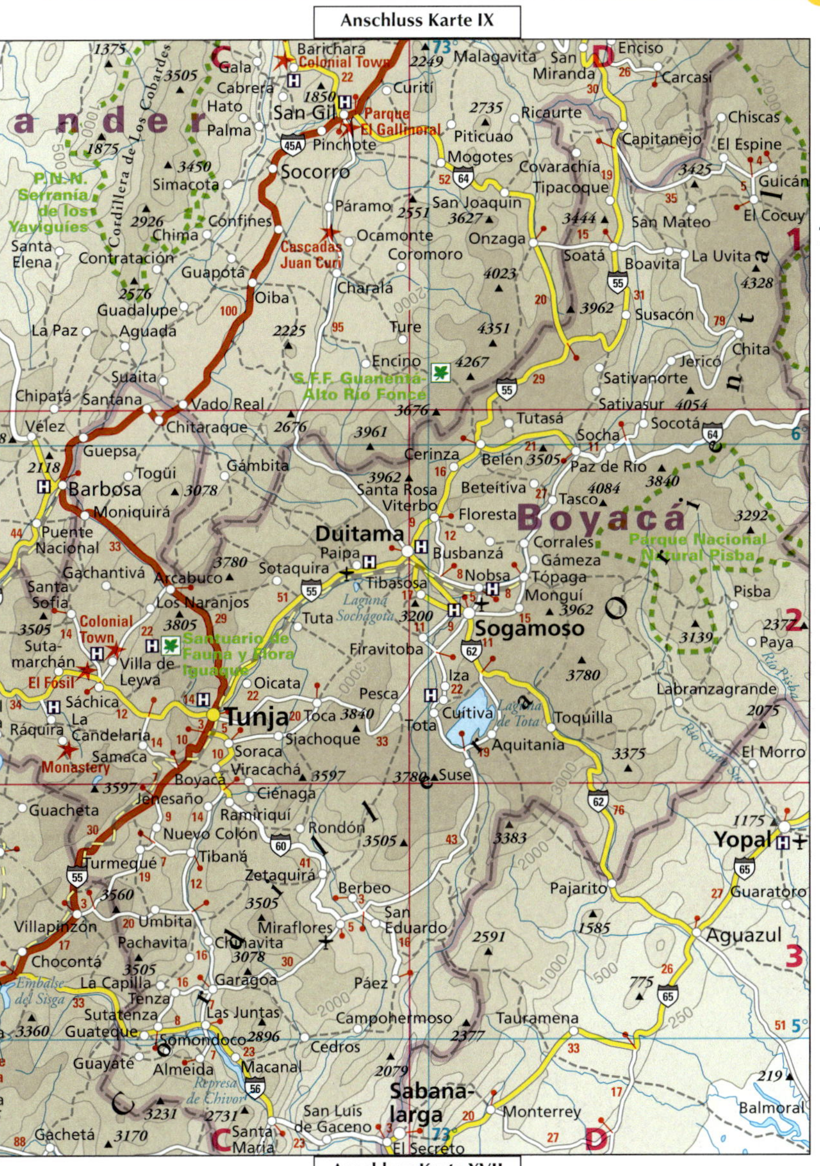

Anschluss Karte XVII

Anschluss Karte X

Anschluss Karte XVIII

Anschluss Karte XI

Anschluss Karte XVI

Anschluss Karte XIX

Atlas

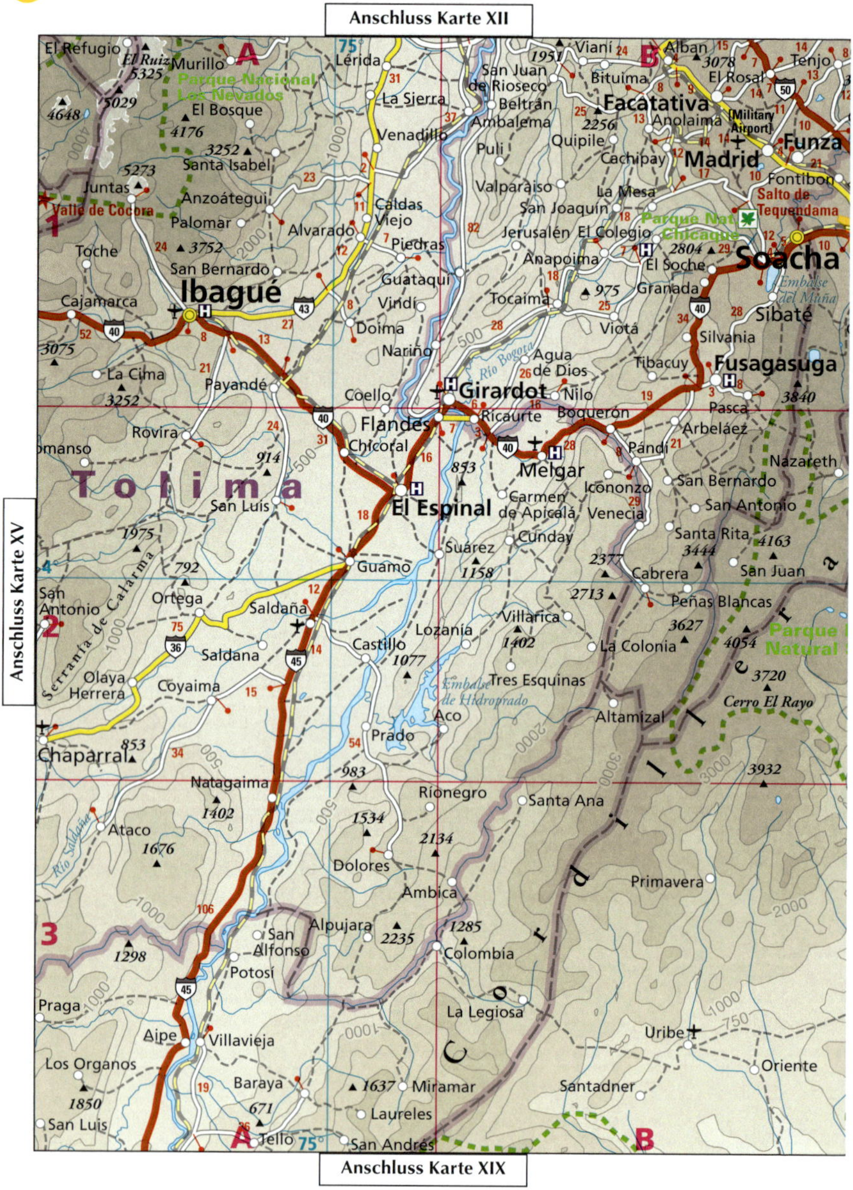

Anschluss Karte XII

Anschluss Karte XV

Tolima

Cordillera

Parque Nacional Los Nevados

Valle de Cocora

Parque Nat. Chicaque

Salto de Tequendama

Serranía de Calarma

Ibagué
El Espinal
Girardot
Flandes
Melgar
Facatativa
Madrid
Funza
Soacha
Fusagasuga
Sibaté

El Refugio
El Ruiz 5325
Murillo
El Bosque
4648
5029
4176
3252
Santa Isabel
5273
Juntas
Anzoátegui
Palomar
Toche
3752
San Bernardo
Cajamarca
3075
La Cima
3252
Payandé
Rovira
Romanso
914
San Luis
1975
792
Ortega
San Antonio
Olaya Herrera
Chaparral
853
Coyaima
Saldana
Saldaña
Guamo
Natagaima
1402
Ataco
1676
Río Saldaña
1298
Praga
Aipe
Villavieja
Los Organos
1850
San Luis
Baraya
671
Tello
San Alfonso
Potosí
Alpujara
2235
Colombia
1285
Dolores
Ambica
1534
2134
983
Prado
Aco
Embalse de Hidroprado
Tres Esquinas
Castillo
1077
Lozanía
Villarica
1402
Suárez
1158
Cunday
Carmen de Apicalá
853
Chicoral
Coello
Nariño
Doima
Vindí
Guataquí
Piedras
Caldas Viejo
Alvarado
Venadillo
La Sierra
Lérida
Ambalema
Beltrán
San Juan de Rioseco
Puli
Valparaiso
San Joaquín
Jerusalén
El Colegio
La Mesa
Anapoima
Tocaima
Agua de Dios
Río Bogotá
Ricaurte
Nilo
Boquerón
Iconozo
Venecia
975
Viotá
Tibacuy
Granada
El Soche
2804
Silvania
Pasca
Arbeláez
Pandi
San Bernardo
San Antonio
Nazareth
3840
Santa Rita
3444
4163
San Juan
2377
Cabrera
2713
Peñas Blancas
3627
La Colonia
4054
3720
Cerro El Rayo
Parque Natural
Altamizal
3932
Santa Ana
Rionegro
Primavera
La Legiosa
Uribe
Oriente
Santadner
Miramar
1637
Laureles
San Andrés
Vianí
1951
Bituima
Alban
3078
El Rosal
Tenjo
Anolaima
2256
Quipile
Cachipay
(Military Airport)
Fontibon
Embalse del Muña

Anschluss Karte XIX

Anschluss Karte XIII

Anschluss Karte XIV

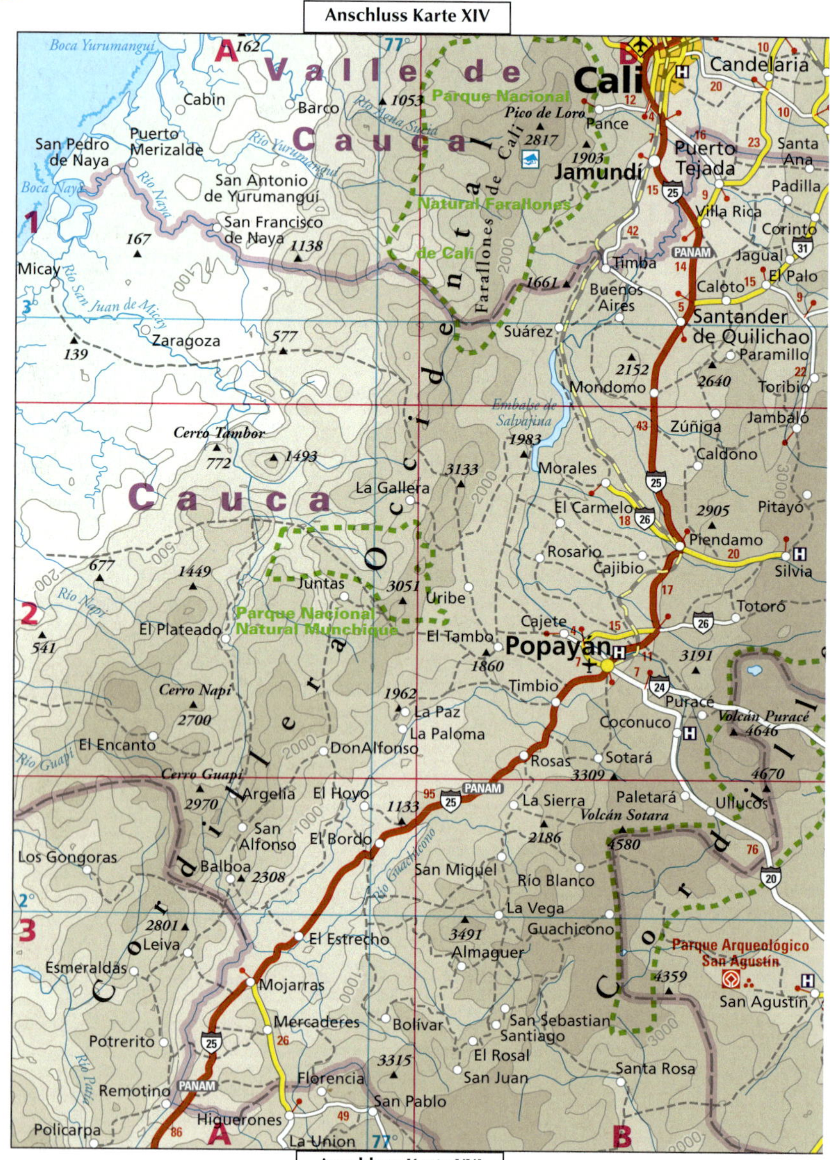

Anschluss Karte XXI

Anschluss Karte XV

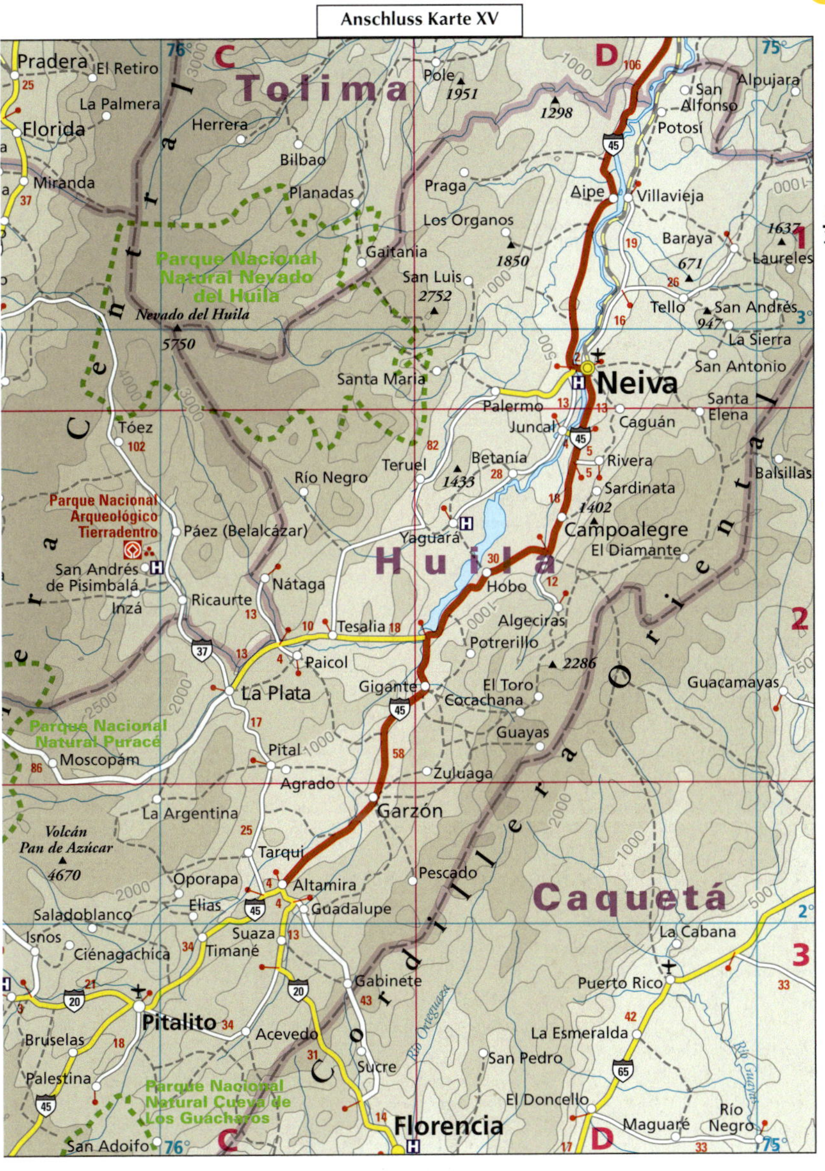

79°
A
Mosquera
Parque Nacional Natural Sanquianga
B
El Charco
78°
Río Guapi
Boca San Juan
Caballos
Olaya Herrera (Bocas de Satinga)
Río Iscuande
San Juan
PACIFIC
Boca Bajagual
Río Tapaje
103
Majagual
Laguna Tola
Bahía San Ignacio
1
168
Remolino Grande
Boca Salahonda
Playa Grande
Río Patía
63
OCEAN
Pizarro
136
2°
Punta Cascajal
109
La Chorrera
Laguna El Trueno
Ensenada de Tumaco
Isla Viudo
Boca Grande
Isla del Morro
San Antonio
Payan (Magui)
Tumaco
Trapiche
San José (Roberto Payán)
133
150
Río Telembi
Cajapí
El Coco
Barbacoas
Cabo Manglares
Terán
Peña Colorada
288
2
Cacao
55
Nari
Tinajillas
Río Mira
Espinella
Las Cruces
Santo Domingo
100
Yacula
Travesia
Bahía de Ancón de Sardinas
Cuilví
Ancón
10
106
Río Guiza
El Diviso
Pilcuán
Río Mataje
Parque Nacional Cayapas Mataje
320
Mataje
Junín
San Lorenzo
Altaquér
La Tola
Matajillo
Chucunés
20
Ricaurte
200
157
2195
68
10
20
La Palma
Piedrancha (Mallama)
Borbón
Río San Juan
Maldonado
500
Res. Nacional La Planada
3
San Pedro
55
Concepción
1°
Timbiré
Volcán Cumbal
Santa María
Cinco de Junio
1738
3185
4764
El Chical
San Jose de Cayapas
Río Santiago
Alto Tambo
Maldonado
17
San Francisco de Onzole
Lita
Río Mira
Volcán Chiles
Chiles
1000
3078
Esmeraldas
106
Guallupe
4723
7
100
Carchi
40
Carolina
799
Tufiño
San Miguel
4218
79°
A
ECUADOR
B
78°
35

Anschluss Karte XVIII

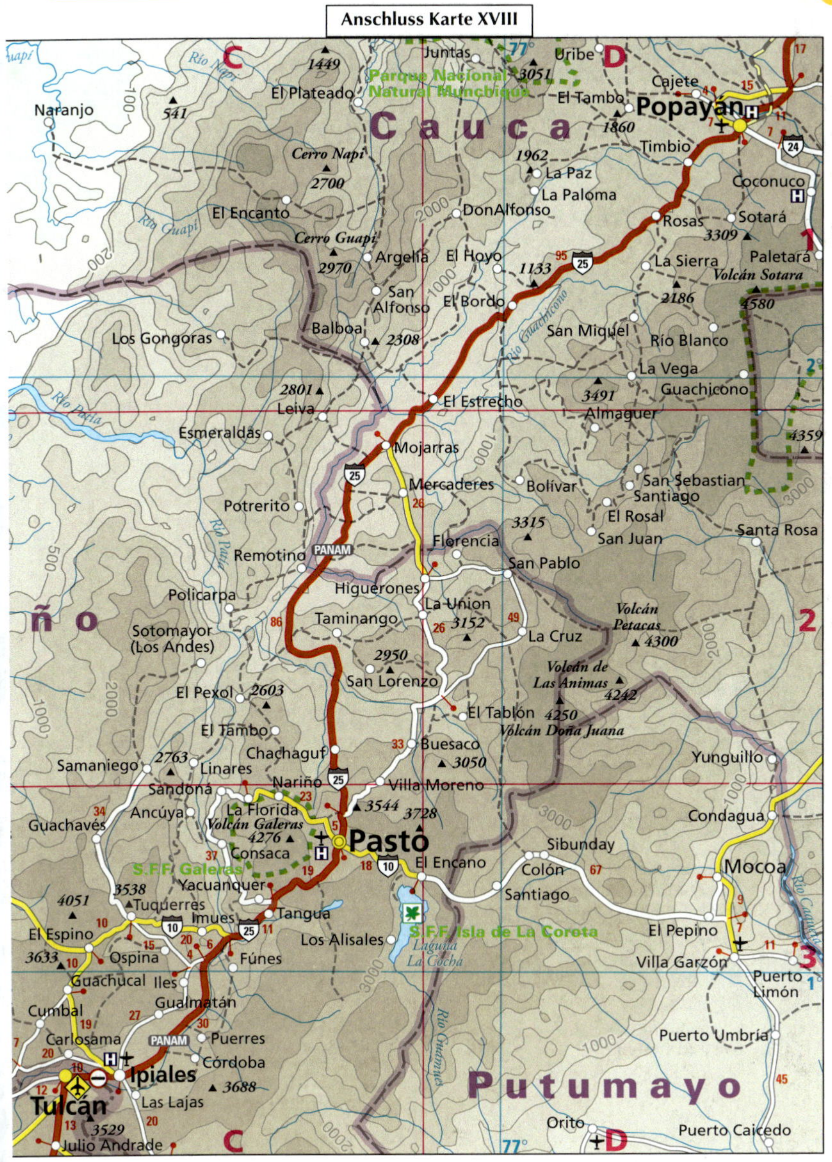

Hotelpreise (DZ) im Buch

€ bis 15 Euro
€€ bis 40 Euro
€€€ bis 100 Euro
€€€€ über 100 Euro

Ein Plus-Zeichen (€+) bei manchen Angaben zeigt an, dass es Schlafmöglichkeiten bereits in der unteren Kategorie, aber auch teurere Möglichkeiten gibt. Viele Unterkünfte versammeln unterschiedliche Standards unter ihrem Dach, um ein breiteres Publikum zu erreichen.

Preisangaben im Buch

Die meisten Preisangaben in diesem Reiseführer – für Unterkünfte, Essen, Transportmittel, Eintrittsgelder etc. – erfolgen **in Euro.** Das betont den nur pauschal möglichen und letztlich nur gerundeten Charakter vieler Preisangaben und macht die Ausgaben für eine Kolumbien-Reise kalkulierbarer. Hinzu kommt: Auch wenn die Inflation zuletzt mit 3% niedrig war, kann sich dies innerhalb weniger Wochen ändern! Mit Euro-Angaben ist man dann näher am „echten" bzw. für den Touristen maßgeblichen Preis. Vor Ort sind Entgelte und Preise generell in der Landeswährung zu bezahlen.

Zeichenerklärung

- Touristeninformation
- ★ Sehenswürdigkeit
- Kirche/Kapelle
- Moschee
- Museum
- Busbahnhof
- @ Internetcafé
- Tankstelle
- Bank
- ✉ Post
- Krankenhaus

Übernachtung

7 Hotel International
9 Hotel Zaragoza
12 Cranky Croc Backpackers Hostel
13 Hostal La Candelaria
14 Platypus Hostel
15 Hostal Sue
17 Casa Platypus
19 Cacique Sugamuxi
20 Hostal Fatima
21 Hotel Oceanía
24 Hotel Abadia Colonial
25 Posada Anandamayi
27 Hotel Dorantes
29 Hotel de la Ópera

Essen, Trinken, Unterhaltung

1 El Sabor del Carbon
2 Pasaje Gourmet Olga Karina
3 Restaurante Sabores del Pacífico
16 Mora Mora
23 El Gato Gris/ Café Color Café
26 Café Juan Valdéz
30 Mama Lupe/ La Puerta Falsa
36 Frutería Arizona/ Casa Oriental Azzhar

Tanzen & Feiern

4 El Goce Pagano
5 Quiebracanto
10 El Viejo Almacén
11 Bar Escobar Rosas
22 Casa de Citas

Einkaufen

6 Galería Artesanal de Colombia
8 Emerald Trade Center
10 Librería Lerner
37 Pasaje Rivas

Sehenswürdigkeiten

Ⓜ 28 Casa de Moneda/ Museo Botero
★ 31 Casa de Manuelita Sáenz
Ⓜ 32 Museo de Arte Colonial
33 Iglesia de San Ignacio
★ 34 Colegio de San Bartolomé
★ 35 Plazoleta de Rufino Cuervo